■ 河南大学文献信息研究创新团队建设项目资助

● 河南大学图书馆学术丛书

版本研究专论

李景文 等著

中国社会科学出版社

图书在版编目（CIP）数据

版本研究专论/李景文等著.—北京：中国社会科学出版社，2017.12
ISBN 978-7-5203-0517-4

Ⅰ.①版… Ⅱ.①李… Ⅲ.①古籍—版本—研究—中国 Ⅳ.①G256.22

中国版本图书馆CIP数据核字（2017）第129734号

出 版 人	赵剑英
责任编辑	孔继萍
责任校对	闫　萃
责任印制	李寡寡

出　　版	中国社会科学出版社
社　　址	北京鼓楼西大街甲158号
邮　　编	100720
网　　址	http://www.csspw.cn
发 行 部	010-84083685
门 市 部	010-84029450
经　　销	新华书店及其他书店

印　　刷	北京明恒达印务有限公司
装　　订	廊坊市广阳区广增装订厂
版　　次	2017年12月第1版
印　　次	2017年12月第1次印刷

开　　本	710×1000　1/16
印　　张	34.75
插　　页	2
字　　数	556千字
定　　价	118.00元

凡购买中国社会科学出版社图书，如有质量问题请与本社营销中心联系调换
电话：010-84083683
版权所有　侵权必究

目　录

绪论 …………………………………………………………………（1）

专题一　唐宋篇

【壹】温庭筠诗集版本源流考………………………………………（15）
　一　唐五代温庭筠诗的结集与流布 ………………………………（17）
　二　温庭筠诗集在两宋的整合与刊刻 ……………………………（21）
　三　温庭筠诗集在元代的流布 ……………………………………（33）
　四　明代温庭筠诗集的刊刻与流传 ………………………………（34）
　五　清代温庭筠诗集的刊刻与流传 ………………………………（46）

【贰】唐代中日汉籍交流研究………………………………………（53）
　一　唐代中日汉籍交流的背景 ……………………………………（54）
　二　唐代中日汉籍文献交流盛况 …………………………………（62）
　三　唐代中日汉籍交流的特点、传播方式及影响 ………………（80）
　四　唐代日本汉籍回流中国及现存东传日本汉籍的学术价值……（97）

【叁】北宋汴梁刻书及其历史贡献…………………………………（103）
　一　北宋汴梁刻书兴盛的历史背景 ………………………………（105）
　二　北宋的汴梁刻书 ………………………………………………（111）
　三　北宋汴梁刻书的成就及其历史地位 …………………………（139）

【肆】宋浙刻本对唐欧体书法的传承和变异 ……………… （153）
  一 宋浙刻本的欧氏书体渊源 ……………………… （154）
  二 具有欧体特征的宋浙本及其地域分布 ………… （159）
  三 宋两浙刻书对唐欧体书法的传承与变异 ……… （170）

专题二 元明篇

【壹】元代政府对图书出版业的管理 …………………… （183）
  一 元代图书出版业的管理机构 …………………… （184）
  二 元代图书出版业的管理政策 …………………… （189）
  三 元代图书出版业的兴盛与发展 ………………… （205）

【贰】明代书坊刊印通俗小说研究 ……………………… （218）
  一 明代书坊刊印通俗小说的历程 ………………… （219）
  二 明代书坊在通俗小说刊印形式上的探索 ……… （233）
  三 明代书坊刊印通俗小说的历史贡献 …………… （240）

【叁】明代私人抄本研究 ………………………………… （247）
  一 明代私人抄书兴盛的原因 ……………………… （248）
  二 私人抄书的地域分布和主要类型 ……………… （254）
  三 明代私人抄书的特点 …………………………… （267）
  四 抄本价格 ………………………………………… （276）
  五 明代抄本的价值和影响 ………………………… （280）

【肆】明代周藩著述刻书考辨 …………………………… （288）
  一 周藩著述、刻书之背景 ………………………… （289）
  二 周藩著述考辨 …………………………………… （299）
  三 周藩刻书考辨 …………………………………… （316）
  四 周藩代表人物的个人成就与周藩著述、刻书的价值 ……… （337）

专题三 清代民国篇

【壹】浙江官书局刻书考 …………………………………………（353）
 一　浙江官书局的创置与终结 ………………………………（353）
 二　浙江官书局刻书特色及数量 ……………………………（374）
 三　浙江官书局的历史地位和社会作用 ……………………（389）
 四　浙江官书局刻印图书书目、用纸、板材、版式概览 ……（395）

【贰】江苏官书局研究 …………………………………………（429）
 一　江苏官书局的历史沿革 …………………………………（430）
 二　江苏官书局的管理制度 …………………………………（439）
 三　江苏官书局刻书及其特色 ………………………………（457）
 四　江苏官书局的历史地位和社会作用 ……………………（478）

【叁】金陵刻经处经版的管理与保护 …………………………（497）
 一　杨仁山和他创立的金陵刻经处 …………………………（498）
 二　金陵刻经处经版的管理与保护情况分析 ………………（506）
 三　金陵刻经处经版保护的技术分析 ………………………（521）
 四　金陵刻经处经版管理与保护的价值与影响 ……………（543）

绪　　论

　　古籍版本学是一门既古老而又年轻的学科，已成学界公识。追溯其因，前人关注版本实践活动的时代早，早在先秦时期就有了萌芽；后人对其学科体系的建构比较晚，直到20世纪中后期才基本完成。

　　凡事欲理其流，必先知其源。版本学的发展与图书变迁密不可分。据曹之先生考证，我国最早的图书当始于夏代。自夏朝至今的数千年中，中国图书之载体由甲骨而金石、而简册、而缣帛、而纸张，其制作形式或书写，或雕版，或影印，因此古籍在流传中有存有佚，或全或残。除了书籍的完整性外，同书异本的校勘活动先秦已有，《国语·鲁语》记载："昔正考父校商之名《颂》十二篇于周太师，以《那》为首"是其证。西汉末年，刘向、刘歆父子校理、编纂皇家藏书时，更是广收异本，雠正一书，正如《北齐书·樊逊传》所述："按汉中垒校尉刘向受诏校书，每一书竟，表上，辄言臣向书，长水校尉臣参书，太史公、太常博士书，中外书合若干本，以相比较，然后杀青。今所雠校，供拟极重，出自兰台，御诸甲馆，向之故事，见存府阁，即欲刊定，必藉众本。"这说明当时校雠书籍必先集中不同的版本，从中选出优本，然后才能校勘字句和篇章异同；所谓"优本"，实乃《墨子·非命上》"天下之良书"、《汉书·景十三王传·河间献王刘德》"从民间得善书，必为好写与之，留其真"中之"良书""善书"，也即"良书""善书"概念早在先汉时已经提出；魏晋南北朝时期，由于纸张的普及，特别是佛经的流入，同书异本现象更趋普遍，加之佛经跨地域、跨文种的翻译传播，更是催生了一系列版本术语的出现，如南朝梁释僧祐《出三藏记集》中的"正本""异本""定本""前本""旧本"；北魏颜之推《颜氏家训·书证》中的"误本""俗本""古本""江南本""江南旧本""河北本"等。甚至还萌生了考订版本源流的思想和方法，如梁释僧祐在《出三藏记集》中针对当时佛经"或辞句出入，先后不同；或有无离合，多少各异；或方言训古，字乖趣同；或其文胡越，其趣亦乖；或文义混杂，在疑似之间"的状况，提出了"万流同归，百虑一致"的思想，颜之推还首创了用金石文字来校订版本的校勘方法。

到了宋代，随着雕版印刷术的普及，更是首次出现了"版本""善本"等版本学核心概念；确立了"鉴定古籍版本""考订版本源流"的版本学研究核心内容；形成了比较成熟的善本观，表现在宋人既继承了汉魏以来尊崇古本、写本、官本、精校本、足本的传统，还能在特定的文献环境下进行一定的变通的感悟，如陆游在《渭南文集》卷三十一提出"善本不必是古本旧本"、朱熹在《韩集考异》中提出善本当以"文势义理"为准而"无论官私"、吴若《杜工部集后记》中则提出善本"虽未必皆得其真，然求不为异者"等观点；同时，也产生了一批重要的版本目录，如南宋尤袤的《遂初堂书目》就具体列出同一种书的不同版本，如成都石经本、秘阁本、旧监本、京本、江西本、吉州本、杭本、旧杭本、严州本、越州本、湖北本、川本等；明毛晋撰《汲古阁书目》时，就更加明确注出宋本、影宋、校宋本、元本等；至于陈振孙的《直斋书录解题》、晁公武的《郡斋读书志》等更是从理论层面记载、阐述和考辨了同书异本的各种特征、源流和差异。

尤其是到了清代，古籍版本学得到了长足发展，可谓进入了最繁荣的时期。随着康、乾、嘉、同、咸时期考据学的兴盛，文字训诂、音韵、校勘、辨伪、辑佚诸学蜂起，各种研究方法相互交融，版本学的研究无疑也渗入了考据学的方法，从而推动了版本学的发展。这一时期，出现了一大批版本学大家，如钱曾、黄丕烈、钱大昕、顾广圻、孙星衍、张金吾、叶德辉等；涌现了一大批版本目录学成果，如毛扆《汲古阁珍藏秘本书目》、季振宜《季沧苇藏书目》等为一般的版本目录，如钱曾《读书敏求记》、曹溶《静惕堂书目》、朱彝尊《潜采堂宋金元人集目录》、徐乾学《传是楼宋元本书目》、黄丕烈《百宋一廛书录》、于敏中等《天禄琳琅书目》、张金吾《爱日精庐藏书志》、陆心源《皕宋楼藏书志》、丁丙《善本书室藏书志》、瞿镛《铁琴铜剑楼藏书目录》、莫友芝《宋元旧本书经眼录》等，则是典型的善本目录。这些目录著作对版本的著录更趋全面和完善。其中钱曾的《读书敏求记》是我国第一部提要式的古籍善本书目，它对每种书的版本优劣、版本源流和题记、特点等都一一加以注明，如对《王右丞文集》一书，注为："宝庆二年正月七日王缙搜求其兄诗笔十卷，随表奉进，此刻是麻沙宋版，集中送梓州李使君诗，并如牧翁所跋，作'山中一半雨，树梢万重泉'，知此本之佳也。"而清代乾隆、嘉庆年间，于敏中、彭元瑞等编撰《天禄琳琅书目》时，更以年代版次分类，将宋版、影宋版、元版、抄本都各入其类，分别叙录，对刊刻的时代、地点、收藏家的姓名，甚至对所盖的印章等也都详加考证。钱曾、于敏中的大胆探索为版本研究成果的表述找到了一种比较恰当的方式，也为清代提要式善本书目的发达（以《四库全书总目提要》为代表）起到了开山引路的作用。可以说，清代学者将传统目录在版本学方面的功能发挥到了极致。另外，清人在版本学题跋汇编与整理方面，也颇有成绩。如王士禛《渔洋书籍跋尾》、黄丕烈《士礼居藏书题跋记》、顾广圻《思适斋题跋》、钱泰吉《曝书杂记》、陆心源《仪顾堂题跋》等，其中很多版本鉴定的经验总结，均可视为版本考证的专题汇编。鉴于此，不难看出，版本学从关注同书异本之个案即一书版本之源流出发，定其次序，审其异同，辨其真伪，观其全残，判其优劣，总结归纳其变迁规律，探求其鉴别方法，突出体现了本身固有的实践性特点。

历史告诉我们，中国古籍版本学作为一个学科屹立于学科群中，确实历经了漫长而曲折的发展过程。它从先秦萌芽、西汉成型，辗转发展，繁荣于清代，脱胎于校勘学、体现于目录学成其生存特点。准确地说，是校勘学奠定了版本学的基石，目录学体现了版本学的功用。所以，即使在繁荣的清代，古籍版本学的核心内容，如版本鉴定或版本源流考订等的经验、方法及理论阐释仍然大多散见于历代文集中的序、跋、叙录及笔记、校勘记中，其研究成果的表述也都是经验性的，而没有独立的版本学论著的出现。虽说这些都与版本学实践性很强的学科特点有关，但它毕竟没有建立起自己独特的学科理论体系。历经漫长的两千多年后，直到20世纪初期，才出现了我国版本学史上仅有的几部总论性著作，即叶德辉的《书林清话》、张元济的《中国版本学》及钱基博的《版本通义》等。《书林清话》成于清末，刊刻于1919年，一般认为它是我国最早的版本学专著。《书林清话》采用笔记体裁，全面系统地介绍了有关古代图书版本的各种知识，包括书籍、版本的各种名称，版刻的源流和历史，各地的刻书风气，历代著名的官私坊刻及优劣，历代刻书的规格、字体、纸张、用墨、工价、书手、刻工、牌记、讹舛，图书的装订，古代的雕版印刷、活字印刷、彩色套印的创始和传播，历代刻书、抄书、藏书、借书的掌故，还有图书作伪方面的资料。总体而论，该书仍带有较强的经验性色彩；张元济的《中国版本学》是我国第一部以"版本学"为名的版本论著，它把版本学从目录学中独立了出来；钱基博的《版本通义》，全书由记上古至五代版本之"原始第一"、记宋元明清版本沿革之"历史第二"、记四部要籍善本之"读本第三"与杂记治版本之心得之"余记第四"四部分组成。可贵之处在于，它较早地提出了"版本之学"的说法，并且第一次试图从理论和实践两方面对版本学进行专门系统的阐述。总之，总论性专著的出现，标志着版本学已经寻找到了摆脱目录学附庸地位的途径。

晚清民国时期，各藏书家、目录学家、版本学家对宋元旧刊和名人手抄，展开了广泛的研究讨论，由此许多专讲版本的书目和独立的版本学专著如雨后春笋版不断涌现，如孙毓修的《中国雕版源流考》，向达的《中国印刷术的起源》，蒋元卿的《中国雕版印刷术发轫考》，王国维的《两浙古刊本考》《五代两宋监本考》，郑德懋的《汲古阁刻版存亡考》，缪荃孙的《平水版本考》，王重民的《老子考》，罗振玉的《流沙坠简考释》、《宋元释藏刊本考》，陶湘的《明吴兴闵版书目》，陈国庆《古籍版本浅说》、毛春翔《古书版本常谈》、张秀民《中国印刷术的发明及其影响》、顾廷龙撰《版本学与图书馆》等。其中有全面分析综合介绍版刻的发展变化，有系统考证一时一地的版刻源流，也有从"求其祖本，明其是非"出发，研究一书版刻的差异优劣，从多方面进行版刻的研究鉴定，从而为版本学成为一门独立的学科奠定了基础。

20世纪80年代之后，版本学研究更是如火如荼。出版了许多版本学专著、版本目录著作以及研究论文，如大陆学者吴则虞著《版本通论》、施廷镛著《中国古籍版本概要》、邱陵著《书籍装帧艺术简史》、瞿冕良著《版刻质疑》、戴南海著《版本学概论》、张秀民著《中国印刷史》、严佐之著《古籍版本学概论》、李致忠著《历代刻书考述》和《古书版本学概论》、程千帆、徐有富著《校雠广义·版本编》、曹之著《中国古籍版本学》和《中国印刷术的起源》、魏隐儒著《中国古籍印刷史》、张秀民著《中国印刷史》、郑如斯和肖东发合著《中国书史》，以及台湾学者李清志著《古书版本鉴定研究》、屈万里和昌彼得著《图书版本学要略》等。版本学研究趋向精细化，有研究版本学基础理论的，有研究版本学史的，有研究版本源流的，有研究版本鉴定的等等，版本学作为一门独立的学科，充满了鲜活的生命力。

正是由于版本学拥有既古老而又年轻的学科优势，所以，可挖掘的宝藏丰富，可探索的空间广阔，可寻觅的热点无数，可弄清的问题众多。版本学的无穷魅力，吸引了众多研究者与爱好者把旺盛的精力投入其中。此次编撰的这个集子，就是一群年轻人在攻读中国古典文献学硕士学位期间，凭借对版本学学科的满腔激情，遨游在版本学领域的思考和感悟，虽说这些研究还有些稚嫩，不够成熟，但它毕竟是这群人青春年华、活力思维在版本学领域的一次探索。

版本学是致用之学，中国古籍版本学学科理论体系的构建和发展离不开对具体出版物的具体版本研究。进行版本研究、版本鉴别需从某一种书，或某一人的成果，或某一时代的出版物，或某一地区的著述入手，这些著述在中国古籍群体中有着自身特定的位置，且其版本变迁又必定受客观环境的制约。不弄清这种固有的"位置"和"环境"，我们在考证校对时便不能左右逢源，在鉴定版本时便难以得心应手。因此，本专题研究以古为今用的方针为指导，选取唐宋元明清及民国时期具有重要学术价值的刻本或事件进行研究，全书共分唐宋篇、元明篇、清代民国篇，计十一个专题。

唐宋篇四个专题，分别就"温庭筠诗集版本源流考""唐代中日汉籍的交流""北宋汴梁刻书及其历史贡献""宋浙刻本对唐欧体书法的传承和变异"进行了研究。

"温庭筠诗集版本源流考"与"唐宋中日汉籍的交流"，重在展示唐宋时期雕版印刷术的初兴与繁荣。唐人诗集与佛经典籍不仅代有刊刻，生生不息，而且交流广泛，传播海内外，既弘扬了中华文化，又加强了民族间的交流。唐诗作为中华民族诗歌创作的巅峰，不仅质量高、数量大，而且拥有庞大的创作群体，诗仙、诗圣、诗佛、诗豪之称可谓经久不衰，律诗、绝句之精华脍炙人口，别集、总集、选集之精品代代相传。温庭筠不仅是诗人，而且开创了"花间派"词体。《温庭筠诗集》作为唐人别集之个案，唐诗传播之缩影，历经宋元明清各代，刊刻流传30多个版本。"温庭筠诗集版本源流考"力图全面查检历代书目题跋，广搜众本，详加汇校，比勘各本异同，辨其版刻优劣，厘清了温庭筠诗集刊刻与版本源流情况，勾勒了温庭筠诗集传承关系图，为温诗研究提供了坚实的文献基础。日本、中国隔海相望、一衣带水，文化交流源远流长。在中日古代文化交流史上，唐代汉籍的东传是一大景观。据中日文献著录的汉籍考证，可以推测远在日本平安时代，中国所藏典籍的大约一半已经传入日本，为日本所借鉴和吸收，并渗透到日本社会生活的各个方面，对日本社会的发展和文明的进步做出了重大贡献。"唐代中日汉籍的交流"以唐代的中日交往为视觉，研究域外汉籍的中日交流，探讨了唐代汉籍在中日之间流通和传播的背景、方式、数量、特点及其影响。并将公元10世纪前的中日汉籍交流划分为两段，即移民时代和遣唐使时代。移民时代基本上是以人员的流动为汉籍传播的自然通道，常借助朝鲜的中介传播；遣唐使时代（唐代）是中日汉籍交流的黄金时期，两国之间多进行直接的汉籍交流。进一步证实严绍璗先生的论断："古代中国同世界各国文化交流有两种不同的形式和通道：第一，闻名世界的丝绸之路，是以物质文化为中心构成古代中国与西亚欧洲的文化通道；第二，在古代东亚地区，以汉字为核心、以汉籍为文化的主要载体的文化通道。"

"北宋汴梁刻书及其历史贡献""宋浙刻本对唐欧体书法的传承和变异"则从考辨的角度追寻了北宋皇都汴梁刻书业的兴盛和繁茂的足迹，探讨了浙刻本对唐代楷书、楷法先驱欧阳询书体的传承和创新。

宋代的雕版印刷事业，承继五代十国官刻私刻的余绪，快速发展起来。无论是政府刻书，还是私人刻书；无论是刻书的数量、刻印的种类，还是刻书地域的分布、刻书规模的形成，以及刻印的技术、艺术水平，都达到了相当的高度，呈现出了空前的繁荣。官刻私雕同时并举，汴州杭州各领风骚。清明上河载汴州繁华，国子监、崇文院、秘书省、礼部、刑部、进奏院、印经院、尚书度支部、太史局印历所等中央机构刻书盛极一时，佛藏道经、民间雕印引人注目。宿白说："汴梁作为当时雕印的代表地点，应是无可置疑之事。唯靖康之乱，遗迹稀少，汴梁雕版的繁荣景象，只能就文献纪录仿佛之"；曹之说："汴京作为政治中心，决定它在北宋雕版印刷中的领导地位；汴京作为北宋的经济中心，决定了它从事雕版印刷拥有雄厚的物质基础；汴京作为文化中心，决定了它从事雕版印刷的优越环境。"然因历史久远、战争频仍、黄河泛滥，汴梁刻书现存实物罕见，正史文献记载较少，一直以来常常被人们所忽视，被拒之在宋代刻书中心之外。为还汴梁雕版印刷真面目，"北宋汴梁刻书及其历史贡献"从北宋汴梁刻书的历史背景、汴梁刻书的盛况、汴梁刻书的成就及历史贡献方面，充分利用历史文献、考古文献、研究文献，分析了昔日汴梁雕版业发展的天时、地利、人和，展示了当时官刻、坊刻、私刻、藏经刻、版画刻的辉煌，总结了北宋都城雕版印刷业所取得的成就和历史贡献，从一个侧面证实了北宋汴梁不仅政治经济繁荣，不愧为世界大都市，而且文化的繁荣也不可小觑，汴梁刻书作为宋代四大刻书中心之一毋庸置疑。楷书楷法是雕版印刷术的重要支撑，唐代在书法上的最大成就即是把楷书楷法推向了高峰。唐代的书法艺术，直接承袭了汉魏六朝的书法传统，把南朝楷书的修美遒润与北朝魏碑的方整雄健熔为一炉，字形端庄而凝重，富于金石气，又不失流美飞扬的风韵，建构了书法史上的"大唐气象"。而刻书的字体又恰恰需要这种端庄凝重。宋承五季之乱，在刻书兴起之时，本朝的书法大家，如苏轼、黄庭坚、米芾、蔡襄等，还尚未形成气候，因而唐代四大书法家欧阳询、颜真卿、柳公权、褚遂良等的楷书楷法成为宋时雕版印刷追逐的典范，而欧阳询及其书法又独步"四家"之首，并以诸体兼备、自成一派而存珍于华夏书史。欧阳询创作的楷书字体——"欧体"，其特点是方圆兼使，以方为主，点画劲挺，笔力凝聚。既欹侧险峻，又严谨工整。欹侧中保持稳健，紧凑中不失疏朗。欧体对汴梁、杭州刻书影响最大，"两浙崇欧"，使欧体成为汴梁刻本、两浙刻本的一大特色。"宋浙刻本对唐欧体书法的传承和变异"追溯了宋浙刻本的欧氏书体渊源，分析了欧体楷书的特点和魅力，借助图示、表格等技法描述了两浙刻书的地域分布及现存刻本与刻工名录，探讨了宋代两浙刻书对唐欧体书法的传承与变异。北宋各官署衙门将大量刊刻任务派往浙江杭州，让汴梁刻书与杭州刻书紧密融合，拥有共同的特点，也为南宋雕版印刷业的进一步繁盛和创新奠定了坚实的基础。

元明篇四个专题，关注了"元代政府对图书出版业的管理""明代书坊刻印通俗小说""明代私人抄书""明代周王府著述刻书考辨"等热点问题。

有元一代,"只识弯弓射大雕"的蒙古人入主中原,虽说金戈铁马、武功鼎盛,"八荒同一宇",成为中国历史上版图最大的朝代,但稳固政权的"文治多缺"是蒙古贵族政权的痛。"自太祖、太宗即知贵汉人,延儒生,讲求立国之道",姚枢、许衡、吴澄等汉儒得到信任,尊经重儒、兴学立教、科贡并举、保护工匠的一系列文治措施被采用。在图书出版方面,不仅明确了中央政府的刻书管理机构,除兴文署外,还有中书省、秘书监、广成局、太史院、国子监、御史台和司农司等,它们即是刻书管理机构,又是典型的刻书机构。同时,还根据当时的社会情势和政治需要,对出版业的管理加以变化、改革、完善和发展,形成了一套严密的管理体制,如对政体教化类、农业科技类书籍出版的鼓励,对天文、图谶、阴阳伪书、道藏、小说词曲类图书出版的限禁与违法活动的追缉惩处等。使"元代的官刻从中央到地方,有一个完整的体系,有一定的实力,因而元代官府书籍生产也是比较兴盛的"。而"官刻的繁盛直接反映官府对刻书事业的重视"。

明代刻书较元代发展迅猛,而且特色鲜明。小说戏曲刊本的初兴与繁荣,创作、出版、发行集于一身,版式、版画、活版样式创新,市井、百姓、坊肆阅读需求活跃。"明代书坊刻印通俗小说",研究了明代书坊、书坊主与通俗小说之间的联系,探寻了书坊刊印通俗小说的发展历程以及刊印形式上的变革;展现了通俗小说进入刊刻出版时代后在题材内容、作家群体、创编方式、叙事艺术、文体规范、传播方式与途径等方面发生的变化,以及小说传播中书坊、书坊主、市井与读者诸因素的突出,文人与书坊合作的模式的形成和成熟;揭示通俗小说创作与刊刻之间存在的矛盾,即上层文人极少参与通俗小说创作而官方在通俗小说刊刻上却占据着突出的位置,以及小说稿件的来源、小说流派的形成与发展、小说选本的编撰、小说评点的形式、小说体制的演进等与书坊、书坊主之间密切的关系;总结了明代书坊刊印通俗小说的历史贡献以及在中国古代文学史上占有的突出地位。藩王府邸分布各大都邑,皇子皇孙生活于此莫问政治,藏书、著书、刻书成为王府一道亮丽风景。"明代周王府著述刻书考辨",个案研究并考辨诸藩府之周王府的著述、刻书及其贡献。藩府为明代特有的建制,明代藩府刻书更是前不见古、后不影今,藩府本即多且精,为明代印本特色。藩府刻书始于洪武末，讫于崇祯季年，与朱明一朝相始终，而以嘉靖、万历朝最盛。刻书最早者有周、蜀、庆、宁、楚等府，最晚者有益、潞、福三府。周王府作为藩府著述、刻书中的重镇，有明一代，周藩的生命力与大明王朝几近一致，周藩的著述、刻书活动是持续不断的，自周藩第一代王朱橚开始，周藩的著述、刻书活动便快速发展起来，自永乐年间至嘉靖万历年间，周藩人才辈出，著述、刻书活动蔚然成风。政治舞台的险恶使著书、刻书成为周王韬光养晦、明哲保身的一种手段；周藩优越的经济待遇及开封城浓厚的文化底蕴也为周藩著书、刻书提供了经济和文化上的保证。《明史·高名衡传》记载："开封周邸图书文物之盛甲于他藩。"藏书过千卷的藏书楼，不仅有朱橚的"御书楼"，还有朱安㳯的青藜阁、朱睦㮮的万卷堂、朱睦㮮的乐善斋等。据考证，周藩著述108种，刻书75种。终明一世，周藩刻书在数量、种类乃至质量上，皆可谓是明代藩府刻书中的翘楚。明代周藩的著述、刻书之举是明藩雕椠业盛极一时的一个缩影。周藩著述、刻书在一定程度上促进了中原文化活动的繁荣，推动了汴梁地区文化和刻书事业的持续发展。

　　传抄作为中华文化典籍最原始的生产方式，从甲骨文到汉唐始终是中华文明的主要推手，上古三代的甲骨文、陶文，秦汉时期的竹木简书、帛书，东晋至隋唐时期的纸书，无一不打着写和抄的烙印。即使在雕版印刷业成熟、繁荣的宋代，也从未中断过，政府依然十分重视抄写书籍，置补写所、招聘书手，多次抄写内府馆阁所无之书。民间私人藏书家的抄书活动更盛，许多便以抄书著称。今人袁同礼就指出："宋代私家藏书，多手自缮录，故所藏之本，抄本为多。"直至明清，抄书这一传统的形式非但没有湮灭，相对于前代风气反而日盛。明朝政府曾多次到民间搜访遗书，访到之书均用人工抄写，如永乐、嘉靖年间官方曾两次大规模地抄写收录古代典籍8000余种的《永乐大典》正副本及《实录》《宝训》《邸报》等充实秘府，以致当时秘阁藏书"约20000余部，近百万卷，刻本十三，抄本十七"，足可见抄书之多；清政府编纂收录古籍3503种、79337卷的《四库全书》，并官抄七部，分藏文源阁、文渊阁、文宗阁、文汇阁、文澜阁、文津阁、文溯阁等，可见，抄书在中国古代典籍史上仍然产生着不可低估的作用，这些抄本从它一问世，就成为中华历史之特殊珍品。明代民间抄书、私人抄书更是绵延不断，生生不息，众多的文人、学者和藏书家都与抄书有着不解之缘。基于不同的目的，他们往往以抄书为尚，并拥有着锲而不舍、求全求善的精神，抄写了大量精良书籍，这些抄本无论内容还是手迹都是相当珍贵的，正如版本学家曹之所概述的那样"明代抄本有以'珍本'为主、书法水平高、出现影抄三个特点"，极具研究价值。尽管明代的雕版、活版、套版印刷十分活跃，佞宋、影宋成为时尚，但私人抄书之风并未减弱。"明代私人抄书"研究，探讨了明代私人抄书兴盛的原因、抄本的价格，勾勒了私人抄书的地域分布、主要类型，分享了私人抄书的特点、价值及其影响。

清代民国篇三个专题，则就"浙江官书局刻书""江苏官书局研究""金陵刻经处经版的管理与保护"等个案案例进行了深层次挖掘。

清末曾国藩平定太平军，瞬即在安徽安庆冶城山创办江南官书局。作为近代中国出版史上一个重要现象：官书局的大量出现，直接开创了清季官刻图书之中兴局面。康乾盛世，社会经济繁荣，武英殿等政府刻书蒸蒸日上。嘉庆之后，经济、社会、文化的衰落，中央、地方政府刻书业的萧条，特别是武英殿刻书骤减，导致社会上书籍印刷和发行数量随之减少。再加上战争的破坏，特别是太平天国运动的冲击，书籍大量被焚毁或散佚。面对这种局面，通过太平天国运动实力逐渐增强的地方督抚，就肩负起重振文化的责任，纷纷开局刊书。官书局创始于同治，极盛于光绪，各省相继仿效，如雨后春笋般应运而生，成为清代官刻书一道亮丽的风景。晚清官书局集编校、印刷、发售于一体，有着明确的刊书宗旨、具体的章程规定、固定的编校人员、稳定的经费筹措渠道和专门的售书机构，在短短四十余年的发展历程中，不仅刊刻了大量包括经史子集、学校用书、时务新书在内的多种书籍，更有一批善本、孤本、稿本、抄本通过书局赖以留存，成绩斐然。晚清官书局的出现，不仅揭开了近代中国图书事业的序幕，而且推进了中国出版业由传统向近代的转型。尽管官书局刻书在中国出版史上有着举足轻重的地位，尽管官书局刻书以底本精良、校雠审慎、售书低廉而著称并流行海内外，但学界对其研究仍然薄弱，尤其是对每一个鲜活的官书局个案来说，它因何而兴、规模多大、又是由哪些人员组成、其运行经费如何筹措、刊刻了那些书、刊书有什么特点，在中国出版业近代化过程中，扮演着什么角色、发挥着何种作用等等，更是知之甚少。因为大量记录这些书局情况的资料散见于方志、个人文集以及官书局所刻图书之序、跋、校勘记中，非倾注全力广搜博采，难得一睹。而"浙江官书局刻书""江苏官书局研究"正是对晚清各局刻书中多而精者个案之精细探讨，追寻了浙江官书局、江苏官书局各自创置、兴盛、衰落之历史原因及沿革，探讨了其由小到大、由弱到强、由胜到衰的管理制度、经费来源、人员构成、业务往来、图书销售等方面情况，进而考察了其整体运行模式，考证并分析了所刊图书之数量、品种、特色及用纸、版材、版式、字体等刊刻特点，透视了其兴衰过程、刊印图书对传统文化振兴、地方社会经济发展做出的贡献、发挥的作用，尤其是评价了官书局这一历史时期特定产物在中国出版业近代化过程中所扮演的重要角色，揭示了晚清官书局在其产生、发展、衰落的背后所蕴含的复杂的政治环境、文化背景和社会原因。

雕版印刷业历经唐宋元明清，从初兴、繁荣、极端走向衰亡，随着晚清西学东渐、西方机械化印刷技术的传入，民国之雕版印刷业已进入回光返照之境地，石印、珂罗版印、铅印逐渐取代雕版印刷而成为近代出版行业的主流。唯有创办于清同治五年的金陵刻经处，筚路蓝缕，苦心经营，开启民间佛学团体编校、刻印及流通佛教典籍之事业。所刻印流通之数百种佛经，多为唐宋以后中土久佚之佛教各宗重要典籍，校刻印制，广为流通，稀见佛典，赖以保存。清末民初，受金陵刻经处刻印活动之影响，扬州、如皋、常熟、杭州、苏州、长沙、北京、天津、江西等地亦先后成立刻经处，刊印佛经及宗教读物，延续近代佛教之命脉。斗转星移，金陵刻经处创设已有150年之久，但佛教刻印事业至今未辍，作为国内佛教藏版保存之重要基地（据统计，藏版15万片，含佛教典籍1500余种），每年仍利用现存版片陆续刷新佛教经卷数万册，流通海内外，成为国内继续使用传统雕版印刷术印制图书的重要场所。版片载佛典，数印播智慧。墨浸枣梓梨，缩涨读轮回。雕版印刷的版片是纸质古籍印刷的母体和源头，有着与纸质古籍一样的历史价值和学术价值。但是版片的收集和保存难度大，又加上学界"重于藏书，而轻于藏版"，致使版片的寿命比纸质古籍的寿命还要短。所以雕版付梓成书之后，"书存而版失"的情形并非个别现象。可以说，纸张的寿命承载着典籍的年轮，典籍的保护烙印着代代工匠的辛勤。然承载典籍的版片，除雕刻前注重选用优质的梨枣等硬木外，在使用与传承的过程中并没有被刻意记挂。大部分基层博物馆、图书馆及民间的版片，随意堆放，任其发霉、腐烂、虫蛀。显然只有版片储存，并没有形成与纸质古籍一样的通行管理标准与系统的版片保护计划。因此，为延长雕版版片的寿命，对其进行科学的管理迫在眉睫。"金陵刻经处经版的管理与保护"以金陵刻经处现存经版为切入点，经过实地考察，弄清楚了金陵刻经处藏版的数量及版片来源，梳理并研判这些佛经经版历经晚清、民国、新中国成立后、"文化大革命"前后及现阶段管理与保护的具体措施与办法，分析了经版在制作和使用中保护（如制版材料与制版方法的选用、印刷用墨的加工）、经版在收藏中保护（如建筑格局的设计、防虫制蠹、防尘防潮与防霉）、经版在管理中保护（如修版与补版以及制度保护与危机保护）的各种技术，评判了金陵刻经处管理与保护的价值与影响，为版片、古籍收藏者提供了可资借鉴的经验。

诚然，由于知识水平和视阈的制约，有些研究未免失之粗糙或流于表面、浅尝辄止，但毕竟从不同的角度提出了问题，摆出了事实。苏轼有诗云："横看成岭侧成峰，远近高低各不同"，大家不妨借此版本专题研究从不同角度去审视版本和版本学方面的具体问题，相信会有助于加深大家对版本学的认知。

专题一

唐宋篇

【壹】温庭筠诗集版本源流考

温庭筠（812—866年）[①]，本名岐，字飞卿，太原祁（今山西祁县）人[②]，宰相温彦博之裔孙，先世自六朝起即为仕宦高第。温庭筠少敏悟，天才雄赡，能走笔成万言。大中初，应进士。苦心砚席，尤长于诗赋。初至京师，人士翕然推重。然士行尘杂，不修边幅，能逐弦吹之音，为侧艳之词，公卿家无赖子弟，相与捕饮，酣醉终日，由是累年不第。思神速，每入试，押官韵作赋，凡八叉手而成，时号温八叉。大中末，试有司，私占授者八人，执政鄙其为，授方山尉。徐商镇襄阳，往依之，署为巡官。咸通中，失意归江东，路由广陵，令狐绹方镇淮南，庭筠怨居中时不为助力，过府不肯谒。丐钱扬子院，夜醉，为逻卒击折其齿，诉于绹。绹为劾吏，吏具道其污行，绹两置之。事闻京师，庭筠遍见公卿，言为吏诬染。俄而徐商执政，颇右之，白用，除国子助教。会商罢，杨收疾之，遂贬迁隋县尉，卒。

[①] 温庭筠的生年，史籍无载。夏承焘、陈尚君、王达津、刘开扬、黄震云、牟怀川诸先生钩幽发微，各陈己见，提出了六种不同的看法：夏先生拟定的温庭筠生年在元和时期，"元和十五年折中为七年"，即812年，卒年为870年左右；陈尚君在其《温庭筠早年事迹考辨》（见《中华文史论丛》17辑）中考其生年为801年；王达津的《温庭筠生平之若干问题》（《南开学报》1982年第2期），估计生年为824年，卒于中和二年（882）；刘开扬在《唐诗通报》中以为其生在818年；黄震云的《温庭筠籍贯及生卒年》（《徐州师院学报》1982年第3期）中考定为817年，卒于866年；牟怀川发表《温庭筠生年新证》，依据《上裴相公启》"至有道之年"的句子推出第6种观点，即798年之说。其中以夏承焘《温飞卿系年》提出的元和说（812），陈尚君《温庭筠早年事迹考辨》提出的贞元说（801），较为为学界认可。以温庭筠生于贞元和七年，卒于咸通七年（866），则他享年55岁。

[②] 关于温庭筠的占籍。新旧《唐书》均载温庭筠是太原祁人。有学者认为太原是指温氏郡望，而非寄籍所在，即太原是温庭筠的籍贯所在地。对于温庭筠的寄籍，学界大致有以下三种看法：一曰太原说，这是传统的看法，即籍贯、寄籍同一；二曰江南说；三曰关中鄠县说。

温庭筠一生历唐宪宗迄懿宗凡七朝。从唐敬宗和唐文宗时期开始，唐帝国出现明显的衰败倾覆之势。司马光在《资治通鉴》中说："于斯之时，阉寺专权，胁君于内，弗能远也；藩镇阻兵，陵慢于外，弗能制也；士卒杀逐主帅，拒命自立，弗能诘也；军旅岁兴，赋敛日急，骨肉纵横于原野，杼轴空竭于里闾。"[①]指出宦官专权，藩镇割据，骄兵难制，战乱屡起，赋税沉重，民间空竭。这一切，加上统治集团的腐败，使唐王朝陷入了无法挽救的危机之中。由于朝廷控制的州县减少，官位紧缺，朝中清要职位又为朋党及有权势者所据，一般士人在仕途上进身机会很少；由于科场风气败坏，许多出身寒微的有才之士，在考场上长期受困，甚至终生不第。少数士人即使幸而中举入仕，也难有作为，很难像韩愈、白居易那样，凭文才进入上层。面对王朝风雨飘摇的末世景象和自身抱负落空的暗淡前途，士人心理状态发生很大变化。当温庭筠这位有独立追求的文苑天才，雄心勃勃地登上历史舞台之时，却因时代气运之推涌，失却了盛唐文人风云际会名动九州的际遇，等待他的将是"几年辛苦与君同，得丧悲欢尽是空"的坎坷无奈。情感受到磨砺，心灵受到戕害，但他仍旧执着地用诗呼唤正义，用歌展示真情，不放弃自己的人生理想和精神追求，在迷茫的路途上不知疲倦地跋涉，多舛的人生经历凝铸了其诗歌永恒的艺术魅力，多情的内心世界演绎了其诗歌的秾丽华美。

万曼先生的《唐集叙录·温飞卿集》对温庭筠诗集的流传和版刻情况进行了介绍，筚路蓝缕，其功厥伟。可惜囿于时代条件，万先生所据材料多为书目题跋，多数版本未寓目，论述也较为简略。目前，学界尚未有人对温庭筠诗集版本进行专题研究。笔者不揣浅陋，力图全面查检历代书目题跋，广搜众本，详加汇校，比勘各本异同，辨其版刻优劣，尝试理清温集的版本源流，为温诗研究提供文献基础。

稽考历代书目及相关史料可知，温庭筠著述颇丰，可惜元明以降，时光流转、岁月轮回，温氏的大量著作散佚殆尽。今所留存除诗集外计有词一卷、文一卷，《采茶录》《靓妆录》、《乾𦠆子》各残存若干则等，且其

[①]（宋）司马光：《资治通鉴》第4册卷244《唐纪六十》，中州古籍出版社2003年版，第2513页。

中真伪掺杂。温氏文名盛于生世，其诗词流衍，广被传颂，早期结集四种二十八卷，惜皆亡佚。其诗集宋钞宋刻，今付阙如，无从寓目，幸明清两代皆有精钞景写宋本，可窥宋本之真。本文广泛收集相关材料，进行精心组织，希望尽可能地描述出温庭筠诗结集的本初情况和早期的传播流布情况。

一　唐五代温庭筠诗的结集与流布

温庭筠诗歌结集情况，最早见于《崇文总目》卷五著录《握兰集》三卷、《金荃集》十卷。稍后《新唐书·艺文志四》著录《握兰集》三卷，《金荃集》十卷，《诗集》五卷，《汉南真稿》十卷，今皆亡佚，不能见其真貌，其编录原则，收诗情况，亦未见记载，今不可知。且《握兰集》《金荃集》诗词莫辨；《诗集》五卷、《汉南真稿》十卷，实物无存，何人所集也无从考证。

考《崇文总目》，为北宋王尧臣、欧阳修等撰修，是宋代第一部有解题的官修藏书目录，也是北宋最大的目录书，此总目上承《开元群书四录》，下启《四库全书总目》，始修于景祐初，七年乃成。《续资治通鉴长编》记载：

> 景祐元年闰六月辛酉，命翰林学士张观、知制诰李淑、宋祁编三馆秘阁书籍，仍命判馆阁盛度、章得象、石中立、李仲容覆视之。[①]

结合宋王应麟《玉海》卷五二与马端临《文献通考·经籍考一》相关记载，可以考知《崇文总目》的撰述缘由和成书经过：

宋真宗大中祥符八年（1015），因荣王宫火延燔崇文院，书多焚烬，所存无几。而宋帝又深明图书是治天下根本之道理，于是命枢密使、翰林学士、馆阁等校勘藏书，大量抄写所缺之书。同时，访求天下遗书。对献书者，小则授以金帛，大则授之以官。在短短几年期间，三馆秘阁藏书就十分可观。保存和利用，要使书守其类，人按类索书，书不致于散亡，必

[①]　（宋）李焘：《续资治通鉴长编》卷114，清嘉庆二十四年海虞张氏爱日精庐刻本。

须对图书进行分类、校勘、编目等工作。于是，宋仁宗景祐元年（1034）命翰林学士张观、李淑、宋祁等将馆阁正副本书看详，定其存废。伪谬重复，并从删去。内有差漏者，令补写校对。旋又派王尧臣、王洙、欧阳修等，校正条目，讨论撰次。并令仿唐代《开元群书四部录》，编著书目。经过七年补写编目，至庆历元年（1041）成书六十卷，由王尧臣奏上，赐名《崇文总目》。其著录经籍共3445部，30669卷。

可见，《崇文总目》主要是以崇文三馆（昭文馆、史馆和集贤院）及秘阁所藏的图书编修而成的。宋朝建立以后，平定四方，收其图籍，悉归三馆秘阁，并下诏购求所缺散亡之书，以达到蓄天下之图书。

据此，《崇文总目》之编纂，在馆阁雠校群书之后，故征实可信。《握兰集》三卷、《金荃集》十卷，此时尚存。

《新唐书·艺文志》根据的史料主要从《旧唐书·经籍志》来，欧阳修在宋仁宗嘉祐（1056）初撰。而《旧唐书·经籍志》是根据《古今书录》完成的，所以唐玄宗以后的著作全都欠缺；而《新唐书》著录范围，已至昭宗朝，所以利用唐代史传杂著，作了相当的增订修补，由此可推知晚唐时温诗就已经结集。毛晋《金荃集跋》说："相传有方城令《诗集》五卷、《汉南真稿》十卷、《握兰》、《金荃》等集，今不尽传。仅见宋刻金荃集七卷、别集一卷，参之而来分体本子，略有不同。其小词亦名金荃集，尚容嗣镌。"毛跋从内容看来自《唐志》，且认为《唐志》所言四集皆诗集。

温诗于晚唐结集还可以从以下几方面证实：

其一，唐帝国是一个爱诗的国度，是诗的王朝，唐代是真正属于诗的时代，歌者的时代，唐代行卷干谒之风盛行，温庭筠四度入京，皆为求取功名，现存其文尚存多篇求进启文，结集奉权要、赠友人，自然之宜，可想而见知。

在唐代，做官途径大致有二：一是世袭，温庭筠先世，虽自六朝起即是官宦门第，"予先祖国朝公相，晋阳佐命，食采于并、汾也"[①]。且其父温畅也出身属郡县主之子，但其父未就吏部铨选而出任职事官，温庭筠想凭荫任出身是无望的。二是参加各种名目的考试，顺顺当当地做一个小

[①] （唐）温庭筠：《病中书怀呈友人》诗中自注，《全唐诗》卷580，清康熙扬州诗局本。

官,再一步步升迁。学子为了科考成功,到处行卷,投诗干谒。所谓干谒,是以诗文求有权位者荐举,大致为奉献诗、赋、骚体等杂文,还有碑、铭、论、赞、书、序、记、传等,对此傅璇琮诸先生有详细的论述。学子以诗文开道,求知达官贵人,如得到赏识,就可以通过他们为自己宣传、推荐及事先给主考官留下好的印象,获得较好的名次。

行卷和温卷,在唐代士子中最为流行,直接关系到士人能否登第,故唐代应举者多精心编选己之述作,"至进士则多以诗为贽"①,献之权臣名流,以希见赏、延誉,而与此同时,其作也会因之而流布于世。唐代著名诗文家,几乎都以不同形式进行过行卷之举,中晚唐时尤甚,许多诗人的诗作即借行卷而得以传播一时以至后世。程千帆先生指出:"他们的诗,必然有一些是专门为了行卷而写的,还有许多则是通过行卷这种特殊风尚才流传开来的。"②

行卷的实施,在士人应举和扬名中确实发挥了重要的传播作用。《唐音癸签》载:"唐才人艺士行卷歌篇,不知何缘,多得传彻禁掖,如韩偓、冯定、戎昱、钱起诸诗句之类,人主往往能举之。岂一代崇尚在此,尝私采之外庭资乙览故耶?"③ 这说明行卷为才士自行编选,其中多优秀之作,故能广为流传,以至传入宫廷,为皇帝所知,社会效应显著,在士人举子的仕途上能够起到重要作用。

作为一种"推销自己"的方式,当时风尚如此,温庭筠自难超脱。在《上裴相公启》中说:"谨以文、赋、诗各一卷率以抱献。"④ 据牟怀川先生考订此《启》是开成四年(839年)首春求恩裴度之作。⑤ 此时温庭筠即已将己诗结集,奉赠权要,以求扬誉。大中十二年(858)秋,蒋伸在兵部侍郎任,温庭筠撰《上蒋侍郎启》以投,文末说"以新诗若干首上献"⑥。可见温庭筠多次献诗文求仕进,其对自己较为满意的诗作必抄录成本,以供需用,成为其诗原始的结集。

---

① (明)陶宗仪等:《说郛》卷19,清顺治三年两浙督学李际期宛委山堂刻本。
② 程千帆:《唐代进士行卷与文学》,上海古籍出版社1980年版,第16页。
③ (明)胡震亨:《唐音癸签》卷27,清顺治十五年双兴堂刻本。
④ (宋)李昉:《文苑英华》卷657,中华书局1966年影印本,第3379页。
⑤ 牟怀川:《温庭筠生年新证》,《上海师院学报》1984年第1期,第51页。
⑥ (宋)李昉:《文苑英华》卷657,中华书局1966年影印本,第3379页。

其二，从《才调集》序言及选诗情况分析，温庭筠诗在《才调集》成书前，早已成集。

《才调集》是现存最大的唐人唐诗选本，具有总结唐诗之性质。五代后蜀韦縠编选。韦縠，生卒年、字号及籍贯不详，曾在后蜀任临察御史，迁尚书。此书共10卷，每卷100首，共1000首。所选署名诗人180多人，自初唐沈佺期至唐末五代的罗隐等，广涉僧人、妇女及无名氏，晚唐尤以温庭筠、韦庄、杜牧、李商隐四家诗最多，见编者旨趣之所在。所取作品虽以绮丽蕴藉的闺情诗为多，但题材颇广，尚有游宦、边塞、咏史、怀古、砭时及忧民之作。其序云："暇日因阅李、杜集，元、白诗，其间天海混茫，风流挺特，遂采摭奥妙，并诸贤达章句，不可备录，各有编次。"[①] 可见韦縠编选时曾广泛阅读了李、杜、元、白、温等大家、名家的诗集。

《才调集》收温诗61首，计有：《过华清宫二十二韵》《洞户二十二韵》《握柘词》《碧涧驿晓思》《送人东游》《偶题》《赠知音》《鄠杜郊居》《送李亿东归六言》《陈宫词》《春日野行》《西州词》《春洲曲》《阳春曲》《堂堂曲》《春日将欲东归寄新及第苗绅先辈》《经李征君故居》《经旧游》《李羽处士故里》《夜看牡丹》《池塘七夕》《和友人悼亡》《和友人伤歌姬》《春暮宴罢寄宋寿先辈》《题柳》《春日偶作》《途中偶作》《赠弹筝人》《瑶瑟怨》《春日野行》《和道溪君别业》《宿城南亡友别墅》《偶游》《郭处士击瓯歌》《锦城曲》《张静婉采莲曲》《照影曲》《塞寒行》《湖阴词并序》《晚归曲》《湘东宴曲》《碌碌古词》《春野行杂言》《醉歌》《织锦词》《莲浦谣》《达摩支曲》《三洲词》《舞衣曲》《惜春词》《春愁曲》《苏小小歌》《春江花月夜词》《懊恼曲》《边笳曲》《春晓曲》《侠客行》《春日》《咏嚵》《太子池二首》，这些诗律、绝、排、古、乐府众体皆备，诗句流丽华美，其诗不出影宋本温庭筠诗集七卷，可知其选出于温庭筠诗集。另外，所选温诗远多于李白、王维、白居易、李商隐诸大家，可见其在晚唐五代诗坛的地位和对选家的影响力，这样一位诗人诗歌没有结集是不可想象的。故综合自序和所选温诗可以看出此时有温庭筠诗集存世。

---

① （五代）韦縠：《才调集补注》，清乾隆刻本。

其三，《十抄诗》与《千载佳句》选录温诗的分析。

《十抄诗》收入温庭筠诗10首，影宋本温庭筠诗集七卷里皆有收录。《十抄诗》是高丽前期朝鲜人所编辑的一部唐诗选集，书中收录了中晚唐30位诗人（包括4位新罗人）的作品，全部为七言律诗，每人10首，共300首。令人感到惊奇的是，在这部唐诗选集的300首诗中，未见于后来《全唐诗》的作品竟达183首之多。《十抄诗》中的温庭筠、许浑、杜荀鹤、方干、秦韬玉5人没有逸诗，是与他们的诗结集早、诗集相对完整的保存有关。①

《千载佳句》是日本平安时期大江维时（887—963年）所编纂的唐诗名句选，选录温诗16首。《千载佳句》以元白诗为主，时人考证白集其时流于日本，可间接证明温庭筠有诗集传入日本。

另外，《四库全书总目》曰："嗣立此注，称从所见宋刻分诗集七卷、别集一卷，以还其旧。疑即《通考》所载之本。又称采《文苑英华》《万首绝句》所录为《集外诗》一卷，较曾本差为完备。然总之非唐本之旧也。"② 四库馆臣亦认为温诗唐代已经结集。

综之，唐志所载不谬，温庭筠诗在晚唐已结集，且至少有四个诗集版本传世，直至北宋四集仍存，但《温庭筠诗集》结集的具体情况，各集成于谁手，收录体例，今无从探知，或许会成为一个永远的谜团③。

二 温庭筠诗集在两宋的整合与刊刻

对隋唐五代别集而言，宋元是存亡接续的关键时期。宋代是学术文化高度昌明之时代，社会生产力的发展，城市经济的繁荣，特别是印刷术的推广，极大地促进了文化事业的发展。在这样一个文化背景下，整个宋代，隋唐五代别集的整理刊刻形成高潮，甚至影响到北方的金国，历蒙元稍衰。许多今存传世诗人的别集，大多经过了宋人的整理刊刻，温庭筠的

---

① 牛林杰：《韩国文献中的〈全唐诗〉逸诗考》，《文史哲》1998年第5期，第118—119页。
② （清）永瑢等：《四库全书总目》卷151《集部四·别集类四〇》，四库全书本。
③ 根据唐人诗集的命名特点，唐志所载四集，似作者自定，惜无佐证，不敢妄言，故存疑。

诗集就是如此。

温庭筠的诗集在宋代经过了重新整理刊刻，被整合成后世流传最广的诗集七卷系统。五代以降，雕版印刷术渐趋普及，刻印本字体、版式、纸张日益精美，书籍质量大大提高，除少量抄本外，别集大都以刻本方式流通。因现存材料的匮乏，早期结集的手抄本向宋刻本的嬗变过程，已难以进行确切考证，要解决这个疑问，只能等待新材料的出现。可以想象伴随着花间词风艳极思变，人们的审美思想、文学观念发生了极大变化，温庭筠淡出了诗坛主流视野，《唐志》提及的四个集子就是这样逐渐消散，最终亡佚，只有整理本因刊刻而留存至清初。

（一）书目之著录

《通志略·艺文略八》著录温庭筠诗词结集情况，略同《新唐书·艺文志》：

> 温庭筠《握兰集》三卷，又《金荃集》十卷，又《汉南真稿》十卷，又《诗》五卷。①

《通志·艺文略》，宋郑樵撰，郑樵又称夹漈先生。有通志二百卷，其中艺文略八卷，把古今目录所收之书，分为12类，284目，而类下分子目是郑樵自己的独创，为明清两代沿袭。郑樵认为古书容易散失，学术不能专门世守，是因为编撰书目的人不明类例的关系，所以他详细地区分类例，不论现存或亡佚的书，全都著录，以使阅读者能借以知晓各类学术的渊源流变；从另一方面来看，想要从事专门研究的学者也可以据目索求，古籍自然就不容易亡失了。郑樵并不撰小序，也认为解题没有意义，辨章学术、考镜源流的作用自然减弱，因此郑樵想要详类例以明学术时，编目难免进退失据，是其疏失之处。从郑樵编制艺文略的实际情况看，我们不能把它作为判断诗集版本存亡的依据。

而《郡斋读书志》著录却是：

---

① （宋）郑樵：《通志》卷70《艺文略八》，清光绪贯吾斋本。

《温庭筠金荃集》七卷，《外集》一卷。右唐温庭筠也。庭筠，本名岐，字飞卿，宰相彦博之裔。诗赋清丽，与李商隐齐名，时号"温李"。然薄于行，多作侧辞艳曲，累举不第，终国子助教。宣宗尝作诗赐宫人，句有"金步摇"，遣场中对之，庭筠对以"玉跳脱"。上喜其敏，欲用之，以尝作诗忤时相令狐绹，终废斥云。①

《郡斋读书志》为宋代晁公武撰。晁公武曾官至敷文阁直学士。承其家七代藏书，数量宏富，又于守荣州时，得到四川转运使井宪孟的赠书，于是在公余，亲自校雠，撰写《郡斋读书志》，书成于绍兴廿一年（1151）；此事甚详于其自序：

杜邺从张京兆之子学问，王粲为蔡中郎所奇，皆尽得其家书，故邺以多闻称而粲以博物显。下逮国朝，宋宣献公亦得毕文简，杨文庄家书，故所藏之富，与秘阁等，而常山公以赡博闻于时。夫世之书多矣，顾非一人之力所能聚；设令笃好而能聚之，亦老将至而耄且及，岂暇读哉！然则，二三子所以能博闻者，盖自少时已得先达所藏故也。公武家自文元公来，以翰墨为业者七世，故家多书，至于是正之功，世无与让焉。然自中原无事时，已有火厄，及兵戈之后，尺素不存也。公武仕宦连蹇，久益穷空，虽心志未衰，而无书可读，每恨之。南阳公天资好书，自知兴元府至领四川转运使，常以俸之半传录。时巴、蜀独不被兵，人间多有异本，闻之未尝不力求，必得而后已。历二十余年，所有甚富。既罢，载以舟，即庐山之下居焉。宿与公武厚。一日，贻书曰："某老且死，有平生所藏书，甚秘惜之。顾子孙稚弱，不自树立。若其心爱名，则为贵者所夺；若其心好利，则为富者所售；恐不能保也。今举以付子，他日其间有好学者，归焉。不然，则子自取之。"公武惕然从其命。书凡五十箧，合吾家旧藏，除其复重，得二万四千五百卷有奇。今三荣僻左少事，日夕躬以朱黄，雠校舛误。终篇，辄撮其大指论之。岂敢效二三子之博闻，所期者不坠家声而已。书则固自若也。傥遇其子孙之贤者，当如约。

---

① （宋）晁公武：《郡斋读书志》卷18，清光绪十年长沙王氏刻本。

绍兴二十一年元日，昭德晁公武序。①

《郡斋读书志》中所著录的书，都有叙录，有的是论析书中的要旨，有的则介绍作者的始末，也有详论学派的源流，或是审定篇章的次第，它具有传统目录书的体例，但却没有小序，只在每一部类的前面有一篇总序。

原书四卷，最初在四川刊印；后来在四川又出现姚应绩编的廿五卷别行本，这是在原书的基础上有所增益的。南宋理宗淳祐九年（1249）游钧守衢州时，传刻姚本，即衢州本，此本收书1461部；衢州原刻本已失传，覆刻本有清嘉庆二十四年（1819）汪士钟艺芸精舍刊本、光绪六年（1880）会稽章氏式训堂刊本，王先谦校刊本乃根据衢州本为底本，也多被视为衢州本。淳祐十年（1250）黎安朝守袁州，在原书四卷之后，录入姚氏衢州本所增部分为后志二卷，再增加赵希弁藏书为附志一卷，即袁州本，此本收书1468部，附志则有568部；袁州原刻本现藏于国立故宫博物院；民国二十四年上海涵芬楼曾影印此本收入四部丛刊三编。两本今天都并行于世，为我国现存最早的私家目录。

综上可知，《郡斋读书志》之著录相当可信，北宋就已出现整合过的宋刊温庭筠诗集七卷本系统，值得注意的是晁志著录中还提到外集一卷，至宋隋唐五代别集严重散佚。《宋史·艺文志》："历代之书籍，莫厄于秦，莫富于隋、唐。隋嘉则殿书三十七万卷。而唐之藏书，开元最盛，为卷八万有奇。其间唐人所自为书，几三万卷，则旧书之传者，至是盖亦鲜矣。陵迟逮于五季，干戈相寻，海寓鼎沸，斯民不复见《诗》《书》《礼》《乐》之化。周显德中，始有经籍刻板，学者无笔札之劳，获睹古人全书。然乱离以来，编帙散佚，幸而存者，百无二三。宋初，有书万余卷。"② 因此裒集佚作成为宋人别集整理的一项重要工作。有的别集经离乱，原已全佚，宋人就为之重新编集；对于基本完整的别集，宋人往往加以补辑，温庭筠外集一卷应是宋人在本集七卷外，集温庭筠佚诗而成。

《直斋书录解题》著录：

---

① （宋）晁公武：《郡斋读书志·序》，清光绪十年长沙王氏刻本。
② （元）脱脱等：《宋史》卷202《艺文志一》，清光绪同文书局刻本。

《温飞卿集》七卷，唐方城尉温庭筠飞卿撰。①

《直斋书录解题》，宋陈振孙撰。陈振孙并无藏书，后来在福建莆田为官时，传录了郑樵、方渐、林霆、吴与旧书共约51180余卷，模仿晁公武《郡斋读书志》而写，书成于南宋理宗（1224—1264）年间。

《直斋书录解题》原本65卷，清以来不传，今本廿二卷，为四库馆臣自《永乐大典》中辑出，参校《文献通考·经籍考》订成，四库辑本后刊入武英殿聚珍版丛书，体例大致上以《郡斋读书志》为依归，但没有总序，其间偶有小序，每部书下有解题，品评其得失；特别的是：此目不标经、史、子、集，仅只将所藏书籍区分为53类，先后的次序仍然按照四部分类；宋元以前收藏书籍目录中以此目的分类最为详密。从直斋书录著录内容看，和晁志著录的书名不同，但正集卷数同，二本应该同源。

《宋史·艺文志七》著录：

> 温庭筠《汉南真稿》十卷，又《集》十四卷，《握兰集》三卷，《记室备要》三卷，《诗集》五卷。②

同卷后又有《温庭筠集》七卷，于《杜牧集》二十卷、《段成式集》七卷之间。

《宋史·艺文志》是根据两宋官修的四部《国史艺文志》，拼凑整理而成，并采用补充的方法，补入史馆所存宋宪宗嘉定以后新书汇集而成，并未检视元初秘阁的藏书。著录可谓宏富，共计为9819部，119972卷。这个数字不仅超过《崇文总目》《中兴馆阁书目》及《馆阁续书目》，也超过《直斋书录解题》等私家目录。其序曰：

> 宋旧史，自太祖至宁宗，为书凡四。志艺文者，前后部帙，有亡增损，互有异同。今删其重复，合为一志，盖以宁宗以后史之所未录

---

① （宋）陈振孙：《直斋书录解题》卷19，清同治十三年江西书局刻本。
② （元）脱脱等：《宋史》卷208《艺文志七》，清光绪同文书局刻本。

者，仿前史分经、史、子、集四类而条列之，大凡为书九千八百十九部，十一万九千九百七十二卷云。①

该志实际为记载宋代藏书情况及宋代著述的史志总目，然缺误颇多，汪辟疆批评说："诸史艺文志，惟《宋志》最为草率，且重出尤多。"②如其所载"又《集》十四卷"③，不见他书，但其著录温庭筠诗集，于各目录书中最多，且同时出现了《集》十四卷与《温庭筠集》七卷，值得特别关注。

从上面书目特别是《宋志》的著录中可以看出，温庭筠诗集从早期的多个集子被整理成七卷本的信息。

（二）载记题跋

在书籍的流传过程中，常有学者、收藏家将个人对版本流传情况、得书经过及本书的相关问题写在书首或卷尾或采用其他方式记录下来，成为后人鉴别版本、考察源流的依据和参考。

陆游《渭南文集》中有《跋温庭筠诗集》，称其父所藏旧本，以《华清宫》诗为首，中有《早行》诗。后得蜀本，则《早行》诗已佚。其跋曰：

> 先君旧藏此集，以《华清宫》诗冠篇首，其中有《早行》诗，所谓"鸡声茅店月，人迹板桥霜"者。久已坠失，得此集于蜀中，则不复见《早行》诗矣，感叹不能自已。淳熙丙申重阳日某识。④

《铁琴铜剑楼书录》对校宋本《温飞卿诗集》七卷、别集一卷的著录：

---

① （元）脱脱等：《宋史》卷202《艺文志一》，清光绪同文书局刻本。
② 汪辟疆：《目录学研究》，商务印书馆出版1934年版。
③ （元）脱脱等：《宋史》卷208《艺文志七》，清光绪同文书局刻本。
④ （宋）陆游：《渭南文集》卷26，明汲古阁刻本。

陈南浦校宋本温飞卿集七卷别集一卷，有题记云："庚寅春，花朝，假钱遵王钞宋本重勘。"钱本旧有题记云："乙酉小春，从钱子健校本对过一次。子健□□□处取宋本校正者。"又记云："冯定远云，何慈公家有北宋本，为何士龙取去，散为轻烟矣。"案："宋本名《温庭筠诗集》，一卷至七卷目录，连列不分。卷一《湘宫人歌》下即次《黄昙子歌》，不在《别集》之末。"①

明刊冯氏藏本温庭筠诗集七卷别集一卷，有窦伯题记云："太岁戊子季冬之月望后一日校练一过。此本不甚精好，先君子曾获宋刻本，为友人借去，不复得归。今更存一抄本，颇胜此也。"

从上述记载题跋可以看出，温庭筠诗集至迟在宋代就已刊印，且宋刻已非一本，随着刻本的流行，《新唐书·艺文志》中提到的四个本子，逐渐湮灭。结合毛晋的跋语和现存的诗集看，宋刻七卷本成为后世流行的两大版本系统的源头。

上文结合两宋目录书的著录及有关温庭筠诗集的题跋，对温庭筠诗集的早期版本进行了考察，由于宋本的缺失和相关史料的匮乏，我们很难得出更为精细的结论。

（三）唐宋元总集收录温诗情况及其文献校勘价值

唐宋人编撰的诗歌总集，大多较好地保存了诗歌的原貌，与元明编辑总集、别集者常常删节诗题、改易文字，有很大不同。而温庭筠诗集唐写本与宋本的亡佚，使这个时期选录温诗的总集，具有了更高的文献意义，其校勘价值得到最大程度的凸显。下面我们简单讨论较为主要的几种。

1. 韦庄的《又玄集》

现存最早收录温庭筠诗的唐诗选本是韦庄的《又玄集》，收温诗五首。计有：七律《春日将欲东游寄苗绅》（本集卷四诗题为《春日将欲东归寄新及第苗绅先辈》）、五律《早春浐水送友人》（集外诗）、七律《河中陪节度游河亭》（别集诗题为《河中陪帅游亭》）、五律《赠隐者》（补

---

① （宋）瞿镛：《铁琴铜剑楼藏书目录》卷19，清光绪二十四年常熟瞿氏家刻本。

遗诗)、七律《过陈琳墓》(本集卷四)。比勘底本①,其差异如下:其中两首诗为底本所无;相同的三首有两首诗题不同,且文字亦有一处不同(《春日将欲东游寄苗绅》一首有"三春月照千山路"一句底本作"三春月照千山道")。从中可以看出《又玄集》可补底本之失,有裨校勘之用。

2.《才调集》

成书于五代的《才调集》,编者韦縠作为五代后蜀诗人,其诗风继承晚唐的华丽一派,故所选多中、晚唐秾丽宏敞之诗。庭筠选61首,李商隐选40首,元稹选57首,杜牧选33首,韦庄选63首。由此可知其倾向,北宋初的西昆体诸诗人即奉此书为圭臬。《才调集》最早的版本,现在可考的是南宋临安陈氏书棚本,此后刻本、抄本、影抄本皆本此宋刻。此书今传本十卷,同历代著录。从第一卷到第八卷,每卷第一人选诗特多,如第一卷以白居易诗19首开始,第二卷以温飞卿诗61首开始。总集的编选大致目的:一曰存录诗歌;一曰提供范本;或兼而有之。编选者通常把自己心目中最优秀的诗人尽可能地安排在最醒目的地方。如高仲武的《中兴间气集》推尊"钱、郎为宗伯"②,于是将二人分别放在是集上下卷之首。可知韦縠对温庭筠的重视。

清代、近代的校勘家就充分认识到《才调集》的校勘价值,多人用之校勘过温庭筠的诗集。今以丛刊景宋本《才调集》校景宋本温庭筠诗集,差异如下:诗题不同者9首;字句不同者四十五处。可见其校勘价值。

宋人选唐诗于唐人自己选编唐诗有很大不同,唐人选唐诗更多得体现唐人对唐代诗歌发展变化的认知,如殷璠选《河岳英灵集》:"武德初,(齐梁)微波尚在;贞观末,标格渐高;景云中颇通远调;开元十五年后,声调风骨始备矣。"③而宋初期之前更多的是笼统地把整个唐诗都作为学习对象来编选的,南宋中后期,由于南宋后期政治、经济、文化的日益衰落和继之而起的元代文化的衰微,文人士大夫的心理状态狭隘敏感,

---

① 指本文校勘用的底本,系采用四部丛刊景宋本,包括本集七卷,别集一卷。此集未收,而曾益注顾氏笺注本从《英华》《绝句》中辑出者,称集外诗;其他称补遗诗。下同,不再单独说明。

② (唐)高仲武:《中兴间气集》,清光绪十九年武进费氏影宋刻本。

③ (唐)殷璠:《河岳英灵集》,清光绪四年秀水高行笃仿宋刻本。

这种理论始终未能在编选唐诗中付诸实践。时代的局限，使人们仍然在晚唐诗那种衰飒狭小、平庸板实的诗风中寻觅着自己诗歌的创作道路，并仍在编选着一些推崇晚唐的诗歌选集。

3. 《文苑英华》

宋代最具校勘价值的总集是《文苑英华》，它是北宋四大书之一，宋太宗赵炅命徐铉、李昉、宋白及苏易简等20余人共同编纂。太平兴国七年（982）开始，雍熙三年（986）完成。宋真宗赵恒时曾进行几次修订。宋孝宗赵昚时又命专人作了校订，最后经周必大、胡柯和彭叔夏复校，于嘉泰元年（1201）开始刻版，四年完工。这个经周、彭等人校订过的本子并未改动底稿原文，而是将校记以小字夹注"集作某"或篇末黑地大字的形式标明。这个宋刻本现在仅存残本。全书一千卷，上继《文选》，起自萧梁，下讫晚唐五代，选录作家两千余人，作品近两万篇，按文体分赋、诗、歌行、杂文、中书制诰、翰林制诰等39类（如把谥册和哀册合并则为38类）。每类之中又按题材分若干子目，如赋类下分天象、岁时、地、水、帝德、京都等42小类。书中约1/10是南北朝作品，9/10是唐人作品，多数是根据当时流传不多的抄本诗文集收录的，保存了不少有价值的文献资料，校记里还附注有别本的异文，可以用以辑补校勘唐人的诗文集。清朝纂修《全唐诗》《全唐文》和《四库全书》时，都曾用作参考。本书流传不广，明嘉靖四十五年（1566），胡维新等根据宋本重新刻印。1966年中华书局用宋刻本140卷和明刻本860卷配齐影印，并附录了彭叔夏的《文苑英华辨证》及劳格的《文苑英华辨证拾遗》。

比勘《文苑英华》，其收温诗137首，重出10首，实收127首，其中42首不见底本正集别集中，清代顾嗣立收入集外诗中，占集外诗一半多。其在温庭筠诗集校勘、辑佚、整理中的巨大价值，不言而喻。

4. 《乐府诗集》

《乐府诗集》是中国上古至唐五代乐章和歌谣的总集。宋代郭茂倩编。以辑录汉魏至唐的乐府诗为主，全书100卷，根据音乐性质的不同，将所收作品分为郊庙歌辞、燕射歌辞、鼓吹曲辞、横吹曲辞、相和歌辞、清商曲辞、舞曲歌辞、琴曲歌辞、杂曲歌辞、近代曲辞、杂歌谣辞、新乐府辞12大类。《乐府诗集》是成书较早、收集历代各种乐府诗最为完备的一部重要总集，对文学史的研究有重要参考价值。《乐府诗集》一书在南宋的流传状态为：版本种类不多，刊行量不大；高宗、孝宗、光宗三朝是流传盛期，此后渐衰；临安为中心的江浙地区是其主要流传地。决定这种流传状态的深层原因是这部书的性质：它兼具经部乐类的学术著作和乐府诗总集的双重特性，且主要是作为一部乐类的学术著作被接受和发生影响的。

《乐府诗集》收录温庭筠乐府诗28首，占温庭筠全部乐府诗44%，《杨柳枝》八首正集、别集未收，被顾氏辑入集外诗。

5.《古今岁时杂咏》

北宋时，宋绶编过《岁时杂咏》，共20卷，收汉魏至隋唐诗千五百首，这书后来散佚了；南宋初年，四川人蒲积中有感于此书未收同样光彩照人的宋诗，于是着意重编，扩充成46卷的《古今岁时杂咏》，收诗2700百余首，按一年四季的节气时令，如元日、立春、寒食、清明等收诗。《四库全书总目》说："古来时令之诗，摘录编类，莫备于此。非惟歌咏之林，亦典故之薮，颇可以资采掇云。"[①] 这跟蒲积中《序》中的说法意思相通，可互相补充："非惟一披方册，而四时节序具在目前，抑亦使学士大夫因以观古今骚人，用意工拙，岂小益哉！"

《古今岁时杂咏》所收《元日》《二月十五日樱桃花盛开，自所居蹑履吟玩，竟名王泽章秀才》《寒食节日寄楚望二首》《清明日》《禁火日》《嘲三月十八日雪》7首正集、别集未收，顾氏辑入集外诗。

6.《万首唐人绝句》

《万首唐人绝句》，宋代洪迈编。洪迈辑唐人绝句5000多首，进呈宋孝宗后，复补辑备足万首之数。原本100卷，每卷100首。凡七言绝句75卷，五言绝句25卷。末附六言绝句1卷。此书汇集了唐代诸家诗文集、野史、笔记、杂说中的绝句诗，有保存资料的劳绩，但为凑满万首，不免滥收，窜入少数非唐人作品。并且有割截律诗为绝句，一人之诗分置几处等现象。《万首唐人绝句》有明代陈敬学仿宋刊本。1955年文学古籍刊行社据以影印，较为通行。

《万首唐人绝句》选温诗46首，其中7首不见他书，清代顾嗣立收入集外诗，计有：《答段柯古见嘲》《莲花》《过吴景帝陵》《龙尾驿妇人

[①]（清）永瑢等：《四库全书总目》卷151《集部四·别集类四〇》，四库全书本。

图》《薛氏池垂钓》《简同志》《瑟瑟钗》。另外,《敷水小桃盛开因作》一首特别值得注意:底本、笺注本、全唐诗此首为五律,诗云:"敷水小桥东,娟娟照露丛。所嗟非胜地,堪恨是春风。二月艳阳节,一枝惆怅红。定知留不住,吹落路尘中。"① 而《万首唐人绝句》以前四句为五绝,李刻本、冯抄本同;清抄百家诗本抄前四句,后四句为补校时从校本抄录;瞿录陈校汲古阁本于天头补后四句,校语认为"宋本无后四句"。综合判断:正集七卷本无后四句,绝句因之,宋人辑别集时,对正集进行加工,补后四句;或者《绝句》割截律诗为绝句,校者以《绝句》校正集删后四句,当然这种可能性极小。

7.《唐诗鼓吹》

《唐诗鼓吹》,唐代七言律诗选集。据赵孟頫《序》,称为金元好问所编,其门人中书左丞郝天挺所注。书共10卷,选七言律诗近600首,96家。作者大都为中唐晚唐诗人,对许浑、陆龟蒙、杜牧、李商隐、谭用之等作品选录尤多。入选诗歌多为伤时感怀之作,间有娱情悦志之篇,但风格颇清朗开豁,钱谦益谓此书"主于高华鸿朗,激昂痛快"②,比同时代方回所编律诗选集《瀛奎律髓》取迳较高。但编次较乱,初唐盛唐作家杂编其间,还有宋人掺入,选入宋代胡宿诗23首之多。旧有至大元年(1308)刊本。另有明代廖文炳注本,有明万历七年(1579)刊本。清代乾隆时有陆贻典参校本,又有纪昀评本。

《唐诗鼓吹》卷七选录温庭筠诗10首,计有:《春日将欲东游寄苗绅》《河中陪节度游河亭》《过陈琳墓》《伤李羽士》《初秋》《杨柳》《春日偶成》《途中偶作》《春日野行》《和道溪君别业》。清顾嗣立曾用其校温庭筠诗集。

8.《唐音》

《唐音》编者元代杨士弘,字伯谦。襄城(今属河南)人,寓临江(今属江西)。好学能文,尤工诗。《唐音》的编选,始自元统三年

---

① (唐)温庭筠、(清)曾益等:《温飞卿诗集笺注》,上海古籍出版社1980年版,第161页。
② (金)元好问、(元)郝天挺:《唐诗鼓吹笺注·序》,清乾隆五十七年刻本。

(1335)，成于至正四年（1344），"积十年之力而成，去取颇为不苟"①。全书 15 卷，分为"始音""正音""遗响"三部分，共收唐诗 1341 首。《凡例》说"李、杜、韩诗世多全集"，所以不收李、杜、韩三家诗。《唐音》选诗原则是"审其音律之正变，而择其精粹"②。《始音》收王勃、杨炯、卢照邻、骆宾王等"四杰"诗，《遗响》收唐代大家不入《正音》之作及方外等人之诗，这两部分都以人分列编次；《正音》为本书主要部分，以五、七言古律绝的体裁分类，又分"唐初盛唐""中唐""晚唐"三个时期编次。承严羽，启高棅；推崇盛唐诗；以体裁分类，以音律品评，注意唐诗的发展流变。今存明嘉靖年间套印本，湖北先正遗书影明本。《唐音》把温庭筠放入《遗响》，卷一三收其诗 25 首。

9. 附：《唐诗品汇》

《唐诗品汇》载：

> 有《诗集》五卷、《汉南真稿》十卷、《握兰》、《金荃》等集并传。③

《唐诗品汇》，高棅编选。高棅（1350—1423），字彦恢，更名廷礼，与当时林鸿、郑定、王偁等诗人合称"闽中十子"。论诗秉严羽明确提出"四唐说"；承杨士弘"九品"。其《凡例》说："大略以初唐为正始，盛唐为正宗、大家、名家、羽翼，中唐为接武，晚唐为正变、余响，方外异人等诗为旁流。间有一二成家特立与时异者，则不以世次拘之。"④把唐诗分为初、盛、中、晚，有助于对唐诗发展流变的认识，常为唐诗研究者所采用；但九品之分，缺乏明确标准，不免招人讥议。《四库全书总目》说："平心而论，唐音之流为肤廓者，此书实启其弊；唐音之不绝于后世者，亦此书实衍其传。功过并存，不能互掩，后来过毁过誉，皆门户之见，非公论也。"⑤原有明成化间陈炜刻本，明代汪宗尼、汪季舒、陆允

---

① （清）永瑢等：《四库全书总目》卷 188《集部四十一·总集类三》，四库全书本。
② （元）杨士弘：《唐音·自序》，四库全书本。
③ （明）高棅：《唐诗品汇》，清京都文锦堂刻本。
④ （明）高棅：《唐诗品汇·凡例》，清京都文锦堂刻本。
⑤ （清）永瑢等：《四库全书总目》卷 189《集部四十二·总集类四》，四库全书本。

中、张恂等以其讹误甚多,加以校订刊印。1982年上海古籍出版社即据汪宗尼本影印出版,书后附人名索引,使用方便。

《唐诗品汇》是一个有价值的选本,它不仅在唐诗研究史上是一份值得注意的资料。其收诗数量较多,在一定程度上反映了唐代诗歌风貌;它编于明洪武年间,编选者看到过不少现已失传的唐诗选本和别集。在校勘、考证上有较高的参考价值。其中收录温庭筠诗31首。

10. 其他总集和相关文献

范摅的《云溪友议》提及温庭筠的《新添声杨柳枝辞》2首;北宋钱易《南部新书》记录有《题李卫公诗》2首,可作整理温庭筠诗集的重要参考。

《三体唐诗》收录温庭筠诗3首,《丽泽集》收录3首,二集宋本尚存,均可作为校勘的材料。元代方回编选的《瀛奎律髓》,选唐代作家180余家,宋代作家190余家。其中收录温庭筠诗7首,也可作为校勘的材料。

三 温庭筠诗集在元代的流布

元代在中国历史上是特殊的一页,战乱频繁,社会动荡,享国日短,其游牧习俗和立国方策,给中华文化带来了沉重的打击,温庭筠诗集在元代的留存情况见于记载的主要为以下内容:

《文献通考·经籍考七十》

> 温庭筠《金荃集》七卷、《外集》一卷。①

《文献通考》是宋元时代著名学者马端临的重要著作。马端临,字贵与,江西乐平人,生于南宋理宗宝祐二年(1254),卒于元泰定帝泰定元年(1324)。南宋宰相马廷鸾的仲子,以荫补承事郎,曾漕试第一。廷鸾为人正直,不肯附和奸相贾似道,咸淳九年(1273)被迫辞职,开始其著书工作。而《文献通考》的编写用时20余年。著成于丁未之岁,即元

---

① (元)马端临:《文献通考·经籍考七十》卷243,清光绪八年浙江书局刻本。

成宗大德十一年（1307），至治二年（1322）官家为之刊行，至泰定元年刊成。

《文献通考》全书分为24门，348卷。因全书规模宏大，易失于疏略，如《职官考》全录《通典》之文，于五代部分则叙述寥寥；又如《经籍考》内容虽丰富，而主要依据不出于晁公武、陈振孙二家，自不能完备。

《文献通考·经籍考》温庭筠诗集下解题有"晁氏曰"，内容与《郡斋读书志》全同，可见其材料源于读书志。

《唐才子传》在温庭筠传正文的最后：

> 今有《汉南真稿》十卷，《握兰集》三卷，《金荃集》十卷，诗集五卷，及《学海》三十卷。又《采茶录》一卷。及著《干䐑子》一卷，《序》云"不爵不觚，非臐非炙，能悦诸心，庶乎干䐑之义"等，并传于世。①

《唐才子传》，唐五代诗人简要评传汇集。撰者元代辛文房，字良史，西域人，曾官省郎。能诗，与王执谦、杨载齐名。有《披沙诗集》，已佚。此书对中、晚唐诗人事迹所记尤详，也包括部分五代诗人。按诗人登第先后为序。书中保存了唐代诗人大量的生平资料，对其科举经历的记叙更为详备。传后又有对诗人艺术得失的品评，多存唐人旧说，其中颇有精辟之见。虽然辛元房用了"今有"一词，似乎《汉南真稿》、《握兰集》、《金荃集》、诗集五卷元代尚存，但辛元房温庭筠传此部分的材料多从新唐书而来，应该没有也不可能亲眼见到这四部集子，这几部诗集南宋已不存于世。

四　明代温庭筠诗集的刊刻与流传

明代是刻书之风最盛的时期，印刷术的进步，商业的发达，城市的繁荣，读者的增多，促进了刻书业的发展，官方刻书机构规模庞大，民间书

---

① （元）辛文房：《唐才子传》，中州古籍出版社1987年版，第342页。

肆遍及全国，其刻书数量和品种都远多于宋元时期，《古今书刻》记载，隆庆三年（1569）之前，明代刻书多达2500余种，其中包括为数众多的隋唐五代别集。明代尊唐风气笼罩整个诗坛，故其别集整理刊刻工作偏重唐诗别集，许多隋唐五代别集赖明人刊刻方得广泛流传，部分散佚的别集赖明人重辑方能重新结集。唐诗别集之保存整理，明人实有其功。但明代商品经济的发展，书坊刻书重利，世风浇漓，学术意识淡薄，甚至出现了伪造唐人别集的现象。明人乱改原书、好为伪书，也一直为后人诟病，被学者讥为"明人刻书而书亡"[①]，推崇宋元旧本。但明本亦多有佳刻，诸如明初刻本、藩府刻本和一些私家刻本，而且随着宋元本的流传稀少，明刻本逐渐成为整理唐集的重要依据。明人刊刻唐集发展了分体的概念，突破了以时空系诗和分类编排的传统主流范式，开始以诗体作为分卷标准，并多以五古、七古、五律、七绝等次序排列。但是明代前期关注的重心在李杜、王孟、高岑等大家身上，温庭筠诗集，现存只有一种，明代后期，受前后七子"诗必盛唐"复古风气的影响，唐诗人别集的刊刻与出版出现了前所未有的繁荣局面，温庭筠诗集在明末短短的50年间，有近十种版本，情况如下。

（一）明弘治十二年李熙刻本（1499年）

李熙，明应天府上元人，字师甫，弘治九年进士，擢御史，嘉靖间吏浙江副使，以清操闻。弘治十二年刻印《温庭筠诗集》7卷《别集》1卷。国图藏本有冯武校并跋，粗黑三鱼尾，半叶九行，行十八字，左右双边，题目低两格刻印，原刻温庭筠诗集目录下有印四："铁琴铜剑楼""简缘""北京图书馆藏""冯氏藏书"。从藏印分析，这个集子本为上党冯氏收藏，后入瞿氏铁琴铜剑楼，现存国家图书馆。

集末有冯武题跋云：

> 太岁戊子季冬之月望后一日，校练一过。此本不甚精好，先君子曾获宋刻本，为友人借去，不复得归，今更存一抄本，颇胜于此。

[①] （清）叶德辉：《书林清话》卷7，民国九年长沙叶氏观古堂刻本。

冯武（1627—？），清康熙年间常熟人，字窦伯，号简缘、知十子，工书法，得叔父冯班的真传，又爱读书，校勘和抄写不倦，邑人陈瑚赠诗有"鹅群书帖双钩圣，牛角巾箱万卷淫"[①]之句。著有《遥掷集》。刻印过冯舒《狱庵遗稿》8卷，冯班《钝吟杂录》14卷，自撰《书法正传》10卷，《评点才调集》10卷。抄本有：《李太白诗集》4册，《温庭筠诗集》7卷《别集》1卷，《唐刘蜕集》6卷，钱谦益《有学集》50卷。稿本有《海虞科第世家考》不分卷等。

李熙刻本是现存《温庭筠诗集》最早的刻本，卷首有李熙序，曰：

> 唐宋名家诗梓行者多矣，李杜韩柳欧王黄苏之作载诸文集中，故已遍行于天下。近岁《韦苏州集》刻于陕，许鄂州《丁卯集刻》于润，陆放翁《涧各诗选》刻于杭，陈履常诗刻于汉中郡，其他未暇尽举，然播诵人口，而流传四方，欣动骚人词客之志，模效体裁，属辞比赋，以鸣国家太平风教民物之盛者，亦岂小补之哉？唐温飞卿诗说者病其风花绮丽，或有累其正气，与李商隐、李长吉辈时号西昆，诗至此为文章之一厄，故不齿刊于开元、天宝盛唐诸集中，是岂作者之罪哉？文章兴时启下，岂气运系然耳。诸君子多所谓同工而异曲者矣，今读飞卿之清远柔婉跌宕绮丽而畔于理者盖寡，比之长吉之诡、商隐之僻，则又庭筠之所长也，是恶可以弗传邪？雅集凡七卷别集一卷，共诗若干首。予得之同年进士顾君华玉，顾得之罗君子文，罗得于江西右族。华玉与予言子文，尝道其人辑有魏晋以下名人诗70余家，皆抄本，求尽录之。若有靳吝者，予闻而鹽之，用是锓梓以兴，韦许诸集并行于世，使其人见之，盖将翻然有感于是集之行，且不以藏于私家为贵，而以达诸天下为功矣。异时俾诸诗散布而传四方，谓非温集为之偶也乎，姑书以俟。

李序讨论了温诗的审美价值，刊刻温集的目的，还谈到所刻诗的来源，这也是我们研究版本源流最感兴趣的。序中交代了这个集子来自江西右族。所谓"右族"意指豪门大族。白居易《和州刺史吴郡张公神道碑

[①] （清）陈瑚：《枕山诗钞》，日本安政（1854—1859）刻本。

铭序》:"或以人物著,或以阘阀称,迄今为江南右族。"① 可见李刻本于罗子文的抄本,而罗抄本源自江西右族,考虑到李熙刻本的收诗数目、编辑体例和文本特征等因素,且李刻具有正集七卷目录连列不分的特点,此集本宋刻无疑。

翻检是集,该集于影宋本温庭筠诗集,分卷全同,收诗基本相同。惟李本收诗少五首,卷一缺《黄昙子歌》,卷四缺《和友人悼亡》《李羽处士故里》《却经商山寄昔同行人》《池塘七夕》;别集《嘲春风》《咏春幡》《春日》三首与正集卷三重出(影宋本未重出);别集无《赠郑征君》(此诗影宋本重出,与卷五《赠郑征君家匡山首春与丞相赞皇公游》乃同首诗)。该集诗句用字同影宋本、冯抄本大同,只是刻工马虎,刻版不佳,多有错字,如:误"浪"为"孃"、误"术"为"木"、误"关"为"开"、误"玉"为"王"、误"逐"为"遂"等。故冯氏认为"此本不甚精好"。

李熙刻本另有装订成三册,目录与两册本不同,正文版同,综合判断应属补版重印(两册本在分册处卷第三末行左下角,刻有黑底白字"温庭筠诗集卷之三"八字,来标示分册,三册本此处不分册,仍于此处有此标示,可知两册本为早)。国图藏本著录三册本亦谓:明弘治十二年刻本。误,其印行晚于这个时间。国图藏本有郑振铎藏书印"长乐郑振铎西谛藏书""长乐郑氏藏书之印",可知此集曾为郑氏收藏。

(二) 明万历毕懋谦刻《十家唐诗》增刻本(1600)

这套丛刻,今藏南京图书馆、浙江省图书馆、北京大学图书馆等地,卷前有新安方弘静《刻十家唐诗语》,有方弘静私章二:"方氏定之"(方弘静字定之)、"司徒之章"。又有万历戊申菊月顾起元于其归鸿馆所作《毕先生重刻十家唐诗引》,言:"司城毕公既罢官,客留都,欲举百家唐诗重梓行之,盖成其先大人之志也。而公方赤贫,为不能具刻劂……公(力忠)逝之十年,其子懋谦始续公志,为刻十家诗以慰公地下。"后有顾起元私章二:"顾起元印""会元及第"。顾起元(1565—1628),明应

---

① (清)董诰等:《全唐文》卷678白居易《和州刺史吴郡张公神道碑铭序》,清嘉庆刻本。

天府江宁人，字璘初，一字太初。万历二十六年进士，曾任刑部主事。最后为毕力忠自序《刻十家唐诗小引》，其子毕懋谦书。"万历壬辰仲冬月望日新都毕力忠谨述""男毕懋谦敬书"。后有"毕力忠印"（朱方）、"香玉"（白方）。

综前可知，《十家唐诗》为毕力忠所辑，毕力忠在罢官之后，在众多朋友的帮助下辑刻了《十家唐诗》，然未终而卒。其子毕懋谦又刊刻以慰其父在天之灵。然后又由毕效钦增订补刻而成。所以《十家唐诗》有两种本子：一是《十家唐诗》12卷，明万历毕懋谦刻本；二是《十家唐诗》23卷，增入中晚唐间12家，书名循旧未改，为明万历毕懋谦刻增刻本。

南图藏本钤有"8000卷楼珍藏善本"之藏印，目录下有"江苏第一图书馆善本书之印记""篆筠珍藏"。卷首丁丙跋曰：

> 十家唐诗十卷明万历刊本。新安毕效钦增订，秣陵顾起元校正。前有万历辛卯新安方弘静序，又万历戊申江宁顾起元序、金陵朱之蕃序、万历壬辰新都毕力忠自序。所选十家，初唐为李峤、为张说、为张九龄、为苏颋，盛唐为储光羲、为李颀、为常建、为崔颢、为王昌龄、为祖咏。所据之本，皆宋元刻，足备雠校异同。

浙图藏本《十家唐诗》扉页有钤印"祁端之印"（白方）、"眘原"（朱方），序言首页有"祁端之印""慎原"。

北大藏本书名为《十九家唐诗》，盖编目人员自拟，今查无苏颋、许浑、李洞、于邺四人诗，实存十八家十九卷，与全书实际所收诗家不符。而武汉大学藏本著录作："《十家唐诗》，22种，23卷。"

其中，温庭筠诗集，属于增刻的中晚唐12家，集名题作晚唐温庭筠诗，前有李熙之序，字句与李本同，编次独具一格，分体排列，是现存最早的分体本，从内部特征判断，这个集子是以李熙刻本为底本，重新编次刊刻。半叶九行，行十九字，四周双边，白口，花单鱼尾。一函二十册。编次为：五言古诗（23首）、七言古诗（47首，比清抄十卷补遗本多二）、杂体诗（4首）、五言律诗（65首）、七言律诗（67首）、六言律诗（1首）、五言排律（10首）、七言排律（1首）、五言绝句（3首）、叠韵诗（2首）、七言绝句（27首）。

(三) 明冯彦渊家抄本（1621年）

集名题作温庭筠诗集七卷别集一卷。明末冯彦渊家抄本，冯武校并跋。一册，半叶十行，行十八字，黑口，左右双边。（书棚本系统行款皆为半叶十行，行十八字，故版本学上有"十行十八字本"之称，不知冯抄本的底本与之有无关系）。经校阅比勘，发现冯彦渊家抄本是笔者目见版本中最好的，抄写精良，文字最大限度地保存了宋本的原貌。是集藏书印颇多，在温庭筠诗集目录页边栏外右上角有长圆朱文印"宋本"；诗集正文相同位置钤盖长方朱文印"上党冯"，其余在诗集目录、每卷首页、诗集集末多处钤有收藏者的印记，计有：朱方"冯氏藏本"、白方"拥万堂印"、白方"上党冯"、朱方"窦伯印"、朱方"冯长武印"、朱葫芦印"壶斋"、朱方"冯彦渊印"、白方"冯知十印"、白方"冯彦渊印"、长圆朱文印"乐丛"、朱长"冯窦伯藏书记"、朱方"虞山潘氏宝藏"、白方"学部图书之印"、长圆朱文印"京师图书馆收藏之印"。目录页边栏外右下角有"海虞冯武校讫"。集末有冯武题跋云："此是照宋刻缮写点画无二，取校时本迥不相同，虞山冯武识。"冯氏一门所抄书，据各家书目可考者甚多。其勤苦抄书，痴情极为感人。黄琴六《读知不足斋赐书图记》云："吾乡冯己苍昆仲，闻寒山赵氏藏有宋椠本《玉台新咏》，未肯假人。尝于冬月挈其友舣舟支硎山下，于朔风飞雪中，挟纸笔，袖炊饼数枚入山，径造其庐，乃许出书传录。堕指呵冻，穷四昼夜之力，钞副本以归。"① 可见冯氏抄书之用心，故其抄本多精品。

从前文冯武跋李熙刻本序，可以看出冯武对自己的家抄本评价很高，翻检比勘此集，于底本颇同，兹对比如下表。

表1—1—1

| 鸡鸣埭曲 | 宁知玉树后庭花 | 曲 |
| 夜宴谣 | 裂管萦丝共繁曲 | 繁 |

---

① （清）黄廷鉴：《第六弦溪文钞》卷2，清光绪十年常熟鲍氏刻本。

续表

黄昌子歌	底本有目无辞	冯抄本以其他字体补入
扶舞词	大响肱肱如殷雷	大响肱肱如殷雷
太液池歌	夜深银汉通柏梁	栢
雍台歌	账殿临流鸾扇开	殿账
湖阴词	王敦举兵至湖阴	王敦举兵至湖阴
蒋侯神歌	蟠云潘	蟠云潘
汉皇迎春词	宫城大锦红殷鲜 猎猎东风馣□旗（赤）	宫城大锦红殷鲜 猎猎东风馣□旗
兰塘词	紫菱刺短浮根□（缠）	紫菱刺短浮根□
晚归曲		□□（白玉）
昆明治水战词	雷吼涛惊白若山	石
罩鱼歌	溪曲悠溶杳若去	悠
东郊行	柳覆斑骓蝶紫草	矢
醉歌	檐柳初黄燕新乳 唯恐南园风雨作	初 花
江南曲	依约腰如杵	柳
和沈参军招旧友观芙蓉池	北渚水云蔓（一作从）	北渚水云□
观兰作	观兰作并序	有序无题目
经西坞偶题	洁白芹芽入燕泥	穿
春日	美人鸾镜笑	美人鸾镜笑
咏春幡	河阳悲镜台	□（梵）声悲镜台
中书令裴公挽歌词二首	风前□气回（杀）	风前□气回
偶题	蜀客卷廉闲不语	□客卷廉闲不语（吴）
题韦筹博士草堂	沧浪未濯尘缨在	有
过五丈原	下国卧龙空寤主 从此谯周是老臣	误 旧
赠郑征君家匡山	赠郑征君	赠郑征君
赠弹筝人	赠弹筝人	弹筝人
题河中紫极宫	曼倩不埒花落尽	归
开成五年一百韵	异体字九处 处己将营窟 岂殊放怀亲	处己将营□ 放□怀□亲

续表

感旧陈情五十韵献淮南李仆射	琴鐏陈座上 羁游为事穿	壁 牵
过华清宫二十二韵	难妆细浪涵	涩
题陈处士幽居	时得越僧书	秋
赠郑处士	云水是生涯	天
送并州郭书记	宾宴得嘉客	佳
登李羽士东楼	此意竟难拆	坏
题萧山庙	夜深□□歇（雷电/池上）	夜深□□歇
敷水小桃盛开因作	八句	少后四句
寄山中人	何事苏门坐	生
户郊别墅寄所知	百草生客姿	容
卢氏池上遇雨赠同游者	下无嘲春风咏春幡春日	无卢氏有三春
和赵碬题岳寺	涧泉余爽不成眠 越僧寒来孤灯外	茶 立
贻钓叟骞生	苏武庙前无此诗	苏武庙前有此诗
途中偶作	途中偶作	客送偶作
游南塘寄王知白	游南塘寄王知白	游南塘寄知者
寄卢生	绿杨影里千家月	阴
寄渚宫遗民弘里生	汀云涧故琴 八行书未灭	润 香
赠郑征君	有（重出）	无
题贺知章故居叠韵作	枯荷无菇蒲	湖

说明：加点者为异文；加线者为讳字。

（四）温庭筠诗集十卷补遗一卷（明刻十卷配清抄补遗一卷）

温庭筠诗集十卷补遗一卷，明刻本，补遗配清初抄本，分体排列。一册，半叶九行，行十九字，白口，四周单边。国家图书馆有藏本，系刻本配抄该刻本未收温诗。

五言古（12首）、七言古（45首）、杂言（5首）、五言律（67首）、五言排律（13首）、六言律（1首）、七言律（69首）、七言排律（1首）、五绝（5首）、七言绝句（27首）。

补遗一卷，无界栏行格。如下：

飞卿诗集补遗

五言律（23首）、五言排律（4首）、七绝（1首）、七言律（16首）

（五）明温八叉集四卷（1623）

明温八叉集四卷，一函四册，四周单边，单白鱼尾，半叶九行，行二十字，版心鱼尾上有"八义集"字样。前有温庭筠诗解序三，分别为：古燕高镶撰、盘阳沈润撰、古吴顾予咸撰；温庭筠传（唐刘煦撰）；八叉集卷之一目录（诗49首）、八叉集卷之二目录（诗54首）、八叉集卷之三目录（诗75首）、八叉集卷之四目录（诗71首），编著体例不明。《贩书偶记续编》卷十三："唐太原温庭筠撰，清会稽曾益释，无刻书年月，约明天启间刊。"按国图藏本著录为明刻，北大藏本著录为清刻，版同。

北大藏本较国图藏本完好。是集有扉页，天头横书：顾松文先生叅定；竖向左侧小字：曾谦注解温；中竖向大字：飞卿八义集；左下白方：秀野藏板翻印。

（六）明天启姜道生刻方城令温飞卿集一卷本（1624）

姜道生，明万历间云阳（今江苏丹阳）人，字重生，刊刻《唐三家集》等多部唐人别集。此刻属唐中晚名家诗集本，天启间刻，分体本，封皮题作"飞卿诗集"，前有序，朱校，半叶九行，行十九字，白口，单线鱼尾，四周单边，版心有"飞卿"字样。集首有温庭筠赋《锦巫赋》一篇。北大藏本于集首为"唐方城令温飞卿集·赋"，并于卷末有"云阳姜道生重生殳校刊""金沙王鐺叔闻殳全校""晋陵董遇明良父订补"三行文字说明勘校殳刻情况。

此集体例：赋（1首）、五言古（12首）、七言古（45首）、杂言（5首）、五言律（67首，《东归有怀》后，《宿沣曲僧舍》诗注"以下补"，23首）、五言排律（13首，《猎骑》后，《原隰荑绿柳》诗注"以下补"，4首）、六言律（1首）、七言律（69首，《宿杜城》后，《马嵬佛寺》诗注"以下补"，20首，这里比十卷补遗本在《杏花》诗后多出4首：《晓别》二首、《经故秘书》、《池塘七夕》）、七言排律（1首）、五绝（5首）、七言绝句（27首，《洛阳》后，《春日雨》诗注"以下补"，3首）。七绝补诗之后，附段成式的《嘲飞卿》七首与《柔卿解籍戏呈飞卿》三首。后又有《莲花》《过吴景帝陵》《简同志》《题谷隐兰若》《观棋》《琴瑟钗》《杨柳枝》八首、《南歌子》二首,且《题谷隐兰若》诗注云:"以下两首见升庵《绝句辨体》。"可见姜道生刻方城令温飞卿集,源于前面提到的明刻十卷本(该集应是不分卷本,国图著录误为十卷本),并在十卷本的基础上进行了补遗,而十卷本的清抄补遗诗与姜刻本基本相同,可见二者同源,可能是根据姜刻本补抄。

(七) 明姚希孟《合刻西昆集》

姚希孟,字孟长,曾作《开读始末》记吴民反阉党事,《明史》卷二一六有传。

天启刻本,唐方城令温飞卿诗集不分卷,半叶九行,行十九字,白口,四周单边。此刻与姜刻本版同。

(八)《唐音统签》本(1625)

胡震亨,字孝辕,号遁叟,又号赤城山人。浙江海盐人。生于明隆庆三年(1569),卒于清顺治二年(1645)。胡震亨是藏书家又是学者,他编撰的《唐音统签》1033卷,是一部汇集唐诗及其研究资料的大型唐诗总集。"关于《唐音统签》之成书,其子胡夏客在《李杜诗通》识语云:'先大夫孝辕君搜集唐音,结习自少。至乙丑岁始克发凡定例,撰《统签》一千卷。'"[①] 清代康熙年间的《全唐诗》,是迄今为止收唐诗最全的本子,共收诗近五万首。但《全唐诗》在短短两年内之所以成集,首先应归功于胡震亨的《唐音统签》。这一点《四库全书总目》中说得十分明白:"诗莫备于唐。然自北宋以来,但有选录之总集,而无辑一代之诗共为一集者。明海盐胡震亨《唐音统签》始搜罗成帙,粗见规模。……是编禀承圣训,以震亨书为稿本。"[②] 由于卷帙浩繁,《统签》编成后未能全部刻印,其中甲、乙、戊、癸四签为刻本,丙、丁两签刻而未全。今故宫博物院所藏范希仁抄补本1033卷最为完全。

明胡震亨所编《唐音统签》之《温庭筠诗》八卷。此本左右双边,

[①] (明)胡震亨:《唐音统签·出版说明》,上海古籍出版社2003年版。
[②] (清)永瑢等:《四库全书总目》卷149,四库全书本。

半叶十行，行十九字，白口，单黑花鱼尾，鱼尾上有"唐音统签"，下有卷次、本诗集、页码及戊签。诗集以五古、七古、长短句、五律、五排、六律、七律、七排、五绝、七绝、俳偕体之序编排。卷首有诗人小传，传中以小字夹注的形式对温庭筠诗集的版本情况进行了简单的考证：

> 温庭筠著述颇多，为诗韵格卿拔，文士称之，集四种二十八卷。唐志：《握兰集》三卷，《金荃集》十卷，《诗集》五卷，《汉南真稿》十卷，宋志同。

从文字特点和编排体例次序看，《唐音统签》本源于毕刻本。

（九）明毛氏汲古阁刻金荃集（1638）

《五唐人诗集》本，包括：《孟襄阳集三卷》《孟东野集十卷附一卷》《金荃集七卷别集一卷》《追昔游集三卷》《香奁集一卷》。明毛晋编订，明末毛氏汲古阁刻本。温庭筠诗集题为金荃集，前有金荃集目录，其目正集七卷连列不分，别集另列。一册，半叶九行，行十九字，白口，左右双边。有毛晋跋语云："飞卿，本名岐，并州祁人，宰相彦博之裔。与李义山、段柯古等号'西崑三十六体'，温李尤著。相传有方城令诗集五卷、汉南真稿十卷、握兰、金荃等集，今不尽传。仅见宋刻金荃集七卷、别集一卷，参之而来分体本子，略有不同。其小词亦名金荃集，尚容嗣镂。湖南毛晋识。"国家图书馆藏本有郑振铎跋本；一本毛文光校并跋本，另一本有陈帆校，章钰跋本；又一本有瞿镛录陈帆校本。

郑振铎藏本钤有郑氏藏书印"长乐郑振铎西谛藏书"朱文方印、"长乐郑氏藏书之印"朱文长方印。郑振铎先生在其《西谛题跋》中说：

> 五唐人诗集二十六卷，明毛晋编明末汲古阁刊本八册。汲古阁刻诸唐人集传本颇罕见，予初未之收。今岁着意广搜唐宋人集，始留心及之，有见必取，然已不易得矣。十二月初，在上海古籍书店架上见有汲古刻《孟东野集》二册，虽是《五唐人诗集》之一，以其为初印，漫购之。数日后至来青阁，偶翻架上书，乃得此集全书，价奇廉，甚是高兴。今所阙不过三唐人诗等三数种，想不难配全也。一九

五六年十二月十六日西谛记。①

毛文光校并跋本，毛文光用宋本校勘汲古阁本，其校语常用"×宋本作×"，且宋本所作的字，基本与钱抄本、冯抄本同，可判断毛文光所用校本与钱抄本、冯抄本同源，反证钱抄本、冯抄本基本保存了宋本的原貌。

陈帆校章钰跋本，此本钤有"陈南浦收藏本"印，本为陈氏藏本，后归国图。今比勘此本，其校本应是钱抄本与《文苑英华》。集后有章钰跋，其跋云：

> 陈南浦名帆。笃学好修，诗宗晚唐，画宗梅道人，字宗柳诚悬，三者中书法第一，干隆常招合志。此书系南浦手校，观乙酉庚寅题识，字迹志称学柳，语必可信。从群碧楼借该书得寓目之快。壬子七夕茗理识于津门。

章钰，生卒未详。字坚孟，又字茗理。别署蛰存，晚号霜根老人，清江苏苏州人。光绪二十九年进士。曾任职外务省兼京师图书馆编修。长于金石目录及史料掌故之学。藏书二万卷，取尤袤"吾所钞共若干卷，将汇而目之，饥以当食，寒以当衣，孤寂以为朋友，幽忧以当金石琴瑟"②，颜其居曰"四当斋"。顾廷龙为编《四当斋藏书目》。辛亥后居天津，霸县知县唐肯（武进人）聘纂《霸县志》。是后发愤遍校群书，闻有孤本异笈，必展转传录，辅以博学渊识，多发前人之所未发，所校以《通鉴》正文、《读书敏求记》、《旧五代史》、《三朝北盟会编》等最为著名。藏校印有"消磨梦境光阴""墨汁因缘"等。藏书后多归燕京大学图书馆。通过章跋可以了解到此集原为陈氏藏本，后流入邓氏群碧楼。群碧楼，是邓邦述的藏书楼，邓邦述（1868—1939）字正暗，号孝先，江宁（今南京）人，两广总督邓廷桢之孙。光绪二十五年（1899）进士，授翰林。邓邦述祖上本金陵望族，家有青黎阁藏书楼，经累世积

---

① 郑振铎：《西谛书跋》，文物出版社1998年版，第284—285页。
② （宋）尤袤：《遂初堂书目·后序》，清道光咸丰潘氏刻本。

聚，收藏甚富，总数约38000余卷，质量特别高，仅宋刻本就达1800余卷，元刻、旧抄、名校更是琳琅满目。群碧楼的得名，是邓邦述取自两部珍藏古籍的书名第一字：一部是唐代李群玉撰写的《群玉诗集》，另一部是唐代李中撰写的《碧云集》。这两部古籍之所以珍贵，一是确系宋版古籍；二是书上还钤有文征明、金俊明、徐乾学、黄丕烈等历代藏书家的收藏印章。

瞿镛录陈帆校本，系瞿镛抄录陈帆校语于汲古阁本。此本钤有藏书印"铁琴铜剑楼""冯长武印""窦伯印"等，可知其流传。

《铁琴铜剑楼藏书目录》著录该校宋本温庭筠诗集：

> 唐温庭筠撰，陈南浦校过。有题记云："庚寅春，花朝，假钱遵王钞宋本重勘。"①

云按：今丛刊本黄昙子歌有题无词，疑为抄录移位所致。综合判断，此本底本当系宋本。而其校刻较李熙刻本为善。

（十）明写本（日本静嘉堂藏）

《唐诗书录》著录为温庭筠诗集七卷别集一卷，日本静嘉堂文库藏。静嘉堂之中国古籍主要源自湖州陆氏皕宋楼，今查《皕宋楼藏书志》："温庭筠诗集五卷，明抄本，毛豹孙旧藏。"② 日本静嘉堂藏本，未能目见，也没能查到相关资料。不知《唐诗书录》的作者是见过该本，还是根据相关材料进行著录。

五 清代温庭筠诗集的刊刻与流传

清代温庭筠诗集的抄写刊刻，是对明代抄刻的反拨，呈现出全新的特色，其版本情况如下。

---

① （清）瞿镛：《铁琴铜剑楼藏书目录》卷19，清光绪二十四年常熟瞿氏家刻本。
② （清）陆心源：《皕宋楼藏书志》卷70，清光绪八年归安陆氏十万卷楼刻本。

（一）百家唐诗清初抄本

国家图书馆藏有清初抄《百家唐诗》一部，已残，十册，今存54家，多收中晚唐人诗集。半叶九行，行二十字，蓝格，白口，四周双边，双鱼尾，版心间"百家唐诗"。

（二）清钱氏述古堂景宋本

现藏南京图书馆，有清丁丙跋。《丁志》：《温庭筠诗集》七卷，《别集》一卷，蓝丝阑精抄本，半叶十二行，行二十一字。钱履之抄本，版心有"竹深堂"三字。

是本精好，四部丛刊本《温庭筠诗集》据该本影印。

（三）龚刻中晚唐诗纪本（1670）

龚贤字半千，号野遗，江苏昆山人，为明末清初著名书画家。他有感于《古诗纪》止汉魏六朝，《唐诗纪》有初盛而无中晚，遂决心刻《中晚唐诗纪》。然中晚唐诗人众多，篇帙浩繁，难于裒辑，于是便搜集到一家刻一家，各刻首尾完具。因此，各版本所收诗家颇有出入，合各本计之，共得中晚唐诗人132家。书前有龚氏自序《中晚唐诗纪侨立姓氏说》，略云：

> 是书外阑相等，而其中行款疏密分行本、秘本二种，故此书不得谓之中晚唐诗纪，谓之中晚唐诗集草稿可也。今计新旧友人出赀助刻60余家，因侨立姓氏先为印行，不独行者可流传于世人，家藏集见有是刻，可不购而出矣。

对此，叶德辉高度评价云："其网罗散轶，表章古人之心，在《全唐诗》未出以前，其有功于唐贤巨矣。"[①] 叶氏《郋园读书志》云："此龚半千贤所刻中晚唐诗，分行本、秘本二集。"[②]

---

① （清）彭定求等：《全唐诗·卷首》，清康熙扬州诗局刻本。
② （清）叶德辉：《郋园读书志》，民国十七年上海淡园铅印本。

诗集题为晚唐温庭筠诗，次序同毕刻本，版式不同，为半叶九行，行十九字，左右双边，白口，无鱼尾。此集扉页分三格，右上为"古吴龚野遗手辑"，中格大字"中晚唐诗纪"，左下为"半亩园藏版"，左上角钤有白长圆"半亩园藏版"，扉页后为序、目录。诗集编次与《十家唐诗》增刻本全同。

（四）清康熙刘云份野香堂刻本

中晚唐诗本，刘云份字青夕，康熙间淮南（今江苏江都）人，尝辑唐别集多种，今人对其所辑《中晚唐诗》包含的内容有不同说法。郑振铎《西谛书目》著录其藏《中晚唐诗》作："《中晚唐诗》五十一种，五十四卷，十二册。"[①] 该书今藏国家图书馆。此温庭筠集版同龚贤刻中晚唐诗纪本。

（五）季稿本

明末钱谦益欲据《唐诗纪事》编辑唐代诗歌全集，未竟其功而殁，其稿辗转落入盐商季振宜之手。季振宜字洪合，号沧苇，顺治四年（1647）进士，授兰溪令，十五年擢浙江道御使，家富藏书，多宋元旧椠。季氏自康熙三年始续修钱谦益所编唐诗全集，至十五年完成，然书稿初成，未及刊刻，季即去世，书稿遂流入内府。康熙四十四年敕修《全唐诗》，将此稿本交付扬州诗局用于修书，《全唐诗》书成，稿本随即湮没无闻。后为邓邦述群碧楼收藏，今藏台湾中央图书馆，台湾联经出版事业公司于1979年影印出版。

季稿本温庭筠集剪自汲古阁本，版心尚有"汲古阁"字，温庭筠诗集卷第一左行下有"东吴毛晋子晋订"。此本之价值在于采辑异文、网罗逸篇，对汲古阁本刊定加工，鸠集之功终不可没。

（六）清康熙顾氏秀野草堂刻本（1697）

此本为温庭筠诗笺注本，山阴增益予谦原注、苏州顾予咸小阮补注、顾嗣立重校订补。跋云："缵集即成，依宋本分为诗集七卷，别集一卷，

[①] 郑振铎：《西谛书目》卷4《集部中》，文物出版社1963年版。

后采诸英华绝句诸本中，定为集外诗一卷，而续注焉。"半叶十一行，行二十一字，注文小字双行，黑口，单鱼尾，四周双边。这个本子十分流行，多次刊刻重印，并被收入四库全书。其后续版本如下：鸿文书局重刻本（1887）；《四部备要》本（秀野校刻本）；万轴山房本（1882）；钱唐汪氏重校刻秀野草堂本（1882）；遂宁书局刻本（唐二十家诗，1884）；清宣统二年上海广益书局石印本（1910）；《四库全书》本；上海石竹重印秀野草堂本；万有文库本。

（七）温李二家诗集本（1701）

秀水陈氏骏惠堂刻本。陈堡字杏坡，秀水（今浙江省嘉兴县）人，约生活于清康熙年间。

此书二册，专选唐温庭筠、李商隐二家诗，人各一册，分诗体排列，先古体后近体，温诗 334 首，李诗 363 首，诗前各引《唐书》本传一篇，书前并有陈堡的《序》，谈了对温、李二家诗的看法及该书编选缘起，云：

> 古今风雅之士有不诵温、李者乎？既诵温、李，有不叹其才华之典赡、句调之流丽者乎？而无如世之诵温、李者，实未尝诵得而叹之者，亦未尝得其妙处。……因不禁喟尔于学温、李之多，而失温、李者亦不少也。人知诗之有温、李，而实不知温、李之诗不可以耳食而皮相也。推而上之，诗家之齐名合德者，代不乏人，如初唐之沈、宋，盛唐之李、杜，中唐之元、白，夫犹是也。甚矣，温、李之诗非易窥也。……设徒以才华之典赡、句调之流丽目之，吾恐日事温、李而去温、李已远矣。

此集封面分三格，右上为"秀水陈杏坡选"，中格大字"温飞卿诗集"，左下为"骏惠堂藏版"，衬页后为序、有本传、目录。序半叶八行，行二十字；本传、正文则为半叶十行，行二十字。左右双边，单鱼尾，版心上有"温飞卿诗集××"，下有"骏惠堂"，集末有"秀水陈堡杏坡选""男锦绣黻校"。

此集诗分体编次，赋（1 首）、五言古（22 首）、七言古（45 首）、杂言（5 首）、五言律（92 首）、六言律（1 首）、五言排律（15 首）、七言律（89首）、七言排律（2首）、五绝（7首）、七言绝句（55首）。此本从文本校勘的结果看，当主要源于姜刻本。

（八）清康熙席启㝢刻本（1702年）

清初席启㝢编辑刊刻《唐诗百名家全集》。席启㝢，字文夏，号约斋，官至工部虞衡清吏司主事，授文林郎，家富藏书，喜刻书。此《唐诗百名家全集》多收中晚唐诗人别集，各家诗集以宋刻为底本，又经仔细校勘并附历代名家评论，因此在清初影响颇盛。

郑振铎《西谛书跋》谈及此丛刻：

> 席刻唐诗百家六十册清康熙间刊本
>
> 余数遇席刻唐百家诗，皆未之收，盖以其颇易得，且有扫叶山房石印本也。年来，收唐人集颇多，乃欲得一席本。急切间，未遇一部。屡访之坊肆，皆无此书。顷至中国书店，见平沪诸贾纷集，若有所待。询之，云：郭君方自城中得盛氏书数十捆，即可至。余乃亦坐候。书至，中乃有席刻唐诗及《唐诗类苑》。遂选得之。余已有《古诗类苑》，故欲并得之《唐诗类苑》也。席氏所刻唐诗，从宋本出者不少，刊印亦精。惟亦若纳兰容若刊之《通志堂经解》，皆经重写，改易版式，面目全非。大是憾事！盖其时风尚如是也。今宋刻本唐人集，存者屈指可数。绛云楼所藏宋版唐诗三十册，已荡为云烟，不可一睹。若席氏能竟摹宋版，其功当尤伟。独惜影宋刊本之风，至干道而始盛。汲古主人亦仅知抄本之应景宋而不知翻刻宋本。盖翻刻宋本之风，至明代嘉靖后即中绝矣。①

此刻版次亦多，有洞庭席氏琴川书屋自刻本，光绪八年刻本，扫叶山房石印本等多种版本。国图所藏此本半叶十行，行十八字，白口，左右双边，单鱼尾，版心处有"飞卿诗卷×"。书末有牌记云："东山席氏悉从宋本刊于琴川书屋。"据此可知，此本乃席氏早期刻本，琴川书屋自刻本。此本避清讳，"玄"字皆缺末笔，"胡"字皆以墨钉代替。

---

① 郑振铎：《西谛书跋》，文物出版社1998年版，第301页。

(九) 全唐诗本 (1705)

康熙四十四年敕修全唐诗,温庭筠诗集编入卷五七五至五八三,共 9 卷,《全唐诗》是在明胡震亨《唐音统签》和清代季振宜《全唐诗稿本》二书的基础上修订而成的。康熙御制《全唐诗序》中说:"朕兹发内府所有《全唐诗》,命诸词臣合《唐音统签》诸编参互校勘,搜补缺遗,略去初盛中晚之名,一依时代分置次第。"[①] 然检其篇目编次,与席刻同,盖出同源。

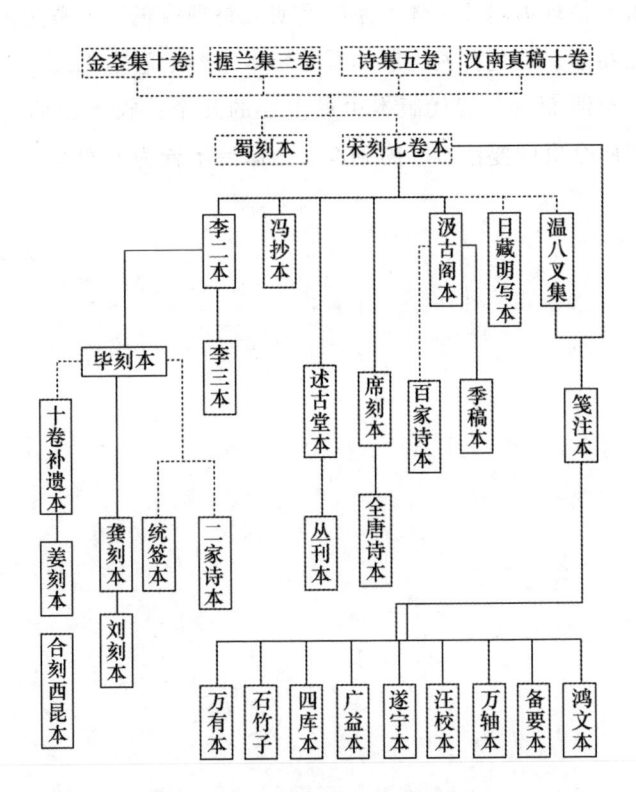

图 1—1—1 温庭筠诗集版本源流图

说明:虚线框表示该集已佚,实线框表示该本尚存;虚线表示可能的承传关系,实线表示笔者认为可以判定的承传关系。

---

① (清)彭定求等:《全唐诗·卷首》,清康熙扬州诗局刻本。

综上所述，温庭筠诗在其生世已经本人编纂，但唐写本的具体情况已不可考。根据现有资料，可以把温庭筠诗集分为两大系统：七卷本系统和分体本系统。七卷本系统（温庭筠诗集七卷、别集一卷、集外诗一卷），主要包括：宋刻七卷本、李熙刻本、冯彦渊家抄本、汲古阁刻金荃集本、明写本（日本静嘉堂藏）、清钱氏述古堂景宋本、季稿本、秀野草堂刻本、席刻唐诗百名家全集本、全唐诗本；分体本系统，主要包括：十家唐诗增刻本、明刻配抄补遗本、姜刻方城令温飞卿集本、合刻西昆集本、唐音统签本、龚刻中晚唐诗纪本、刘氏野香堂刻本、温李二家诗集本。七卷本系统为宋人整理编辑，分体本系统是明人整理编辑，但考其源头，分体本亦本于七卷本，故现存两大版本系统皆本宋刻七卷本无疑。而分体本于明代最盛，至清而衰，清代版本中最重要的几个：收入四部丛刊的钱抄本、收入四库全书的笺注本、席刻本、全唐诗本皆为七卷本。

（朱腾云）

【貳】唐代中日汉籍交流研究

日本与我国隔海相望，文化交流源远流长。在中日古代文化交流史上，唐代汉籍的东传是一大景观。如果以《隋书·经籍志》《旧唐书·经籍志》和《新唐书·艺文志》为标准，对比《日本国见在书目录》（公元897年成书）著录的汉籍，可以推测远在日本平安时代，中国所藏典籍的大约一半已经传入日本。可见，唐代汉籍东传日本规模之大，数量之多。唐代灿烂的文化就是以这些东传的汉文典籍为主要载体在日本传播，为日本所借鉴和吸收，并渗透到日本社会生活的各个方面，对日本社会的发展和文明的进步做出了重大贡献。

自唐五代以来，我国学者对域外汉籍的搜求、翻刻和研究从未停止过。特别是近代，我国掀起了域外访书的热潮，如黎庶昌、何如璋、傅云龙、徐承祖、杨守敬、姚文栋、陈榘等，纷纷走出国门，到域外寻求汉籍佚书。他们的域外访书活动最初是从日本开始的，他们大力收集、记录、刊布国内久佚的珍稀典籍。尽管这些前辈学者们的访书活动和研究仅停留于某一部或某些书的研究层面上，并未把这些书籍放到中日文化交流的大环境中去考察和研究，但是他们的访书活动和研究在文献学上的重要意义自不待言，同时为一个新的研究领域——中日汉籍交流的研究，奠定了良好的基础。

国内学术界对中日汉籍交流的关注，始于19世纪90年代。最初只是零星地出现在一些学术著作中，如黄遵宪、杨鸿烈、董康、杨守敬、宋越伦、傅增湘等前辈学者们在自己的著述中都记录了日本保存的部分汉籍，肯定了中国文化对日本的影响。严绍璗在其《汉籍在日本的流布研究》中总结了前辈学者们著录汉籍时存在的两个不足之处："第一，前辈诸先生仅是著录了眼见的存在于日本的汉籍，未能把汉籍流布于日本作为一种文化现象，加以科学的考察，始终未能揭示以汉籍流布作为中间媒体而存在于中日文化关系之中的许多复杂现象及其本质；第二，前辈诸先生对日藏汉籍的著录，只是随手所得，经眼所录，始终未能对日本所藏汉籍做一个总体的有计划的调查、追踪与评估。"① 近年来一些对日本的专题性研究多了起来，关于中日汉籍交流的研究也逐步升温。本专题意在以唐代的中日交往为视角，研究域外汉籍②的中日交流，试图弄清楚唐代汉籍是如何在中日之间流通和传播的，并对其背景、盛况、文献交流的数据统计和特点进行论述，分析其影响，阐述这些日本现存汉籍佚书的学术价值、对中日交流的影响、意义以及日本民族对待先进外来文化继承和发扬的积极态度。

一　唐代中日汉籍交流的背景

（一）唐以前中日汉籍文献交流的回顾

中国文化是中华民族集体智慧的结晶，同时也是中国同世界其他民族文化相互交流、相互吸收的创造性成果。古代中国文化博大精深，对世界文明和文化的发展做出了巨大的贡献。根据严绍璗先生的阐述："古代中国同世界各国文化交流有两种不同的形式和通道：第一，闻名世界的丝绸之路，是以物质文化为中心构成古代中国与西亚欧洲的文化通道；第二，在古代东亚地区，以汉字为核心、以汉籍为文化的主要载体的文化通道。"③ 而以文献典籍为载体的文化通道，借助有形的文字来传递和吸收彼此文化，是一种更为本质化的文化交流，能够以更快的速度和更大的规模推进文化交流和传播。

在中日两国漫长的交往过程中，书籍是维系两国关系的重要纽带。书籍的交流在不同的历史时期，随着两国政治、经济与文化背景的变化和差

---

① 严绍璗：《汉籍在日本的流布研究》，江苏古籍出版社1992年版，第2页。
② 域外汉籍涉猎三个层面：第一，唐代中日交流的汉文典籍；第二，唐代中国的典籍传到日本后，又被以汉文的形式传抄或刻印、整理或注释的本子；第三，唐代渡日唐人或日本人用汉文书写的典籍。
③ 严绍璗：《汉籍的东传与文化的对话》，《中国典籍与文化》2012年第1期，第27页。

异，其传播的渠道、媒介和方式也相应地发生着变化。由最初以人员流动为媒介的自然交流，进而发展到派遣使者、命专人抄写、请求馈赠、寻访、彼此交换，最后到现金采购、商业贸易、翻刻和翻译等。沿着这条文献典籍的传播渠道，我们可以将公元10世纪前的中日汉籍交流分为两个阶段：移民时代和遣唐使时代。移民时代基本上是以人员的流动为汉籍传播的自然通道，常借助于朝鲜的中介传播。遣唐使时代（唐代）是公元10世纪以前中日汉籍交流的黄金时期，两国之间多进行直接的汉籍交流。

1. 移民时代前期（公元前3世纪至公元5世纪末）

古代中国文化作为汉字文化圈的核心文化，伴随着中国先进的社会制度和生产技术向外传播而泽被四邻。在漫长的历史发展过程中，中国文化在国外传播最早的就是朝鲜和日本，构成了中国和朝鲜半岛及日本列岛各民族文化的相互传递、相互认知和相互吸收。

在中日两国汉文典籍交流的历史长河中，中国的汉文典籍输往日本由来已久且数量庞大。由于地域的因素和航海技术的限制，早期的中日汉籍交流主要通过大批的移民来实现，且大多靠第三国文化——朝鲜文化的中介作用，多是被动实现的。

公元前2、3世纪应是中日文化交流的最初阶段，当时大批移民的迁徙促成了最早的中日文化交流。据传在战国时期，已经有许多移民从中国大陆不远万里来到日本。这些移民是否携带有书籍，因只是传说，尚缺乏历史记载印证，所以无从得知。但若此传说为真，那么战国时期中日两国就开始了最初的文化交流方式——以移民传播为途径的文化交流。后来又传说在秦朝时，方士徐福率领三千童男童女以及百工等东渡日本列岛，同时带去了不少典籍，这可以说是一次规模不小的海外移民。《史记》《后汉书》中均有徐福东渡求仙的相关记载，不过两书均没有关于徐福是否到达日本的记载。宋代著名文学家欧阳修在《日本刀歌》中对徐福东渡日本所携带的典籍作了如下描述："徐福行时书未焚，逸书百篇今尚存。令严不许传中国，举世无人识古文。先王大典藏夷陌，苍波浩荡无通津。"[1] 这首诗可以说是中国文献典籍早期传入日本的历史史实在文学作品中的反映。日本文献也有相关方面的记载，日本北畠亲房在公元1339

---

[1] （宋）欧阳修：《欧阳文忠公集》外籍卷4，北京图书馆出版社2005年版，第284页。

年编撰的《神皇正统记》也有这样一段记载,秦始皇向日本求取长生不老之药,日本乃向秦求五帝三王之书,在秦始皇把这些书送到日本35年后,秦朝出现了焚书事件,而这些书因被送与日本,得以免于被焚之灾。从这些传说和记载中得知,在公元前3世纪时,中国的典籍可能已传入了日本。

大约在公元3世纪,中日之间虽然已有了直接的政治经济和文化交往,但中国的汉文典籍东传日本,依旧是通过取道朝鲜半岛到达日本的中国移民传去的。

在徐福之后,中国典籍通过朝鲜源源不断地东传日本。据《日本书纪》记载,在公元3世纪,日本发生了著名的神功皇后西征朝鲜半岛的新罗、百济、高丽三国事件。神功皇后征伐朝鲜半岛,其目的不单是掠夺财富和扩张领土,同时也着眼于收罗"图籍文书"。但是,此时的日本还不能真正理解这些汉籍,更不可能加以灵活运用。直到后来大批的五经博士应邀从朝鲜半岛来到日本,传播汉文化,日本人才能真正解读和运用这些传入的汉籍。据日本第一部书面文献《古事记》记载:

> 天皇又科赐百济国:"若有贤士者贡上!"故,受命以贡上人,有和迩吉师。此人携《论语》十卷,《千字文》一卷,并十一卷而一同贡进。而此和迩吉师者,文首等祖。①

又据《日本世纪》应神天皇十六年条记载:

> 百济王遣阿直岐,贡良马二匹……阿直岐亦能读经典,及太子菟道稚郎子师焉。天皇问阿直岐曰:"如胜汝博士亦有耶?"对曰:"有王仁者,是秀也。"……于百济,仍征王仁也……十六年春二月,王仁来之。则太子菟道稚郎子师之,习诸典籍于王仁。莫不通达。所谓王仁者。是书首等始祖也。②

---

① [日]太安万侣:《古事记》中卷,应神天皇条,人民文学出版社1979年版,第128页。
② [日]舍人亲王等:《日本书纪》上,岩波书店1965年初版,第23页。

许多学者都认为和迩吉师和王仁是同一人,这里暂不予讨论。但无论是和迩吉师,还是阿直岐和王仁,都是日本所需要的能解读这些汉文典籍的可用人才。这些记载是日本学习并运用汉文化的滥觞。从姓氏和文化教养上可以推断,王仁很有可能就是生活在朝鲜的汉族移民。当时由于朝鲜半岛上局势相对紧张,百济为求得日本的支持,频繁派遣使者前往日本,帮助日本统治者解读汉籍和传授汉文化。在此前后,大批的中国移民为躲避战乱或苦役,经朝鲜半岛迁入日本,这些移民被称为归化人,《汉书·地理志》记载:

> 玄菟郡,户四万五千六,口二十二万一千八百四十五。县三:高句丽,上殷台,西盖马。乐浪郡,户六万二千八百一十二,口四十万六千七百四十八。县二十五:朝鲜,遂成,增地,带方……①

日本的历史文献《新撰姓氏录》《三代实录》和《续日本纪》都有相关方面的记载。尽管上述数字可能会有夸大的成分,或者说这里的"县"仅是某个组织、集团或者部落的称呼,它却能反映出当时移民到日本列岛的归化人数量如此之多。根据日本小山修三教授对日本古代人口的统计,现列表如下。

表 1—2—1　　　　公元 3—7 世纪日本人口增长统计

时间	绳文早期	绳文前期	绳文中期	绳文晚期	弥生时代	8 世纪
人口数	2 万 2 千人	10 万 6 千人	26 万 3 千人	16 万 1 千人	60 万 1 千人	400 万人

从表 1—2—1 可以看出这一时期日本人口增长的状况:从弥生时代至公元 8 世纪,日本人口大幅度增长。这不能不说和大规模移民有关。根据日本《新撰姓氏录》(公元 9 世纪初成书)对当时在畿内居住的 1182 支姓氏的统计,其中来自朝鲜半岛和中国大陆的姓氏情况如表 1—2—2 所示。

---

① (东汉)班固:《汉书》,中华书局 1962 年版,第 1626—1627 页。

表1—2—2　　来自朝鲜半岛和中国大陆的畿内移民姓氏统计表

姓氏来源	任那	新罗	高句丽	百济	汉人	畿内姓氏总数
姓氏数目	9支	19支	47支	122支	177支	1182支
移民姓氏总数目与总姓氏数目的百分比	移民姓氏数目374支					移民所占百分比31.6%

依据上述两个表格，可以推测中国经朝鲜半岛到达日本诸岛的移民规模非常壮观。尽管这些移民不全是汉族归化人，但在这些移民中，汉族归化人所占的比例是很大的。大批的秦汉移民经朝鲜半岛到达日本，向日本列岛传递了当时已经相当发达的中国文化，而中国的汉文典籍便是发达中国文化主要的载体。他们从中国带去了先进的技术、工具和书籍，促进了日本社会的发展，加速了日本文明的进程，所以说这些"汉族归化人是中国文化的传播者"[①]，他们同时也促进了中日汉籍交流。

公元4—5世纪，日本从野蛮阶段过渡到文明阶段。当时日本尚未掌握汉字，所以还不能真正独立地接受、消化和吸收中国文化。由于朝鲜半岛上的百济和中国大陆相连，百济不断地聘请中国的儒学博士到百济讲学，如梁朝的毛诗博士和陆羽都曾到百济传播汉文化。而这一时期，日本政府也以同样的方式，不断地从朝鲜半岛搜寻书籍和懂得儒学的人才，百济的五经博士纷纷到日本。如段杨尔、汉高安茂、固德马丁安、王柳贵等，他们都是日本所迫切需要的能够传授汉文化的五经博士。这些五经博士到达日本后，献上医药、卜筮、历算等书籍。他们大多是生活在朝鲜的汉人，精通汉文，擅长文笔，受到日本朝廷的重用。此时，日本汉字汉文开始从上层社会逐步推广开来。到公元5世纪，日本已能熟练地使用汉字，如公元478年，倭王"武"写给南朝的宋顺帝的奏文，用的是极为熟练的汉文。

由此可以看出，在移民时代前期，朝鲜半岛在中日之间文明的传递过程中发挥着不可替代的中介作用，这些儒学博士是文化传递的承担者，而传入日本的汉文典籍则是文化的载体。中国典籍自《诗经》至六朝文学作品以及"小学类"典籍、汉译佛经、医药等书籍开始大量传入日本列

---

① 张声振、郭洪茂：《中日关系史》第1卷，社会科学文献出版社2006年版，第78页。

岛，并被日本文化所吸收，参与了日本文化的构建。如历代天皇诏书中所体现的"君民思想"，就是儒家思想的表现。另外，日本政府还设有"藏部"，用来收藏汉籍和其他官方物品。

2. 移民时代后期（公元 5 世纪末至 7 世纪初）

5 世纪以前的日本历史都是纯粹的传说与神话，即使在《古事记》与《日本书纪》上所记载的也不例外。从继体天皇元年（公元 507 年）开始，日本历史开始了排列有序的天皇纪年，进入了有确切历史记载的飞鸟时代。至此，中国汉文典籍东传日本的历史才开始有比较可靠的文献记载和实物资料，同时也为学者们的研究工作提供了可靠的原材料。

公元 589 年，隋文帝统一全国。由于隋文帝励精图治，国家逐渐强大起来，于是扩张领土、征服周边民族的欲望也膨胀起来，这让周边国家感觉到了威胁。而当时的朝鲜半岛上，高丽、新罗、百济三国鼎立。公元 598 年，隋文帝举兵攻打高丽，新罗、百济乘隋朝进攻高丽之际，向隋朝纳贡，以寻求外交上的保护，借以抗衡高丽。此时，日本处在推古天皇时期，圣德太子是日本当时的实权派，非常崇尚中国文化。日本对朝鲜半岛，也虎视眈眈。为了维护自己在朝鲜半岛上的利益，了解隋朝的态度和看法，日本政府于公元 600 年第一次遣使入隋。遣隋使们目睹了隋朝先进的典章制度。他们回国后，积极支持圣德太子在日本推行了一系列的改革。第一，制定了冠位十二节。十二节名称来源于儒家，内容如下：大德、小德、大仁、小仁、大礼、小礼、大信、小信、大义、小义、大智、小智，并分别配以紫青朱黄白黑等六色的冠帽。[1] 第二，制定《十七条宪法》，[2] 以儒家的"三纲"和"五常"为核心精神，宪法中有十三条二十一款条文引自《论语》《周易》《孝经》《尚书》《诗经》《左传》《礼记》《庄子》《孟子》《韩非子》《史记》《昭明文选》《汉书》《说苑》等，其

---

[1] ［日］舍人亲王等：《日本书纪》下，岩波书店 1965 年初版，第 181 页。
[2] 《十七条宪法》略为：（1）以和为贵，无忤为宗；（2）笃敬三宝；（3）承诏必谨；（4）群卿百寮，以礼为本；（5）绝饕弃欲，明辨诉讼；（6）惩恶劝善，古之良典；（7）人各有任，掌宜不滥；（8）群卿百寮，早朝晏退；（9）信是义本，每事有信；（10）绝忿弃瞋，不怒人违；（11）明察功过，赏罚必当；（12）国司国造，勿敛百姓。国靡二君，民无二主，率土兆民，以王为主；（13）诸任官者，同知职掌；（14）群卿百寮，无有嫉妒；（15）背私向公，是臣之道；（16）使民以时，古之良典；（17）大事不可独断，必与众宣论。引自《日本书纪》"推古天皇十二年（604 年）四月"条。

思想实质兼容并蓄，包括了儒家、道家、法家等先秦诸子理论和佛教思想，可谓集汉籍之大成。① 圣德太子还提倡佛教，根据从中国传去的佛教典籍撰写了《三经义疏》，② 说明日本人运用汉语的能力已经达到了相当高的水平。由此可见，飞鸟时代的文化，在六朝文化的影响下，呈现出儒、佛、道三教相互融合的特点。

自公元 600 年至 614 年间，日本共派出了五次遣隋使，除了争取在朝鲜半岛的有利地位外，从第三次遣隋使开始，日本还通过派遣留学生和留学僧学习引进隋文化。《经籍后传记》中就有日本遣隋使"买求书籍"的相关记载。裴世清作为隋朝的谴日使受到圣德太子的接见，《隋书·东夷列国传》中记载有圣德太子当时的言语："我闻海西有大隋，礼仪之国，故遣朝贡，我夷人，偏在海隅，不闻礼仪，是以稽留境内，不即相见，今故清道饰馆，以待大使，冀闻大国惟新之化。"③ 由此可以看出，日本学习隋朝先进文化的积极态度。此时，日本正处由奴隶社会向封建社会转化时期，急于借鉴中国政治和经济制度，这是"大化革新"的前夜。

根据以上分析，在中国隋朝历时 30 多年的统治期间，日本派遣隋使多达五次，加上隋朝遣使节的回访，两国交流的频繁程度超过了以往任何一个时代。遣隋使受到隋政府友好接待，对以后中日友好关系的长期发展奠定了良好的基础。日本派遣使节、留学生和留学僧直接汲取中国先进文化，为中日两国文化交流的鼎盛时期的到来铺平了道路，是后来长期、连续派遣遣唐使的前奏。遣隋使从中国带回各种佛教经卷、儒家经典等汉文典籍，促进了日本飞鸟时代以佛教为特色的文化的发展。如唐朝时传入中国的《三经义疏》，是这一时期的圣德太子撰写的。他模仿中国的佛教典籍，并阐述自己的一些见解。另外，日本在这一时期，还开始效仿中国的史书着手他们自己史书的编撰工作，如《天皇记》《国记》等。这些都是日本直接主动全面地学习中国文化的开始，为后世中日之间大规模的汉籍交流拉开了序幕，具有特殊的历史意义和深远影响。

由此可见，移民时代后期和前期略有不同，移民前期的中日汉籍交流

---

① 严绍璗、刘渤：《中国与东北亚文化交流志》，上海人民教育出版社 1999 年版，第 1 页。
② 《法华经义疏》《维摩经义疏》《胜鬘经义疏》合称为《三经义疏》。
③ （唐）魏征：《隋书·东夷列国传》，中华书局 1973 年版，第 1828 页。

路线大多由移民携带经过朝鲜半岛过海峡，其交流方式以中国移民赴日本传播先进文化为主。而后期日本开始了以学习汉文化为目的遣隋使的派遣，这是日本主动直接吸收汉文化的开始。公元618年，隋灭唐兴，中日两国迎来了汉籍交流史上的黄金时期——以遣唐使为纽带，以汉文典籍为媒介的时代，几乎贯穿唐朝这一时代的全过程。

（二）唐代中日两国文化发展不平衡下的文化交流的非对称性

隋唐是我国古代历史上继秦汉之后的第二次民族大统一时期。中国经历了南北朝的动荡不安和隋的短暂统一，公元7世纪初，中国封建社会发展到唐代。经过初唐的贞观之治及之后的开元盛世，唐朝的国力空前强大，政治稳定，经济繁荣，文化上也出现了前所未有的辉煌，呈现出百家争鸣、百花齐放的景象。这一时期文化繁荣的重要标志之一——唐诗已经走进黄金时代，出现一批如王维、孟浩然、高适、岑参、李白、杜甫、白居易等有卓越成就的诗人；药王孙思邈、天文学家李淳风、一行和尚等对我国古代科学的进步做出了不朽的贡献；书法、绘画、雕塑等方面也成就斐然。文化的繁荣和科学技术的发展催生了新的印刷技术，雕版印刷已经出现，图书的发行量增加了，官府藏书和私人藏书数量和规模上也都超过了前代。唐朝成为我国封建历史上的又一个鼎盛时期，开创了中华文明的新篇章。唐文化领先于当时的世界，唐政府采取积极友好的外交政策，唐同世界各国人民的文化交流格外繁荣，唐朝的都城长安是当时亚洲乃至世界文化中心。灿烂的唐文化广被四邻，对日本和亚洲各国都有巨大的吸引力。

同一时期的日本正处于奴隶制末期，国内统治阶级上层之间的矛盾斗争非常激烈。日本需要借鉴中国的政治律令制度，以形成自己的国家制度，实现以天皇统治为中心的中央集权。日本五次派遣隋使，了解到中国文化的博大精神和制度的完善优越，对之十分向往，全国上下学习效仿中国先进文化之风气较为盛行。遣隋留学的日本僧人惠齐、惠日等人居留中国数年后，于公元623年回到日本，向天皇报告大唐是律令制度最完备的国家，建议派遣使节赴唐学习。为了学习唐朝的先进制度和文化，发展和完善自己，日本政府决定组织遣唐使团，派遣使臣、留学生和留学僧到中国学习，日本完成了对中国文化由被动接受向主动求索的转变。

这一时期的中日文化交流频繁,在中国古代对外关系史上居于极其重要的地位。日本以书籍文献为载体输入中国先进的文化,扩大了书籍文献交流的范围,在日本掀起了向中国学习的热潮,促进了日本社会政治、经济和文化的发展,这一时代乃中日文化交流史上光辉灿烂的一页。在唐文化和日本文化相互渗透、相互吸收的过程中,唐文化显然处于优势地位,与日本文化对中国文化的影响相比较,唐文化对日本文化的影响显然要大得多。

二 唐代中日汉籍文献交流盛况

(一) 唐代中日汉籍文献交流的盛况概述

唐朝（公元618—907年）历时近三百年,是中日之间汉籍交流的黄金时期,即遣唐使时代。

唐朝社会稳定、经济繁荣,文化得以长足的发展,而唐朝积极发展对外关系,为中日以书籍为媒介的文化交流提供了有利的条件。此时的日本正处于奴隶制向封建制转变的时期,国内的矛盾斗争非常激烈。日本急需借鉴中国的政治经济制度,吸收中国文化来改变本国现状,这是日本对中国文化的需求。这一时期的中日文化交流,主要以遣唐使为纽带,以汉文典籍为媒介,大大促进了日本文化的发展。此时,书籍的传播作用已经是两国人员交流所产生的效应远远所不能及的。

1. 日本遣唐使入唐次数和成员规模

唐朝和日本友好往来,文化交流空前繁荣。唐初,日本承袭向隋派遣隋使的旧制,派遣唐使入唐学习唐文化。公元630年（日本舒明天皇二年,唐贞观四年）,日本第一次遣使入唐,最后一次在公元894年（即日本宽平六年,唐乾宁元年）,因菅原道真谏阻而中止,共历时264年间。日本遣唐使派遣情况如表1—2—3。

表1—2—3　　　　　　　　日本遣唐使一览

次数	出发时间	使节	船数	人数	备注
第一次	公元630年	犬上御田锹、惠日等	2	121人	

续表

次数	出发时间	使节	船数	人数	备注
第二次	公元653年	高田麻吕、吉士长丹等	2	241人	120人遇难
第三次	公元654年	高向玄理、河边臣麿等	2		
第四次	公元659年	版合部石布、津守吉祥等	2		
第五次	公元665年	守君大石、坂合部石积等			送唐客使
第六次	公元667年	依基博德等			送唐客使
第七次	公元669年	忠臣镰足、河内直鲸等			
第八次	公元702年	栗田真人、高桥笠间、道慈等			
第九次	公元717年	多治比县守、吉备真备、阿倍仲麻吕等	4	557人	
第十次	公元733年	多治比广成、忠臣名代等	4	594人	一船失踪
第十一次	公元752年	藤原清河、吉备真备等	4	220人	迎鉴真东渡
第十二次	公元759年	高元度等	1	99人	迎入唐使
第十三次	公元761年	仲石伴、石上宅嗣等	4		未成行中止
第十四次	公元762年	忠臣鹰主、藤原田麻吕等	2		未成行中止
第十五次	公元777年	佐伯今毛人、小野石根等	4		归途皆遇难
第十六次	公元779年	布势清直等	2		送唐客使
第十七次	公元804年	藤原葛野麻吕、空海、最澄等	4		两船失事
第十八次	公元838年	藤原常嗣、圆仁、小野篁、圆载等	4	651人	
第十九次	公元894年	菅原道真等			未成行终止

  日本共派遣19次遣唐使，成功入唐16次，其中有四次是"迎入唐使"或"送唐客使"。如古濑津子所说："虽说遣唐使是外交使节，但实际上是按律令制度下的官府规模组建的一套有专职的政府机构。"① 使团官员有大使、副使、判官、录事等；使团成员有舵师、水手、主神、卜部、阴阳师、医师、画师、乐师、翻译、史生，以及造船匠、船师、船匠、木工、铸工、锻工、玉工等各行工匠，其中舵师和水手约占半数。另外随行的有长期居留于唐的留学僧、留学生以及短期随同使团入唐和回国的还学僧、还学生，还有从事保卫的射手。入唐人数由最初的250人左

---

① [日]古濑奈津子著，郑威译：《遣唐使眼里的中国》，武汉大学出版社2007年版，第10页。

右，最后增加到651人，船只由两只增加到四只。那时，日本的航海技术比较落后，他们没有丰富的海洋气象知识，遣唐使团每次来华都要付出巨大牺牲。据统计，在航海中毁掉或失踪的船只大约十艘，遇难者达五百余人。但是他们为了学习中国文化锲而不舍，舍生忘死。回国后，遣唐使节们不辱使命，为唐文化在日本的传播做出了不可磨灭的贡献。经过这16次大规模遣唐使的派遣，日本广泛地吸收了唐的政治经济文化，在日本掀起了一场空前绝后的唐化运动。

2. 日本遣唐使的使命

遣唐使和一般的外交使节有所不同，在肩负政治使命的同时，遣唐使的主要使命就是输入汉籍。书籍文献是文化传播的载体，输入文化便捷的途径是输入书籍。日本向中国学习，吸取唐朝文化，最主要还是通过对文化典籍的吸收来实现的。所以，日本所选拔的使节大都博学多才，精通唐风民俗，且具备一定的外交能力，汉学水平较高。他们在学习唐文化的同时，不负重托，以"多得文书宝物"为己任。[①] 对于那些有用的中国书籍，他们不惜重金购买，归国时带回大量的汉籍文献。如吉备真备一次回国就携回《唐礼》130卷、《大衍历》1卷、《乐书要录》10卷等许多典籍；与吉备真备同时归国的学问僧玄昉也带回经论章疏1076部合计5048卷，另有佛像等；[②] 最澄公元805年（延历二十四年）回国，带回日本经、论、疏、记230多部460多卷。遣唐使带回的汉籍除了一部分是唐政府赠送，或唐代友人相赠，大多是他们自己求购或抄写的汉籍。《旧唐书·日本传》记载了遣唐使把唐政府的赏赐用来求购汉籍文献的状况：留学生"好读经史，解属文""请儒士授经""所得赐赉，尽市文籍，泛海而还"[③]。

遣唐使搜求汉籍，注重实用性。无论是求购，或是抄写，他们对所需要的书籍大都经过精挑细选。如吉备真备于公元751年以第十一次遣唐使副使的身份第二次来到中国时，为得到《东观汉记》的一个完整的本子，在已有两个本子（127卷本和140卷本）的情况下，吉备真备仍然在数个

---

① ［日］舍人亲王等：《日本书纪》下，岩波书店1965年初版，第323页。
② 池步洲：《日本遣唐使简史》，上海社会科学院出版社1983年版，第6页。
③ （后晋）刘昫：《旧唐书·日本传》，中华书局1975年版，第5341页。

地方仔细搜集，以期得到足本。这种精神，对于研究版本目录学的学者来说，是非常值得推崇的。在搜求汉籍的过程中，遣唐使们在必要时还不惜重价购求，如唐朝的张鷟著书名气很大，日本遣唐使曾出重金争购其文。《旧唐书·张鷟传》记载：

> 张鷟下笔敏捷，著述尤多，言颇诙谐。是时天下知名，无贤不肖，皆记诵其文。……日本东夷诸蕃，尤重其文，每遣使入朝，必重出金贝以购其文，其名才远播如此。①

遣唐使带回的书籍内容以佛教经典为主，还有一些文学、科技和艺术书籍。当遣唐使把汉文典籍带回日本时，日本政府往往给以褒奖，如吉士长丹以第二次遣唐大使身份出使唐朝，回国后把带回的书籍和宝物献给日本天皇时，天皇给他升官、赐姓和封户的奖励。

3. 唐时期日本输入汉籍的概况

唐朝时，频繁往返于中日之间的人员除了日本遣唐使之外，也由唐政府派出的遣日使，另外还有一些渡海赴日的唐朝僧人及商人。基于日本对中国书籍的迫切需求，他们必然也携带大量的书籍。日本的《文德实录》就有相关方面的记载：

> 太宰少贰藤原岳守于唐船，得《元白诗笔》献，因功叙位。②

这里是说这位叫藤原岳守的日本人因在中国的船只上捡到了一部《元白诗笔》，而被提拔升官。由此可见，中国驶往日本的船只上必定也带有大量的书籍，如鉴真东渡时曾带佛教经典数百卷，还有一些书法真帖和医药书籍。唐朝的遣日使、渡海赴日的唐朝僧人及商人，也都曾为汉籍东传及唐文化在日本的传播做出了巨大贡献。

经过近300余年对汉籍文献的输入，日本汉文典籍的收藏规模已相当可观。据日本9世纪末编写的《日本国见在书目录》记载，当时日本所

---

① （后晋）刘昫：《旧唐书·张荐传》，中华书局1975年版，第4023页。
② 转引自万曼《唐集叙录》"白氏文集"条，中华书局1980年版，第245页。

存的汉籍有 1579 部，16000 多卷，包括文学、哲学、史学、艺术、科学技术等各方面文化典籍。而据两《唐志》所著录典籍是 3000 多部，50000 多卷。汉文典籍在日本的收藏规模如此宏大，在世界文化交流史上并不多见。

在唐代，由于遣唐使的派遣，直接往返于中日之间的海上航道开辟出来了，不再单纯依赖第三国文化——朝鲜文化的中介作用，掀开了中日以汉文典籍为载体的文化交流的新篇章。此时人员的交流和书籍的传播与汉文化在日本的影响相比较，两者还处在相辅相成的阶段，但是书籍的传播对唐文化在日本的影响已明显优于人员的交流所产生的作用。自平安时代后期至近代以前，两国政府对来往中日之间的人员做了诸多限制，如有官方背景的人员不能再自由往来。虽然偶尔两国间有使节来往，但是人数极少，次数也屈指可数。这种情况下，书籍的媒介作用已远远大于人员的交流所产生的作用。在唐代以后，汉文化之所以能在日本继续广泛传播，这些东传的汉籍功不可没。

唐时期，日本对中国的学习是一场由上层统治者发起的自上而下的政治改革，它伴随着日本对唐朝政治经济等制度的学习而同时进行，因此它的意义远远超出了其本身。这一阶段中日文化交流以日本学习中国的先进文化与教育，输入汉文典籍为特色；路线以直接渡海为主；人员往来有日本派遣的大批遣唐史、留学生、学问僧以及唐朝东渡的使节、僧人、商人等；输入汉文典籍的种类繁多，内容丰富多彩，涉及领域广泛，特别是后期书籍的媒介作用已远远大于人员的交流作用。

（二）唐代中日汉籍交流的数据统计

1. 10 世纪前传入日本的汉籍的规模

截至 9 世纪末传入日本的汉籍的规模是非常庞大的。在唐朝历时近三百年间，遣唐使、渡日唐僧及唐和东亚商人等，从中国带到日本的典籍虽乏精确统计，但从现存的一些史料记载中，可以推测当时传入日本的中国汉文典籍的数量之庞大、规模之壮观。当时日本中央藏书机构收藏汉籍的大致情况如下：大学寮南边的宏文院藏经书数千卷，大宰府的府库存书多卷，冷泉院收藏有大量历代秘籍和图书文籍。后来冷泉院失火，烧毁了大量的汉文典籍。此后成书于公元 897 年的《日本国见在书目录》，是由当时的日本学者藤原佐世（？—898）于宽平年间（公元889—897年）为日本皇室与中央机关的汉籍藏书编纂的"藏书目"，现在仍存于世。此书目成书于《隋书·经籍志》和两《唐志》之间，全面记载了平安时代保存于日本政府机构如大学寮、图书寮、弘文院、校书殿、太政殿、太政官文殿以及天皇私人藏书处的汉文典籍。《日本国见在书目录》是目前日本保存的最古老的一部汉籍目录学著作。此书共收唐及唐以前古籍1597部，共计16725卷，除少量日籍外，绝大多数为汉籍。《旧唐书·经籍志》著录国内典籍3065部，50000多卷。《新唐书·艺文志》著录3828部，60000多卷。从上述《日本国见在书目录》著录汉籍数目与《两唐志》相比较得出：《日本国见在书目录》著录的汉籍约占《两唐志》著录典籍部数的一半、卷数的1/3。由此大致可推测唐亡之前日本汉籍的收藏规模：当时中国国内所藏文献典籍的一半已经收藏于日本皇室和有关中央机构中。所以学界普遍认为日本是中国本土以外保存汉籍最多的国家。

2. 《日本国见在书目录》和《隋书·经籍志》书目分类之异同

《日本国见在书目录》编纂于公元897年，《隋书·经籍志》成书于公元656年，且《日本国见在书目录》著录有《隋书》85卷，《隋志》已于9世纪前传入日本无疑。[①]《日本国见在书目录》分类与《隋书·经籍志》经、史、子、集四部分类的基本结构和次序相同。正如张寿平先生所说："本书（《日本国见在书目录》）之编撰，尽仿《隋书·经籍志》体式。书名'见在'二字，殆出诸《隋志》'今考见存，分焉四部'之文。类四十，亦与《隋志》相同，但无小序且不标明其属四部何部而已。"[②] 所以学者们一般都认为《日本国见在书目录》体例编制基本模仿《隋书·经籍志》的经、史、子、集四部分类，再分从易家到总集家，共40家。两者分类对比情况如图1—2—1所示。

---

① 王勇、[日]大庭修：《中日文化交流史大系·典籍卷》，浙江人民出版社1996年版，第11页。

② [日]藤原佐世：《日本国见在书目》，广文书局1981年版，第1页。

68 / 版本研究专论

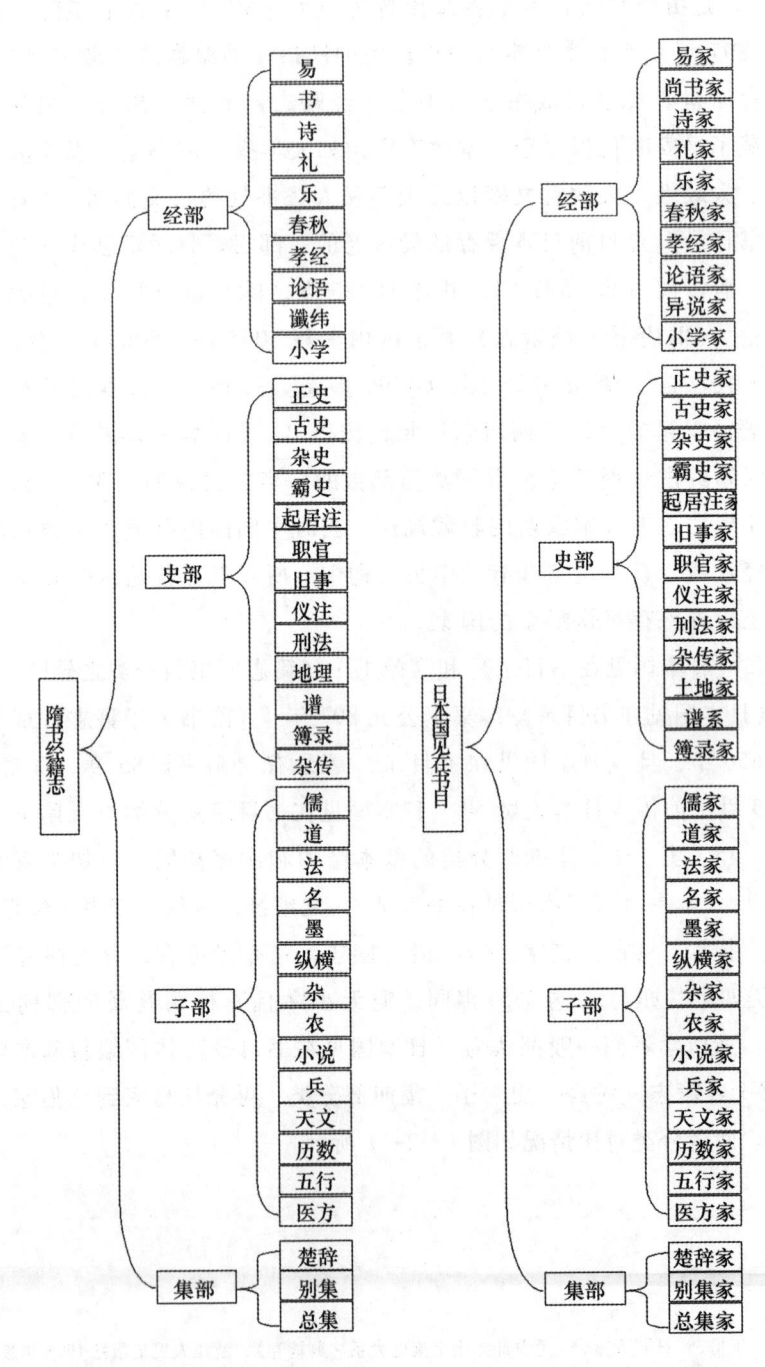

```
隋书经籍志
├── 经部
│   ├── 易
│   ├── 书
│   ├── 诗
│   ├── 礼
│   ├── 乐
│   ├── 春秋
│   ├── 孝经
│   ├── 论语
│   ├── 谶纬
│   └── 小学
├── 史部
│   ├── 正史
│   ├── 古史
│   ├── 杂史
│   ├── 霸史
│   ├── 起居注
│   ├── 职官
│   ├── 旧事
│   ├── 仪注
│   ├── 刑法
│   ├── 地理
│   ├── 谱
│   ├── 簿录
│   └── 杂传
├── 子部
│   ├── 儒
│   ├── 道
│   ├── 法
│   ├── 名
│   ├── 墨
│   ├── 纵横
│   ├── 杂
│   ├── 农
│   ├── 小说
│   ├── 兵
│   ├── 天文
│   ├── 历数
│   ├── 五行
│   └── 医方
└── 集部
    ├── 楚辞
    ├── 别集
    └── 总集
```

```
日本国见在书目
├── 经部
│   ├── 易家
│   ├── 尚书家
│   ├── 诗家
│   ├── 礼家
│   ├── 乐家
│   ├── 春秋家
│   ├── 孝经家
│   ├── 论语家
│   ├── 异说家
│   └── 小学家
├── 史部
│   ├── 正史家
│   ├── 古史家
│   ├── 杂史家
│   ├── 霸史家
│   ├── 起居注家
│   ├── 旧事家
│   ├── 职官家
│   ├── 仪注家
│   ├── 刑法家
│   ├── 杂传家
│   ├── 土地家
│   ├── 谱系
│   └── 簿录家
├── 子部
│   ├── 儒家
│   ├── 道家
│   ├── 法家
│   ├── 名家
│   ├── 墨家
│   ├── 纵横家
│   ├── 杂家
│   ├── 农家
│   ├── 小说家
│   ├── 兵家
│   ├── 天文家
│   ├── 历数家
│   ├── 五行家
│   └── 医方家
└── 集部
    ├── 楚辞家
    ├── 别集家
    └── 总集家
```

图 1—2—1　《日本国见在书目》与《隋书·经籍志》之比较

通过图1—2—1的比较，可以看出《日本国见在书目录》和《隋书·经籍志》经、史、子、集的四部分类相同，只是《日本国见在书目录》四部后所分的40类目稍有变动。例如《日本国见在书目录》40类目后均以"家"字附尾；名称上也有所变化，《隋书·经籍志》中的"谶纬"和"地理"，在《日本国见在书目录》中分别改为"异说家"和"土地家"，但两者所著录的内容没有改变，仍然是纬书和地志。此外，从道教所处的位置看出，道教在两国有着不同的地位。在中国隋唐时期，由于统治者更重视儒教的教化作用，所以佛教和道教的地位远不能和儒教相比。在《隋书·经籍志》中，佛、道两教的典籍仅是作为附录出现的，均有类无书，仅著录其总部、卷数，而无具体书目。而在《日本国见在书目录》中，佛教典籍没做相应的分类处理，道教是在"道家"类目下作为附录出现的。

另外，《隋书·经籍志》按四部分类，前面有总序一篇，说明每类图书收藏、目录学演变和编写经籍志的原因。各部下有大序，大序下又有小序，叙述该类学术流派。小序下著录书名和卷数，还附有简要的注释，注明注者年代、爵衔，书籍的内容真伪及存佚情况。充分体现了目录书"辨章学术，考镜源流"的优点。而《日本国见在书目录》正如前面提到的张寿平先生所说的，没有序，也没标明这40家属于四部中的哪一部。

鉴于以上比较，我们可以看出《隋书·经籍志》在目录学方面对日本的影响，这是中国早期的目录学及图书馆学思想对日本产生的影响。

3.《日本国见在书目录》各书目分类下著录汉籍概况

根据严绍璗先生《汉籍在日本的流布研究》中的统计，《日本国见在书目录》四部40家汉籍著录状况如表1—2—4所示。

表1—2—4　《日本国见在书目录》各书目分类下著录汉籍一览表

四部	四十类目	目录标注	标明目录卷数	实际著录部数、卷数	备注
经部	易家	如本	177卷	33部，177卷	
	尚书家	如本	113卷	14部，133卷	
	诗家	如本	166卷	15部，168卷	多2卷
	礼家	如本	1109卷	46部，1172卷	多63卷

续表

四部	四十类目	目录标注	标明目录卷数	实际著录部数、卷数	备注
	乐家	如本	207 卷	23 部，207 卷	
	春秋家	如本	374 卷	35 部，379 卷	多 5 卷
	孝经家	如本	45 卷	20 部，51 卷	多 6 卷
	论语家	如本	269 卷	35 部，285 卷	多 16 卷
	异说家	如本	85 卷	17 部，95 卷	多 10 卷
	小学家	如本	598 卷	158 部，613 卷	多 15 卷
史部	正史家	如本	1372 卷	35 部，1590 卷	多 218 卷
	古史家	如本	240 卷	9 部，240 卷	
	杂史家	私略之	610 卷	516 卷	缺 94 卷
	霸史家	如本	122 卷	3 部，122 卷	
	起居注家	如本	39 卷	3 部，39 卷	
	旧事家	如本	20 卷	4 部，20 卷	
	职官家	如本	70 卷	4 部，未注卷数	《大唐六典》未注卷数
	仪注家	私略之	154 卷	113 卷	缺 41 卷
	刑法家	私略之	580 卷	513 卷	缺 67 卷
	杂传家	私略之	437 卷	306 卷	缺 131 卷，《清凉山传》未注卷数
	土地家	如本	318 卷	37 部，未注卷数	《十洲记》未注卷数
	谱系家	如本	16 卷	7 部，7 卷	缺 9 卷
	簿录家	如本	22 卷	7 部，22 卷	
子部	儒家	如本	134 卷	15 部，134 卷	
	道家	如本	458 卷	62 部，491 卷	多 33 卷
	法家	如本	38 卷	4 部，38 卷	
	名家	如本	未注卷数	2 部，4 卷	
	墨家	如本	未注卷数	3 部，3 卷	
	纵横家	如本	未注卷数	1 部，3 卷	
	杂家	私略之	2617 卷	2359 卷	缺 258 卷《真言要诀论》未注卷数
	农家	如本	未注卷数	2 部，13 卷	
	小说家			10 部，46 卷	
	兵家	私略之	242 卷	221 卷	缺 21 卷

续表

四部	四十类目	目录标注	标明目录卷数	实际著录部数、卷数	备注
	天文家	私略之	461 卷	406 卷	缺 55 卷,《日月晕食私记》未注卷数
	历数家	如本	167 卷	56 部,186 卷	多 19 卷
	五行家	私略之	919 卷	524 卷	缺 395 卷
	医方家	私略之	1309 卷	1159 卷	缺 150 卷
集部	楚辞家	如本	32 卷	6 部,16 卷	《楚辞音义》、《楚辞集音》未注卷数
	别集家	如本	1568 卷	152 部,1619 卷	多 51 卷
	总集家	如本	1568 卷	85 部,2835 卷	多 1267 卷

资料来源：严绍璗：《汉籍在日本的流布研究》，江苏古籍出版社 1992 年版，第 101—105 页。

上述表格中有"如本"和"私略之"的标注，因为《日本国见在书目录》流传至今的是手抄本，严绍璗先生依据的前辈学者黎庶昌的《影旧抄本日本国见在书目》（《古逸丛书之十九》），也是手抄本，故有"如本"和"私略之"的标注。所谓"如本"，按严绍璗先生的解释，即是"保留了《见在书目录》著录的原貌，后人又在若干子目中，添加了一些当时所见的新的藏书，从而使这些子目实际著录比原著录多出若干卷"[①]。流传至今的《日本国见在书目录》既然是手抄本，那么古代抄书者私自省略是常有之事，所以以"私略之"加以标注。同时，该书也不可避免地出现其他古籍经常存在的现象"重出"和"误出"，其原因可能有二：第一，《日本国见在书目》是手抄本，抄书者擅自对该本子进行"如本"和"私略之"的抄写处理。第二，该书还收录了当时少量的日本人的汉籍著作。尽管这样，《日本国见在书目录》还是基本上反映了 9 世纪末日本收藏汉籍的概貌。根据上表，《日本国见在书目录》著录的汉籍中，经部的著录有 396 种 3280 卷，史部类 72 种 3651 卷，子部类 155 种 5590 卷，

[①] 严绍璗：《汉籍在日本的流布研究》，江苏古籍出版社 1992 年版，第 105 页。

集部类 237 种 4454 卷。由此便可推算出此手抄本实际著录卷数是 17200 余卷，这和《日本国见书目录》实际著录卷数 16725 卷加上多出的卷数大致相吻合。在这些所著录的汉籍中，经部的文字音韵类书籍是遣唐使重点寻求和搜集的对象，所以文字类图书在日本文字形成过程中产生了重大影响。

由此可见，《日本国见在书目录》收录汉籍种类繁多，内容收罗广泛，是日本古代文化史和目录学史上一部杰出的目录学著作。同时，该书也可以补同时期《隋书·经籍志》和两《唐志》没著录但尚存的书目，还可以矫正中国这三部目录学著作著录的讹误，对中国古典文献学、中国古代文学、中日文化交流史等研究具有重要的学术价值。

（三）唐代汉籍文献东传日本的途径

在中日汉籍交流的移民时代，汉籍东传日本的途径以中国古代移民经朝鲜输送到日本为主。唐朝时期，日本对中国文化的吸收已经由被动接受完全过渡到走出国门，主动学习。汉籍东传日本的途径也发生了变化，其途径主要有以下几种。

1. 日本遣唐使输入汉籍的途径

日本遣唐使们和其他的外交大使不同，他们既担负着外交使命，同时还担负着学习唐朝的先进文化和求购书籍的任务。日本遣唐使揭开了唐代汉籍交流的新篇章。遣唐使们在中国到处搜求图书典籍，并带回日本。日本自觉主动输入唐代汉籍的途径主要有以下两种：遣唐使求购汉籍和抄写汉籍。

（1）求购汉籍

学习唐文化、求购汉籍，是遣唐使肩负的重要使命。遣唐使出国前，日本政府已经给使团人员优厚的待遇。据《续日本后纪》卷五"承和三年（836 年）二月九日"条记载：

> 赐大使彩帛百匹、贵布二十端，副使彩帛八十四、贵布十端，判官及准判官各赐彩帛十五匹、贵布六端，赐录事财帛十四、贵布四

端，知乘船事与译语各赐彩帛五匹、赀布二端，还学僧各赐彩帛十匹。①

这是日本准备第十八次派遣唐使时给使团成员的赏赐，因天气原因半途而返。但由此可以看出当时的日本政府按照使团成员职位的高低发放棉、布、彩等，以作遣唐使长期留学唐朝之用。在留学生和学问僧留唐期间，日本政府还会根据需要另外发放一些资助，如圆载留唐40年，日本政府曾两次赐予圆载金200两和120两，圆载用这些赏赐购买各种图书，回国时带回图书数千卷。

遣唐使到达中国后，唐朝政府对遣唐使的款待也是很优厚的。唐政府规定"蕃国使入朝，其粮料各分等第给"②。所以唐政府每年都从国库拨粮13000斛，作为日本遣唐使的生活费用。后期的遣唐使来到唐朝后，唐政府会发给判官以下至水手每人绢五匹，用作从登陆地到达长安的路费。遣唐使还可凭登陆地所在的唐朝地方政府发的"边牒"，享有在唐五年的居留权利，他们一般在中国都会居留一年左右。遣唐使居留期间，唐政府免费供给他们衣粮和住宿。唐政府还不时地给留学生和学问僧破例的赏赐。如日本学问僧荣睿来到唐朝时，就享有唐朝政府一年四季的补贴，而且还能得到每年赏赐的绢25匹。圆仁到唐朝时，地方政府特意多给他五匹绢。在唐期间，留学生和学问僧们一般都很节俭，所以他们有足够经费购买书籍。遣唐使中的多数人都将资助用来购买书籍，一些学生甚至把生活费都拿来买书。据《旧唐书·日本传》记载遣唐使买书的情形："所得锡赉，尽市文籍，泛海而还"，回国后"上敷文教，虚至实归"③。另外，遣唐使还把从日本带到中国的物品用来做交易，从中国换回大量物品和书籍带回日本。

（2）抄写汉籍

由于日本学问僧和留学生在唐居留的时间有限制，特别是后期阶段对

---

① ［日］藤原良房、春澄善绳：《续日本后纪》卷五"承和三年二月9日"条，吉川弘文馆1934年版，第343页。
② （后晋）刘昫：《旧唐书·日本传》，中华书局1975年版，第5340页。
③ 同上书，第5341页。

日本学问僧和留学生在唐居住的时间的管制更加严格。相对于购买来说，抄写更为划算，遣唐使们不得不自己抄写或者雇人抄写所需要的汉文典籍。所以，在遣唐使派遣的后期阶段，抄录汉籍就成为留学生和学问僧们完成使命的最普遍的方式，如日本学问僧惠萼在苏州南禅院手抄《白氏文集》33卷，归国时带到日本；圆载亲自抄写《法华经五百问论》（以下简称《五百问论》）三卷，此书抄本传至日本后，日本人视若珍宝，广为传抄。日本留学生和学问僧雇写手抄经最为普遍，如最澄在台州龙兴寺三个月，集中经生数十人，抄写《传教大师将来台州录》128部340卷，又赴越州龙兴寺，抄得《传教大师将来越州录》102部115卷；空海曾雇20名经生在长安青龙寺抄写《金刚经》和其他佛教经卷，共计带回216部461卷；圆载雇人抄写"经论疏义三十本"。日本遣唐使抄书一般都会有题跋，说明抄书的时间、地点、动机等情况。如圆载抄写的《法华经五百问论》曾留下跋语：

> 开成四年六月，于大唐台州国清寺日本新堂，书写此本。会昌三年三月三日，付僧仁好等，送上日本国延历寺徒众、大德、三纲、宿德耳。圆载记上。①

从圆载的跋语中可以得知：圆载抄书的地方是国清寺的"日本新堂"，由弟子仁好等带至日本，送至延历寺。在圆载跋语之后，还有多条识语，从中可知此书在日本流传的情况。

2. 汉籍东传日本的其他途径

遣唐使对汉籍东传日本做出了巨大贡献，他们是唐代汉籍东传日本的主要承担者和传播者，但是其他途径所发挥的作用同样不能忽视。

（1）唐朝政府赐书外藩及民间私人馈赠

日本留学生和学问僧回国时，唐政府有时会赠送大批佛教经典和书籍。如武则天就曾送给日本遣唐使《经律论》等佛教经典。虽然唐朝政府赐书给日本的记载并不多见，从《日本国见在书目录》所著录的《文

---

① ［日］《新纂续藏经》卷10，商务印书馆影印续藏经1922年版，日本藏经书院续藏经影印，第208页。

馆词林》和《晋书》可以看出，遣唐使带回日本的汉籍中肯定包括唐朝政府赐予的典籍。

日本僧人空海曾在礼泉寺学法，在空海回国时，礼泉寺的般若就送其 600 多卷经典。最澄随第十七次遣唐使入唐时，在台州隆兴寺得到赠送的佛教经疏 82 卷。

（2）渡日唐人的携带

唐代除了日本遣唐使之外，唐政府也遣使日本，曾先后派出遣日使十次。如唐吏沈惟岳，作为押水手官，护送日本遣唐使高元度回国时，留在了日本，没有再回到中国。沈惟岳得到日本天皇重用，赐姓清海宿祢，官至从五位下，后又升任美作友掾。这从另一方面说明当时的日本非常重视对中国文化的接受和使用。

另外还有一些渡海赴日的唐朝僧人在两国间频繁往返，都曾为汉籍的大量东传及汉文化在日本的传播做出了巨大贡献。如唐僧鉴真曾六次试图东渡日本，终于在公元 753 年携弟子 24 人东渡成功。他们带到日本的佛教典籍达 48 部数百卷，还带去书法、唐诗和医药等多种文化典籍。

（3）唐朝商船的载运

在日本遣唐使频繁往返于中日之间的同时，唐朝政府也努力促进中日关系的发展，除了派遣日使之外，还积极地发展对日贸易。中国的许多商船装载有包括书籍在内的大宗货物，在中日之间往返，进行商品贸易。这种以商品的形式出现的汉文典籍流入中日之间的贸易领域，其规模很大，种类繁多，其中主要以佛经、佛像、佛画及佛教用具为主，另外还有文人们的诗集和文集及书写工具。唐朝商人以中国的丝织品、铜钱和书籍等，从日本换回沙金、水银、锡、绵、绢等土特产品，[①] 丰富了中日两国人民的生活的同时，也为汉籍东传日本做出了贡献。

唐朝后期，由于日本吸收的唐文化趋于饱和，日本政府负担沉重和出使航行的艰险，加上唐朝日益衰落，日本于宽平六年（公元 894 年）终止了遣唐使的派遣。此后，中日文化的交流，只能靠民间商业贸易来维系，商船开始成为汉籍东传的重要渠道。汉籍的东传日本，进入了不得不

[①] 陕西省博物馆、文管会革委会写作小组：《西安南郊何家村发现唐代窖藏文物》，《文物》1972 年第 1 期，第 33 页。

依赖中国商人的时代,中日之间的商业贸易开始活跃起来。所以,唐朝民间商船在此后的中日汉籍交流中扮演了极其重要的角色。这一时期,历史资料未曾留下关于汉籍通过中国商船传到日本的数据记载。因此,这一时期究竟有多少汉籍传入日本,难以估计。但是据统计,自公元841年第一艘唐朝商船驶往日本至公元903年60余年间,唐朝商船穿梭于中日之间,往返多达30余次,人数多达1200余人。由于书籍是当时中日贸易的重要组成部分,所以这一时期汉文典籍在这条通道上仍然频繁地流通着。唐后期,许多日本僧人和唐商往来中日之间,都是搭乘中国的商船。如惠运、圆珍、惠萼、圆仁等都曾搭乘这样的私人商船渡海。当时由于路途遥远和海上交通不便,许多中日僧人之间往来的信物和书籍大都是以这种通道往来的。如圆载收集的书籍、唐决及雇人抄写的经论义疏,是通过唐朝商船送到日本的;公元843年,仁好带着师父圆载亲自抄写的《法华经五百问论》,也是以这种途径回国的;唐商徐公祐也曾乘坐这样的商船,把其兄徐公直的书信和赠物带给在日本的唐僧义空;公元881年,唐商张蒙把同为商人李达托付的《一切经》的欠本120余卷带到日本,并送给日本曾经入唐的学问僧圆珍。

在晚唐时期,由于唐商频繁往返于中日之间所带动的汉籍在两国之间的流通,一定程度上弥补了因停派遣唐使而受到的影响,同时也促进了中日之间的文化交流。

(四)唐代中日汉籍文献交流中的代表人物及其贡献

唐代以汉文典籍为载体,以人员流动为途径的中日文化交流,曾对日本文化的发展产生过深远的影响。唐代往返于中日之间的流动人员是唐代中日汉籍交流的承担者,在中日汉籍交流的过程中发挥了巨大作用。

1. 遣唐使代表人物

日本所派遣的遣唐使团规模巨大。其中有许多留学生和学问僧,他们一般从有才华的贵族子弟和僧侣中选取。最为著名的留学生代表人物分别是阿倍仲麻吕和吉备真备,学问僧代表人物是"入唐八大家"。

(1)留学生阿倍仲麻吕和吉备真备

阿倍仲麻吕(698—770),取汉名"晁衡",又写作"朝衡",是唐代中日文化交流史上的一位杰出代表。他"慕中国之风""好书籍"①。公元717年，阿倍仲麻吕以留学生的身份随第九次遣唐使团来到中国。其后，他在唐发奋苦读十年，并参加唐朝的科举应试而中进士。此后他出仕唐朝，先后担任了左春坊司校书、左拾遗、左补阙、秘书监等职。阿倍仲麻吕在唐期间，历经玄宗、肃宗、代宗三朝。唐朝在这一时期人才辈出，阿倍仲麻吕和唐代的许多文人、官僚都有着密切的交往，他们之间经常相互和歌和切磋诗艺。《全唐诗》就收录了好几首唐朝诗人们赠予他的诗歌。

阿倍仲麻吕有较高的汉文学修养，擅长和歌，又精通汉诗，并进行汉诗的创作，被誉为"中国秘书史上日籍秘书第一人"。他是被《全唐诗》收录作品的两位日本人中的其中一位。他的《衔命还国作》被收录在《全唐诗》第732卷中，全文如下：

衔命使本国，非才忝侍臣。
天中恋明主，海外忆慈亲。
伏奏违金阙，驿骖去玉津。
蓬莱乡路远，若木故园林。
西望怀恩日，东归感义辰。
平生一宝剑，留赠结交人。②

这首诗还被日本人的汉诗集《日本诗纪》收录。从诗中可以看到阿倍仲麻吕和中国友人的深情厚谊。

公元770年，阿倍仲麻吕在长安逝世，他在中国生活长达54年，终老也没能回到日本。阿倍仲麻吕为中日友好事业做出了杰出贡献。

另一个著名的日本留学生是吉备真备（695—775），原名下道真备，是日本奈良时代的学者、政治家，曾两次出任遣唐使。公元717年（唐开元五年，日本元正天皇养老元年），吉备真备和阿倍仲麻吕、玄昉一道随第九次遣唐使到中国。他精通儒学、天文、律令、军事、建筑、音乐

---

① （后晋）刘昫：《旧唐书·日本传》，中华书局1975年版，第5341页。
② （清）彭定求等：《全唐诗》，中华书局1996年版，第8375页。

等。公元734年，吉备真备回国，被任命为大学助教，教授太学生学习大唐的先进文化。后来吉备真备作为东宫学士向皇太子阿倍内亲王（后来的孝谦天皇）传授《汉书》和《礼记》。

公元752年（天平胜宝四年），吉备真备以第十一次遣唐使团的副使身份再次来到唐朝，受到唐玄宗的接见。唐玄宗赠他"银青光禄大夫"称号。据说吉备真备离开大唐时，唐玄宗还以诗相赠。公元754年吉备真备回国。此次回国后，吉备真备再次得到重用。直到公元771年吉备真备才卸去官职。公元775年（宝龟六年），吉备真备去世。

吉备真备第一次入唐回到日本时，带回1700多部汉文典籍，有天文历书（《大衍历成》12卷、《大衍历经》1卷），音乐书（《乐书要录》10卷），《唐礼》130卷，另外还带有日时计（测影铁尺）、乐器（铜律管、铁如方响、写律管声十二条）、弓（弦缠漆角弓、马上饮水漆角弓、露面漆四节角弓各一张）、矢（射甲箭二十只、平射箭十只）等。[①] 日本在《唐礼》的影响下，完善和改进了朝廷礼仪；在《大衍历经》和《大衍历立成》的影响下改革了原来的历法——仪凤历，推广和使用了大衍历。吉备真备带回的乐器和乐书对唐朝音乐得以在日本传播起到了积极作用。《乐书要录》在中国早已失传，在日本却保存完好，成为研究唐代音乐的重要史料。吉备真备在大唐留学时擅长围棋，据说围棋的棋子、棋盘就是吉备真备从唐朝带到日本之后才传播开来的。吉备真备利用职务之便，还积极推进日本律令制度的改革，他与同他在唐朝留学的同窗好友大和长冈一道，参照唐朝的律令制度，对《养老律令》进行了修订，加强了日本的法制观念，推动了日本的封建化进程。吉备真备著有《私教类聚》一书，其主要内容是向日本介绍唐文化。吉备真备对于日本文化的传承贡献最大，他根据部分汉字隶书偏旁创造了日语的"片假名"。

（2）学问僧代表人物"入唐八大家"

众多的中国典籍传入日本，除入唐的日本留学生之外，学问僧也起着重要的作用。入唐学问僧在中国巡礼名山，求师问法，带回大量佛经、佛像、佛具以及与佛教有关的绘画、雕刻等。当时，几乎每次每位学问僧在

[①] ［日］青木和夫等：《续日本纪》，新日本古典文学大系本，岩波书店2001年版，第1995—1998页。

归国时，都要带回大量有关佛教的经疏章论为大宗货物，其中也包含部分外典汉籍。如玄昉归国时，带回经论1076部，合计5048卷。在众多入唐学问僧中，以最澄、空海、常晓、圆行、圆仁、惠运、圆珍、宗睿最为著名，日本佛教史称"入唐八大家"。他们归国时都带回了大量典籍，编成《请来目录》，收录于日本《大正义大藏经》，传承至今。从中可知当时中国佛教典籍文献输入日本的情况。他们八人对汉籍东传日本的贡献如表1—2—5所示。

表1—2—5　　　"入唐大家"在汉籍东传日本方面的贡献

人物	在汉籍东传日本方面的贡献
最澄	230部、460卷
空海	216部、461卷
常晓	31部、63卷
圆行	69部、123卷
圆仁	585部、790四卷
慧运	部数不详，180卷
圆珍	441部、1000卷
宗睿	134部、143卷

在"入唐八家"中，以圆仁、空海的贡献最大。他们对中国文化在日本的传播和促进日本文化的发展起了极其重要的作用。

2. 渡日唐人：鉴真

在唐代中日文化交流史上，不仅有大量日本遣唐使入唐，对汉籍东传做出杰出的贡献。同时，中国也有许多僧侣为了传教讲学而不畏艰难险阻，远涉重洋，东渡日本，唐朝高僧鉴真就是其中一位杰出代表人物。

鉴真和尚（688—763），扬州江阳县人，14岁皈依佛门，先师从道岸受菩萨戒，后师从宏景受具足戒。他聪慧好学，26岁时便成为南方的受戒大师。鉴真不但有很深的佛学造诣，而且为人正直，广施救助，在中日两国都享有盛誉。

公元742年（天宝元年），鉴真应日本僧人荣睿、普照的邀请东渡日本。鉴真在公元743—748年间曾先后五次东渡，因遇海风，都没成功。最终鉴真还因劳累和暑热，双目失明。公元753年，鉴真应遣唐大使藤原清河之邀请，不顾年迈和双目失明，随藤原清河一同赴日，终于在同一年底成功到达日本。鉴真到日本后，就积极地传授戒律，弘扬佛法。

公元753年，鉴真及其弟子到达鹿儿岛，后来经太宰府、大阪等地，于公元756年到达奈良，被迎入东大寺。在东大寺，日本天皇授鉴真"传灯大师"的称号，并任命他为"大僧都"。不过，两年后鉴真就辞职，离开了东大寺。晚年的鉴真被尊称为"大和上"，他仍然在自己亲手修建的精舍里讲授戒律，度其余生，没有再回到中国。根据《唐大和上东征传》记载："鉴真东渡带去的佛学的经论章疏皆备，合计四十八部三百多卷，佛像八种，佛具七种，王羲之真迹行书一帖、王献之真迹三帖、天竺、朱和等杂体书五十帖，以及当时一些唐代诗人的诗集和医药典籍。"[①]鉴真不但为日本佛教界充实了一大批佛教文献，促进了日本佛教文化的发展，同时也促进了市民文化的发展，如他带去的二王书法行帖，被传为至宝，争相临摹，促进了日本书法艺术的发展。鉴真在医学方面颇有造诣，他此去日本还带了许多医学书籍和中草药，并在日本行医治病，一定程度上也促进了日本医学的发展。据说鉴真还曾为日本光明太后诊病，治其宿疾而愈。鉴真和弟子还根据唐朝寺院布局，修建了唐招提寺，并修建了堂塔伽蓝和佛菩萨像，这是对中国的建筑艺术和雕塑艺术的移植，是当时日本建筑艺术的最高成就，在日本产生了很大的影响。唐招提寺保存至今，被日本政府认定为"国宝"建筑。

三 唐代中日汉籍交流的特点、传播方式及影响

（一）唐代中日汉籍交流的特点

唐代中日汉籍交流的特点有：一、日本在输入汉籍方面表现出极大的积极主动性；二、文献交流多以汉籍输入日本的单向性流动；三、交流途径多样；四、经历时间长、规模大；五、典籍种类繁多，内容丰富多彩，涉及领域广泛；六、交流方式多以两国之间的直接交流为主。

---

① ［日］真人元开：《唐大和上东征传》天宝十二年条，中华书局1979年版，第88页。

1. 日本在输入汉籍方面表现出极大的积极主动性

自日本和中国有文化交往以来，日本一直通过中国移民被动地接受汉文化。在隋朝时期，日本先后派出了五次遣隋使，求佛法、学习汉文化是遣隋使的主要目的之一，而买书求籍是一种非常便捷的途径。许多史料记载都有遣隋使买书求籍的相关记载。这标志着日本吸收中国文化的形式开始由依赖外来移民文化的被动接受型向主动求索型过渡。

唐以前我国已有大量的典籍传入日本，对日本产生较大的影响。到了唐代，我国政治稳定、经济繁荣、文化高度发达。日本政府在同中国交往中发现了唐朝制度与文化的优越性以及自身与唐王朝的巨大文化落差，因此，积极主动学习中国文化的愿望变得更加强烈。为了自身发展的需要，日本政府先后19次（实际成行16次）派遣唐使来中国学习唐文化，输入汉文典籍。由于当时日本的航海技术比较落后，每次来华的遣唐使团都冒着生命危险，有时还要付出巨大牺牲，他们历尽千辛万苦，来到中国，学习先进的唐朝文化，并将唐朝的文化典籍带回本国，在日本国内掀起了一场前所未有的唐文化运动。

2. 文献交流多以汉籍输入日本的单向性流动

由于唐朝国力强盛，政治稳定，经济繁荣，文化高度发达，唐都长安成为亚洲乃至世界文化的中心。而日本还处在奴隶社会末期，处于较为蒙昧的状态。两国在文化及文化典籍交流上表现为唐朝单向性呈辐射状向日本传播，并对日本产生广泛而深刻的影响。相比之下，日本文化及文化典籍在中国的传播和影响几乎不存在。后来，虽然也有一些零星的日本典籍通过双方使节、僧侣、留学生和商贾等流入中国，但与中国典籍大量传入日本相比较，这些文献的数量不值一提，同时也没对唐朝产生太大的影响。所以这一时期的中日文献交流多以汉籍输入日本的单向性流动为主。

3. 交流途径的多样性

唐朝时，由于中日两国政治、经济、文化的差异，在两国书籍文献的交流中日本积极主动地输入汉籍，其途径主要以日本直接摄取为主，包括遣唐使的购买、亲自手抄或雇人抄写等。唐朝官府藏书和私人藏书量都十分丰富，唐政府采取开明的文化政策，书籍买卖之风盛行。同时日本政府对遣唐使待遇优厚，加上唐政府的补助，遣唐使有足够的经费购买或雇人抄写汉文典籍。另外，遣唐使还亲自手抄或雇人抄写汉文典籍，日本学问僧代表空海和最澄都曾雇人抄写过佛教经典。

汉籍传入日本的途径除了以遣唐使购买、亲自手抄和雇人抄写的途径直接摄取外，其他途径也发挥了巨大作用，如唐政府赐书、私人赠送、渡日唐人的携带、唐朝商船运载和贸易。唐朝政府和民间人士都曾赠送过相当一部分书籍给日本，如武则天曾"因国信归寄送经律论等"给日本；礼泉寺的般若送给空海600多卷经典。唐朝的遣日使者和东渡日本的僧人也都把大量的文献典籍传到了日本。最典型的代表就是六次东渡的鉴真和尚，他把大批的佛教经典和书法、医药典籍带到日本。晚唐时期，由于遣唐使制度的废止，唐及东亚商船成为汉籍东传的重要渠道。所以，在唐后期的汉文典籍东传日本的过程中，唐及东亚商船发挥了巨大作用，大量的汉籍通过这些商船传至日本。

4. 经历时间长、规模大

唐代汉籍东传日本自公元630年第一次派遣遣唐使，至公元894年遣唐制度的废止，历时264年，其后虽然日本停止了遣唐使的派遣，但商船仍然在这条书籍之路上发挥着重要作用。

唐代中日两国文献交流的规模之大，在世界文化交流史上是极为罕见的。当时许多入唐的日本留学生和学问僧归国时带回的汉籍多达数百卷，甚至上千卷。如前面提到的最澄，归国时带回佛教经典460卷。珍上人于公元858年回日本时，带回的经典有1000余卷。根据本文第二章中关于编纂于九世纪后末期的《日本国见在书目》著录汉籍的数据统计，可见唐代汉籍东传日本的规模之大，是史无前例的。

5. 典籍种类繁多，内容丰富多彩，涉及领域广泛

从《日本国见在书目》所著录的汉籍种类可以看到，唐代东传日本的汉文典籍经史子集无所不容，并且种类繁多，有佛教经典、儒家经典、律令制度、文学、医药、天文历法、建筑、自然科学技术、艺术等书籍。无论是遣唐使还是渡日唐人，每次携带到日本的典籍种类和内容也是极其丰富的。如学问僧空海在唐朝居留期间，为了搜集学术文化图籍，就给当时越州节度使写信说："三教之中，经律、论疏、传记乃至诗赋、碑铭、卜医、五明所摄之教，可以发蒙济物者"他统统都要。[①] 所以空海回国

[①] 彭邦炯：《中国古籍知识启蒙》，知识出版社1992年版，第7页。

时，除带有许多佛教经典、佛像、佛教用品外，还带有一些诗文、书法和绘画艺术品。

6. 交流方式多以两国之间的直接交流为主

在移民时期，由于朝鲜处于中国和日本的中间，与中国大陆相连，与日本隔海相望，加上当时航海技术还不发达。所以，隋唐以前中日文献典籍交流主要是借助朝鲜半岛间接进行的。到了唐代，灿烂的唐文化拥有强烈的向心力，加上日本政府强烈的求知欲，中国汉文典籍则主要由日本遣唐使者、僧人、留学生以及唐朝的遣日使者、僧人、商贾直接携往日本。

（二）唐代汉籍在日本的传播形式

书籍的传播不仅与作者和读者有关，它还和教育的普及、图书出版印刷技术的进步和社会文化的需求等密切相关。唐代汉籍在日本的传播、日本汉文化水平的提高以及日本对汉文典籍的需求、雕版印刷的传入，这些都促进了汉籍在日本的出版与再版。唐时期汉籍在日本是以传抄、翻刻和日本人进行汉籍创作三种形式扩大传播的。

1. 传抄

随着汉籍的大规模传入日本，日本佛教典籍的收藏得到了极大丰富。同时，这也刺激了日本社会对佛教经典的需求。因此，仅靠汉籍的单本传播，已经满足不了日本对汉籍的需求。大概受到入唐留学生和学问僧抄录汉籍的启发，早在飞鸟时代的日本本土，抄写经籍也普遍起来。"写经所"便应运而生，它是政府成立的专事抄录、誊写汉籍的机构。有"写经生"在"写经所"里奉职，专事抄录。"写经生"主要抄写汉籍佛教经典。特别是在奈良时代，抄写最为兴盛，规模之大，在其他国家也不多见，抄写成为当时日本汉籍生产和传播的主要途径。有关的写经生抄写的佛教经卷及其他相关情况，在写经所文书中均有记载，有的抄本至今还完好地保存着。通过这些文书和现存的抄本，我们可以了解到唐代佛教经典传入日本的概貌。在日本京都堀川的古刹兴圣寺内现存《大唐西域记》一卷，是公元785年（延历四年）抄写的，保存完好。写经生们除抄写佛教经典外，也抄写一些学术和文化典籍。如奈良时代由写经生抄写至今仍保存在滋贺石山寺的《史记集解》（卷九十六、卷九十七）和《汉书》（卷一"高帝纪下"、卷三十四"列传第四"），保存在名古屋大须观音宝生院的《汉书》（卷二十四"食货志第四"）和《雕玉集》（卷十二、卷十四），均被日本政府认定为"国宝"级别的文化财产。

2. 翻刻

中国文化早在唐代之前就以书籍为载体在日本传播，并在不同的时期，不同程度地影响着日本文明发展的进程。进入唐代以后，传入日本的汉籍种类更加繁多，内容更加丰富，中国的政治律令、经书、文学、医学、天文历法、数学、音乐等书籍成为商品，被输入日本，并深受欢迎。但由于地域阻隔，日本很快感觉到单靠从中国输入汉籍，已经远远不能满足本国人民学习中国文化的需要。特别是后来遣唐使制度废止后，人员的往来受到限制，而日本对汉文典籍的需求仍然十分强烈，此时日本开始了模仿中国翻刻书籍的形式来传播文化。这一时期日本主要是通过对输入的汉籍进行翻刻来学习中国的文化。在此后的几个世纪，中国文化之所以能源源不断地影响着日本，主要归功于这些翻刻的汉籍——和刻本。

早在唐代以前，日本人就知道了中国人发明的书籍形式。公元7世纪初，中国纸和墨的制法就已经传入了日本，随后中国的雕版印刷技术在这一时期也传入了日本，这为日本刻书事业提供了良好的物质条件和技术条件。许多学者都认为日本刻书起始于公元8世纪的唐朝。日本刻书，究竟何时开始的，至今尚无定论。日本的和刻汉籍，版本很多，但流传至今最早、最可信的版刻印刷是公元770年刻成的《百万塔陀罗尼经》。对此《续日本纪》卷三十有相关记载：

> 神护景云四年（770年）四月戊午。初，天皇八年乱平，乃发弘愿，另造三重小塔一百万，基高各四寸五分，基经三寸五分，盘露之下，各置根本、慈心、相轮、六度等《陀罗尼》。至是功毕，分置诸寺。①

文中"诸寺"是指的东大寺、西大寺、法隆寺、四大天王寺、药师寺、弘福寺、元兴寺、崇福寺、大安寺、福兴寺，共计十寺。每个寺院存放有十万塔十万经，即一百万座佛塔，一百万份佛经，《百万塔陀罗尼

---

① [日]菅野真道：《续日本纪》，岩波书店1965年初版，第509页。

经》之名便由此而来。它是日本古代版刻印刷史上的一个伟大源头,也是和刻汉籍的开始。另外值得一提的是日本宽治本的《成唯识论》。《成唯识论》产生年代虽然在北宋初年,但是《成唯识论》由唐代著名高僧三藏法师玄奘以大乘佛教唯识宗创始人之一世亲的《唯识三十颂》为主线,糅合印度十大论师的诠释编译而成,最能体现法相唯识学派的基本思想。从《成唯识论》的翻刻可以透视出:后世的许多和刻本都是以唐代东传的汉籍为底本而进行翻刻的。

这些刻本的出现是以唐代大规模的汉籍输入日本为前提的。我们可以确信的是:如果不是唐代中日之间往来更加频繁,更大规模的中国书籍经日本遣唐使、留学生或学问僧以及中国的使节、僧人、商船带到日本,对日本社会经济文化产生如此深刻的影响,就不会激发出日本社会对汉籍的渴求,也不会出现后来这些规模蔚为壮观的和刻汉籍。所以说,这些刻本就是后来和刻本的源头。同时,有相当数量的汉籍在日本被当作底本进行翻刻重印,使我国佚失典籍得以保存传世。这是中国典籍在日本流布的一种特殊形式,是中日两国文化交往之深的最好证明。

3. 日本人进行汉籍创作

日本遣唐使的派遣和教育制度的健全,为日本培养了大批的优秀人才。唐代汉文典籍在日本的传播激发了日本人对汉籍创作的模仿与创新,在日本出现了一大批用汉文书写的文学著作,从而扩大了汉籍在日本的传播范围,汉籍以另一种更贴近日本人的生活、更容易被日本人所接受的形式在日本传播。这些汉籍大多是归国的日本留学生和僧侣的著作,渡日唐人也创作了一部分汉籍著作。这一时期在日本产生的著作大致情况如表1—2—6所示。

表1—2—6　　　　　　　唐时期日本汉籍著作一览

著作名称	编撰者	成书时间	卷数	备注
古事记	太安万侣	公元712年	3卷著录113首歌谣	日本历史上第一部文学作品
日本书纪	舍人亲王等	公元720年	303卷	

续表

著作名称	编撰者	成书时间	卷数	备注
怀风藻	作者不详	公元751年	卷数不详，收录64名汉诗人的120首汉诗	日本现存最早的汉诗集
唐大和上东征传	真人元开	公元779年		
延历僧录	思托	公元788年		日本最早的僧人传记
续日本纪	藤原继绳等	公元797年	403卷	
文镜秘府论	空海	公元806年	63卷	
凌云集	小野岑守	公元814年		合称为《敕撰三集》日本文化史上"汉文学"的巅峰著作
文华秀丽集	藤原冬嗣	公元817年		
经国集	纳言良岑安世	公元827年		
日本灵异记	僧景戒	公元822年	3卷收录112篇故事	日本最早的民间故事集
秘府略	兹野贞	公元833年	10003卷	大型汉籍类书
日本后纪	藤原绪嗣等	公元841年	403卷	
入唐求法巡礼行纪	圆仁	公元847年		日本汉文日记的代表作
续日本后纪	藤原良房等	公元869年	203卷	
文德天皇实录	藤原基经等	公元879年	103卷	第一部实录体宫廷记
三代实录	藤原时平等	公元901年	503卷	

另外，公元713年以后，元明天皇还命地方诸国编写了一系列的风土记，这些风土记大都用汉文或掺杂和文的汉文书写。现存五种《风土记》，其中《堂陆国风土记》《丰后国风土记》《肥前国风土记》《播磨国风土记》留有残卷，《出云国风土记》保存完好。

这一时期，日本所出现的丰富的汉籍文学作品，与输入的大量汉籍文献是分不开的，它们参与了日本文化的构建。由此可见，日本古代文学在唐文学的基础上进行模拟和创新，呈现出中日文化相互融合的特点。日本汉籍不断地丰富着日本文化的内涵。它们传到中国，又以传抄，翻刻或注疏的形式加以传播，反过来影响着中国文化。

(三) 唐代汉籍东传对日本产生的影响

由于唐代中国的政治经济文化相对比较发达,唐文化以汉文典籍为载体东传日本,而日本通过对唐文化消化和吸收,逐渐创造出具有本民族特色的文化。就像日本学者内藤湖南在《日本文化史研究》中所提到的:"日本文化是豆浆,中国文化就是使它凝成豆腐的盐卤。"① 唐文化对日本文化的影响渗透到日本社会生活的各个方面。参与人群也从少数使臣官吏扩大到民间留学生僧侣,以至商人庶民,这对日本的政治、经济、文化和科学的发展进步产生巨大而深刻的影响,形成了飞鸟、奈良、平安时代日本文化生动发展的局面,特别是平安时代开启了其后300年日本汉文化发达之先河。其影响表现在下列几个方面。

1. 政治、经济方面

"孝德天皇博览中国典籍,对远自黄帝、尧、舜,近至汉唐诸帝的治国之术,颇有了解,一直有志于改革陈腐的政治"②。可见,日本十分向往唐朝的国家制度,所以有关国家体制及律令制度方面的汉籍是遣唐使重点搜集的对象。如吉备真备第一次从唐朝回到日本时就曾带回《唐礼》130卷。遣唐使把有关律令制度的书籍带回日本后,日本通过对这些汉籍的学习和吸收,促成了其大化革新,推动了社会的重大变革。这次重大改革是在南渊清安、高向玄理等为代表的遣唐留学生的影响下,以唐朝的国家制度为样本而进行的社会政治改革。日本仿照唐朝的三省六部制度,设二官八省一台,建立起中央集权制度。

日本在律令制度方面,亦效法唐朝。大化革新所颁布的律令均以中国法律典章为蓝本制定,如日本根据《唐律疏议》颁布了《大宝律令》。根据日本所制定的律令条文可以知道,当时的日本学习和吸收了唐朝的法制思想。另外,日本朝廷还模仿唐代的典章制度造户籍、建京师官署、郡国驿等。通过大化革新,日本建立了中央集权制的国家体制,完成了日本从奴隶社会向封建社会的转变。

日本在经济制度上亦效法唐朝。大化革新后,日本仿照唐朝的"均

---

① [日] 内藤湖南:《日本文化研究史》,商务印书馆1997年版,第7页。
② 王金林:《简明日本古代史》,天津人民出版社1984年版,第77页。

田制"颁布了"班田制",把土地分给农民,逐步废止了贵族土地私有制。日本所颁布的"班田制"的内容大约有30%与唐朝的"均田制"雷同。另外,日本还推行了"租庸调法",日本的"租庸调法"与唐的"租庸调制"的条款几乎完全相同,仅是数额上有所差别。

由此可见,日本政治经济制度基本上以唐朝制度为蓝本,根据日本国情稍加修改而成。

2. 教育制度方面

日本在教育制度上,无论是学校的设置、学习科目和学习内容的规定,还是官员的选拔,基本上都是仿效唐朝。两国的教育制度对比如表1—2—7所示。

表1—2—7　　　　　唐代中日两国教育和教学内容之比较

国家	学校设置及学生资格规定	学习科目	学习内容	官员选拔
唐朝	国子监(三品以上)、太学(五品以上)四门学(七品以上)、律学、书学、算学、广文馆,地方设立州学、县学,还准许设立私学	经学、书学、算学、律学	《仪礼》《礼记》《周礼》《春秋左氏传》和《毛诗》《尚书》《春秋公羊传》《周易》《孝经》和《春秋榖梁传》《说文》《三苍》《尔雅》《字林》《国语》,间习暇习隶书和时务策。	科举制
日本	大学(五位以上,名为"史"的渡来人之子。且13—16岁)、国学(以郡司的子弟为主),地方也准许设立私学	经学、明法、纪传、音韵、书学、算术	大经:《春秋左氏传》和《礼记》;中经:《仪礼》《周礼》和《毛诗》;小经:《尚书》和《周易》。另兼习《孝经》《论语》《孙子》《文章》《史记》《汉书》《后汉书》《二雅》等	贡举制

由表1—2—7可见,日本仿照唐朝开设中央和地方各类学校教授汉

学，培养人才。① 奈良时代，日本在京都设立大学寮，仿照唐朝分设经学、明法、纪传、音韵、书学、算术等学科，主要教授儒家经典。日本在地方设置国学，以传授经传诸科目为主。另外，为了普及医学、历法、天文知识，日本仿照唐朝在太医署下创建了医学，有医博士、针博士、按摩博士的先例，还在中务省的阴阳寮设置天文博士和历博士，在宫内省的典药寮设置药园师、医博士、针博士和按摩博士。为了普及汉学，在嵯峨天皇时期，日本还仿照唐朝鼓励建立各类私立学校。弘文院、学馆院、劝学院、奖学院等，都是当时著名的私立学寮。日本还开设了许多私塾，如：曾经入唐的学问僧空海回到日本后，开设了综艺种智院；当时的儒学家大江、善渊、菅庆等人也建立了一系列的私塾。在平安时代后期，官学渐渐被私学所替代，教育在日本得到普及。从表1—2—7可以看出，日本选拔和任命官员的"贡举制"也是仿照唐朝科举制度而制定的。当时的日本衡量一个人才能的高低时，常用"和魂汉才"之标准，"和魂"即是"大和魂"。紫部式的《源氏物语·少女》曾有这样的描述：

　　なほオをもととしこそ、大和魂の世に用るらるる方も强う侍らめ。(译：以汉才为基础，能灵活地运用大和魂的人才是比较实用的人才。)②

由此可见，远在日本平安时代，人们对安邦治国的理想人才的要求是"汉才"与"和魂"，日本的政治舞台属于那些具有汉学素养的知识分子。所以说，唐代的教育制度传到日本的同时，唐代的教育内容和精神也被日本所吸收，经书成为士大夫的必读之书。如公元757年，孝廉天皇下令每家必读《孝经》。由于日本政府的大力推广，儒学成为日本政治和文化的精神支柱，同时也为日本社会的革新培养了大批人才。

3. 语言文字方面

汉字传入之前，日本只有语言，没有文字。《隋书》载："日本无文

---

① 王勇：《中国典籍在日本的流传与影响》，杭州大学出版社1990年版，第12页。
② [日]紫式部：《源氏物语》之《少女》，第21回，人民文学出版社1986年版，第123页。

字，以刻木、结绳记事。"① 但对于汉字何时传入日本，众说不一。但笔者认为，日本人学习并运用汉字始于《日本书纪》中记载的阿直岐和王仁，他们以太子之师，教习诸典籍。吴廷璆在《日本史》提到："汉字传入后，日本一直用汉字处理国事，并通过汉字引进中国文化。"② 另外，《古事记》中也有汉字传入日本的相关记载。经过近三个世纪的消化，公元5、6世纪，随着汉文典籍大量传入日本，日本才运用汉字的音和义（训）来书写本国的语言。8世纪中后期的《万叶集》是日本最古老的和歌总集，就是用整个汉字作注音的，称为"万叶假名"。在9世纪后期，空海根据汉字的草书偏旁创造出平假名，吉备真备根据汉字的隶书偏旁创造出片假名。二者的产生，标志着新体日文字母的发明，大大促进了日本文化的发展。③ 汉语在文字用法和造词方面对日本的影响也很大，至今日本文字中仍有一千多个繁体汉字被沿用。因此可以说，中国汉字是日本文字的母体和主要构成部分，没有中国汉字，就没有日本文字的文明。

4. 文学方面

文字的产生，大大促进了唐文化在日本的传播和日本文化的发展。唐文化对日本文化的影响不仅仅是"渗透"，而是日本文化的全面"唐化"，在文学方面亦是如此。日本文学不仅全面吸收了唐文学的文学理念、写作技巧，就连文字、句法也是对汉字汉文的移植。奈良、平安两朝，唐朝丰富多彩的文学作品风行日本，以皇室贵族为中心的上层知识分子，崇尚唐文化，掀起了学习汉诗文的热潮。对日本文学的影响最大的就是白居易的《白氏文集》70卷，在日本流传甚广。诗集《千载佳句》收录唐朝153人的1083首诗中，白诗有507首；诗集《和汉朗咏集》也收录了白居易的诗137首。他的长诗《长恨歌》和《琵琶行》在日本广为流传。醍醐天皇曾感叹说："平生所爱《白氏文集》七十卷是也。"④ 平安贵族竞相模仿汉诗汉文，"白诗"被视为写诗之典范，逐渐形成"白体诗"。与此

---

① （唐）魏征：《隋书·倭国传》，中华书局1973年版，第1827页。
② 吴廷璆：《日本史》，南开大学出版社1994年版，第116页。
③ 朱绍侯：《中国古代史》，福建人民出版社2010年版，第248页。
④ 转引自郑彭年《日本中国文化摄取史》，杭州大学出版社1999年版，第76页。

同时，在日本用汉文书写的文学著作不断出现。日本第一部汉诗集《怀风藻》收录了日本诗人所留下的120首汉诗，其中有40处的句式是模仿中国汉诗，另外还有241处的典故词语也来自中国的汉诗。有名的汉诗集《敕撰三集》(《凌云集》《文华秀丽集》《经国集》)就是在这个时期编纂的。无论形式、内容还是写作技巧，《敕撰三集》都是对中国诗文的移植。唐代的文学作风和思想体制，对日本文学影响很深，给日本文学的发展注入了新鲜的血液。成书于8世纪后半期的《万叶集》，是日本最古老的和歌集，共20卷，收录和歌4500首。这部可以说是日本本土的文学作品，也深受汉诗和汉赋形式的影响。① 这些著作以中国典籍为题材，留下大量汉籍文化的烙印。此时，中国的类书也传入日本，如南北朝时期的《华林遍略》和《修文殿御览》，唐朝的《艺文类聚》《北堂书钞》《白氏六帖》和《初学记》等。日本第一部大型类书《秘府略》1000卷借鉴这些类书的体例形式，引征中国传入的汉籍文献一千种之多。这一时期，日本所出现的丰富的文学作品，与传入的大量汉籍文献是分不开的。

5. 宗教方面

《隋书·倭国传》载："敬佛法，于百济求得佛经，始有文字。"② 这说明了佛教对于日本文字文化所起的作用。中国佛教早在6世纪之前就已通过朝鲜传入日本，但直到唐代，日本与中国的交流频繁后，伴随着大规模的遣唐使入唐学习唐文化，佛教才在日本兴盛起来。这一时期，奠定了日本佛教长远发展的基础。日本遣唐使对于佛教在日本的广泛传播，做出了不可磨灭的贡献。日本学问僧和留学生络绎不绝地来到中国，他们在中国研习了高度发达的佛教学术，回到日本后大力传播佛学。如前面提到的"入唐八大家"把大批的佛学典籍带到日本，为日本佛教的发展做出巨大贡献。中国一流的名僧，也有到日本传法的，如鉴真和元昉都曾东渡日本，带去大量佛教典籍，传道布教。

这一时期，佛教在日本开始由上层统治阶级，逐渐向平民百姓广泛传播。佛教还被用来维护统治阶级的统治服务。如日本学者井上亘曾转载村

---

① 吴廷璆：《日本史》，南开大学出版社1994年版，第89页。
② （唐）魏征：《隋书·倭国传》，中华书局1973年版，第1827页。

冈典嗣在《宪法十七条的研究》中断定："《十七条宪法》的核心思想并不是神道、道家、法家、儒家，而是佛教。"① 佛教在当时的地位很高，曾一度被认作是"国教"，日本以信奉佛教为一国政务之本。随着佛教在日本的广泛传播，一些重要的佛教宗派开始在日本形成，如奈良时代的奈良六宗。② 奈良六宗建立以及大量的佛教经典的传入，成为日本佛教发展的起点。平安时代，最澄与空海入唐求法归国后，分别创立了天台宗和真言宗。

中国佛教典籍奠定了日本佛教形成的基础。日本佛教所依据的经典是汉文佛经，故其基本概貌与唐时期的中国佛教大致略同。

6. 史学方面

8世纪末，菅野真道在《续日本纪》"天平宝字元年（公元757年）十一月癸末日"中提道："经生者五经，传生者三史。"③ 这里的三史应该指的就是《史记》《汉书》《后汉书》。经历二三百年的大规模的汉籍输入，日本的中国史书库存已相当完备。当时日本的"太学"还开设了纪传道科目，学习中国的史书，日本史书编纂事业开始兴起，编撰了一系列的史书。日本这一时期的史书大都是用汉字书写，且在史书体例、记事方法、撰写史书的宗旨方面也是模仿我国的。如受我国《史记》等书的影响，而编撰的《天皇记》《国记》《国造本纪》等史书，是日本编纂国史的开端。另外两部日本史书《古事记》和《日本书纪》，均采用了中国编年体，是日本最古的正史。《古事记》用混杂日本语言和变体汉文书写，是日本第一部史书。而《日本书纪》是完全的汉文著作，其中许多神话都是典出中国典籍，表现出对汉文化受容的显著特征。其后日本又相继编撰了《续日本书纪》《日本后纪》《续日本后纪》《日本文德天皇实录》《日本三代实录》和《日本书纪》，史家称之为《六国史》。《六国史》的编撰情况如表1—2—8所示。

---

① ［日］井上亘：《虚伪的"日本"》，社会科学文献出版社2012年版，第140页。
② 三论宗、法相宗、俱舍宗、华严宗、成实宗、律宗合称为"奈良六宗"。
③ ［日］菅野真道：《续日本纪》，岩波书店1965年初版，第175页。

表 1—2—8　　　　　　　《六国史》编撰情况

史书名称	编撰者	成书时间	卷数
日本书纪	舍人亲王等	公元 720 养老 4 年	30 卷
续日本纪	藤原继绳等	公元 797 延历 11 年	40 卷
日本后纪	藤原绪嗣等	公元 841 承和 8 年	40 卷
续日本后纪	藤原良房等	公元 869 贞观 11 年	20 卷
文德天皇实录	藤原基经等	公元 879 元庆 3 年	10 卷
三代实录	藤原时平等	公元 901 延喜元年	50 卷

这些史书均采用汉文著作，仿照唐代史书，以中国儒学的鉴戒史观和封建伦理道德标准作为历史评价的准则，以史为鉴，并宣传"神武天皇""君权天授"等思想。

这一时期，日本还出现了地方志，如编于公元 713 年的《风土记》，是日本第一部地方志，除《出云风土记》保存完好外，其余各国或残或佚失。这些风土记是分别用汉文或掺杂和文的汉文书写的，开创了日本有文字记录的文学作品的先河。

7. 医学和天文科学方面

公元 701 年，日本确立并颁布了医疗制度的医疾令，在中务省设内药司，宫内省设典药寮。典药寮里的大学和地方的国学承担医学教育，医学教科书也是依据中国的唐令而制定，医学教科书大都由唐朝传去的，如《素问》《本草（本草经集注）》《小品方》《甲乙经》《集验方》《脉经》《明堂》《流注图》《赤乌神针经》等。在平安时代，日本人通过学习中国医书，也出现了一系列自己的医学著作。如菅原曾嗣著的《金兰方》、出云广贞和安倍冥荁等人撰的《大同类聚方》等。另外，日本还出现了医学家撰写的中国医书的注解，如出云广贞的《难经开委》、小野藏根的《集注太素》。截至 9 世纪末，我国著名的《素问》《难经》《张仲景方》《神农本草》《诸病源候论》和《千金方》等医学著作都已传入日本。日本人根据从中国传入的医学书籍并结合自己医疗实践创立了"汉方医学"。同时，日本也出现了一系列汉方医学书籍，其中《医心方》影响最大。这部医学著作虽然成书于 10 世纪日本永观二年即公元 984 年，也就是北宋初期，但著者丹波康赖根据的仍然是以唐代为主的中国医学典籍和方书，把临床各科的选方和其他多种学科，如学术理论、明堂、本草、气功、养生、美容、孔穴、服石、解毒、道引、食疗等多方面内容加以分类整理编纂而成的。全书共30卷，保存了丰富的隋、唐医学精华，且其中很多医书在中国已经散失，故具有很高的学术价值。这部大型医学编著使我们了解到早在一千多年前，日本汉方医学的历史原貌和研究成果，从中也让我们看到了早期中、日两国的医学交流状况。在《日本国见在书目录》著录的汉籍中，著录的医学书籍有166种，1300余卷，由此可以推测中国医学文化对日本的影响。

日本的历法，也是由唐朝输入的。推古天皇时，中国历法经百济传入日本。公元604年，日本开始正式推甲子，用历日。遣唐使时代，随着数以百计的遣唐使入唐，唐的历法书籍也被陆续带到日本，如由吉备真备带回的《大衍历成》12卷、《大衍历经》1卷。于是，唐的历法知识在日本得到了传播，促成日本历法的不断革新。自公元690年至861年，日本历法更新如表1—2—9所示。

表1—2—9　　　　　公元690—861年日本历法更新

年代	公元690年（持统天皇四年）	公元697年（文武天皇元年）	公元763年（称德天皇天平七年）	公元858年（文德天皇天安二年）	公元861年（清和天皇贞观三年）
历法变更	《元嘉历》和《仪凤历》并用	《元嘉历》停，继续实行《仪凤历》	《大衍历》代替《仪凤历》	《五纪历》和《大衍历》并用	《宣明历》

由表1—2—9可见，唐朝时期，日本历法的演变，都是由于效仿唐朝历法的缘故。

8. 艺术方面

唐代，中国的书法、音乐、绘画、雕刻等艺术也都相继传入日本。

唐代书法基本上承袭魏晋书法，历时三百年间书法人才辈出，无论是楷体、行书和草书都有很大的突破，获得了巨大的成就。奈良、平安两个时代的书法，均模仿唐朝书法。日本留学生、学问僧把大量的唐朝的书法作品带回日本。最澄带回的《书法目录》中，有17种，是真草行法帖。

鉴真带到日本书法 50 帖中，也有二王书法。空海在唐朝时，收集有《兰亭序》《不空三藏碑》《急就章》等 13 种名帖。随着大量书法作品传入日本，中国的书法艺术也传到日本，并深受日本人的欢迎和喜爱，被称为"书道"。这一时期日本流行的是晋、唐书体，特别是王羲之的书法在日本流行甚广，如日本正仓院现存圣武天皇的皇后光明子以王羲之的《乐毅论》为蓝本描摹的《乐毅论》墨宝一卷。曾入唐的空海就是日本书法的一代宗师，在唐朝时师从张旭学习书法，回国后大力提倡"唐风书法"，擅长篆、行、草等书法。奈良时代，空海、橘逸势、嵯峨天皇三人合称为"三笔"。中国的书法艺术在日本上层社会风靡一时，竞相临摹，为日本书法的发展提供了良好的基础。由此可见，日本书法是在中国书法艺术的输入和影响下形成的。

日本常派一些乐师随同遣唐使团赴唐学习唐朝的音乐。遣唐使们从中国带回许多音乐书籍和乐器，如吉备真备回国时带回《乐书要录》10 卷，铜律管一部；第十六次遣唐大使藤原葛野麻吕回国时带回宝琴一张。日本吸收了唐朝的乐制。日本的雅乐中有很多题材取自唐乐。公元 701 年，日本在宫中设置了教习歌舞的机构——雅乐寮，由治部省领导，由渡来人担任雅乐寮的官位。日本现在仍有雅乐在流传，成为日本民族音乐的重要组成部分。现在的日本雅乐还保留着唐乐的要素。还有日本的散乐、田乐、能乐、万岁乐等，也都是从中国传入日本的。日本宫廷还请唐乐师教授音乐。唐朝不少乐书、乐器相继传入日本，如：吉备真备从中国带回的《乐书要录》10 卷，铜律管一部；永忠带回的《律吕旋宫图》，还有琵琶、方磬、笙、箫、琴鼓等。日本人十分喜爱唐朝的乐器、乐书。这些音乐书籍和乐器，促进了日本音乐的发展，如深受日本人欢迎的乐器"三味线"就是从中国的乐器三弦演化而来的。

日本也派一些画师和遣唐使同行学习唐朝的绘画和雕刻艺术。他们把唐朝的绘画作品和绘画艺术带到日本后，这些绘画作品同样也深受日本人的喜爱。日本政府还成立了绘画机构——画工司，直属中务省。画工司内任命有令史、画师和画工。还有一些抄经所，在抄经的同时，也会临摹一些唐朝的书画，称为"唐绘"，如画师们曾把鉴真和尚带到日本的《紫账金墨阿弥净土画像》和其他唐画本作为蓝本。"唐绘"在日本风行一时，如《观音经画》《因果经画》和《鸟毛立女屏风》等，都深受唐朝绘画的影响。这里值得一提的是在 1972 年发现的奈良高松冢古坟的壁画，这是 8 世纪前后完成的。王仲舒先生在《关于日本高松冢古坟的年代问题》中指出："壁画中的天象图、四神图及男女人物像的装束、服饰等，都深受中国文化的影响，具体生动地说明了当时中日两国文化交流之密切。"①另外，随着日本遣唐使和唐朝东渡日本的僧人把大批佛像艺术品带到日本，中国美术雕刻工艺也传入日本。这一时期日本的美术雕刻工艺主要体现在寺院的建设上，其设计深受中国影响。例如，飞鸟时代雕塑的法隆寺寺院里的佛像、奈良时代东大寺的大佛像、药师寺的药师三尊像、大阪观心寺的观音像及正仓院里所收藏的各种工艺美术品等等，这些美术雕刻工艺是当时中国雕刻艺术的反映。正如久野健所说："日本从这时开始，在佛像、佛面上也使用这种花纹，受中国的影响可以想像。"②

9. 建筑和出版印刷事业方面

中国的佛教传入日本后，来到中国的学问僧，不仅将唐代佛教各宗派的理论传到日本，而且在他们回国后，仿照唐朝的佛教建筑风格建立了一系列的寺院，如法隆寺、大阪天王寺、奈良药师寺、奈良东大寺、陆奥国分寺和奈良唐招提寺，这些寺院的布局都与唐朝寺院一样：在殿堂前面建有双塔。在城市建设上，日本还仿照唐都长安兴建了第一个都城藤原京。

公元 7 世纪初，中国纸和墨的制法就已经传入了日本，为日后日本刻书事业的发展奠定了物质基础。随后中国的雕版印刷技术在这一时期也传入日本，为平安中后期日本图书出版事业提供了技术支持。这两点为日本中世纪汉籍的版刻印刷——"和刻本"的产生，提供了良好的物质条件和技术条件。

总而言之，唐代，中日之间以汉文典籍为载体，所带动的文化交流与传播在广度和深度上是史无前例的。唐代汉文典籍大规模地传入日本，对日本文化的影响源远流长。这种影响使日本各个领域都发生了巨大变化，进而影响着整个日本的社会风气及日本人的行为处事方式，在相当程度上决定了日本文化的基本特点和发展方向。

---

① 王仲舒：《关于日本高松冢古坟的年代问题》，《考古》1981 年第 3 期，第 277 页。
② ［日］久野健：《古代雕刻论》，《岩波讲座日本历史》古代篇第 3 卷，第 325 页。

四 唐代日本汉籍回流中国及现存东传日本汉籍的学术价值

世界各国之间的文化交流总是相互传递、互相影响、互通有无的。中国古代典籍输入日本的同时，日本人撰著或收藏的典籍也会通过僧人、使节、留学生和商贾等传入中国大陆。所以从文献学角度说，在日本找到的所缺善本弥补了中国古籍因散佚或存本讹误方面的不足。这就是我们所说的汉籍的回流中国和日本现存汉籍的学术价值问题。

（一）唐时期日本汉籍回流中国的概况

汉籍从日本回流到中国最早是在唐代。这里仅把唐代日本汉籍回流中国的概貌作一介绍。唐代是汉籍回流中国的最初阶段，其特点是规模小、数量少、种类少，且主要是些佛教经典。所以相关历史记载更是少之又少。这一时期日本汉籍回流中国有两种途径：日本人向唐政府献书和僧侣互赠书籍；日本汉籍回流中国的承担者主要仍然是在唐学习和求购汉籍的遣唐使们。

1. 圣德太子撰的《三经义疏》传入中国

《三经义疏》是圣德太子所撰著的三部经籍，即《法华经义疏》《维摩经义疏》《胜鬘经义疏》。天皇宝龟三年，即公元772年，日本僧人戒明、居士得清等乘商船来到中国，把《法华经义疏》四卷和《胜鬘经义疏》一卷，一起赠给扬州龙兴寺的僧人灵祐。其中《胜鬘经义疏》最受欢迎，扬州法云寺的僧人明空曾专门为它加以注释，著成《胜鬘经义疏私钞》六卷。这是明治维新前中国人为日本汉文著作进行注释唯一一例。后来《胜鬘经义疏私钞》一卷又由学问僧圆仁抄写带回日本，在日本评价较高。此书在中国已失传，在日本却经历代传抄刊印一直留存至今。

唐开成三年，即公元838年，学问僧圆载随最后一次遣唐使来到中国，又把《法华经义疏》赠予天台山国清寺经藏处。

2. 最澄带到唐朝的书籍

唐贞元二十年，即公元804年，学问僧最澄随第十六次遣唐使来到唐朝。据王勇先生转载一个叫"明州牒"的唐代公文书："最澄赴唐时，携有用金粉书写的《法华经》《无量义经》《普贤观经》以及《屈十大德疏》十卷、《本国大德诤论》二卷等,并把这些书籍全部施入天台山。"①

除上述书籍外,在唐代已传入中国的汉文典籍还有最澄的《显戒论》、淡海船的《大乘起信论注》、石上宅嗣的《三藏赞颂》等,这些日本汉籍由遣唐使和学问僧带到中国。当然回流到中国的汉籍并不局限于上述这些典籍,但从上述情况可以知道:唐代日本的汉籍回流中国数量少、规模小,内容以佛教典籍为主。唐代只是日本汉籍回流中国的序幕,宋代以后渐渐形成一个高潮,不仅数量上超过了唐朝,内容也不仅限于佛教经典,从此保存在日本的汉籍源源不断地回流到中国。这些回流到中国的汉籍也负载着日本学者佛学、儒学等研究成果,其学术意义不容忽视。

(二) 现存唐代东传日本汉籍的学术价值

唐代,中国古代典籍大规模流传至日本,经传抄翻刻,保存完好,其中一些典籍在国内已散佚或遗失,在日本却能找到所缺的善本。这些国外佚存的典籍被学者们称为是"中国典籍异乡孤儿",对研究我国古代历史、古代典籍以及中外文化交流史有着非常重要的参考价值。表1—2—10是唐朝时传入日本,且现在被日本视为国宝的一部分唐写本。

表1—2—10　　　唐代传入日本流传至今的部分唐写本

书名	卷名	现藏书处
古文尚书	卷第六(一卷)	京都神田氏
	卷第三、五、十二(一卷)	东洋文库
春秋经传集解	卷第二(一卷)	藤井齐成会有邻馆
汉书	第八十七卷(一卷)	兵库芦屋市上野氏
毛诗	卷第六(一卷)	东洋文库
礼记丧服小记子本疏义	卷第五十九(一卷)	早稻田大学附属图书馆

---

① 王勇:《东亚"书籍之路"—中华文明史研究之一》,《甘肃社会科学》2008年第1期,第39页。

续表

书名	卷名	现藏书处
玉篇	卷第九（一卷）	早稻田大学附属图书馆
	卷第二十七（一卷）	京都高山寺
	卷第二十七（一卷）	滋贺石山寺
碣石调幽兰	卷第五（一卷）	东京国立博物馆
世说新书	卷第六（一卷）	京都都市小川氏
	卷第六（一卷）	京都都市小西氏
	卷第六（一卷）	京都国立博物馆
	卷第六（一卷）	京都国立博物馆
六祖慧能传	（一卷）	滋贺延历寺
王勃集	卷第二十八（一卷）	兵库芦屋市上野氏
	卷第二十九、三十一（一卷）	东京国立博物馆
翰林学士集	（一卷）	名古屋大须观音室生院
新撰类林抄	卷第四（一卷）	文化厅

此表展示的仅是极少的一部分日本所收藏唐代写本。这些日藏唐代汉籍写本曾经作为传播中华文明的重要载体，促进了日本文化的发展。后来这些唐写本又在日本刊刻、发行和影印成各种不同的本子。唐时期日本人的汉文著作及日本历代唐文化研究成果回流中国，给学者提供了宝贵的唐文化研究资料，对中国文化产生了积极影响，在中日文化交流史上具有特殊意义。

首先，这些现存的唐写本、唐时期日本人的汉文著作以及后来日本对这些汉籍的翻刻本，为唐代历史文化、中日文化交流以及唐代古籍文献的研究提供了原始的历史资料。由于各种原因，中国域内的典籍聚散存亡无常，唐代产生和收藏的典籍也不例外，特别是中国经历"安史之乱""会昌灭佛"后，国内书籍散佚的状况更为严重。这种状况致使许多珍贵典籍在国内再也找不到存本。另外，清政府在乾隆年间组织人员编纂《四库全书》时，中国的文献典籍同样也难逃厄运。"文献不足征"给众多学者的学术研究留下许多遗憾。

唐时期，中国大规模的汉文典籍传至日本。这些东传日本的汉籍都是唐及唐以前的珍贵写本，有一部分在国内已经失传，而在日本，却有相当数量的典籍被保存下来，成为孤本真迹，或者有的当作底本进行翻刻、重印，从而使我国佚失的典籍得以保存传世。如唐代张鷟著的《游仙窟》曾在中国失传，后来在日本发现，才得以重新传回中国。这些流入日本的中国书籍以及在日本产生的日本汉籍，也会沿着同一条道路回流到中国。开始时回流中国的汉籍数量虽少，但这种"书籍之路"一旦开通，永无停息。自唐代以来，我国学人对日本汉籍的访求、刊布、研究从未停止过，如五代的天台僧义寂为了复兴宗门，苦心搜求书籍，获本门经书《净名疏》一部。特别是近代，访书已蔚然成风。一些学者如何如璋、黎庶昌、董康、姚文栋、陈榘、傅增湘、罗振玉、傅云龙、杨守敬等，他们在日本广泛地搜集古籍珍本，每得一书，必考其源流，叙其版本，回国后再加甄别精选。这些前辈学者们的访书活动掀起了新一轮的访书高潮，在域外汉籍研究史上意义重大。许多唐代汉籍佚书回流中国，被重新刊刻发行，其中有不少是国内失传的日本翻刻本及日人著述的汉籍。在翻刻这些唐写本时，日本人往往广征群籍、广校众本。他们大都以中国失传的善本为底本，并且选择几种不同的本子为工作本进行精校。所以，日本翻刻的唐代汉籍能纠正流行本所存在的一些讹误，为我们的古籍整理工作提供了极其珍贵的文献，弥补了中国古代典籍的缺失。

其次，历代日本学者对传入日本的唐写本及唐时期日本的汉文著作进行论证、解释和补充，出现了大量的传注本、增补本、评点本、编辑本，给我们提供了许多可借鉴的研究成果。如《昌黎先生诗集注》《文镜秘府论》等。日本学者对这些汉籍的研究，促进了本国文化发展，是中日文化交流进一步加深的结果。同时，这些可借鉴的研究成果也为我们的研究工作提供了很大的方便，可以减少古籍研究中的片面与狭隘，从另一个方面也印证了中日文化交流的双向传递之特性。

总而言之，灿烂辉煌的唐文化通过"书籍之路"，促进了日本的文明进步。同时，那些因自然和人为因素在国内散佚的中国书籍，避免了灭绝的厄运，又沿着"书籍之路"回流到中国，成为中国国内典籍的有力补充，填补了国内典籍的空白。书籍之路客观上起到了保护中国文化典藏的作用。这些在国内散佚的汉籍通过日人的翻刻、刊印，得以保存下来，并回流中国，日本人的翻刻功不可没，中国历代学者千辛万苦的赴日访书活动同样值得称道。

唐代历时近三个世纪。在这一时期，日本以学习中国文化为目的，大规模地从中国输入汉文典籍，数以百计的日本遣唐使、留学生、学问僧、唐朝遣日使、渡日唐僧及唐朝商人往来于唐日之间，以汉籍典籍为载体，所带动的文化交流与传播在广度和深度上是史无前例的。唐代中日之间的汉籍交流规模之庞大、历时之久、所涉及内容之丰富，是中日文化交流史上的空前盛举，堪称世界各国文化交流的楷模。

唐代大量汉籍文献输入日本，深刻影响着日本的政治、经济、文化、教育等社会生活的各个方面，对于日本文化的形成和发展做出了巨大的贡献，相当程度上规定了日本文化的基本特点和发展方向。

唐代是中日汉文典籍交流的黄金时期。这一时期，日本对汉文典籍输入的规模如此之庞大，是日本上层统治者对中国文化的渴望，并自觉、主动地对中国文化全面吸收的结果。日本民族根据自身的需求，对唐文化进行吸收和运用，并慢慢演变为本民族特色的文化，充分体现了日本对先进文化的学习、继承与发扬。中日汉文典籍交流不仅可以深化两国人民的感情，而且对当时建设和平稳定的东亚秩序有着积极的推动作用。这些友好交往的历史，对于当代的中日两国同样具有积极的现实意义。所以，无论是中国还是日本，都应该本着和平、稳定、公正、合理的原则进行交流和合作，推动中日关系健康稳定地向前发展，为全球的和平、经济的和谐发展做出贡献。

本文所研究的唐代中日之间的汉籍交流并不全是一种不平衡的单方向文化流动，汉籍文化泽被日本的同时，也扩大了自己的生存空间。这些保存在日本的汉籍佚书弥补了中国古代典籍的缺失，对中国文化产生了积极影响，印证了中日文化交流的双向传递的特性。

"德不孤，必有邻。"是对域外汉籍文化的贴切描述，揭示了唐代中日文化交流的各种形式和意义。同时也诠释着"书籍之路"在汉学文化圈下交流的方式及作用。这些域外汉籍不但在文献学方面给我们提供了很多珍贵的资料，而且也为进一步认识、拓展和深化中国传统思想文化的研究，提供着新的视角。

所以说，唐代中日汉籍的交流，促进了日本文化的发展，也拓展了中国汉文典籍的生存空间，保存了唐代宝贵的文化典籍，为我们研究唐文化提供了可靠的原始材料。因此，先进国家输出文化，是地球村赋予的一种社会责任,而不是施舍;落后的国家吸收先进文化,是一种权利,而不是乞讨。对于日本学习中国文化,我们得到这样的启示:学习外来的先进文明,要根据自己的需要,扬长避短,创新和发展,吸收先进文明之精华,转化为本民族的东西,从而创造出更为先进的文明。

(郭艾敏)

【叁】北宋汴梁刻书及其历史贡献

北宋是我国科技文化迅猛发展的一个时期，尽管它缺少汉唐王朝的那种尊贵和霸气，但其深厚丰富的文化内涵所达到的高度是前所未有的。历代学人对其赞叹有加，王国维曾经说："天水一朝人智之活动与文化之多元方面，前之汉唐、后之元明，皆所不逮也。"[①] 陈寅恪也指出："华夏民族之文化，历数千年之演进，造极于赵宋之世。"[②] 可见宋代文化在我国文化史上独领风骚，并对人类的发展做出了巨大的贡献。

文字是文化的结晶，书籍是文化的载体。在文化的传承过程中，书籍发挥着不可取代的作用，而且书籍本身的雕版印刷也是文化的重要组成部分。我国的雕版印刷，肇端于唐，发展于五代，兴盛于宋。据《世界图书》统计：我国从两汉至五代，共出图书23000多部，270000多卷，而仅宋代出书就达11000多部，124000多卷，相当于宋以前历代出书总数的近一半。[③] 可见雕版印刷的广泛运用为宋代图书的生产和流传立下了汗马功劳。不仅如此，宋版书摹写之精，雕印之佳，也贯古绝今。所以历代藏书家视宋本为拱璧珠琳、稀世至宝。清代著名的藏书家、版本校勘家黄丕烈，就因笃嗜收藏宋版书，以"佞宋主人"自号。清代的陆心源藏书甚富，号称收藏宋本二百部，乃名其藏书之室为"皕宋楼"。所以谈到宋代文化，其雕版之精美，图书事业之繁荣不可不论。李致忠先生谈到宋代刻书时就曾说："宋代是我国历史上雕版印书事业发展的黄金时代。南北

[①] 王国维：《静安文集续编》，上海书店1983年版，第70页。
[②] 陈寅恪：《金明馆丛稿二编·邓广铭〈宋史职官志考证〉序》，上海古籍出版社1980年版。
[③] 高信成：《中国图书发行史》，复旦大学出版社2005年版，第45页。

两宋，刻书之多，规模之大，版印之精，流通之宽，都是前所未有的。"①

后人对宋代的刻书研究是比较重视的，清人叶德辉的《书林清话》，今人孙毓修的《中国雕版源流考》，李致忠的《古代版印通论》，曹之的《中国古籍版本学》等，都用专门的篇章对其做了深入的研究和探讨。然而在这些研究中，唯独对汴梁刻书论及甚少。

汴梁又名东京，是北宋的首都，战国时的魏，五代时的后梁、后汉、后晋、后周，都曾先后在此建都。汴梁是皇城，有着汴河、惠民河、五丈河的交通便利，可谓"八荒争凑，万国咸通"②，其人口逾百万，"比汉唐京邑民庶，十倍其人矣"③，堪称当时世界第一大都市。汴梁不仅是北宋的经济文化中心，也是当时亚洲乃至世界的经济文化交流中心。北宋柴宗庆曾赞美它："曾观大海难为水，除去梁园总是村。"④ 北宋汴梁的这种繁华富庶的景象，在孟元老的《东京梦华录》里也随处可见。雕版印刷正是这片土地孕育出来的一枝奇葩，它的迎春怒放，更使汴梁充满浓郁的文化气息。北宋汴梁刻书是雕版印刷全面发展的一个时期，也是中国雕版印刷走向辉煌、走向世界的起点；它让雕版印刷真正走进了人们的生活，对书籍的发展、文化的传播功不可没；同时也为世界各国的经济繁荣、文化发展、思想交流、民族融合做出了积极的贡献。

宿白先生论及汴梁刻书时说："北宋是我国雕版印刷急剧发展的时代。都城汴梁国子监、印经院等官府刊印书籍盛极一时；民间雕印文字迅速兴起，尤为引人注目。汴梁作为当时雕印的代表地点，应是无可置疑之事。唯靖康之变，遗迹稀少，汴梁雕印的繁荣情况，只能就文献记录仿佛之。"⑤ 这一论述可谓客观公允。汴梁刻书是我国雕版印刷史上的重要篇章，但由于历史悠久，战争频繁，黄河泛滥，汴梁刻书的成果，或伴随着汴梁的历史遗迹深深掩埋于地下，或在战争的铁蹄下、岁月的风蚀中化为了粉齑。由于现存实物罕见，又加上正史文献涉及较少，所以一直以来经常被人们所忽视。然而经过认真的挖掘和深入的研究后，我们发现北宋汴梁国子监刻书鼎盛

---

① 李致忠：《古代版印通论》，上海古籍出版社2006年版，第94页。
② （宋）孟元老：《东京梦华录笺注·梦华录序》，中华书局2006年版，第1页。
③ （宋）李焘：《续资治通鉴长编》卷38，上海古籍出版社1982年版。
④ （宋）吴曾：《能改斋漫录》卷9，上海古籍出版社1984年版。
⑤ 宿白：《唐宋时期的雕版印刷》，文物出版社1999年版，第12页。

非凡，民间刻书也如火如荼。汴梁是北宋最大的刻书中心之一，并且对其他刻书中心产生了极其深远的影响。虽然汴梁作为刻书中心仅存于北宋一代，然而它的光辉和贡献仍然可以使其立于宋代四大刻书中心之列而毫不逊色。对汴梁刻书事业的研究，无论是在雕版印刷史上，还是在我国的图书出版史上，以及印刷术的传播史上，都有着深远的意义。在建设和谐开封，打造历史文化名城的今天，对汴梁刻书的研究还具有一定的现实意义。

一 北宋汴梁刻书兴盛的历史背景

汴梁刻书之所以取得辉煌的成就，是因为它具有多方面得天独厚的优越条件，这些条件无疑促使了汴梁刻书的迅速兴起。

(一) 汴梁刻书具有天时

北宋王朝的建立，结束了五代十国战乱割据的局面，社会经济得到恢复，农业生产得到发展。在这种社会经济文化繁荣的大背景下，雕版印刷技术也获得了前所未有的发展。汴梁是五代时后梁、后晋、后汉、后周的都城，本身就有着雄厚的物质条件，又是赵匡胤最早"和平解放"的城市，所以北宋政权的建立不仅没有对汴梁城造成任何损伤，而且还为汴梁的发展提供了新的历史机遇。汴梁稳定的政治局面和繁荣发展的经济，为汴梁刻书事业的发展打下了坚实的基础。

宋朝的开国统治者十分清楚"王者虽以武功克敌，终须以文德致治"[1]的道理，所以建国之初就不遗余力地兴文教，抑武事，奉行"文德致治"的右文国策。宋太祖的这些措施，虽然削弱了国防力量，却使官场中文风大盛，朝廷内外、大小官员无不以文事为重。《宋史·艺文志序》中就指出："君臣上下，未尝顷刻不以文学为务，大而朝廷，微而朝野，其所制作、讲说、纪述、赋咏，动成卷帙，累而数之，有非前代之所及也"[2]，"宋朝以文为治，而于书籍一事尤切用心，历世相承，率加崇尚"[3]。宋代

---

[1] (宋) 李焘：《续资治通鉴长编》卷23，上海古籍出版社1982年版。
[2] (元) 脱脱等：《宋史·艺文志序》卷208，中华书局1977年版，第5033页。
[3] (明) 丘濬：《大学衍义》卷94，中州古籍出版社1955年版，第1198页。

皇帝更是率先垂范，太宗就以锐意文史的形象见著于史册，到了真宗，"道尊先志，肇振斯文"。在右文政策的指导下，再加上宋朝统治者身体力行的号召劝勉，倾心学术、精心文章、崇尚文化之风就在社会上日益兴盛，并逐渐形成一种社会风尚。在这种背景下，北宋汴梁文化事业更加繁荣昌盛，学术思想也变得空前活跃。

与此同时，北宋统治者大兴科举，并对科举制度实行改革，使大量中下层文人进身仕途，为巩固中央集权服务。宋太宗深谙选拔人才的重要性，他曾说："国家选才，最为切务。人君深居九重，何由遍识，必须采访。"[①] 他还说："吾欲科场中广求俊彦，但十得一二，亦可致治。"[②] 据统计，太宗一朝的贡举，仅进士科就录取了1368人。宋代的科举名额一再扩大，有时竟然达到两三千人，比唐朝增加了二三十倍。此外，朝廷还对久试不中者表示恩典，特赐本科出身，成为"特奏名"。这样科举成了当时统治阶级拉拢利用知识分子的重要手段。汴梁是北宋的心脏，它是北宋治国方针和政策的最先实施者和受惠者。正所谓"王畿之内，风化之本，四方是则"[③]。显而易见，汴梁是北宋建立后最早科举取士的地方，并且在科举上占尽了皇城近水楼台先得月的天机和优势。这些都为汴梁刻书事业的腾飞奠定了基础。

（二）汴梁刻书占尽地利

汴梁地处中原，是北宋的经济、政治、文化中心。它北临黄河，南接江淮，又有汴河、五丈河等穿城而过，漕运发达，交通便利。汴梁经济繁荣，手工业和商业都异常发达，张择端的《清明上河图》就是北宋汴梁繁荣景象的真实写照。据记载，英宗治平四年，京师的秔米已有五年之储，神宗熙宁二年，京师竟有七年之储。杨侃《皇畿赋》里曾这样描绘它："甲第星罗，比屋鳞次，坊无广巷，市不通骑。"[④]

汴梁是全国的藏书中心。宋初统治者就很用心搜集图籍，以充实内府

---

① （宋）李焘：《续资治通鉴长编》卷24，上海古籍出版社1982年版。
② （宋）叶梦得：《石林燕语》卷5，中华书局1984年版，第72页。
③ （宋）沈遘：《西溪文集》卷8《乞举府界知县札子》，四部丛刊本。
④ （明）李濂：《汴京遗迹志·艺文》，中华书局1999年版，第380页。

藏书。每征服一个割据政权，就立即把其图书运往汴梁。宋太祖干德元年征服荆南，把那里的图书全部运到汴梁。干德三年征服后蜀，从那里收取图书 13000 余卷。开宝八年平定南唐，在金陵"籍其图书，得二万余卷"①，其中有不少精本。太平兴国三年，吴越王钱俶归顺大宋，他收藏的图书全部被送到汴梁充入三馆。另外，北宋政府还广开献书之路，多次向民间各地求书，并视其书籍价值及献书人之能力委以官职。"到宣和四年的一百五十年之中，曾下诏求书和派专使到地方征集图书，就有十五六次，几乎平均每十年一次。"② 这样到了宋太宗太平兴国年间，正副本图书就达八万余卷。后来整比图书，删其重复，"太祖、太宗、真宗三朝，三千三百二十七部，三万九千一百四十二卷"③。这就使汴梁的藏书富甲天下。为了更好地储藏图书，宋初就建立了昭文、集贤、史馆三馆，宋太宗即位后临幸三馆感到"湫隘卑陋"，"若此之陋，岂可蓄天下图书，延四方俊贤耶？"④ 于是下诏将三馆由长庆门东北迁往左升龙门东北旧车辂院，重新建造，并赐名为崇文院。宋太宗端拱元年（988），朝廷又在崇文院中另建秘阁，用来收藏从三馆中调出的万余卷善本和一些书画珍品。政府注意收集图书的同时，也很重视校印和整理，使政府的藏书质量不断提高。

　　汴梁官府藏书卷帙浩繁，汴梁私人藏书之多也让人叹为观止，甚至和官藏相比也不逊色。据《墨庄漫录》记载，京都昌盛时，贵人及宗室往往聚书，多者至万卷。如赵宗晟、赵宗颜的藏书都过万卷，赵宗绰竟"蓄书七万卷"，"三馆、秘府所未有也"⑤。就京官和士大夫而论，"京师藏书之家，惟故相王浦为多，官尝借本传焉；丁谓家书亦多，收入秘府"⑥。居住在昭德坊的昭德晁氏，家传之书有 24500 卷之多。苏过《夷门蔡氏藏书目序》中还记载：比游京师，有为余言，吾里有蔡致君……一日，造其门见其子，从容请交焉。其子为余言，"吾世大梁人，业为

---

① 《宋会要辑稿·崇儒》四之一五，中华书局 1957 年版。
② 王晟：《北宋时期的古籍整理》，《史学月刊》1993 年第 3 期。
③ （元）脱脱等：《宋史·艺文志序》卷 208，中华书局 1977 年版，第 5033 页。
④ （宋）李焘：《续资治通鉴长编》卷 19，上海古籍出版社 1982 年版。
⑤ （宋）洪迈：《容斋四笔》，中华书局点校本 2005 年版，第 793 页。
⑥ （宋）江少虞：《宋朝事实类苑》卷 31，上海古籍出版社 1981 年版。

儒。吾祖、吾父皆不事科举，不乐仕途，独好收古今之书。空四壁，捐千金以购之，常若饥渴然。尽求善工良纸，手校而积藏之，凡五十年。经史百家，《离骚》《风》《雅》，儒墨道德，阴阳卜筮技术之书，莫不兼收而并取，今二万卷矣"①。京师藏书家名气最大的，非居住在春明坊的宋敏求莫属。其父著名学者宋绶是杨徽之的外孙，尽得徽之藏书，加上自己的藏书有万余卷。至宋敏求累计达三万卷，且经过多次校勘。"世之蓄书以宋为善本。居春明坊。昭陵时，士大夫喜读书者多居其侧，以便于借置故也。当时春明坊宅子比他处僦直常高一倍。"②汴梁藏书的丰富为进一步大规模的编书和刻书提供了丰富的资源。同时，汴梁刻书业的发达又为藏书提供了善本，使汴梁藏书比任何地区都丰富。

汴梁还是全国的文化教育中心。无论是文化设施、文化活动还是市民的文化素养和品味，都远远超出其他地区。周邦彦笔下是这样描绘当时汴梁的："术艺之场，仁义之薮，温风扇和，儒林发秀……复有佩玉之音，笾豆之容，弦歌之声，盈耳溢目，错陈而交奏，涣烂乎唐虞之日，雍容乎洙泗之风。"③辞赋的语言难免有夸饰的成分，但也确实反映出了汴梁文化的雍容华贵、绚丽多姿、兼容并包的特征。由于国家注重收集、整理图书，促进了社会文化事业的发展，也助长了汴梁编撰书籍风气的兴盛。宋初，政府就编纂了《太平御览》《太平广记》《文苑英华》三部大型类书。社会上学术思想活跃，新的学科书籍的大量问世，也为印刷业提供了充足的稿源，无疑对印刷事业的发展起着积极的促进作用。而大量印本的出版，图书事业的进步，又推动了文化科技进一步向前发展，这样就形成了更大的图书需求。各种因素相互影响和促进，使北宋汴梁的雕版印刷出现了空前兴盛的黄金时代。北宋以文兴国，对教育十分重视。在仁宗、神宗、徽宗三朝还掀起了三次一浪高过一浪的兴学高潮。汴梁是北宋的教育中心，它拥有规格最高、种类齐全的各类专科学校，也是北宋最早有官学的地方，曾易占在《南丰县学兴学记》中就指出："宋初定天下，惟汴有

---

① （清）叶昌炽：《藏书纪事诗》卷1，上海古籍出版社1999年版，第38页。
② （宋）朱弁：《曲洧旧闻》卷4，中华书局2002年版，第141页。
③ （明）李濂：《汴京遗迹志·艺文》，中华书局1999年版，第395页。

学。"① 北宋初年,汴梁国子学为独一无二的中央官办学校,国子学下设广文、太学、律学三馆,而太学仅仅是三馆之一。庆历四年(1044)太学从国子学三馆中分出,单独建校。随后又设立了四门学、武学和医学;宋徽宗时一度设立算学、书学和画学;此外还有宫学和宗学。这些学校皆隶属国子监管辖,除宗学外,生员的资格较唐代为宽,学校逐渐向普通地主子弟开放。在这些学校中以国子学和太学最为重要,生员也最多,崇宁三年(1104)太学生的人数高达3800人。②汴梁还有朝廷办的小学,宋哲宗时小学分"就傅""初筮"两斋,宋徽宗时就扩大到十斋,人数近1000人。汴梁既有中央办学,也有开封府办的一些学校。如宋徽宗大观元年(1107)设置了开封府学。"北宋开封府所属的祥符县和开封县的县学都在东京城内"③。另外,汴梁民间的私人办学也遍布汴梁。如王陶"乐道苦贫,教小学于京师"④;宋仁宗嘉祐末,京师麻家巷"有聚小学者李道"⑤。

同时,汴梁还是当时毛笔和墨的制造中心之一。相国寺内东廊是造笔业的集中之地,侍其瑛和赵师秀所制的毛笔当时都很出名。⑥ 北宋时,汴梁制墨也颇受赞誉。"潘谷造墨,苏、黄诸公皆称之。"⑦ 据陆友《墨史》记载其制作之墨,"香彻肌骨,研磨至尽,而香不衰",徽宗时的梅鼎、陈显、郭遇明、张雅、高肩都是制墨高手。这些都为汴梁刻书业的繁荣奠定了坚实的物质基础。

所以曹之先生谈到北宋汴梁刻书时指出:"汴京作为政治中心,决定了它在北宋雕版印刷中的领导地位;汴京作为北宋的经济中心,决定了它从事雕版印刷拥有雄厚的物质基础;汴京作为文化中心,决定了它从事雕版印刷的优越的环境。"⑧

---

① 《全宋文》卷270,《南丰县学兴学记》,商务印书馆1999年版。
② 《宋会要辑稿·崇儒》一之二九,中华书局1957年版。
③ 李春棠:《宋坊墙倒塌以后》,湖南人民出版社2006版,第117页。
④ (宋)邵伯温:《邵氏闻见录》,中华书局1983年版,第193页。
⑤ (宋)邵博:《邵氏闻见后录》,中华书局1983年版,第221页。
⑥ 吴涛:《北宋都城东京》,河南人民出版社1984年版,第52页。
⑦ 转引自(元)陶宗仪《说郛》卷18,上海商务印书馆,涵芬楼本。
⑧ 曹之:《中国古籍版本学》,武汉大学出版社1992年版,第248页。

(三) 汴梁刻书拥有人和

汴梁是五代监本的产生地，本来就有一大批技艺超群的刻工、印工。虽然五代时朝代更替频繁，但刻书业由于统治阶级的重视，反而得到了进一步的发展。如《九经》《经典释文》的刊刻，虽说兴起于洛阳，但更多的时间是在汴梁刊刻并最终完成的，它开创了我国雕版刻印儒家经典的先河。在雕刻工人的培养、印刷力量的积蓄、技术造诣的提高方面，都为汴梁刻书业的繁荣作了充分的人才准备。北宋汴梁城市人口超过百万，各种手工业行会 160 多个，雕版印刷业就是其中之一。手工业水平的提高，尤其是雕版印刷技术的提高，城市规模的扩大，人口的迅速增长，更是刻书事业发达更为直接的条件。因此当北宋建立后，国家获得了统一，社会趋于安定，经济得到发展，文化需求进一步增大时，汴梁的刻书业便迅速地发展壮大起来。据统计，北宋汴梁的官营手工业者就达到四万人左右。[①]除此之外，还有大量的私营手工业作坊和个体手工业者，在这些手工艺人中，有一部分就从事雕版印刷。

汴梁不仅拥有一流的刻工，同时也拥有其他地区无法比拟的巨大的图书需求市场。汴梁是北宋士人实现平步青云、兼济天下之梦想的圣地，"就试人数最多的是开封府。如哲宗元祐五年（1069）就试者达 2000 余人"[②]。原因很简单，开封府录取的名额较多，使一些人直接冒充开封府的户籍来参加考试。据司马光对元祐间三次科举考试人数的统计，国子监和开封府的及第人数分别是其他地区所有和的几倍或几十倍。[③] 如咸平元年（998），孙仅榜共有 50 人，"自第一至第十四，惟第九名刘烨为河南人，余皆贯开封府，其下二十五人亦然。不应都人士中选若是之多，疑亦外方人寄名诧籍，以为进取之便耳"[④]。一榜 50 人中，"开封人"就有 38 人，足见汴梁对士子们的吸引力。各地的读书人纷纷汇聚东京，所以每至开科取士，汴梁就成了举人贡士的海洋。太宗淳化三年（992），"诸道举

---

① 吴涛：《北宋都城东京》，河南人民出版社 1984 年版，第 30 页。
② 程民生：《宋代地域文化》，河南大学出版社 1997 年版，第 216 页。
③ （宋）司马光：《温国文正司马公文集》卷 30，上海商务印书馆，四部丛刊本。
④ （宋）洪迈：《容斋随笔》，中华书局 2005 年版，第 378 页。

人凡万七千余人"①，真宗大中祥符元年（1048），贡士凡12000人。到了仁宗朝，实行"四年一贡举，四方士子客京师以待士者，恒达六七千人"②。士子们参加考试需要标准教材和各种参考资料，这么多的举人贡士会聚京师，再加上汴梁本身的学生，无疑为汴梁刻书业提供了一个巨大的市场。

汴梁拥有的这些优越条件相互影响、彼此促进，共同促进了汴梁刻书业繁荣和昌盛。

二　北宋的汴梁刻书

汴梁刻书在五代就有着良好的基础，北宋政权建立后，在统治阶级右文政策的积极号召推动下，士人、百姓对图书的需求日益增长，随着雕版印刷技术的日臻成熟，汴梁的刻书事业如雨后春笋，更加茁壮。汴梁刻书包括中央官刻和汴梁民间刻书，官刻尤以国子监刻书为盛，汴梁民间的坊刻和私刻也逐渐发展壮大，使汴梁刻书业更加兴盛繁荣。

（一）汴梁的官刻

北宋中央政府刻书大多由国子监负责。汴梁国子监不仅是国家的最高学府，"掌以经术教授学生，荐送学生应举之事"③；汴梁国子监还是国家最高的教育管理机构，负责管理国子学、太学、辟雍和四门学、广文馆等的日常事务；同时，它又是中央政府的刻书中心，负责国家图书的刊刻，兼有出版发行典籍的职能，相当于现在的国家出版社，其所刻书世称"监本"。汴梁国子监原来设有掌管印刷事务的钱物所，后因名字不雅，淳化五年（994），判国子监李至上言"乞改为国子监书库官"，"置书库监官，以京朝官充，掌印经史群书，以备朝廷宣索赐予之用，及出鬻而收其直以上于官"④。国子监刻书极多，内容极广，可谓经史子集四部皆备。

---

① （元）马端临：《文献通考》卷24，《选举考·举士》，中华书局1986年版。
② （宋）李焘：《续资治通鉴长编》卷168，上海古籍出版社1982年版。
③ 姚广宜：《试述以国子监为中心的宋代国家刻书业》，《河北大学学报》1990年第2期。
④ （元）脱脱等：《宋史·职官五》，中华书局1977年版，第3916页。

其中尤以经书、史书、医书、类书最多。

宋代统治者主张大兴文教，并以此来笼络、培养人才，经史无疑成了国子监刻书的重点。为了响应朝廷的号召、适应社会的需求，国子监在刻印儒家经典时，可谓不遗余力。从太祖干德三年（965），国子监刻印《经典释文》时起，到天禧五年（1021），国子监将13部儒家经典著作已全部出齐，并且几乎所有经书的正义、注疏也都刊刻过。国子监在刻印经书的同时，还刊刻了解读经书的《说文解字》《群经音辨》等小学类书籍。北宋修史之风也十分兴盛，这与北宋经济、文化的发展有关，也是宋代政治的需要。北宋国子监对刻印史书也很重视，《十七史》的刻印大约是从淳化五年（994）到熙宁五年（1072）左右完成的。也就是说到北宋末年，正史已经全部由国子监镂板颁行。除了正史之外，北宋国子监还刻印过《资治通鉴》《七十二贤赞》等其他史学著作。大量刊刻史书在宋代以前史无前例。国子监在刻印经史的同时，也刻印了不少和人民生活密切相关的医书。如太祖开宝六年（973）校刻《卢氏详定本草》，太宗淳化三年（992）校刻《太平圣惠方》，仁宗天圣五年（1027）校刻《黄帝内经素问》《难经》《巢氏病原候论》和《铜人腧穴针灸图经》等。另外，国子监也刻印了一部分子书，例如在神宗元丰三年（1080）刻《孙子七书》。

特别需要指出的是，汴梁国子监还刊刻了一些大部头的类书。如仁宗时国子监刊刻了徐坚等的《初学记》、白居易的《白氏六帖事类集》和萧统的《昭明文选》。汴梁国子监刊刻的类书也不乏鸿篇巨制。北宋初年，海内统一，社会生产有了一定的发展，北宋的统治者为了笼络旧臣，就置之馆阁，厚其俸禄，使修群书，以役其心，同时还可以装点太平。《太平广记》和《太平御览》是太平兴国二年（977）三月由李昉、扈蒙等纂修的。"太宗诏诸儒编故事一千卷曰《太平总类》，文章一千卷曰《文苑英华》，小说五百卷曰《太平广记》。《总类》成，帝日览三卷，一年而读周，赐名《太平御览》。"[①] 这两部书编成不久就开雕。《文苑英华》是太平兴国七年九月，太宗命李昉、扈蒙、徐铉、宋白等人编纂的一部古代诗文总集。雍熙三年（986）十二月书成，凡1000卷。真宗时又诏王钦若、

[①] （清）宋敏求：《春明退朝录》，中华书局1980年版，第46页。

杨亿诸儒臣编君臣事迹1000卷，名之《册府元龟》。这四部书以其规模宏大、资料丰富著称，后人称之为"宋四大书"。这四部书的编纂是宋代文化高度繁荣的体现，这些类书保存了已经亡佚的秦汉至五代间的1000多种原始资料。假如这些巨著没有在汴梁及时刊刻的话，很难想象它们能否流传到今天。宋四大书的刊印是北宋汴梁雕版印刷事业走向鼎盛的标志。

北宋的统治者非常关心雕版印刷事业。建隆元年（960），刚刚建国的宋太祖即幸国子监；建隆三年（962），又重修国子监。"国子监在太祖朝即是朝廷刻书的主要机构"[1]，到太宗朝对刻书事业的投入进一步增加。据《玉海》记载，景德二年（1005）太宗幸龙图阁时说："凡亡缺之书，搜求备至……国学馆阁经史未有刊板者，悉令刊。"[2]《宋史·孔维传》还记载，太宗雍熙间，国子监祭酒孔维"受诏与学官校定《五经疏义》，刻板行用，功未及毕，被病。上遣太医诊视，使者抚问。初，维私用印书钱三十余万，为掌事黄门所发，维忧惧，遽以家财偿之，疾遂亟，上赦而不问"[3]。这个故事以太宗的宽宏大量而告终。但我们从中不难看出，身为国子监祭酒的孔维，竟以自己的职务之便贪污挪用印书的公款"三十万"。那么国家"对刻书事业的投资决不只三十余万，可能是三十余万的几十倍"[4]。国家对刻书事业投入巨大，国子监凭借雄厚的财力人力与其他有利的条件，刻印了大量精美的图书。

在统治阶级的重视下，汴梁国子监的刻书事业兴旺发达，国子监的版片也增长神速。《宋史·邢昺传》记载：真宗景德二年（1005），皇帝到国子监检阅书库，问及经书刻版的情况，邢昺回答说："国初不及四千，今十余万，经、传、正义皆备。臣少从师业儒，经具有疏者百无一、二，盖力不能传写，今版本大备，士庶之家皆有之，斯乃儒者逢辰之幸也。"[5]从960年建国到1005年，短短45年经书版片已经增加了二十多倍，监版增长之迅速让身为国子祭酒的邢昺都感叹不已。汴梁国子监的书版有一小

---

[1] 陈坚、马大文：《宋元版刻图释》，学苑出版社2000年版，第9页。
[2] （明）胡应麟：《玉海》卷26《景德龙图阁阅太宗御书》，上海古籍出版社1992年版。
[3] （元）脱脱等：《宋史·孔维传》，中华书局1977年版，第12812页。
[4] 曹之：《中国古籍版本学》，武汉大学出版社1992年版，225页。
[5] （元）脱脱等：《宋史·邢昺传》，中华书局1977年版，第12798页。

部分是接收的前朝旧版，也有一小部分是私人呈献，而翻刻和新雕是国子监版片迅速增长的重要原因。

汴梁国子监刻书一般有以下用途：一是供朝廷赐予之用。关于国子监刻书供御赐的记载很多。如太平兴国二年（977），因江州白鹿洞书院生徒数千人无书可读，知州周述乞赐经籍，太宗赐以《九经》印本；太宗淳化元年（990），赐诸路印本《九经》；太宗淳化三年（992），赐诸臣新印的《儒行篇》；真宗咸平四年（1001），岳麓书院山长乞赐经籍，上赐《九经义疏》《史记》《玉篇》《唐韵》等；景德元年（1004），赐御史台《九经》《三史》《三国志》《晋书》；景德四年（1007），真宗赐京城郊县《太平圣惠方》；天禧五年（1021），赐李维《册府元龟》一部；庆历四年（1044），赐顺德军《太平圣惠方》及诸医书各一部；宣和三年（1121），雕印御笔手诏共500本，诏赐宰臣、执政侍从、在京执事、外路监司守臣各一本。① 另外，朝廷还把监本赐予周边的一些国家。这些御赐图书品种众多，数量极大，基本上都是国子监刊刻的。二是国子监刊刻的图书也为士子们提供读书范本。国子监刻书是为了紧密配合教学，随着宋代科举之风盛行，读书人数不断增加，对教科书和参考书的需求也一再扩大。徽宗宣和五年（1123）十一月十四日，"国子祭酒蒋存诚等言：'窃见御注《冲虚至德真经》《南华真经》未蒙颁降，见系学生诵习及学谕讲说，乞许行雕印，颁之学校。'从之"②。道家的典籍学子们要阅读，儒家经典就不必说了。据《宋史·职官志》记载，宋代中央的太学、武学、律学、算学、医学等，其所用教材，大都由国子监刻印。而科举所用图书，也多由国子监刻印。三是国子监刻印的图书准许出售，其所刻书版也允许地方和个人交纳一定的"赁板钱"，租赁印行。根据王国维考证，如《说文解字》《大宋重修广韵》等都依《九经》例，许人纳纸墨价钱收赎。绍圣三年（1096），官方还下令刊刻五件医书小字本，以降低成本，便民购买。这些书后附国子监的牒文云："今有《千金翼方》《金匮要略方》《王氏脉经》《补注本草》《图经本草》五件医书，日用而不可阙。本监虽见印卖，皆是大字，医人往往无钱请买，兼外州军尤不可得。

---

① 以上参考曹之《中国印刷术的起源》，武汉大学出版社1994年版。
② 《宋会要辑稿·职官》二八《国子监》，中华书局1957年版。

欲乞开作小字，重行校对出卖，及降外州军施行。"① 由此我们不难看出，国子监为了满足人民的需求，想方设法降低监本的价格，对于一些书的雕印还不止一次。如《汉书》国子监刻的就有淳化监本、景德监本、宣和监本等几个版本。

汴梁监本售卖时只收工本费。真宗天禧元年九月，政府颁布《国子监经书更不增价诏》。诏书中说："曩以群书，镂于方版，冀传函夏，用广师儒，期于四方，固縻言利。将使庠序之下，日集于青襟，区域之中，咸勤于素业。敦本抑末，不其盛欤。其国子监经书更不增价。"② 汴梁的国子监刻本，量大质精，物美价廉，所以很快就风靡全国。《鹤山集》里记载，眉山孙氏就曾买监本书万卷，成为名重一时的藏书家。潞州的张仲宾家有巨万之产，是全潞之首富，后来不惜千金"尽买国子监书，筑学馆"，儿孙多成才。③ 周密的《齐东野语》卷十一曾记载，沈思之子沈偕擢第后，尽买国子监书以归。杨孝本还把买监本作为自己告老还乡的唯一要求，赵明诚和李清照夫妇家中也藏有大量监本。加上国子监刻印的儒家经典多是国家指定的科举考试的标准教材，所以士子们更是视之为题名金榜的敲门砖，汴梁监本真可谓不胫而走天下，不少外地的藏书家还通过各种渠道进京不惜重金购置监本。虽然监本的价格不是太高，但国子监通过赁板，大量刻书出售，收入仍颇为充盈，以至于"国子监的收入逐渐纳入了国家财政收入的范围"④。由此我们也可以看出，汴梁国子监当时刻书相当多。

一直以来，谈到北宋汴梁国子监刻书，很多人总是认为国子监刻书大多下杭州镂板。赵万里谈到北宋刻书时曾经说："北宋国子监除了翻刻五代监本十二经外，又遍刻九经唐人旧疏和他经宋人新疏，以及大规模的校刻史书、子书、医书、算书、类书和《文选》《文苑英华》等诗文总集。这些书籍多数均送杭州刻版。"⑤ 版本学家冀淑英也曾经认为："杭州在五

---

① （清）叶德辉：《书林清话》，北京燕山出版社1999年版，第46页。
② 《全宋文》第六册卷255，《国子监经书更不增价诏》，上海辞书出版社2006年版，第714页。
③ （宋）邵伯温：《邵氏闻见录》卷16，中华书局1983年版，第176页。
④ 姚广宜：《试论以国子监为中心的宋代国家刻书业》，《河北大学学报》1990年第2期。
⑤ 赵万里：《中国版刻的发展过程》，《人民日报》1961年5月4日。

代时，即是经济、文化中心，浙东浙西又是盛产纸张的地方，北宋时代，国子监本多数在杭州雕版。"① 毛春翔和曹之也认为绝大部分北宋监本是在杭州刻印的。经过追根溯源我们不难发现，这一说法出自王国维在《两浙古刊本考》序言中的一段话："镂板之兴，远在唐世，其初见于记载者，吴蜀也，而吾浙为尤……及宋有天下，南并吴越，嗣后国子监刊书，若七经正义，若南北朝七史，若唐书，若诸医书皆下杭州镂板。北宋监本刊于杭者殆居泰半。"② 北宋汴梁监本下杭州刻印确有其事，像史汉三史，南北朝七史。然而要说大部分都下杭州刻印，这一观点还值得商榷。为此，我们很有必要对王国维的《五代两宋监本考》中的北宋监本做出统计。据笔者统计，王国维考证出来的北宋监本共123部，6171卷（其中14部没有卷数）；而据王考证只有23部书（这其中还包括了下成都府转运司镂板的书，如《王氏经义》三书即下杭州、成都府转运司镂板）下杭州镂板，共1589卷。从部头上来看只占北宋监本的约18.7%，从卷数上看占王所统计的全部监本的25.8%。这里还需要说明的是，据王国维考证其中没有卷数的14部，都不是下杭州雕版的。也就是说不管从部头上看还是从卷数上看，下杭州刻印的监本只占监本的1/5到1/4。王国维考证出的北宋监本中，经书42部，史书19部，医书24部，子书13部，类书9部，其他16部。③ 由此也可以看出经书、史书和医书是国子监刊印的重点，经史类的书籍和科举考试极为密切，医书和人民的生活息息相关，所以很自然成了国子监刻书的重中之重。王国维所考证出来的并不是监本的全部。据《玉海》卷二十七《景德国子监观群书漆板》条记载：熙宁七年（1074），监书125部。可见北宋一代汴梁监本远比125部多。武汉大学的曹之先生据清毕沅《续资治通鉴》和徐松的《宋会要辑稿》考证出北宋的监本还有《述六艺箴》《承华要略》《授时要录》《祥符降圣记》《唐六典》《御制文集》《阴阳地理》《凤角集占》《孟子》《政和圣济经》《金匮要略》④ 等一大批图书。下杭刊刻的书籍，史书占

---

① 冀淑英：《冀淑英文集》北京图书馆出版社2004年版，第81页。
② 王国维：《王国维遗书·两浙古刊本考》，上海古籍书店1983年版。
③ 以上内容可参见文末的《北宋汴梁刻书简明目录》。
④ 曹之：《中国古籍版本学》，武汉大学出版社2002年版，第225页。

的分量最重，仅就史书而言下杭州刊刻的占了大半，而就全部北宋监本来说大多仍是在汴梁雕版印刷的。"中国版本文化丛书"之一《宋本》中就指出："北宋中央政府的刻书除部分下杭州镂板外，其他主要是在开封进行的。"① 再说，汴梁国子监带有国家出版社的性质。即使是下杭州雕版的书籍，也是在汴梁由国子监或崇文院编订校勘后才发往杭州的，雕完后运回汴梁国子监，其真正发挥作用也是在汴梁。之所以做出这个判断，笔者认为是感情因素在作怪。王国维是浙江海宁人，对故土感情深厚，又加上杭州刻书两宋期间一直影响很大，历来评价甚高，所以他在《两浙古刊本考》中说"自古刊板之盛，未有如吾浙者"，"北宋监本刊于杭者殆居泰半"②。华东师大古籍研究所的顾宏义就曾经指出，王国维在"《两浙古刊本考序》中所言当有夸大"③。当然作为浙江人的王国维说出这席话，完全是可以理解的，但后来人不假思索就引以为据，可谓是不深思慎取，以讹传讹。

汴梁的中央机构除国子监刻印群书外，还有崇文院、秘书省、刑部、大理寺、太史局印历所等。大理寺于干德元年（963）八月，编纂并刊印了《重定宋刑统》，这是中国第一部刑法刊印本。同时又刻印了宋太祖有关刑法律令的诏令集《建隆编敕》。二书印成后，同时颁行天下，拉开了宋代官府刻书的序幕。北宋太平兴国三年，在三馆的基础上置崇文院。"端拱元年就崇文院中堂建阁，以三馆书籍真本并内出古画、墨迹等藏之。"④ 三馆和秘阁也称为四馆或馆阁，"皆置官选名儒入直于内"⑤，因此崇文院还兼有培养和储备高级人才的性质。北宋的许多大臣，都曾经任职于馆阁，欧阳修就曾经说过："自祖宗以来，所用两府大臣多矣，其间名臣贤相出于馆阁者，十常八九也。"⑥ 由此可见崇文院是藏龙卧虎之地，也是不折不扣的中央文化机构，就目前文献记载来看，其刻书仅次于国子监，也是北宋中央机关中兼事刻书版印的重要机构之一。除王国维在

---

① 程有庆、张丽娟：《宋本》，江苏古籍出版社2002年版，第13页。
② 王国维：《王国维遗书·两浙古刊本考》，上海古籍书店1983年版。
③ 顾宏义：《宋代国子监刻书考论》，《古籍整理研究学刊》2004年第4期。
④ （元）脱脱等：《宋史·职官志》，中华书局1977年版，第3874页。
⑤ （宋）江少虞：《宋朝事实类苑》卷31，上海古籍出版社1981年版。
⑥ （宋）欧阳修：《欧阳全集·奏议集》，中华书局2001年版，第1728页。

《五代两宋监本考》中考证出来的崇文院刊本以外，崇文院还于咸平三年（1000）刻印《吴志》30卷，大中祥符二年（1009）刊《礼记·儒行篇》，景德四年（1024）刻印《广韵》5卷，天圣二年（1024）刻印《隋书》85卷，天圣七年（1029）刊刻《海行编敕》及其目录30卷，天圣间还刊刻了《齐民要术》10卷，天圣十年（1032）刊《天圣编敕》30卷、《敕书德音》12卷、《令文》30卷，景祐元年（1034）刊《土牛经》，宝元二年（1039）刻印《匡谬正俗》8卷，皇祐二年（1050）刊《大飨名堂记》，皇祐六年（1054）刊《御制攻守图》，等等。元丰五年（1082），改崇文院为秘书省，秘书省实际上是中央机关中专事编撰的机构，置监、少监、丞各一人，监掌古今经籍图书、国史实录、天文历数之事。秘书省遇修国史则开国史院，遇修实录则开实录院。景祐四年（1037），开雕过《景祐干象新书》。元丰七年（1084），秘书省由赵彦若等校定刊行了包括《周髀算经》《九章算术》在内的《算经十书》，《算经十书》的刊印发行是我国数学史上的一件大事。另外，左司郎局刻印出版的书籍有《春秋经传集解》《壁经》《春秋》《左传》《国语》《史记》等。德寿殿刻印刘球《隶韵》10卷等。太医局元丰间刊《太医局方》10卷等。刑部刊印的书籍有《敕书》《刑名断例》等。此外礼部、三司、进奏院、编敕所也都刊印过一些书籍。由此可见，作为北宋中央政府所在地的汴梁，不仅国子监大量刻书，其他中央各机关雕版印刷活动也是相当频繁的，这无疑标志着汴梁官方版印图籍事业的全面繁荣。汴梁刻书的中央机构之多是一些朝代望尘莫及的。此外，北宋内府也刊刻图书。据《挥麈后录》卷一《章太后命儒臣编书镂板禁中》条载，仁宗时禁中刊印过《观文览古》、《卤簿图》（30卷）、《三朝训诫图》。另据《玉海》卷五一载，神宗元丰三年刊《唐六典》。据张秀民先生考证，元祐八年内府还刊刻《陆宣文公集》。北宋一些皇帝的文集内府也曾经刻印过。

　　在汴梁的中央刻书机构中，国子监和崇文院合作最为密切，它们经常联手雕印一些书籍，是北宋中央刻书出版的中流砥柱。崇文院不仅是国家的藏书中心，也是国家图书的整理编辑中心，国子监所刻的一些书也是经过其认真校勘后才下国子监刊印的。校勘整理为出版提供高质量的定本，刻本发行又促进了编辑整理成果的普及，丰富了国家藏书。由于崇文院刻书也较多，和国子监刻书又有着密不可分的关系，所以王国维在《五代两宋监本考》中把崇文院刊刻的《群经音辨》《大宋重修广韵》《律文》《音义》《唐律疏义》《南华真经》《冲虚至德真经》《文选》等都看作北宋监本。由此可见，监本有广义和狭义之分。狭义的监本仅指国子监刊刻的本子；而广义的监本不仅包括国子监的刊本，还包括崇文院等一些中央机构的刊本。由于国子监雕印的书籍质量一流，所以监本就成了汴梁中央官刻本的代称。

随着雕版印刷技术的发展，汴梁雕版印刷应用也是越来越广泛。朝廷不仅雕印图书，还雕印一些官文、邸报、日历等。如国子监雕印试进士题纸，三司雕印盐钞，比部、太府寺印发钞引，礼部祠部雕印度牒，刑部还雕印敕书、律令，司天监雕印历本，等等。这样一来印刷的文籍就触手可及，雕版印刷也在汴梁真正走进了人们的生活。仁宗天圣二年（1024）十月，判刑部燕肃上言，原来的敕书由书吏抄写，"字多舛误，四方覆奏，或致稽违，因请镂版宣布"①。这项建议在寇准时已经提出，一些守旧的人怕误刻会造成不好的后果，大力反对，因此未能推行。此时，宰相王曾力排众议，支持肃燕，并提出"勿使一字有误"。从此以后敕书律令文字，也由刑部摹印颁布。接着，"日官亦乞模印日历。旧制岁募书写费三百千，今模印止三十千"②。另外，据《长编》记载，天圣二年（1024），国子监还雕印科举考试的试题。

北宋汴梁官藏丰富，国子监和崇文院刻书时注重选择优秀底本，校勘审慎，多由名人手书上版。尤其是北宋监本儒家经典，版式宽阔，字大疏朗，再加上所用纸、墨优良，印刷技术精湛，实为后人翻刻、翻印古代典籍的标准范本。汴梁的官刻是汴梁刻书业的主体，在汴梁刻书史上占有举足轻重的地位。然而遗憾的是北宋汴梁的国子监的书版，遭值靖康之变，全部被金人掠走。不久金兵匆忙北撤，书籍等不急之物多狼藉于泥土中，"幸存"的被运往大都，这就是后来金监本的底本。③

（二）汴梁的民间刻书

汴梁拥有北宋一代潜力巨大的图书市场。"一日之长取终身富贵"的

---

① （宋）李焘：《续资治通鉴长编》卷102，上海古籍出版社1982年版。
② 同上。
③ 张舜徽：《论版本》，《版本学研究论文选集》，书目文献出版社1995年版，第122页。

诱惑，使那些想通过科举"一朝选在君王侧"的莘莘学子，更加热衷于功名，读书人的队伍迅速膨胀起来。而儒家经典是士子们飞黄腾达、一试成名的敲门砖。社会对应试必读的儒家经典和各种参考书的需求就变得日益迫切，而仅靠官刻又不能满足人们的需要，这就使刻书有了商业化的可能，因而刺激了一些人在图书编撰、雕印方面投资，这无疑促进了汴梁图书事业的全面发展。汴梁民间的私人刻书就是在这种情况下应运而生，并在其得天独厚的优越条件下蓬勃生长。张秀民在谈到北宋刻书时说："刻书印卖有利可图，故开封、临安……成都、眉山，纷纷设立书坊，所谓'细民亦皆转向模锓，以取衣食'。至于私家宅塾以及寺庙莫不有刻，故宋代官私刻书最盛，为雕版印刷史上的黄金时代。"① 汴梁民间刻书的兴起也有一个过程，"治平以前，犹禁擅镂，必须申请国子监。熙宁以后，尽弛此禁"②。可见到宋代中叶，宋代民间私刻和坊刻就逐渐兴盛起来。

1. 汴梁的坊刻

书坊，也称书铺、书肆、经籍铺等。书坊刻书历史悠久，唐五代时，在四川益州和吴越地区就有书坊刻印书籍和日历出售。到了北宋，在中央刻书尤其是国子监刻书的带动下，汴梁的民间刻书业也发展得如火如荼。"东京汴梁、杭州、建阳崇化、麻沙等地，坊肆不但很多，而且很有名。"③ 这些坊肆书商，有的专门接受委托，刻印和销售书籍；有的坊肆主人本身就是藏书家，往往集编撰、出版、发行于一身。所以坊刻之书常常名目新，刻印快，行销广。汴梁的书籍铺最早开设于何时已不可考，"但仁宗时已有书铺印卖文集的记录，至熙宁七年（1074）馆阁访书，亦征求于街市"④。据《宋会要辑稿》记载："熙宁七年，诏置补写所……乞应街市镂板文字供录一本看详，有可留者各印四本送逐馆。"⑤ 靖康之变时，"金人索监书藏经……皆指名索取，仍移文开封府，另见钱支出收买。开封府直取于书籍诸铺"⑥。朝廷到汴梁民间书肆访求图书，可见当

---

① 张秀民：《中国印刷史》，浙江古籍出版社2006年版，第43页。
② 转引自《雕版印刷源流》，印刷工业出版社1990年版，第19页。
③ 李致忠：《古代版本通论》，上海古籍出版社2006年版，第118页。
④ 宿白：《唐宋时期的雕版印刷》，文物出版社1999年版，第47页。
⑤ 《宋会要辑稿·职官》卷18，中华书局1957年版。
⑥ 转引自宿白《唐宋时期的雕版印刷》，文物出版社1999年版，第60页。

时汴梁书铺所刻书籍已有相当高的水平。据考证，东京大相国寺东刻印《抱朴子》的荣六郎书铺就以刻印经史而闻名。像荣六郎家这种亦工亦商的手工作坊，所刻印的书籍种类繁多，儒家经史、科举应试之书以及与人们生活密切相关的书籍等无所不刻。如仁宗晚期和英宗时，汴梁民间就雕印有小字巾箱本《五经》和中字《五经》；景祐间，为了进士就试，汴梁民间雕印有试题解说。此外像大臣日录、奏议和佛经等汴梁民间也经常刊刻，当然还有一些个人的文集。《郡斋读书志》中著录的《归叟诗话》就是宣和末京师书肆刻印的。① 另据宋米芾《书史》记载，北宋相国寺就刻有《秦传国玺》出卖。② 汴梁的刻书常得风气之先，如庆历四年（1034）古文运动方兴之际，汴梁民间就雕印了《宋文》20 卷，所选皆为当时名公之古文。

北宋时叶梦得就曾对当时各地的印本做过一个评价："今天下印书，以杭州为上，蜀本次之，福建最下。京师比岁印版，殆不减杭州，但纸不佳。与福建多以柔木刻之，取其易成而速售，故不能工。福建本几遍天下，正以其易成故也。"③ 通过对叶氏这番话分析，我们也很容易看出，杭州刻书最好，福建的麻沙本当然很糟糕，汴梁的刻书不比杭州少，但用纸不好。我们做进一步的深入分析，对于汴梁的国家刻书尤其是国子监刻书，后人历来赞叹有加，无论从内在质量，还是外在的纸张、装帧形式都绝对是北宋一流的。宋朝陈造就在《题国语》中指出："吾家藏是书乃监本也，句而音之。是书字尤大，纸不恶，尤可宝惜。"④ 所以我们不难得出叶梦得对四地刻书的评价，更多是从坊刻这个角度出发的。李致忠也指出叶氏的这段话说明了两方面的问题：一方面说明了宋代有四大刻书中心，即汴京、杭州、川蜀、福建；另一方面品评了这四大刻书中心的优劣短长。蜀中和杭州早在唐末就有刻书基础，福建后来居上，但只是速成量多，质量较差。汴京乃全国的政治、经济、文化中心，刻书自然不减杭州和其他地方。⑤ 由此可见，北宋汴梁当时的书坊刻书也相当多，只是用纸

---

① 《宋元明清书目题跋丛刊二》之《昭德先生郡斋读书志》，袁本，第 87 页。
② 转引张秀民《中国印刷史》，浙江古籍出版社 2006 年版，第 46 页。
③ （宋）叶梦得：《石林燕语》，中华书局 1984 年版，第 116 页。
④ （宋）陈造：《江湖长翁集》卷 31，台北商务印书馆 1983 年影印本。
⑤ 李致忠：《古代版印通论》，上海古籍出版社 2006 年版，第 115 页。

差了一些而已。汴梁不产纸张，个人的财力又有限，又要有利润空间，所以用纸自然就差了一些。肖东发在谈到坊刻时就指出："坊刻的市场主要是中下层的人民大众，购买力有限。在这种情况下，只有采取低价售书薄利多销的策略，才能使本身存在下去并得以发展。而为了降低书价就必须降低成本，因此坊刻无论是用工选料，都无法于不惜工本的官刻、家刻本相比。"①

书坊为了快速谋利，有时粗制滥造是可以理解的，然而书坊如果想生存，并使自己的经营发展壮大，谋取更大利益的话，那么它就必须赢得良好的信誉。历史上各个时期都有一些书坊刻印精美，纸墨俱佳。汴梁"当时的书铺一定很多，可惜现在可考的只有大相国寺东荣六郎家与集贤堂书铺而已"②。就现有的文字记录来看，刻印的多为经史文集和科举应试之书和民间日常参考书，当然在利益的驱使下，他们有时也铤而走险印一些统治阶级明令禁印的书籍。如哲宗元祐五年（1090），从礼部所言，本朝会要、国史、实录不得雕印③；徽宗宣和四年（1114），朝廷下诏禁雕元祐党人的书籍④。汴梁坊刻确实存在着许多不完善的地方，比起汴梁官刻和家刻要逊色一些。这主要因为书坊刻书旨在谋利，校勘的态度不及官刻、私刻认真，所以其刻书往往粗制滥造，讹误较多，纸墨低劣，印刷不精，这也是所有坊刻的致命弱点。但汴梁书坊刻书重实用，内容上也比官刻私刻丰富，除翻刻官方刻本外，也大量刊印民间日常需要的书以及人民群众喜闻乐见的文籍。所以汴梁坊刻能最大限度地满足人民群众对书籍的需求，在普及文化和繁荣汴梁民间的文艺生活方面有着积极的贡献。

2. 汴梁的家刻

汴梁五代时就有私家刻书，大学士和凝就"有集百卷，自纂于板，模印数百帙，分惠与人"⑤。"不过私人刻书形成一代风气的还是进入北宋时期的汴梁，北宋京师汴梁文化发达，士大夫以刻书流布市肆为荣，多有

---

① 肖东发：《坊刻的特点及其贡献——中国古代出版印刷史专论之四》，《编辑之友》1990年第5期。
② 张秀民：《中国印刷史》，浙江古籍出版社2006年版，第48页。
③ （宋）李焘：《续资治通鉴长编》卷445，上海古籍出版社1982年版。
④ 《宋会要辑稿·刑法》二之十六，中华书局1957年版。
⑤ 《旧五代史·和凝传》，中华书局1976年版，第1673页。

刻本行世。"① 家刻不是为了赚钱，更多的是为了博取美名，流芳百世。"家刻主人或搜罗佚典秘籍行世，以示学问之博雅；或刊刻家集，以示门庭之崇高；或刊刻乡土文献，以示地望之不凡；或代官场名流刻书，以利名人之荐举。"② 据《宋史·刘熙古传》记载，太祖时端明殿学士刘熙古，就曾经摹刻自己的著作《切韵拾玉》，后将书版呈献国子监，皇帝下诏让国子监颁行。这应该是北宋汴梁最早的私家刻书的记载。相传宋初文学家穆修得韩柳善本后大喜，于是就自己镂板，在相国寺售卖。淳化间张齐贤还刻印《注维摩诘经》十卷，也是北宋早期较明确的私宅刊书。景祐二年（1035），驸马都尉柴宗庆刊印《登庸集》，不过因词语僭越而被毁板。庆历六年（1046年），京台岳氏刊印《新雕诗品》三卷。国子监有名的写手赵安仁，其家也曾刻印过《南华真经》，内有"安仁赵谏议宅刊"字样。③

汴梁的坊刻、家刻有文献记录的并不多，无论是刊刻书籍的数量，还是其社会影响力都无法与汴梁官刻相提并论。遗憾的是由于历史久远，又加上金兵破汴时，不但国子监的书版被劫，连开封府的书籍铺也没有幸免。所以迄今为止还没有发现真正的汴梁坊刻本、家刻本，我们只有从文献的记录中看汴梁民间刻书的繁荣。

3. 从其他方面看汴梁民间刻书的繁荣

首先，从图书交易来看汴梁民间刻书的繁荣。书籍雕印、销售的可观利润，使很多人投身图书市场，从而推动了刻书业以及书籍贸易的繁荣。北宋汴梁，是当时天下富商大贾聚集之地。由于汴梁商品经济的迅猛发展，商业活动已经打破区域和时间的限制。汴梁的大街小巷店铺林立，甚至御街两旁的御廊都许市人买卖其间；有些行业，还"不以风雨寒暑，白昼通夜"④ 开张营业。由于大量的市场需求，北宋汴梁的图书贸易也在商业大潮推动下日趋繁荣，汴梁图书贸易的繁荣反过来也促进了汴梁刻书业的发展。大相国寺是汴梁当时的贸易中心，"伎巧百工列肆，罔有不集，四方珍异之物，悉萃其间"⑤。对于这一点《燕翼诒谋录》卷二也有

---

① 耿相新：《河南私人刻书业述考》，《河南图书馆学刊》1991年第2期。
② 曹之：《家刻初探》，《山东图书馆季刊》1984年第1期。
③ 耿相新：《河南私人刻书业述考》，《河南图书馆学刊》1991年第2期。
④ 伊永文：《东京梦华录笺注》，中华书局2006年版，第176页。
⑤ （宋）王得臣：《麈史》卷下，中华书局1985年版。

记录:"东京相国寺,乃瓦市也,僧房散处,而中庭两庑可容万人,凡商旅交易皆萃其中,四方趋京师,以货物求售,转售亦必由此。"① 在这些商品中就有书籍字画。据孟元老的《东京梦华录》记载,相国寺图书市场异常火爆,"殿后资圣门前,皆书籍玩好图画"②。

北宋汴梁大相国寺买卖书籍的情况,宋代笔记史料中多有记载。朱弁《曲洧旧闻》卷四记载,北宋文学家穆修就曾经在这里设肆卖书。穆修是北宋最早推崇古文的人,刚得到韩柳善本的时候,非常高兴。自序云:"天既餍予以韩,而又饫我以柳,谓天不予飨,过矣!"欲二家文集行于世,乃自镂板鬻于相国寺。性伉直不容物。有士人来,酬价不相当,辄语之曰:"但读得成句,便以一部相赠。"或怪之,即正色曰:"诚如此,修岂欺人者?"士人知其伯长也,皆引去。③ 吴处厚《青箱杂记》卷二载:"枢密邵公亦蒙见知,屡加论荐,常谓余诗浅切,有似白乐天。一日阅相国寺书肆,得冯瀛王诗一帙而归。"④ 王明清《玉照新志》卷四记载:蔡襄在昭陵朝,与欧阳文忠公齐名一时。英宗即位,韩魏公当国,首荐二公,同登政府。先是,君谟守泉南日,晋江令章拱之在任不法,君谟按以赃罪,坐废终身。拱之,望之表民同胞也。至是,既讼冤于朝,又撰造君谟《乞不立厚陵为皇子疏》刊版印售于相蓝。中人市得之,遂干乙览,英宗大怒,君谟几陷不测。⑤ 这里的"相蓝"指的就是相国寺。《邵氏闻见后录》卷十七记载:帝问大年,"见《比红儿诗》否?"大年失对。每语子孙为恨,后诸孙有得于相国寺庭杂卖故书中者。⑥ 宋代著名女词人李清照和丈夫赵明诚也曾在大相国寺买过书画。

由此可见,当时汴梁大相国寺的书籍买卖相当红火。当时书肆刻书到相国寺来售卖的也不少,连穆修这样不为利动的人都来这里凑热闹。另外,"寺东门大街,皆是幞头、腰带、书籍、冠朵铺席"⑦。从北宋汴梁迁

---

① (宋)王栐:《燕翼诒谋录》卷2,中华书局1981年版,第20页。
② 伊永文:《东京梦华录笺注》,中华书局2006年版,第288页。
③ (宋)朱弁:《曲洧旧闻》,中华书局2002年版,第142页。
④ (宋)吴处厚:《青箱杂记》卷2,中华书局1985年版,第20页。
⑤ (宋)王明清:《玉照新志》卷4,上海古籍出版社1991年版。
⑥ (宋)邵博:《邵氏闻见后录》,中华书局1983年版,第131页。
⑦ 伊永文:《东京梦华录笺注》,中华书局2006年版,第301页。

往杭州的荣六郎家书籍铺，就是位于相国寺东门大街上，北宋灭亡后，他也南渡临安，重操旧业，并在临安府中瓦南街东老店新张。这在他绍兴二十二年（1152）所刻的《抱朴子》后的牌记中说得很清楚：

> 旧日东京大相国寺东荣六郎家，见寄居临安府中瓦南街东，开印输经史书籍铺。今将京师旧本抱朴子内篇校正刊行，的无一字差讹。请四方收书好事君子幸赐藻鉴。绍兴壬申岁六月旦日。①

从这个牌记中可以知道，北宋时荣六郎在大相国寺东门大街开有书籍铺，并刻有《抱朴子》等书。这个牌记无疑也有广告宣传的意图，由此我们还可以推断出，荣六郎家的书籍铺早在北宋汴梁就应该是远近驰名的，否则不会在随朝南渡临安旧店新开张后，仍打出旧日的牌号。②像荣六郎家这样靖康后从汴梁南迁的书籍铺也不止一家。③并且汴梁的早市和夜市也买卖书籍，如汴梁皇城东南角的"潘楼酒店，其下每日自五更市合，买卖衣物、书画、珍玩、犀玉"④。

汴梁图书贸易的繁荣是汴梁刻书兴盛的必然结果。曹之先生就指出，我国古代是刻书、发行一体化。刻书者本身就是发行者，哪里刻书哪里就有图书市场。据其考证，当时汴梁售卖的书还有《孟郊诗集》《释书品次录》《春秋繁露》等。⑤北宋前期，成都、杭州、建阳的书坊还没有真正兴起，就文献和现存的实物来看，这些地方的图书生产规模也不大，再加上交通上的不便，个人财力有限，大规模的雕版印书并长途跋涉到汴梁来出售、贩卖的可能性也不大。所以汴梁交易的这些图书大部分应是汴梁刻印的，且坊刻本应占很大比例。⑥除国子监刻印的书籍外，其他应该多是汴梁书坊雕印的。由此可见，汴梁民间刻书业也是相当兴盛的。

其次，从版本目录的著录和学人的研究成果看汴梁民间刻书的繁荣。

---

① 林申清：《宋元书刻牌记图录》，北京图书馆出版社1999年版，第53页。
② 李致忠：《古书版本学概论》，北京图书馆出版社1990年版，第59页。
③ 张秀民：《中国印刷史》，浙江古籍出版社2006年版，第55页。
④ 伊永文：《东京梦华录笺注》，中华书局2006年版，第144页。
⑤ 曹之：《中国印刷术的起源》，武汉大学出版社1994年版，第426页。
⑥ 黄镇伟：《坊刻本》，江苏古籍出版社2002年版，第16页。

版本目录是我们考察版本的重要文献资料，版本目录中关于版本的著录是我们认识图书，尤其是古籍的一种主要手段，我们可以从版本目录中找到一些关于北宋汴梁民间刻本的著录。叶德辉就曾指出：

> 自镂板兴，于是兼言板本，其例创于宋尤袤《遂初堂书目》，目中所录，一书多至数本，有成都石经本、秘阁本、旧监本、京本、江西本、吉州本、杭本、旧杭本、严州本、越州本、湖北本、川本、川大字本、川小字本、高丽本。此类书以正经正史为多，大约皆州郡公使库本也。同时岳珂（案：实为岳浚）刻《九经三传》，其《沿革例》所称有监本、唐石刻本、晋天福铜版本、京师大字旧本、绍兴初监本、监中现行本、蜀大字旧本、蜀学重刻大字本、中字本、中字有句读附音本、潭州旧本、抚州旧本、建大字本、俞绍经家本、又中字凡四本、婺州旧本、并兴国于氏、建余仁仲凡二十本，又越中注疏旧本、建有音释注疏本、蜀注疏本，合二十三本。知辨别板本，宋末士大夫已开其风。①

无论是尤袤还是岳浚，在他们各自的著录中都把"京本""京师大字旧本"和"监本"并举，从著录的体例而言，二者不可混同。由此可见，这里所说的"京本""京师大字旧本"很可能就是汴梁的坊刻本或家刻本。张秀民就指出《昌黎先生集》在宋代既有宋初刊本，又有汴梁监本、北宋京本、穆修的家刻本。这里的北宋京本很显然也是汴梁刻本。

唐人的集子在汴梁刊刻的也不少。万曼先生在考证《河东先生集》版本源流时指出："天圣元年（1023）穆修曾经编过柳宗元的文集，四十五卷本，应该是宋人编校刻印的第一本柳集，所以它是柳集的祖本。穆修之后，政和四年（1114）胥山、沈晦元用又重新编校。他根据的有四个本子，其中就有京师开行的三十三卷小字本，但'颠倒章什，补易句读，讹正相半'。稍后，方舟李石又编校《河东先生集》，题后云石所得柳文凡四本，其一得之于乡萧宪甫，云京师阎氏本……阎氏本最善，为好事者

---

① （清）叶德辉：《书林清话》，北京燕山出版社1999年版，第12页。

盗去。"① 可见，北宋汴梁不止一个书坊刊印过柳宗元的《河东先生集》。另据万曼先生考证，汴梁书坊曾经刊刻过唐朝诗人李贺的《李贺歌诗》，"宋代所传李贺的诗集，据记载有五种版本：京师本，蜀本，会稽姚氏本、宣城本、鲍钦止家本"②。田北湖在《校定昌谷集余谈》中说："儿时尝见宋刻昌谷集，不知谁氏本，因火焚毁。后往抚州收书，得宋刻本，田氏云，诸刻本中，以汴本最早，大字白文，无评无注，亦不列刊者姓名，但题治平丁未（1067）而已。"③ 可见李贺《昌谷集》在北宋汴梁也曾经刊印过。

北宋汴梁不仅刊刻唐人的文集，同时还刊刻本朝人的文集。杨忠在《苏轼全集版本源流考辨》中专门用一节对京师印本《东坡集》做了考证，他指出："京师作为全国政治文化中心，在东坡生前曾有京师印本《东坡集》的存在，揆以情理，不为无据；征以文献，又有邵博《邵氏闻见后录》中的明确记载。"④ 可见当时汴梁书坊就刻印有苏轼的诗文集，即使在元祐学术遭禁时，仍有人铤而走险。

北宋时汴梁书商还刊刻了《唐庚集》。当时惠阳刻本流传到京师汴梁，唐庚的岭南诗文在太学被广泛抄传，遂有书商为之刻行。宣和四年（1122）五月，友人郑总为其作《唐眉山先生文集序》中说："太学之士得其文，甲乙相传，爱而录之。爱之多而不胜录也，鬻书之家遂丐其本而刻焉。"⑤ 另外范仲淹、欧阳修、刘弇、张舜民等人的文集，北宋汴梁都曾刊印过。曾巩《隆平集·范仲淹传》中称范仲淹著《丹阳集》20卷、《奏议》17卷。綦焕在淳熙重修本后的跋中称以旧京本《丹阳集》参校。由此可知《丹阳集》有北宋汴梁本。《隆平集》所录之《丹阳集》，当刊行于元丰六年（1083）。欧阳修是北宋时期的政治家、文学家、散文家和诗人，北宋诗文革新运动的领袖，唐宋八大家之一。周必大编刊《欧阳文忠公集》，其跋中指出《欧阳文忠公集》自汴京、江浙、闽蜀皆有之。欧阳修乃有宋一代的文学泰斗，曾继包拯之后做过开封府尹，在朝中也做

---

① 万曼：《唐集叙录》，中华书局1980年版，第188页。
② 同上书，第227页。
③ 转引自万曼《唐集叙录》，中华书局1980年版，第228页。
④ 《中国典籍与文化论丛》第一辑，中华书局1993年版，第202页。
⑤ 转引自祝尚书《宋人别集叙录》卷14，中华书局1999年版，第661页。

过高官，又曾经主持过科举考试，其文集在汴梁被刊刻是很自然的事情。刘弇是元丰二年（1079）进士，绍圣时中宏词科，官仅至著作佐郎，有文集数十卷。因其生前未拾掇成篇，故身后散落，遂各以其所得编集付梓。嘉泰时周必大为其所作序中称汴京及麻沙《刘公集》25卷。张舜民，字芸叟，治平二年（1065）进士，累迁至秘书邵监。坐元祐党籍，后复为集贤殿修撰。周紫芝书《书浮休生画墁集后》中曰："政和七八年间，余在京师，是时闻鬻书者忽印张芸叟集，售者至于填塞巷衢。事喧，复禁如初。"① 可见政和七年到八年间张舜民的《画墁集》也在汴梁刊刻过。②

再次，从刻书禁令看汴梁民间刻书的繁荣。北宋时期，可谓是外患连连，党争不断，为了统治的需要和国家利益，北宋政府多次禁书，并委国子监和开封府进行查处并严惩。由于外患深重，所以关系国家安危的边防、兵机文字，逐渐成为图书审查的重点。为了防止国家机密泄露，避免给朝政、边务造成不必要的损失。康定元年（1040）五月二日，仁宗下诏："访闻在京无图之辈书肆之家，多将诸色人所讲边机文字镂版鬻卖，流布于外。委开封府密切根捉，许人陈告，勘鞫闻奏。"③ 而这种现象并没有立即得到改观，至和元年甚至还出现了镂印传单的政治事件。在这种情况下，欧阳修于至和二年（1055）上《论雕印文字札子》中写道：

> 臣伏见朝廷累有指挥禁止雕印文字，非不严切，而近日雕版尤多，盖为不曾条约书铺贩卖之人。臣窃见京城近有雕印文集二十卷，名曰《宋文》者，多是议论时政之言。其首篇是富弼往年《让官表》，其间陈北虏事宜甚多，详其语言，不可流布。而雕印之人不知事体，窃恐流布渐广，传入虏中，大于朝廷不便。……臣今欲乞明降指挥下开封府，访求版本焚毁，及止绝书铺，今后如有不经官司详定，妄行雕印文集，并不得货卖。许书铺及诸色人陈告，支与赏钱二百贯文，以犯事人家财充。其雕版及货卖之人并行严断，所贵可以止

---

① （宋）周紫芝：《书浮休生画墁集后》，《太仓稊米集》卷67，四库全书本。
② 以上参考祝尚书《宋人别集叙录》，中华书局1999版。
③ 《宋会要辑稿·刑法》二，中华书局1957年版。

绝者。①

从欧阳修的叙述可知，朝廷虽屡行禁止，但缺乏制约书贾的法规和措施，因而见效甚微。为了国家利益，他不得不建议焚板及检举告发。同年还下令禁止模印御书字，并"诏开封府自令有模刻御书字鬻卖者，重做之"②。元丰元年，太学生钟世美上书称旨，于是汴梁民间有雕鬻世美书者，"上批世美所论有经制四夷事，传播不便，令开封府禁之"③。

宋哲宗元祐四年八月，翰林学士苏辙奉命使辽，在辽地看到其家谱和一些泄露国家机密的臣僚章疏及士子策论等图籍文书，于是返朝后就立即奏闻朝廷，希望立法防范。朝廷根据苏辙建议，对刻书业进行全面管理。李焘《续资治通鉴长编》卷四四五记载："哲宗元祐五年七月戊子，礼部言，凡议时政得失、边事军机文字，写录传布；本朝会要、国史、实录，不得雕印，违者徒二年。许人告，赏钱一百贯。内国史、实录仍不得传写。即其他书籍欲印者，纳所属申转运使、开封府牒、国子监选官详定，有益于学者，方许镂版。……凡不当雕印者，委州县、监司、国子监觉察。从之。"④从中我们可以看出，这次禁止雕印的范围已从仁宗时的泄露边机的文字扩大到涉及国家政策的文字，并首次提出私人图书在雕印前必须送审的制度，为后来的出版管理提供了借鉴。

科场应用的时文以及备考的应试之书，是科举时代书坊竞相刊印的图书，但书坊为了追逐利益，常投机取巧刊印一些违背经义的、舍本逐末的、以备文场剽窃之用的图书来迎合举子，以从中获得暴利。针对这种情况，徽宗大观二年（1108）苏棫上言：

> 诸子百家之非无所长，但以不纯先王之道，故禁止之，今之学者程文知暴之下，未容无忤。而鬻书之人，急于锥刀之利，高立标目，镂版夸新，传之四方。往往晚进小生，以为时之所尚，争售编诵，以

---

① （宋）欧阳修：《欧阳修全集》，中华书局2001年版，1637页。
② 《宋会要辑稿·崇儒》六，中华书局1957年版。
③ （宋）李焘：《续资治通鉴长编》卷294，上海古籍出版社1982年版。
④ （宋）李焘：《续资治通鉴长编》卷445，上海古籍出版社1982年版。

备文场剽窃之用,不复深究义理之归,忘本尚华、去道逾远。欲乞今后一取圣裁,尚有可传为学者,式愿降旨国子监并诸路学事司镂版颁行,余悉断绝禁弃,不得擅自买卖收藏。"①

另外,内容有僭越的书籍、敕文朝报,兵书、大臣日录、元祐学说也都曾遭禁过。然而值得注意的是在许多禁令中开封府、国子监都"榜上有名"。

仁宗景祐二年(1035),臣僚上言:"驸马都尉柴宗庆印行登庸集中词语僭越,乞毁印版,免致流传,诏付两制看详,闻奏翰林学士章得象等看详,《登庸集》词语体制不合规宜,不得摹版传布,诏宗庆悉收众本,不得流传。"② 至和元年(1054),甚至出现镂印传单动摇军情的事件。"(九月丙寅)有镂匿名书布京城以摇军情者。帝不信,丁卯,诏开封府揭榜募告者,赏钱二千缗。"③ 敕文是中央政府主要精神的体现,多涉及国家机密,本来就禁止坊肆雕印。然而一些别有用心的人私自矫撰敕文印卖,企图以此混淆视听。神宗熙宁二年(1069),"监察御史里行张戬言,闻近日有奸佞小人肆毁时政,摇动众情,传惑天下,至有矫撰敕文印卖都市,乞下开封府严行根捉造意雕卖之人,行遣"④。熙宁二年(1069),皇帝还下诏开封府,禁止摹刻印卖御书字。朝报本是北宋中央政府编印的一种报纸,由进奏院主管,内容多是宣告政府的法令、奏章及人事的任免等。但由于宋朝政治日趋腐败,边患日益严重,人们对此很是关注,仅靠朝报已无法满足人们获得新闻的需要,所以一些书坊就"妄作朝报"。这种小报当时很是流行,"始自都下,传之四方"。有的小报为了吸引人们的眼球,甚至穿凿附会。针对小报泛滥的情况,朝廷下发禁令:"近撰造事端,妄作朝报。累有约束,当定罪罚。仰开封府检举,严差人缉捉,并进奏官密切觉察。"⑤

一些兵书和大臣日录,也事关国家的安全,所以国家也明令禁止。政

---

① 《宋会要辑稿·刑法》二之四十八,中华书局1957年版。
② 《宋会要辑稿·刑法》二之二一,中华书局1957年版。
③ (宋)李焘:《续资治通鉴长编》卷167,上海古籍出版社1982年版。
④ 《宋会要辑稿·刑法》二之三四,中华书局1957年版。
⑤ 《宋会要辑稿·刑法》二之五三,中华书局1957年版。

和三年（1113）八月十五日条云："臣僚言，军马敕诸教象法誊录传播者，杖一百。访闻比年以来，市民将教法并象法公然镂版印卖，伏望开封府禁止。诏印版并令禁毁，令刑部立法申枢密院。"① 徽宗宣和四年（1122）十二月权知密州赵子昼奏：神宗皇帝正史多取王安石日录以为根底，"然则其书固亦应密"，坊间印卖《舒王日录》，请求禁止，"无使国之机事，传播间阎，或流入四夷，于体实大"。诏令开封府及诸州军毁版禁绝。②

徽宗崇宁元年十二月诏："诸邪说诐行非先圣之书，并元祐学术政事，不得教授学生，犯者屏出。"③ 次年三苏及苏门学士的著作"悉行焚毁"，并于宣和五年下诏："今后举人传习元祐学术以违制论，印造及出卖者同罪，著为令。见印卖文集，在京令开封府，四川路、福建路令诸州军毁版。"④ 徽宗政和四年朝廷下诏禁元祐学术，限开封府半月内拘版毁弃，然而即使是三番五次下禁令，可士人对东坡文字的热爱仍然是如痴如狂，"朝廷虽尝禁止，赏钱增至八十万，禁愈严而传愈多，往往以多相夸，士大夫不能颂诵东坡文者，便自觉气索，而人或谓之不韵"⑤。同月二十七日，开封府奏："太学生张伯奋奏，乞立法禁止《太平纯正典丽集》，其间甚有诈伪，可速行禁止，仍追取印版缴纳。"⑥

刻书事业在北宋中后期已蔚然成风，由于北宋所处的特殊历史环境，使北宋时的书禁层出不穷。书商为了牟取暴利，不惜铤而走险非法刊印边机文字，这都是完全可以理解的。但我们通过研究，可以清楚地看到"黑名单"上开封府每一次都榜上有名，这又是什么原因呢？当然汴梁在北方离辽较近是一个原因，另一个重要原因则是当时汴梁民间刻书很是发达。李致忠在谈到徽宗朝的书禁时指出："可见宋徽宗时，由于边事紧急，为了严守国家机密，连文集、日录、小报等统统都在禁印之例了。而且在诏令中特别指明京师开封，四川路、福建路等，原因是汴梁、四川、

---

① 《宋会要辑稿·刑法》二之六零，中华书局1957年版。
② 《宋会要辑稿·刑法》二之八六，中华书局1957年版。
③ 《宋会要辑稿·刑法》二之四三，中华书局1957年版。
④ 《宋会要辑稿·刑法》二之十六，中华书局1957年版。
⑤ （宋）朱弁：《曲洧旧闻》卷8，中华书局2002年版，第205页。
⑥ 《宋会要辑稿·刑法》二之六二，中华书局1957年版。

福建等地，都是当时的刻书中心。"① 郭孟良也指出："京师开封府、临安府及福建路、四川路都是出版传播中心，更是出版检查的重点。"② 由此可见，虽然官方多次下令禁书，但在利益的驱使下，汴梁坊肆的刻书仍屡禁不止。"这些禁令和札子，从一方面反映了（汴梁）民间雕印的繁荣。"③ 我们可以通过这些禁令，窥一斑而知汴梁民间刻书繁荣之全豹。

最后，从宋代的史料笔记中的记载来看汴梁民间刻书的繁荣。由于雕版印刷的繁荣，宋朝现存大量的史料笔记，这些笔记中记载着正史不屑提及，或由于其他种种原因不敢提及的材料，其中有一些材料就涉及汴梁刻书。曹之先生在谈到宋代刻书特点时曾指出："宋代笔记、文集中所谓'京本''京师本'云者概非汴梁本莫属。"④

朱弁在《曲洧旧闻》中记载了穆修自镂韩柳善本印卖于相国寺的事情。费衮《梁溪漫志》载，宋徽宗宣和年间，"禁东坡文字甚严，有士人窃携《坡集》出城，为阍者所获，执送有司，见集后有一诗云：'文星落处天地泣，此老已亡吾道穷。才力谩超生仲达，功名犹忌死姚崇。人间便觉无清气，海内何曾识古风？平日万篇谁爱惜，六丁收拾上瑶宫。'京尹义其人，且畏累己，因阴纵之"⑤。据《邵氏闻见后录》卷十九载："苏仲虎言：有以澄心纸求书者。令仲虎取京师印本《东坡集》，诵其中诗，即书之。至'边城岁莫多风雪，强压香醪与君别'，东坡阁笔怒目仲虎云：'汝便道香醪。'仲虎惊惧。久之，方觉印本误以'春醪'为'香醪'也。"⑥ 据《燕翼诒谋录》卷五载：僧道度牒，每岁试补刊印版，用纸摹印。新法既行，献议者立价出卖，每牒一纸，为价百三十千。……建中靖国元年增至二百二十千。大观四年，岁卖三万余纸，新旧积压，民间折价至九十千。朝廷病其滥，住卖三年，仍追在京民间者毁抹，诸路民间闻之，一时争折价急售，至二十千一纸，而富家停塌，渐增至百余贯。⑦

---

① 李致忠：《古代版印通论》，上海古籍出版社 2006 年版，第 133 页。
② 郭孟良：《论宋代的出版管理》，《中州学刊》，2000 年第 2 期。
③ 宿白：《唐宋时期的雕版印刷》，文物出版社 1999 年版，第 36 页。
④ 曹之：《中国古籍版本学》，武汉大学出版社 1992 年版，第 250 页。
⑤ （宋）费衮：《梁溪漫志》卷 7，涵芬楼本 1920 年版。
⑥ （宋）邵博：《邵氏闻见后录》，中华书局 1983 年版，第 148 页。
⑦ （宋）王栐：《燕翼诒谋录》卷 5，中华书局 1981 年版，第 50 页。

可见，汴梁民间不仅刻书，还刻印僧尼使用的度牒等一些实用的书契。由此可见汴梁民间图书雕印事业的繁荣。

通过以上几个方面的探寻，我们不难看出，北宋汴梁民间的刻书事业也是相当的兴盛。它们是汴梁官刻的有益补充，并一起促进了汴梁刻书事业的繁荣。

（三）汴梁释藏道藏的雕印

佛教自东汉传入我国，隋唐五代时佛教盛行，道教也有相当的势力。入宋后，宋太祖很重视佛教。到了宋太宗不仅认识到佛教确是"有裨政治"，并连同道教也加以推崇，施行儒、释、道"三教归一"的宗教政策。在这种情况下北宋僧尼数量迅速增长，在真宗时达45万之多。北方地区的僧尼，以东京开封府和河北最多，论密度以开封府为最，汴梁的僧尼比当时许多路的僧尼总和还多。足以说明汴梁是北宋佛教的中心。[1] 据记载，宋徽宗宣和年间，开封府有寺院691座，遍布汴梁城内外，"汴京诸寺多藏有佛籍和佛画雕版"[2]。其中最宏伟的寺院都与皇家有密切关系，如今天的开封大相国寺，在北宋即是汴梁左街佛寺的首领，位于现如今的铁塔公园的开宝寺是汴梁右街佛寺的首领。再者，汴梁还是当时世界的佛教中心。高丽、日本、印度等国家的僧人纷纷来往于汴梁，或传教，或献经，或译经，或求经，进一步丰富了汴梁的佛教文化。基于以上原因，汴梁僧尼对雕印佛经的需求，比其他地方都强烈。

北宋统治阶级从维护自己统治的需要出发，大兴佛教、道教，反映在雕版印刷事业上，就是佛教经典的刻印也达到了空前繁盛的地步。他们选拔专门的人才对释藏、道藏进行校勘整理，并下成都、杭州进行雕版，经版雕好后，运回了汴梁进行印刷。

开宝四年（971），宋太祖就命令朝臣高品、张从信前往益州，监雕汉文佛经《大藏经》，共雕印版13万余，凡5048卷，480函。从开宝四年到太平兴国八年，整整用了13年时间才完成，可见雕版工程之浩大。在益州雕好后，书版运回汴梁。这就是我国雕版印刷史上有名的《开宝

---

[1] 程民生：《宋代地域文化》，河南大学出版社1997年版，第259页。
[2] 宿白：《唐宋时期的雕版印刷》，文物出版社1999年版，第47页。

藏》，也称《蜀藏》。因为《大藏经》大都是在汴梁印刷的①，并且又增入了新译的佛经。太平兴国八年（983），宋太宗下诏在皇宫西专设印经院，《大藏经》印版就贮藏在太平兴国寺译经院西侧新建的印经院内，"北宋一代新译经典至七百余卷之多，此种新经与古德著述相续印刻与入藏，佛典刊刻呈空前盛观，故印经院规模极为糜大"②。对此《宋会要辑稿》中也有记载，雍熙三年九月，诏自今新译经论并刊版摹印，以广流传。③ 译经院和印经院合称"传法院"，他们相辅相资，为北宋朝廷主持运转的翻译、雕印、流通佛经的总机构。《开宝藏》即是在这里不断印刷，流向天下寺舍的④。

《开宝藏》刻成之后，在汴梁前后印刷了140年之久。在印行过程中，由传法院的僧人加以校勘，改正了初刻本上的一些错讹的文句，损坏的版片也及时得到了修补。同时，印经院还陆续增刻了一批新编入藏的经典。熙宁四年（1071）印经院停办后，新译的佛经，由经管《开宝藏》续印事宜的汴梁显圣寺圣寿禅院审定后编入《大藏经》。这样"圣寿禅院即为印经机构，熙宁四年始印行各种佛典，畅销海内外"⑤。汴梁印经院所印新译佛经有很多，"足与开宝藏比隆"⑥。据统计，续刻的经典总计有159帙，449部，1547卷。⑦ 初刻和续刻两项相加，《开宝藏》最后收录的经典已达639帙，1530部，6640卷。⑧ 同时据《参天台五台山记》记载，熙宁六年（1073）成寻在显圣寺印经院购得印本新译经共278卷：《杂华心轮回偈颂》一部，25卷；《密藏诠》一部，30卷；《逍遥咏》一

---

① 李致忠：《古代版印通论》，上海古籍出版社2006年版，第108页。
② 戴蕃豫：《中国佛典刊刻源流考》，书目文献出版社1995年版，第17页。
③ 《宋会要辑稿·道释》二《传法院》，中华书局1957年版。
④ （宋）志磐：《佛祖统记》卷43，中华书局1957年版。
⑤ 戴蕃豫：《中国佛典刊刻源流考》，书目文献出版社1995年版，第19页。
⑥ 同上书，第17页。
⑦ 据童玮考证，其中包括唐义净译的《根本说一切有部药事》，阿质达霰译的《大乌枢瑟摩明王经》，金刚智译的《金刚顶经瑜伽修习毗卢遮那三摩地法》，不空译的《金刚顶瑜伽真实大教王经》《宝箧印经》《八大菩萨曼荼罗经》《佛顶尊胜念诵法》，北宋施护译的《佛母般若波罗蜜多大明观想仪轨》，法贤译的《无量寿庄严经》，天息灾译的《楼阁正法甘露鼓经》，唐道世撰的《法苑珠林》，宋太宗撰的《秘藏诠》，赞宁撰的《宋高僧传》，道原撰的《景德传灯录》，赵安仁等编的《大中祥符法宝录》等。
⑧ 童玮：《北宋开宝大藏经雕印考释及目录还原》，书目文献出版社1991年版。

部,11卷;《缘识》一部,五卷;《景德传灯录》一部,33卷;《胎藏教》三册;《天竺字源》七册;《天圣广灯录》30卷;合430卷。存世遗品如《大乘智印经》《五分律》《佛本行集经》等皆是显圣寺所刻①。

《开宝藏》初刻和续刻的印本,曾作为朝廷的礼物赠送给女真、西夏以及日本、高丽,影响扩大到邻国。它是木刻本《大藏经》共同的祖本。后来问世的《初刻高丽藏》《赵城藏》是以《开宝藏》的初刻本为底本雕刻的。《开宝藏》初刻本和续刻本全藏已佚,我国和日本尚存一些散本。

除雕印佛教大藏经外,汴梁也雕印了一些道藏。仁宗端拱、淳化间,命徐铉、王禹偁召集左右街道录院有学问的道士校勘道藏,共得道书3737卷,抄录后送大宫观收藏。这是入宋后第一次大规模地修道藏。宋真宗时,成立了道藏所,大中祥符九年(1016)命令朝中大臣王钦若等,将秘阁和太清宫中的道教经典进行编辑校订,汇集为4359卷,赐名为《宝文统录》。到北宋末年,"道君皇帝"宋徽宗又命令道士刘元道校定,并增入搜访到的道家遗书,共5387卷,将搜集到的道教经典运往闽县万寿观,"政和四年(1114),黄尚书裳请建飞天法藏,藏天下道书五百四十函,赐今名,以镂板进于京"②。在印刷史上,这是全部道藏的第一次雕印,对后世道藏的刊印影响极大。后来的《金道藏》以及元代的《玄都宝藏》都是在宋刻《万寿道藏》的基础上修补而成的。

《开宝藏》《万寿道藏》都是在北宋中央政府的主持下,在汴梁编撰整理后下成都和闽县雕版的。雕版完成后版片都运回了汴梁,并在汴梁进行印刷。③ 尤其是《开宝藏》后来又在汴梁续刻了很多经典。宽泛地说,它们都是汴梁刻书有机组成部分。另外汴梁民间也雕印一些佛经,如《东京梦华录》卷三《诸色杂卖》记载,"时节即印施佛像"④,其卷八也有七月十五中元节市面上印卖《尊胜目连经》的记载。

---

① 戴蕃豫:《中国佛典刊刻源流考》,书目文献出版社1995年版,第16页。
② 转引自宿白《唐宋时期的雕版印刷》,文物出版社1999年版,第56页。
③ 罗仲辉:《印刷史话》,台北国家出版社2003年版,第61页。
④ 伊永文:《东京梦华录笺注》,中华书局2006年版,第373页。

（四）汴梁的书画雕印

我国的雕版印刷技术发明后，首先开始雕印版画，可以说我国木版画的历史和雕版印刷的历史是一样悠久。唐玄奘印施的普贤菩萨像，比欧洲版画要早700年。然而就现有的实物和文献记载来看，唐、五代的版画几乎全是佛像，并未涉及其他题材，如《金刚经》扉页版画、吴越印施的菩萨像等均为佛像。随着雕印技术的提高和广泛应用，版画才逐渐拓展到其他题材。在木版画题材的开拓上北宋都城汴梁功不可没。

北宋统治阶级奉行"文德致治"的右文国策，在统一的过程中，就大力搜集名画，罗致画工，集于汴梁。在这种大背景下，汴梁的绘画事业日益繁荣昌盛，并一跃成为全国的绘画中心。随着汴梁雕版印刷技术的提高及广泛应用，大量刊印书籍的同时，与印刷术有着密不可分关系的版画艺术也有了很大的进步。宋初汴梁官方在刻印图书时，为了使图书更加生动形象，就开始雕印一些版画作为插图。据《续资治通鉴长编》卷三三记载，淳化三年（992）五月，太宗命医官编纂《太平圣惠方》100卷，并令镂版，以印本颁行天下。"该书卷九九《针经》、卷一百《明堂》皆有人形版画，北宋刊书附录插图，约以此书为最早。"[1]

宋朝的皇帝普遍具有较高文化素养，有的甚至是艺术天才。宋太宗喜欢留意字书，尝遣使购募历代帝王名臣墨迹。"淳化中，尝出内府及士大夫家所藏汉晋以下古帖，集为十卷，刻石于秘阁，世传为《阁帖》是也……元祐间，徐王府又取阁本刻于木板。"[2] 这就是著名的《淳化阁帖》，它为后人临书提供了极大的方便。"《淳化阁帖》到徽宗时，枣板已滥，（徽宗）命蔡京重刻《大观帖》，摹勒之精胜过《淳化》，为历代书家所推许。"[3] 书帖讲究神韵，它的雕镂更需要高超的技艺。《绘图宝鉴》卷三还记载，仁宗曾画龙树菩萨，命侍臣传模，镂版印施。

北宋政府在刊刻地方志、礼仪和教育等方面的书籍时，也雕刻了大量的版画作为插图。景德四年（1007），下诏把四方郡县所上图经，刊修校

---

[1] 宿白：《唐宋时期的雕版印刷》，文物出版社1999年版，第15页。
[2] （宋）叶梦得：《石林燕语》卷3，中华书局1984年版，第35页。
[3] 曾枣庄：《宋代文学与宋代文化》，上海人民出版社2006年版，第332页。

定为 1566 卷，并于大中祥符四年（1011）颁行。这批方志共有一百多种，是政府对图经最大规模的一次刻印。另外据文献记载，大中祥符三年（1010），崇文院摹印《祭器图》，并下礼部颁发诸路。天禧元年（1018），"二月辛巳，上作《三惑论》、《三惑歌并注》，仍绘画刻板摹本以赐辅臣"①。仁宗赵祯做皇帝时才十岁，太后命学士李淑、杨伟检讨太祖、太宗、真宗三朝的事迹一百条，编成《三朝训鉴》，用来教导十岁登基的仁宗小皇帝。"皇祐初元，上敕待诏高克明等图画三朝盛德之事，人物才及寸余，宫殿、山川、銮舆、仪卫咸备焉。命学士李淑等编次序赞之，凡一百事，为十卷，名《三朝训鉴图》。图成，复令传模镂版印染，颁赐大臣及近上宗室。"②后来到宋哲宗登基时（1085年），又将此图摹印，作为哲宗幼年启蒙之用，并分赐近臣。这部书既有文字故事，又有表现故事内容的插图，可谓图文并茂。图中又以红蓝饰色，看起来就更加真实生动，感染力极强。这无疑为后来的彩色套印带来了启发。高克明，绛州人，其父祖皆是知名画家。高克明在仁宗时为翰林待诏，以画艺供奉内廷。内府刻本三十卷的《卤簿图》也是其所画，所绘内容是郊祀仪仗，极为精妙，后镂版于禁中。另外天圣年间的《齐民要术》、嘉祐七年的《本草图经》、崇宁二年的《营造法式》、政和六年《经史政类备急本草》等书籍中均有高水平的插图。

在官府版画的影响下，汴梁民间也雕印人物画像出卖。苏轼的《司马温公行状》记载，司马光死后，"京师民画其像，刻印鬻之，家置一本，饮食必祝焉。四方皆遣人购之京师，时画工有致富者"③。汴梁坊肆刻印司马光的画像出售，有人竟因此而发财，可见社会需求量之大，从中也可以看出图画镂版在当时的汴梁民间也很流行。

汴梁民间不仅刊印供人们欣赏的画幅，还把雕版印刷技术运用到年画的制作上，使木版年画大量向外传播，从而产生了极其深远的影响。北宋汴梁过年时，有张贴年画的习俗，以祈求人寿年丰、吉祥如意、招财进宝、镇邪除妖。宋费衮《梁溪漫志》中记载："靖康以前，汴中家户，门

---

① （宋）李焘：《续资治通鉴长编》卷40，上海古籍出版社1982年版。
② （宋）郭若虚：《图画见闻志》卷6，人民美术出版社1964年版，第144页。
③ （宋）苏轼：《苏轼文集》，中华书局1984年版，第475页。

神多番样，戴头盔；而王公之门，至以浑金饰之。"① 所以每近春节，汴梁的民间画家就纷纷创作年画售卖。伴随传统绘画和雕版印刷术的成熟，木版门神画也就应运而生。熙宁五年（1072），神宗皇帝曾将吴道子画的钟馗镂版印刷，分赠大臣。据沈括在《补笔谈》记载："熙宁五年，上令画榻镂版，印赐两府辅臣各二本，是岁除夕，遣入内供奉官梁楷，就东西两府给赐。"② 这大约是木版年画刊印的最早的文献记录。到了北宋中后期，汴梁民间雕版印刷也得到了前所未有的发展和普及，各种各样雕印年画在汴梁市场上比比皆是。据孟元老《东京梦华录》记载："近岁节，市井皆印卖门神、钟馗、桃板、桃符等及财门钝驴、回头鹿马、天行帖子"③，"朱雀门外，州桥之西，谓之果子行，纸画儿亦在彼处，行贩不绝"④。自此汴梁木版年画迅速普及并逐步取代了手绘门神。明朝无名氏的《如梦录》里也称宋时纸马铺遍布汴梁全城。这些文献记载正好与《清明上河图》中"王家纸马"店的描绘相佐证，充分证明了汴梁城就是朱仙镇木版年画的滥觞，无疑也是中国木版年画的源头。

到了北宋晚期，官版书籍插图日益工致。现藏于美国哈佛大学福格美术馆的宋太宗《御制秘藏诠》卷一三的残卷，有北宋大观二年（1108）的施经木记，据研究应该是大观二年前后所刻的汴梁监本。残卷中就插有四幅山水版画。这四幅版画插图以大面积的山水为背景，在不甚显著的地方安排人物，多以高僧为主体。这些插图线条清晰，构图完善，表明北宋汴梁版画制作已经有相当高的水平。

北宋汴梁版画打破了唐五代卷首扉页画的单一模式，出现了连续或者不连续的插图。并且有些插图的布局也是匠心独运，文字和插图相得益彰，交映生辉。汴梁的版画在内容上比前代有所突破，开始涉及一些世俗生活题材。更重要的是汴梁民间把年画也拿来雕印，让雕版印刷走进普通百姓的家庭，自此汴梁的木版年画取代了手绘门神。而这一尝试成就了今天被称为"中国民间文化遗产"、堪称木版年画之鼻祖、具有独特艺术魅

---

① （宋）费衮：《梁溪漫志》卷7，涵芬楼本1920年版。
② （明）袁褧：《枫窗小牍》卷下，四库全书本。
③ 伊永文：《东京梦华录笺注》，中华书局2006年版，第943页。
④ 同上书，第357页。

力的开封朱仙镇木版年画。汴梁版画的兴起，是汴梁雕版印刷兴盛的又一表现。

汴梁刻书经史子集四部皆备，汴梁官刻是汴梁刻书的主体，内容多经史、医书以及有利于统治的一些释藏、道藏。纵观汴梁一百多年的刻书业，汴梁官刻以其雄厚的财力、人力、物力自始至终占据着主导地位，它影响和推动着民间刻书业的发展。这一点和南宋的刻书业有显著的不同。汴梁的民间刻书是汴梁刻书业的重要补充，内容多子集以及一些跟生活密切相关的俗文杂书，它极大地满足了士人百姓对书籍多方面的需求。汴梁刻书在制度、版式和用料上也有一些自身的特点。汴梁监本版式宽阔，字大如钱，行格疏朗，纸精墨莹，且汴梁国子监刻书多为手写上版，刀法精致认真，字画丝毫不苟。虽然刻在木板之上，并不失笔意神气，字体肃穆，却不板滞。印刷技术精湛，实为后人翻刻、翻印古代典籍的标准范本。汴梁私刻行格紧凑，字体比监本要小，用纸较差。汴梁刻书字体多效法欧虞，如真宗时刊刻的《白氏六帖类聚》就是欧体字。"汴梁和浙本多欧体"，"字瘦劲，秀丽俊俏，字形略长，转折笔画轻细有角"[①]。北宋汴梁刻书，卷端首行题名多是小题在上，大题在下；序文、目录和正文多相连属；早期刻书多为四周单栏。[②] 汴梁刻书多用白麻纸[③]，国子监刻书曾用越纸和襄纸，汴梁坊刻用纸较差。秘阁善本书的印纸，还用黄檗汁渗入纸中，有驱虫避蠹之良效。这种染纸防蛀保护图书的传统方法，在北宋还得到了广泛推广。由于北宋汴梁产墨，所以用墨质料优良浓厚似漆，虽着水而无印迹，开卷自有香气。汴梁图书装帧多为蝴蝶装，佛经仍然多为经折装，《开宝藏》的装帧形式为卷子本。

三　北宋汴梁刻书的成就及其历史地位

（一）汴梁刻书中心的历史贡献

汴梁是北宋最大的刻书中心之一，也是当时长江以北唯一的刻书中

---

① 王东明：《宋代版刻成就论略》，《贵图学刊》1986 年第 2 期。
② 李致忠：《古代版印通论》，上海古籍出版社 2006 年版，第 121 页。
③ 王东明：《宋代刻书成就论略》，《贵图学刊》1986 年第 2 期。

心。王晟在谈到北宋古籍整理时也指出："由于当时官刻、私刻、坊刻的兴起，所以印刷业成为一种新兴的事业遍布全国各地，浙江、四川、开封、福建成为当时雕版书业的几个中心。"① 汴梁的官刻、坊刻、家刻在五代的基础上，有了突飞猛进的发展，并日臻完善。以汴梁国子监为代表的汴梁官刻发展到了鼎盛时期，坊刻、家刻也较前代有了进一步的发展，为南宋坊刻全面繁荣积累了多方面的经验。从刻书的内容和品种来看，汴梁刻书各有侧重：汴梁官刻以正经、正史为主，汴梁坊刻以大众喜闻乐见的、生活必备的、举子应试的书籍为多，汴梁家刻则多刻自家著作、名贤文集和佛经等。汴梁的三大刻书系统，互相依存，互相补充，共同促进了汴梁刻书事业的繁荣。

同时，北宋汴梁的雕版印刷应用非常广泛，不仅用来大量刊印书籍，还用来印刷报纸、年画、度牒，可谓真正走进了普通百姓的生活。汴梁刻书不仅能很好地为北宋统治阶级服务，也很好地适应了当时社会生活的需要，促进了北宋文化事业的传承和发展。

汴梁刻书内容广泛，经史子集四部皆备。尤其是汴梁国子监所刻之书，成为后来历代刻书的祖本。说到国子监刻书，汴梁国子监刻书可以说是空前绝后。国子监刻书始于五代，然而规模有限，刻印的书籍多为经书。到了北宋，汴梁国子监既有雄厚的财力做后盾，又有水平较高的编校刻印队伍，所以汴梁国子监刊印了大量精美的图书。并且汴梁国子监还动辄编刻上千卷的大部头类书，不仅在当时看来是大手笔，就是放在整个古代雕版印刷史上也光芒四射。因为到了南宋国力衰竭，统治阶级又整天惴惴不安地忙于使其焦头烂额的边务，国子监无心也无力雕印书籍，经常取临安府、台州、泉州等地的书版作为监版，或把刻书的任务下到各路，这就使监本的质量大打折扣。顾宏义谈到南监本时就指出："南宋因社会政治、经济等原因，刻书质量要逊于北宋。"② 张秀民在谈到南北两宋国子监刻书时也指出，北宋监本较好，南宋监本则与普通本无异。可见汴梁国子监刻书真可谓宋朝刻书事业的一枝独秀。

汴梁刻书讹误较少，尤其是国子监刻书特别注重校勘，一部书都要经

---

① 王晟：《北宋时期的古籍整理》，《史学月刊》1983 年第 3 期。
② 顾宏义：《宋代国子监刻书考论》，《古籍整理研究学刊》2003 年第 4 期。

多次校定，先由校勘官校勘，为初校；再送复校勘官复校，为二校；接着送馆阁主判官员点检详校，为三校；最后由翰林学士与知制诰推荐点检官复加点检，为四校，然后才进行刊印。北宋汴梁去古未远，一些传抄的书籍，经过认真校勘和刻印后得以流传下来，并成为后世的定本。我们不妨看看监本《毛诗正义》后的校勘经进衔名：

广文馆进士臣韦宿书
乡贡进士臣陈元吉书
承奉郎守大理评事臣张致用书
承奉郎守广禄寺丞臣赵安仁书
勘官承奉郎守大理评事臣秦奭
勘官征事郎守太子右赞善大夫臣胡令问
勘官承事郎守太子左赞善大夫柱国臣解贞吉
勘官中散大夫国子博士同判国子学柱国臣解损
都勘官朝请大夫守国子司业柱国赐紫金鱼袋臣孔维
详勘官将仕郎守开封府雍丘县主簿臣孙俊
详勘官许州观察支使登仕郎大理寺丞兼监察御史臣王元贞
详勘官登仕郎守将作监丞臣尹文化
详勘官登仕郎守广禄寺臣牛韶
详勘官儒林郎大理寺丞臣毕道升
朝请郎守国子学丞臣刘弼再校
奉直郎守太子右赞大夫臣刘弼再校
朝请郎守殿中丞赐绯鱼袋臣胡令问再校
中散大夫守国学祭酒兼尚书工部侍郎柱国会稽县开国男食邑三百户赐紫金鱼袋臣孔维都再校
宣德郎守尚书水部员外郎直史馆兼判国子学赐绯鱼袋臣李觉都再校[1]

从《毛诗正义》后所附的校勘衔名中，我们不难发现，仅仅一部书

---

[1] 王国维：《王国维遗书·五代两宋监本考》，上海古籍书店1983年版。

就有勘官、都勘官、详勘官、再校等十五人参加校勘，可见校勘用力之深。这样的例子不胜枚举，如开宝年间刊《经典释文》，有勘官张崇甫等五人，详勘官聂朝义一人，重详勘官陈鄂等二人。端拱元年（988）刻《礼记正义》，由胡迪等五人校勘，纪自成等七人再校，李至等详定。① 经馆阁和国子监校勘过的书籍是非常权威的，不仅因为校勘的次数多，更因为馆阁和国子监是学识渊博的高级人才荟萃之地。他们个个学有专长，并致力于文化的发展，希望有所建树。洪迈曾指出："国朝馆阁之选，皆天下英俊，然必试而后命，一经此职，遂为名流。"② 如督勘官国子祭酒孔维、集贤殿大学士晏殊、李昉、宋敏求、欧阳修等，都在馆阁或国子监任过职。经过这些才俊校勘和编撰的书籍，其内在质量是一流的。朱彧的《萍洲可谈》就记载杭州学教授因看麻沙本而出错试题，诸生找监本为证的事情。由此可以看出监本之权威。不仅如此，有的书版刻成后还要进行勘版，修订后才大量印刷。宋初国子监校刻《汉书》，印出后发现谬误，遂复校，又校正了2200余字。天圣年间，国子监校定《文选》，净本送三馆雕印，板成后，又命直讲黄鉴、公孙觉校对。

  汴梁国子监不仅注意校勘，而且多是名家手写上板，这也使很多监本都"笺刻精好若法帖然"③。如上文所列《毛诗正义》衔名：广文馆进士臣韦宿书、乡贡进士臣陈元吉书、承奉郎守大理评事臣张致用书、承奉郎守广禄寺丞臣赵安仁书。书版者排在所有衔名的最前面，王国维在他的《五代两宋监本考》里指出："宋初，《五经正义》赵安仁所书最多；《诗疏》，安仁与张致用、陈元吉、韦宿等四人书；《左传疏》安仁一人书……安仁字体在欧柳之间，赵德父评李鹗书窘于法度，而韵不能高，安仁亦颇似之。然在刊本之中，当以李赵为最精劲矣。"④ 难怪明代张应文评价宋刻时说："藏书者贵宋刻，大都书写肥瘦有则，佳者绝有欧柳笔法，纸质莹洁，墨色清纯为可爱耳。"⑤ 有赵安仁等书法家亲手为监本写版，更使汴梁监本锦上添花。

---

① （宋）王应麟：《玉海》卷43，上海古籍出版社1992年版。
② （宋）洪迈：《容斋随笔》，中华书局2005年版，第208页。
③ （明）谢肇淛：《五杂俎》，中华书局1959年版。
④ 王国维：《王国维遗书·五代两宋监本考》，上海古籍书店1983年版。
⑤ 转引自张秀民《中国印刷史》，浙江古籍出版社2006年版，第133页。

汴梁国子监刻书在时间上距古不远，刊刻的书籍还有一部分是同时代的作品，再加上高级专门人才的把关，汴梁监本外在质量一流，内容上也比较接近原著。由于汴梁印刷术得到了前所未有的发展，许多著作在这里第一次被雕印，并从此广为流传，所以汴梁刻书对于文化的传承功莫大焉。另外，汴梁刻本尤其是汴梁监本，不仅有着很高的学术价值和史料价值，而且还有着很高的艺术价值。无论是在字体书写、上版雕刻，还是印刷装帧等各方面都非常考究，且具有独特的艺术风格，成为后人刻印书籍所尊崇的典范，对后世影响深远。汴梁坊刻和家刻注重实用，是汴梁刻书事业有益的补充。如今的开封朱仙镇木版年画就是北宋汴梁雕版印刷世俗化的结晶。

　　汴梁刻书品种多，数量大，内容广，质量高。雕版印刷在汴梁被发扬光大，从此走进普通人的生活。三大刻书系统在汴梁进一步得到巩固和发展，为南宋刻书事业的全面繁荣奠定了坚实的基础。

（二）汴梁刻书对其他刻书中心的影响

　　四川自古就有"天府之国"的美称，经济、文化都比较发达，是我国雕版印刷的发源地之一。

　　北宋初期，四川刻书业就比较兴盛，这是自唐五代沿袭下来的。由于成都有着比杭州还好的雕版印刷的基础，所以宋太祖于开宝四年（971）命令朝臣高品、张从信前往益州监雕汉文佛经《大藏经》书版13万版。虽然雕完后书版运回汴梁，但这一宏大的雕版工程却为四川成都的雕版印刷积累了更加丰富的宝贵经验，培养了一大批刻书方面的专业人才。这无疑为后来蜀地刻书打下了良好的基础，使其在南宋成为仅次于杭州的第二大刻书中心。北宋国子监准备雕版的图书也有一部分下成都雕版。据《续资治通鉴长编》记载："熙宁八年七月，诏以新修经义付杭州、成都转运司镂版。"① 同时，北宋时四川刻书还多以汴梁监本为底本，如眉山刊印的《周礼》《春秋》《礼记》《孟子》《三国志》都是以监本为底本刊行的，② 所以其内在质量上乘。以至于到了南宋有些监本失传后，朝廷就

---

① （宋）李焘：《续资治通鉴长编》卷256，上海古籍出版社1982年版。
② 顾廷龙：《唐宋蜀刻本简述》，《四川图书馆学报》1979年第3期。

派人到四川寻找北宋汴梁监本的翻刻本。汴梁刻书对四川刻书的影响显而易见。

杭州在唐五代时，经济繁荣，又加上两浙盛产纸张，所以其雕版印刷的历史也是由来已久。吴越王钱俶就倡刻过《一切如来心秘密全身舍利宝箧印陀罗尼经》。但早期多是佛教方面的书籍，杭州真正成为雕印中心是在归顺北宋以后。经过研究我们不难发现，浙本和监本有着惊人的相似，譬如字体"汴梁和浙本多欧体"，版式也很相像，"北宋汴梁和南宋的浙本主要用白麻纸"[1]，等等。这和国子监下杭州镂版质量上的要求是密不可分的。汴梁国子监的一些书籍下杭州镂版，也为杭州的刻书业提供了机遇和挑战。监本各方面都要求很高，在完成雕版任务的同时，也为杭州培养出了大量优秀的雕版印刷方面的专业人才，这就为杭州刻书事业在南宋的全面繁荣奠定了坚实的基础。

建炎南渡之际，北方的人口潮水般地涌向南方，"中原土民，携幼南渡，不知几千万人"[2]。"南下的人群中，以官僚士大夫，富人和有节气的士人，有一技之长的可易地谋生的工商业者为多。"[3] 如北宋时，漆器工艺最发达的地方是河北定州，而据明代黄成《髹饰录·弁言》记载："靖康之后，嘉兴髹工遂有取代定州之势。"[4] 由此可见"建炎南渡"无疑是以汴梁为代表的北方文化向南方地区的迁移扩散。北宋汴梁对南宋杭州的影响更是无处不在，如饮食、服饰、文娱等，雕版印刷业也不例外。北宋灭亡后，像荣六郎一样的汴梁书坊主带领自己的工人随皇帝南迁杭州肯定不在少数，这无疑为杭州刻书事业注入了新的力量。魏隐儒在《中国古籍印刷史》中就指出："靖康之变，金兵攻陷汴梁时，一些书籍铺跟随宋都南迁临安，书版也被搬走。"[5] 汴梁刻书对浙刻本的影响可谓是深远至极。杭州之所以能在北宋后期迅速崛起，并在南渡后超过四川成为第一大刻书中心，和北宋时汴梁国子监下书到杭州刻版以及靖康之后汴梁刻工南渡有着密不可分的关系。可见汴梁刻书对杭州影响极大。

---

[1] 王东明：《宋代版刻成就论略》，《贵图学刊》1986年第2期。
[2] （宋）李心传：《建炎以来系年要录》卷86，中华书局1988年版。
[3] 程民生：《宋代地域文化》，河南大学出版社1997年版，第373页。
[4] （明）黄成：《髹饰录·弁言》，中国人民大学出版社2004年版。
[5] 魏隐儒：《中国古籍印刷史》，印刷工业出版社1988年版，第72页。

汴梁的刻书还直接促使金统治下的平水刻书中心的形成和壮大。金代的刻书中心在平水（也称平阳，今天的山西临汾），北宋时金朝政府多次派人到东京汴梁采购图书，平水也就是在这时才开始出现雕版印刷。据《金史·地理志》记载，书籍是当时平水的一大特产，金代平水书坊可考者就有书轩陈氏、李子文、张谦、中和轩王宅、晦明轩张宅，等等。平水刻书迅速兴起的原因是多方面的。"平阳物产丰富，盛产梨木、枣木，白麻纸，皆为刻版印书的好材料。"① 靖康之变，金兵攻陷汴梁，掠走了国子监以及汴梁书肆中的大量图书和书版，并把一部分运往平水，这无疑为后来平水的刻书提供了大量蓝本。平水所处的地理位置比较安定，"金源分割中原不久，乘以干戈，唯平水不当要冲，故书坊时萃于此"②。再加上北宋灭亡后，汴梁的一些书籍铺和刻工为了避乱，一部分随大宋皇帝南迁临安，而另一部分则迁往了不是要冲、相对比较安定的平水，并带去了娴熟的雕版印刷技术。这样到了金，平水就代替汴梁一跃成为金代长江以北最大的刻书中心。钱基博谈到这一点时也指出："金人掠汴京书版刻匠以迁平水，而平水遂成书坊之中心。"③《中国版刻图录》著录了曾巩的《南丰曾子固先生集》，就是金中叶平水坊刻本。它和绍兴二十二年荣六郎翻刻的汴京本《抱朴子》的版式非常相似④，此本源于北宋汴梁坊刻是可以想见的。

可见汴梁刻书促进了四川、杭州两大刻书中心更进一步繁荣，也直接促使金朝平水刻书中心的形成和壮大。

（三）汴梁刻书在印刷术和汉文化外传上的贡献

北宋时期，亚非各国和国内其他民族的使者，经常到汴梁进行贡赐、贸易，北宋统治阶级还经常把刻印的图书作为外交的礼品赠送给高丽、日本，以及我国其他少数民族地区。很多使者在得到北宋统治阶级特许后，还到汴梁书市上购买书籍带回到自己的国家和地区。印刷术就随着这些书

---

① 黄镇伟：《坊刻本》，江苏古籍出版社2002年版，第30页。
② （清）叶德辉：《书林清话》，北京燕山出版社1999年版，第99页。
③ 钱基博：《版本通义》，古籍出版社1957年版，第26页。
④ 《中国版刻图录》，文物出版社1960年版，第9页。

籍传到了域外，与此同时也把汴梁乃至北宋的文明、文化传播到这些地区，为世界文明的进步做出了不可磨灭的贡献。

北宋时期，我国境内的少数民族，如辽、女真、龟兹、大理和西夏等，每年不止一次来汴梁进行政治、经济、文化的交流。据《宋会要辑稿·藩夷·历代朝贡》载，北宋时期各族使者来京进行朝贡达230余次。当然这应该还是不完全统计。当时各民族向北宋政府所贡的多是他们当地的土特产和手工艺品。而北宋政府向各民族回赐的物品主要是金银、茶、绢和书籍。汴梁经济文化发达先进，各族统治者为了发展本民族的文化，还曾多次派使者向北宋政府提出赐书的请求。

当然汴梁和各民族的政治交往和经济文化交流，还是以宋辽之间最为频繁。据不完全统计，在宋辽共处的一百多年中，"辽使节到东京有300次左右，人数在700以上"[1]。由于北宋汴梁的印刷业比较发达，辽使入京除带大批礼物通好外，另外一个目的是广泛购买汴梁刻印的书籍，这也是辽获得北宋情报的一个重要途径。仁宗天圣五年（1027）二月中书门下言："商旅往来，因兹将带皇朝以来臣僚著撰文集印本传布往彼。"[2] 可见购买书籍，也是辽使的任务之一。

北宋一代宋夏关系比较复杂，在宋夏关系正常化期间，宋廷对夏使至京贸易特别宽大。西夏为了发展自己的文化，多次向宋廷进贡马匹，来作为书酬。如嘉祐七年（1062），"乞国子监所印经书，释氏经一藏，并译经僧、工人、伶官及幞头"[3]。对于这次请求，宋廷赐给了国子监印书、大藏经及幞头。另据《宋会要辑稿》记载，这年夏使请求赐予太宗的《御制真草》、国子监刊印的《九经》、《册府元龟》、《唐书》。宋廷赐给他们儒家经典，并把马匹还回，任其出卖。英宗时，还根据夏使的请求，赐给了"九经及正义、孟子、医书"[4] 等。据有人统计，西夏从宋得到佛经有六次之多。至于到汴梁购买的书籍是无法统计的。

我国印刷术发明不久就传到国外，而《大藏经》和一些儒家经典是

---

[1] 周宝珠：《宋代东京研究》，河南大学出版社1992年版，第573页。
[2] 《宋会要辑稿·刑法》二之一六，中华书局1957年版。
[3] （宋）司马光：《涑水纪闻》卷9，上海书店涵芬楼本。
[4] 《宋会要辑稿·礼》六二之四一，中华书局1957年版。

主要的传播媒介。朝鲜、日本、越南等国和我国交往甚密,彼此来往史不绝书。宋代的时候这些国家都通行汉文,且都信仰佛教,因此印本《大藏经》成了赠送各国最珍贵的礼品。后来他们感到仅从中国输入已不能满足人们的需求,于是就仿制纸墨,雕版印刷,印刷术就从此在这些国家传播开来。

高丽自古以来就是中国的友好邻邦,汴梁与高丽的文化交流非常频繁。北宋时,高丽曾多次派遣留学生入汴梁国子监学习。高丽统治者也非常重视中国书籍输入,高丽使者入京的任务之一就是购买或请求赐予书籍。北宋一代赐予高丽的文化典籍有记载的就有多次。淳化四年(993),高丽求板本九经,以敦儒教,宋太宗答应了他们的要求。大中祥符九年(1016)赐经史、日历、圣惠方。真宗天禧五年(1021)高丽韩祚等175人来朝,愿得阴阳、地理、医学方面的书籍,宋廷再次满足他们的要求,赐阴阳、地理、圣惠方。哲宗时(1086年)还送给高丽《文苑英华》《太平御览》各一部,另外赐予的还有《大藏经》《御制秘藏诠》《逍遥咏》《莲花心经》。朝廷的赐书不能满足高丽的需求,使者们还在东京市场和国子监购买他们需要的书籍,不过这要得到北宋政府的许可。如神宗熙宁七年(1074),"诏国子监,许卖九经子史诸书与高丽国使人。当时的汴梁书肆刻书不少,这些书肆也成了高丽人出入的地方"①。哲宗元祐七年(1092)高丽使者还在东京市场上购买了一部《册府元龟》带回本国。② 另外还有《大藏经》《华严经》各一部。据文献记载,高丽向宋求得的《大藏经》共七部。③

曾枣庄在《宋朝的对外文化交流》一文中也指出:

> 流传到高丽的宋代典籍,包括经史子集四部。经部有《周易》《尚书》《诗经》《左传》《礼记》《周礼》《孝经》《论语》等九经;史部有《史记》《汉书》《后汉书》《三国志》《晋书》《北史》以及历日地理书等;子部有诸子、阴阳书、大型类书《册府元龟》、医书

---

① 程民生:《宋东京研究》,河南大学出版社1992年版,第592页。
② (元)脱脱等:《宋史·高丽传》卷487,中华书局1977年版,第14048页。
③ 顾宏义:《宋朝与高丽佛教文化交流述略》,《西藏民族学院学报》1996年第3期。

《圣惠方》；集部有大型总集《文苑英华》。可以说宋以前的中国主要典籍及宋代编印的重要图书都已流传到高丽。宋人编刻的大型图书如《册府元龟》、《文苑英华》、蜀版《大藏经》等大部头的书，在中韩文化交流中占有重要的地位，没有印刷术的发展，简直是不可想象的。①

高丽使臣不仅把宋廷的赐书以及在汴梁书肆购买的书带回国，他们还从中国学到了先进的印刷技术，成了当时少数掌握先进印刷术的国家之一。宋真宗大中祥符四年（1011），高丽王为退契丹之兵发愿刻经，以《大藏经》为底本，至神宗元丰五年（1082）才刻成，前后用时82年，共5924卷，这就是有名的《高丽藏》。宣宗二年（1085），高丽又向北宋申购《大藏经》，大觉国师义天亲自入宋，请回佛典章疏3000余卷，并旁求日本及契丹的佛典，编纂刊行了4000卷的《高丽续藏》。② 高丽为了适应科举考试和文人学士对书籍日益增长的需求，还翻刻了很多儒家经典、史书和医书。公元1042年刻印了《汉书》《后汉书》《唐书》，随后又刻印了《礼记正义》《毛诗正义》《伤寒论》《肘后方》等一些书籍。③

中国和日本一衣带水，文化交流一向是比较密切的，仅李唐一朝来华的遣唐使就有十余次。所以内藤虎次郎博士说"日本文化实在就是中国文化的延长"④。然北宋时日本统治者对外采取了消极的闭关锁国政策，所以这段时间政府间的官方交往很少，但民间的经济文化交流从未间断。太宗雍熙元年（984），日本僧人奝然与其徒弟五六人一行浮海来到中国，宋太宗在崇政殿亲自召见了他们，特赐予"法济大师"尊号，"存抚之甚厚，赐紫衣，馆于太平兴国寺"⑤。奝然求印本《大藏经》，太宗也慨然应允，赐《大藏经》一部及新译经卷280卷。这些印本传入日本，对日本的雕版印刷无疑起了积极的推动作用。张秀民先生指出："北宋初奝然从中国携回《大藏经》，后来的和尚又携回了宋本的经典书籍，因此才刺激

---

① 曾枣庄：《宋代文学与宋代文化》，上海人民出版社2006年版，第355页。
② 肖东发：《汉文大藏经的刻印及雕版印刷术的发展》，《编辑之友》1990年第2期。
③ 张绍勋：《中国印刷史话》，商务印书馆1997年版，第188页。
④ 转引自张秀民《中国印刷史》，浙江古籍出版社2006年版，第686页。
⑤ （元）脱脱等：《宋史·日本国传》，中华书局1977年版，第14134页。

日本自己也刻起书来。"① 日本现存的雕印实物，最可信的是公元 1088 年，在日本奈良时代兴福寺刻印的汉文佛教典籍《成唯积论》。此后日本的雕版印刷事业逐渐广泛应用，直到明治维新，日本刻书还是采用雕版印刷。

宋代中越两国之间文化的交流也很密切。交趾不断派使臣请求赐予佛藏、道藏和儒家经典。"早在前黎朝，黎龙铤就向宋真宗求《九经》及《大藏经》。李朝太祖李公蕴又向真宗求得《大藏经》及《道藏经》。李干德又两次请求《释藏》。宋神宗命令印经院印造送之。"② 北宋朝廷都满足了他们的要求。此外，贡使至京还千方百计购求书籍。如大观元年（1107），"（交趾）贡使进京乞市书籍，有司言法不许，诏嘉其慕义，除禁书、卜筮、阴阳、历算、术数、兵书、敕令、时务、边机、地理外，余书许买"③。大量中国书籍流传到越南，无疑对雕版印刷在越南的产生起到了促进作用。直到 1295 年越南才开始雕印《大藏经》，这是越南最早的雕版印刷。

汴梁刻印的大量图书通过公私渠道流传到国外和我国的少数民族地区。宋王朝对书籍的外传虽然有一定的限制，但未必真的生效。对各国和各地区索取的图书，只要不涉及国家机密，宋王朝也基本上是有求必应的。这些国家带走印本书籍同时，也带走我国的印刷术和文化。他们回到本国，在翻刻、翻印中国书籍的过程中，学习和掌握了印刷术，从而发展起本国的印刷事业。

（四）汴梁刻书的创新尝试和版权意识的萌芽

雕版印刷比用手抄书不知节省多少人力和时间，对于书籍的生产和知识的传布来说，确实是一次伟大的革命。但是在雕版印刷快速发展的过程中，也暴露了它的局限和不足，如雕版印书一页一版，发生错漏不易更改，刻印大部头的著作，耗费材料，并且储存版片需要占用大量空

---

① 上海新四军历史研究会印刷印钞分会编：《雕版印刷源流》，印刷工业出版社 1990 年版，第 373 页。
② 张秀民：《中国印刷史》，浙江古籍出版社 2006 年版，第 690 页。
③ （元）脱脱等：《宋史·交趾传》，中华书局 1977 年版，第 14070 页。

间。如果版片存放的时间过长，还容易生虫、断裂，拿去再印刷的话，就会影响书籍的质量和阅读效果。为此汴梁的雕版印刷在发展的过程中，也进行了一些新的尝试。蜡版印刷就是在汴梁首先使用的。其方法是将松蜡混合松香加热化开，均匀涂在木板上，待冷却坚硬便可雕字。用蜡版雕印比较方便快捷。绍圣元年，京城为了快速传报新科状元的名单，等不及雕刻木版印刷就用蜡版来代替。何薳《春渚纪闻》是这样记载的：毕渐为状元，赵谂第二。初唱第，而都人急于传报，以蜡刻印"渐"字所模点水不着墨，传者厉声呼云："状元毕斩，第二人赵谂。"识者皆云不祥。而后谂以谋逆被诛，则是"毕斩赵谂"也。① 这是关于蜡版印刷最早的文献记录，从中我们也看到了蜡版不易着墨的缺点。虽然蜡版印刷也有自身的局限，但这种敢于尝试和探索的精神，对后来活字印刷的发明也产生着积极的指导意义。宿白在谈到汴梁民间雕版时指出："汴梁民间刻书事业日新月异的发展，为活字印刷术的发明奠定了良好的技术基础。"②

售卖书籍一直是汴梁国子监刻印书籍的目的之一。北宋汴梁监本允许出售，也允许士人纳纸墨钱自印。虽然朝廷为了自身的统治，"欲文籍流布"四方，不许监本私自抬高价钱出售，只收工本费，但仍然有利可图。北宋前期国子监卖书的收入可以归自己支配，不需要上缴国库。太宗雍熙四年（987）下诏："诏国子监应卖书，价钱依旧置账，本监支用，三司不得管系。"③ 然而随着国子监印书数量的增加，国子监售书获利甚丰，这就引起了上层统治阶级的重视。到了英宗治平间，取消了国子监对卖书钱的支配权，国子监卖书收入须尽纳国库。由此可见汴梁国子监的"国家刻书已经成为一种商业活动"④，这时汴梁国子监的刻书业已经像盐业一样成为国家财政的收入的来源之一。

汴梁国子监的收入颇丰，与国子监大量刻书出售是分不开的，其中还有一个重要原因就是国家对监本的保护。宋廷用法令禁止民间私自雕

---

① （宋）何薳：《春渚纪闻》，中华书局1983年版，第18页。
② 宿白：《唐宋时期的雕版印刷》，文物出版社1999年版，第38页。
③ 《宋会要辑稿·职官》二八，中华书局1957年版。
④ 姚广宜：《试述以国子监为中心的国家刻书业》，《河北大学学报》1990年第2期。

印一些监本书。如北宋至道三年（997）十二月，"诏国子监经书，外州不得私雕印版"①。再如熙宁年间，"民侯氏世于司天监请历本印卖，每本直一、二钱，至是尽禁小历，官自印卖大历，每本直钱数百，以收其利"②。熙宁八年刻《王氏经义》，"禁私自印及鬻之者，杖一百，许人告，赏钱一百千，从中书礼房请"③。朝廷此举用意明了，目的是垄断刻书市场而使国家刻书的利益最大化。李致忠先生在谈及版权产生时说："官私刻书既然都有推销盈利的目的包含其中，则版行之后必有翻版盗印以夺其利之虞。官版书私家不敢随意翻版。"④ 可见北宋汴梁的大量刻书并出售，在经营的过程中自觉不自觉地就产生了版权意识的萌芽。

　　汴梁刻书事业的繁荣也促进了国家图书管理，并逐渐形成一系列管理制度。随着印刷术的日益发达和汴梁书肆的兴起，汴梁民间刻书业也越来越兴旺，书籍的流通传播也越来越广泛，政府也开始对民间刻书实行管制。最初，就是针对汴梁书肆滥刻的现象，发布禁止擅刻条令。接着政府设立禁书机构，颁布审查书籍程序、管理办法，并出台了对违法者惩处的一系列措施，这样就形成严格的图书管理制度。熙宁七年（1074），下诏置补写所，要求街市镂版文字供录一本看详。⑤ 哲宗元祐五年（1090），由礼部拟定刻书的管理原则，制定具体管理条例："凡议时政得失，边事军机文字，不得写录传布，本朝会要、实录，不得雕印，违者徒二年，告者赏缗钱十万，内国史、实录仍不得传写，即其他书籍，欲雕印者，选官详定，有益于学者，方许镂版，后印讫，送秘书省，如详定不当，取勘施行，诸戏亵之文，不得雕印，违者仗一百。委州县监司，国子监觉察。"⑥ 这条诏令规定了禁刻书籍的范围，雕印的看详审验，以及对违禁者的惩罚，这是宋代出版管理的纲领性文件。可见汴梁刻书对图书管理制度的形成也做出了积极的贡献。

---

① 《宋会要辑稿·职官》二八，中华书局1957年版。
② （宋）李焘：《续资治通鉴长编》卷220，上海古籍出版社1982年版。
③ （宋）李焘：《续资治通鉴长编》卷260，上海古籍出版社1982年版。
④ 李致忠：《古代版印通论》，上海古籍出版社2006年版，第183页。
⑤ 《宋会要辑稿·职官》一八，中华书局1957年版。
⑥ （宋）李焘：《续资治通鉴长编》卷445，上海古籍出版社1982年版。

总而言之，汴梁是北宋一代最先兴起的刻书中心，也是宋代影响最大的刻书中心之一。整个北宋期间，汴梁的刻书事业从未间断。汴梁刻书内容之广，数量之大，质量之高，前所未有。无论是其雕印方法，还是其书籍制度，都成为后代刻书之典范。尤其是汴梁国子监所刻的监本，如今已经成为稀世瑰宝。更重要的是雕版印刷技术在汴梁被广泛应用到各个领域，版画艺术也因此而发扬光大，享誉海内外的朱仙镇木版年画就产生在北宋汴梁。雕版印刷在汴梁从神圣的殿堂走进了普通百姓的生活，三大刻书系统在这里真正强大，版权意识在这里萌芽，版画作为插图在这里第一次运用到书籍中，彩色套印技术在这里滥觞，一系列的图书管理制度在这里初步形成。汴梁刻书还对其他地方的刻书产生了深远的影响。如果把雕版印刷从民间发明到被官方采用看成是雕版印刷的一次飞跃的话，那么雕版印刷在汴梁从庙堂回归市井同样也是一次伟大的飞跃。然而由于年代久远，战乱频繁，尤其是靖康之乱，给汴梁刻书业带来了毁灭性的打击。宿白在谈到此事时说："迨金兵南下，东京一百六十余年之蓄积一空，高度发展的雕印手工业亦随之毁灭。"[①] 宋孙觌云："呜呼！自靖康之乱，中秘图书之府，与夫私家所藏鬻书之肆，焚灭无遗矣！"[②] 可见金兵破汴时，不但国子监的书版全部被劫，连汴梁书籍铺也没有幸免。这些被金掠走的图书，后来又经蒙古兵火，几乎全部被毁灭。因此汴梁书籍传至今日者，寥若晨星。即便是如此，汴梁刻书曾经的辉煌和对后世的深远影响仍然闪耀着光芒。汴梁刻书无论在雕版印刷史上，还是在图书出版流通史上，乃至中国文化发展史、世界文化的交流史上，都有着举足轻重的地位。毋庸置疑，汴梁是北宋最大的刻书中心，和南宋的刻书中心相比也毫不逊色，它应该当之无愧地成为宋代的四大刻书中心之一。

（于兆军）

[①] 宿白：《唐宋时期的雕版印刷》，文物出版社 1999 年版，第 61 页。
[②] 转引自张秀民《中国印刷史》，浙江古籍出版社 2006 年版，第 44 页。

【肆】宋浙刻本对唐欧体书法的传承和变异

浙江地区作为宋代雕版印书的四大重地之一，其刊刻书体特点尤为明显，为历代学人所注目。叶梦得说过："天下印书，以杭州为上，蜀本次之，福建最下。京师比岁印版，殆不减杭州，而纸不佳；蜀与福建，多以柔木为之，取其易成而速售，故不能工。福建本几遍天下，正以其速成也。"① 叶德辉说："浙本多用欧体，闽本多用柳体，蜀本多用颜体。"② 清阮葵生曾言："书贵宋版者点画无讹，镌刻精好。宋版有肥瘦两种，肥者学颜，瘦者学欧，而字势皆生动。"③ 明代张应文说："藏书者贵宋刻，大都书写肥瘦有则，佳者绝有欧、柳笔法，纸质莹洁，墨色青纯，为可爱耳。"④ 从时间上看，北宋早期刻书多以唐五代旧本为依据，用欧体字，瘦劲、秀丽，字形略长，转折笔画轻细有角，后来逐渐流行颜体，字形肥胖。南宋以后又尚柳体，起落顿笔，结构方正。因此，宋浙刻本则是以欧体为主，字体方正，刀法圆润，后来间或杂以褚、颜、柳诸体。

宋浙江刻书用欧体字，其字体结构呈长方形，上下较长，左右较短，书写认真，字画挺拔秀丽。唐欧氏楷书固定了宋浙江刻本书体的风格，欧体书法不仅在书法艺术史上占有举足轻重的地位，而且在中国文化发展史上的贡献也是不容忽视的。欧体书法根植于唐代，书风险劲挺拔，对唐及以后书家影响至大至深。欧氏书法高华浑朴，法方笔圆，在浙江地区广泛

---

① （宋）叶梦得：《石林燕语》，中华书局1984年版，第116页。
② （清）叶德辉：《书林清话·书林餘话》"刻书分宋元体字之始"条，岳麓书社1999年版。
③ （清）阮葵生：《茶餘客话》卷16，续修四库全书本。
④ （明）张应文：《清秘藏》，清刻本。

流传。浙刻本的欧体刊刻书风是有其书学传承渊源的。浙江地区刻书祖欧，与欧体书法在两浙一带的流布、这一地区刻工的家传与师承（因北宋时期以唐时旧本为依据，主要是欧阳询体）、主要刻书家对欧体书法的崇尚以及两浙地区的藏书家的书体偏好等诸因素相关。欧氏书法在两宋浙刻的书体风格上也不是一成不变的。北宋浙刻本是清一色的欧体字，到了南宋后期，虽仍是欧体，然已杂以褚、柳风格，其中最具代表性的是，临安府棚北大街陈宅书籍铺的刊印情况：前期书体传承欧阳询字体，大致与欧氏所书《九成宫醴泉铭》接近，且间有稍许杂以颜体；后期刻书虽仍以欧体为主，但已经糅入了褚、柳的字体特征。

一　宋浙刻本的欧氏书体渊源

（一）书法的"大唐气象"背景下的欧阳询

宋代浙刻本与同时代其他地区刻本相比，欧体书风较为明显。追溯渊源，欧体书法的独特魅力及其便于刊版的特点是两宋浙刻崇欧的主要因素。北宋现存浙江刻本较少，因多为国子监本，在杭州镂板，字体上传承五代所刻旧本，祖欧阳询体。南宋刻书继承本地前人刊刻传统，书写上多宗欧体，间杂以其他诸体。欧体书法始于欧阳询，承之以欧阳通等。其书体特征是刚则铁画，媚若银钩，点画工妙，意态精密。欧体书法根植于唐代并引领唐代书法，建构了这一时代书法史上的"大唐气象"。清代冯班说："虞世南能整齐不倾倒，欧阳询四面停匀，八方平正，此是二家书法妙处。"[①] 是以欧阳询被誉为唐乃至整个中国书法的一代哲宗。

欧阳询（557—641），字信本，潭州临湘（今湖南长沙）人，初唐著名书法家，两《唐书》均有传。他出身于南朝世家望族，其祖欧阳頠，为南陈大司空；父欧阳纥，仕陈广州刺史。养父为南陈尚书令江总。陈亡后，欧阳询入隋并以书工入仕，为太常博士。其聪慧绝伦，"博览经书，尤精三史"[②]，以书名于世，尺牍所传，人以为法。欧阳询与河东抚慰使李渊来往甚密，公元618年，李渊建立唐朝，欧阳询遂仕唐，深得李渊、

[①]（清）冯班：《钝吟书要》，昭代丛书本。
[②]（唐）杜佑：《通典》卷15，中华书局1975年版。

李世民器重。累擢给事中，并受高祖诏编《艺文类聚》，"奏之，赐帛二，百缎，官止太子率更令、银青光禄大夫"①。唐太宗誉其为第一流书家，并与虞世南、冯承素等一起受封为"弘文馆"学士，专门传授从各地精选来的书法学子，从事书学深造。不久又封为"渤海县男"。欧阳询世称"欧阳信本""欧阳率更""欧阳银青""欧阳渤海""大欧阳"②等世人喜称他为欧阳率更，称他的楷书为"欧体"或"率更体"。唐太宗贞观十五年（641）卒。欧阳通（？—691），字通师，欧阳询第四子。通工书，擅长楷书，尤精行草。窦臮说："学有大小夏侯，书有大小欧阳。父掌邦礼，子居庙堂。随运变化，为光为龙。"③ 其代表作是《道因法师碑》，康有为说："小欧《道因碑》，遒密峻整，曾假道此碑者，结体必密，运笔必峻。上可临古，下可应制，此碑有焉。"④ 此碑在佳作如林的唐代碑版书法艺术园地里，熠熠生辉，流传千古。

欧阳询善书，颇负盛名。"幼时初学王羲之，得其法"⑤。这与江总的精心教授、悉心指点是分不开的。南朝书风崇尚二王，江总擅长行草，以二王为宗，且又善词文，为欧阳询早年习书提供了极好的条件。入隋以后，欧阳询的书法受到北碑的影响，风格体貌逐渐演变为"劲峭"之势。他在隋朝所经历的30年间，是其书法奠定良好功底的重要阶段，也是兼容南北朝书体博采众长而逐渐趋向成熟的时期。《唐人书评》称赞欧阳询书法云："若草里惊蛇，云间电发，又如金刚嗔目，力士挥拳。"⑥ 姜夔云："欧阳率更结体太拘，而用笔特备众长。虽小楷而翰墨洒落，追踪钟王，来者不能及也。"⑦ 莫云卿云："欧之正书，秾纤得度，刚劲不挠，点画工妙，意态精密，杰出当世。"《宣和书谱》以为询为翰墨之冠，名扬海外。唐高祖叹曰："不意询之书名，远播夷狄，彼观其迹，遂固谓魁梧耶？"⑧

---

① （宋）欧阳修、宋祁：《新唐书·欧阳询传》，中华书局1975年版。
② 有别于其子欧阳通，人称"小欧阳"。
③ （唐）窦臮：《述书赋》，见于安澜《书学名著选》，开封书学研究会，1979年。
④ （清）康有为：《广艺舟双楫·余论第十九》，商务印书馆1937年版。
⑤ （宋）欧阳修、宋祁：《新唐书·欧阳询传》中华书局1975年版。
⑥ 潘运告：《宣和书谱·行书二·欧阳询》卷8，湖南美术出版社1999年版。
⑦ （宋）姜白石：《续书谱·用笔》，百川学海本。
⑧ 潘运告：《宣和书谱·行书二·欧阳询》卷8，湖南美术出版社1999年版。

唐代是我国政治、经济、文化发展的巅峰时期。大唐文化浩浩荡荡，奇葩竞彩，异花怒放。书法之历史长河，至此喧腾汇聚，汹涌澎湃。初唐诸如欧阳询、褚遂良、虞世南、薛稷，若龙腾出渊，鳞爪飞扬；盛唐宗师像张旭、怀素、颜真卿，则猛虎啸谷，雄采奕奕；中晚唐大家柳公权为一代巨匠，鹰隼势急，风尘翕张，成为中华书艺的又一哲宗。由于汉字书写的逐渐普及，社会文明的高速发展，文化艺术的广泛传播，佛教文化的日益兴盛，各种因素的交汇融合，在唐代形成了一个空前繁荣的时期。有唐一代，影响较深的楷书大家欧阳询、虞世南、褚遂良、颜真卿、柳公权等，都成为后世人景仰临习的一代宗师，他们为后世书法艺术的健康发展做出了很大贡献。这一现象亘古未有，空前绝后，被誉为中国书法的"大唐气象"。这一现象的出现，首先得力于封建王朝对书法艺术的高度重视。一如唐代诗歌在科举制度的刺激下走向繁荣的顶峰，书法艺术在唐代也达到了空前鼎盛，并成为代表这一时期最高文化成就的艺术样式之一。艺术创作的繁荣，有力地促进了书法艺术的发展。正是由于政府对书法的重视和全社会对书法艺术普及的需要，推动了众多书法家去殚精竭虑、面壁苦思，去探索书法艺术之道，并建立了详缜入微的书法法度理论。

唐代的书法艺术，直接承袭了汉魏六朝的书法传统，是对六朝书法发展的有意识的继承。唐代的楷书与碑刻，直接承传了六朝碑版的意蕴，字形严肃而凝重，富于金石气，姿态万千，又不失流美飞扬的风韵。同时，它又把南朝楷书的修美遒润与北朝魏碑的方整雄健熔为一炉，形成了这一时期的新风格。在这样的背景下，广袤的书法土壤孕育了一大批杰出的书法家。仅初唐书家识其名姓而其书作复见于多种著录者，可谓多也。以书体娴熟、自成面目而言，"初唐四家"首开大唐三百余年浑然多采之书风，而欧阳询及其书法又独步"四家"之首，并以诸体兼备、自成一派而存珍于华夏书史。

中国书法属于造型艺术。它是无声的音乐，纸上的舞蹈。它借助汉字形体的结构，并充分发挥毛笔的特殊性能，通过抽象的点画以及线条的流畅和旋转、收捻和纵放等造型结构的运动，进而转化为有意味的文化形式。这种线条是从自然万物中净化出来的，是抽象的，是灵动而有生命感的。它依于笔，以道为本，以"天人合一"为最高境界，通神运气。① 书法通过线条的粗细、起伏、轻重、坚柔、滞涩、干湿等墨迹效果，来传达人的心灵情意。通过线的飞动，墨的润滑，心手相合，抒情寓意，刻画出中国文人及文化的深层的精神轨迹。我国的汉字经过商代的甲骨文，周时的钟鼎文，秦朝的小篆，两汉的隶书，至唐代发展成为整齐方正的方块字。而作为汉字书写艺术最高境界的书法艺术，大体经历了四个阶段：先秦两汉的创始期，魏晋南北朝的发展期，唐宋时期的成熟期，元明清时的拓展期。每个时期在重心、主体、形式上都有一定的变化。它们互相孕育又互相推动，构成了五光十色、引人入胜又充满着中国文化智慧思想的发展轨迹。在每个发展时期都出现了代表这一时期的杰出实践者：秦有李斯、程邈，汉属史游、蔡邕，魏晋之钟繇、王羲之，唐揽欧阳询、虞世南、褚遂良、薛稷、颜真卿、柳公权，宋元有"苏、黄、米、蔡"、赵孟頫等，以后大家辈出，不胜枚举。中国书法艺术的发展源远流长，异彩纷呈：晋人尚韵，唐人尚法，宋人尚意。秦汉之古朴，魏晋之风韵，隋唐之法度，宋元之意态，明清之朴趣，每个发展阶段都表现出千姿百态的个性之美。既反映出朝代更替的印证和象征，又与中华民族的发展嬗变一脉相承。楷书是唐代书法最典型的标志，著名的欧体、颜体、柳体楷书都在这个时代诞生。作为最为成熟的楷书，唐楷具有严格的法度规范，它是"晋人尚韵"转入"唐人尚法"的重要特征。

（二）欧阳询的书法活动、地位及影响

欧阳询的一生是成就书法事业辉煌的一生，是努力将书法理论与实践完美结合的一生。他在书法上的成就可谓卓然千古。同时他在书法理论上也留下了许多不朽的千古名作，诸如《八诀》《三十六法》《传授诀》及《用笔论》等。这些书学论著集中体现在"法""势""趣"与"中和"几个方面。他认为好的字应该是"斜正如人，上称下载，东映西带，气宇融和，精神洒落。"②"若枯松之卧高岭，类巨石之偃鸿沟，同鸾凤之鼓

---

① 郑晓华：《古典书学浅探》，社会科学文献出版社1999年版，第8、11、19页。
② 萧元：《初唐书论·欧阳询·八诀》，湖南美术出版社2004年版。

舞，等鸳鸯之沉浮，仿佛兮若神仙往来，宛转兮似曾伏龙游。"[1] 举目欧阳询的书法，对后世影响较大且至今不衰的作品，当以传世楷碑《九成宫醴泉铭》为最。《九成宫醴泉铭》简称《九成宫》或《醴泉铭》，是欧书之最著，为欧阳询应诏之作。其用笔结构章法，无一纰漏，可谓炉火纯青，高华浑穆，气象万千。有魏晋风韵，开唐人之先，是楷书中登峰造极之作。其行笔内敛、外拓并用，气脉贯穿，转折自如。结构凝重而丰致，布白准确，疏密适度，把魏晋六朝的书法长处融化吸收，学古而不泥古。为是以成为一代宗师。

在书法方面，欧阳询各体皆精，但以楷书最工，被不少书家誉为唐人正书第一。《新唐书·欧阳询传》称："询初仿王羲之书，后险劲过之，因自名其体。尺牍所传，人以为法。"《书史会要》说他"学王羲之书，后险劲瘦硬自成一家，议以谓真行有王献之法"。唐代张怀瓘《书断》列其飞白、隶、行、草入"妙品"，大小篆入"能品"。他和唐颜真卿、柳公权、元赵孟頫，被尊为我国古代"楷书四大家"。他的楷书最明显的艺术特点是瘦硬险劲挺拔，即用笔扎实，以方笔为主，横画排布严整，直画硬挺。结构平整中险峭，字形略偏长，给人以戈戟森严之感。纵观欧氏正书，熔铸了汉隶和魏晋楷书的特点，参合六朝碑刻，吸取众家之长。其用笔方整，笔力刚劲稳健，一丝不苟。横平右上取势，回锋收笔；竖直变化微妙，略加提按；钩折韵味含蓄，饱满稳健；撇笔方圆兼使，尖而不弱；捺弧隶意浓重，顿弯略小；点画多作三角，每有变化。总之，其笔法笔力刚劲，方圆兼使，稳健准确，结构平正而险峻，稳中有险，险中求稳，字体安排巧妙，耐人寻味。严谨、险劲、苍老，外应内含，其中又不乏稳健、含蓄、姿态丰厚之趣。

欧阳询继承和发展了汉魏六朝书风，并在此基础上形成了独特的书法风格，是为"欧体"。正是基于欧阳询及其所创的欧体，以其独特的书体特征为唐代乃至整个中国书法史所做出的贡献，他在书法史上也占有崇高的地位，并影响到后世诸多书家。其正书是人人敬仰的"法书"，是唐代书林的一代宗师。书学理论见解颇多且独到，成为后人研究书法理论的重要文献资料和领悟书法艺术的重要门径。他在书法方面的成就卓然千古，

---

[1] 萧元：《初唐书论·欧阳询·用笔势》，湖南美术出版社 2004 年版。

其所追求的"刚则铁画,媚若银钩,壮则屈吻而峥嵘,丽则绮靡而清遒"的书法艺术境界。一开初唐平整,险峭的楷书风范。明代陈继儒赞《九成宫醴泉铭》曰:"如深山至人,瘦硬清寒,而神气充腴。能令王公屈膝,非他刻可以方驾也。"[1] 明人郁逢庆称其"清劲秀健,古今一人"[2],郭宗昌谓之"骨气洞达,结构独异,唐楷第一"。项穆则称"亦拟右军,易方为长,险劲瘦硬,崛起削成。"张怀瓘认为"其飞白峻于古人,有龙蛇战斗之象,云雾轻浓之势,风旋电激,操举若神"[3]。梁巘说:"欧《皇甫》《虞公》二碑,是一条路,其用笔用意,折处是险,峭处是险。"[4] 欧阳询在中国书法史上的地位由此可窥一斑。

正是基于欧阳询在初唐时代书法方面所处的特殊地位,以及欧体书法的独特魅力而造成的影响,才有唐及以后五代至宋时期大批的书法家们追而从之。尤其是浙江地区的书法家崇欧习欧的传统,影响到宋代浙江地区抄书刻书的字体。因此,抄书手和刻工们就固定地抄写和刊刻具有欧体字特征的书籍。

二 具有欧体特征的宋浙本及其地域分布

宋代的雕版印刷,是在前代物资与技术条件积淀沉厚的基础上,适应当时政治、文化的需要,伴随着社会经济的发展,逐渐兴盛起来的。版刻书籍的内容涉及各个领域,官私刻书机构遍布全国,呈现出刊印事业空前繁荣的局面。其中最为著名的当属浙江、四川和福建三大刻书中心。刻书在两宋时期居于相当高的地位。北宋时期,浙江地区的刻书中心是在杭州,有相当多的官府刻书,都由京城汴梁送往杭州雕刻,然后再返回京城汴梁印刷,属国子监本。到了南宋,浙江形成了以两大路驻地临安府和绍兴府为中心的刊刻重地,并辐射浙江其他地区。"雕版之兴,远在唐代,起初见于记载者,吴蜀也,而吾浙江为尤先。及宋有天下,南并吴越,嗣

---

[1] (明)陈继儒:《眉公全集》,上海中央书店1936年版。
[2] (明)郁逢庆:《书画题跋记·欧阳询梦奠帖》,清宣统风雨楼刻本。
[3] (唐)张怀瓘:《书断·中》,(唐)张彦远:《法书要录》,人民美术出版社1964年版。
[4] (清)梁巘:《承晋斋积闻录·名人书法论》,《中国书画全书》(十),第524页。

后国子监刊书，若七经正义，若史记三史，若南北朝七史，若唐书，若资治通鉴，若诸医术，皆下杭州镂版，北宋监本刊于杭州者，殆居泰半。南渡以后，临安为行都，胄监在焉，书版之所萃集。"①

（一）宋两浙刻书地域流布

两宋时期的雕版印刷主要集中在京城、浙江、四川、福建等地区，这些地区大都是一些经济富庶、文化发达和盛产纸张的地区，如以当时行在所临安附近为中心的两浙地区。如果说宋代是中国文化史上雕版印刷业的一项皇冠，那么无疑，两浙地区则是这项皇冠上一颗耀眼的明珠。浙江是我国雕版印刷业兴起较早的地区之一，唐五代刻书渐兴，至宋而极盛。在书籍刊刻风格上，大约自南宋初至中期，也都以地区逐渐形成了各自的字体风格。

杭州——南宋行在所临安，自北宋以来即是两浙地区的雕印中心。北宋亡，都城汴梁的一部分雕印手工业也迁来临安，临安遂成为当时全国雕印手工业最发达的地区。临安的北邻湖州（今吴兴）和南邻绍兴，与临安关系最为密切。北宋宣和中（1119—1125），密州观察使王永从一家及主持僧宗鉴、净梵、怀琛等即开始在湖州思溪圆觉禅院刊刻大藏经，世称《思溪圆觉藏》，这部5480卷的大藏经印就于绍兴二年（1132年）四月。浙江除杭州外，刻书地点还有绍兴衢州（今衢县）宁波、婺州（今金华）、温州、建德、台州（今临海县）等地。

在临安附近影响下的其他浙江地区中，衢州、婺州、平江的雕版印刷较突出。在雕版风格上，由于婺州雕印业的繁荣，使它跳出一般江浙版刻的方整传统，别树一帜，字体瘦劲。这大约是受了福建雕版的影响。衢州雕版结体方整，气息朴厚，多存旧时式样。平江紧邻临安附近，其刊工互见情况较别处尤甚。宋两浙地区主要雕印地点分布大致情况，如图1—4—1所示。

---

① 王国维：《王国维遗书·两浙古刊本考》，上海古籍书店1983年版。

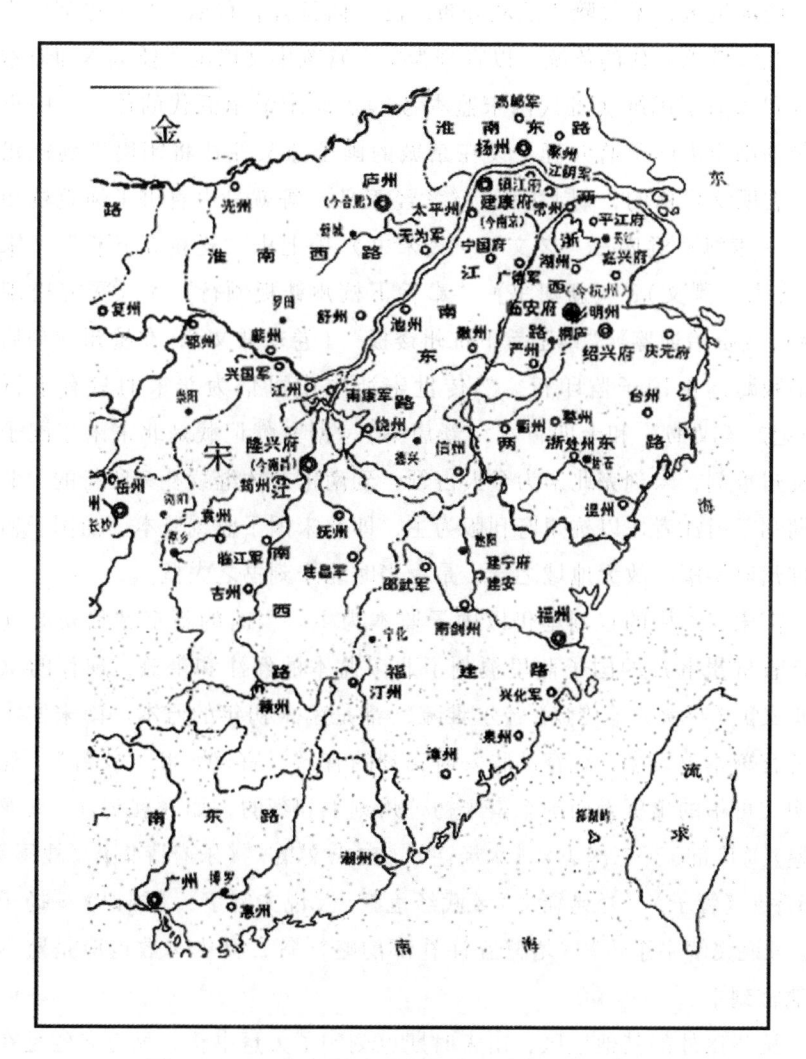

图 1—4—1　宋两浙地区主要雕印地点分布示意图

两浙地区刻书，以临安府和绍兴府两个路驻地为中心，临安府以北平江府及湖州以南属两浙西路，下辖平江府、湖州、吴江、嘉兴府、临安府、明州、桐庐等；绍兴府以南至温州以北属两浙东路，下辖绍兴府、庆元府、严州、台州、婺州、衢州、括苍、温州等地。这些地区一方面是因为和浙江两大路驻地位置较为邻近，便于在刻书和印刷上的交流，另一方面也与这些地区的经济发达、文化积淀沉厚不无关系。

两浙地区，不仅雕印地域分布广泛，而且官府和私人刻书也都极为发达。北宋继承五代的传统，以官刻为主，官刻中又以国子监刻本即监本为主（可参看王国维《五代两宋监本考》）。北宋继承五代的传统，中央官府刻书都交由国子监办理。设在京城的国子监又往往将印稿送到杭州刊刻，有明文可稽的，《周礼疏》《孝经正义》等就是由直讲王焕就杭州镂板（《玉海》卷四三"艺文"），《宋书》等七史"送杭州开板"（宋本《南齐书》牒文），《新唐书》"奉旨下杭州镂板颁行"（《天禄琳琅书目》），《资治通鉴》"奉圣旨下杭州镂板"（卷末牒文），在杭州刊刻后再把书版北运由国子监印行。然传世宋浙本中可信为北宋的只有十行本《史记》《汉书》和十四行本《新唐书》，据文献记载是北宋末年国子监送杭州重刻，未刻完北宋为金人占领，到南宋初才继续补刻印行的。北宋时期刊于浙江者，以杭州府刊版为主，即北宋国子监刻监本。而国子监本下杭州府镂版，故无地域之异，是为当时北宋刻书之大概。

南宋浙本中的官刻本仍以国子监本为主。当时的新京城临安府（今浙江省杭州市）的国子监里覆刻了北宋监本的经注和单疏，现存的《周易正义》《春秋公羊传疏》《尔雅疏》都是南宋初年的监本。南宋监本以外的官刻本也很多，现存的临安府官刻的有《汉官仪》和《文粹》。还有无明文可稽的出资者而确系南宋初杭州刻工刊刻的，如《礼记注》《龙龛手鉴》《广韵》《三国志》《水经注》《白氏文集》《乐府诗集》《战国策》《新序》《管子》《经典释文》《武经龟鉴》《说文解字》《国语》《扬子法言》《说文解字系传》《增修互注礼部韵略》等，其中多数也应是监本或其他官刻本。

杭州以外的其他地区，南宋时期也刻印了大量书籍，最有名的是在绍兴的两浙东路茶盐司刊刻的八行本诸经注疏，是诸经注疏的首次合刻本。现存的有《周易正义》《尚书正义》《周礼疏》《礼记正义》等。此外，现存的还有两浙东路茶盐司刊刻的《资治通鉴》《旧唐书》《外台秘要方》《事类赋》，《太玄经》；两浙东路安抚司刻的《元氏长庆集》；浙东庾司刊刻的《兰亭考》；浙东漕司刊刻的《易数钩隐图》；绍兴府刊刻的《资治通鉴》《外台秘要方》《尚书正义》《礼记正义》《毛诗正义》《施宿会稽志》；绍兴府仿照两浙东路茶盐司的规格刊刻的《春秋左传正义》；庆元府刊刻的《保庆四明志》明州刊刻的《文选五臣注》《攻媿先生文集》《徐骑省集》《九经排字直音》前集一卷、后集一卷；婺州州学刊刻的《古三坟书》《周礼注》《梅花喜神谱》；严州刊刻的《新刊剑南诗稿》《钜鹿东观记》《礼记集说》；严州州学刊刻的《通鉴纪事本末》；温州州学刊刻的《大唐六典》《读书管见》；吉州刊刻有《张先生校正杨宝学易传》；衢州刊刻有《东家杂记》《三国志注》；台州刊刻《荀子》。《大唐六典》《荀子》后来又被征入杭州国子监，作为监本印行。

南宋两浙地区的私刻本的数量虽说比不上官刻本，但总的来说也不少。宋时期私刻有两种：家刻和坊刻。家刻以刊刻本人诗文集、友人诗文集以及其他人诗文集为主，主要是以学习、保存和流传之用；坊刻则是以刊刻前人及时人诗文集为主，大量刊印而出售，以盈利为目的。现存的坊刻本有：钱塘王叔边刻《韩诗外传十卷》《仪礼十七卷》《吕氏春秋二十六卷》《汉书一百卷》；杭州大隐房政和八年刻《后汉书一百二十卷》《高氏小史一百二十卷》《楚辞十七卷》《朱肱重校证活人书十八卷》《活人书十八卷》；括苍本《战国策十卷》；钱塘俞宅刻《乖崖张公语录三卷五卷》《陶集四卷》《文粹一百卷》；《新雕圣宋文海一百二十卷》《明庵先生文集一百卷续集十一卷别集一卷》《唐五七言绝句》《本朝五七言绝句》《中兴五七言绝句》；吉州东冈刘宅梅溪书院刻《庐溪先生集五十卷》、吉州周少傅府刻《文苑英华一千卷》；婺州市门巷唐宅刻《周礼郑注十二卷》；婺州义乌苏溪蒋宅崇知斋刻《巾箱本礼记五卷》；婺州东阳胡仓王宅桂堂刻《三苏文粹七十卷》；杭州净戒院刻《长短经十卷》《大般涅槃经四十二卷》；临安府太庙前尹家书籍铺刻《钓矶立谈一卷》《渑水燕谈十卷》《北户录三卷》《茅亭客话十卷》《却扫编三卷》《续幽怪录四卷》《箧中集一卷》《曲洧旧闻十卷》《述异记二卷》；杭州钱塘门里桥南大街郭宅刻《寒山拾得诗一卷》；临安府金氏《甲乙集十卷》；金华双桂堂刻《梅花喜神谱二卷》《妙法莲华经七卷》（今藏国家图书馆）《宗镜录一百卷》《佛国禅师文殊指南图赞一卷》；贾官人经书铺刻《四分律比丘尼钞六卷》；南山慧因院刻《华严经随流演义钞六十卷》；临安进士孟淇刻《文粹一百卷》；杭州猫桥河东岸开笺纸马铺钟家刻《文选三十卷》（今国图藏残帙）；临安府容六郎家书籍铺刻《抱朴子内篇二十卷》（今藏辽图）；临安府太庙前尹家书籍铺刻《钓矶立谈一卷》《渑水燕谈一卷》《北户录三卷》《茅亭客话十卷》《却扫编三卷》《曲洧旧闻十卷》；

杭州钱塘门里车桥南大街郭宅□铺刻《寒山拾得诗一卷》；金华双桂堂刻《刻印梅花喜神谱二卷》（今藏上海图书馆）；婺州市门巷唐宅刻《汉郑玄注周礼十卷》；婺州王宅桂堂刻《三苏先生文粹七十卷》；义乌蒋宅崇知斋刻《汉郑玄注礼记二十卷》。

家刻现存的有在今浙江宁波的楼氏家刻《攻媿先生文集》，在今金华的唐氏家刻《周礼》，在今衢县的孔氏家刻《东家杂记》，在今江西吉安的周必大家刻《欧阳文忠公集》《文苑英华》，周氏后裔家刻《周益文忠公集》，在今广东博罗的王氏家刻《义丰文集》，最有名的是宋季廖莹中家塾世彩堂所刻的《昌黎先生集》和《河东先生集》。现存最早的是南宋初年"杭州猫儿桥河东岸开笺马铺钟家印行"的《文选五臣注》。到南宋中期，最有名的坊刻本是陈家父子的刻书。黄丕烈说："《南山人诗》一卷、《女郎鱼玄机诗》一卷、《甲乙集》十卷等每半页十行，每行十八字，皆临安府棚北大街睦亲坊南陈宅书籍铺印行，所谓书棚本是也。"《唐女郎鱼玄机诗》是南宋浙刻系统坊刻本的典型代表。——以临安府棚北大街睦亲坊南陈宅书籍铺为例：

临安府棚北大街陈宅书籍铺（书棚本）

叶德辉《书林清话》云："南宋临安业书者，以陈姓为最著，诸家藏书志、目、记、跋载睦亲坊棚北大街陈解元或陈道人，或陈宅书籍铺刊行印者，以唐宋人诗文小集为最多。陈起，字宗之，睦亲坊卖书开肆，方回以睦亲坊陈道人为陈宗之云，所开书肆为芸居楼。陈思，字续芸，号陈解元。今世所存书棚本唐人诗集，后题临安府棚北大街睦亲坊陈道人书籍铺，亦云陈宅书籍铺印行刊行者，多为起所刊也。以临安府棚北大街陈氏印行者，即书坊陈起、解元也。起所刻多唐人集；续芸所刻多说部、宋人集。"[①] 国家图书馆现藏临安府陈宅经籍铺刻印的《唐女郎鱼玄机诗》1卷。临安府陈解元刻印唐《王建诗集》10卷。所谓临安府陈宅经籍铺，其主人就是陈起、陈解元。清叶昌炽《藏书纪事诗》卷七引方回《瀛奎

---

① （清）叶德辉：《书林清话》"南宋临安陈氏刻书之一、之二"条，"宋陈起父子刻书之不同"条，民国九年长沙叶氏观古堂刻本。

律髓》说:"陈起,睦亲坊开书肆,自称陈道人,字宗之。能诗,凡江湖诗人皆与之善。尝刊《江湖集》售。"① 又引《存素堂文集·跋〈江湖小集〉》云:"旧本题宋陈起编。起字宗之,钱塘书贾,设局睦亲坊。世所藏宋善本,皆其所刻,又称陈道人雕版者是也。"又《江湖集跋》称"宋人陈起,在保定、绍定间以书贾能诗,与士夫杭彦列席,名满朝野,篇什转赠,随时表列名目,付雕即成,远近传播"。原来陈起本人即以诗名,故开书肆亦多版印唐宋诗集。但后人也有称陈思为陈道人的,因此有些宋人小集虽题为"陈道人书籍铺",实为陈思所刻之书。"临安府棚北睦亲坊南陈宅书籍铺"刊刻的唐人诗集和分编为《江湖前集》《后集》《续集》《中兴集》的宋人诗集,统称为"书棚本"。现存的宋人诗集《南宋群贤小集》,是《江湖集》中的一部分。

陈起所刻书如下:

龙洲集一卷梅花衲一卷韦苏州集十卷周贺诗集一卷碧云集三卷唐女郎鱼玄机诗一卷(题临安府棚北睦亲坊南陈宅书籍铺)

李群玉诗集三卷后集五卷(题临安府棚前睦亲坊南陈宅书籍铺)

白石道人诗集一卷雅林小稿一卷石屏诗续集四卷棠湖诗稿一卷菊磵诗稿一卷李推官披沙集六卷(题临安府棚北大街陈宅书籍铺)

张蠙诗集一卷甲乙集十卷(题临安府棚北大街睦亲坊南陈宅书籍铺)

西麓诗稿一卷(题临安府睦亲坊南棚前北陈宅书籍铺)

江文通集十卷李贺歌诗编十卷集外诗一卷浣花集十卷孟东野诗集十卷(题临安府棚前北睦亲坊南陈宅经籍铺)

宾退录十卷朱庆余诗集一卷(题临安府睦亲坊陈宅经籍铺)

常建诗集二卷(题临安府棚北睦亲坊南陈宅)

渔溪诗稿二卷(题临安府陈氏书籍铺)

李丞相诗集二卷(题临安府洪桥子南河西陈宅书籍铺)

江湖前集若干卷后集若干卷集续集若干卷中兴江湖集若干卷圣宋

---

① 王国维:《海宁王静安先生遗书》,《闽蜀浙粤刻书丛考》"杭州府刊板·乙·南宋监本",北京图书馆出版社2003年版,第152、156、168页。

高宗诗选三卷后集三卷续集三卷增广圣宋高僧诗集前集一卷后集三卷续集一卷容斋随笔十六卷续笔十六卷三笔十六卷四笔十六卷五笔十卷挥麈前录四卷后录十一卷三录三卷余话二卷

陈思所刻书如下

林希逸竹溪十一稿诗选一卷陈必复山居存稿一卷心游摘稿一卷梅花衲一卷林同孝诗一卷安晚堂集七卷（题临安府棚北睦亲坊陈解元书籍铺）

雪林删余一卷（题临安府棚北大街睦亲坊陈解元书籍铺）

汶阳端平诗隽四卷蔎绡集一卷（题临安府棚北大街陈解元书籍铺）

释名八卷图画见闻志六卷剧谈录二卷书继五卷湘山野录三卷、续一卷

王建诗十卷（题临安府棚北大街睦亲坊巷口陈解元宅）

邓椿书画五卷（题临安府陈道人书籍铺）

续世说十二卷（题临安府陈道人书铺）

灯下闲谈二卷（题陈道人书籍铺）

现存的南宋本中还有今江苏、安徽、江西、湖北、湖南、广东等地区的刻本，从字体来看，有的和浙本相同，有的近似浙本，可以划为浙本系统，称之为属于浙本系统的刻本。其中绝大多数也是官刻，有江南东路转运司官刻、后来被征入国子监的《后汉书》，建康府官刻《花间集》，建康府学官刻《杜工部集》，镇江府学官刻《新定三礼图集注》，平江府官刻《营造法式》，昆山县官刻《昆山杂咏》，华亭县学官刻《陆士龙文集》，徽州官刻《仪礼要义》，池州官刻《山海经》《文选》《晋书》，太平州官刻《洪氏集验方》《伤寒要旨》，舒州官刻《金石录》，广德军官刻《史记集解索引》，江西转运司官刻《本草衍义》，信州官刻《书集传》，南康军官刻《卫生家宝产科备要》，江州官刻《方言》，抚州官刻《礼记》《春秋公羊经传解诂》《唐百家诗选》，吉州官刻《清波杂志》《放翁先生剑南诗稿》，筠州官刻《宝晋山林集拾遗》，赣州官刻《楚辞集注》，兴国军学官刻《春秋经传集解》，蕲州官刻《窦氏连珠集》，湖北路安抚司官刻《建康宝录》，罗田县学官刻《离骚草木疏》，永州州学官刻

《柳州文集》，广东转运司官刻《附释文互注礼部韵略》。

南宋浙本和浙本系统的刻本中也有家刻，但数量远不如官刻之多。现存的有钱塘王叔边隆兴二年前后刻《后汉书》，目录后有"本家今将前后汉书精加校正，并写作大字锓板刊行，的无差错，收书英杰，伏望炳察。钱塘王叔边谨咨"。此书字体秀媚瘦劲，然纸墨版式系南宋建本风格，后人多定为建本，当属于浙本系统无疑。浙江宁波的楼氏家刻《攻媿先生文集》，金华的唐氏家刻《周礼》，衢县的孔氏家刻《东家杂记》，吉安的周必大家刻《欧阳文忠公集》《文苑英华》，周氏后裔家刻《周益文忠公集》，广东博罗的王氏家刻《义丰文集》。而最有名的是宋季廖莹中家塾世彩堂所刻《九经》。廖是权相贾似道的门客，在杭州刻书甚多，同时人周密在《癸辛杂识》中对他所刻的书作了评论，说"《九经》本最佳，凡以数十种比较，百余人校正而后成"，"然或者惜其删落诸经注为可惜耳，反不若韩、柳文为精妙，又有《三礼节》《左传节》《诸史要略》及建宁所开《文选》诸书，其后又欲开手节《十三经注疏》、姚氏注《战国策》、注《坡》诗，皆未及入梓，而国事异也"。

（二）宋两浙地区的刊工情况

有宋一代，一些雕版印刷业较为发达的地区，由于长期从事雕印工作，出现了大批熟练的技术工人，主要是刻工。刻工指古代的刻字工人，大概是为了查清责任和计量付酬，一些印本常有在版心鱼尾下方镌刊姓名及版心鱼尾上方镌刻本版大小字数的习惯。这些姓名是断定版本时代的重要依据。南宋初年，在临安附近较长时期集中刊工最多的地点是临安官府。这从刊书使用的数量可以推知。临安官府拥有大量刊工，而不少刊工姓名又屡见于湖州、绍兴刻本。临安附近（以临安为主）包括了湖州、绍兴的刊工，约自绍兴中叶以后，大量地支援了江浙其他地区，特别是各地官府雕版。绍兴八年（1158）明州（今宁波）重修《文选注》的熟练刊工，大部分来自这里。《文选注》完工，他们中的一部分又南去台州（今临海）。宋绍兴二年（1132）湖州归安县松亭乡王永从阖家舍资开雕《思溪圆觉藏》，是南宋初年最大的一次雕印工程。湖州在两宋之际这样的大工程，说明那里集聚了大批刊工。以该藏和利用该藏余版所刻的《新唐书》与临安、绍兴诸府所刻的书籍相对比，可知这批刊工的一部分，当湖州工程完工之后，又参加了绍兴府余姚县雕造的《资治通鉴》和国子监、临安府、绍兴府等处大规模的雕版工作。此外，温州、婺州、严州、衢州和镇江、平江等地，也多有临安附近刊工的足迹。

当时各地的官私雕版大都间断进行或临时设局，所以往往要求迅速竣工，而雕版技术又比较容易掌握，因此许多雕版地点除了从先进地区调雇一部分熟练刊工以外，也在本地训练出一批新刊工。不少雕版上出现了很多同姓刊工的现象，如湖州《新唐书》的刊工以李、王、周、章四姓为多；陈、方、余、刘、邓、蔡六姓，几乎占了明州《文选注》全部刊工的1/3以上。另外，有些刊工的姓名在几部书的刻工姓名里都曾出现。也就是说，他们是与其同时出现在一部书里的刊工属于同一个刻书系统，或者是一个地区的。如《经典释文》的刻工徐茂、丁松年、葛珍、骆升、金嵩等，徐、丁二人又同是《周易注疏》的刻工；丁、金又同时刻过《说文解字》。丁与徐珙同时刻过《周易注疏》和《渭南文集》；陈锡与丁珪同时刻过《广韵》和《唐书》；洪先和洪茂都参与了《尔雅》和《水经注》的刊刻。《文选五臣注》为鲍洵书写，他也是《昭明文选》的刻工。这一方面说明了刻工们在刻书过程中的流动，同时也反映了同一地区的刻工们参与了不同书籍的刊刻。（见表1—4—1）

表1—4—1　　宋代两浙地区部分刻本所见及写画人姓名简表

书名	刻本时代	地区	刻工
妙法莲花经	宋刻本	杭州	凌璋
经典释文	宋刻本	杭州	孙勉、徐茂、陈明仲、徐政、张清、徐、余集、骆宝、毛谅、陈彦、骆升、顾渊、包正、葛珍、张瑾、石昌、金祖、丁松年、方至、朱春、童遇、曹鼎、凌宗、金荣、金嵩、陈寿、庞知柔、徐珙
说文解字	宋刻本	杭州	何升、何泽、许忠、顾永、蔡、阮于、张升、周明、陈寿、董澄、詹世荣、陈彬、陈晁、金嵩、丁松年、刘昭、夏、曹鼎
尚书正义	宋刻本	杭州	李实、李恂、陈锡、陈安、陈俊、王珍、朱明、徐茂、丁璋、包端、洪先、毛昌、洪乘、徐颜、徐亮、朱静、徐章、梁文

续表

书名	刻本时代	地区	刻工
周易正义	宋刻本	杭州	包端、王政、朱宥、章宇、陈常、顾仲、弓成、王允成、李询、徐高
文选五臣注	宋绍兴间刻	杭州	鲍洵写
周易注疏	宋刻本	杭州	王樟、毛端、李秀、陈明、毛昌、梁文、朱明、徐茂、顾忠、陈锡、求裕、刘昭、毛祖、徐琪、凌宗、马松、高昇、丁松年、庞知柔、庞汝升、曹与祖、缪春、邵亨
国语解	宋刻本	杭州	张升、卓宥、张明、方通、骆升、王介、严忠、马松、何泽、陈彬、陈寿、詹世荣
扬子法言	宋刻本	杭州	严志、章宇、李度、李恂、金祖、王寿、何澄、詹世荣、孙日新、李倚、李信、求裕
冲虚至德真经	宋刻本	杭州	乙成、杨谨、许忠、严志、松年、马祖、陈彬、世荣、曹鼎、邵亨、庞次升
渭南文集	宋刻本	杭州	陈彬、吴椿、董澄、金滋、马祖、丁松年、徐琪、邵亨、刘昭、马良
礼记注	宋刻本	杭州	孙勉、王受、牛实、毛谅、徐高、宋俅、董昕、陈锡、梁济、陈彦
文粹	宋绍兴间刻	杭州	吴邵、陈然、牛实、沈绍、朱礼、何全、胡杏、弓成、王允成、王成、钱皋、董明、王受、王因、蔡通、朱祥、阮于、徐真
通典	宋刻本	绍兴	王政、周至、蔡通、洪
尔雅注	宋刻本	杭州	江政、洪先、洪茂、施章、方成
龙龛手鉴	宋刻本	杭州	朱祥、沈绍、朱礼、胡杏、王成、王固、何全、徐永、林茂、林盛、陈乙
广韵	宋刻本	杭州	徐、余永、余竑、姚臻、徐颜、王珍、丁珪、陈锡、包正、孙勉、阮于、徐茂、徐升、徐高、毛谅、顾忠、梁济、徐政、陈明仲、陈询
三国志注	宋刻本	杭州	乙成、李通、牛实、贾琚、屠友、张通、蒋諲、朱宥、杨谨、李询、牛智、李忠
昭明文选	宋刻本	杭州	沈绍、朱礼、朱祥、胡杏、鲍洵

续表

书名	刻本时代	地区	刻工
唐书	宋刻本	杭州	王成、丁珪、陈锡、施章、施蕴、徐颜、阮于、王华、章楷、骆升、陈迎、徐、徐高、朱明、姚臻
外台秘要方	宋刻本	杭州	丁珪、弓成、方彦成、王安、王成、王介、朱明、江通、余珵、余全、余青、吴江、李忠、李昱、阮于、周皓、徐升、林俊、徐高、徐侃、徐政、徐、时明、张永、章楷、莫允、陈文、陈茂、陈皓、黄李宫、杨广、黄季官、叶邦、董明、楼谨、郑英、应权、阮子、徐彦
水经注	宋绍兴间刻	杭州	陈忠、陈高、蒋晖、施宏、洪新、朱谅、方择、施蕴、洪茂、洪先、方成
白氏文集	宋绍兴间刻	杭州	贾琚、张通、牛实、李延、金升、乙成、李询、毛洗、严忠、毛昌、顾忠
徐公文集	宋刻本	杭州	朱祥、朱礼、沈绍、胡杏
乐府诗集	宋刻本	杭州	徐、余升、徐颜、陈恂、姚臻、余永、余竑、李度、朱礼、朱祥、周彦、时明、葛珍、包端、胡杏、毛谏
新序	宋刻本	杭州	洪茂、洪新
愧郯录	宋刻本	杭州	丁良、丁松、王遇、王憘、王宝、王显、石昌、朱春、吴彬、吴椿、宋芾、李仁、沈昌、金滋、马祖、高文、曹冠宗、陈震、景年、董澄、刘昭
东观余论	宋刻本	浙本	陈靖、丁明、张彦忠、张世忠
三国志注	宋刻本	衢州	王彬、金成、沈端、严志
东家杂记	宋刻本	衢州	李岩、宋琚、刘昭、罗裕、杨端、王子正

三 宋两浙刻书对唐欧体书法的传承与变异

（一）两宋浙本的欧体特征

欧体字的特征非常明显，表现在字体与笔画上的与众不同。从欧体的特点来看，一方面是"戈戟森严"的笔势、"险峻庄重"的结构，带有浓重的北碑笔意。这是由于欧阳询较多地接受了魏碑粗犷、豪放、隶意浓重等特点的缘故。另一方面欧书又受到南朝书风的影响,确切地说是受到钟繇、二王的影响。"率更追纵钟王",① 又具备了隽美清秀的一面,形成了"用笔俊美"、"秀骨清相"的艺术意象,这从欧阳询所书的碑刻和诸帖以及临书《兰亭序》(定武本)等可见一斑。欧书博采南北众家之长,学古而不泥古,终于在书法艺术上形成了"险劲刚健,法度森严","于平正中见险绝","结构险峻,笔法稳健,布白疏朗,庄重严谨"的独特风格。

结体上字形稍长,但分间布白,整齐严谨,中宫紧凑。而于横竖撇捺之中,又选取主笔引写伸长,显得气势奔放,有疏有密,四方停匀,八面平正且扩放右下角。笔画上多用方笔,撇捺时圆笔兼使,竖画尤重内敛。中间或底横特长,有点时写短横,右点垂直且斜向左上方略仰,三点之法上点作斜撇,中点上钝下锐以衔接三点的执笔。竖弯钩向右上角出,"戈"势特长。清人黄自元总结欧体特点,归纳为《楷书结体九十二法》,成为后世书法临习者的范本。由于欧体的这些特点,又启发了有宋以后,两浙地区刻书中心的基本字体风貌。长期以来,宋元浙刻本大都在字体上沿袭欧体,欧体也因之而成为甄别浙刻本的一大依据。

北宋早期刻书多用欧体。欧字瘦劲,俊俏秀丽,字形稍长,转折笔画,清细有角。其特征可从欧体书《陶渊明全集》来体会。北宋刻本现存较少,从《中国版刻图录》所著录的北宋刻递修本《汉书注》及台湾中央图书馆所藏北宋刻本《后汉书》的书影来看,其字体方正,笔画匀称,多祖欧阳询体,可与欧书《九成宫醴泉铭》等传世石刻对照。

杭州地区刻书可以说是清一色的欧体。这是因为北宋监本多送杭州雕版,北宋本采用欧体对浙本自有影响,而欧体布局整齐,字划瘦劲,棱角分明,便于施刀,也受到了刻工们的喜爱。如王士贞跋元赵孟頫松雪斋班、范二《汉书》云:"有欧、柳笔法。"《皕宋楼藏书志》载宋礼部官书《六韬》六卷,云"字画方劲,有欧、柳笔意"。北京图书馆藏有宋淳熙三年刊小字本《通鉴纪事本末》残册,书法秀整,体兼颜柳,都是稀世珍品。浙本则字画挺秀,如绍兴刊本《白氏六帖事类集》,字体方严,气息淳厚,雅近欧体,北宋刻《妙法莲花经》楷法精妙,雅肖坡公,虽蝇头细字,而镌雕工雅,锋颖圆湛,笔意具在。王国维《两浙古刊本

---

① (宋)欧阳修、宋祁:《新唐书·欧阳询传》,中华书局1975年版。

考·卷上·杭州府刊板》录《河东先生集》及《昌黎先生集》、外集、遗文。其中"方崧卿《韩集举正叙录》：祥符杭本杭州明教寺大中祥符二年所刊本。时尚未有外集，与阁本多同。洪庆善谓：刘统军碑传本作'反柩于京师'，后得祥符间印本，乃作反机。盖此本也，刘碑世有石本，实作反机，则知此本最为近古。顷尝于姜秘监辅之家，得校韩文一帙，考订颇密，亦以此本为正"[①]。均为大字九行，字体秀劲古雅，锋颖圆湛，墨色清纯，欧氏笔意颇为浓厚。世彩堂廖氏家刻《昌黎先生集》《河东先生集》，为廖莹中亲自校订，各卷后镌有篆书牌记"世彩堂廖氏刻梓家塾"八字，版心下刻"世彩堂"三字。所谓"韩柳文"，即指《昌黎先生集》、《河东先生集》二书。世彩堂刻书之精，人所共称，又二书凡以数十种比较，百余人校正，后之藏书家故推此二书为宋板书中之神品（见下图1—4—2、图1—4—3）。又《周易正义》13卷，云乃南宋监本，其字体与欧书《九成宫醴泉铭》相近。又班固《汉书》120卷，为南宋监本，案南宋监本多取诸州郡刻板，此本原衢州刻本，宋时已取入监中。为大字本，九行，雅近欧体（如图1—4—4、图1—4—5所示）。

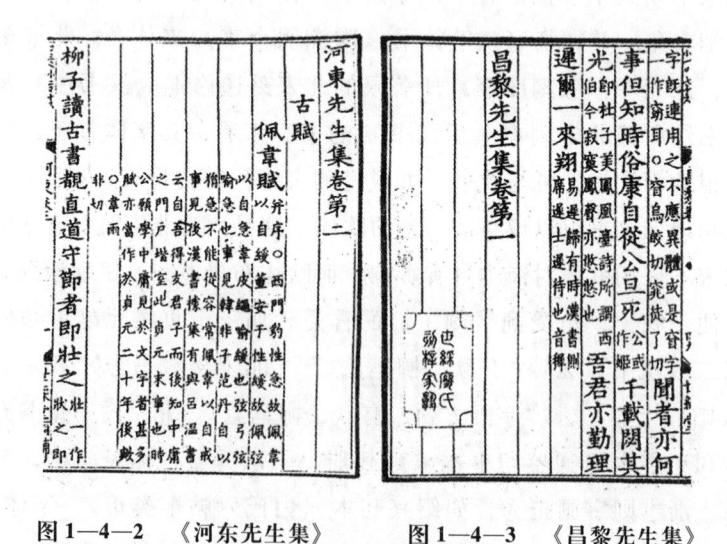

图1—4—2　《河东先生集》　　图1—4—3　《昌黎先生集》

[①]　王国维：《王国维遗书"两浙古刊本考序"》，《观堂集林》，中华书局1959年版。

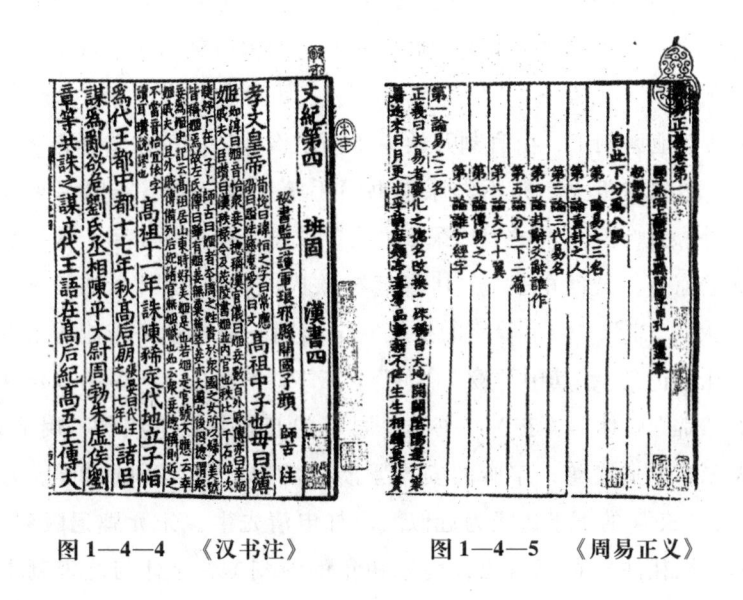

图1—4—4　《汉书注》　　　图1—4—5　《周易正义》

（二）宋两浙刻书对欧体书法的传承

初唐名家书法皆宗二王，而又有所变化，但总的原则是继承的、因循的。以欧阳询为代表的欧体书法开创者，楷书以"北法为骨，南法为皮"，是楷书四家"欧、颜、柳、赵"中最早的，继而承之以欧阳通。欧阳询去世后，第四子欧阳通深慕其父书法，其楷书"得询之劲锐，而意态不及"，与欧阳询并称"大小欧阳"。稍后褚遂良继承欧体，并将其进行了变化。再后柳公权陶冶欧、颜，自成一家。五代杨凝式[①]相延承袭，至宋有李建中[②]承欧阳遗风，其用笔得力于欧阳询。钱塘林逋[③]、吴说[④]皆

[①] 杨凝式：（873—954），字景度，号虚白，又自称癸巳人、希维居士、关西农老等，华阴（今属陕西省）人。五代书法家，于真、行、草都有很高的造诣。他是继唐代大书法家颜真卿、柳公权以后又一位获得空前成就的我国古代书法改革大师。

[②] 李建中：（945—1013），字得中，号岩夫民伯，京兆（今河南省开封市）人。是宋初一位有影响的书法家。

[③] 林逋：（967—1026），字君复，杭州钱塘（今浙江省杭州市）人。宋代著名的诗人、书法家，最善行书。

[④] 吴说：（生卒年不详），字傅朋，号练塘，人称吴紫溪。钱塘（今浙江省杭州市）人。南宋书法家，正、行、草皆工。

得欧意,"吴越四钱"① 得欧法而俱意态。这也就从书法的承袭上可以知道宋人承欧、习欧的文化审美习惯,从而为两宋浙刻书体承欧奠定了书写基础。

宋浙江地区刻工,由官刻开始,要求严格,刀法精致认真,字画丝毫不苟,虽然刻在板上,并不失原来书写手笔神韵。如临安府绍兴九年刻《汉官仪》之牌记中,"之""采""人""夫""年"等字,其字真正的如"草里惊蛇,云间电发",其捺笔与欧氏《九成宫醴泉铭》中"之""人""大""来""年"等字的捺笔完全相同。两浙东路茶盐司宋绍熙三年刻《礼记正义》,其中"阙""仲""云""书""司"等字,与《九成宫》中"辟""休""玄""书""同"的起笔与收笔相仿,用笔方正,且能从方整中见险绝,字画的安排紧凑、匀称,间架开阔稳健。尤其是"云"与"玄"的下半边极为近似。由林申清先生《宋元牌记版刻图录》中所录《周礼注》可以看出,南宋初年的浙刻本,字体与北宋刻本极为近似,《周礼注》为婺州市门巷唐宅所刊横画与撇画与欧阳询《虞恭公温公碑》的两画收笔一致,其字渐渐趋于自然流畅,随心所欲,运笔自如,是对《虞碑》的完全继承。临安荣六郎绍兴二十二年刻《抱朴子》,其牌记有小字五行75字,大字"抱朴子内篇祛惑卷第十二"11字,法方笔圆,戈势特长,捺如刀削,画粗直细,大小字均出自《九成宫》一帖。婺州吴宅桂堂干道间刻《三苏先生文粹》,牌记"婺州义乌青口吴宅桂堂刊行"12字,清秀俊逸,是正宗的欧体字。如下表所示:

表1—4—2　　　　　　宋浙刻本字体与欧体字体的比较

《汉官仪》字体	之	采	仲	人	夫	年
《礼记正义》字体	阙	木	兵	衾	書	司

---

① "吴越四钱",指来自钱塘的宋初四位书法大家,即钱惟治、钱惟演、钱易和钱昱。是宋初书坛的中坚力量。

| 欧阳询《九成宫醴泉铭》字体 | 之人 | 来闢 | 人開 | 大書 | 年以 | 千天 |

　　临安睦亲坊陈宅书籍铺刻《唐女郎鱼玄机诗》《朱庆余诗集》《周贺诗集》《常建诗集》《王建诗集》《文粹》《书继》，按：叶德辉《书林清话》云，前四部为陈起所刻，后三部为起之子续芸所刊。从字体方面看，其字结体严谨，笔势开张，笔画穿插挪让极有法度，《唐女郎鱼玄机诗》用的是欧体，如后世所传"欧阳结体三十六法"。牌记中"临安府（棚北）睦亲坊陈宅（经）书籍铺印"，其中"印"字最后一笔都以隶意收笔，字刻如写，分间布白，整齐严谨，中宫紧凑，钟灵毓秀，似欧氏《醴泉铭》之再现。临安府尹家书籍铺刻《续幽怪录》，"幽"乃为避宋讳"玄"而改得。其中凡捺画之字，大都作点，横竖画粗细几同，若欧阳询《皇甫诞碑》，字体笔画紧密内敛，刚劲不挠。点画重在提笔刻入，是欧体书法所特有的笔画特点。南宋末年湖州人宋伯人编绘并刊于景定二年的《梅花喜神谱》，字体笔画与《续幽怪录》大致相同，字体结体若"金刚怒目，力士挥拳"，捺画作点，用笔圆润，横竖粗细匀称。

　　纵观两宋浙江地区刻书，大都蕴含欧体笔意用笔方正、安排紧凑、结体严谨、紧密内敛、法方笔圆的特点。这一方面是由于当时众多书法家对欧氏书法的崇尚，使欧体楷书一统两宋数百年的书坛，从而使众多藏书家偏好于欧体，进而满足社会区域文化层对书法审美的需求。再者，宋时期较为有名气的书法大家诸如苏、黄、米、蔡在当时尚处于探索时期，并不能为当时的抄书人和藏书家们所接受。而另一大家赵孟頫则出现较晚，其书法成名于宋元之际，只能统领宋以后的刻书字体。另一方面是刻书之前有一个重要的印制环节，就是经生们的抄书，虽然当时流行颜体，但一般抄书人即"经生"要落后一些。文宗时刊刻的《开成石经》，就多用欧体；石晋时改用雕版印的《十二经》，经文根据《开成石经》，其字体也是欧体。以后北宋监本继承石晋以来旧监本的传统，而又多送至杭州刊板。还有最重要的一个因素就是欧体比较整齐，笔画整齐得像刀切一样，用刀刻起来比较容易，抄书人所选择的字体要适合刻书人的要求，而欧体字的所有这些特点又恰恰符合抄书人和刻书人二者的需求，从而受到刻工的欢迎。欧体字就自然而然地成为宋时期两浙地区刻书字体的主流。这就是宋浙本的字体所以传承欧体的主要原因。

（三）两宋浙江刻书对唐欧体书法的变异

浙本早期所用欧体字体稍肥，陈氏书棚本等中后期出版物笔画转瘦，字形略长。廖莹中家刻韩、柳集清瘦而秀发，字体古质幽深，行间玉润，清丽刚劲，横画竖入，竖画横起。从北宋末年到整个南宋时期，杭州刻书的字体可以说是清一色的欧体，即唐初大书家欧阳询的字体，尤其像欧阳询书写的碑刻《九成宫醴泉铭》的字体。本来这种字体在欧氏后已逐渐被书法家们所淘汰，褚遂良一派的字体取而代之，盛唐以后则颜体又占优势，在宋代大书法家米芾、蔡京、蔡卞等人以外几乎都受颜体的影响。还浙本官刻、家刻和早期的坊刻所用的欧体字都差不多，笔道稍微肥一些，陈氏书棚本等中后期的坊刻则虽然是欧体而笔道已经转瘦，廖莹中家刻的韩、柳集则不仅瘦而且秀丽，另一部也是浙江地区的家刻本《草窗韵语》也用这种字体，此外就再也没有见过。这是因为这种字体不仅要请好手写，还要请良工刻，成本高于一般刻本，自然难以普及。

坊刻书中，由钱塘鲍洵书字，杭州开笺纸马铺钟家三年前后刻《文选五臣注》中的字体，在欧体的基础上，已明显参以颜柳的笔迹。如《文选五臣注》中的"清""动"等字，字体由长渐扁，由清瘦而丰满，遒逸雄肆，神骨开张，气势磅礴，敦厚质重，这是受建本系统影响的结果。临安睦亲坊陈宅书籍铺续芸所刊《王建诗集》《文粹》《书继》，主笔引申不再夸张，欧体笔意虽在，然已经参入褚、柳笔迹笔力遒健，自然洒脱。如《王建诗集》中"海""家""兵""宅""之"，可参见褚遂良《倪宽赞》中的"海""宝""六""文""之""实"等字，用笔内敛外拓，运笔健劲舒展，方圆兼施，运用自如。《文选五臣注》中的"以""衾""娥""心""天"与柳公权《金刚经》中"以""舍""我""心""大"等诸字近似，笔画敦厚，沉着稳健，含巧于朴，寓欹于正。《王建诗集》《文选五臣注》中的欧体字与褚遂良《倪宽赞》、柳公权《玄秘塔碑》《金刚经》中的字体比较详见下表。

表1—4—3　　　　　宋浙刻本字体与褚、柳字体的比较

《王建诗集》字体	海	家	宅	兵	之	抱朴子内篇袪惑卷第二十
《文选五臣注》字体	以	衾	娥	心	夫	云
褚遂良《倪宽赞》字体	海	寶	六	文	之	寶
柳公权《金刚经》字体	以	喻	我	心	太	
柳公权《玄秘塔碑》字体	法	德	恩	下	不	

　　北宋至南宋初年，浙江刻本尤其是其中官刻都讲究老的传统，欧体字笔意较为浓厚，很少变新花样。到了南宋中后期，由于刻工流动的原因，有些刻书工程浩大，客观上需要浙江周围地区刻工的援助。这样，外来刻工在浙江刻书时，就自然而然地将其在本地刻书的刊刻字体风格融入浙刻本中。譬如陈宅书棚本所刻的《王建诗集》，就明显地带有柳公权《金刚经》的味道，这是受福建刻工们刻书习惯影响的原因。再如"杭州猫儿桥河东岸开笺纸马铺钟家"印行的《文选五臣注》，刻书字体掺以褚遂良《倪宽赞》字体。因此有以后期陈氏书棚本为代表南宋中后期出版物笔画转瘦、字形略长，廖莹中家刻韩、柳集清瘦而秀发的说法。

　　另外，浙江以外，今江苏、安徽、江西、湖北、湖南、广东等地区的多数浙刻系统刻本在欧体外还带有褚、柳、颜体的味道。这是由于一者其本身地处浙江以外，坊间必然受当地刻书风格的影响和渗透；再者它又因受北宋传统刻书风格的局限而不能脱离欧体。譬如今江西南昌刻的《本草衍义》、上饶刻的《书集传》等颜体的味道更浓厚；又如钱塘王叔边所

刻的《后汉书》，但后人都将其界定为南宋建本，而王氏乃浙江钱塘人，他是从钱塘迁到建阳经营刻书业的，故所成书地点不在两浙，严格地说其不能算是浙刻本，将其定义为南宋建本理所当然，或说属于浙本系统，是非常科学的。

宋浙本对欧体书法的变异主要是南宋中后期的部分浙刻本，以及属于浙刻本系统的刻本，在刻书字体上除了继承欧氏书体外，而且由于不同原因，在字体风格上有所变化。有的参以褚、柳，有的杂以颜体。南宋后期，两浙刻书受建本系统和闽本系统影响，字体风格上多有变化。一方面由于三大刻书中心刊工们在技术和劳力上有所融入和交流，使抄书和刻书在字体上不自觉地掺入了褚、颜、柳的笔意；另一方面，写刻工人的互融和交流，也带动了社会上藏书家们对刻书字体风格变化的兴趣，是以宋浙刻本的字体在南宋中后期看似欧体又并非全是，不是欧体又难于完全脱胎于欧体，甚至可以称为"欧褚体""欧颜体"或"欧柳体"。这也即是文章所论及的对欧体书法的变异。

陈寅恪先生在《邓广铭宋史职官考证序》中说："华夏民族之文化，历数千年之演进，造极于两宋一世。"唐代是我国文化昌盛的一代，而宋代则是文化尤为繁荣的一朝。两宋文化的繁荣，其中之一就体现在雕版印刷事业上。两宋的雕版印刷，以浙、蜀、闽三大刊刻中心为最著。北宋继承五代的传统，以官刻为主。南宋官刻中仍以国子监本为主，现存有临安府官刻的《汉官仪》和《文粹》。杭州以外的浙江其他地区，南宋时期官刻也不少，最有名的在绍兴的两浙东路茶盐司。另外，浙江以外的其他地区（诸如江苏、安徽、江西、湖北等地）所刻的属于浙本系统的刻本，绝大多数是官刻。南宋浙本及浙本系统中的私刻虽不如官刻之多，但也不少。家刻与坊刻不再赘述，刻印佛经方面有"贾官人经书铺"刊印的《文殊图赞》《妙法莲花经》；浙江吴兴刻有《思溪圆觉藏》和《思溪资福藏》；江苏苏州刊印有《碛砂藏》，等等。如上所述，如果说宋代是中国文化史上雕版印刷业的一顶皇冠，无疑，两浙地区则是这顶皇冠上一颗耀眼的明珠。

对于宋版浙刻本的版刻艺术特色和艺术成就，前人多有一些普遍性的评说。明代张应文说，宋刻大都肥瘦有则，佳者有欧柳笔法，纸质莹洁，墨色清纯；高濂说，其纸坚刻软，字画如写，用墨稀薄，开卷有一种异香；清代孙从添《藏书纪要》"若果南北宋刻本，纸质罗纹不同，字画刻手劲而雅，墨色香淡"；[①] 孙从添又说，其字画刻手，古劲而雅，墨色香淡，纸色苍润，展卷便有惊人之处。王世贞《宋刻本汉书跋》称其所购《汉书》"桑皮纸白洁如玉，四旁宽广，字大者如钱，绝有欧柳笔法，细书丝发映致，墨色清纯"[②]。也既是说其字体是欧体，但是已经掺杂有柳体的笔迹了。此书字体尤其像欧阳询书写的碑刻《九成宫醴泉铭》中的字体。但因受社会、经济、文化等诸方面因素影响，宋版浙刻的美也有比较鲜明的地方特色。

研究宋两浙地区刻书的刊印书体风格，追本探源，远及唐代书法。盛唐文化滋生出的中国书法史上的"大唐气象"，高高耸立于这一气象潮头的一代书法艺术大师欧阳询及其所创立的欧体楷书，是宋浙刻本的书体源头。欧氏之后，书坛后来数代诸家，学脉沿袭，自唐以后至宋，欧氏书风香火绵延，崇欧习欧者，可谓"野火烧不尽，春风吹又生"。由此才成就了有宋以来，两浙地区在刻书书体刊刻风格上的固定，以及在此固定基础上的大胆创新和变异。钱基博云："尝有参以他种笔意者，则尤名贵。"因之，唐欧氏书法与宋两浙地区雕版印刷事业之间的内在联系就自然而然地建立起来了。唐欧氏书法对我国传统文化的贡献，以及其在整个文化史上的地位，与宋两浙地区雕版印刷事业的贡献和地位一样，都是不容忽视的。

（尼志强）

---

① （清）孙从添：《藏书纪事》，清刻本。
② （明）王士贞：《居易录》，文渊阁四库全书本。

专题二

元明篇

【壹】元代政府对图书出版业的管理

在封建时代，图书的内容往往涉及政治、经济、军事、科技、文化和社会风尚等各个方面，这些内容都直接关系到封建统治者的切身利益，所以历代政府对图书的传播都很重视。凡有关政体教化、有利维护其统治、与社会生产紧密相关、能够推进社会进步等内容的图书，政府都会采用鼓励出版的管理政策；凡有碍当时政府统治的文字内容，则往往采取严厉的措施制止出版。如秦始皇焚书坑儒、三武对佛教经典的剪除，直至清代乾隆皇帝对图书的禁毁等，虽然都是封建专制主义对文化的扼杀，并为后世所唾骂，但是从当时的形式来看，也可以看成是政府对图书流通的一种管理。

元代是一个由游牧民族——蒙古族入主中原统一全国的朝代，它北逾阴山，西极流沙，东尽辽左，南越海表，是当时世界上最大的帝国；它具有丰富的多元语言和多元文化，是我国文化发达繁荣的重要时期。最初蒙古族只谙弓马，"未遑文事"①，随着蒙古政权在全国的逐步确立，蒙古族的历代统治者逐渐认识到夺取政权靠武力，稳固政权还得靠文治。因此，蒙古族在南下统一中原的过程中，不断学习和吸收汉族文化，自"太祖、太宗即知贵汉人，延儒生，讲求立国之道"②。此后对文治的设想更加系统化，先后采取了尊经崇儒、兴学立教、科贡并举、举贤招隐、保护工匠等一系列文治措施，用来巩固他们以强弓硬弩打下来的江山。图书出版是元代文治的一个重要内容，更是交流思想、传播知识、介绍经验、宣扬理

---

① （清）钱大昕：《补元史艺文志》卷1，中华书局1985年版，第1页。
② （明）陈邦瞻：《元史纪事本末·序》，中华书局1979年版，第226页。

论的重要工具，所以元代政府对图书出版和传播的管理极为重视。

那么，元代政府是如何重视图书出版的呢？目前学界形成了两种截然相反的观点，一种观点认为：元代政府对书籍出版是很少过问的，并不存在严格的管理。如陈高华在《元代出版史概述》（《历史教学》2004年第11期）一文中认为："有元一代，政府对书籍出版是很少过问的，并不存在严格的管理。"① 另一种观点认为，元代是有其版印书籍的管理机构和其管理政策的，并且还比较严整。如李致忠在《古代版印通论》中论及元代图书出版问题时，提出："关于版印书籍的管理机构及其管理政策，似乎比较严整。"② 田建平在《元代出版史》中也认为"元朝的出版事业，特别是官方图书的出版，从中央到地方，自有其完备严谨的行政管理机制及体制"③。本人较倾向于后者的观点。正如学者高信成所言："元代的官刻从中央到地方，有一个完整的体系，有一定的实力，因而元代官府书籍生产也是比较兴盛的。"④ 而"官刻的繁盛直接反映官府对刻书事业的重视"⑤。

一　元代图书出版业的管理机构

关于元代图书出版业的管理机构，陈红彦有这样的论述："由于封建社会行政、事业、企业、手工业往往隶属合一，所以职掌难分，刻书机构、刻书管理机构以及推行的管理政策，往往与中央、地方的行政机关融为一体。"⑥ 李致忠也有类似观点："元代从中央政府，到各行省的政府机关，同时也兼行管理版印图籍，或者说它们同时也是刻书的管理机构。"⑦ 加上直接记录元代版印书籍管理机构的管理刻书职能的文献资料较少，因此我们只能从一些零星的事件记载来窥探其管理刻书的情况。

---

① 陈高华：《元代出版史概述》，《历史教学》2004年第11期。
② 李致忠：《古代版印通论》，紫禁城出版社2000年版，第219页。
③ 田建平：《元代出版史》，河北人民出版社2003年版，第7页。
④ 高信成：《中国图书发行史》，复旦大学出版社2005年版，第70页。
⑤ 李瑞良：《中国古代图书流通史》，上海人民出版社2000年版，第249页。
⑥ 陈红彦：《元本》，江苏古籍出版社2002年版，第9页。
⑦ 李致忠：《古代版印通论》，紫禁城出版社2000年版，第220—221页。

蒙古太宗八年（1236），蒙古人便在北方置编修所于燕京，设经籍所于平阳，并任命梁陟担任平阳经籍所长官，掌管、搜访、庋藏图书典籍，编辑出版经史类著作。至元四年（1267），将编修所、经籍所名义上合并，改名宏文院。至元六年（1269）十月，经籍所迁至京师。随后在至元九年（1272）置秘书监，职掌典藏书籍。同年又设立兴文署，专掌雕印文书。至元十一年（1274），以兴文署隶秘书监。十四年（1277）十二月，中书省奏，奉旨省并，兴文署并入翰林院。二十七年（1290），"复立兴文署，掌经籍板及江南学田钱谷"①。文宗天历二年（1329），设广成局，"掌传刻经籍，及印造之事"②。由此可以看出，元朝历代统治者都很重视图书出版业管理机构的建置。

元代的中央政府官刻机构以兴文署为主，作为刻书管理机构的同时也是元代中央机构中典型的刻书机构。元代的出版管理机构还有中书省、秘书监、广成局、太史院、国子监、御史台和司农司等。

（一）中书省

元代的中书省又称都省，是全国最高政务机关，"典领百官，会决庶务"③，"统六官，率百司……佐天子，理万机"④，类似于当今的国务院。中书省的最高长官是中书令，一般都是由皇太子担任。"中书省直辖山东西部及整个河北、山西，谓之腹里。而以岭北、辽阳、河南、陕西、四川、甘肃、云南、江浙、江西、湖广、征东11个行中书省，分辖全国185路、33府、359州、1127县"⑤，享有从中央到地方的指挥权。这种政治体制决定了元代的图书出版事业也归中书省管理，是封建集权统治所必需的，同时也反映出元代政府对刻书管理制度的严格。元代大凡重要图书的出版，都得由中书省审核批准并颁下所谓特有的"牒文"（公文、文书），才可以刊印，否则便是违制违法。

---

① （明）宋濂：《元史·世祖本纪十三》卷16，中华书局1976年版，第334页。
② （明）宋濂：《元史·百官志四》卷88，中华书局1976年版，第2224页。
③ （明）宋濂：《元史·百官志一》卷85，中华书局1976年版，第2120页。
④ 同上书，第2121页。
⑤ 李致忠：《古代版印通论》，紫禁城出版社2000年版，第202页。

(二) 兴文署

元朝廷在开国之初便于京师创立兴文署，主要任务即是掌管刻书出版事务。据钱大昕《补元史艺文志》载：

> 世祖用许衡言，遣使取杭州在官书籍版，及江西诸郡书版，立兴文署以掌之。诸路儒生著述，辄由本路官呈进，下翰林看详，可传者命各行省，檄所在儒学及书院，以系官钱刊行。①

兴文署"秩从六品。署令一员，以翰林修撰兼之。署丞一员，以翰林应奉兼之。至治二年罢，置典簿一员，从七品，掌提调诸生饮膳，与凡文牍簿书之事。仍置典吏一人"②。至元十年（1273），兴文署有校理四员、楷书一员、掌纪一员、雕字匠花名计四十名、作头一名、匠三十九名、印匠十六名。至元十四年（1277），兴文署并入翰林院，但是刻书活动并没有中断。至元二十七年（1290）兴文署本《资治通鉴》王磐序云："（朝廷）于京师创立兴文署，署置令、丞并校理四员，咸给禄廪，召集良工剡刻诸经子史版本，颁布天下，以《资治通鉴》为起端之首。"③ 由此我们可以了解到，兴文署刻书的内容只有"经、史、子"三类图书，不包括文集。之所以刻印《资治通鉴》为起端，则反映了元代统治者急于借鉴汉人治乱兴衰的历史经验，曾被清代馆臣评为"识时事之缓急而审适用之先务"④。兴文署雕印的《胡三省音注资治通鉴》《通鉴释文辨误》，质量上乘，最为有名。除此之外，兴文署还比较重视农业技术的推广，曾在浙江刊印《农桑辑要》万部，并自行刊刻《栽桑图说》，在民间出售。英宗至治二年（1322），兴文署被废止。

(三) 秘书监

元代的秘书监职掌典藏书籍。元世祖至元九年（1272）设秘书监，

---

① （清）钱大昕：《补元史艺文志》卷1，中华书局1985年版，第1—2页。
② （明）宋濂：《元史·百官志三》卷87，中华书局1976年版，第2193页。
③ （元）王士点、商企翁：《秘书监志》卷8，浙江古籍出版社1992年版。
④ 《钦定四库全书·钦定天禄琳琅书目》卷5，文渊阁电子版，上海人民出版社1999年版。

秩从三品。大德九年（1305）升为正三品。其职事掌历代图籍并阴阳禁书，又兼领天文历数的部分职务。就像钱大昕《补元史艺文志》中所述：

>……九年置秘书监，掌历代图籍并阴阳禁书，及大兵南伐，命焦友直括宋秘书省禁书图籍，伯颜入临安，遣郎中孟祺籍宋秘书省国子监国史院学士院图书，由海道舟运至大都，秘书所藏彬彬可观矣。①

至元十八年（1281）十一月，秘书监、太史院与司天台曾合并为一，由大司徒领翰林国史集贤院、会同馆和秘书监。但是次年又革罢大司徒府，三者的隶属关系是掌天文历数的太史院仍与司天台并存。延祐二年（1315），掌观象衍历的回回司天台也划归秘书监管领。至元十年（1273），集贤院管辖下的掌雕印文书的兴文署也曾隶属又并入翰林院，但是每年印造历日的事务仍归秘书监主管。此外，元代的秘书监还始终参与纂修《大元一统志》，秘书监下的著作局承担编纂事务，兵部和各省为之提供资料，最后成书1000卷，是书籍生产上的一大工程。

（四）广成局、太史院

广成局也称广成库，"秩七品。掌传刻经籍，及印造之事"②。属艺文监管辖，是元代中央直接管理刻书的机构。艺文监主管的是编译工作：

>秩从三品。天历二年置。专以国语敷译儒书，及儒书之合校雠者俾兼治之。太监检校书籍事二员，从三品；少监同检校书籍（事）二员，从四品；监丞参检校书籍事二员，从五品；典簿一员，照磨一员，令史四人，译史一人，怯里马赤一人，奏差二人，典吏三人。③

因此，广成局所刻书的内容以翻译作品为多。据记载，至顺元年

---

① （清）钱大昕：《补元史艺文志》卷1，中华书局1985年版，第1页。
② （明）宋濂：《元史·百官志四》卷88，中华书局1976年版，第2224页。
③ 同上书，第2223页。

(1330)，广成局刻有《雅克特穆尔世家》。① 此外，广成局还刊刻元代历朝皇帝的圣训，如其所刻的《祖宗圣训》就极为考究。

太史院，"秩正二品，掌天文历数之事"②，至元十五年（1278）始置，有太史令官七员。至大元年（1308）升从二品，设官十员。延祐三年（1316）升正二品，设官十五员。后分职设官，各司其事。其中有掌历二员，正八品；腹里印历勾管一员，从九品；各省设司历十二员，正九品；印历勾管二员，从九品。专掌天文历数之事。院下有印历局，专管历书的印制。故清魏崧《壹是记始》云："各省印授时历始于元。"元代著名科学家郭守敬制定的《授时历》，于至元十七年（1280）颁行天下，由太史院雕版印卖。《元史·刑法志四》载，历书统一由官府印卖，"诸告获私造日历者，赏银一百两。如无太史院历日印信，便同私历造者，以违制论"③。

（五）国子监、御史台、司农司

国子监历来就是教养之地，先王治道、先圣善教、先儒正学都在传习之列，因此，国子监也就历来兼事刻书。在元代，国子监隶属于集贤院，置祭酒一员，从三品；司业二员，正五品，掌学校之教令。监丞一员，正六品，专领监务。典簿一员，令史二人，译史、知印、典吏各一人。延祐三年（1316）国子监曾刻小字本《伤寒论》。后至元六年（1340）国子监又牒呈中书省批准，下浙江东道宣慰使司都元帅府，分派庆元路儒学镂刻了《玉海》200卷、《辞学指南》4卷、《诗考》1卷、《地理考》6卷、《汉书艺文志考证》10卷、《通鉴地理通释》14卷、《汉制考》4卷、《通鉴答问》5卷等若干种书。御史台是元代最高监察机构，同时也兼管刻书。司农司是专管农业并刻印本专业书籍的机构，司农司从至元十年（1273）到至顺三年（1332）曾先后五次刻印《农桑辑要》2.5万部。另外，至元二十八年（1291），司农司还刻印颁行了《农桑杂令》。

---

① （清）毕沅：《续资治通鉴·元纪二十四》卷206，中华书局1964年版，第5601页。
② （明）宋濂：《元史·百官志四》卷88，中华书局1976年版，第2219页。
③ （明）宋濂：《元史·刑法志四》卷105，中华书局1976年版，第2668页。

二　元代图书出版业的管理政策

"元代刻书可媲美宋代，所以言版本者，至今宋元并称"①。元代统治者为巩固其政权，十分重视吸收汉族文化。自太祖、太宗即知贵汉人，延儒生，讲求立国之道，"因而也重视出版工作"②。元代关于版印书籍的管理机构及其管理政策，是比较严整的。忽必烈建立元朝以后，根据当时的社会形势和政治需要，对出版业的管理加以变化、改革、完善和发展，形成了一套严密的管理体制，对以后的明清两代影响深远。

（一）各级审查制度

元代对图书出版前的各级审查即表现出严格的管理。元代的著作要由本路进呈，经过上级逐级批准才能出版。

1. 由中央经过中书省指令礼部，然后下各路儒学刻书

元代官方图书以及重要图书的出版都要呈请中书省批准，并由中书省以"牒"这种公文命令或通知具体管理部门或诸路，才可以刊行。地方上私人的图书若要出版，必须先经过当地主管官员的审核，再上报到中央管理部门，经其批准后才能出版。正如明陆容《菽园杂记》中所说："尝爱元人刻书，必经中书省看过下所司，乃许刻印。"③《天禄琳琅书目·茶宴诗注》亦云："元时书籍，并由中书省牒下诸路刊行。"④ 清代蔡澄《鸡窗丛话》中也有记载："先辈云：元时人刻书极难，如某地某人有著作，则其地之绅士呈词于学使，学使以为不可刻，则已。如可，学使备文咨部，部议以为可，则刊板行世，不可则止。"⑤ 这些说法虽然"不甚准确"⑥，但也可以说这是一种严格的图书出版审批制度，由此可见元代政府对图书出版业的重视。下面略举数例来看当时通过这种方式刻印书籍的

---

① 程千帆、徐有富：《校雠广义·版本编》，齐鲁书社 1991 年版，第 140 页。
② 同上书，第 140 页。
③ （明）陆容：《菽园杂记》卷 10，中华书局 1985 年版，第 129 页。
④ （清）于敏中：《天禄琳琅书目·茶宴诗注》，中华书局 1995 年版，第 6 页。
⑤ （清）蔡澄：《鸡窗丛话》，赵氏峭帆楼丛书本，1917 年版，第 19 页。
⑥ 肖东发：《中国图书出版印刷史论》，北京大学出版社 2001 年版，第 228 页。

情况：

延祐五年（1318），由集贤院呈请中书省，札付礼部议准，发下江西等处行中书省所辖各路儒学，刻印郝文忠的《陵川集》39卷。

至治元年（1321），御史台根据监察御史的呈请，申报中书省札付礼部议准，发江浙、江西行中书省刻印了王恽的《秋涧先生大全文集》50卷，就是监察御史提出并经礼部审定，再送中书省交江浙或江西行省刊行的。

后至元六年（1340），国子监牒呈中书省批准，下浙东道宣慰使司都元帅府，分派庆元路儒学招工刻印"《玉海》200卷、《辞学指南》4卷、《诗考》1卷、《地理考》6卷、《汉书艺文志考证》10卷、《通鉴地理通释》14卷、《汉制考》4卷、《践阼篇集解》1卷、《周易郑康成注》1卷、《姓氏急就篇》2卷、《急就篇补注》4卷、《周书王会补注》1卷、《小学绀珠》10卷、《六经天文篇》2卷、《通鉴答问》5卷等"[①]。

至正二年（1342），杭州路刻苏天爵《国朝文类》70卷就是由翰林国史院待制应奉编修各官呈本院详准，呈中书省札付礼部议准，仍由中书省行江浙等处行中书省下杭州路西湖书院开雕的。

至正八年（1348），御史台根据监察御史段弼、杨惠、王思顺、苏宁等人的呈请，申报中书省，送礼部议准，牒下江浙行省，发各路儒学刻印宋褧的《燕石集》15卷。

上述便是元代中央有关单位经中书省札付礼部，下各路儒学刻书的实例。由此可知，元代刻书的审查制度是相当严格的，必须经过中书省或其他机关审批后，方能出版。这主要是因为元代是异族统治，少数民族入主中原，出于对知识分子的防范之心造成的，反映了元政府对刻书管理体制的严整性。但是，这种管理体制的结果，却使许多非常有价值的书籍，因为不符合政府的口味，失去了出版的机会，在很大程度上也失去了流传下去的机会。

2. 经各道肃政廉访司组织发起，然后下各路儒学刻书

元代刻书还有一种途径就是由各道肃政廉访司发起，下各路儒学刻书。

[①] 李致忠：《古代版印通论》，紫禁城出版社2000年版，第199页。

为加强对南方的控制，世祖至元十四年（1277），在扬州设江南行御史台（元代最高监察机构），下辖江南十道监司，后迁至杭州，再迁往建康。各道监司称肃政廉访司，各道监司监管五六个或者十几个路。各路儒学或州县官署刊行书籍，需先向本路总管府申请，由路总管府转呈本道肃政廉访司。经肃政廉访使审查批准再逐级下转，然后由申报单位刊行。

使用这种方式最著名的是大德九路儒学刻印的十七史，被后世称为元代儒学最好的刻本。除此之外，还有很多利用这种方式刻印书籍的实例，如后至元五年（1339），江北淮东道肃政廉访司根据本道廉访使苏嘉的呈请，移文扬州路总管府，照行本路儒学刻印马祖常的《石田先生文集》15卷就是如此。又如至正五年（1345），抚州路儒学拟刻行虞集的《道园类稿》50卷，首先向抚州路总管府申报，经批准后转呈江西湖东道肃政廉访司，由该司主官肃政廉访使审核批准，再依次行文，交抚州路学开雕。至正六年（1346），江北淮东道肃政廉访使准本道廉使王正议牒，行本路儒学刻金履祥《论语集注考证》10卷。至正九年（1349），江南浙西道肃政廉访使司准本道佥事哈剌那海议牒，移文嘉兴路总管府照验行各路儒学刻刘因《静修先生集》30卷。至正二十五年（1365），江南浙西道肃政廉访使司根据平江路守镇分司牒请，由分司官佥事伯颜帖木儿嘉议牒，再上报江南浙西道肃政廉访司审查批准，后逐级行文下平江路儒学，刻印鲍彪注《战国策》10卷，等等。

3. 由中书省奉圣旨直接下江浙江西开雕

元代的官刻书籍多是经属下议刻，即经下属部门陈请，再经有关部门审定，然后交给某路经费宽裕的儒学、书院刻印。但是也有由中书省奉旨直接下江浙江西开雕的，如：

至正五年（1345），江浙、江西行中书省奉旨开雕《辽史》160卷、《金史》135卷。其前就有给江浙和中书省的牒文："准中书省咨右丞相奏，去岁教纂修辽、金、宋三史，令江浙、江西二省开板，就彼有的学校钱内就用，及早教各印造一百部，钦此。"至正六年（1346），刻《宋史》496卷，目录3卷，前面也有牒文："精选高手人匠就用赍去净稿，依式镂板，不致差额。所用工物，本省贡士庄钱内应付。如果不敷，不拘是何钱内放支，年终照算。仍禁约合属，毋得因而一概动扰违错。工毕，用上色高纸印造一百部，装潢完备，差官赴都解纳。"①

元代的图书出版，尤其是官刻书出版，必须要经过逐级呈请、审核批准，再通过各路儒学或地方权力机构，由儒学出资刊布流传，这是管理体制的特点所决定的，正如田建平所说："这种管理体制、管理制度，是前此历代所罕见的，也正是元朝出版业的一个突出特点。"② 这是元代儒学具有经济条件的具体反映，同时也反映出元代政府刻书管理体制的完整性和对图书出版业管理的严格。

（二）鼓励出版制度

元代政府对于有利维护其统治地位、能够推进社会进步等内容的图书，都会采取鼓励出版的方式。下面从政体教化类、农业科技类、历书三类图书的出版，窥探元代图书出版业的这种管理方式。

1. 对政体教化类书籍出版的管理

元代少数民族入主中原，为巩固蒙古贵族的统治地位，也为防范汉族知识分子，元朝历代统治者都很重视对政体教化类书籍出版的管理，以期在思想上统治臣民。

元代统治者对政体教化类图书的出版传播非常重视。如大德十一年（1307）八月，"己酉，从皇太子请，升詹事院从一品，置参议断事官如枢密院。辛亥，中书（右）［左］丞辛罗铁木儿以国字译《孝经》进，诏曰：'此乃孔子微言，自王公达于庶民，皆当由是而行。其命中书省刻板模印，诸王而下皆赐之'"③。至大四年（1311）六月，"帝览《贞观政要》，谕翰林侍讲阿林铁木儿曰：'此书有益于国家，其译以国语刊行，俾蒙古、色目人诵习之'"④。《续文献通考·经籍》中也有记载：

> 仁宗延祐四年（1317）四月以《大学衍义》译国语。先是帝为太子时，有进《大学衍义》者，命詹事王约等节而译之，帝曰："治

---

① 转引自李致忠《中国版印通论》，紫禁城出版社2000年版，第219页。
② 田建平：《元代出版史》，河北人民出版社2003年版，第17页。
③ （明）宋濂：《元史·武宗本纪一》卷22，中华书局1976年版，第486页。
④ （明）宋濂：《元史·仁宗本纪一》卷24，中华书局1976年版，第544页。

天下此一书足矣。"因命与图像《孝经》《列女传》并刊赐臣下。至是翰林学士承旨和搭拉都里默色、刘庚等译《大学衍义》以进。帝复令翰林学士阿林特穆尔译以国语。五年（1318）八月，复以江浙省所印《大学衍义》五十部赐朝臣。①

2. 对农业科技类书籍出版的管理

历代科技类著作相对于经书、史书、文集来说，数量少了许多，正如梁启超所言："做中国学术史，最令我们惭愧的是，科学史料异常贫乏。"② 曹之先生为此总结出了其中之原因：一个是统治者大兴文字狱，禁锢了人们的思想，另一个就是历代统治者不重视科学技术和经济建设。③ 纵观中国古代封建统治的历史，这种说法似乎略失偏颇。

首先，可以说明的一点是，在元代是不存在文字狱的。众所周知，元代刻书"不行避讳"④，没有讳字，加上蒙古人多不识汉字，因此当时也就没有文字狱。

其次，元代统治者比较重视科学技术和经济建设。蒙古族在用武力统一全国的过程中，强制推行牧区的生产方式，将大片农田变为牧场草地，使农业生产遭到严重破坏，蒙古政权面临严重威胁。统治者为了巩固封建政权，尽快恢复农业生产，迅速改变衰败的局面，元政府一再"诏谕诸路劝课农桑"⑤，并采取了一系列措施。如元世祖即位之初，"首诏天下，国以民为本，民以衣食为本，衣食以农桑为本。于是颁《农桑辑要》之书于民，俾民崇本抑末"⑥，设置司农司专管农业生产。中统元年（1260），命各路宣抚司选通晓农事者任劝农官，其职责是巡行郡邑，察举勤惰，奖勤罚懒。中统二年（1261）由陈邃、崔斌等八人组成劝农司。至元二十五年（1288），元政府又颁行《农桑杂令》，对农业生产的若干问题作了具体规定。元世祖还多次颁布屯田垦荒之令。大规模的屯田垦荒

---

① 《钦定四库全书·钦定续文献通考》卷141，文渊阁电子版，上海人民出版社1999年版。
② 梁启超：《中国近三百年学术史》，东方出版社1996年版。
③ 曹之：《中国古籍编撰史》，武汉大学出版社2006年版，第372页。
④ 熊小明：《中国古籍版刻图志》，湖北人民出版社2007年版，第79页。
⑤ （明）宋濂：《元史·世祖本纪三》卷6，中华书局1976年版，第122页。
⑥ （明）宋濂：《元史·食货志一》卷93，中华书局1976年版，第2354页。

对恢复农业生产起了很大作用。元世祖之后的历代皇帝也都重视农业生产：元成宗大德元年（1297），"罢妨农之役。十一年（1307），申扰农之禁，力田者有赏，游惰者有罚，纵畜牧损禾稼桑枣者，责其偿而后罪之"①。武宗至大二年（1309）推广淮西廉访佥事苗好谦所献种莳之法；三年（1310），"申命大司农总挈天下农政，修明劝课之令，除牧养之地，其余听民秋耕"②。仁宗皇庆二年（1313）"复申秋耕之令"③。"致和之后，莫不申明农桑之令"④。元代在大抓农业的同时也很重视农业的水利工作，中央设有都水监，地方设有河渠司，专掌水利事务。至元七年（1270）由左丞张文谦等组建司农司，专门负责农桑水利方面的工作。除此之外，元朝统治者考虑到"田里之人虽能勤身从事，而播殖之宜、蚕缫之节，或未得其术，则力劳而功寡，获约而不丰矣。于是便遍求古今所有农家之书，披阅参考，删其繁要，撮其切要，纂成一书目曰《农桑辑要》凡七卷，镂为版本，进呈毕将以颁布天下"⑤。由此可以看出元政府对于农业恢复的重视。

《农桑辑要》是我国古代第一部官修农书，是继贾思勰《齐民要术》之后又一部全面介绍北方农业技术的农书，它反映了我国 13 世纪的生产水平。《四库全书总目》称其"详而不芜，简而有要，于农家之中最为善本"⑥。《农桑辑要》先后共刻印五次：初刻于世祖至元十年（1273）；再刻于仁宗延祐元年（1314），"以旧板本弗称，诏江浙省臣端楷大书，更镂诸梓，仍印千五百帙，颁赐朝臣及诸牧守，令知稼穑之艰难，以劝谕民"⑦；三印于仁宗延祐二年（1315），"诏江浙行省印《农桑辑要》万部，颁降有司遵守劝课"⑧；四印于英宗至治二年（1322），"丞相暨大司

---

① （明）宋濂：《元史·食货志一》卷 93，中华书局 1976 年版，第 2356 页。
② 同上。
③ 同上。
④ 同上书，第 2357 页。
⑤ 《钦定四库全书·农桑辑要原序》，文渊阁电子版，上海人民出版社 1999 年版。
⑥ 《钦定四库全书·钦定四库全书总目》卷 120，文渊阁电子版，上海人民出版社 1999 年版。
⑦ 《钦定四库全书·元文类》卷 36，文渊阁电子版，上海人民出版社 1999 年版。
⑧ （清）毕沅：《续资治通鉴·元纪十七》卷 199，中华书局 1964 年版，第 5412 页。

农臣协谋奏旨，复印千五百帙，凡昔之未沾赐者制悉与之"①；五印于文宗至顺三年（1332），印刷1万部。累计五次印刷总数约2.5万部，这在中国刻书史上是少见的，元代兴起一股"农书热"，农书销路极广，这说明元代政府是非常重视并且鼓励支持编写出版农业科技类书籍的。

除《农桑辑要》之外，元代还多次刻印过许多农业类书籍，如与汉氾胜之的《氾胜之书》、北魏贾思勰的《齐民要术》、宋陈旉的《农书》、明徐光启的《农政全书》号称"五大农书"的元王祯《农书》37卷。王祯，字伯善，东平（今属山东）人，在安徽旌德县任职时，为官清廉，颇有政声。尤其关心农业生产，在总结前人农业生产经验的基础上，结合生产实际撰《农书》，该书于成宗元贞年间，后仁宗皇庆年间又做过一些润色修改，全书13.6万字，分农桑通诀、百谷谱、农器图谱三部分。根据书中所附《造活字印书法》可知，此书至少有一种江西刻本。另外还大量刻印过苗好谦的《栽桑图说》，据《元史》记载：延祐五年（1318），九月癸亥，"大司农买住等进司农丞苗好谦所撰《栽桑图说》，帝曰：'农桑衣食之本，此图甚善。'命刊印千帙，散之民间"②。当时统治者对此书的重视程度由此可见一斑。还有鲁明善（名铁柱，以字行，维吾尔人），作《农桑衣食撮要》2卷于仁宗延祐元年（1314）出监寿郡之时。全书共分12个月，每月应种什么庄稼，应收什么作物，都一一详载。全书除了农桑之外，兼收园艺、畜牧、农产品加工、修建等其他必要的农事活动。另有张光大《救荒活民类要》，摘录了历代救荒措施与救荒丹方，记事至英宗至治元年（1321）。汪汝懋《山居四要》4卷，"四要"为摄生、养生、卫生、治生之要。"治生"专讲农事，"卫生"之后录六畜病方若干。陆泳《田家五行》《田家五行拾遗》一卷、柳贯《打枣谱》一卷、刘美之《续竹谱》一卷、卞管勾《司牧马经痊骥通元论》、陶宗仪《农家谚》一卷及《居家必用事类全集》十卷等。《居家必用事类全集》撰人不详，全书以十干分集，辛集中有元大德五年（1301）吴郡徐元端《吏学指南序》，逢"圣朝"二字跳行，明《永乐大典》又多次征引该书，故为元人编撰无疑。

---

① 《钦定四库全书·元文类》卷36，文渊阁电子版，上海人民出版社1999年版。
② （明）宋濂：《元史·仁宗纪三》卷26，中华书局1976年版，第585页。

3. 对历书出版的管理

相比其他朝代的官方多重视经书、史书的编刊，很少重视农书，元代则因重视农业生产而重视与安排农事活动关系极大的历书。为了不误农时，元代统治者要求历书的刻印出版做到准确、及时。同时鼓励民众控告私造历日，对于私造历日者也采取相应的惩罚措施，如"诸告获私造历日者，赏银一百两。如无太史院历日印信，便同私历造者，以违制论"①。由此可见元代统治者对历日的重视和严格管理。

元代初年，"刘秉忠因所用金时《大明历》已有与天象不合问题，提议修订历法。至元十三年（1276），元廷设立太史局（后改为太史院），命许衡、王恂、郭守敬、杨恭懿等主持其事"②。杰出的天文学家郭守敬认为"历之本在于测验，而测验之器莫先仪表"③。因此他用三年时间改制了多种精确便宜的仪器，也使我国古代天文仪器的制造进入了一个新的阶段。而后通过世界天文史上规模空前的实地观测，取得了许多在当时世界上最为精确、最先进的重要数据，参考历代历法，编制出我国古代最优秀、最科学的历书《授时历》，于至元十八年（1281）颁行天下。《授时历》在当时来说，"自古至今，其推验之精，盖未有出于此者也"④，是我国古代最卓越的一部历法，把我国古代的历法体系推向了高峰。

元政府对于历书的重视和出版的管理，在其他文献资料中也有记载。据《续资治通鉴》卷二二〇：

> （至正二十七年十一月）是日，冬至，吴太史院进戊申岁《大统历》。王谓院使刘基曰："古者以季冬颁来岁之历，似为太迟，今于冬至亦未宜，明年以后，皆以十月朔进。"初，《戊申历》成，将刊布，基与其属高翼以录本进，王览之，谓基曰："此众人为之乎？"对曰："是臣二人详定。"王曰："天象之行有迟速，古今历法有疏密，苟不得其要，不能无差。春秋时，郑国一辞命，必草创、讨论、

---

① （明）宋濂：《元史·刑法志四》卷105，中华书局1976年版，第2668页。
② 叶垣、蒋松岩：《宋辽夏金元文化史》，东方出版中心2007年版，第544页。
③ 同上。
④ （明）宋濂：《元史·历志一》卷52，中华书局1976年版，第1120页。

修饰、润色，然后用之，故少有缺失。辞命尚如此，而况于造历乎？公等须各尽心，务求至当。"基等乃以所录再详校而后刊之。①

由此可见元顺帝对历书编写刊刻要求的严格。历书编成之后，还要及时刻印，否则就会贻误农时。为了加快印书速度，常常由几个地方同时刻印，据《元史·世祖本纪第十》载，至元二十二年（1285），五月戊寅：

以远方历日取给京师，不以时至。荆湖等处四行省所用者隆兴印之，合剌章、河西、西川等处所用者京兆印之。②

（三）限禁及惩罚制度

元代加强对图书的出版和流通的管理，侧重点在于禁绝那些煽动反抗蒙古贵族的民族压迫和阶级镇压的图书。由于民间的反抗斗争以及统治集团内部的冲突常与阴阳人的活动有关，因此元代政府多次下令禁断民间流传的阴阳图书并左道乱政之术，那些煽惑民心，鼓动人民造反或谶说元气术短长，伪推天时朔晦，不利元人运祚的图书，都在禁印禁行之列。特别是在元代初期，政权建立不久，对此更为敏感。

1. 对天文、图谶、阴阳伪书的限禁与追缉惩处

元朝建立之初，为了防止某些人利用天文、图谶、阴阳伪书制造不利于蒙古贵族统治的舆论，元世祖忽必烈从至元三年（1266）至二十三年（1286）的20年间，先后发布六次禁书令，并多次禁毁天文、图谶、阴阳伪书。如至元三年二月，"平阳路僧官以妖言惑众伏诛"③，同年十一月便"诏禁天文、图谶等书"④。至元九年（1272）三月，甲戌，诏令"括民间《四教经》，焚之。"⑤ 至元十年（1273）春正月，世祖再次发诏禁

---

① （清）毕沅：《续资治通鉴·元纪三十八》卷220，中华书局1964年版，第6004—6005页。
② （明）宋濂：《元史·世祖本纪十》卷13，中华书局1976年版，第276页。
③ （明）宋濂：《元史·世祖本纪三》卷6，中华书局1976年版，第110页。
④ 同上书，第112页。
⑤ （明）宋濂：《元史·世祖本纪四》卷7，中华书局1976年版，第140页。

"扰民及阴阳图谶等书"①。至元二十三年春正月，丁亥，"焚阴阳伪书《显明历》"②，等等。

元朝统治者不仅限禁利用这些天文、图谶、阴阳伪书制造反元舆论，对于收藏这些书的人，也一并治罪。如《元史·刑法志四》："诸阴阳家天文图谶应禁之书，敢私藏者罪之。诸阴阳家伪造图谶，释老家私撰经文，凡以邪说左道诬民惑众者，禁之，违者重罪之。在寺观者，罪及主守，居外者，所在有司察之。诸妄言禁书者，徒。"③ 至元二十一年（1284年）五月，"河间任丘县民李移住谋叛，事觉伏诛。括天下私藏天文图谶《太乙雷公式》《七曜历》《推背图》《苗太监历》，有私习及收匿者罪之。"④ 又如至元三年（1266）十月，钦奉圣旨：

> 道与中书省据随路军人匠不以是何投下诸色人等，应有天文图书，及《太乙雷公式》《七曜历》《推背图》，圣旨到日，限一百日赴本处官司呈纳。候限满日，收拾前项禁书，如法封记，申解赴部呈省。若限外收藏禁书，并私习天文之人，或因事发露及有人告首到官，追问得实，并行断罪。钦此。⑤

从上述资料可以看出，元代政府对天文、图谶、阴阳伪书的严厉禁毁以及对违禁者的严惩不贷，在圣旨下达百日之内，一律上交本地官府封存。限期过后，如有人敢出售、收藏禁书者，追问得实，一律判罪。至元十八年（1281）三月，南方的都昌县白莲教首领杜万一，用《五公符》《推背图》《血盆经》等书制造反元舆论，领导当地农民反抗蒙古贵族的高压统治。元世祖兴兵镇压，同时发布诏令："禁断拘收外据前项图画封记发来事，本部议得若依秘书监所拟，将《五公符》《推背图》等天文等图书，并左道乱正之术，依上禁断拘收到官封记，发下秘书监收顿。相应

---

① （明）宋濂：《元史·世祖本纪五》卷8，中华书局1976年版，第147页。
② （明）宋濂：《元史·世祖本纪十一》卷14，中华书局1976年版，第286页。
③ （明）宋濂：《元史·刑法志四》卷105，中华书局1976年版，第2684页。
④ （明）宋濂：《元史·世祖本纪十》卷13，中华书局1976年版，第266页。
⑤ 《大元圣政国朝典章中·阴阳学》卷32，中国广播电视出版社1998年版，第1215页。

都省行下禁断拘收，发来施行。"① 严禁上述各书以及其他天文图谶的流传。

元世祖多次反复发诏查禁天文图谶，除了用来镇压杜万一、李移住等人利用此类图书反抗元朝的统治外，还有一个更深层次的原因。有元一代，蒙古贵族信奉一种原始宗教——萨满教。"萨满"是通古斯语的音译，即"巫"的意思。而该教所崇拜的最神圣的对象，便是上天，认为那里是诸神所居之处，谁要是能够把握住那自然神的变化规律，谁就掌握了漠北各部落以至后来的整个蒙古帝国的精神统治权。正因如此他们担心"妖妄之人"利用天文、图谶、星历之书与上天相通，有可能把灾难降到自己的头上。所以元朝历代帝王在登基后一方面要请宗教界的僧侣、道士做佛事、设周天醮；另一方面又要各处搜罗通晓天文历数阴阳卜卦的术士，一再下令严禁这些人与诸王、驸马及达官贵人交游，并对违禁者采取严厉的措施。如世祖至元五年（1268）六月，"济南王保和以妖言惑众，谋作乱，敕诛首恶五人"②。据《元史·刑法志》载：

> 诸妖言惑众，啸聚为乱，为首及同谋者处死，没入其家；为所诱惑相连而起者，杖一百七。诸假托神异，狂谋犯上者，处死。诸乱言犯上者处死，仍没其家。③

> 诸阴阳家者流，辄为人燃灯祭星，蛊惑人心者，禁之。诸妄言星变灾祥，杖一百七。诸阴阳法师，辄入诸王公主驸马家者，禁之。诸以阴阳相法书符咒水，凡异端之术，惑乱人听，希求仕进者，禁之，违者罪之。④

与此同时，对天文、图谶、星历这几类图书也一律查禁。元世祖去世后的泰定二年（1325），泰定帝深恐有人利用图谶制造舆论以推翻他的皇位，再次"申禁图谶，私藏不献者罪之"并"禁用阴阳相地邪说"⑤。

---

① 《大元圣政国朝典章中·阴阳学》卷32，中国广播电视出版社1998年版，第1215页。
② （明）宋濂：《元史·世祖本纪三》卷6，中华书局1976年版，第118页。
③ （明）宋濂：《元史·刑法志三》卷104，中华书局1976年版，第2651页。
④ （明）宋濂：《元史·刑法志四》卷105，中华书局1976年版，第2684页。
⑤ （明）宋濂：《元史·泰定帝本纪一》卷29，中华书局1976年版，第654页。

元代对于无根经文的限禁也很严格，并有法律明确规定："诸僧道伪造经文，犯上惑众，为首者斩，为徒者各以轻重论刑。"① 如"元贞二年二月初五日，中书省咨准河南行省咨峡州路远安县太平山无量寺僧人袁普昭，自号无碍祖师，伪造论世秘密经文，虚谬凶险，刊版印散，扇惑人心，取讫招状"②。又如延祐元年（1314）五月，御史台呈上一份奏折，说的是沔阳府陈兴祖，告傅万一妻阿李，请人抄写天降经文"今岁山崩地陷，人死玖分"。捉到印经人李行余等，"取讫招状，钦遇释免"。对此刑部做出以下判决：

> 印造无根经文，盖切名僧道之徒，不修戒行，往往撰造妖言，舍施符水，苟图钱物，惑世诬民，关系非轻，理合遍行禁治。若有似此违犯，罪及寺观主首，其有不居寺观，四方游荡，恣为邪说之流，亦令所在官司常加警察。③

自唐以来，历代对图籍的刻印、收藏、出售、流行，都存有禁止行为，虽然其禁止的内容有所不同，但是宗旨只有一个，就是为了维护其封建统治，元代亦是如此。

2. 对道藏的限禁与违法活动的追缉惩处

有元一代，道教与佛教之间的斗争异常激烈，政府出面扬佛抑道，以佛教为国教。大规模的禁毁道书，在元代共有三次，结果损失惨重：一次是宪宗八年（1258），即佛道辩论之后，宪宗颁旨禁毁道经45部经文印版；一次是在至元十七年（1280），二月丙申，世祖忽必烈诏谕真人祁志诚等"焚毁《道藏》伪妄经文及版"④；还有一次就是在至元十八年（1281）十月己酉，张易等进言：参校道书，惟《道德经》系老子亲著，余皆后人伪撰，宜悉焚毁。世祖随之颁诏：除老子《道德经》之外，"随路但有《道藏》说谎经文并印版，尽宜焚去"⑤。查处不利的官员将与收

---

① （明）宋濂：《元史·刑法志四》卷105，中华书局1976年版，第2684页。
② 《大元圣政国朝典章下·伪》卷52，中国广播电视出版社1998年版，第1895—1896页。
③ 方龄贵：《通制条格校注》卷28，中华书局2001年版，第690页。
④ （明）宋濂：《元史·世祖本纪八》卷11，中华书局1976年版，第222页。
⑤ （元）释念常：《佛祖历代通载》卷21，北京图书馆出版社2005年版，第26页。

藏道德经的人同受惩处。同年十月，集百官于悯忠寺焚《道藏》伪经杂书，遣使诸路，俾遵行之，"有收藏道家一切经文，本处达鲁花赤管民官添气力用心拘刷见数分晓，分付差去官眼同焚毁"[1]。由上可以看出，这个诏令先在大都实施，后又遣使宣谕诸路，俾遵行之，进而波及全国范围。这一严酷的禁书令对于道教典籍禁毁是空前绝后的，是一次使道教遭受到致命打击与损失的重创，几乎使道教灭顶。道教典籍除《道德经》外，首当其冲遭受打击的是《老子化胡经》《八十一化图》。除此以外，至元十八年（1281）点名禁毁的道书（所谓"见者便宜烧毁"）还有：

  《化胡经》（王浮撰）、《犹龙传》、《太上实录》（宋谢守灏撰）、《圣纪经》、《西升经》、《出塞记》、《帝王师录》、《三破论》（齐人张融们，假托他姓）、《十异九迷论》（傅奕、李玄卿）、《明真辨伪论》（吴筠）、《十小论》、《钦道明证论》（唐员半千，假托他姓）、《辅正除邪论》（吴筠）、《辟邪归正论》（杜光庭）、《龀邪论》（梁旷）、《辩仙论》（梁旷）、《三光列纪》、《谤道释经》（林灵素、杜光庭撰）、《五公问虚无经》、《三教根源图》、《道先生三清经》、《九天经》、《赤书经》、《上清经》、《赤书度命经》、《十三虚无经》、《藏天隐月经》、《南斗经》、《玉纬经》、《灵宝二十四生经》、《历代应现图》、《历代帝王崇道记》、《青阳宫记》、《纪胜赋》、《玄元内传》、《楼观先生内传》、《高上老子内传》、《道佛先后论》、《混元皇帝实录》。[2]

以上诸书，仅存《犹龙传》《历代帝王崇道记》与《洞玄二十四史生图经》，余皆不存。虽然元世祖不久觉察到在佛道二教间执行的倾斜政策已经过度了，便立即给道教进行了安抚，故边远地区的《道藏》没有全部烧掉。尽管如此，宪宗、世祖三次焚毁道经，特别是焚毁纯阳万寿宫所存《大元玄都宝藏》经版，对道教文献造成了巨大损失。加之元末明初的战争，使道经继续受到摧残，道藏文献在元代遭到了史无前例的毁灭性

---

[1] （元）释念常：《佛祖历代通载》卷21，北京图书馆出版社2005年版，第26页。
[2] （元）祥迈：《大元至元辨伪录》卷2，北京图书馆出版社2003年版。

打击。

3. 对小说词曲的限禁与违法活动的追缉惩处

我国的小说戏曲到宋代已经盛行,到元代有了很大的发展。① 由于蒙古统治者是靠武力夺得天下、入主中原,其当时制度的狭隘性和落后的文化使它统治政权表现为特别残酷的民族压迫。在当时分蒙古、色目、汉人、南人四等,又把汉人和南人分为一官、二吏、三僧、四道、五医、六工、七匠、八娼、九儒、十丐十等。并停废科举,阻塞了汉族文人参与政权的机会,民族歧视和阶级压迫十分尖锐。在这种形势下,激起了他们的不平之鸣,不少汉族知识分子将他们的愤懑与怨恚之情渗透到小说、戏曲中去。明胡侍《真珠船》卷四记载:

> 《元曲》如《中原音韵》《阳春白雪》《太平乐府》《天机余锦》等集,《范张鸡黍》《王粲登楼》《三气张飞》《赵礼让肥》《单刀会》《敬德不伏老》《苏子瞻贬黄州》等传奇,率音调悠圆,气魄宏壮,后虽有作,鲜之与京矣。盖当时台省元臣,郡邑正官及雄要之职,尽其国人为之。中州人每每沉抑下僚,志不获展,如关汉卿入太医院尹,马致远江浙行省务官,宫大用钓台山长,郑德辉杭州路吏,张小山首领官,其他屈在簿书、老于布素者,尚多有之。于是以其有用之才,而一寓之乎声歌之末,以舒其怫郁感慨之怀,盖所谓不得其平而鸣焉者也。②

类似于此的还有很多,如明张燧《千百年眼》卷十一《中华名士耻为元房用》云:

> 胜国初,欲尽歼华人,得耶律楚材谏而止。又欲除张、王、赵、刘、李五大姓,楚材又谏止之。然每每尊其种类,而抑华人;故修洁士多耻之,流落无聊,类以其才泄之歌曲,妙绝古今。如所传《天机余锦》《阳春白雪》等集,及《琵琶》《西厢》等记,小传如《范

---

① 王利器:《元明清三代禁毁小说戏曲史料》,上海古籍出版社1981年版。
② (明)胡侍:《真珠船》,陕西通志馆1934年版,第1—2页。

张鸡黍》《王粲登楼》《倩女离魂》《赵礼让肥》《马丹阳度任风子》《三气张飞》等曲，俱称绝唱。有决意不仕者，断其右指，杂屠沽中，人不能识；又有高飞远举，托之缁流者；国初稍稍显见。金碧峰、复见心诸人，俱以瑰奇，深自藏匿。姚广孝幼亦避乱，隐齐河一招提为行童。古称胡虏无百年之运，天厌之矣。①

以上这些资料，可以使我们看出当时文人的生活面貌，在一定程度上，他们和广大劳动人民是同呼吸共患难的，这就给予了他们的艺术作品以一定的人民性和现实主义因素。随着当时的社会需要，小说和戏曲日益发展繁荣起来，也随着民族压迫和阶级压迫的加深，而开始遭受统治阶级千方百计的禁毁。

实际上，被禁毁的小说戏曲，主要是有关于反抗封建统治、鞭挞贪官污吏和揭露封建社会黑暗腐朽的作品，因此，封建统治阶级禁毁小说戏曲的主要目的就是镇压人民的反抗斗争，企图维护和巩固封建统治阶级的社会制度。由于当时的文人经常通过他们的作品揭露封建统治阶级对人民的压迫和剥削，激励人们进行反抗和斗争，这就引得封建统治阶级惶恐不安，对小说戏曲就采取严厉的禁毁政策，同时也对小说戏曲的作者采取杀头、充军等严刑峻法。除此之外，还不允许学习、说唱此类词曲，企图禁止这类小说戏曲的产生和流传。如《元史·刑法志四》载："诸民间子弟不务生业，辄于城市坊镇，演唱词话，教习杂戏，聚众淫谑，并禁治之……诸乱制词曲，为讥议者，流。"② "诸妄撰词曲，诬人以犯上恶言者，处死。"③《纂图增新群书类要事林广记》亦载："立集场唱淫词犯人四十七下，社长、主首、邻佑人等二十七下。"④ 又如《大元圣政国朝典章·杂禁》卷五七：

至元十一年十月，中书兵刑部承奉中书省札付据大司农司呈河北

---

① 转引自王利器《元明清三代禁毁小说戏曲史料》，上海古籍出版社1981年版，第2页。
② （明）宋濂：《元史·刑法志四》卷105，中华书局1976年版，第2685页。
③ （明）宋濂：《元史·刑法志三》卷104，中华书局1976年版，第2651页。
④ 转引自王利器《元明清三代禁毁小说戏曲史料》，上海古籍出版社1981年版，第3页。

河南道巡行劝农官申顺天路东鹿县头店见人家内聚约百人，自搬词传，动乐饮酒。为此，本县官司取讫社长田秀井、田拗驴等各人招状，不合纵令侄男等攒钱置面戏等物，量情断罪外；本司看详，除系籍正色乐人外，其余农民市户良家子弟，若有不务本业，习学散乐般说词话人等，并行禁约，是为长便。乞照详事都省准呈，除已札付大司农司禁约外，仰依上施行。……至元十二年中书兵刑部承奉中书省判送刑房呈，今体知得……在都唱琵琶词货郎儿人等，聚集人众，充塞街市，男女相混，不唯引惹斗讼，又恐别生事端。蒙都堂议得，拟合禁断，送部行下合属，依上施行，奉此施行。间又奉都堂钧旨，唱琵琶词货郎儿人等止禁，大都在城外，山客货药，遍下随路禁约者。①

明长谷真逸辑《农田余话》卷上载：

后至元丙子（一三三六），丞相伯颜当国，禁江南农家用铁禾叉（即叉枪），犯者杖一百七十，以防江南人造反之意。民间止用木叉挑取禾稻。古人所谓食肉者，其智如此。又禁戏文、杂剧、评话等。②

在元代政府的高压政策下，被禁毁的小说戏曲的数量是相当大的，使得许多优秀的作品湮没不传，造成不可弥补的损失。可惜由于史料的缺乏，究竟有哪些书被宣布为禁书，今天很难弄清楚了。但是，无论怎样，这些零星的史料告诉我们，元代的统治阶级确实对小说、戏曲进行过千方百计的禁毁，而且还有很强烈的种族主义色彩。对小说、戏曲、话本等的查禁，是元代的特殊产物，也为中国的禁书又增添了新的品种。

---

① 《大元圣政国朝典章下·杂禁》卷 57，中国广播电视出版社 1998 年版，第 2103—2104 页。

② 转引自王利器《元明清三代禁毁小说戏曲史料》，上海古籍出版社 1981 年版，第 10 页。

三 元代图书出版业的兴盛与发展

在元朝统治期间，中国是当时世界上最强大最富庶的国家。幅员辽阔、民族众多，是我国历史上版图最大的朝代。这就为多民族文化提供了一个相互学习、融会贯通的好机会，出现了空前的民族大融合和经济文化的大交流，在一定程度上也促进了元代出版事业的蓬勃发展。除此以外，元代图书出版业兴盛还有一个原因就是元代刻书"不行避讳"[1]，"至于元朝，起自漠北，风俗浑厚质朴，并无所讳，君臣往往同名。后来虽有讳法之行，不过临文略缺点画而已，然亦不甚以为意也，初不害其为尊，以至士大夫间，此礼亦不甚讲"[2]。没有讳字，加上蒙古人多不识汉字，因此当时也就没有文字狱，这得天独厚的环境同样促进了元代图书出版业的兴盛。如张继才《补元史艺文志序》云：

> 元自伯颜南下，图籍尽载而北，维时朝廷又广开遗书之路，凡以书来献者，或命以官，或给以禄，佳本则识之玉章，掌诸近侍。儒生著述，皆由本路进呈，下翰林看详，可传者令江浙行省或所在儒学刊行。是以元时载籍极博，而奎章崇文之积，不下于历朝……[3]

由此可以看出元代图籍的盛况。据清钱大昕《补元史艺文志》统计，"元代刻印、流通的图书，经部为八百零四种，史部为四百七十七种，子部为七百六十三种，集部为一千零九十八种，共三千一百四十二种"[4]，对于不足百年历史的元代，有如此数量的图书传播于世，实在是盛况可观。

因此可以这样说：元代统治者虽然在某些程度上限禁了一些图书的印刷出版，但这并不能阻止整个元代出版业的兴盛与发展。下面从图书的刊

---

[1] 熊小明：《中国古籍版刻图志》，湖北人民出版社2007年版，第79页。
[2] （明）叶子奇：《草木子·杂制篇》，中华书局1959年版，第59页。
[3] 转引自《锥竹筠遗稿》，李新干：《元史艺文志辑本》，北京燕山出版社1999年版，第553页。
[4] 陈红彦：《元本》，江苏古籍出版社2002年版，第8页。

刻和印刷技术的发展两个方面，来看元代图书出版业的兴盛与发展。

（一）图书的刊刻

元代刊刻的书籍数量之多远胜于宋。金宋交兵时期，战乱频发，社会秩序混乱，人心不安，北方的文化事业受到很大影响，并趋于衰落。到了元代，统治者重视刻印书籍，太宗八年（1236）成立编修所，于平阳立经籍所，编辑印刷经史书籍。元人袁桷《清容居士集·袁氏旧书目序》云：

> 国家承平，四方无兵革之虞，多用文儒为牧守，公私间暇，鲜事醼会寮属，以校雠刻书为美绩。至于细民，亦皆转相模锓以取衣食。①

当时"以校雠刻书为美绩"，足以说明元政府对刻印书籍的重视。据《元史》记载：元代的皇帝还经常亲自下令刻印书籍。统治者对图书刊刻的重视对当时的出版业产生了积极的影响，官刻、私刻、坊刻逐步得到了恢复和发展，雕版印刷事业也重新振兴。

元代的刻书事业分为官刻、私刻和坊刻三大系统。"早在元军攻下南宋首都临安之初，元政府就将国子监印版及江西所有印版运往北方，为元代官府刻书事业的发展打下了基础。"② 自雕版印刷以来，书院一直在官方出版事业中担当重要角色。而元代官刻书籍中最主要、数量最大、质量最高的就是下各路、府、州、县儒学及书院刻印的书籍，同时也是元代官刻的主体。叶德辉《书林清话》中载："元时官刻之书，多由中书省江浙等路有钱粮学校赡学田款内开支。有径由各省守镇分司呈请本道肃政廉访使行文本路总管府事下儒学者。有由中书省所属呈请奉准施行，展转经翰林国史院礼部详议照准行文各路者。"③ 各路儒学和书院刻书之所以有如

---

① （元）袁桷：《清容居士集·袁氏旧书目序》卷22，北京图书馆出版社2006年版，第11页。
② 高信成：《中国图书发行史》，复旦大学出版社2005年版，第68页。
③ （清）叶德辉：《书林清话附书林余话》，岳麓书社1999年版，第146页。

此重要之地位和作用，究其原因有以下五个方面。

1. 政府的支持与重视

元朝的统治者十分重视地方各级儒学书院的建置和生徒的培养。一方面，元朝统治者不仅仅"只识弯弓射大雕"，对儒家文化也有着应有的尊重。在他们看来，"兴举学校，乃王政之所先"①。另一方面，试图利用书院把读书之人引入利禄仕途，受其控制，因此"元世学校之盛，远被遐荒，亦自昔所未有"②。《元史·世祖本纪》载：至元二十三年（1286）大司农司统计，"诸路学校凡二万一百六十六所，储义粮九万五百三十五石，植桑枣杂果诸树二千三百九万四千六百七十二株"③。足见元代学校之盛。元朝政府除在全国各路、府、州、县普遍设立儒学外，至元二十八年（1291）又命在"其他先儒过化之地，名贤经行之所，与好事家出钱粟赡学者，并立为书院"④以作为学校的补充，同时由国家或私人拨捐学田。例如西湖书院，就有"郡人朱庆宗捐宜兴州田二百七十五亩，归于书院"⑤。由于统治者的重视，促进了全国各地官办儒学和书院的发展，曾"有过创建24400所各级官学，使全国平均每2600人即拥有一所学校的政绩"⑥，创造了中国书院史上新的历史纪录。朱彝尊《日下旧闻》称："书院之设，莫盛于元，设山长以主之，给廪饩以养之，几遍天下。"⑦与此同时，各路儒学书院的刻书业也随之发展。

2. 经费的保障

元代的地方官刻之书，多是由中书省经过各部府，最后都通向各路儒学书院，由它们付梓印行。这既是元代政府对刻书出版事业管理体制上的特点，也是元代儒学具有经济条件的具体反映。

学田收入

各路儒学书院拥有大量的学田，是其刻书经费的主要来源之一。"政

---

① 《大元圣政国朝典章上·兴学校》卷2，中国广播电视出版社1998年版，第42页。
② （明）陈邦瞻：《元史纪事本末》卷8，中华书局1979年版，第62页。
③ （明）宋濂：《元史·世祖本纪十一》卷14，中华书局1976年版，第294页。
④ （明）陈邦瞻：《元史纪事本末》卷8，中华书局1979年版，第56页。
⑤ 转引自李致忠《古代版印通论》，紫禁城出版社2000年版，第204页。
⑥ 邓洪波：《中国书院史》，东方出版中心2004年版，第189页。
⑦ 转引自陈元晖、尹德新、王炳照《中国古代的书院制度》，上海教育出版社1981年版，第49页。

府所拨'经费',大多以田产应允;私人筹措经费,亦多用田产替代。"①元代政府对书院学田采取保护政策,同时还规定各学校都有学田,所收全部由学校自身支配。正如明陆深《金台纪闻》载:

> 胜国②时,郡县俱有学田,其所入谓之学粮,以供师生廪饩,余则刻书。以足一方之用。工大者则纠数处为之,以互易成帙,故雠校刻画颇有精者,初非图鬻也。③

元时书院把田租给佃农,按时收租,换得钱粮,以保证教学工作的正常进行,剩余资金则可用来刻书,这就是元代儒学书院刻书兴盛的内在原因。又如至元二十三年(1286)二月,"江南诸路学田昔皆隶官,诏复给本学,以便教养"④;至元二十九年(1292)正月,甲辰,诏曰:"江南州县学田,其岁入听其自掌,春秋释奠外,以廪师生及士之无告者。"⑤ 至元三十一年(1294)命中书省议行贡举之法时,又令"其无学田去处,量拨荒闲田土,给赡生徒,所司常与存恤"⑥。政府划拨给儒学书院的学田有时数量还很大,往往动辄数百亩甚至数千亩。如河南书院在皇庆元年(1312)秋初建成,地方政府一次就"割官之费地四十顷籍于学"⑦。

好事之家所舍钱粟

儒学书院每当有添置图书或刻书等重大活动时,都能得到地方官吏与士绅的临时经费资助,如延祐六年(1319),江浙廉访使周德元"特为劝率有高赀乐助者,并取补刊书版"⑧。虽然此次得到的资助款数目不详,但补刊书版之余赢粮转售共得中统钞六百余锭,并用此购置了湖州乌程、平江昆山二庄,可见数目不小。又如至正十六年(1356),书院尊经阁

---

① 曹之:《中国古籍版本学》,武汉大学出版社1992年版,第272页。
② 胜国:被灭亡的国家,亦指前朝。这里即指元朝。
③ (明)陆深:《金台纪闻》,中华书局1985年版,第4页。
④ (明)宋濂:《元史·世祖本纪十一》卷14,中华书局1976年版,第287页。
⑤ (明)宋濂:《元史·世祖本纪十一》卷17,中华书局1976年版,第358页。
⑥ 《大元圣政国朝典章上·兴学校》卷2,中国广播电视出版社1998年版,第42页。
⑦ 周惠琴:《元代书院藏书重要来源之一——书院刻书》,《图书情报工作》2004年第4期。
⑧ 《钦定四库全书·六艺之一录》卷111,文渊阁电子版,上海人民出版社1999年版。

坏，当时浙西的廉访使出私廪白粳米二百石，江浙行省丞相金哈刺出白金五十两，以作修葺之资。① 还有福建云庄书院重刊《云庄刘文简公文集》时，其刊跋云：

> 先祖父文简公同弟炳幼从朱子之门，在宋为名臣，生平著述甚富。门人果斋李方子将草稿诗序编次成集，曾孙省轩刘荣、刘应李隐于武夷洪源山中，编集翰墨诸书，及将文集点校锓枣于化龙书院，以为讲学之所收藏板。后因元季厄于兵灾无存，续后子孙抄誊残缺多讹，幸先君谭所藏古本，叔辉恐磨没，命予刊行，遂出己财敬绣诸梓，以广其传。②

同时政府还用法律的形式明确规定，对于侵占学校钱粮者予以追究：

> 诸随路学校，计其钱粮多寡，养育生徒，提调正官时一诣学督视，必使课讲有程，训迪有法，赏勤训惰，作成人材，其学政不举者究之。诸教官在任，侵盗钱粮，荒废庙宇，教养无实，行之不臧，有忝师席，从廉访司纠之；任满，有司辄朦胧给由者究之。诸赡学田土，学官职吏或卖熟为荒，减额收租，或受财纵令豪右占佃，陷没兼并，及巧名冒支者，提调官究之。诸贫寒老病之士，必为众所尊敬者，保申本路体覆无异，下本学养赡，仍移廉访司察之；但有冒滥，从提调官改正。诸各处学校，为讲习作养之地，有司辄侵借其钱粮者，禁之。教官不称职者，廉访司纠之。诸在任及已代教官，辄携家入学，亵渎居止者，从廉访司纠之。③

这样从法律上保证了学校办学所必要的经费，以便真正达到兴学立教，作养人才，维护其封建统治的目的，同时也给各路兴学校、刻书籍提供了经济基础。

---

① （元）贡师泰：《玩斋集》卷7《重修西湖书院记》，商务印书馆1940年版。
② （清）丁丙：《善本书室藏书志》卷30，清光绪二十七年本。
③ （明）宋濂：《元史·刑法志二》卷103，中华书局1976年版，第2637—2638页。

元代这种大兴学校,并给以足够的学田作为办学经费的做法,不但大大活跃了社会文化空气,也给各路兴学校、刻书籍提供了人力条件和经济基础,促进了元代各路儒学书院图书出版事业的繁荣。因此,在元代"几乎路路有刻书,府府有刻书,州州、县县亦有刻书,大江南北,黄河上下,版刻并盛,印刷出版行业蔚然成风,实往昔所未有"[①]。

3. 广泛的内容来源和固定的销售市场

各路儒学书院刻书的内容来源很广,这就为其刻书事业的繁荣提供了重要保证。各路儒学书院刻书的来源主要有以下几方面。

(1) 代国子监刻书

如前文所提到的:浙东道宣慰使司都元帅府庆元路儒学,代国子监刻印《玉海》200卷、《辞学指南》4卷、《诗考》1卷、《地理考》6卷、《汉书艺文志考证》10卷、《通鉴地理通释》14卷、《汉制考》4卷、《通鉴答问》5卷等若干种书。

(2) 政府命令或委派刊刻的书籍(包括皇帝诏令刻印的书籍)

如史学家苏天爵的名著《国朝文类》,经翰林国史院官员建议,由中书省"移咨江南行省,于钱粮众多学校内委官提调,刊勒流布",后来由西湖书院刻版印行[②]。

(3) 地方性图书

由地方上呈请政府批准后出版再行刊印的地方性图书以及由地方上人士撰写出版的图书。如"九路刻十史"便是江东建康道肃政廉访司副使伯都发起,廉访司"遍牒九路",由九路(八路一州)儒学协力完成的。[③] 又如至正五年(1345),江西湖东道肃政廉访司使沙剌班的建议,行文抚州路儒学,刊印虞集的《道园类稿》50卷。[④] 还有后至元五年(1339)江北淮东道廉访司根据廉访使苏天爵的建议,上报御史台,要求刊印马祖常的文集,经御史台批复后,"发下本路儒学,依上刊版,传布施行"等等。

[①] 田建平:《元代出版史》,河北人民出版社2003年版,第24页。
[②] 王国维:《两浙古刊本考》卷上,《王静安先生遗书》,商务印书馆1940年版。
[③] (清)于敏中:《天禄琳琅书目》卷5,中华书局1995年版,第25—26页。
[④] 田建平:《元代出版史》,河北人民出版社2003年版,第4页。

（4）书院创始人或代表人物的著述及研究成果

这些人的著述既可反映书院的学术传承和教学水平，同时又能丰富教学内容，传递新的学术信息，活跃学术空气，促进整个书院治学水平的提高。如鳌峰书院刻印宋熊禾撰《勿轩易学启蒙图传通义》7 卷，清代藏书家称其为"四库亦未录存，询罕觏之秘籍"①，屏山书院刻宋刘学箕撰《方是间居士小稿》2 卷②，屏山书院和华龙书院合刻宋刘钥撰《云庄刘文简公文集》12 卷③，考亭书院刻宋叶士龙编《晦庵先生语录类要》18 卷④，豫章书院刻宋罗从彦《豫章罗先生文集》17 卷⑤等。

（5）教学用书

主要有供自身教学和学术研究方面需要的教科书、参考书、作文书、工具书、应考书、学术书等，如建安书院刻元赵居信撰《蜀汉本末》3 卷（传授历史用书）⑥，清代著名藏书家瞿镛称赞其为"元刻至佳本"⑦、南山书院刻隋陆法言撰，唐孙愐重刊定，宋陈彭年、邱雍重撰《广韵》5 卷⑧、梁顾野王撰，唐孙强增字，宋陈彭年等重修《玉篇》30 卷（传授文字音韵学用书）⑨。

（6）日用类书和医药用书

这类刻书有云庄书院刻宋祝穆、元富大用撰《事文类聚》221 卷⑩，日本藏书家称赞其为"纸刻精良，元椠之佳者"、南溪书院刻元御药院编《惠民御药院方》20 卷⑪、宋陈言撰《三因极一病证方论》18 卷⑫。另外，除了刻印传统的经史典籍类图书外，还刻印了一部分子集类的图书。

由于有些书院定期刻印学生的论文汇编，这样的书几乎是人手一册，

---

① （清）丁丙：《善本书室藏书志》卷 1，清光绪二十七年版。
② （清）陆心源：《皕宋楼藏书志》卷 89，归安陆氏，清光绪年间。
③ （清）叶德辉：《郋园读书志》卷 8，1928 年版。
④ （清）杨绍和：《楹书偶录初编》卷 3，聊城杨氏清光绪二十年本。
⑤ （清）瞿镛：《铁琴铜剑楼藏书目录》卷 20，广陵古籍刻印社 1985 年版。
⑥ （清）陆心源：《皕宋楼藏书志》卷 22，归安陆氏，清光绪年间。
⑦ （清）瞿镛：《铁琴铜剑楼藏书目录》卷 9，广陵古籍刻印社 1985 年版。
⑧ （清）陆心源：《仪顾堂题跋目录》续跋卷 4，归安陆氏清光绪本。
⑨ （清）叶德辉：《郋园读书志》卷 2，上海古籍出版社 2010 年版。
⑩ ［日］森立之：《经籍访古志》卷 5，六合徐氏清光绪十一年本。
⑪ （清）陆心源：《仪顾堂题跋目录》续跋卷 9，归安陆氏清光绪本。
⑫ ［日］森立之：《经籍访古志》补遗，六合徐氏清光绪十一年本。

因此各路儒学书院的众多生徒无疑是其刻书的忠实读者，成为其固定的销售市场。销路不成问题，在一定程度上也促进了儒学书院图书出版业的兴盛与发展。

4. 质量上乘

元代的儒学书院刻书质量上乘，世称精善。在元代，由于皇帝经常赐书给书院，乡贤名人和地方官吏重视书院建设，也常赠书给书院，同时书院自己也刻印书籍，再加上书院购买，因此元代书院拥有大量的藏书，其中多有善本，不仅能为刻书提供较好的底本，同时也是校勘工作的重要保证。另外，元代儒学书院山长多由名师硕儒担任，他们多是知识渊博、学识造诣很高的专家、学者，著书立说者甚多，又重视藏书、刻书，且精于校勘。书院每次有关此类重大活动都由山长亲自主持、参加校勘，并邀请一些著名学者参加，这就有效地保证了所刻书籍的质量，因此元代的儒学书院在藏书、刻书方面成绩卓著。元代的儒学和书院刊刻的书籍不以牟利为目的，质量较好，后人也给予高度评价，清代学者顾炎武曾经说过："闻之宋元刻书，皆在书院。山长主之，通儒订之，学者则互相易而传布之。故书院之刻有三善焉，山长无事而勤于校雠，一也；不惜费而工精，二也；板不贮官而易印行，三也。"① 话虽不尽事实，但是也由此可见元代书院刻书之盛之精。

5. 速度快

元代的儒学书院刻书还有一个特点就是速度快。例如至正十七年（1357）九月，"尊经阁坏圮，书库亦倾"，"书版散失埋没，所得瓦砾中者往往刓毁虫朽"②，很难刊印。于是左右司员外郎陈基、钱用受命主持修复经阁、书库、书版。这次工程自至正二十一年（1361）十月一日开始到二十二年（1362）七月二十三日结束，历时10个月。据元陈基《夷白斋稿·西湖书院书目序》载：

所重刻经史子集欠缺以板计者七千八百九十有三，以字计者三百

---

① 《钦定四库全书·日知录》卷18，文渊阁电子版，上海人民出版社1999年版。
② 《钦定四库全书·夷白斋稿·西湖书院书目序》卷21，文渊阁电子版，上海人民出版社1999年版。

四十万六千三百五十有二；所缮补各书损毁漫灭以板计者一千六百七十有一，以字计者二十一万一千一百六十有二；用粟以石计者一千三百有奇；木以株计者九百三十；书手刊工以人计者九十有二。对读校正则余姚州判官宇文桂，山长沈裕，广德路学正马盛，绍兴路兰亭书院山长凌云翰，布衣张庸，斋长宋良、陈景贤也。明年七月二十三日工竣，饬司书秋德桂，杭府史周羽以次类编，藏之经阁、书库，秩如也。先是，库屋泊书架皆朽坏，至有取而为薪者，今悉修完。既工毕，俾为书目，且序其首，并刻入库中。[1]

修复工程的组织实施，动用人力物力及总的工作量，在此文献中都有详细的记载，据此我们可以大概了解其图书生产的工作流程与操作情形。在短短十个月的时间里，刻板9564块，刻字3647514个，速度之快，可想而知。

元代的儒学书院既从事教学活动，也从事图书出版活动，雕版刷印并保存它们高质量的书籍，不仅对书院的教学和研究起到保证作用，也为后人研究古代社会历史、文化学术提供了宝贵资料，推动了整个元代出版业的兴盛，同时也促进了明清两代书院的发展和其图书出版业的繁荣，并对中国古代的文化教育事业、出版印刷事业以及学术思想和科学普及事业的发展都起到了一定的促进作用。

（二）印刷技术的发展

印刷术的发展必然导致图书出版业的兴盛，图书出版业的繁荣也势必促进印刷技术的发展。田建平说过："中国出版业发展到元代，无论是出于大量书籍的需要，还是出于出版技术继续有所发展的趋向，都要求在宋代已经广为使用的雕版印刷术在纯技术方面再向前发展，有所发明，以进一步提高出版图书的实效，提高单位时间内的劳动生产率，并降低或避免雕版印刷术的一些与生俱来的技术上的局限性。"[2] 可见，印刷术在元代

---

[1] 《钦定四库全书·夷白斋稿·西湖书院书目序》卷21，文渊阁电子版，上海人民出版社1999年版。

[2] 田建平：《元代出版史》，河北人民出版社2003年版，第293页。

的高度发展是必然的,是形势所趋的。

元朝一直注意保护工匠和技术人员的政策和措施为元代出版技术的进步与发明提供了有利的职业环境,促进了元代图书出版业的兴盛和出版技术的进步。可以说,元代的图书出版"与宋代一起代表了中国雕版印刷史上的古典时代,为其鼎盛时期;代表了活字印刷的古典时代,为其奠基时期,承先启后,直接开启了后来活字印刷的先河"①。关于中国古代印刷术的起源与发展,贺圣鼐曾这样说:"吾国文明起源,殆与埃及卡尔地压(Chaldea)二古国同其时期,而于印刷一术,发明犹早。其历史约可分四时期讲述之:自后唐上溯唐晋汉秦可谓之萌芽时代;自五代下及宋代,可谓之发展时代;至元明以还,此道大备;又借蒙古之势,传入欧洲,可谓之极盛时代……吾国印刷事业,自五代有宋发展后,至元明清而大盛……元时吾国印刷术,精而又盛。"② 由此可以看出,元代的印刷技术正是在继承前代的基础上有了新的发展和进步,印刷术发展到元代已经是非常的繁盛。

1. 套印技术的发展

在近代印刷术传入之前,雕版印刷术一直为我国印刷业的主流。

套印本身就是雕版印刷。所谓古代书籍的套版印刷,就是"将一页书的不同内容(正文、评注、圈点),分别刻在几块版式大小相同的书版上,每块书版各涂一种颜色。印刷时,首先固定书版和纸的位置,然后在同一张纸上逐版单独加印的一种印刷方法。由于在印刷时必须使各版内容部位密切吻合,故称之为'套版'或'套印'"③。套版印刷也是最简单的彩印,最早体现了近代彩印的基本原理。

套印的产生标志着雕版印刷的重大进步,在印刷史上有着重要意义。关于套印本的起源问题,清人俞樾曾经说过:"明万历间乌程闵齐伋始创朱墨本。"叶德辉也有"颜色套印书始于明季"④的说法。但是据有关资料显示,1941年发现的一部元顺帝后至元六年(1340)庚辰,湖北江陵

---

① 田建平:《元代出版史·引言》,河北人民出版社2003年版。
② 转引自上海新四军历史研究会印刷钞分会《中国印刷史料选辑》(《雕版印刷源流》),印刷工业出版社1990年版,第97—104页。
③ 赵芹:《古籍套印的产生》,《宝鸡文理学院学报》1996年第3期。
④ (清)叶德辉:《书林清话附书林余话》,岳麓书社1999年版,第178页。

中兴路资福寺无闻和尚套印的朱、墨二色《金刚般若波罗蜜经注解》，是我国目前现存最早的木刻套印本。其经文、圈点以及扉页上的《灵芝图》，均为朱色，注文为墨色。这部作品也是世界上现存最早的套印本，它比欧洲第一次带色印的《梅因兹圣诗篇》（Mainz Psalter）早170年（或作160年）。在技术上跳出了墨印彩绘及移用民间印染花布的窠臼，标志着我国套版印刷术的发明与成熟。《金刚般若波罗蜜经注解》的发现，说明我国套印始于元代，同时也充分证明清人俞樾认为"明万历间乌程闵齐伋始创朱墨本"，与叶德辉"颜色套印书始于明季"的说法皆是错误的。而王重民先生主张"套版印刷法起源于徽州"[①]说，也同样是不正确的。曹之先生对中兴路资福寺无闻和尚套印的朱、墨二色《金刚般若波罗蜜经注解》有这样的看法："虽然不是严格意义上的套印，但它开了套色印刷的先河，可以看作是套版印刷的初级阶段。"[②]可见，他也认为套版印刷是在元代出现的。可以说，套印的发明和发展标志着我国雕版技术早在元明之际就已经有了很高的水平，也标志着雕版印刷的重大进步，在印刷史上有着重要意义。

虽然我国早在公元14世纪就已经发明了套版印刷术，可是由于套印本一页要刻几次版，还要印刷几次，费时费工费钱，如同叶德辉所说："刻一书而用数书之费，非有巨资大力，不克成功"[③]，成本较高，一般平民无力购买，书贾无利可图，一般书坊不屑为之，因此，在较长一个时期内，它并没有被普遍采用。只是到了明代中期，套印才得到了较为广泛的应用并进一步发展，但是元代的套版印刷术则直接导致了明代的饾版印刷技术和拱花技术的发明，促进了明清两代印刷术的发展。

2. 木活字印刷的发展

在我国印刷史上，除雕版印刷为主流外，又辅以活字印刷，而在各种活字印刷中，又以木活字最为流行。关于木活字印刷术的起源问题，"元大德初年，东平人王祯发明了木制活字"的说法持续了近700年，但是据宁夏文物考古研究所研究员牛达生先生多年潜心考证研究得出：木活字

[①] 宋原放：《中国出版史料·古代部分》第二卷，湖北教育出版社2004年版，第89页。
[②] 曹之：《中国印刷术的起源》，武汉大学出版社1994年版，第514页。
[③] （清）叶德辉：《书林清话附书林余话》，岳麓书社1999年版，第179页。

印刷术早在宋代就已经形成。可见早在宋代就已经有木活字印刷的存在，但元代则是我国古代社会中使用木活字文种最多的一个朝代。

最早关于活字印刷活动的记载见于北宋科学家沈括的《梦溪笔谈》，可惜未见记述毕昇印过哪些书籍。据《梦溪笔谈》记载，毕昇当年在创制泥活字时，也曾制作过木活字，但是没有成功。对木活字印刷术进行重大改进，并用于书籍刻印的，是现存西夏时期印刷的《三代相照言文集》、《吉祥遍至口和本续》等西夏文佛经，也是最早的木活字本，因此张秀民"正式使用木活字印成书，最早的不得不算是元代的王祯"[1]的说法是不能成立的。元代是木活字印书开始推广的时期，同时还流传到了少数民族地区。敦煌莫高窟曾发现几百个维吾尔文字的木活字，是世界上现存最早的活字。元代最值得称道、影响最为深远的还是木活字印书。元成宗大德年间（1297—1307），著名农学家王祯当时任宣州旌德县尹，他的著作《农书》因字数太多，难以刊版，因而准备用木活字印书，书中附录"造活字印书法"，记录了这项创造的工艺流程。其主要创新有二：一是用竹片嵌夹进木活字之间，这就是后来铅印中夹铅条的始祖；二是创制出"转轮排字架"，分格贮字，转轮检字。至于《农书》是否排印，不见文献记载也不见传本，结果不得而知。只知王祯用此法试印了自己所著的地方志《旌德县志》，全书六万多字，不到一个月就印成了100部，可惜现已散佚。虽如此，王祯的木活字印刷技术是相当完善的，是在实践中总结出来，具有很高的实用性和可操作性，其基本理论和方法与近世铅字印刷技术是大致吻合的，王祯将中国的木活字印刷术大大向前推进了一步是毋庸置疑的。后世的木、泥、锡、铜等活字印刷术虽然在材料使用及制作技术上有所改进，但基本上依然是王祯木活字印刷范式的延续。王祯两项创新中的任何一项都足以让他名垂青史，他的捡字轮盘甚至比20世纪我国一般印刷厂的铅字捡字架在某些方面都是有过之而无不及的。王祯还是详细记载木活字制作与印刷工艺技术文献的第一人，为活字印刷术的传播与发展做出了不朽的贡献。

元代的印刷技术在宋代兴起的基础上继续保持了发展的趋势，不但在印刷技术上有了新的突破，而且印刷技术进一步普及，使用的地域更为广

---

[1] 张秀民：《中国印刷史》，浙江古籍出版社2006年版，第547页。

阔（如吐鲁番和吐蕃），直接促进了明清两代印刷技术的发展。

宋元时期是我国正式进入印刷图书的阶段。由于雕版印刷的繁荣，印本书成为图书的主要形态。印本书籍出现以后，书籍的流通范围扩大了，好坏印象也就随之更加深广，政府对书籍印行的管理也就更加具体了。

元朝历代政府对图书的出版传播都很重视。首先表现在对图书出版事业管理机构建置的重视，但由于现存资料的匮乏，我们只能从一些零星的资料记载来窥探其管理刻书的情况。其次表现在对图书出版内容的重视，在当时，凡有利于维护其统治、能够推进社会进步等内容的图书，政府会采用鼓励出版的管理政策；凡有碍政府统治的文字内容则采取严厉的措施制止出版，这在一定程度上使一些不符合政府口味的图书失去了流传下去的机会，但是元朝政府对于某些图书出版的限禁阻碍不了元代图书出版业的兴盛。

元朝统治阶级为了巩固他们以强弓硬弩打下来的江山，先后采取了尊经崇儒，不改汉制，用以笼络汉族儒林士子，并拨官款雕印汉文图书，同时还采取了兴学立教、科贡并举、举贤招隐、保护工匠等一系列文治措施。虽然其主观上完全是为了维护其封建统治，但在客观上却加强了元代政府对图书出版事业的管理，起到了活跃社会文化的作用，为推动元代图书出版事业的发展提供了社会环境，提供了学术、物质和技术条件，使元代刻印出版了大量图书，促进了元代图书出版业的兴盛与发展。

（孙永芝）

【贰】明代书坊刊印通俗小说研究

中国古代文化传播事业经过先秦、秦汉文明的培育，在汉唐时期先后诞生了两项伟大的发明——纸与雕版印刷术。她们带着辉煌，披着异彩，划出了我国乃至世界文明发展的新阶段，文化传播迎来了以雕版印本书为主流的新时代。唐宋时期，雕版印刷技术得到了广泛的应用，雕版印刷业迅速扩大，并逐渐形成了坊刻、官刻和家刻三大系统鼎足而立的格局。其后千年之间，随着政权的更迭和社会风尚、文化思潮的变化，三大系统互有盛衰消长，但这种鼎立之势则一直保持到清末。

就刻书目的而论，坊刻与官刻、家刻各有不同，官刻主要是为了传道教化，巩固封建统治；家刻更多的是为了学术名声；而书坊刻书则完全取决于市场需求。综观现存和见于著录的历代坊刻本，其中最多的为科举应试、生活日用和通俗文艺三大类书籍。而就坊刻本的历史文化作用而言，其中最有价值的是通俗文艺类书籍。小说、戏曲等通俗文艺类书籍一向遭封建时代所谓正统文化排斥，清修《四库全书》就于当时已产生广泛社会文化影响的通俗小说、戏曲类书籍视而不见，一本不录。而坊刻本的广泛印行，既推动了当时通俗文艺的发展，又为我国古代文化遗产的传播和保存做出了重要的贡献。

明代是中国古代通俗小说走向成熟与繁荣的时代，明初《三国演义》的问世标志着通俗小说由之前诉诸听觉的话本向专供案头阅读的小说飞跃性转变的完成，经过长期的积累与发展，至明末终于出现了通俗小说的繁荣局面。而通俗小说的刊印成为书坊的一大财源即是从明代开始的。在明初至明末的将近三百年时间里，书坊与通俗小说的关系经历了一个由远到近的发展过程。明代前期，虽然《三国演义》和《水浒传》等优秀的通俗小说作品已经问世，但书坊却对此视而不见，没有对这些传世之作进行刊印，直到嘉靖朝才出现了第一个通俗小说印本。在此之后，通俗小说渐渐进入书坊的视线，并逐渐成为书坊最重要的财源。全面而系统地了解明代书坊对通俗小说的刊印和传播，对于深入了解书坊刻书有着极为重要的意义。同时，由于通俗小说的传播对于印刷业有着极强的依赖性，书坊的刊印对于通俗小说自身的发展也有着重要的影响。因此，将明代书坊对通俗小说的刊印进行一个纵向的勾勒，完整地呈现出它的历史面貌，是一件十分必要的事情。

一　明代书坊刊印通俗小说的历程

明王朝自1368年建立到1644年结束，共经历了将近300年，在这近300年的时间里，随着经济的发展、文化的进步，书坊与通俗小说的关系也经历了由远到近的发展过程。本文以时间为序，将明代书坊刊印通俗小说的历程分为三个阶段：嘉靖朝以前、嘉靖至万历年间、明代末期。

（一）嘉靖前：书坊对通俗小说视而不见

《三国演义》是我国最早的长篇小说，完成于元明交替之际，但目前所知道的《三国演义》的最早的刊本是嘉靖元年（1522）由书商张尚德刊印的《三国志通俗演义》[①]，这也是目前所能见到的明代通俗小说的第一个刊本。而在此之前的一个半世纪里，坊刻通俗小说几可看作一片空白。《三国演义》和《水浒传》等问世于明初的作品在嘉靖年间刊印之后，得到了读者的极大欢迎。那么，为什么在作品问世后的一百多年时间里，书坊都没有进行通俗小说的刊印呢？究其原因，主要包括以下几个

[①] 此刊本前有弘治七年（1494）庸愚子（金华蒋大器）的《序》和嘉靖元年（1522）修髯子（张尚德）的《引》，蒋大器序称："书成，士君子之好事者，争相誊录，以便观览。"此文如果可信，则在蒋大器写序的弘治七年此本似乎尚无刻本，而仅以抄本流通。接着张尚德引则云："客问于余曰……简帙浩瀚，善本甚艰，请寿诸梓，公之四方，可乎。余不揣简陋。原作者之意。缀俚语四十韵于卷端。"由此可知，此本在嘉靖元年以前罕有刊本，而张氏刊行后始为流通，据文末"小书庄"印记而推，张氏很可能是书商，此本即为坊刻本。参见石昌渝《中国古代小说总目·白话卷》，山西教育出版社2004年版，第295页。

方面：

其一，政治的高压使书坊不敢涉足通俗小说的刊印。

明王朝建立之后，封建统治者对意识形态领域实行了严酷的高压控制。明太祖朱元璋登基伊始就下令各地学校"一以孔子所定经书诲诸生"，其他的书则"宜戒勿读"①。强力推行儒学的结果，自然使孔子等圣贤关于小说的那些见解被尊为金科玉律，如"子不语怪、力、乱、神"，又如"虽小道，必有可观者焉，致远恐泥，是以君子不为也"，等等。另一方面，对于那些可能有害于巩固封建专制统治的文学创作及其传播，一律给予严酷的打击。针对老百姓喜闻乐见的通俗文艺，明王朝屡次颁布严厉的命令予以限制。洪武二十二年（1389）三月十五日，朝廷颁布的榜文就警告道：

> 在京军民人等，但有学唱的，割了舌头；娼优演剧，除神仙、义夫、节妇、孝子、贤孙，劝人为善，及欢乐、太平不禁外，如有亵渎帝王圣贤，法司拿究。下棋打双陆的断手，蹴圆的卸脚。②

永乐九年（1411）七月一日，朝廷又颁布了更为严厉的命令：

> 今后人民，倡优装扮杂剧，除依律神仙道扮，义夫节妇，孝子顺孙，劝人为善及欢乐太平者不禁外，但有亵渎帝王圣贤之词曲，驾头杂剧，非律所该载者，敢有收藏、传诵、印卖，一时拿送法司究治。奉旨："但这等词曲，出榜后，限他五日，都要干净将赴官烧毁了，敢有收藏的，全家杀了。"③

这并非只是口头上的恫吓，明初的司法机构确实认真地执行了朝廷的指示，如府军卫千户虞让的儿子虞端，仅仅是因为"吹箫唱曲"，就被处以"将上唇连鼻尖割了"这样的酷刑，即使其父正担任五品的军事要职

---

① （明）黄佐：《南雍志》卷1，伟文图书出版社有限公司1976年版，第57页。
② （清）董含：《三冈识略》一"本朝立法宽大"，辽宁教育出版社2000年版，第24页。
③ （明）顾起元：《客座赘语》卷10"国初榜文"，中华书局1987年版，第347页。

也无法使他幸免。① 河南左布政使李昌祺,"为人耿介廉洁,自始仕至归老,始终一致,人颇以不得柄用惜之"②。然而,就因为他撰写了被封建正统人士称为"假托怪异之事,饰以无根之言"的《剪灯余话》,"邪说异端,惑乱人心"③,在景泰二年(1451)去世后,被拒绝列入乡贤祠。在这样的恐怖氛围之中,书坊主们当然不敢冒着"全家杀了"的危险"收藏、传诵、印卖"《三国演义》《水浒传》等通俗小说,因为这些作品中都含有不少犯禁内容的描述。《三国演义》的作者虽然十分强调封建正统观念,但是作品中嘲讽调侃帝王将相们的地方却也相当多,特别是东汉末年以及曹魏末年那几个帝王被描写得如此昏庸、无能与懦弱,下场又如此屈辱,这正是朝廷所严禁的"亵渎帝王"的内容;尽管《水浒传》中的宋江"忠义"二字从不离口,而且后来又接受了朝廷的招安,可是梁山好汉们却确确实实地是在劫富济贫、攻州掠地,根本不将王法放在眼里,特别是李铁牛动不动就要抡起板斧,杀入东京去砍皇帝的脑袋,让晁盖当"大宋皇帝",宋江当"小宋皇帝"。这何止是"亵渎帝王",简直是公然宣传造反,封建统治者对此又怎能容忍。因此,面对这样的优秀巨著,书坊主们也只能保持沉默了。

其二,印刷力量的不足使书坊无力承担通俗小说的刊印。

在天启年间短篇小说集《古今小说》刊印之前,明代通俗小说多是长篇巨著,书坊要刊印洋洋几十万字的长篇小说需要相当的规模,而明初的印刷力量是比较薄弱的。明王朝刚建立时,经济基础十分脆弱,元末二十多年的战乱,使生产力遭到了严重的破坏,人口减少与田地荒芜已成为普遍现象。这样的严峻形势迫使明政府大力改革旧的经济制度,努力恢复和发展生产。在百废待兴的历史背景之下,作为手工业的一个部门,印刷业同样是极为薄弱的。朱元璋在洪武元年(1368)八月"诏除书籍税"④,正是为了鼓励印刷业的发展。建国初期,为了巩固封建统治的需要,明王朝急于出版以下三类书:总结历史经验,以图长治久安的大量御制、钦

---

① (明)顾起元:《客座赘语》卷10"国初榜文",中华书局1987年版,第347页。
② (明)叶盛:《水东日记》卷14,中华书局1980年版,第142页。
③ 陈正宏、谈蓓芳:《中国禁书简史》,学林出版社2004年版,第149页。
④ (清)龙文彬:《明会要》,中华书局1956年版,第418页。

定、敕纂的书，基于政治、经济与军事上的目的而编纂的舆地志书，以及配合封建思想、文化教育的四书五经等儒家书籍。因此，明代初期原本不足的印刷力量主要用来承担官方的刊印任务。因为政府部门印刷力量的不足，全国各地的工匠都必须分班轮流到京城去服役。在这样的条件之下，书坊主们即使愿意冒着"全家杀了"的风险刊印小说，也只能刊印《剪灯新话》《剪灯余话》这样的文言小说，毕竟这样的小说集篇幅短小，需要的投资就少得多，而对于《三国演义》《水浒传》这样的长篇通俗小说的刊印，书坊的力量是无力承担的。

其三，读者群体的薄弱使书坊不愿进行通俗小说的刊印。

书坊刻书的唯一目的是赚钱，所谓"徒为射利计"[①]，只要读者愿意购买，书坊主们便会想尽一切办法刻印。可是在明代前期，通俗小说的读者群体恰恰是非常薄弱的，购买力的不足使书坊主们不愿把财力投资到通俗小说的刊印之上。

明王朝刚建立时经济基础是十分脆弱的，虽然政府采取了种种措施努力恢复和发展生产，但经济的复苏毕竟是一个循序渐进的过程，在这个过程中，通俗读物的主要消费者——广大老百姓的购买力是很有限的，他们不可能有太多的钱用于娱乐消费。正在努力解决温饱问题的农民自不必说，就是最有可能买得起小说的商人在这个时期也是囊中羞涩的。抑商政策的贯彻实施，使明代前期的商人活动受到种种严格的控制，外出经商者必须得到官府的批准，领取官府签发的载明货物种类、数量以及道里远近的商引，虽然按规定是每引付银一钱，但是在具体办理的官吏的敲诈下，商人却要为此付出几十倍的代价。若经商无商引或经营地点、范围与商引所载不符，那么一旦被查获就难逃惩处，轻则黥窜化外，重则有杀身之祸。此外，工商业者要在城市里取得居住与营业的合法权利，也必须到官府去登记，即所谓占"市籍"。逃籍者随时有被逐、被捕的危险，而依法占籍，则又必须承担各种繁重的差役，不少人就因为不堪这沉重的负担而宣告破产。在这样的境遇中，大多数商人只是为了获得蝇头微利而奔波，他们自然不大会有摸出银子去买部通俗小说来读的闲情逸致。另外，商业活动受到严厉的控制，必然导致商品流通渠道的不通畅，这样书坊与读者

[①] （明）谢肇淛：《五杂俎》卷13，中华书局1959年版，第381页。

之间就会产生脱节的现象。如果缺少一个灵活迅速的销售网络，那么即使各地希望购买通俗小说的读者为数不少，书籍也难以顺利地通过各流通环节到达他们的手中。书坊主们看不到足够多的消费者，对小说的销路没有充分的把握，他们是不愿意贸然地把大量资金投入《三国演义》《水浒传》这样大部头的通俗小说的刊印上的。

由于上述三方面的原因，在《三国演义》《水浒传》等通俗小说问世之后的一百多年时间里，书坊始终对这些优秀的长篇巨著保持着沉默。这些作品就只能以抄本的形式流传。

（二）嘉靖至万历：奔向刊印通俗小说的新大陆

封建统治者的高压控制、印刷业的落后与抑商政策的伤害，使书坊长时期地对通俗小说的刊印保持着沉默。随着时间的推移，这些阻碍因素渐渐地向着有利于书坊刊印通俗小说的方向转化。

首先应该提及的是印刷力量的变化。成化年间，陆容曾扼要地介绍了明初至中叶时印刷业发展的概况：

> 国初书版，唯国子监有之，外郡县疑未有，观宋潜溪《送东阳马生序》可知矣。宣德、正统间，书籍印版尚未广，今所在书版，日增月益，天下右文之象，愈隆于前矣。[①]

称"国初书版，唯国子监有之"恐言过其实，但明初印刷业极不发达却是实情，所以朱元璋才会在洪武元年"诏除书籍税"，其目的自然是想刺激印刷业的发展。可是朱明王朝为了巩固自己的封建统治，对于书籍的印刷又制定了种种的约束和限制，以至于过了近一个世纪，即到了宣德、正统年间，人们所面临的仍然是"书籍印版尚未广"的局面。据陆容介绍，印刷业的发展始于成化年间，这时，曾被朝廷点名禁毁的《剪灯新话》《剪灯余话》等作品均"各有刻版行世"[②]。不少话本与曲词的单行本也随着印刷业的发展而陆续刊印，其情状正如叶盛所言：

[①] （明）陆容：《菽园杂记》，中华书局1985年版，第128页。
[②] 同上书，第159页。

> 今书坊相传射利之徒伪为小说杂书,南人喜谈如汉小王(光武)、蔡伯喈(邕)、杨六使(文广);北人喜谈如继母大贤等事甚多。农工商贩抄写绘画,家蓄而人有之。痴呆女妇,尤所酷好。①

到了嘉靖年间,印刷业更得到了进一步的发展。通过叶德辉《书林清话》卷七中记载的一则轶事,颇可窥见当时印刷业普及的盛况:

> 王遵岩、唐荆川两先生尝相谓云:"数十年读书人,能中一榜者,必有一部刻稿;屠沽小儿,身衣饱暖,殁时必有一篇墓志铭。此等书板幸不久即灭,假使尽存,则虽以大地为架子,亦贮不下矣。"又闻遵岩谓荆川曰:"近时之稿版,以祖龙手段施之,则南山柴炭必贱。"②

王慎中与唐顺之均名属"嘉靖八才子"之列,又同是"唐宋派"的主要代表人物,能入他们眼的书籍本来就不很多。因此,面对如此滥刻书稿的现象,当然要发出辛辣的讽刺。可是通过这两位老先生的不满,我们却可以看到印刷业的普及与兴旺,否则滥刻书稿的现象根本就不会发生。嘉靖时的印刷业已远不是明初时的落后状况所能相比,经过近两百年,特别是成化朝以来的逐步发展,明代印刷业终于在规模上和技术上完成了大量刊印通俗小说的准备工作。

其次,在明王朝建立之后的一百多年时间里,社会生产逐步得到了恢复和发展。明代初年,由于采取了发动军民垦田、兴修水利交通、攘理赋役制度、田赋"折色"与田赋减免等一系列措施,生产关系得到部分调整,生产力获得了较大解放,农业、手工业生产和商业均得到了较快的恢复;到了嘉靖朝前后,经济发展进入了一个新的阶段。随着人们"本末观念"的更新,商品意识增强,商品性农业获得了空前的发展;手工业发展迅速,某些生产部门出现了资本主义生产方式的萌芽;新兴市镇大量

---

① (明)叶盛:《水东日记》卷21,台湾学生书局1965年版,第540页。
② (清)叶德辉:《书林清话》卷7,辽宁教育出版社1998年版,第154页。

涌现，工商业人口大增，城乡市场网络开始形成。社会生产的发展必然带来生活水平的提高，而老百姓购买力的不断提高，则意味着能够购买通俗小说的读者数量在不断增加。同时，商业的迅速发展使商品流通领域的情形发生了巨大的变化。商人们的往来穿梭，形成了全国性的商品流通、销售网络，书籍销售、传播的情形并不例外。在很长的时期里，福建的建阳一直是全国的印刷中心，据嘉靖年间《建阳县志》所载，当时该县的崇化里（即今日书坊乡与麻沙镇一带），就是"比屋皆鬻书籍，天下客商贩者如织"[①]。通过书贾的贩运，大量的书籍源源不断地从当时的印刷中心流向全国的四面八方。在当时，除了福建的建阳之外，在江苏的苏州与南京，浙江的杭州，以及首都北京等地，印刷业都有较快发展，那里刊印的书籍也同样流向了全国各地。通俗小说的消费主体——广大老百姓购买力的提高，书籍销售、传播网络的形成，使通俗小说的销路有了保障，而这正是书坊刊印通俗小说的最根本的动力。

最后，随着时代的发展，封建统治者对通俗文艺的态度也有了重大的变化，他们不再对意识形态领域进行明初那样的血雨腥风般的控制。相反，以皇帝为首的统治者们对通俗文艺产生了越来越浓厚的兴趣，"史言宪庙好听杂剧及散词，搜罗海内词本殆尽；武宗亦好之，有进者即蒙厚赏，如杨循吉、徐霖、陈符所进，不止数千本"[②]。"上有所好，下必甚焉"，皇帝对通俗文学的爱好必然会使通俗文学的作者、读者以及书坊主们勇气大增，也使那些顽固地坚持鄙视、仇视通俗文学的封建卫道士的指责说教变得软弱无力。

总之，到了嘉靖朝前后，原来阻碍书坊刊印通俗小说的三大障碍或是已不复存在，或是影响已变得很小。既然道路业已畅通，坊刻通俗小说的起步就是水到渠成的事情了。

嘉靖元年（1522），明代通俗小说的第一个刊本——张尚德本《三国志通俗演义》出现了。其后不久，武定侯郭勋与都察院分别刊印了《三国演义》和《水浒传》，南京国子监也刊印了《三国演义》。随着这些刊本的传播，《三国演义》和《水浒传》终于开始较广泛地流向社会，并很

[①] 黄镇伟：《坊刻本》，江苏古籍出版社2002年版，第66页。
[②] （明）李开先：《李开先集》，中华书局1959年版，第370页。

快引起了轰动效应。《三国演义》被誉为"据正史，采小说，证文辞，通好尚，非俗非虚，易观易人，非史氏苍古之文，去瞽传诙谐之气，陈叙百年，该括万事"①，而《水浒传》似更受推崇："嘉靖间，一巨公案头无他书，仅左置《南华经》，右置《水浒传》各一部。"② 封建统治集团中的一部分人率先刊印、传阅并称赞通俗小说，实际上等于为通俗小说的刊印和传世开了绿灯。同时，这些作品传播时所受到的欢迎，又证明了它们是销路有保障的读物。于是，不再有顾虑的民间书坊便不甘落后地纷纷跟着翻刻，在等待了近二百年之后，创世于明初的那些通俗小说终于成了热门的畅销书，这一盛况可以由流传至今的各种刊本或著录推知。

通俗小说的刊售给书坊主们开辟了一条新的生财之道，可是，此时除了问世于明初的那几部作品之外，世上并无其他的通俗小说可供刊印，而且众书坊一哄而上地争印《三国演义》《水浒传》等作品，也终究会使市场逐渐趋于饱和。为了继续保持售多利速的局面，就必须寻得新的小说书稿。可是长期以来，一直遭到封建正统人士鄙弃的通俗小说在文学殿堂里毫无地位可言。尽管此时封建统治集团中的一部分人对它的态度已开始有所变化，甚至是表示赞赏，但是要文人们在通俗小说流行之初就冲破固执的传统偏见去从事创作，毕竟还是很不现实的事。倘若是别种行业的商人，那么不管销售形势是如何供不应求、本低利高，一旦货源告罄，他们便只得徒唤奈何。书坊主则不然，职业的需要使他们的文化水准远高于其他商人，因此，既然此时文人们出于传统的偏见尚不屑于创作通俗小说，那么，对利润的追逐便很自然地将本应只负责传播环节的书坊主引入创作领域充任作者角色。从嘉靖至万历年间，除了问世于明初的《三国演义》《水浒传》等作品和新问世的《西游记》《金瓶梅》等个别作品之外，大部分通俗小说都出自书坊主或受书坊主雇佣的下层文人之手，乃至出现了书坊主及其雇佣文人长期主宰通俗小说创作的局面，这一局面一直到万历后期上层文人投身创作时才告终结。嘉靖至万历年间，由书坊主及其雇佣的下层文人担任创作者的通俗小说大致上包括以下几种类型。

---

① （明）高儒：《百川书志》卷6"史部·野史"，叶氏观古堂1915年刊行。
② （明）胡应麟：《少室山房笔丛》卷41"庄岳委谈（下）"，广雅书局1896年刊本。

1. 历史演义小说

首开书坊主编撰通俗小说风气的人是熊大木。熊大木，名福镇，字大木，号钟谷①。熊氏是明代新入书业的大族，其大规模刻书始于熊宗立的种德堂，熊大木是熊宗立的曾孙。熊大木的第一部通俗小说是根据弘治年间浙江刊本《精忠录》编撰而成的《大宋演义中兴英烈传》，成书在嘉靖三十一年（1552），是演述岳飞事迹的最早的小说。《精忠录》叙述了岳飞的业绩，并收录了从南宋直至明代表彰岳飞的各种诰谕、表章与诗文，"著述王之事实，甚得其悉。然而意寓文墨，纲由大纪，士大夫以下遽尔未明乎理者，或有之矣"，于是熊大木便"演出辞话，庶使愚夫愚妇亦识其意思之一二"②。在《大宋演义中兴英烈传》里处处可见模仿《三国演义》的痕迹，比如引用诏旨、奏章、书信等历史文献，采用"后人有诗叹曰"的形式，运用二句式韵语等。但由于功力不逮，熊大木无法像罗贯中那样在原有民间传说、话本、戏曲以及正史记载的基础上进行综合性的再创作，而只能做一些简单的改写，或缀联辑补，或将文言译成白话，更甚者是经常直接抄录。熊大木几乎将《精忠录》中所有关于岳飞的文字都插入了自己的作品，在描述岳飞业绩的过程中，先后插入了这位民族英雄的二十一本奏章、三篇题记、一道檄文、一封书信和两首词，而属于自己的独创性文学语言却少之又少。而就是这样的缀联辑补式的作品，在刊刻后不仅销售顺利，而且还风行一时，仅据至今尚存的刊本作统计，它在明代就有杨氏清白堂刊本、周氏万卷楼刊本、余氏三台馆刊本、天德堂刊本等，同时还有内府抄本③。受此鼓舞，熊大木又接连编撰了《唐书志传》《全汉志传》《南北宋志传》三部作品。

熊大木的成功使那些正在为书稿匮缺而发愁的书坊主们顿生醍醐灌顶之感，与熊大木差不多是同时代的人且又同乡的余邵鱼便是第一个追随者，他用与熊大木同样的编撰方式写成了《列国志传》，刊印后也同样受到了热烈的欢迎。其后，又有一些书坊主仿效，他们或自己动手，或雇用下层文人编撰，在万历中后期文人逐渐重视并参与创作之前的数十年时间

---

① 陈大康：《关于熊大木字、名的辨正及其他》，《明清小说研究》1991年第3期。
② 石昌渝：《中国古代小说总目·白话卷》，山西教育出版社2004年版，第37页。
③ 孙楷第：《中国通俗小说书目》，作家出版社1957年版，第56页。

里，历史演义小说的创作基本上就由书坊主主宰。

2. 公案小说

万历二十二年（1594），朱氏与耕堂刊出了明代第一部公案小说《包龙图判百家公案》（又名《包公案》），这是小说的作者安遇时[①]根据世上已有的各类作品辑录拼凑而成的，有些是话本、杂剧、民间传说与说唱词话中有关包拯断案的故事，有些则是将原与包公毫无关系的作品略作改造后收入的。各回篇幅很不匀称，长的两千字左右，最短的却只有180字。与熊大木相似的编撰方式使作品同样的简陋粗糙，但这种新题材的小说刊印后仍然受到了读者的欢迎，万历二十五年（1597），万卷楼便刊刻了《包孝肃公百家公案演义》，此书实际上是前书的翻版。福建的余象斗敏锐地抓住了这一机遇，编撰刊行了《皇明诸司廉明奇判公案传》和续书《皇明诸司公案传》，也因此开始了编撰通俗小说的生涯。余象斗，名文台，字象斗，一字仰止、子高、元素，自号三台山人，建阳书坊三台馆、双峰堂的主人[②]。余氏是我国古代经营时间最长、名声最为显赫的民间书坊世家，从事书业活动自南宋至清初，绵延近六百年，前面提到的《列国志传》的作者余邵鱼便是余象斗的叔祖。余象斗在书中羼入了大量的判词、执照之类的文字，使作品看起来更像是带有故事性的介绍司法常识的类书。这两部书刊行后也同样十分畅销。受此刺激，编撰公案小说者日多，使这一题材的创作形成了一个新的流派。

在余象斗的《皇明诸司公案传》之后又有《新民公案》《海刚峰先生居官公案传》《详刑公案》《名公案断法林灼见》等九种公案小说问世。书坊主们急于抢占公案小说的阅读市场，可是他们及其雇用的下层文人既无文学创作的能力，对现实生活中司法机构的运转详情与案例又并不十分了解，再加上历史上的精彩案件已被安遇时和余象斗筛滤过一遍，无奈之中，他们便只能各处抄袭、另题书名刊印行世。比如《海刚峰先生居官公案传》共四卷71则，其中抄自《百家公案》18则，《皇明诸司廉明奇判公案传》9则，《皇明诸司公案传》2则，另又抄自文言小说集《耳谈

[①] 安遇时，生平事迹待考。《包龙图判百家公案》卷一署"钱塘散人安遇时编集"。"钱塘散人"应该是他的号。

[②] 黄镇伟：《坊刻本》，江苏古籍出版社2002年版，第156页。

类增》17 则；又如《名公案断法林灼见》共 40 则，录自《皇明诸司廉明奇判公案传》与《详刑公案》各 20 则。因此公案小说虽在一时间接连刊行了不少，但故事数目的实际增长却并不多。随着故事来源的枯竭，公案小说的编撰热潮也渐渐平息了。

3. 神魔小说

万历二十年（1592），世德堂刊出了《西游记》，数十年来只能接触到讲史演义的读者们，几乎立即就为这部作品新颖的题材、生动的故事与诙谐幽默的风格所倾倒，受此感染，通俗小说创作也很快出现了相应的反响。万历二十五年（1597），罗懋登的《三宝太监西洋记通俗演义》便被刊行于世。读者对这两部作品表现出的极大热情使书坊主十分振奋，他们又加入了编撰神魔小说的行列。

在神魔小说的编撰、刊印热潮中先领风骚的仍然是余象斗。这位敏锐的书坊主从读者对上述两部作品所表现出的热情中看到了广阔的阅读市场，万历三十年（1602），余象斗编撰刊行了《北方真武玄天上帝出身志传》，不久又刊出了《五显灵官大帝华光天王传》，并策划了吴元泰《八仙出处东游记》的编撰，后来又将这三部书与杨致和的《西游记传》并为一书，取名为《四游记》刊行于世。与此同时，福建建阳的另一位作家邓志谟[①]接连编撰了《许仙铁树记》《萨真人咒枣记》与《吕仙飞剑记》。其后不久，又有多种神魔小说问世，如朱鼎臣的《南海观音菩萨出身修行传》、朱名世的《牛郎织女传》与朱开泰的《达摩出身传灯传》等等。余象斗、邓志谟等人之所以能够在短时期内接连推出多部小说，这与他们编撰小说的方式密切相关。作为书坊主和被书坊主雇用的下层文人，他们一是缺乏罗贯中、施耐庵、吴承恩那样的文学才华，二是他们编撰小说的目的在于赚钱，只要读者欢迎，他们自然是求多求快。这一阶段的神魔小说接踵而出，在数量上给人以声势浩大的印象，但那些匆匆而成的作品无论是思想性还是艺术性都无法与《西游记》相比，声势与水准恰成反比，这也是书坊主编撰各种题材的通俗小说共同的特点。

[①] 邓志谟，字景南，号竹溪散人、百拙生，江西饶安府安仁县（今余江县）人。孙楷第先生《中国通俗小说书目》称他"尝游闽，为建阳余氏塾师，故所刻书多为余氏刊行"。人民文学出版社 1982 年版，第 195 页。

(三) 明末：书坊刊印通俗小说的繁荣期

随着数十种作品的问世与传播，通俗小说的影响不断扩大，最终引起了上层文人的关注和重视，李贽、陈继儒、袁宏道等都先后对通俗小说的作用大加肯定。

首先，他们强调小说具有道德教育的功能。如李贽在《忠义水浒传序》中称赞：

> 有国者不可以不读，一日读此传，则忠义不在水浒，而皆在于君侧矣；贤宰相不可以不读，一日读此传，则忠义不在水浒，而皆在于朝廷矣；兵部掌军国之枢，督府专阃外之寄，是又不可以不读也，苟一日而读此传，则忠义不在水浒，而皆为干城心腹之选矣。①

同时，由于小说独具娱乐功能，可以寓教于乐，因而比正史更能打动人心，给人以潜移默化的教育。袁宏道为《西汉演义传》作序云：

> 予每捡十三经或二十一史，一展卷，即忽忽欲睡去，未有若《水浒》之明白晓畅，语语家常，使我捧玩不能释手也。……今天下自衣冠以至村哥里妇，自七十老翁以至三尺童子，谈及刘季起丰沛，项羽不渡乌江，王莽篡位，光武中兴等事，无不能悉数颠末，详其姓氏里居。自朝至暮，自昏彻旦，几忘食忘寝，聚讼言之不倦。及举《汉书》《汉史》示人，毋论不能解，即解亦多不能竟，几使听者垂头，望者却步。②

李贽等人当时的声望极高，具有相当的号召力，到了万历后期，小说已经取得了很高的地位。这使上层文人越来越多地投身于通俗小说的创作，到了天启、崇祯平间，通俗小说创作终于走向了繁荣。据陈大康先生《明代小说史》统计，在天启至弘光共25年的时间里，所创作的通俗小

---

① 大连图书馆参考部：《明清小说序跋选》，春风文艺出版社1983年版，第171页。
② 同上书，第125页。

说的数量甚至超过了在此之前的二百多年里所创作的通俗小说的总量。

随着文士不断加入通俗小说的创作队伍，嘉靖、万历时期特有的书坊主为牟利，自己动手编写作品的现象渐渐消失，退出创作领域的书坊主一心致力于扩大通俗小说的销路，他们为此采取了种种措施，通俗小说的刊印也在明末形成了繁荣的局面。在这一时期，通俗小说的编撰者和评论家中的不少人都与当地书坊有着十分密切的联系。如《三言》的作者冯梦龙与好几个书坊主都颇有交情，他的作品分别由天许斋、兼善堂、衍庆堂以及书林叶敬池、叶敬溪刊印；《二拍》的作者凌濛初与他的父亲凌迪知、兄弟凌瀛初主持过不少书的刻印，在明末的出版界，吴兴凌家可算是佼佼者之一，特别是凌氏套印本可谓明代套印的代表；著名的小说评论家袁宏道、李贽等人与苏州书种堂主人袁无涯的关系都很好，李贽评点的《水浒传》就是由袁无涯刊印发行的。小说传播渠道的通畅使小说的作者、出版者和读者之间形成了良性的互动，共同促进了明末通俗小说的发展与繁荣。

明代刊印通俗小说的书坊主要分布在以下几个地区：

1. 建阳

建阳从宋代开始就是全国重要的刻书地之一，其刻书数量之多，堪称全国之首。正如胡应麟所云"其多，闽为最"[①]。入明以后，建阳坊刻业持续发展，进入了一个空前繁荣的时期，远远超过了它以前的各个时代。明代建阳书坊所刻通俗小说作品多达近50种，现存《三国》的版本就多达13种。建阳书坊刊刻通俗小说的高潮在嘉靖、万历时期，据统计，自嘉靖至泰昌（1522—1620）共99年间，建刻通俗小说占整个明代通俗小说总存量的将近20%，高居江浙地区及其他地区刻本数之上，居全国第一位[②]。刊印通俗小说的书坊主要有：余象斗的双峰堂和三台馆，刻有《全汉志传》《三国志传》《水浒志传评林》《列国志传》《南北两宋志传评林》等历史演义小说，《皇明诸司廉明奇判公案》等公案小说，《四游记》等神魔小说，是明代建阳刊刻通俗小说最多的书坊；余彰德、余泗泉父子的萃庆堂，刊有其塾师邓志谟编撰的《铁树记》《飞剑记》《咒枣

---

① （明）胡应麟：《少室山房笔丛》卷4，中华书局1958年版，第57页。
② 谢水顺、李珽：《福建古代刻书》，福建人民出版社1997年版，第337页。

记》等小说；熊龙峰的忠正堂，刻有《新刊出像天妃济世出身传》等小说；杨氏清江堂、清白堂，刊行熊大木编撰的历史演义小说；此外还有刘氏安正堂刘求茂刻《鼎锲全像唐三藏西游释厄传》，郑氏人瑞堂刻《新镌全像通俗演义隋炀帝艳史》等等。

2. 苏州

苏州书坊以叶姓最多，见于著录的有叶显吾、叶敬溪、叶敬池、叶瑶池、叶聚甫、叶昆池、叶龙溪、叶碧山、叶启元等。其中以叶敬池书种堂和叶昆池能远居最有名。叶敬池刊刻过《醒世恒言》《石点头》，叶昆池刻印了熊大木的《玉茗堂批点南北宋传》等。此外有金阊龚绍山刻《新镌杨升庵批点隋唐两朝志传》《新镌陈眉公先生批评春秋列国志传》；金阊舒载阳刊《封神演义》，是该书最早的刊本；吴县衍庆堂刻冯梦龙《三言》；吴县天许斋刻《天许斋批点北宋三遂平妖传》；五雅堂刊《列国志》；嘉会堂刊《墨憨斋批点北宋三遂平妖传》；映雪堂刊《水浒全传》等，皆有名于世。

3. 金陵

明代金陵书坊以唐氏为最，有名号可考者多达15家，蜚声金陵；周氏居其后，达13家。刊印通俗小说最著名的有：唐绣谷世德堂，所刻传世的小说有《出像官板大字西游记》《唐书志传通俗演义题评》《南北宋志传通俗演义》等；周曰校万卷楼，刊有《新刊校正古本大字音释三国志通俗演义》《新镌全像海刚峰先生居官公案》《新刊大宋中兴通俗演义》《新镌全像包孝肃公百家公案演义》等；周如山大业堂，刊有《三国志演义》《新镌出像补订参采史鉴唐书志传通俗演义题评》等。此外还有金陵周氏刊《皇明开运辑略武功名世英烈传》等。

4. 杭州

杭州曾是南宋朝廷的所在地，同时也是政治、经济、文化的中心。因此，当时杭州地区的刻书业非常发达。明代杭州地区的书坊刻书远不如南宋时期发达，但仍然是全国重要的书籍交易中心。刊印通俗小说较著名的书坊有文会堂、双桂堂、白雪斋、容与堂、夷白堂、藏珠馆、卧龙山房等。传世的通俗小说刊本有容与堂《李卓吾先生批评忠义水浒传》、清平山堂《六十家小说》等。

在嘉靖、万历年间，通俗小说的出版中心是福建的建阳地区，这一方面是因为福建建阳自南宋以来便是全国的刻书中心，但更重要的原因则是因为书坊主在这一阶段主宰了通俗小说的创作。由于上层文人尚不屑于从事通俗小说的创作，这一时期通俗小说的作者主要是书坊主熊大木、余邵鱼与余象斗等人，以及受书坊主雇用的下层文人如邓志谟等人，福建既是创作的中心，又是出版的中心。然而，到了万历后期，这一局面发生了变化。随着经济的发展，城市的繁荣，通俗小说的主要读者群——市民阶层的力量在江浙一带最为强大。而随着通俗小说影响的不断扩大和地位的不断提高，这儿的文人也较早地对通俗小说发生兴趣，并开始参与创作。于是，越来越多的新作品问世于江浙一带，到了万历后期，其数量已逐渐超出福建；到了天启、崇祯朝时，已占据了绝对优势，通俗小说的创作中心已经转移到了江浙地区。随着创作中心的转移，通俗小说的出版中心也转移到了江浙一带，并取代了福建在出版界的领导地位，苏州、杭州等地出版的通俗小说数量渐渐超过了福建的建阳地区。

二 明代书坊在通俗小说刊印形式上的探索

书坊刻书作为一种以盈利为目的的商业行为，首先要考虑的是所刻书籍能否适应市场的需求，吸引读者购买；其次是想方设法降低成本，以获取更多的利润。在明代，当刻印通俗小说成为书坊的重要财源时，众书坊在面临市场竞争压力的同时，自身内部所积聚的创新动力也被激发出来。为了获取更多的利润，他们在小说刊印形式上作了种种的努力和尝试，中国古代出版史上许多重要的版本类型、刻印技术和影响至深的宣传形式，就是在这样的过程中产生的。

（一）登载广告

登载广告是书坊主打开销路、扩大影响的手段之一。明代书坊在图书宣传方面可谓不遗余力，他们常常在书名前加上诸如"精镌""新刻""鼎锲""京本"之类的冠词，以示其刊本的与众不同，从而引起读者的注意。而附刻一些告白性的文字更是他们宣传图书的重要手段，这些镌刻在卷端书尾的文字几乎就是纯商业性的广告。明代书坊刊印通俗小说时，常常在"识语"或"凡例"中对自己的刊本进行宣传。

1. 识语

不少作品刊印行世时，封面或扉页上都印有书坊主介绍该书特点的"识语"，以求争取更多的读者。如金阊叶敬池刊印的《新列国志》就有识语云：

> 正史之外，厥有演义，以供俗览，然亦非庸笔能办。罗贯中小说高手，故《三国志》与《水浒》并称二绝，《列国》《两汉》仅当具臣。墨憨斋①向纂《新平妖传》及《明言》《通言》，《恒言》诸刻，脍炙人口，今复订补二书，本坊恳请先镌《列国》，次当及《两汉》，与凡刻迥别，识者辨之。②

仁寿堂刊印的《三国演义》封面上方有堂主周曰校的识语：

> 是书也，刻已数种，悉皆伪舛。辄购求古本，敦请名士，按鉴参考，再三雠校，俾句读有圈点，难字有音注，地里有释义，典故有考证，缺略有增补，节目有全像。③

对于文士，是特别强调别的刊本"悉皆伪舛"，而该堂是据"古本"刊刻，且又请名士校阅过；对文化程度较低者，则突出书中有圈点、音注、释义等，而且还有插图，真可谓雅俗咸宜。

2. 凡例

除了识语之外，书坊主也常常在"凡例"中为刊本做广告。如《禅真逸史》的凡例声称：

> 此书旧本出自内府，多方重购始得。今编订，当与《水浒传》《三国演义》并垂不朽。《西游》《金瓶梅》等方之劣矣。故其剞劂也，取梨极精，染纸极洁，镌刻必抡高手，雠勘必悉虎鱼，诚海内之

---

① 冯梦龙：明代著名通俗文学家，号墨憨斋主人。
② （明）冯梦龙：《新列国志》，上海古籍出版社1990年版。
③ 孙楷第：《中国通俗小说书目》，作家出版社1957年版，第26页。

奇观，国门之赤帜也。具眼当自识之，毋为鸥鸣垄断者所瞀。①

为了提高知名度，增强号召力，书坊常常借名士为刊本做广告。如舒载阳版的《封神演义》封面识语云：

> 此书久系传说，苦无善本，语多俚秽，事半荒唐，评古愚今，名教之所必斥。兹集乃口先生考订批评家藏秘册，余不惜重资购求锓行，以供海内奇赏。真可羽翼经传，为商周一代信史，非徒宝悦琛瑰而已，识者鉴之。②

由书中李云翔序"余友舒仲甫自楚中重资购有钟伯敬先生批阅《封神》一册，尚未竟其业，乃托余终其事"③一语可知，识语中的"口先生"即指明末著名的文学家钟惺。孙楷第先生说："所谓钟惺曾评者，自是依托。必云购自楚中，则以惺为景陵人耳。"④这样的虚假广告应当不会是仅此一例。当冯梦龙编创通俗小说出了名后，各书坊又都纷纷拿他的大名做广告。刊印《醒世恒言》的衍庆堂、刊印《新列国志传》的叶敬池等均是如此。而出版《今古奇观》与《石点头》的书坊，则干脆在书的封面印上"墨憨斋手定"的字样，虽是极为简明扼要，却也同样起到了吸引读者的效果。

总之，在明代通俗小说的刊本中，各类广告不胜枚举，而无论是以哪一种方式自我表白，都是为了引起读者的注意而达到书籍畅销的目的，这也体现了中国古代的书坊主们强烈的商业意识。

（二）设计插图

在作品里加插图也是书坊借以吸引读者的措施之一。现存的明版《水浒传》和《三国演义》中，插图竟达二百多幅。当时的插图本在书名

---

① 大连图书馆参考部：《明清小说序跋选》，春风文艺出版社1983年版，第179页。
② 孙楷第：《日本东京所见小说书目》，人民文学出版社1958年版，第91页。
③ 同上书，第90页。
④ 同上书，第88页。

上多冠以"纂图""绘像""绣像""全像""出像""图像""全相""出相""补相"等字样,以期引起读者注意,这也说明插图本是一种颇受市场欢迎的图书品类。

小说插图最常见的形式是上图下文,如杨氏清白堂嘉靖三十一年(1552)刊印的《大宋演义中兴英烈传》、万历间刊印的《新刻全像达摩出身传灯传》、熊龙峰忠正堂万历三年(1575)刊印的《新刊出像天妃济世出身传》等,皆为上图下文的形式。也有将图嵌于文中的,如杨美生刊印的《三国英雄志传》、余象斗三台馆刊印的《武功名世英烈传》、萃庆堂刊印的《吕仙飞剑记》等。

对于插图的宣传也是通俗小说广告中的重要内容。《禅真逸史》刊出时,夏履先在凡例中就郑重其事地介绍了该书的插图:

> 图像似作儿态。然《史》中炎凉好丑,辞绘之,辞所不到,图绘之。昔人云:诗中有画。余亦云:画中有诗。俾观者展卷,而人情物理,城市山林,胜败穷通,皇畿野店,无不一览而尽。其间仿景必真,传神必肖,可称写照妙手,奚徒铅椠为工。[①]

所谓"辞所不到,图绘之",指的就是插图能帮助读者更形象地理解作品。而一旦插图本的形式广为普及,对插图的精益求精也就是顺理成章的事情了。万历二十二年(1594)余氏双峰堂刊本《水浒》有这样的广告语:"《水浒》书坊间梓者纷纷,偏像者十余副,全像只有一家……士子买者可认双峰堂为记。"虽说这种贬抑他人、抬高自己的宣传是不道德的,但也说明,在插图本普及以后,插图的优劣已成为市场竞争的重要筹码。崇祯四年(1631)刊印的《隋炀帝艳史》的插图制作更可谓精心:

> 坊间绣像,不过略似人形,止供儿童把玩。兹编特恳名笔妙手,传神阿堵,曲尽其妙。一展卷,而奇情艳态,勃勃如生,不啻顾虎头、吴道子之对面,岂非词家韵事,案头珍赏哉!绣像每幅,皆选集古人佳句与事符合者,以为题咏证左,妙在个中,趣在言外,诚海内

[①] 大连图书馆参考部:《明清小说序跋选》,春风文艺出版社1983年版,第178页。

诸书所未有也。诗句书写,皆海内名公巨笔,虽不轻标姓名,识者当自辨焉。诗句皆制锦为栏,如薛涛乌丝等式,以见精工郑重之意。锦栏之式,其制皆与绣像关合。如调戏喧哗则用藤缠,赐同心则用连环,剪彩则用剪春罗,会花荫则用交枝,自缢则用落花,唱歌则用行云,献开河谋则用狐媚,盗小儿则用人参果,选殿脚女则用蛾眉,奸佞则用三尺,玩月则用蟾蜍,照艳则用疏影,引谏则用葵心,对镜则用菱花,死节则用竹节,宇文谋君则用荆棘,贵儿骂贼则用傲霜枝,弑炀帝则用冰裂,无一不各得其宜。虽云小史,取义实深。①

如此精心制作,显然是为了迎合士人们的雅趣,正如书坊主所言:"岂非词家韵事,案头珍赏哉!"

(三) 评点注释

书坊扩大销路的又一手段是推出小说的评点本。我国的诗文等历来有评点注释本,明末时,这类评点本出得更多,有评点注释的书籍尽管价格略高,但由于便于阅读理解,因而销得更快。因此,书坊主也就很自然地将这方法用于小说的出版。

最早的评点本出自书坊主自己或由书坊主聘请的下层文人,内容无非是如熊大木为《大宋演义中兴英烈传》作的评注一般,只是为了便于文化程度不高的读者理解,并不涉及文学的创作。自万历三十八年(1610)李贽评点的《水浒传》出版后,文士评点通俗小说逐渐成了一种风气,而评点的重点,则转为对作品的分析、对创作经验的探讨,或借题发挥阐述自己的思想。评点的方式十分灵活,有总批、眉批、双行夹注等,使读者阅读时似有名师指点,益友切磋,从而不仅是欣赏故事的紧张与情节的曲折,而且开始对作者的创作意图与艺术匠心也多少有所领略。书坊主刊印评点本的初衷只是想扩大销路,但客观上却为小说理论的发展与读者鉴赏能力的提高创造了条件。余象斗于万历二十年(1592)刊《新刻按鉴全像批评三国志传》、万历二十二年(1594)刊《京本增补校正演义全像忠义水浒志传评林》、万历间容与堂雕印的《李卓吾先生批评忠义水浒

---

① 大连图书馆参考部:《明清小说序跋选》,春风文艺出版社1983年版,第139页。

传》等，都在书名中体现出对评点注释的重视。

在推出评点本的同时，书坊主还于正文旁配以不同的圈点符号，如《禅真逸史》就用了"。""o"、"、"三种，其作用则各不相同：

> 《史》中圈点，岂曰饰观，特为阐奥。其关目照应、血脉联络、过接印证、典核要害之处，则用"。"；或清新俊逸、秀雅透露、菁华奇幻，摹写有趣之处，则用"o"；或明醒警拔、拾适条妥，有致动人之处，则用"、"。至于品题揭旁通之妙，批评总月旦之精，乃理窟抽灵，非寻常剿袭。①

后来，书坊还用套色刊印有评点的作品，正文用墨，评点用朱，让读者可以一目了然。这样的努力没有落空，由于评点本便于大众阅读和欣赏，因而受到了广泛的欢迎。

（四）改变版式

为了扩大销路，书坊主在通俗小说的刊印版式上作了种种的探索，大致表现为以下几种方式：

1. 增加每页的刻印字数

明代的通俗小说印本是比较贵的。例如万历年间龚绍山版的《春秋列国志》，封面上标明书价是："每部纹银一两"；而舒载阳版的《封神演义》"封面所记书值乃为纹银二两"。这样高的书价，可不是一般人能够承受得起的，难怪今人看到这样的标价也会禁不住惊叹道："明季至今相去不过三百余年间，而得书难易之悬绝有如斯也！"② 书坊要改变销路不广的局面，就必须设法降低书价，而最容易想到的方法，就是增加每页的刻印字数。上述《封神演义》等两书的刻印都是每半页 10 行，每行 20 字，即每半页有 200 字。这是一般古籍的标准刻印格式。可是有的书坊为了降低书价，在翻刻那些作品时，往往每半页多刻几行，每行多刻些字。如诚德堂刻印的《三国演义》，就是每半页 14 行，每行 28 字，即每半页

---

① 大连图书馆参考部：《明清小说序跋选》，春风文艺出版社 1983 年版，第 179 页。
② 孙楷第：《日本东京所见小说书目》，人民文学出版社 1958 年版，第 88 页。

392 字,与标准格式相比,每半页的字数增加了一倍。虽然刻工的费用没有减少,但书版、纸张、印刷等的费用均可降低一半,书价也就相应地降低了。有的刊本每半页的字数刻得更多。

2. 图文并茂的版式设计

天启间黄正甫刊印的《三国演义》采取了上图下文的形式,格式是每半页 15 行,图下大行 34 字,小行 26 字,即每半页不仅有图,而且还印上了 400—500 字。这样,读者就可以在不需要额外付钱的前提下,在阅读的同时欣赏到精美的插图。而余象斗于万历年间刊刻的《京本增补校正全像水浒志传评林》则将版面分为三栏,上栏镌简评,下栏刻正文,中间则为连环图画,图的左右各有联句,版面格调新颖,堪称精彩。由他刊刻的《新刻按鉴全像批评三国志传》也采用了上评、中图、下文的版式设计。

3. 两书合刻

崇祯时雄飞馆主人熊飞是个较会动脑筋的书坊主,他看到《水浒传》和《三国演义》都很畅销,就把这两部作品印成一本书,题名为《英雄谱》出版。其刻印格式是每半页上 1/3 处印《水浒传》,半页 17 行,每行 14 字;下 2/3 印《三国演义》,半页 14 行,每行 22 字,即每半页共印 546 字。这样,读者只需花一部书的价钱,就可以同时读到两部优秀名著。熊飞并不因书价较低而粗制滥造,他还在书前加了一百幅精美的插图,并请当时的名士张采等人题咏,力图以此兼顾各方面读者的要求。这部《英雄谱》在崇祯末刊行后,很快又需重刻,可见读者对它是如何的欢迎。

当然,书坊主为了赚钱,在刊印过程中也采取过不少不正当的手段。嘉靖时郎瑛论及福建书坊时曾说:"闽专以货利计,但遇各省所刻好书,闻价高即便翻刻,卷数目录相同,而于篇中多所减去,使人不知。故一部止货半部之价,人争购之。"① 这种欺人的伎俩,也被用于通俗小说的刊印。胡应麟《少室山房笔丛》中曾描述过《水浒传》在不断翻刻过程中的遭遇:

---

① (明)郎瑛:《七修类稿》卷 45 "书册",中华书局 1959 年版,第 665 页。

> 余二十年前所见《水浒传》本尚极足寻味,十数载来,为闲中坊贾刊落,止录事实,中间游词余韵,神情寄寓处,一概删之,遂几不堪覆瓿。复数十年,无原本印证,此书将永废,余因叹是编初出之日不知当更何如也。①

此外,伪称作品是某名士撰写或评点也是书坊惯用的伎俩。据孙楷第先生《中国通俗小说书目》,题名李贽评点的作品竟有 13 种,题名钟惺评点的则有 9 种,还有一些是题名为玉茗堂(汤显祖)、杨慎、徐渭等人的,其中虽有真的,但估计相当一部分都是书坊的伪托。前面提到的舒载阳版的《封神演义》称此书是根据著名文学家钟惺"考订批评"的"善本"翻刻,即是典型的欺人之谈。当时,互相抄袭剽窃作品的现象也屡见不鲜,常有书坊将别人刻印的作品略作修改,换个书名,便算是本坊新书,如前所述书坊主编撰刊印的公案小说即充斥着这一现象。这些做法当然不值得提倡,但客观上也起到了扩大通俗小说影响的作用。

为了扩大通俗小说的影响,书坊主们在刊印方面作了种种的努力,这与文士们投身通俗小说的创作和评论形成了一种良性循环,共同促进了明代通俗小说的繁荣,使它在广大群众中扎下了根,从而以更成熟的面貌继续向前发展。

三 明代书坊刊印通俗小说的历史贡献

虽然明代书坊刊印通俗小说的唯一目的是赚钱,所谓"徒为射利计,非以传世也",但是众书坊为了扩大销路所作的种种探索和努力,在追求利润的同时,客观上却为中国古代的文化事业做出了极大的贡献。无论是对于中国古代的雕版印刷事业,还是对于通俗小说的发展,都有着极为重要的意义。

(一) 明代坊刻通俗小说对雕版印刷事业的贡献

明代书坊刊印的通俗小说不仅数量巨大,而且为了吸引读者,在版式

---

① (明)胡应麟:《少室山房笔丛》卷 41 "庄岳委谈(下)",广雅书局 1896 年刊本。

上也变化多端，如上图下文、左图右文、右图左文、前图后文、后图前文等，甚至镌雕竹节、花草、博古文等花栏。还有前面提到的雄飞馆刊印的《精镌合刻三国水浒全传》，在一套版片上雕刻两种书，使人花一部书的钱而得到两种书；以及余氏双峰堂刊印的《全像水浒志传评林》《全像列国志传》等，为上节评释、中节插图、下节正文的三节版的书。这些多种多样的版式设计无不体现出书坊主的创新意识，丰富了古代书籍的刊印形式，从而为雕版印刷事业做出了重要的贡献。而其中最值得提及的，是明代书坊大量刊印通俗小说对中国版画事业发展的贡献。

中国的版画具有悠久的历史和传统，公元868年雕印的《金刚经》的扉画，是今天所知道的有绝对年代可稽考的第一幅版画。但在实际上，版画出现的年代恐怕要比这个时期早得多。明代是中国版画的黄金时代，尤其是万历时期，可以说是登峰造极，光芒万丈。这一时期的版画，不但题材广泛，数量惊人，而且艺术水准与技术质量，都不愧为中国古代版画的典范，在世界上也处于领先地位。明代的书坊是古代版画艺术的继承和发扬光大者，通俗小说的大量刊印为版画艺术的发展提供了一个广阔的天地。为了扩大通俗小说的销路，书坊主们不遗余力的在书籍插图上下功夫，郑振铎先生曾有"差不多无书不插图，无图不精工"的赞叹。激烈的市场竞争迫使书坊想方设法拓展出版题材、转变欣赏趣味、提高出版水平，而"过去七八百年来累计起来的技术与经验，在这时候都取精用宏地施展开来，而且有了新的创造，新的成就"[①]。

自唐五代雕版印刷术产生以来，版刻插图的绘图与雕刻大多是由同一个人完成的，也就是说，除刻工外，很少另有其他为版刻插图作品绘制画稿的人。某些局部可能连画稿都不用，直接以刀上版雕出，所以不少版刻插图上衣服的皱褶、人物的须眉，有明显的以刀代笔的痕迹，阴刻线条由刻工信手而作的迹象就更清楚，直到明代前期，版刻插图的风格总体上都是比较粗糙质朴的。但是到了万历年间，版刻技艺的发展有了明显的飞跃，形式的多样、构图的精致、风格的变化、线条的秀丽都大胜以往，其创作既甚高雅，又甚通俗，深受各阶层人士的喜爱。究其原因，一方面，书坊和工匠出于竞争的目的，不得不推陈出新，精益求精，因而出现了一

---

① 郑振铎：《中国古代木刻画史略》，上海书店出版社2006年版，第49页。

批专业化的版刻名手,并从理论上对版刻技艺进行了总结;另一方面,市场经济的大背景促成了画家与刻工的结合,不少画家参与了书籍插图的创作,为刻工提供画稿,使版刻名手得以更充分地发挥自己的艺术技能。画家在作画时就考虑到版刻的特点而调整线描间隙,刻手在奏刀时也注意保留画家的风格与技法,二者相辅相成,使书籍插图的艺术性大为提高。

明代插图本的出版,不但继承了前代以地域为中心的特点,而且形成了以地域为中心的不同风格流派。当时福建的建阳、崇安,江苏的南京、苏州、常熟,浙江的杭州、吴兴,安徽的新安,书坊最为集中,逐渐形成了建安、金陵、新安三大艺术流派,分别成为前期、中期、后期版刻插图主要风格的代表,而环拱立侧的还有杭州、吴兴、苏州等地区。不同的地域虽风格各有特点,但都取得了很高的成就。

建安书坊所刻小说多为上图下文的形式,绘镌简单明了,质朴生动,一部长篇小说,配制的图版往往上千幅不止,展开来看就是一幅上下衔接、层次清楚的连环画长卷。人物图像虽小,但动作的活泼,姿态的逼真,是会令观者赞赏不已的。像余氏双峰堂所刊的《全像列国志传评林》《新刊皇明诸司廉明奇判公案》《新刻按鉴全像批评三国志传》等。

金陵坊刻通俗小说的插图特点是双版大幅的插图,人物大型,图的两旁有内容提要的联语。线条简朴有力,脸部的表情很深刻,虽稍嫌粗率,但十分放纵、生辣。所刻罗懋登的《三宝太监西洋记通俗演义》,描写的对象繁杂极了,但处理得却井井有条,人物的动作表情都能够曲曲地传达出来。

杭州也是一个具有古老的优秀传统的木刻画的中心。夷白堂主人杨尔曾万历年间刻的《东西晋演义》附有丰富而精丽的插图,其插图既富于想象,同时又能表现现实,既能传达传统的好画法,又能对景写生,有很高的创造性。刘君裕万历二十年(1592)刻的《西游记》插图二百幅,图中牛鬼蛇神,无所不有,奇谲之至,也怪诞雄健之至。幅幅都需要精奇的布局,其工程很大,是杭州派木刻家们通力合作的一个大成就。此后,便无人敢为《西游记》作细图。清初刻本的《西游记真诠》,其插图就是利用了这副明刻旧版子的。

苏州叶敬池所刊冯梦龙《古今小说》《警世通言》《醒世恒言》三书(合称"三言"),共收入宋、元以来短篇小说120篇,每篇有两幅图,共有240幅插图,可谓浩瀚之作。其插图细致、完整,自有一番情调与意境甚能传达出其文的意旨。叶敬池还刻有冯梦龙《新列国志》,其插图也是巨帙,甚为丰富、复杂,将错综复杂的春秋列国的历史故事生动形象地表达出来,是需要很大的精密研究的功力的。

明代书坊刊印的通俗小说中这些不同风格的版刻插图,各具特色,一方面争奇斗艳,另一方面交流融合,汇成了明代中国版刻艺术的大潮。明代众多精美古雅的坊刻插图本通俗小说,与社会文艺思潮互动,推动古代版画艺术进入巅峰状态,在中国版画史、文化传播史上写下了极其精彩的一笔。

明代坊刻本向来因其刊印不精为旧时士大夫所诟病。由于坊刻本的销售对象主要是购买能力有限的中下层百姓,以盈利为目的的书坊主们为了自身的生存和发展,只能采取低价售书、薄利多销的经营手段,而为了达到这个目的,就必须降低书籍的成本。正如谢肇淛所言:"大凡书刻,急于射利者,必不能精,盖不能捐重价故耳。"[①] 降低成本的办法,不外乎偷工减料、使用质次价低的纸张、墨水、板材等等,刻工自然也不讲究。为了减少书的篇幅,增加版面容量,就只好采用细行小字并压缩行字间距。更有甚者,还减头去尾、删减内容。刻版完成后,又没有足够的人工、时间校勘(高水平的校勘人才更是缺乏),衍文脱字、鲁鱼亥豕的现象在所难免。这些做法自然给坊刻的声誉带来很坏的影响,也是明代特别是明代后期的坊刻本不为士大夫所重的重要原因。

坊刻本的确有其粗劣的一面,但把坊刻本作为刊印不精的代名词也是十分偏颇的看法。虽说书坊主在纸张、墨水等原材料上减少投资,以降低书价来扩大销路,但他们在刻印形式方面却动足脑筋,达到了以形式的美观吸引读者的目的。书坊在通俗小说刊印形式上作出的种种努力,特别是插图本的大量刊行,为中国古代的版画事业和雕版印刷事业做出了重要的贡献,这一点是不能被忽视的。

[①] (明)谢肇淛:《五杂俎》卷13,《国学珍本文库》第1集第13种,民国二十四年排印本。

(二) 明代坊刻通俗小说在小说发展史上的意义

中国古代通俗小说是在明代走向成熟和繁荣的,在通俗小说从明代前期的萧条走向中后期繁荣的过程中,书坊的努力起到了极其重要的作用。

明朝嘉靖至万历时期是通俗小说发展的起步阶段,由于上层文人不屑于参加通俗小说的创作,曾出现了书坊主"越俎代庖"兼任通俗小说作者的现象。就作品本身的思想性和艺术性来看,由书坊主编撰的通俗小说确实没有太大价值。当冯梦龙的《新列国志》问世之后,余邵鱼的《列国志传》便受到严厉指责:"铺叙之疏漏,人物之颠倒,制度之失考,词句之恶劣,有不可胜言者矣","此等呓语,但可坐三家村田塍上,指手画脚,醒锄犁瞌睡,未可为稍通文理者道也"[①]。孙楷第先生在论及公案小说时曾言:"要之,书肆俗书,辗转钞袭,似法家书非法家书,似小说亦非小说,殊不足一顾耳。"[②] 至于书坊主编撰的神魔小说,亦是"芜杂浅陋,率无可观"[③]。书坊主本就不具有专业作家那样的艺术才华,其"越俎代庖"编撰的作品自然无法与《三国演义》《水浒传》《西游记》相提并论,后人对它们的评价还是比较客观的。然而,在评价一部作品或一个流派在小说发展进程中的地位时,作品本身思想、艺术价值的高低并非是唯一的衡量标准,熊大木、余象斗等书坊主编撰的通俗小说自有它们的独特意义。

首先,书坊主编撰通俗小说是在《三国演义》《水浒传》等作品已经刊印传播,而后继书稿又严重匮缺的形势下出现的文化现象,这一现象的产生具有历史的必然性。倘若没有熊大木等人的作品问世,通俗小说创作的萧条状态将会持续更长的时间。尽管这一时期的作品在今日看来观赏价值极小,但它们在当时的畅销说明它们确实满足了人们对于阅读通俗小说的渴求,它们对通俗小说从重新起步到逐渐走向繁荣起到了积极的推动作用,其历史意义是不能被抹杀的。

其次,书坊主编撰的通俗小说和《三国演义》《水浒传》《西游记》

[①] (明) 冯梦龙:《新列国志》,上海古籍出版社1990年版,第7页。
[②] 孙楷第:《日本东京所见小说书目》,人民文学出版社1958年版,第141页。
[③] 鲁迅:《中国小说史略》,齐鲁书社1997年版,第122页。

等优秀著作同时被大量刊行，壮大了通俗小说的声势，使通俗小说的影响日渐扩大，最终引起了文化层次较高的文人的重视，使他们或投身于通俗小说的创作，或关注支持这一文学体裁的发展。比如冯梦龙就是有感于余邵鱼的《列国志传》的简陋粗糙而编撰《新列国志》的。嘉靖时期由书坊主编撰刊行的讲史演义后来全都被一一改写。熊大木编撰的讲史小说以《大宋演义中兴英烈传》为最好，"后来托名邹元标所作的一部《精忠传》，以及于华玉的节本，都由此本出"[1]。直到乾隆年间，钱采、金丰编撰《说岳全传》，也是以此为基础进行再创作的。邓志谟创作的《许仙铁树记》《萨真人咒枣记》与《吕仙飞剑记》等神怪小说在中国通俗小说史上占有一定的地位，冯梦龙《警世通言》卷四十《旌阳官铁树镇妖》和《醒世恒言》卷十二《吕洞宾飞剑斩黄龙》即直接取材于《许仙铁树记》和《吕仙飞剑记》。公案小说在当时虽然因为被羼入了过多的法律知识而显得有些不伦不类，但作品集中的不少故事也成为后来小说家进行再创作的素材，他们写出的作品具有更强的娱乐性和可读性。从这个意义上说，书坊主们编撰的通俗小说为后来的小说创作提供了正反两方面的经验，成为后来小说家创作的基石。

最后，书坊主为了扩大销路而在刊印形式上作了种种探索，这样的探索在小说发展史上也有着重要的意义。熊大木的《大宋演义中兴英烈传》以评点本的形式刊印就是一个极富开创意义的事件，中国通俗小说评点的历史即是由此开始。在熊大木之后，评点小说渐成风气，并先后出现了李卓吾、金圣叹、毛宗岗、张竹坡等评点大家，评点也终于成为中国古代小说理论的重要组成部分。熊大木刊印时采用了双行加批的形式，在有关的字、词、句下直接加注，或注音释义，或解说人名、地名，或注释名称、典故，或为叙及的事件作注，评点的目的只是使文化程度低的读者便于阅读，进而扩大小说的销路，其评点水平自不可与后来的大家同日而语，但他的首创之功却是不能轻视的。

据现存资料统计，明代刊印通俗小说的书坊多达120家，刊印小说200余种[2]，这为通俗小说的发展做出了不可磨灭的贡献。通俗小说所表

---

[1] 郑振铎：《插图本中国文学史》第四册，人民文学出版社1957年版，第925页。
[2] 王清原、牟仁隆、韩锡铎：《小说书坊录》，北京图书馆出版社2002年版。

达的思想内容当然不无封建的说教，但也不乏民主的精华，一般说来，它是与人民大众的情感、欲望息脉相通的，再加上文字的浅显，容易被人民大众接受，它们的普及程度比起《四书》《五经》来是有过之而无不及。但是在漫长的封建时代里，通俗小说却没有得到充分的尊重，虽然封建统治者也与平民百姓一样喜欢阅读通俗小说，但这并不妨碍他们板起假道学的面孔对通俗小说横加禁止，从明初一直到明末，政府对通俗小说的禁毁从未停止。由于民间书坊的努力，通俗小说不仅在国内得到了广泛的传播，而且还有不少作品流传海外，成为国际文化交流传播的使者。与古代中国有着密切文化交流的日本、韩国，现今都收藏有大量中国古代的通俗小说作品，有的我国已经失藏。纵观近二十年来影印出版的海外所藏中国通俗小说的孤本、善本可知，在明代，通过通俗小说向世界传播的中国社会文化和民俗活动的信息量是巨大的。书坊对通俗小说的大量刊行，既促进了古代通俗文艺思潮的发展，又记录了大量有关资料，并成功地与全世界交流，为我国古代文化遗产的传播和保存做出了重要的贡献。如果没有这些书坊的刊印，我们今天围绕通俗小说所进行的一切，将会陷入无米之炊的困境。从这个意义上说，今天的研究者们同样应该对古代的书坊致以诚挚的谢意。

（姬志香）

【叁】明代私人抄本研究

抄本，是根据底本（不论其为写本或刻本）传录而成的副本，故又称"传抄本"。① 定义很简单，据底本经抄写便可生成抄本，但抄本在实际中却有着一定的复杂性。在印刷术发明以前抄写就是图书制作和流传的主要途径，之后在书籍流通史上依然占有着重要地位。抄本是一种重要的古籍版本形式，抄书活动又是增益图书的重要手段，所以说对抄本的研究具有极其重要的意义。

在雕版印刷术兴起以前，中国书籍最主要的生产方式就是写和抄，文化传播和流通的主要载体就是写本和抄本。上古三代的甲骨文、陶文，秦汉时期的竹木简书、帛书，东晋至隋唐时期的纸书，无一不打着写和抄的烙印。19世纪末以来，敦煌莫高窟石室遗书的发现更是展现了印刷术发明前写本书的繁荣。手抄成书，耗时费力且产生副本量少，显然无法满足社会日益发展的需求。因此，印刷术的出现成为历史发展的必然，印制书也就成了书籍流通的主体。相对于印刷，手抄方式的落后性是不言而喻的，但是在书籍流通过程手抄本也并未退出历史舞台，并且在中国古代典籍史上仍然产生着不可低估的作用。即使在雕版印刷已经成熟的宋代，政府依然十分重视抄写书籍，置补写所、招聘书手，多次抄写内府馆阁所无之书。民间私人藏书家的抄书活动更盛，许多便以抄书著称。今人袁同礼就指出："宋代私家藏书，多手自缮录，故所藏之本，抄本为多。"② 元朝虽然是个不重视文化事业发展的时代，但我们依然可以在史籍中发现手抄

---

① 周文骏：《图书馆学情报学词典》，书目文献出版社1991年版，第56页。
② 转引自曹之《宋代抄书考略》，《图书馆建设》1989年第5期。

书的记载。到了明代，随着印刷术的日益发展，抄书这一传统的形式非但没有湮灭，相对于前代风气反而日盛。政府曾多次到民间搜访遗书，访到之书均用人工抄写；另外官方于永乐、嘉靖年间两次大规模地抄写《永乐大典》及《实录》《宝训》《邸报》等充实秘府。以致当时秘阁藏书"约两万余部，近百万卷，刻本十三，抄本十七"①，足可见抄书之多。而在民间，私人抄书的活动更是兴盛，众多的文人、学者和藏书家都与抄书有着不解之缘。基于不同的目的，他们往往以抄书为尚，并拥有着锲而不舍、求全求善的精神，抄写了大量精良书籍，这些抄本无论内容还是手迹都是相当珍贵了，正如版本学家曹之所概述的那样"明代抄本有以'珍本'为主、书法水平高、出现影抄三个特点"②，极具研究价值。

一　明代私人抄书兴盛的原因

明代印刷术的发展已经相当成熟，木活字、铜活字印刷得到广泛应用，套版技术也逐渐风行，而在雕版印刷术中"饾版""拱花"技术的发明和应用，无疑都证明了当时印刷术的辉煌。然而正是在这个时期，无论官方还是私人的抄书活动都是相当盛行于世的，尤其是民间抄书活动更是比比皆是，许多人都与抄书有着不解之缘。在印刷术成熟并高度发展的明代，这种传统的抄书形式又极其兴盛，这种反常历史现象的出现必然有着一定的背景原因。

（一）书籍自由流通受限

历史上历代王朝为了加强自身的统治，自秦王朝的"焚书坑儒"开始，形式各异的"禁书"活动就从来没有停止过。朱元璋在元末激烈的农民战争中，充分认识到文化知识的重要，在一定程度上他是个提倡"文治"的皇帝，而"武定祸乱，文治太平"也成为他的治国方针。他认识到文化在政治统治中的巨大作用，即成也于此、败也于此。于是朱元璋在意识到知识分子重要性的同时，又觉得有着很大的危机感，总是怀疑士

---

① （清）张廷玉：《明史》，中华书局2000年版，第2434页。
② 曹之：《中国古籍版本学》，武汉大学出版社2007年版，第150页。

大夫与他离心离德，对他轻视和讽刺，因此捕风捉影大兴文字狱。这也奠定了明王朝文化统治的基调，此后或因统治集团内部的派系斗争，或因维护自身的思想统治需要，禁书的种类也在不断增加。在整个明代文化活动中始终存在着一种对专制政治的怀疑和不满情绪，统治阶级在政治、思想领域巨大的权威性使许多书籍不能刊刻传播，于是抄写获取图书这种相对自由的形式便流行开来。

总的来说，在《大明律》中就明确规定："凡私家收藏玄象器物，天文图谶，应禁之书及历代帝王图像、金玉符玺等物者，杖一百。"① 但是，除了天文图谶之外，哪些属于应禁之书并没有给予明确的规定。哪类书、何人所著的书被禁只能靠个人的主观断定，一旦判断失误便会招来大祸。这样，谁也不敢把他们视为合法的书随意公开刊行传播，因为没有人能保证自己刊印的书传播后，不会被作为刊行传布禁书而受到重罚。许多书籍虽然统治者没有明令禁止，也无人敢刊行传布。因此，在当时很多书均处于禁与不禁之间，不敢公开传播，就只能靠个人私下抄写了。

在政治上，罪臣之书、有悖于统治思想之书都会遭禁。一旦被统治者定为罪臣，他的著作甚至仅是相关著作就无人敢刊刻。例如孙蕡因给大臣蓝玉所藏的画题过诗，后来蓝玉被认为谋反，孙蕡也被作为"蓝党"杀掉了。另外政治异党之书连收藏都是罪过，更不用说刊刻广泛传播了。建文旧臣的著作如《逊志斋集》《练子宁集》《茅大芳集》《王叔英集》等书在永乐年间遭到严禁，尽管有些书中处处宣扬封建统治之本的儒家伦理道德，也逃不过被禁的命运，即便被刻也是随刻随毁。在思想上，不符合规范的书也遭到查禁。在明代统治阶级为了加强文化专制主义以禁锢人们的思想，十分推崇程朱理学，于是书中一旦流露出与其相左之处就难逃被禁的命运。林希元的《易经存疑》在思想内容上与程朱理学是一脉相承的，仅仅在诠释或某些训释方法等细枝末节问题上与程朱有不合之处也被禁。李贽的《焚书》《藏书》《卓吾大德》等，这些书不仅跟造反无涉，而且也没含有批评朝政性质的内容，但是他反对孔子所谓"圣贤"的盲目崇拜，主张独立思考，对于各种封建教条进行了批判和揭露，具有反传统的倾向和批判精神。显然这些不符合"圣学"的书籍统治者是不会容

---

① 怀效锋：《大明律》卷12"收藏禁书及私习天文"，法律出版社1999年版，第91页。

忍的，它们被统治者定为"惑乱人心"之书，曾两次遭到朝廷的明令烧毁。另外还有一些小说，统治者或者觉得宣扬了危及自身统治的思想如《水浒传》，或被认定为"淫词小说"如《金瓶梅》、《剪灯新话》等在相当长的时间内都难逃禁毁的命运。总之，无论是书的作者或者内容，但凡与统治者思想相左，都在被禁之列。

由此可见，在明朝文化专制的力度还是相当大的，因此很多书籍都处在"不禁而禁"的状态下。在这种情况下，为了避免不必要的麻烦，一些书籍的获取和传播还得靠手抄写这一传统方式得以进行。在这个封建专制的时代，凡是不利于封建统治的著述，就会遭到封存、查禁和焚毁。而私人手工抄写或收藏或流通，还是有一定隐蔽性的，因而也就成为一种文化抗禁的手段。

（二）刻本书籍种类不全面

雕版印刷术自唐五代大规模使用开始，印刷术的不断发展和改进使刊刻印刷已经成为书籍制作的主要形式。到了明代，雕版、活字、套版技术的发展更使印刷术达到了前所未有的高峰。相反，即便如此，也并不是说凡书都有印本，有很多书籍依然是没有刻印的可能性和必要性的。这样，在主流的图书制作和市场流通之外，抄写书籍也在做着必要的补充。

雕版印刷书籍，需要先在纸上按所需规格书写文字，然后反贴在刨光的木板上，再根据文字刻出阳文反体字，做成雕版。接着在版上涂墨，铺纸，用棕刷刷印，然后将纸揭起，方才成为印品，也仅仅形成一本书。活字印刷将刻成的字经过不同的组合，才可以形成多种书。但不管怎样说，印刷书籍的工序还是有一定复杂性的，并且雕刻版面需要大量的人工、材料和财力。相对来说，抄写书籍简单易行，只需笔墨纸就可进行。而且雕版印刷一经开印，就会产生副本量大的结果，所以对于需求量不大的书进行印刷出版的价值就不大。书商在选择刻印书籍的种类时，往往以利益为出发点，所以这些书也就不被作为印刷的对象了。但是这些需求量不大的书籍并不代表价值不大，尤其对于需要的人。于是许多社会需求量较少的书，在社会上主要就是以手抄本形式存在流传的。

我国的出版业从宋代开始就逐渐形成了官刻、坊刻、私刻三大刻书系统，到了明代，这三大系统发展得更加完善，分工也更加明确了，它们各自有着相对固定的书籍刊刻类型。官刻主要刊刻正经正史类的书籍,提供官方的样本,供举子科考所需;坊刻以盈利为主要目的,主要刻印一些大众喜闻乐见的、需求量大的书籍;而私刻刻印书籍目的重在传世,有着很大的选择性,而且一般量都很少。所以说,只有那些社会需求量大的书籍才是刻书机构重视的目标,而那些受众面较窄、流通圈小的书籍便不会得到印刷的机会。比如一些不太有名的文人士子的诗文集,一些学术性较强的专著等方面的书籍。这样的书籍想要获取,就只能依靠抄写这样的方式了。

所以说,尽管在印刷术已经广泛应用的明代,图书生产规模扩大,图书品种数量极大地丰富起来,也并不是说任何书籍都有印本并可以轻松获得的。抄书方便易行,对于需要的书只要有底本便可为自己抄得副本。因此,很多人或为了治学需要,或为了收藏善本,仍然十分重视抄书,多亲自甚至组织人员抄写。这样的抄书形式,成了他们获取需求书籍最好的方式。在社会上这类需求量较少的书,即使有刻本流通量也很少,对于那些迫切需要的人来说抄写就成了他们的选择。这类书籍,印本一般不能满足世人的需求,所以在社会上就主要是以抄本的形式传播和流通了。

(三) 刻本书籍价格偏高

明代在我国古代出版史上已是一个相当活跃的时期,书坊林立,出版业更是被注入了较为浓烈的商品经济意识,书籍交易也在更大的范围内空前活跃地展开。但是刻印书籍的价格并没有因为市场的繁荣而低廉。尽管书籍的价格受着地域、刻板、纸张、装潢等多种因素的制约,但是总体说来明代刻本的价格是不低的,对于一些生活窘迫之人在经济上更是无法承受的。

据袁逸先生在其《明代书籍价格考》中所说,明当代刻本价格平均每卷 1.8 钱,宋元刻本平均每卷 4.5 钱。[1] 以明万历年间,湖广、浙江、京师一带"官俸米以每石银七钱折发,乃天下可行之制"[2] 的折算法,一

---

[1] 宋原放、王有朋:《中国出版史料》(古代部分)第 2 卷,湖北教育出版社 2004 年版,第 524 页。

[2] 王重民:《中国善本书提要·补遗》,上海古籍出版社 1983 年版,第 18 页。

本仅仅十卷的明朝当代刻本书也得18钱即米2石多，而那些部头较大、印刷较好的书籍价格必然更贵。所以袁逸先生就曾说过："买书绝非一般贫民阶级所能承受。而当时一个七品知县的月俸是米七石五斗（900斤），一个中央政府管理图书的九品典籍月俸是米五石（600斤），加上月薪及其他补贴，买书只能是这一阶层的人。"[①] 由此可见，买书实非易事，没有一定的经济基础让买书便成了一件极其奢侈的事情，对于许多人是能力多有不及的。宋濂在《送东阳马生序》一文中就提到"年幼贫困，手自笔录，计日以还"，杨士奇也在其《文籍志序》中说"孤贫不能得书，事抄录，无以为楮笔之费"。像宋濂、杨士奇这样的名士，在其早年都曾经买不起书，只能靠抄写来获取书籍。社会上这样的贫寒之士更是不在少数，他们多数没有需要书便买的能力，为了读书只能依靠自己手工抄写。

另外，在明代书籍流通的地区相对集中，主要在北京以及江浙地区。在古代，流通十分不便，更是增加了购书的困难性，也加重了书籍的成本。买书时在图书价格的基础上再加上路费，无疑使书籍需求者更加难以负担。在种种因素的影响下，刻本图书的价格是超出不少人的能力范围之外的，这就在一定程度上加剧了人们对抄本的依赖。

（四）刻本书籍质量不尽人意

明朝自开国至亡国历时的270多年间，据1980年《中国出版年鉴》统计所刻之书共计14024部，这对我国古代文化的积累和传播确实发挥了巨大的作用。但是不可否认，这其中有相当一部分书的刊刻质量很是差强人意，在社会财富被浪费的同时，还严重影响甚至损坏了原书的质量。在清代，就曾有"明人好刻古书而古书亡"的说法，虽然这种说法有些偏激，但是在一定程度上反映了明代刻书的弊病。"朱明一朝刻书，非仿宋刻本，往往羼杂己注，或窜乱原文，如月窗之事，触目皆是。"[②] 有的书籍校勘不精，致使脱文讹字比比皆是，有的刻书家随意改动，删略原书，

---

① 宋原放、王有朋：《中国出版史料》（古代部分）第2卷，湖北教育出版社2004年版，第524页。

② （清）叶德辉：《书林清话》，上海古籍出版社2008年版，第136页。

有的喜用古体字。叶德辉对此曾痛加斥责说："全属臆造，不知其意何居！"① 叶德辉基本上代表了后人对明代刻书情况的看法，也在很大程度上反映了当时刻本质量比较糟糕的状况。

当时社会上流通的书籍大多数为书坊所刻，而坊刻主要是以盈利为目的的。书商们为了追求利益的最大化，往往偷工减料，版片破损也不修补，有的甚至删去书中若干篇章，或采用低劣的纸墨，不肯花大力气精校细刻。这样印制出来的书籍，大多无论外在的纸墨装帧还是具体的图书内容都是不尽人意的。同时，还有一些书商利用藏书家急于购求善本的心理，往往会采取作伪的方式来牟取暴利。后来一些学者在研究版本时就有对这种作伪行为的记录。例如在《铁琴铜剑楼藏书题跋集录》中对《春秋经传集解》的题跋就有这样的记载："此书宽行大字，橅刻极精，书贾得之遂伪作，咸平辛丑刊五字以补印于版心，上方以当宋椠，不知墨色浓淡，一望可知。"② 仅仅在这本目录中就有多处类似的记录，足以说明这种不齿行为的常见，这样刻印出来的书籍多数让人失望且不能满足人们的需求。

坊间所刻印出来的书籍大多都脱离了书籍的原貌，有些甚至在内容上都出现了出入，这对于一般的读书人的求知学习是很不利的。而对于那些求购珍本、善本的藏书家来说，这些质量较差的印本更是难以接受的。于是，对于这些在市场上购买不到所需要的质量较高的书籍，为了得到接近原书的版本，迫于无奈只能依照好的底本进行精心抄写，从而获得满意的书籍。这样，面对市场上质量较差的印本，抄书就成了获取善本的一种有效途径。

（五）文坛复古运动的促进

明代正德、嘉靖前后，李梦阳、李攀龙等前后"七子"先后发起了复古运动，在社会上引起了强烈反响。作文的人模仿秦汉，写诗的人效法盛唐，而刻书的人争相追模北宋风格，助长了人们对宋本的崇拜。因此，复古运动也极大地影响了出版事业和藏书事业。出版业出现了翻刻宋元版

---

① （清）叶德辉：《书林清话》，上海古籍出版社2008年版，第137页。
② （清）瞿良士：《铁琴铜剑楼藏书题跋集录》，上海古籍出版社2005年版，第12页。

书的风气，藏书事业出现了收藏宋版书的热潮。在宋版书所存极其有限的情形下，为了更多地重现宋版书的面貌，许多人就开始大量仿照宋版书的版式字体的抄写活动。

在明代流传下来的宋版书籍已经不多了，极为罕见，再加上宋代刻印的书籍内容近于古本，刊印精美，装潢考究。于是便成为藏书家争相追求的宝贝，可以用"价值连城"来形容了。大藏书家和刻书家毛晋在他的藏书楼汲古阁门前悬挂征求启事谓："有以宋椠本至者，门内主人计叶酬钱，每叶出二百……有以时下善本至者，别家出一千，主人出一千二百。"① 可见当时宋版书流传不多，而当时人所谓的秘本、善本多指宋本。而一些藏书家已不是单纯地把它作为承载和传播知识的读物，而是作为珍贵的艺术品和罕见的历史文物来收藏了。但是，现存宋版书的现实是改变不了的，想要获得最大程度接近宋版书的方法就是抄写了，于是就有人发明了影照宋本书抄写的方法。最早使用的就是毛晋，在他的影响下影抄的方法逐渐流行，为我们留下了大量的影宋抄本。

印刷术出现后，传统的抄书活动并没有退出历史的舞台。在种种原因的影响下，出于不同的目的，在明代许多人甚至是热衷于抄书，传抄活动蔚然成风。人们利用官私藏书从事借抄和传抄的活动比以往任何时候都普遍。不少藏书家专门雇人抄书，从毛晋号称"家蓄奴婢三千指""入门仆童尽抄书"②，可知其盛况，而明代有名的范氏天一阁藏书楼有一半书是抄本。尤其是在明代，很多人打破了传统的狭隘的藏书观而有了共通的思想，有了稀有的宋元珍本，纷纷互抄、借抄，这也更促进了抄书风气的兴盛。

二 私人抄书的地域分布和主要类型

抄书活动作为一种文化现象有着一定的地域性，在一些经济文化发达的地区尤为兴盛，这些活动也产生了许多我们耳熟能详的抄本，而且其中有几种典型的类型，通过论述可以展现出明代抄书活动的状况。

---

① （清）叶德辉：《书林清话》，上海古籍出版社2008年版，第144页。
② 丁瑶：《苏州藏书家抄书传统及特点探析》，《晋图学刊》2004年第4期。

(一) 私人抄书的地域分布

书籍有着很强的传承性,政治、经济、文化、教育等发展的不均使官私藏书在地域的分布上有着很大的不平衡性。明代私家藏书的地域不平衡性表现得尤为突出。一般来说,北方地区少,南方地区多,而南方地区集中于江浙一带,但江西、山东、河北、福建等地也有一些著名的藏书家。[①] 藏书是抄书赖以进行的底本,而藏书家是抄书活动的主要参与者。所以说一个地区藏书量的丰富与否,藏书家学者的多寡,也直接决定了抄书活动明显的地域特色。

1. 北京地区

北京作为全国的政治、文化、经济中心,有着其他地区所无法比拟的优越性。当明朝都城从南京迁至北京后,历代统治者就先后在北京修建大本堂、文渊阁、皇史宬等藏书处所,并将南京文渊阁的藏书北迁,而且朝廷也重视书籍广事搜求,加之个人进献,藏书规模甚是巨大。同时在京城聚集着大量的文人雅士、拥有一定财力和社会地位的官员以及追求功名的学子,这些条件都使北京成为抄书活动比较繁荣之地。

北京地区的抄书活动首先是有条件的人抄写内阁中的藏书。内阁中藏有大量世间罕见的秘本、珍本,这些书都是人们特别是藏书者争相追求的对象,而想要获得这类书,唯一的方法就是抄而成书。于是,一些官员像内阁大学士、中书舍人等,利用职务之便进入内阁中去亲自抄写想要之书,甚至带他人去抄写。另外,一些大藏书家赵清常、钱谦益、焦竑等也从内府中抄书。赵清常就抄录了大型剧本《跋脉望馆抄校本古今杂剧》、《数书九章》等。其次是私人之间的传抄活动。内阁秘书一旦流传出来,许多人更是千方百计借来抄写。而内府藏书在京城出现的可能性更大,大凡爱书之人特意前来期待有机会可以获得些许。遇到好书必想方设法弄到。同时在北京聚集了大量的文人士大夫,他们中大多也拥有着丰富的藏书,也会有人慕名而来抄写所需要的书籍。而在京城文人之间,他们也多交换有无,彼此互抄。明初的杨士奇就是个典型,他的藏书中抄本数量不少,特别是在北京所抄的书籍,在其所抄书中占有相当的比重。因而抄书

[①] 徐凌志:《中国历代藏书史》,江西人民出版社2007年版,第262页。

盛行也成为北京书籍流通的一个重要特色。

作为荟萃历代重要古籍图书的京城，其中拥有众多精椠善本，正是通过大量的私人手抄才能得以广泛流传。

2. 江浙地区

古代历史上凡社会经济发达地区，也是私人藏书发达的地区。当中国经济中心南移以后，江南地区藏书文化也蓬勃地发展起来。因此，自古以来苏州、无锡、常熟等地的私人藏书事业历史悠久，藏书家代不乏人。早在宋代，无锡地区藏书万卷以上的藏书家就有无锡的钱安道、钱绅，宜兴的慕容彦连等人。至明代，江浙私家藏书事业更为发达，私人藏书家有数百人，其中，藏书万卷以上的藏书家就有数十人。明代江、浙地区文化繁荣，科举发达，名宦辈出，在社会上形成了读书、著书、藏书的风气；经济繁荣，富甲天下，藏书家有足够的经济能力用于藏书；刻书业发达，图书印刷业空前繁荣，南京、杭州、苏州、常州等地都是刻书业繁盛之地。而根据王河《中国历代藏书家辞典》中的有关资料统计，明代所知名的358位藏书家中，江苏142位，浙江114位，占了七成还多。

众多的藏书家更是注重藏书的质量，对图书的要求很高，尤其重视抄本。抄书是藏书家增益藏书的重要手段，也是一种传统。江浙地区藏书家的抄书事迹不胜枚举，"每爱奇书手自抄""犹秃千兔写万纸"便是对他们抄书活动的真实写照。很多著名藏书家的典藏中，抄本均占有较大的比重。对于那些没有现成刻本购买或无法购买的书，往往采用抄写的方式。同时他们还很重视抄本的质量，往往选用质量较高的底本，经校勘后用上好的笔墨进行抄写。所以说这一地区抄书的质量在全国是首屈一指的，叶德辉《书林清话》中列举的抄本书为藏书家所珍视的有13家，其中苏州藏书家就有9位。多数藏书家已经将抄书作为一种嗜好，并且其中有些拥有着常人所不能及的毅力，常年抄书、日日抄书、夜夜抄书。他们不仅自己抄，有人如毛晋甚至雇人抄写。这些藏书家珍视质量上乘的抄本，于是都尽所及之力抄写，互列书目互通有无，在这样一种氛围下更加频繁普及起来。

江浙地区的藏书家为收藏多精心抄写一些精品抄本，不仅具有文献保存的意义，还别具艺术价值和鉴赏情趣，一直以来都受到人们的钟爱。因此现在流传下来的抄本也多是这一地区藏书家所抄的书籍。

(二) 私人抄本的几种重要类型

抄书本历来就是我国古代学者读书治学的优良传统之一，抄书是明代藏书增益图书的重要手段，明代私家藏书的风气更是达到鼎盛，许多藏书家都与抄书有着不解之缘。由于时代较近的缘故，再加上后人对抄本的重视和研究程度逐渐加深，很多明代抄本流传了下来，接下来就介绍几种平时较常见到并有着重要意义的抄本。

1. 名家抄本

抄本的优劣取决于多种因素，像孙从添所说的那样："抄书者要明于义理者一手书写，无脱漏错误，无破体字，用墨一色，方为最善。若字好而不明义理者，仅印抄而已。"[1] 他就强调了抄书者要"明义理"的重要性，还有无错误脱漏、无破体字和墨色一致对抄本质量的影响。当然，底本的优劣更是直接决定了抄本的质量。一些藏书家自身具备了相当高的文化修养，同时拥有着一定的财力选用上等纸墨，并尽力寻求善本，因此他们所抄的书被冠以"名家抄本"的名称。

名家抄本与普通抄本的区别，主要在于抄书者精于校勘，错误较少，书法精良，选用上等纸墨，因而受到藏书家的钟爱，甚至以奇书视之。

(1) 吴宽丛书堂抄本

吴宽，字原博，号匏庵，长洲（今苏州）人，明代著名的藏书家。为官数十载，未尝一日辍书。他所藏的书多亲手抄录，所以叶昌炽为其作绝句"吏部东厢晚年笔，后来一字一琅玕"，叶氏并有按语曰："余所见丛书堂抄本，公手书者精彩奕奕，笔法似苏长公。"[2] 吴宽抄本版心有"丛书堂"三字，多用红格纸抄写。据《书林清话》记载，出现在各书目中的吴抄本有：钱曾《敏求记》：《孟子注疏》14 卷。《毛目》：《裔夷谋夏录》一本，《公明退朝录》一本，《国初事迹》一本，《大唐传载》一本，抄宋本《宾退录》十卷二本，红格抄《续博物志》一本，红格抄本《霏雪录》二本，《南方草木状》一本。《黄记》：《墨子》15 卷，《嵇

---

[1]（清）孙从添：《藏书纪要》，《淡生堂藏书约》（外八种），上海古籍出版社 2006 年版，第 40 页。

[2]（清）叶昌炽：《藏书记事诗》，北京燕山出版社 2008 年版，第 116—117 页。

康集》10卷。《张志》：刘国器《纲目分注发微》10卷。《瞿目》：宋柳开《河东集》16卷，范成大《石湖居士文集》34卷。《黄续记》：红格竹纸抄本《王建诗集》10卷。

（2）叶盛赐书楼抄本

叶盛，字与中，号蜕庵，昆山（今江苏）人。平生酷嗜读书、藏书，虽各地为官仍抄书甚勤。钱大昕在《江雨轩集跋》中曾说："文庄藏书之富，甲于海内。服官数十年，未尝一日辍书，虽持节边徼，必携抄胥自随。每抄一书成，辄用官印识于卷端。其风流好事如此。"① 王世贞《绿竹堂记》云："生平无他嗜好，顾独笃于书，手自抄雠，至数万卷。"② 边镇为官，受条件限制便携抄手自随，书成后便用官印钤于卷首，原铁琴铜剑楼藏叶盛旧物《论语》上即有"镇抚燕云关防"、"巡抚宣府关防"印记。叶盛抄本版心有"赐书楼"三字，《藏书纪要》云：叶文庄抄本用绿、墨二色格。③ 据《书林清话》记载出现在各书目中的叶抄本有：《黄记》：《梁公九谏》一卷，《张乖崖集》宋抄缺卷。《瞿目》：唐《李元宾文集》六卷、《补遗》一卷，茧纸抄本；《昼上人集》十卷。

（3）文征明玉兰堂抄本

文征明，原名壁，字征明，别号衡山，长洲（今江苏苏州）人。工诗文，善书法，尤擅绘画。文抄格阑外有"玉兰堂录"四字，据叶德辉所言："文抄极为孙从添庆增《藏书纪要》所称，而抄本传者绝少。"④ 所以，后世书目中只有《瞿目》有记载影宋抄本《新雕诗品》三卷。

（4）沈与文野竹斋抄本

沈与文，字辨之，号姑余山人、野竹居士，嘉靖吴县（今江苏苏州）人。喜藏书、刻书，家有"野竹斋"，多蓄善本书。格阑外有"吴县野竹家沈辨之制"九字。《瞿目》有其抄本《山水纯全集》一卷。

（5）杨仪七桧山抄本

杨仪，字梦羽，一号五川，常熟（今属江苏）人。其所抄书版心有

---

① 丁瑶：《苏州藏书家抄书传统及特点探析》，《晋图学刊》2004年第4期。
② （清）叶昌炽：《藏书纪事诗》，北京燕山出版社2008年版，第109页。
③ （清）孙从添：《藏书纪要》，《淡生堂藏书约》（外八种），第39页。
④ （清）叶德辉：《书林清话》，上海古籍出版社2008年版，第207页。

"嘉靖乙未七桧山房"八字。《士礼居藏书题跋记》:"《珩璜新论》旧藏七桧山房,抄本,立斋相国手校。"① 其所抄书版心有"嘉靖乙未七桧山房"八字,《黄记》《瞿目》就有宋孔平仲《珩璜新论》一卷。也有版心作"万卷楼杂录"五字者,《瞿目》:《穆天子传》六卷便是。

(6) 姚咨茶梦斋抄本

姚咨,字舜咨,又字潜坤,号皇象山人、茶梦主人、皇山人,无锡(今属江苏)人。喜藏书,遇善本,常手自缮写,至七十余不辍,所抄古雅可爱,若《续谈助》《贵耳助》、《稽神录》,被黄丕烈叹为三绝。他所抄的书,版心有"茶梦斋抄"四个字,流传下来的抄本较多。《范目》:手抄宋吕大圭《春秋五论》一卷,明唐寅《漫堂随笔》一卷。《张志》、《瞿目》:手抄马令《南唐书》三十卷,《唐阙史》二卷。《黄记》《张志》《瞿目》:手抄《续谈助》五卷。《翟目》:手抄《甘泽谣》一卷。

(7) 秦四麟致爽阁抄本

秦四麟,或名秦景阳、景旸,号季公,常熟人(今属江苏)。家富,喜藏书、抄书,从人得秘本,多用行书抄写,笔法流逸,手抄甚富,校勘不倦。版心常有"致爽阁""又玄斋""玄览中区"或"悬斋"字样,手抄甚富,校勘不倦,如手抄《穆天子传》《极玄集》等。孙岷自跋曰:"秦公手抄甚富,笔法流逸。是盖老年笔也,宝之宝之。"② 后世对目录中多有对其抄本的记录。《毛目》:手抄《亢仓子》一本;《紫青真人注道德经》一本;《酉岩山人真迹》三册六本:一册《考工左国纂》,一册《吕览节》,一册三子纂:《荀子》《淮南子》《扬子》附《文中子》;手抄《太和正音谱》二本。《瞿目》:唐苏鹗《杜阳杂编》三卷。《张志》:俞文豹《吹剑录》一卷,《穆天子传》六卷。《张志》:《唐诗极玄集》二卷。《翟目》:姚合《极玄集》二卷。

(8) 祁承㸁澹生堂抄本

祁承㸁,字尔光,号夷度,自号旷翁、密园老人,山阴(今浙江绍兴)人。善藏书,储蓄达十万卷之多,既富且精,抄世人罕见之书,校勘精核,纸墨洁净。天启三年,他曾在家书中说:"此番在中州所录之

---

① (清)黄丕烈:《士礼居藏书题跋记》,书目文献出版社1989年版,第136页。
② (清)张金吾:《爱日精庐藏书志》卷34,张氏道光刻本。

书，皆京内藏书家所少，不但坊间所无者也，而内中有极真极重大之书，今俱收备。即海内藏书者不可知，若以两浙论，恐定无逾我者。以此称文献世家，似不为愧。"① 他穷其一生精力寻书、抄书、藏书，成为明代后期一大藏书家。澹生堂所抄之书版心有"澹生堂抄本"五字，多用蓝格纸抄写。全祖望对祁抄本评价很高："夷度先生精于汲古，其所抄书，世人未见，校勘精核，纸墨洁净。"②《黄记》：《国朝名臣事略》15卷。《黄记》、《张志》：《勿轩集》8卷。《瞿目》：《周益公集》200卷。《张志》、《瞿目》、《丁志》：元吴海《闻过斋集》4卷。另有蓝格白纸《广笔畴》一卷，蓝格纸抄《许白云先生文集》4卷。

(9) 毛晋汲古阁抄本

毛晋，字子晋，号潜在，原名凤苞，字子久，常熟（今属浙江）人。毛晋汲古阁抄书甚多，黄丕烈所刻的《汲古阁秘本书目》中收录的毛氏抄本多达117种，足可见毛氏抄书数量之多。遇有宋本世所罕见而藏于别家不可得者，便请名家抄手以佳纸墨影抄，与刊本无异，名曰"影宋抄"。汲古阁还自己培养了一批抄手，甚至有能作影宋抄本的苍头老仆，所以汲古阁所藏抄本是非常丰富的。《藏书纪要》云："汲古阁印宋精抄，古今绝作，字面、纸张、乌丝、图章追摹宋刻，为近世无有。"③ 今人毛春翔也曾评价说："以上各家抄本，皆从好底本抄录，而以汲古阁影宋抄本为古今绝作，无论字画、纸张、界栏，皆精绝。"④ 汲古阁抄写的书版心有"汲古阁"三字，有些抄本在格阑外有"毛氏正本汲古阁藏"八字。据毛扆《汲古阁珍藏秘本书目》所载：《李鼎祚易解》10本，宋版影抄；《系辞精义》二本，宋版精抄；《礼记集说》42本；《五经文字》三本，宋版影抄；《九经字样》一本，宋版精抄；《唐明皇御注孝经》一本，影宋精抄；《国语》五本；《文房四谱》二本，宋本精抄；《张状元孟子传》八本，影宋精抄；《江南野史》一本，宋版影抄；《孝史》五本，宋版影写；《元经薛氏传》二本，宋版影抄；《蜀鉴》二本，宋本影抄；《愧郯

---

① （清）黄裳：《银鱼集》，生活·读书·新知三联书店1985年版，第276—277页。
② （清）全祖望：《全祖望集汇校集注》，上海古籍出版社2000年版，第1406页。
③ （清）孙从添：《藏书纪要》，《澹生堂藏书约》（外八种），第39页。
④ 毛春翔：《古书版本常谈》，上海人民出版社1977年版，第79页。

录》二本，宋版影抄；《十六国春秋》二十二套；《酒经》一本，宋版精抄。[①]

(10) 谢肇淛小草斋抄本

谢肇淛，字在杭，长乐（福建）人。他致力于古籍的搜罗，藏有颇多宋本，并且好借书亲自抄写，拥有极强的毅力。叶昌炽曾为其作绝句"十指如椎冻补心，清霜初下写书频"[②]。谢抄本版心有"小草斋抄本"五字，多用墨格纸。《张志》《瞿目》：宋沈作喆《寓简》十卷。《瞿目》：王黄州《小畜集》三十卷。《袁薄》：宋朱翌《猗觉寮杂记》二卷。

(11) 钱谦益绛云楼抄本

钱谦益，字受之，号牧斋，晚号蒙叟，又号峨眉老衲、石渠旧史等，常熟（今属江苏）人。他对抄本可谓是极其推崇，收集并抄写了大量的抄本。所抄的书版心有"绛云楼"三字，多用墨格、绿格本。所抄的书有《开国群雄》《双陆谱》《玄玄棋经》。

以上所举的是在后世有一定数量抄本流传下来并受到世人好评的名家抄本，但这些抄本仅是具有代表性而远远不能体现当时民间的抄书盛况。除这些名家型好本外，据版本学大家毛春翔统计，朱存理、柳佥、吴岫、王世贞、陈第、项元汴、祝允明、李日华等35位均有抄本流传，冯舒、冯班、冯彦远、陆贻典等家皆从好底本抄录。[③]

2. 内府书抄本

纵观整个明代，历代皇帝基本奉行了开国皇帝朱元璋"文治太平"的治国方略，对图书及其教化作用相当重视。明朝从建立之初就接受了大量元朝宫廷的藏书，之后又不断从民间搜访遗书，同时编修抄刻了大量御制、官制图书。统治者先后在宫中修建了大本堂、南北文渊阁、古今通集库、皇史宬、经厂库等藏书处收藏了大量书籍。仅《永乐大典》就收录六千余种图书，再加之后代的不断编刻增补，所以可知明代宫廷藏书之富。而且在宫中藏有大量的宋元善本，世间罕见秘本以及《玉牒》《实

[①] （清）毛扆：《汲古阁珍藏秘本书目》，《丛书集成初编》本，商务印书馆1937年版，第1—14页。

[②] （清）叶昌炽：《藏书记事诗》，北京燕山出版社2008年版，第224页。

[③] 毛春翔：《古书版本常谈》，上海人民出版社1977年版，第76—79页。

录》及其他一些档案，这些都是世间难得一见的珍品。数量多、种类多、质量精，所以这些图书成了当时文人士大夫极力搜访的对象。所以有幸进入阁中的士大夫当然不会放过这难得的机会，都会想尽办法来抄书，从而使内阁的藏书可以流传于外。现存的资料中有很多对内府抄书的记载，可见在当时内府抄书是十分普遍的。

然而宫廷藏书，不言而喻是为皇室成员及官宦大臣阅读提供方便的。因此能见到这些藏书的人员和机会都很有限，但并非没有可能，有些人还是可以凭借自己的身份地位进入阁内见到并抄写这些内府藏书。因明代宫廷藏书主要集中在文渊阁，所以入直、办事文渊阁以及翰林院的官员等都是有机会查阅文渊阁的藏书的。内阁大学士及中书舍人、庶吉士这些官员由于职务之便，都是可以接触到这些藏书，因此可以抄阅大量书籍。像庶吉士，"披览旷宇宙，坟典一何繁。步趋随函丈，良朋相讨论"[1]，读中秘之书本身就是他们的任务。

从内府抄书有着不同的方式。采取何种抄写方式主要取决于抄写者的身份地位，有资格进入内阁的官员一般都自己抄写或者雇用写手替自己抄书，而那些无缘入阁的人只好想尽办法抄那些借出阁的书或者转抄他人。

（1）自己在阁中抄写

有机会进入内阁中，并且有时间抄写的官员，大多会根据自己的需要抄写书籍。丘浚的《重编琼台稿》载："三十四登进士第，选读书中秘，见《曲江集》列名馆阁书目中。然木天之中卷帙充栋，检寻良艰，计求诸掌，故凡积十有六寒暑，至成化己丑始得之，乃并与余襄公《武溪集》手自录出。"[2] 丘浚为求这两本书花了近30年时间，直到做了庶吉士读中秘书时，才从馆阁书目中知阁中藏有，后用了16年的时间才亲自抄写完成。万历年间，中书舍人张萱在编制《内阁藏书目录》之时，有机会全面接触内阁的藏书，就抄录了不少秘本。根据其《西园存稿》记载："弟居西省，尽发金匮石室之藏便读之，而人间多所未见，故收录者三，佣书

---

[1]（明）陈懿典：《陈学士先生初集》，《四库禁毁书丛刊》卷36"读书中秘言志"，北京出版社1998年版，第654页。

[2]（明）丘浚：《重编琼台稿》，四库全书本卷9，影印文渊阁四库全书本，第1048册，第339页。

者七……及八年之间，诸所撰述共十有二簏。"① 像这些有幸进入内阁的官员大多会利用机会抄写世间罕见的秘本，而这仅是其中几例而已，千载难逢的机会任谁都不会轻易错过的。

（2）请人在阁中代抄

官员在进入内阁时，按照规定允许带数量有限的书吏，于是他们可以跟随官员进入内阁抄写大量的书籍。黄景昉《馆阁旧事》曰："文渊阁为禁中深严之地，门榜圣旨，闲杂莫敢窥视。跟随班从，至阁门止，惟一二书写仆得从入，各给牌为验。"② 前文中张萱除了自己亲自抄写外，便雇人抄写，"收录者三，佣书者七"，其中七成的书籍都是请他人代抄的。毕竟，手工抄写费时费力，请多人代抄便可最大程度的抄来阁中秘本。同时，还有另外一种情况，无缘入阁的人请他人为自己抄写，甚至花费重金冒险犯禁托他人代抄。如钱曾云："天启乙丑，牧翁削籍南还，讬锦衣卫胡歧山于内阁典籍抄《昭示奸党三录》，缮写者摇头咋舌，早晚出入阁门，将抄书夹置裤裆中而出。丁卯四月始卒业，抄寄之难如此……牧翁据此考订《开国功臣事略》。"③ 对于有党禁之嫌内容的书都会找阁中之人代抄，那么对于那些"安全"书代抄之事应该不在少数。请他人代抄，无疑在一定程度上增大了内阁书流传出来的机会，也成为抄写内阁藏书的一种重要形式。

（3）借出阁中再抄

到了明中期以后，内阁的管理逐渐开始不完善，藏书多被人借出，甚至不归还。但是一些官员利用职务之便借出内阁之书，可以使那些无缘进入内阁之人一睹阁本并抄录，也为阁本的流传提供了机会。万历年间，谢肇淛就抄得内府藏书《小畜集》《竹友集》《蔡忠惠公文集》《谢幼槃集》等。傅增湘《藏园群书题记》中载："旧抄王黄州小畜集跋云：'万历庚戌晋安谢肇淛跋，言从相国叶进卿借得内府宋本，抄而藏之云。'"④ 谢肇淛虽然做过京官曹郎，但是还没资格进入内阁内抄书。而当时任首府大学

---

① （明）张萱《西园存稿》卷34"与王百谷太学"，清康熙刻本。
② （明）黄景昉：《馆阁旧事》卷上，清抄本。
③ （清）钱曾：《读书敏求记》佚文《昭示奸党三录三卷》，书目文献出版社1984年版，第126页。
④ 傅增湘：《藏园群书题记》卷5"旧抄王黄州小畜集跋"，藏园民国三十二年版。

士的正是他的老乡——同为福建人的叶向高，因此他通过叶向高将书借出内阁抄而藏之。另外，大藏书家赵琦美就充分利用了借出的内阁之书。据郑振铎考证他所抄校的大型剧本集《脉望馆抄校本古今杂剧》，"就今日所存的二百四十二种杂剧计之，刻本有六十九种，余一百七十三种皆为抄本"[①]。由此可知赵琦美利用内府书之丰富，当时他官任刑部郎中，是没有资格进去内府的，而他所利用的书籍主要就是通过别人借得的。毕竟能进入内阁中的人是少数，将秘本借出阁无疑扩大了这些书籍的抄写范围，增加了书籍的副本，使其得到了更好的保存和传播。

毫无疑问，从内府抄书有助于内府秘本的传播，就有学者曾指出"（谢肇淛）所抄之书，多为内部秘本，后世无刻印。不少珍贵图书是靠谢氏抄本才得以流传的"[②]。做出这样贡献的当然不止谢氏一个，正是众多这样的从内府抄书的行为才使许多珍贵的典籍没有消失在天灾人祸中，而相当一部分书籍就是因当时内府秘本被传抄或翻刻才得以保存下来。对于内府抄本的价值影响，本文在后一部分明代抄本的价值中会有详述。

3. 影宋抄本

鉴于对宋版书籍的推崇喜爱，从明朝中叶起，翻宋、覆宋的刻书风气便开始兴起。目前可知最早的就是正德间苏州陆元大刻的《花间集》，嘉靖间王元喆刻《史记》等书。对于这些社会需求量较大的宋版书可以通过翻刻、覆刻的方法来大量获取，而那些需求量少或珍爱却又无财力刊刻的藏书家来说，他们就采用影抄的方法以期保留宋本书的原貌。因此，从明代后期开始，影宋抄书的风气开始兴盛起来，当时更是有许多学者和藏书家都加入了这一行列。

（1）"影抄"的具体方法

影宋抄本是抄本中专业化水平较高的。影宋抄本究竟是怎样的抄法，古人只留下了"影摹""影写""影抄"这类笼统概括的说法。毛扆在《算经七种》跋中说："因求善书者刻画影摹，不爽毫末。"但是"刻画影摹"究竟是将纸蒙在宋版书页上影摹，还是刻意照着原书书样临摹，还没有得到定论。

---

① 郑振铎：《郑振铎全集》卷6"劫中得书记"，花山文艺出版社1998年版，第923页。
② 郑伟章、万健：《中国古代著名藏书家传略》，书目文献出版社1986年版，第63页。

关于影抄的抄法，主要有以下两种说法：

严佐之说："影抄本主要是指影宋，影元抄本。影抄时先把白纸覆盖在宋元版书页上，轻轻双钩描填，一笔不苟，务求与原刻本无毫厘之差。"① 曹之也说"影抄本是指把透明纸覆在底本上面，按其原有字体、行款照样摹写的本子"②。从以上两种概念看，影宋抄本的制作应该是：将可透影的纸覆盖在宋本书的上面，按照原来的字体行款甚至是边栏界线原样手工摹写。这样得到的抄本能在最大的程度上接近原书，以此保存古书的原貌。程千帆、王欣夫等版本大家也都持这种观点，这种说法在学术界占据了主流。

魏隐儒等说："影宋抄本：影照宋本抄写的书，称'影宋抄本'。"③ 这种看法是，比照宋本样式一笔一画进行临摹照抄。

这两种方式的区别之处主要在于抄写是否将纸蒙在宋本上，我们可以通过一些具体的实例来看。1931年故宫博物院编《天禄琳琅丛书》中的毛氏汲古阁影抄的《周髀算经》与《中国版刻图录》中其所依据的宋刻本对照，笔迹很相似，只是刻本笔画较抄本粗而点画也偶有不同而已。但是，刻本版心鱼尾较长，下刻"髀算经卷上"，抄本鱼尾较短，且鱼尾下无书名卷第；刻本的框高竟比抄本高0.5厘米。而《四部丛刊续编》影印的汲古阁抄本《挥麈录》，影印本《挥麈录余话》总目有龙山书堂刻书咨文一篇。《中国版刻图录》图版190恰有此影抄本底本的书影，对比此段咨文，原刻本书法流畅，抄本似觉板滞，甚至短短65字竟有"览""鉴""异""敬"四字的写法根本不同。由此断定此咨文不是蒙纸在宋版上影摹，更不是不差毫末的。

当然不能肯定地说绝对没有用纸覆在宋版书上影抄的书，毕竟有着许多的影抄书。从明清时的人重视宋本的心态看，恐怕除个别人可能愿意影抄外，大量采取蒙抄的方法是不太可能的。因为从保护宋本的角度来看，这种做法对古籍的保存是绝对无益的。因此，古人所谓的"影抄"应该是"临摹"之意，临摹而抄应该是他们影抄的主要方法，也正是因为临

---

① 严佐之：《古籍版本学概论》，华东师范大学出版社2008年版，第98页。
② 曹之：《中国古籍版本学》，武汉大学出版社2007年版，第39页。
③ 魏隐儒，王金雨：《古籍版本鉴定丛谈》，印刷工业出版社1984年版，第55页。

摹得到与宋本风格如此接近，更显示"影抄宋本"的可贵。

"影宋抄本"在清初以后，就已经受到学者和收藏家的重视，特别是乾、嘉间于敏中、彭元瑞等先后奉敕编纂的《天禄琳琅书目》正续编，把"影宋抄本"立为一类，列于宋版书之后，元版之前，遂形成一种概念，"影宋抄本"仅下宋本一等，其版本价值在元版之上。这一概念为现在编公藏书目所采用，成为定式。

（2）汲古阁影抄本

影抄的方法是明末大藏书家、出版家毛晋所创，后在藏书家间开始流传开来。《天禄琳琅书目》称："毛晋藏宋本最多，其有世所罕见而藏诸他氏不能得者，则选善手以佳纸墨影抄之，与刊本无异。"[①] 毛氏的这种影抄技巧最大限度地保存了宋元椠本的面貌，影宋抄本就被认为仅下宋元旧椠一等，备受世人推崇。后来宋元旧椠在流传中散佚了，影宋抄本就被视为同宋元旧椠一样珍贵了。

影宋抄本最有名的也要数毛晋的汲古阁抄本了。据说他"家蓄奴婢二千指""入门童仆尽抄书"。凡用钱买不到的"世所罕见而藏诸他氏"的宋版书，毛晋就设法借来，"选善手以佳纸墨影抄之"，字体点画，行格款式，一如原式。"惟汲古阁印宋精抄，古今绝作，字画纸张，乌丝图章，追模宋刻，为近世无有能继其作者，所抄甚少。"[②] 孙从添就给予了极高的评价。毛氏汲古阁影抄本《集韵》，被清代学者阮元誉为"稀世之珍"，段玉裁也盛赞此书"尤精乎精者也"。汲古阁的宋元珍本多是毛晋花高价买来的，只要是善本孤本，必想尽一切办法访得，得即亲自或组织人员抄写，以此来更多获得拥有宋版原貌的图书，这样汲古阁也就收藏了大量的影宋抄本。

在毛晋首创这种抄法之后，很多人尤其是追求宋本的藏书家开始采用并盛行起来。他们大多拥有着雄厚的财力，于是采用这种昂贵的方式抄书。像明末陈煌图，酷爱古籍，遇秘本即影写手抄，至老不倦。甚至有人抄写水平甚高，极似毛抄，如影宋抄本《重续千字文》海源阁第二代主人杨绍和云："此本虽无毛氏印章，然楮墨绝佳，篆法精妙，与予所藏所

[①]（清）于敏中、彭元端等：《天禄琳琅书目》，中华书局1995年版，第46页。
[②]（清）孙从添：《藏书纪要》，《澹生堂藏书约》（外八种），第39页。

见汲古阁影宋诸书，宛出一手，或即斧季乔梓，由宋版过录者，致足珍矣。"① 这种风气更是一直延续到了清代，许多藏书家都热衷于影抄，使许多宋元版书的面貌最大程度地保存了下来。

由于影抄对抄写的要求很高，所以抄录十分精细漂亮，不少影宋抄本拿到手中一看，几乎与宋原刻本无二，不仔细看几乎可以乱真，甚至可以称得上是绝美的艺术品。

三 明代私人抄书的特点

明代是私人抄书活动异常繁荣的一个时代，由此也产生了大量的抄本。无论是这些活动本身还是具体的抄本都具有一定的特色。

（一）"借抄""互抄"方式盛行

在古代由于书籍流通数量有限，图书的社会性和藏书的私有性之间的矛盾一直存在。所以藏书一直被藏书家当作私有财产谨慎收藏，一般不肯公开示人，更不会出借。到了明代，依然有一些藏书家的这种私藏观念还是很严重。比如：《东斋脞语》中文庄《书厨铭》云："读必谨，锁必牢；收必审，阁必高。子孙子，惟学斅，借非其人亦不孝。"② 《天一阁书目序》记载范钦在建天一阁正堂背后悬挂着一禁牌："擅将藏书借出外房及他姓者，罚不予祭三年。"③ 在封建社会被认定为"不孝"或"罚不予祭"是极其严厉的处罚，由此可见这些藏书家将书籍看的是何其珍贵，这些图书是他们密不宣人的私有财产。

但在文化的发展过程中，一些富有远见的藏书家观念开始改变，意识到藏书流通的必要性。其实早在宋代，王钦臣和宋次道就有了互相借抄的先例，王钦臣"与宋次道相约，互置目录一本，遇所阙则写寄"④。到了明代藏书家开始摆脱"为藏而藏"的狭隘观念，逐渐提出了图书共读和

---

① （清）杨绍和：《楹书偶录》卷1，聊城杨氏清光绪二十年刻本。
② （清）叶昌炽：《藏书记事诗》，北京燕山出版社2008年版，第110页。
③ 同上书，第160页。
④ 同上书，第19页。

流通的思想。他们有人认为借书给他人经过翻阅抄写，无论对书籍的收藏还是价值的体现都是极有利的。李如一就把他的藏书楼命名为"共读楼"，寄托着"天下好书，当天下人共读之"的共通思想。一些藏书家也开始彼此互通书目，抄录所无书籍以扩大彼此的藏书量。如安徽的梅鼎祚、赵琦美就与焦竑共缔"抄书会"，以三年为一集，互抄异书。还有黄宗羲、刘伯宗及孟宏，也约为抄书社。大藏书家徐火勃也提倡"传布为藏"，将书借给他人，书籍经过翻阅可以防虫蛀，又可顺便整理藏书。明末藏书家曹溶曾撰写《流通古书约》，为了更好地保存书籍不至亡佚，他提出了具体办法："彼此家藏之书，各就观目录，标出所缺者……约定有无相异，则主人自命门下之役，精工缮写，校对无误。一两月间，各赍所抄互换。"① 曹溶对互抄书籍的"流通"思想给予了系统的论述，在当时也产生了一定的影响。藏书家之间应该互通有无，交换阅读和命人精心缮写，这种说法是十分合理的。

开放藏书楼，对不便刊刻的书籍允许他人传抄，对于书籍的保存和流传都是意义重大的。否则像钱谦益"私藏"根深蒂固，一场大火绛云楼中各种善本化为灰烬，只有空悲切的份了，而且这场藏书史上的灾难所带来的恶果再也无法弥补了。虽然在明代仍存在一些"秘本""孤本"思想，但这种"互抄""流通"确实发展到了一个高度，已然成为明代抄书活动的一个特色，同时也为中国古代图书文化的发展起到了重大的作用。

（二）抄本质量精美

1. 抄本书法水平较高

从现存的明代抄本看，许多都拥有着较高的书法水平。明代藏书家抄本中，书法最好的应属吴宽的了。明代书法家邢侗在《来禽馆集》里曾说："匏翁吴中前辈，行谊擅绝，不直文翰之工尔也。书法法苏学士，浓颜厚面，祛去吴习。"② 吴宽学习苏东坡"端庄淳朴，凝重厚实"书风，"纵横深得髯苏意，郁律蛟螭涧底蟠"。叶昌炽赞美他的书法承苏东坡之志，神采奕奕，十分珍贵。所以吴宽所抄的书备受推崇，"有持吴文定公

---

① （清）曹溶：《流通古书约》，《澹生堂藏书约》（外八种），第35页。
② （明）邢侗：《来禽馆集》，齐鲁书社1997年版，第473页。

抄本告售，书法精楷，卷首识以私印，书肆索直三十金"①。因为书法的高超，都达到漫天要价的地步了。秦景阳所抄书"多用行书好写"，陆师道抄的书"丹铅俨然，小楷精绝"，朱存理抄本"尤精楷法"，毛晋女婿高培的抄本"精好，令人不敢触手，盖深擅楷法也"②。从流传下来的明代抄本看，许多书都有着较高的书法水平，甚至称得上是书法艺术品了。

2. 抄本内容以"善本"为主

前文中已提到明代雕版印刷极其兴盛，但是刻印出来的书籍徒有量而无质，而与刻印精良的宋版书相比有着天壤之别。再加之文坛复古运动的推动，更是助长了明人对宋版书的推崇。所以明代人所谓的"善本""珍本""秘本"主要指宋版书。抄书者一旦遇着宋版书便如获至宝，而宋版书成为藏书家竞相搜求的宝贝。著名的藏书家毛晋，为搜求宋版书，在他的藏书楼汲古阁门前悬挂征求启事谓："有以宋椠本至者，门内主人计叶酬钱，每叶出二百……有以时下善本至者，别家出一千，主人出一千二百。"③从价格上更是可以看出明代人对宋版书的重视度。但是经过时间和战争的洗礼，社会上所能见得到的宋版书籍已是凤毛麟角，所以藏书家一旦遇到宋版书，必定千方百计抄录下来。同时对于内府中所珍藏的秘本，许多人都会抓住一切机会抄写以藏。社会上流传的稀有的珍本、善本，也是大家争相传抄的书籍。不像宋元之时，当时人们抄写的大多是一些常见的书。我们现在所能见到的明代抄本更是为后人所看重的善本，它们在一定程度上弥补了一些书籍散佚的遗憾。

3. 出现众多名家抄本

在明代的抄书者当中，有很大一部分人是身为朝廷官员的藏书家，他们拥有殷实的财力。因此在抄书时多采用上乘的纸墨，甚至专门雇用一批书法精良的书手专事抄书。这样在明代就产生了一大批名家抄本。

孙庆增《藏书记要·抄录》中说："明人抄本，以吴门朱性甫、钱叔宝子允治手抄本最富。吴宽、柳佥、吴岫、孙岫、太仓王元美、昆金叶文

---

① （清）叶昌炽：《藏书记事诗》，北京燕山出版社2008年版，第117页。
② 杨立成、金步瀛：《中国藏书家考略》，上海古籍出版社1987年版，第173、238、48、185页。
③ （清）叶昌炽：《藏书记事诗》，北京燕山出版社2008年版，第252页。

庄、连江陈氏、嘉兴项子京、虞山赵清长、洞庭叶石君诸家抄本俱好而多。"① 叶德辉《书林清话》说:"自明以来,藏书家最重视并争抄的抄本,首列吴抄。"② 并列举了抄本为藏书家所珍视的其他13家。这两位版本学大家就对明抄本中的名家进行了总结。

这些抄本在后世都得到了很高的评价并受到后人的珍藏。他们所抄的书除纸墨笔法优良外,还往往打有各家抄本不同的标志,一看便知何人所抄。例如吴抄版心有"丛书堂"三字,多是红格抄本;文钞版心有"赐书楼"三字,多是绿、墨二色格;祁抄版心有"澹生堂抄本"五字,多是蓝格本,等等。另外在明代还出现了影宋抄本,完全按照宋版书的版刻模式来抄写书籍,在很大程度上还原了宋版书的面貌。这些抄本往往经过藏书家的精心校勘,然后抄写而成,内容上错误较少,也提高了这些抄本的分量。正是依赖这些精抄本,被藏书家精心收藏保护得以流传下来,我们今天才可以看到古书的原貌。

从下文四副图,我们更是可以看出抄写书法的高超,版面格局疏朗大方,字体间架气韵静雅,足可见抄书时认真仔细。这些名家抄本都多是藏书家们倾注了大量心血为追求善本抄写而成的,可谓明抄本中精品中的精品。书上一个个藏书印,可见收藏者对这些抄本的肯定以及喜爱。这些抄本是明代抄本的代表之作,它们更显示了其抄本水平之高。

(三) 学者重视抄校

书籍的制作或靠印刷或靠手抄,这其中都是人为的操作过程,因此有意或无意都会产生不少的错误,几乎无书不错。这些刻错或抄错的内容,若得不到纠正便会以讹传讹,偏离原本,改变典籍的本来面貌,影响其利用和传承。因此,自古以来文人学士对书籍的校勘工作都是十分重视的。在明代,许多私人抄书者都是具有广博的知识和求实的学风的学者,同时他们又是拥有动辄上万卷藏书的藏书家。所以他们在抄录书籍时不仅注意抄写字迹的工整精美,而且对原书进行校对,参照其他版本纠正书中的讹误,力图最大程度地接近书的原貌才抄成副本。明朝中叶以后,士大夫在

---

① (清)孙从添:《藏书纪要》,《澹生堂藏书约》(外八种),第38—39页。
② (清)叶德辉:《书林清话》,上海古籍出版社2008年版,第206页。

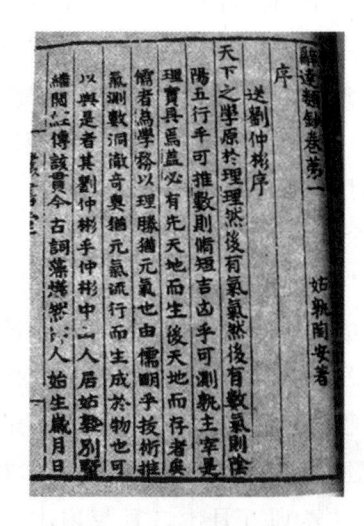

图 2—3—1 《词达类钞》
明吴宽丛书堂抄本

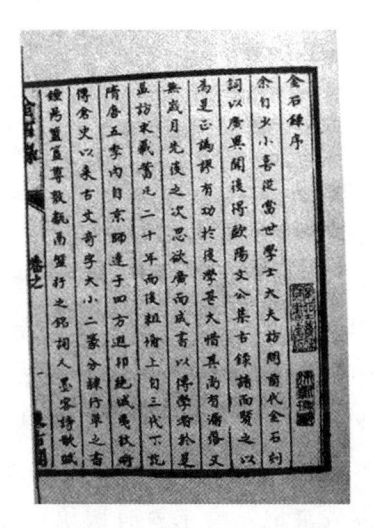

图 2—3—2 《金石录》
明毛氏汲古阁抄本

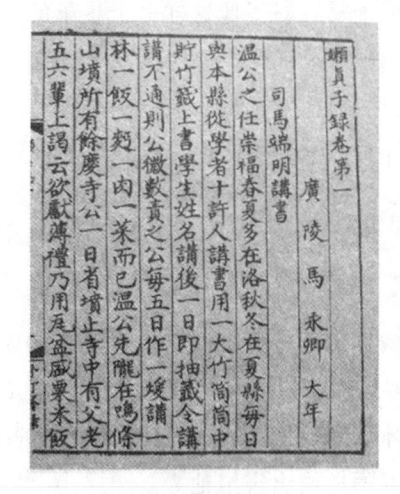

图 2—3—3 《嬾真子录》
明沈与文野竹斋抄本

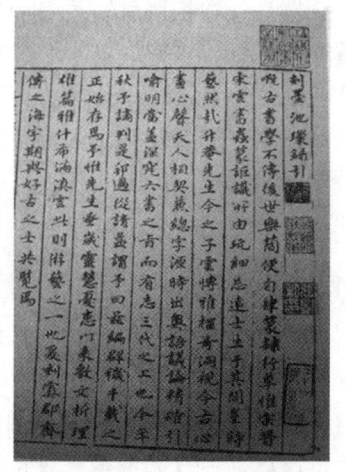

图 2—3—4 《墨池璅录》
明祁氏澹生堂抄本

生活条件上发生了较大的变化，一批喜好收藏书籍的文人士大夫，开始注重善本的抄藏，抄校本也由此而发展起来。

获得古书后，首先对其进行校勘后再抄写，抄写之后再次对校以求善本，这代表了相当一部分抄书者在抄录书籍时的过程。在现存的资料中可以看到许多抄书者抄校的例子。赵清常在《洛阳伽蓝记》后就有跋云："岁己亥（1599年），览吴琯刻《古今逸史》中《洛阳伽蓝记》，读未数字，辄龃龉不可句。因购得陈锡九、秦酉岩、顾宁宇、孙兰公四家抄本，改其伪者四百八十八字，增其脱者三百廿字。丙午（1606年）又得旧刻本，校于燕山龙骧邸中，复改正五十余字。凡历八载，始为完善。"① 另外柳佥也曾用宋版书抄校《水经注》，"以宋椠手抄改正错简，如《颍水》篇，《渠水》篇，《灉水篇》篇，皆大功也"②。在抄校的例子中，最有名的便是万历年间藏书家赵琦美抄校了一部大型的剧本集《脉望馆抄校本古今杂剧》，他历时三年多抄校辑集，收录了许多元明两代稀见的杂剧剧本。在流传下来的一些剧后就有一些题跋证明了抄校的过程，如《吕蒙正风雪破窑记》卷末就有跋语一行："乙卯五月十二日校内本，清常记。"③ 郑振铎就曾对此给予了很高的评价："总之，他是一位忠诚的校录者；在他的'校改'上，很少见到'师心自用'的地方，有许多种杂剧，并不委之抄胥，还是他自己亲自动手抄写。对于像这样一个恳挚的古文化保存者、整理者，我们应该致十分的敬意。"④

这些学者型的抄书者，他们更注重于善本的抄藏，引领了"抄校"的风气，使一些书籍能以更"真"的面貌流传下来，为中国的古籍的传播做出了很大的贡献。

（四）藏书家抄刻并举

就明代而论，抄刻并重是明代藏书家增益藏书的重要手段，构成了明代私家藏书的又一特点。⑤ 在明代私人抄书的风气是盛极一时，但是抄写毕竟费时费力，为了获取更多的副本，私人藏书家也刻印了大量的书籍。这样既可以增加自己的书籍，又可以赠送或出售给他人。

明代的刻印技术已经相当发达，刻印书籍对于私人来说已不是难事，

---

① （清）钱曾：《读书敏求记》，书目文献出版社1984年版，第57页。
② （清）全祖望：《全祖望集汇校集注》，上海古籍出版社2000年版，第1513页。
③ 任继愈：《中国版本文化丛书》之《明本》，江苏古籍出版社2003年版，第159页。
④ 郑振铎：《西谛书话》，生活·读书·新知三联书店1981年版，第473页。
⑤ 谢灼华、傅璇琮：《中国藏书通史》，宁波出版社2001年版，第673页。

许多藏书家在抄书的同时也刊刻了大量的精品图书。前面提到的许多名抄书家中有不少还是有名的刻书家。像沈与文的野竹斋、叶盛的菉竹堂等就刻印了很多书籍，并流传了下来。赵清常在收藏古书时，向人借到珍本，经校勘缮写、其父赵用贤作序后便刊刻出来。其中重视抄书且刻书规模最大的当属毛晋的汲古阁，在其经营的三十年中共刻六百余种书、十万多块版片。曾刻印《十三经》、《十七史》、唐代诗人小集、宋词人集和明代传奇作品集《六十种曲》，并编纂《津逮秘书》丛书，成为很有名的刻书家。[1] 此外，汲古阁还接受外来客户的刻书业务，如替张溥刻《汉魏六朝百三名家集》《南史》，替钱谦益刻《列朝诗集》，替张潜刻《苏门六君子文萃》，替冯班刻《冯定远全集》等[2]，足可见汲古阁刻书的兴盛。另外，汲古阁刻书甚至专门从江西特造纸张，厚者成毛边纸，薄者成毛太纸，这些名称一直沿用至今。总之，毛晋汲古阁刻书之多、贡献之大可谓空前。

还有些抄书者为了使抄录而来的秘本能得到更广泛的传播，在条件允许的情况下都将其刻印出来，增加副本量以减少其散失的可能性。在书目中许多书的题跋都有据抄本刊刻书籍的记录，仅在《铁琴铜剑楼藏书目录》一书中我们就可以看到多处这样的记载：

《新刊华佗元门平脉诀内照图》二卷，明刊本题："华佗编。"集后有序曰："成化初，阁老彭文宪于秘籍中抄得，出以见授，兰家世以医行。淮南先伯子院判德明府君，与兰获列官于朝，供奉御局者三十余年，获益于是书不少，因命两子本、棐重加校订梓之。"[3]

《广川画跋》六卷："此杨升庵从馆阁本录出以刻者。"[4]

《张曲江集》二十卷："唐张九龄撰。明成化间邱文庄公得馆阁藏本，手自抄录，嘱韶郡太守江阴苏刻之。"[5]

《豫章黄先生文集》："嘉靖间，分宁周季凤抄自内阁，巡按江西

---

[1] 谢灼华：《中国图书和图书馆史》，武汉大学出版社2005年版，第241页。
[2] 严佐之：《古籍版本学概论》，华北师范大学出版社1989年版，第72页。
[3] （清）瞿镛：《铁琴铜剑楼藏书目录》卷14，江苏广陵古籍刻印社1985年版。
[4] （清）瞿镛：《铁琴铜剑楼藏书目录》卷15，江苏广陵古籍刻印社1985年版。
[5] （清）瞿镛：《铁琴铜剑楼藏书目录》卷19，江苏广陵古籍刻印社1985年版。

御史西蜀徐岱属宁守乔迁刻之,犹不失宋本之遗。"①

《郝文忠公陵川文集》:"此正德间,沁水李叔渊从阁本抄出付刊者,有刘龙、陈凤梧序。"②

在其他很多史料中,我们都可以看到藏书者既抄书又刻书的例子。这些藏书家甚至有了将量少的珍本刊刻传世,惠泽后人的使命感。藏书家的私刻和坊刻有着很大的区别,它不以盈利为目的,而以传播典籍、发展文化事业为使命。他们多以善本为底本,精加校勘,并且注意纸墨装潢,产生了大量的精品刻本。

通过刊刻、抄录两种方式,对许多书籍进行整理和出版,保留了大量的文史资料,至今都是读者研究和阅读的珍贵史料。同时,两种方式并存,无疑最大限度地扩大了藏书家的藏书量,也更大地促进了明代图书出版业的发展。

(五) 用纸有别

因为抄书者或者抄书的目的不同,在明代抄写书籍所用的纸张也是各异的,从特制的纸到旧纸都是存在的。

现存下来的抄本大多是受到藏书家青睐并精心保存的名家抄本,它们大多为收藏之用,所以大多采用质量较好的纸墨,并且装订精雅。很多藏书家抄书用纸非常讲究,甚至会去特别定制,并且有的会在纸上做出自家的特殊字样以便明显区分。毛晋的汲古阁抄刻书籍所用的纸,就是特地到江西定制的,因此被命名为"毛太纸""毛边纸",这两种纸张名称流传至今。前文提到的名家抄本中,各家在选用优质纸的基础上还在纸上打上了各自的标签,比如吴宽抄书多用红格纸抄写且版心有"丛书堂"三字,叶盛抄书多用绿、墨二色格纸抄写且版心有"绿竹堂"等字样,等等。这些被后世称为精品的抄本,无疑都相当重视纸张的选择,并以此来提高抄本的质量。

---

① (清)瞿镛:《铁琴铜剑楼藏书目录》卷20,江苏广陵古籍刻印社1985年版。
② (清)瞿镛:《铁琴铜剑楼藏书目录》卷22,江苏广陵古籍刻印社1985年版。

表 2—3—1　　　　　　　部分精品抄本用纸及其版式风格

抄本名称	格栏颜色	版心及格栏外字样
吴宽丛书堂抄本	多用红格纸	版心有"丛书堂"三字
叶盛赐书楼抄本	多用绿、墨二色格纸	版心刻有"赐书楼"或"菉竹堂",其抄本除喜加盖官印外,也常用"叶文庄公家世藏"印
文征明玉兰堂抄本	多用蓝格纸	栏外有"玉兰堂录"四字
沈与文野竹斋抄本		多在栏外刻"吴县野竹斋沈辨之制",或在版心下刻"吴郡沈氏野竹斋校录"字样
秦四麟致爽阁抄本		版心常刻有"致爽阁""玄斋""又玄斋""玄览中区"等字样
毛晋汲古阁抄本	纸张为特制,多用墨格或不印格	版心有"汲古阁"三字,格栏外有"毛氏正本汲古阁藏"八字
祁承㸁澹生堂抄本	多用蓝格纸	版心有"澹生堂抄本"五字
谢肇淛小草斋抄本	多用墨格纸	版心有"小草斋抄本"五字
钱谦益绛云楼抄本	多用墨格或绿格纸	版心有"绛云楼"三字

表 2—3—1 为明代抄本中用纸特色较为明显的几种,这些著名的手抄本在用纸、版式上多有独特风格和标记。

同时,社会上还存在着许多一般文人所抄写的书籍,它们的纸张就不是那么的讲究了。古人爱惜物力,物尽其用并显纯朴之风,因此在抄写书籍时使用曾作其他用途的旧纸。虽然使用旧纸抄书不是一个普遍的现象,但在一些书目的记载中我们就可以看到一些明代抄本书籍是用旧纸抄写的。《黄记》:"明人抄本宋张正之《五行类事占》七卷,其纸皆明代时册籍,纸背间可辨识,盖犹是嘉靖年间人所抄也。"《陈跋》:"影宋本《周易集解》,用明时户口集册纸,上有'嘉靖五年'等字。既薄且坚,反面印格摹写,工整绝伦,纤毫无误。"《缪记》:"明抄本《册府元龟》一千卷,明棉纸蓝格抄本,纸背皆公牍文字。明时装二百零二册,每册五卷,首二册为目录。"① 官府所用过的记录过户籍信息、公文等的册籍纸,都被用来抄写书籍。清末袁芳瑛的卧雪庐所流散出的藏书中有《蟋蟀经》《鹌鹑谱》二种,用明时诉状废纸;《酒经》一种,《虬髯公传》一种,

---

① (清)叶德辉:《书林清话》,上海古籍出版社 2008 年版,第 213 页。

《柳毅传》一种，皆明万历间未写过之市肆账簿废纸。书写过诉状的废纸、市场上使用过的账薄纸也再次被使用，成为抄写用纸。

印刷术的高度发展也刺激着造纸业的巨大发展，纸张的价格已是相当低廉。但是，社会上依然存在着使用旧纸抄写的现象，一种是经济原因，还有很大一个原因应该是习惯使然。叶德辉就曾说过"古人抄书，多用旧纸""自汲古阁、绛云楼、述古堂以精抄名，传世楼季沧苇继之，更兼装潢精雅，古人纯朴之风，于是乎扫地尽矣"[①]。他对这种行为很是推崇，对于后来越来越重视外在装帧的精抄则不甚满意。

四 抄本价格

明代社会安定，经济迅速发展，政府重教兴学并提供相对宽松的出版环境，很大程度上促进了图书市场的繁荣。袁逸先生曾说过："明代是我国古代出版史上最为活跃、最具个性的时期，与前代相比，其时最显著的特点是私人出版商蜂起中土，书坊林立，出版业被注入了更为浓烈的商品经济意识，书籍交易在更大的范围，以更壮观的规模和更激烈的竞争形式空前活跃地展开。"[②] 北京、南京、苏州、杭州、建阳等都是全国性的书籍生产和集散之地，另外还有徽州、吴兴等值得称道的书籍交易地。

到了明代，三大刻书系统已经发展得相当完备，官方大规模经营的经厂刻书和国子监刻书，坊市间林立的书坊刻书以及一些财力雄厚的私人刻书，这些都为书市的繁荣提供了可靠的物质保证。因此，在市场上流通的还主要是以刻本为主的。抄书费时费力，一次只能产生一部副本，不少人抄来就是为了收藏，最多是寄送友人，所以在市场上流通的抄本是有限的。但是，抄本买卖流通并不是不存在的，只是不是大规模进行的、普遍的，在一些资料中还是可以看到记录的。

（一）制约书价的因素

制约书价的因素是很多的，并且比较复杂。明人胡应麟就曾对此做过

[①] （清）叶德辉：《书林清话》，上海古籍出版社2008年版，第213页。
[②] 宋原放、王有朋：《中国出版史料》（古代部分）第2卷，湖北教育出版社2004年版，第518页。

十分精彩的理论，他提出了影响书籍价格的七个因素："凡书之值之等差，视其本，视其刻，视其纸，视其装，视其刷，视其缓急，视其有无。本视其抄刻，抄视其讹正，刻视其精粗，纸视其美恶，装视其工拙，印视其初终，缓急视其时，又视其用，远近视其代，又视其方，合此七者，参伍而错综之，天下之书之值之等定矣。"① 这其中的一些因素也对抄本的价格起着极大的影响。

"本视其抄刻"，这说明抄本和刻本这两种形态的书，在价格上是相互影响的，而且关系微妙。"凡书市之中，无刻本，则抄本价十倍，刻本一出，则抄本咸废不售矣。"② 这就是说，当一本书在市场上仅有抄本存在而无刻本，便会因为其物以稀为贵，价格往往是普通刻本书籍的十倍。而一旦这种书籍被大量地刻印出来，那抄本就会失去市场，无人问津。但是，这种现象主要是针对一般的抄本而言，那些质量优良的精抄本受刻本出现的影响是很有限的，它们受到大众的追捧价格还是居高不下的。

"抄视其讹正"，抄本的质量要看抄写的内容是否无误，书法的优劣，还有是否是名人手迹、名家抄本，这些都直接影响到抄本的定价。

"纸视其美恶"，说的是抄书时用纸的佳劣。永丰的棉纸、常山的柬纸、宝抄纸都是上等的纸，而福建竹纸则较次，所以选用何种纸质抄写决定抄本的质量。

"装视其工拙"，是指一本书的装帧是否考究精致。

"远近视其代，又视其方"，这是影响书价的一个很重要的因素，一般年代越是久远它的价格也越高。在明代"刻者十不当抄一，抄者十不当宋一"③。明刻本、明抄本、宋刻本这三类书籍，受重视的程度依次是宋刻本、明抄本、明刻本，越受推崇价格也必然越高。明人极其重视宋本书籍，对于那些仿照宋版书摹写的抄本尤其是影宋抄本尤为珍视，因其最大程度上接近宋版书原貌而价格更为昂贵。

（二）抄本书的价格

明代刻印的书籍，无论在种类上还是数量上并不全面，加上交通不便

---

① （明）胡应麟：《少室山房笔丛》，中华书局1964年版，第57页。
② 同上书，第59页。
③ 同上书，第58页。

流通未广等因素，所以明代的抄本书还是有着一定的市场。

我们可以从以下几则材料中大概看出明代图书市场中抄本价格的状况：

明陈宏绪《石庄集·续书目记》载，"壬戌以前……忽一日，过廊下，见有江钿《文海》，计一百册，书法工好，装潢精洁，书贾索十金，倾囊仅三金"，终未购得。宋江钿的《文海》120卷，这本"书法工好，装潢精洁"的抄本平均每卷仅为0.83钱。①

明汪勔抄本《唐诗纪事》81卷，后有莫廷韩识跋，称其于万历四十三年（1564）年，"于白下得汪抄本，因以白镪三十金易之"。"白镪三十金"即白银30两，则此书平均每卷3.7钱。②

明抄本《灯下闲谈》2卷，后有叶石君跋云："崇祯戊寅十一年（1638）得于书贾吴姓者，价用六分。十二月初十日，叶石君。""六分"即白银0.6钱，则此书平均每卷0.3钱。③

从以上四种抄本的价格看，各个抄本之间的价格差还是挺大的，相差了十倍还多。各种抄本受多种因素的影响，在价格上悬殊大。世间少见的珍稀书籍抄本、名家抄写的上乘抄本、名人写有序跋的抄本，更加受人喜爱，所以价格一般都比较高。另外当时多数书籍是为收藏而抄的，在市场上流通的抄本数量也是有限的，所以总体说来抄本的价格是偏高的。另外，一些罕见之书想要抄写也要高额的花费。钱曾《读书敏求记》载："明正德乙亥十年（1515）支硎山人跋《博雅》十卷：士人袁飞卿有此书，求之半载，童数十往返始得缮录，征白金五十星乃去。钱物可得，书不可得，虽费当勿校耳。"④"白金五十星"即白银五两。抄一本书要花费白银五两，并且用半年时间往返十趟才得以完成，可见得一所求之书之难。此书抄书费平均每卷5钱，从支硎山人跋"虽费当勿校耳"中可看出，因书的珍贵便不去计较花费了，不过可以看出他的花费应该超出了当时普遍的价格。

---

① 宋原放、王有朋：《中国出版史料》（古代部分）第2卷，湖北教育出版社2004年版，第526页。

② 同上。

③ 同上。

④ （清）钱曾：《读书敏求记》，书目文献出版社1984年版，第147页。

同时在社会上还存在着佣书这一职业。汉代便有佣书，到了魏晋时逐渐成为一种谋生的职业，它是中国文化史上和中国书籍流通史上特有的现象。在明代，在有限的抄本市场上，佣书存在但已经不那么普遍，大多数人抄书是为了得到好的版本来收藏，所以都会亲自或者组织人员抄写。一般只有那些较为贫苦之士，为了生计才会出售自己抄写的书籍。由于市场的有限性，所以抄书的工价是比较低廉的。明李诩在《戒庵老人漫笔》中自称："余幼时学举子业，并无刊本窗稿。有书贾在利考，朋友家往来，抄得镫窗下课十篇，每篇誊写二三十纸，到余家塾，拣其几篇，每篇筹钱或二文，或三文。"① 谢肇淛自抄《谢幼槃文集》后题跋云："京师佣书甚贵，需铨京邸，资用不赡，乃手自抄写。"② 这则材料又显示作者因北京抄书费用贵，迫不得已，只得在寒冬时节用 20 天的时间自己抄完一本书。可能由于北京拥有着大量世间罕见的秘本，全国各地到来的需求者造成了北京的佣书价格高于一般。但总体说来专事抄书的佣书的价格是相对低些的。

（三）抄、刻本价格比较

在图书市场上虽然印制书籍占据着主流地位，但抄本书籍作为一种补充方式也发挥着作用。通过和刻本价格的比较，我们也可以更清楚地了解到抄本的价格。

通过卖价和买价两方面的资料，来看明代书市上刻本书籍的价格状况。

书坊在售卖自家所刊刻的书籍时多会在封面或扉页做广告，印上书坊名称、书的优点，还有价格。从以下几则材料中我们可以大致看出明代刻本的价格状况：

刘宗器安正堂万历三十九年（1611）刻本《新编事文类聚翰墨大全》150 卷，其书前牌子有："万历辛亥岁孟复月重新整补好纸版，每部价银

---

① （明）李诩：《戒庵老人漫笔》卷 8《时艺刻坊》，中华书局 1997 年版，第 334 页。
② （清）叶昌炽：《藏书记事诗》，北京燕山出版社 2008 年版，第 224 页。

壹两整。安正堂梓。"①

明万历四十四年（1616）刻本《月露音》四卷，封面有朱印曰："杭城丰乐桥三官巷口李衙刊发，每部纹银八钱。"②

明万历福建书林拱唐金氏刻本《新调万曲长春》一卷，扉页有朱印"每部纹银一钱二分"③。

傅增湘跋《李商隐》云："书为项子京旧藏，子京有手识一条，云得此书值四两。"《李商隐诗集》六卷，为明嘉靖年间刊本，约合每卷6.7钱。④

明李本纬《灌蔬园诗集》载："不佞以五千缗购《弇州集》不果，已而牟士张宸乞相婚，所需适与婚合，捐之以资花烛。"《弇州集》即《弇州山人四部稿》，刻于万历五年（1577），计180卷64册，则该书在万历年间的大致价格约为每卷28文（折银约0.4钱）。⑤

以上五则资料，前三则为卖价，后两则为买价，每卷价格分别是0.08钱、2钱、1.2钱、6.7钱、0.4钱，平均每卷约在2钱。《李商隐诗集》当时在社会上流传极少的原因要价特高，所以当时刻本的价格每卷应略低于2钱。相对于平均每卷价约在2.5钱的抄本，超过了近1/3。总体来说，抄本市场比不上刻本市场的繁荣兴盛，其流通的范围有限，因而价格一般也在刻本之上。

总体说来，明代抄本更多的是用来收藏，用于市场交易流通的抄本不是很多。也许正是由于流通量的稀少，抄本的价格一般来说都比较高。

五 明代抄本的价值和影响

明代沿袭了宋、元抄本的传统，而且使这种风气更加繁荣地发展了起来。社会中许多人出于不同的原因都十分重视抄书，抄书活动很是兴盛，

---

① 宋原放、王有朋：《中国出版史料》（古代部分）第2卷，湖北教育出版社2004年版，第523页。
② 同上。
③ 同上。
④ 同上。
⑤ 同上。

并且产生了一大批高质量的明代手抄本。无论抄书活动本身还是流传下来的众多抄本，不仅在中国古代图书流通史上有着重要的作用，而且有着重要的文化意义和价值。

明代不少藏书家都有大量的抄本，因为据今时间较短，所以存量较多，影响也很大，许多学者和藏书家都认为抄本的贵重仅次于宋本。许多书依赖抄本以存，或者抄本比刻本完整因而可补刻本不足，抄本往往也是校勘的绝好资料。

（一）学术价值

1. 对典籍文献的保存和流传的作用

传抄、借抄是传统流通方式的延续，抄书作为一种书籍制作的形式，最直接的结果就是形成了一本一本凝结了抄书者心血的独一无二的图书。每一本书都承载传承着一定的人类文化遗产，并且这些明代抄本中多是书中精品，更是对古代文化的流传发挥了重要作用。说到抄本保存文献的功能，特别是影抄本，尤其是影宋、元抄本，它们在保存文献的同时，还使我们可以领略到原本的面貌。

在明代，抄书仍是图书流通的一个不可或缺的环节，互借抄写、赠送、售卖等形式的图书流通对刻本流通是一个重要补充。郭英德先生对此有很好的论述："在书籍的人际传播中，借阅和传抄活动是一种最为普遍的方式。借阅和传抄活动原本是书籍人际传播的一种古老而又持久的方式，自有书籍以来便有这种方式，元明时期印刷术已经相当发达，印刷书籍的流传已如家常便饭，但是书籍的借阅和传抄活动在社会上不仅没有销声匿迹，反而十分普遍。"[①]

其中对图书传承起到最明显作用的便是从内府抄写所形成的抄本。秘府所抄之书都是世间所罕见之本，抄出之书或传抄或刻印都无疑有助于这些图书的流通，因为稀少，很多内府书被抄出后，很快都被私人藏书家或者书商刻印出来，得以广为流传。比如张文献公《曲江集》序（成化九年），"自来京师，游太学，入官翰林，每遇藏书家，辄访求之，竟不可得。盖余二十年矣，岁己丑始得公《曲江集》于馆阁群书中，手自抄录，

---

① 郭英德：《元明的文学传播与文化接受》，《求是学刊》1999年第2期。

仅成帙，闻先妣太宜人丧，因携南归，期免丧后自备梓刻之，道韶，……太守昆陵苏郡韦华谓公此集乃韶之文献，请留刻郡斋。……矧是集藏馆阁中，举世无由而见，苟非为乡侯进者表而出之，天下后世安知其终不泯泯也哉"，[1] 使这部"举世无由而见"的《曲江集》得以广泛流传。《铁琴铜剑楼藏书目录》"武溪集"载："明成化间，邱文庄公得其本于馆阁，录副以传，嘱韶郡太守刻诸郡宅。"[2] "广川画跋"载："此杨升庵从馆阁本录出以刻者。"[3] 《豫章黄先生集》载："嘉靖间，分宁周季凤抄自内阁，巡按江西御史西蜀徐岱属宁守乔迁刻之，犹不失宋本之遗。"[4] "郝文忠公陵川文集"载："此正德间，沁水李叔渊从阁本抄出付刊者，有刘龙、陈凤梧序。"等记录。[5] 此外张萱所抄的《六书故》，还有王鏊所抄的《唐六典》《孙可之集》也在当时刻以传世。有些书尽管没有被刊刻，且经过传抄得以流传便更显得珍贵。据张萱的《西园存稿》卷16"六书故序"载："一时缙绅先生始知有《六书故》，竟相抄誊，费至二十金。"[6] 另外《读书敏求记》中也有这方面的记载，"眼科捷"载："赵清常得此书于洪州李念裏。李传写于道士蓝田玉。……此盖录内府秘藏本也。""数类"载："阁中本在王云来处，不知著述者何人。……赵清常知王元韬家所藏，录于阁本未失之前，因假借缮。"[7] 在后世学者的题跋中我们可以发现多处这样的记载，内府中的藏书依赖其抄本广为流传甚至是得以幸存。尤其到明朝后期，内府管理不善遗失严重，特别是在明末农民战争中明代内府所藏之书基本上都被焚毁。世间流传的内府本是少之又少，而这些经抄写得以保存下来的抄本在很大程度上减少了文化史上的损失。

到了清代，这些明代的抄本就已经开始发挥其在书籍传承方面的作用了。一些藏书家利用抄本进行抄写和刊刻，进一步促进了明抄本的传播。在官方修《四库全书》时，就收录了不少明代抄本。《四书经疑贯通》

---

[1] （明）丘浚：《重编琼台稿》卷9，四库全书本。
[2] （清）瞿镛：《铁琴铜剑楼藏书目录》卷20，江苏广陵古籍刻印社1985年版。
[3] （清）瞿镛：《铁琴铜剑楼藏书目录》卷15，江苏广陵古籍刻印社1985年版。
[4] （清）瞿镛：《铁琴铜剑楼藏书目录》卷20，江苏广陵古籍刻印社1985年版。
[5] （清）瞿镛：《铁琴铜剑楼藏书目录》卷22，江苏广陵古籍刻印社1985年版。
[6] （明）张萱：《西园存稿》卷34"与王百谷太学"，清康熙刻本。
[7] （清）钱曾：《读书敏求记》，书目文献出版社1984年版，第107页。

《类要》传本甚罕，四库馆臣均以范氏天一阁抄本收入《四库全书》；唐独孤及的《毗邻集》旧本已失传，世间也无刻本，元朱思本的《贞一斋诗文稿》也是世无刻本，四库馆臣均根据吴宽抄本将二书收入《四库全书》。另外还有《竹友集》据谢肇淛抄本收入，明危素的《说学斋稿》据归有光抄本收入，元张翥的《蜕庵集》据明释大杼抄本收入，唐皇甫牧的《三水小牍》据姚咨抄本收入，宋张伯的《九经疑难》据祁承煠抄本收入等等。到了现代在编纂规模巨大的丛书《四部丛刊》时，不少罕见书就是据明代抄本影印收入的。晋常璩的《华阳国志》据乌程刘氏嘉业堂藏明钱叔宝抄本、汉刘向的《说苑》据平湖葛氏传朴堂藏明抄本、唐姚合的《姚少监诗集》据上海涵芬楼藏明抄本、后周郭忠恕的《汗简》据常熟瞿氏铁琴铜剑楼藏冯已苍手抄本、宋王炎午的《吾汶藁》据海盐张氏涉园藏明抄本等收入的。据统计，在初编、续编、三编中共收入明代抄本18部。这些明代抄本大多在世间罕有刻本，而且清代藏书家收藏的这些抄本大多是质量较高的抄本，被收入后可以发挥更大的文化传播功用。到当代，明抄本仍然发挥着其作用，孔凡礼在《诗渊》一书的"前言"中，介绍了这部编成后500年才印行的秘籍的情况：该书是利用北京图书馆珍藏的明抄孤本影印出版的。[①]

文化知识依托书籍得以保存和流传，图书一旦散佚销毁，在一定程度上也就意味着知识的消亡。而在明代将一部分世所罕见之书用传统的方式抄写下来成为抄本，增加了这些书籍副本的数量。同时这些抄本中有着为数不少的精品，它们一直以来都受到青睐而得以保存，精细心呵护一直流传下来。现如今，在全国很多大型图书馆还藏有明抄本，它们在作为文化载体的同时甚至被认为是文物艺术品，因此得到科学的保护和合理的利用。

2. 为校勘提供珍贵的资料

古籍经过一次一次的制作流传，其间必然会出现一定的错误，讹脱衍倒不可避免。假若流传有质量较高的其他版本，通过校勘可尽可能还原古书原貌。而抄本是抄书者费了很大心血一笔一画抄写的，并且是为了追求善本才抄写的，因此抄本的质量都较高。同时抄本有多是世间罕见之书，

[①]《诗渊》，书目文献出版社1993年版，第3页。

所抄之书往往保存了很多稀有的资料，所以是校勘的绝好资料。抄写的书籍往往发挥着"正其错讹""明其重阙"的重要作用。明代出现的众多抄本，在后世的校勘工作中更是发挥了重要的作用。

在我们所见到的一些史料中都有利用明抄本进行校勘的例子。例如宋代赵明诚的《金石录》刻本错误很多，章邱刻本甚至把"壮月朔"三个字刻成了"牡丹硕"，使文意不明。而明焦竑从秘府抄出之本、文嘉据宋刻影抄之本错误就很少。于是根据抄本将刻本的错误进行了纠正。又如《新定九域志》刻本误改"睦州"为"严州"，而毛晋影宋抄本就没有改，通过对校才将误改之处更正。正是因为这些抄本的存在，为校勘工作提供了资料，使印本书籍中的错误得以纠正过来。

尤其明刊本质量较差，错误百出，而抄本多是抄书者选取经校勘过的底本抄写，内容上一般错误较少。所以这些抄本在当时以及后世就发挥了较大校勘功用，为后世文献学的发展做出了巨大的贡献。

3. 对目录学类目设置的影响

明清之际，是中国古代藏书事业登峰造极之时，无论是官方藏书还是私家藏书的规模都是相当大的。为了便于图书的管理和利用，于是便出现了许多目录书籍。而在此时抄书活动很是普遍，出现了大量的抄本书籍，抄本作为一种独立的版本形式逐渐清晰起来。同时，明清之际的藏书家除了重视宋元刻本外，对抄本的看重远远在明刻本之上，于是在很多目录书籍中对一些书籍的抄本形式给予了体现，甚至单列出抄本一目，开辟了目录学的新领域。

明嘉靖晁瑮的《晁氏宝文堂书目》在抄写成的书下就注明抄本。明末清初的著名藏书家钱曾所编的《述古堂书目》，如《晦庵改本大学》一卷，下注"抄"；《王肃注孔子家语》下注"宋本影抄"。清乾嘉时，于敏中、彭元瑞等奉命编纂的《天禄琳琅书目》，将宋版、元版、明版、影宋本、抄本，分别叙列，更是把抄本作为一类别列出来，足见对抄本数量的丰富和重视程度。同时一些有提要的书目，对抄本系何人抄本、底本为何，抄于何处、所据何本、何人收藏、盖有何印都——记载，对研究书籍的版本流传有着重要的作用。

明代大量抄本书籍的出现，对目录学类目的设置产生了影响，在后来的许多目录书籍中抄本作为一种版本形式被单列出来。同时，对于抄本，在叙录中对相关的抄写收藏情况都详细记载，这都促进了目录学的发展和完善。

（二）社会影响

在中国古代印刷业几近发展到高峰的明代，在官方大规模地抄写图书的同时，在民间抄书活动可谓是极其兴盛的。众多藏书家的抄书事迹更是数不胜数，"每爱奇书手自抄""犹秃千兔写万纸"就是这些抄书活动的真实写照。传统的手工抄书从印刷术后的偶然有之，变成了大规模存在。在社会上形成了重抄本、抄书兴盛的局面。俞弁等人年过八十仍抄书不止，彭士望称其同时代的顾蘳"穷日夜可尽百十纸"，足见日抄书数量之多，而叶盛抄《司马文公传家集》前后历时20余年。可见当时不仅抄书活动普遍，人数众多，其精神更是让人敬佩。

学者为学术、藏书家为藏书、书商为利益，都大力追求抄本。抄书为图书数量的增加做出了重要的贡献。在这样一种风气中，许多人改变了原有的狭隘的藏书观。"读必谨，锁必牢，收必审，阁必高"等为藏而藏的观念得到改变，图书不再被当作私有财产被占有，而是作为人类的文化遗产得以更广泛地传播和利用。借抄、互抄、结成抄书社等形式为抄书活动的进行提供了更方便的途径。

抄书自古便有，印刷术出现后就慢慢开始衰落，但是到了明代这种传统的书籍制作方式又开始兴盛起来，与印本相比数量较少、质量较精的抄本更是受到众人的青睐。明朝私家爱好抄本收藏和热衷抄书的习惯，极其深远地影响了我国藏书界偏爱抄本书籍的风气。尤其在明末，毛晋、钱谦益等大藏书家对抄本尤为推崇，抄书活动更是掀起了一个高潮，这个高潮一直延续到清代。清代在此基础上将抄书文化更加发展起来，近八万卷的《四库全书》就抄了7部，民间热衷于抄书的人更是比比皆是。他们对抄本是极其重视，黄丕烈曾说："宋人说部，虽有刻本，必取其抄本而藏之，恐时刻非出自善本，故弃刻取抄也。抄本又必求其最善者，故一本不已，又置别本也。"[①] 抄本在一定程度上成了善本的象征，清代的藏书家不但自己抄写，更重视前代流传下来的抄本，每收藏一本都如获至宝。清

[①] （清）黄丕烈：《士礼居藏书题跋记》，书目文献出版社1989年版，第154页。

代大藏书家黄丕烈就收集了大量抄本。清汪宪振绮堂藏书楼的藏书共3300余种，放有43橱，其中第七至十三橱都为抄本。常熟张金吾的《爱日精庐藏书志》中收录近千部书，而抄本竟多达480余种。清末四大藏书楼之一的海源阁，在所藏的4600多种古籍中，抄本就有342种。毛晋开辟的影抄领域，在清代也得到了更大的发展。黄丕烈士礼居影抄的宋元本之精，举世公认。另外钱曾的述古堂、徐乾学的传是楼、汪士镜艺云书舍等所影抄的宋元本书也都受到了重视。到了清末民国初年时，影抄之风又大盛，一些刻书家喜欢影刻宋元本，其程序就是先影抄然后刻印，于是就产生了一大批影宋元抄本。在明初刻本逐渐少见后，还出现了影明抄本。

关于抄本的可贵，施廷镛曾有过经典的概括："大率抄本之可贵者，须具有几项要素：一、名人手抄，确认是某人真迹；二、其非名人手抄，但经名手校正，而校正之字，胜于刻本；三、字句与刻本不同，其不同处，较刻本为佳；四、通行本之字句，有为抄本所缺者，而所缺之字句，反足以证明刻本中文字有非撰者原文；五、刊本久佚，存者仅此抄本，则此抄本之价值，实与孤本或稿本无异；六、有名人手跋，或收藏印记。"[①]明代的抄本除过那些后世争相追捧的名家抄本外，一些抄本尽管不是名家抄写的，但是经过一些版本名家校勘、写序跋之后，它们的质量和价值远远超过其他抄本、刻本。再加之经过岁月的洗礼，明代抄本也在逐渐减少，所以清代的藏书家、文献学家对明代抄本是相当重视的，遇到便题写序跋、盖上藏书印、精心收藏。

明代繁荣的抄书盛况，影响了明代甚至延续到清代，其所产生的众多抄本更是在中国古代图书史上有着重要的地位和价值。

书籍的流传自古以来都是靠抄写的，自唐五代雕版印刷术发明并大规模使用后，刻本逐渐兴盛而抄本渐衰。抄书费时且一次只能产生一本副本，而刻书得书就容易很多，副本量大有利于书籍的流传，这是刻本优于抄本之处。但是世上书籍太多了，并非凡书都有刻本。所以，在古代中国书籍的制作、收藏和流传中，抄书活动一直存在，抄本作为一种版本形式与刻本并存，从未退出过历史舞台。这种传统的抄书方式依然存在，到明

[①] 《中文古籍版本简谈》，南京大学图书馆1973年版，第40—41页。

代发展尤盛。

明代时中国古代藏书事业发展到了一个前所未有的高峰，这其中一个突出的特点就是更加追求对珍本、善本的收藏，而抄本因其独特的魅力更是受到青睐。或被动处在当时的政治高压下学者与文人在文化层面上的自觉反抗，或主动出于对抄书活动和抄本的一种独特的嗜好，或出于其他一些这样那样的因素，明代私人抄本大量涌现与流传。袁同礼《明人私家藏书概略》云："明人好抄书，颇重手本，藏书家均手自缮录，至老不厌。每以身心性命，托于残篇断简之中。"[①] 抄书活动很是普遍，尤其是随着社会经济文化事业的发展，人们的藏书观念经历了从"密藏"到"流通"的重大变革，更促进了抄书风气的兴盛和文化的发展。这种观念体现了"仁人"和"爱物"为中心的藏书文化，藏书家们允许自己的私藏之书被借抄、传抄，同时又费尽心力精心抄写所寻善本并加倍爱惜、精心收藏。于是，就产生了众多抄本并流传了下来。

众多明代私家抄本尤其一些名家抄本在当时就受到人们的重视，到清代这些抄本书籍更是得到追捧和研究利用。这些抄本被藏书家盖上了一个个的藏书印，记载着其不断易主的流传过程；它们被学者阅读研究，写下题跋和序，更加增加了这些书籍的内容价值，也发挥了其巨大的学术价值。我们无可否认，即使到今天，这些抄本依然在学术领域起着重大的作用，而那些传播到国外的抄本更成为域外了解中国的重要参考资料。

明代私人抄本在流传中，其实无形中构筑了"三个世界"：它所承载的知识，构成了文本的知识世界；它作为一种书籍的形式，在其背后折射了明代的现实世界；它本身所具有的文物价值，则又勾画出了后人所可想象的艺术世界。如果假设这批明代私人抄本在流传中消失了，那么将对于中华民族知识文化的传承带来何等巨大的损失。历史没有假如，我们应该感恩它们的存在，我们应该加倍珍惜这批文化遗产——明代私人手抄本，并让它们继续传承于历史的长河中并发挥其作用。

（陈佼）

[①] 袁同礼：《明人私家藏书概略》，引自《中国古代藏书与近代图书馆史料》，中华书局1983年版，第420页。

【肆】明代周藩著述刻书考辨

雕版印刷术发展至明朝，已相当成熟，故明刻本数量颇丰。然而明人好窜改古书，根据自己的理解随意删改或增补刻本内容，且大部分书坊刻本皆是以盈利为目的，在校勘方面敷衍了事，因此明刻本的质量为后世藏书家所诟病。但明刻本中也不乏精品，明代及其以后的藏书家及学者对明代藩府本给予了颇高的评价。叶德辉在《书林清话》中说道："惟诸藩时有佳刻，以其时被赐之书，多有宋元善本，可以翻雕。"[①] 除叶德辉外，明人周弘祖在《古今书刻》中较早地对明代藩府本进行著录，晁瑮在《晁氏宝文堂书目》中专门以注释的形式对明代藩府刻本做了说明，今人昌彼得在《明藩刻书考》中，脉络式地梳理了藩府本的基本风貌和各家刻书之侧重。明代藩府及其后裔刻印和传抄之书颇具规模，明清以来各家官私书目所录的藩府本亦夥。据最新的研究数据所载，明藩府本有583种之多，若计算各本的子目，则有六七百种之多。

随着对明代藩府本研究的深入，学界转而由整体研究转移到各藩府本的个案研究上来，其中学界研究较多的有宁藩、晋藩、庆藩、鲁藩等。而周藩作为藩府著述、刻书中的重镇，并未得到应有的重视。有明一代，周藩的著述、刻书活动是持续不断的，自周藩第一代王朱橚开始，周藩的著述、刻书活动便快速发展起来，自永乐年间至嘉靖万历年间，周藩人才辈出，著述、刻书活动蔚然成风。周藩封地在开封，其后世子孙的封地虽有变化，但大部分人的活动范围仍在汴梁城内。周藩的生命力与大明王朝几乎一致，因此，要想全面深入地了解周藩的著述、刻书活动，需要以对周

---

① （清）叶德辉：《书林清话》卷5，中华书局1957年版，第116页。

藩的总体情况进行考察作为出发点。周藩的著述、刻书活动与当时的政治、经济、文化是密不可分的。

一 周藩著述、刻书之背景

公元1368年，南征北战十六载的朱元璋建立了大明王朝。建国初期，为巩固大明江山，朱元璋采取了一系列措施。在用人方面，他时刻警惕，担心政权落入一起打江山的功高震主的异姓兄弟手中。在借鉴前朝存亡经验教训的基础上，朱元璋认为有血缘关系的宗亲自然会担负起延续和光耀朱氏一族的责任。因此，"洪武三年，帝惩宋元孤立，失古封建意；于是择名城大都，豫王诸子，待其壮而遣就藩服。外卫边陲，内资夹辅"①。朱元璋此项藩封制度，虽使朱姓江山不至于落入外人之手，但在宗室内部掀起一场场政治上的腥风血雨。自建文帝实行削藩政策至明成祖夺取天下，明朝中央政府实行更为严格的藩禁制度，而周藩始终都是受打击的对象。政治舞台的险恶使著书、刻书成为周王韬光养晦、明哲保身的一种手段。此外，周藩优越的经济待遇及开封城浓厚的文化底蕴也为周藩著书、刻书提供了经济和文化上的保证。

（一）周藩概说

周藩属地开封，制地中原，是八朝古都、历史名城，"夷门②自古帝王州"之名不胫而走。明太祖建国之初，曾两次御驾开封，"时言者皆谓君天下者宜居中土，汴梁宋故都，劝上定都，故上往视之"③。故以开封为北京，兼具皇家春秋时节狩猎之功用。洪武九年（1376），"改浙江、河南诸行省为承宣布政使司"④。开封也就不再作为北京及巡狩之所了。

虽然开封失去了成为明都的机会，但是中原自古乃兵家必争之地。在

---

① （清）龙文彬：《明会要》卷4，中华书局1956年版，第50页。
② 夷门是战国时期魏国都城大梁的东门，大梁即今之开封，因此，夷门也被用来代指开封。
③ （明）解缙等：《明太祖实录》卷31，中研院历史语言研究所校印本1962年版。
④ （清）龙文彬：《明会要》卷40，中华书局1956年版，第707页。

洪武三年的分封过程中，开封因北京之故，没有封国。洪武十一年（1378）正月，朱元璋改封吴王朱橚为周王，属国开封。由此开始至李自成大军攻破开封，开封始终是明周藩封国，以封国之名与明王朝同呼吸共命运260余载。

周藩第一代周王朱橚，"太祖第五子。洪武三年封吴王。七年，有司请置护卫于杭州。帝曰：'钱塘财赋地，不可。'十一年改封周王，命与燕、楚、齐三王驻凤阳。十四年就藩开封，即宋故宫地为府"①。自洪武十四年（1381）朱橚就藩至崇祯十五年（1642）朱恭枵因黄河决堤出逃，周藩共历时262载。在这262载间，周藩共传王十三世，其中悼王、康王二王在其任世子期间薨，为后王所追封，实执掌王权者共十一王。现将周藩各王简要罗列如下：

周藩始于定王朱橚，洪武十一年（1378）改封周王，洪武十四年（1381）就藩，洪熙元年薨；第二位就藩者宪王朱有燉，朱橚嫡长子，正统元年（1436）继任，正统四年（1439）薨；第三任周王为简王有爝，朱橚庶四子，有燉弟，因有燉无子，正统四年（1439）袭王位，景泰三年（1452）薨；第四任周王为靖王子垕，有爝庶长子，景泰年间袭封，景泰七年（1456）薨；第五位就藩者懿王子埅，有爝庶次子，因子垕无子，天顺元年（1457）继任，成化二十一年（1485）薨；第六任周王为惠王同镳，子埅庶长子，成化二十三年（1487）继任，弘治十一年（1498）薨；第七任周王为悼王安㴋，同镳庶次子，在做世子期间卒，后追封；第八位就藩者为恭王睦㰒，安㴋庶长子，弘治十四年（1501）继任，嘉靖十七年（1538）薨；第九位就藩者为康王勤熄，睦㰒嫡长子，在做世子期间卒，后追封；第十位继任者为庄王朝堈，勤熄嫡长子，嘉靖十九年（1540）嗣，嘉靖三十年（1551）薨；第十一任周王为敬王在铤，朝堈嫡长子，嘉靖三十一年（1552）嗣，万历十一年（1583）薨；第十二任周王为端王肃溱，在铤嫡长子，万历十四年（1586）嗣，当年薨；最后一位周王恭枵因战乱而未加封谥号，万历十七年（1589）嗣，崇祯十五年（1642）因开封陷落明末义军之手，周藩就此封除。

据朱元璋所定爵秩，"皇次子封国王，国王世子日后袭国。次子皆封

---

① （清）张廷玉：《明史·列传第四》，中华书局1974年版，第3565—3566页。

郡王，郡王长子袭王，次子俱封镇国将军。镇国将军之子皆封辅国将军。辅国将军之子皆封奉国将军。奉国将军之子皆封镇国中尉。镇国中尉之子皆封辅国中尉。辅国中尉之子以下皆封奉国中尉"①。有明一代，周藩仅藩王以下郡王即72家，清人汪价（字介人）在《中州杂俎》中道："明季河南诸藩最横，汴城即有七十二家王子。"②隆庆二年，尚书王世贞奏上："臣于嘉靖二十九年，遇故修玉牒臣云：自亲王而下至庶人，已书名者岁三万位；又二十年，可得五万位。周府已近四千位。"③故有"天下藩封数汴中"之说。

综上所述，我们不难发现，明代周藩枝繁叶茂，生命力与大明王朝几乎一致。如此繁荣的态势也为周藩著书、刻书提供了一定的帮助。

（二）周藩著述、刻书之背景

古人著书立说讲求缘事而起或有感而发，并具备一定的文化修养。刻书者除了对文化的喜爱外，还要具备充足的财力。有明一代，严厉的藩禁政策使诸藩王远离了政治舞台。对于周藩而言，大起大落的藩属命运使他们对于安稳的生活更加格外珍惜，对于周藩的有志者来说，如何处理无法在政治上建功立业和不使年华空逝去的矛盾，成了他们需要思考的问题。在皇家营造的书香氛围和雄厚的经济基础上，著书、刻书成为他们不虚度人生的首选。

1. 真假虚实的"亲亲之义"

周藩虽人丁兴旺，且贵为皇族，却因"明惩燕王之变，因于藩府，心存猜忌，多所钳制。既夺其兵政之权"④，而无法在政治军事舞台上展露自身才华。

周藩始王定王朱橚一生的政治生涯可谓是跌宕起伏，9岁（1370）封吴王，15—17岁（1376—1378）受父命在凤阳接受军事训练，17岁（1378）改封开封，20岁（1381）就藩。据前20年的履历来看，朱橚应

---

① 孔宪易：《如梦录·爵秩纪第四》，中州古籍出版社1984年版，第18页。
② （清）汪价：《中州杂俎》卷1，三怡堂民国十年（1921）版。
③ （清）龙文彬：《明会要》卷4，中华书局1956年版，第61页。
④ 昌彼得：《版本目录学论丛》，学海出版社1977年版，第39页。

该是颇受朱元璋喜爱的。翻阅明太祖的征战史，耐人寻味的是在起兵之初，朱元璋曾自封为吴王。虽然其后因吴越之地是天下财富聚集之处而改封朱橚于当时条件相对艰苦的开封，但开封虽不比吴越，却也做了明朝十余载的北京，且开封地理位置重要，自古乃兵家必争之地。将朱橚藩封至此，也足见明太祖对他的器重。

不过，定王并不这么想，与开封相比，钱塘毕竟要略高一等。朱橚并不是一个拘于安定的人，就藩开封后，由于开封位处中原，自元末混战后就一直处于相对安定的状态，朱橚虽肩负平定中原祸乱的使命，并和哥哥们一起接受过专门的军事训练，但却不能像自己的哥哥秦王、晋王、燕王一样，率兵北伐，真正在战场上实现自己的人生价值。就藩开封八年后，"橚弃其国来凤阳"[1]，朱元璋大怒，将其谪迁云南。因其未经皇命允许而擅自离封，是越轨违命的行为。关于朱橚此次云南之行是否成行的问题，学界尚存争议。据张廷玉《明史》列传第四和王鸿绪《明史稿》列传第三记载，定王此行"寻止，使居京师""寻止勿徙，使居京师"。而在朱橚著述《袖珍方》序言中记载："迩来云南一载有余，询及医术，十无七八。……故乃于暇日，辑录经验诸方，始成一书，名之曰《袖珍》。"[2] 在另一篇序言中，又记载："至洪武庚午，寓居滇阳，知彼夷方，山岚瘴疟，感疾者多。……由是收药诸方，得家藏应效者，令本府良医编类，……名曰袖珍。"[3] 据定王自言及《袖珍方》成书来看，朱橚应该是被贬谪云南无疑。而从这段记载中，我们发现，在政治上初有失意的朱橚已经开始著书、刻书之业。

此次贬谪，朱元璋的本意或许只是历练一下定王，借此打磨掉其身上的戾气，抑或者带有某些政治任务。但是待定王归朝后，朱元璋"问以所过城池广狭，山川易险，民情风俗，皆不能对。重失太祖意，故虽复得就国，而极著其昏愚于《纪非录》，至谓古今，所未有其恶之如此"[4]。这段材料一方面证实朱橚确实被贬谪云南，另一方面则表现出明太祖对于定

---

[1] （清）张廷玉：《明史·列传第四》，中华书局1974年版，第3566页。
[2] （明）朱橚：《袖珍方》，明弘治翻刻洪武间本。
[3] ［日］丹波元胤：《中国医籍考》，人民卫生出版社1983年版，第714页。
[4] （清）万斯同：《明史》卷152，清抄本。

王的不满，虽言语略有些夸张，但朱元璋的失望之情却是跃然纸上。郭晓航在《元明时期云南的出镇藩王与镇守中官》一文之指出，定王此行应该是带着"对掌握军政实际大权的总兵官沐氏等势力起到一种监督与制衡作用"[1]的政治目的的，也许对于当地的山川城池、风土人情皆不知情只是朱元璋震怒的表层原因，更深层次的原因或许就是这次政治任务未能称太祖之意。依笔者之意，这并非朱橚昏愚之至，乃是因其长期驻守并无战乱的开封城，其主要任务就是经营民生，恢复生产，未能得到充分的政治和军事的锻炼。贬谪云南，看到当地民生的惨状，定王自然首先想到的就是改善民生，为民做一些实事。编纂3077药方的《袖珍方》是需要时间的，因此，朱橚无暇顾及政治任务也就情有可原了。或许朱橚并不觊觎皇权，但越轨离封，忽略政治任务，由性而为，也在一定程度上反映出定王朱橚并不是一个安分之人。

这种不安分很快给朱橚带来了灾祸。在朱元璋当权下的大明王朝中，朱橚虽有不轨行为，但念及"亲亲之义"，父亲给予的处罚充其量不过是隔靴搔痒，虽以待罪之人的身份赴云南，但仍享受藩王规格的礼遇。当君臣关系由父子变为叔侄后，朱橚的越轨行为被充分放大，并在建文帝的削藩政策中首当其冲。建文帝与齐泰、黄子澄共谋削藩大计，齐泰"欲先图燕。子澄曰：'不然。周、齐、湘、代、岷诸王，在先帝时多不法，削之有名。今欲问罪，宜先周。周王，燕之母弟；削周是剪燕手足也。'"[2]已而，有告定王谋反者，建文帝命李景隆突袭周藩，"王不能应，坐王反"[3]。次年，建文帝开始起兵削燕，诏曰："邦家不造，骨肉周亲屡谋僭逆。去年，周庶人橚僭为不轨，辞连燕、齐、湘三王。朕以亲亲故，止正橚罪。"[4] 由此来看，建文帝打着亲亲之义的名号，以周藩谋逆之名开始全面削藩，建文帝的醉翁之意并不在定王身上，而是在乎威胁最大的燕王朱棣。在定王被执之后，建文帝曾想释放朱橚，不过在齐泰与黄子澄的力争下，将其贬为庶民。通过这个细节，我们推测如果朱橚真的有篡位之

---

[1] 郭晓航：《元明时期云南的出镇藩王与镇守中官》，博士学位论文，复旦大学，2009年，第99页。
[2] （清）龙文彬：《明会要》卷4，中华书局1956年版，第53页。
[3] （清）傅维鳞：《明书》卷86，江苏广陵古籍刻印社1988年版。
[4] （清）张廷玉：《明史》卷4，中华书局1974年版，第61页。

实,建文帝岂会放虎归山?由此观之,朱橚仅是建文帝削藩的牺牲品。定王虽平日里有越轨之举,但谋逆之罪却无法坐实。

沦为"亲亲之义"牺牲品的朱橚再次被贬往云南,此次贬谪没有了编纂《袖珍方》时的闲适,而是"妻子异处,穴墙以通饮食,备极困辱"①。在度过四年的艰苦岁月后,随着朱棣成功从侄子朱允炆手中夺取朱明江山,朱橚被诏还南京。永乐元年,朱橚恢复藩王位。此时的周藩因朱橚是朱棣同母弟的身份而风光无限。再次获得新生的定王心怀感激,就藩后先后向朝廷献颂九章、佾舞、嘉禾及驺虞以表忠心。在尔后的十几年中,不断有告发定王违制的事件发生,如扰民、违背礼制等,朱棣对此皆未予深究。然永乐十八年,"有告橚反者,帝查之有验。明年二月召至京,示以所告词。橚顿首谢死罪。帝怜之,不复问。橚归国,献还三护卫"②。关于这则史料,笔者认为并不可全信。如果定王当真有罪且已被坐实,朱棣真的会这么轻易就放朱橚回去吗?翻看朱棣对待其他藩王的手段,这是不可能的。有观点认为朱棣因念及一母同胞之谊,故而对朱橚高抬贵手。然而关于朱棣、朱橚生母的问题,学界也存争议。据《南京太常志》记载:"孝陵神位,左一位淑妃李氏,生懿文太子、秦愍王、晋恭王。右一位碽妃,生成祖文皇帝,孙贵妃生周王。"清人朱彝尊在《静志居诗话》中对此也有记载:"高后配在天,御幄袾所楼。众妃位东序,一妃独在西。成祖重所生,嫔德莫敢齐。一见异千闻,实录安可稽。作诗述典故,不以后人迷。"③ 以上前人的观点皆认为朱棣乃碽妃所生。而朱橚的生母则为孙贵妃,"周定王橚,高皇帝第五子,高皇后出,或曰高皇后无子,育于孙贵妃,卒,服以慈母斩衰三季"④。关于明史,后人多认为朱棣进行了多次篡改。朱棣起兵时,上面三位哥哥皆已过世,此时宣称自己乃高后之子,即属嫡子,入继大统也就合情合理了。而拉上定王朱橚,其嫡子的身份就更加可信了。⑤

据朱橚复国后,所犯下的罪状来看,朱橚确实是一个不安分的人,但

---

① (明)杨士奇等:《明太宗实录》卷1,中研院历史语言研究所校印本1962年版。
② (清)张廷玉:《明史》卷116,中华书局1974年版,第3566页。
③ (清)朱彝尊:《静志居诗话》卷13,人民文学出版社1990年版,第368页。
④ (清)查继佐:《罪惟录·传四》第2册,北京图书馆出版社2006年版,第54页。
⑤ 吴晗:《明成祖生母考》,《吴晗史学论著选集》,人民出版社1984年版,第548页。

是他的行为并未对皇位造成威胁。即使是永乐十八年的谋逆事件，史料中也并未提及是怎样的"查之有验"。从明成祖朱棣的反应来看，这更像是一种预谋好的演习，在使定王主动交出兵权的同时还落得仁君的美誉。据此推理，对于朱橚复国后的不轨行为，朱棣并未对此有所行动，是为了向世人彰显自己是一位顾及"亲亲之义"的仁君，而不是坊间流传的篡夺侄子王位的奸佞之徒，朱橚是在没有选择的情况下陪朱棣演了这么一出"亲亲之义"的大戏。

纵观朱橚一生，其桀骜不驯的性格给自己的人生带来了三次大祸，且这三次大祸分别发生在其人生的青年、中年和晚年。青年及中年时期的祸患让朱橚深知政治斗争的复杂，因此，复国后，他不再留恋政治军事舞台，转而著书、刻书，以另一种形式发挥自己的才能。而其中年及晚年的政治遭遇，则给其周藩子孙一个远离政治舞台的警示，"于是下焉者以声色狗马自娱；上焉者则修学好古，右文刻书"①，有才华的周藩子孙选择了著书或刻书之路来韬光养晦，实现自己的人生价值。

2. 文化熏陶和藏书之富

明太祖朱元璋虽出身草野，但是太祖本人天资聪颖，嗜古好学，以"平日为事，只要务实，不尚浮伪"②作为自己治国和治学的原则。他常与群臣谈经史，并亲自召见基层官吏，以明施政之得失。对于务实的官员予以擢升，贬谪和惩戒流于表面工作的不作为人员。朱元璋重用将爱国为民精神发扬光大的宋濂、陶宗仪、刘基等大儒，并任命他们为诸子授课。朱元璋曾谕文臣郑九成等道："朕封建诸子，选用傅相，委托匪轻。凡与王言，当广学问以充其行义，陈忠孝以启其良心，使其聪明无蔽，上下相亲。"③皇室在为诸子孙配选良师之外，还向诸藩赠予大量图书，且赐书之举几乎贯穿了有明一代。"洪武初年，亲王之国，必以词曲一千七百本赐之"④；"洪武十七年闰十月癸亥，以《大明清类天文分野书》颁赐六

---

① 昌彼得：《版本目录学论丛》，学海出版社1977年版，第39页。
② （明）解缙等：《明太祖实录》卷21，中研院历史语言研究所校印本1962年版。
③ （清）龙文彬：《明会要》卷40，中华书局1956年版，第704页。
④ （明）李开先：《李中麓闲居集》，《四库全书存目丛书·集部九十二册》，齐鲁出版社1997年版。

王"①；洪武二十六年十二月，"以《永鉴录》颁赐诸王"②；"正统元年五月丁卯，遣内官，……仍赐各王书"③；成化二十三年九月戊申，"以即位赐书宗室亲王"④。皇家赐书不仅量大而且质优，不乏宋元善本，具有收藏和翻刻的价值。定王朱橚为安置皇家赐书，特意建了一所藏书楼，名曰"御书楼"。由此可见，周藩受赐书之丰富。务实的学风和良好的教育环境使青少年时期的朱橚深受影响。

就藩开封后，辅佐定王朱橚的有菊庄先生刘醇、经学大师周是修、长史瞿祐、卞同、良医李恒、府学教授滕硕等。这些人学风踏实且敢于直言进谏，刘醇"每进讲，必先忠孝礼仪，俾王远声色货利，以无干训典"⑤，或"数有论谏如毁塌房酒务罢，舍贫私惠，减省朴刑，一切越礼度者咸更之持正直，匡辅不遗余方"⑥。周是修"内正外合，孝友忠信，每见王必陈谠论，王甚重之"⑦。朱橚也很看重这些学者，《明诗纪事》载定王"登天桂清香之楼，俯瀚云之亭，召从臣曾子祯、邹尔愚、周是修同游"⑧。通过这些学者的指点与引道，朱橚在文学和科学研究上颇有心得，其著书立说、刻书也就水到渠成了。

朱橚在注重自身文化修养的同时，也时刻谨记培养周藩子孙的重要性。朱橚将王府的西耳设为王子王孙专门的习读之所，还"方辟东书堂，延访耆宿为世子师"⑨。菊庄先生刘醇任之师，取得了明显的效果，"世子庶子守先生之诲，咸知饬检，无骄纵气"⑩。世子朱有燉在菊庄先生的教道下，深研经义，且有所得。此外，刘醇还劝诫朱有燉远离声色犬马，即使是在燕游之中也不忘时时提点世子，并在周府的兰雪轩、中和亭等处铭刻规诫之言，菊庄先生对于世子有燉的教育可谓用心之至，在如此良好的

---

① （明）解缙等：《明太祖实录》卷167，中研院历史语言研究所校印本1962年版。
② （明）解缙等：《明太祖实录》卷230，中研院历史语言研究所校印本1962年版。
③ （明）李贤等：《明英宗实录》卷17，中研院历史语言研究所校印本1962年版。
④ （明）刘健、李东阳等：《明英宗实录》卷2，中研院历史语言研究所校印本1962年版。
⑤ （明）焦竑：《国朝献征录》卷105，上海书店出版社1987年版，第4706页。
⑥ 同上。
⑦ 《河南通志·名臣》卷55，清雍正本。
⑧ （清）陈田：《明诗纪事·周定王橚·甲签卷二上》，陈氏听诗斋刻本。
⑨ （明）焦竑：《国朝献征录》卷105，上海书店出版社1987年版，第4706页。
⑩ 同上。

教育下，朱有燉醉心于翰墨，不沾染声色犬马等俗物，从而专心著书、刻书。

除却精神上的熏陶，丰富的藏书为周藩著书、刻书奠定了坚实的实体文化基础。《明史·高名衡传》记载："开封周邸图书文物之盛甲于他藩。"[1] 除却前文提到朱橚的"御书楼"，还有朱安㴋的青藜阁、朱睦㮮的万卷堂、朱睦㮮的乐善斋等，均藏书丰富。奉国将军朱安㴋于邸第建青藜阁，藏书千卷。镇国中尉朱睦㮮建有万卷堂，并撰《万卷堂书目》罗列其所藏之书。该书目分为经、史、子、集4大类，其中经部共计11大类，藏书680部，计6120卷；史部共计12大类，藏书930部，计18000卷；子部共计10大类，藏书1200部，计6070卷；集部共分3大类，藏书1500部，计12560卷。四部共藏书4310部，42750卷。

经过皇室的督促和周藩浓厚的学术文化氛围的熏陶以及图书利用之便，周藩子弟的学术造诣得到了很大的提升，文化领域人才辈出，并带动了周藩的著书、刻书之业。

3. 雄厚的经济基础

周藩王及其子孙虽然没有定夺开封事务的政治大权，但在经济上周藩所享受的优厚待遇是旁人难以企及的。据《明史·食货志》所载，洪武九年，朱元璋规定诸王公主的岁供之数，"亲王，米五万石，钞二万五千贯，锦四十匹，纻丝三百匹，纱、罗各百匹，绢五百匹，冬夏布各千匹，绵二千两，盐二百引，花千斤，皆岁支。马料草，月支五十匹。其缎匹，岁给匠料，付王府自造。……公主未受封者，纻丝、纱、罗各十匹，绢、冬夏布各三十匹，绵二百两；已受封，赐庄田一所，岁收粮千五百石，钞二千贯。亲王子未受封，视公主；女未受封者半之。子已受封郡王，米六千石，钞二千八百贯，锦十匹，纻丝五十匹，纱、罗减纻丝之半，绢、冬夏布各百匹，绵五百两，盐五十引，茶三百斤，马料草十匹。女已受封及已嫁，米千石，钞千四百贯，其缎匹于所在亲王国造给。……凡亲王世子，与已封郡王同，郡王嫡长子袭封郡王者，半始封郡王。女已封县主及已嫁者，米五百石，钞五百贯，馀物半亲王女已受封者"[2]。洪武二十八

---

[1] （清）张廷玉：《明史·高名衡传》卷267，中华书局1974年版，第6884页。

[2] （清）张廷玉：《明史·食货志六》卷82，中华书局1974年版，第1999—2000页。

年，太祖为补充军饷，下令削减宗室的岁禄供给，"乃更定亲王万石，郡王二千石，镇国将军千石，辅国将军、奉国将军、镇国中尉以二百石递减，辅国中尉、奉国中尉以百石递减，公主及驸马二千石，郡王及仪宾八百石，县主、郡君及仪宾以二百石递减，县君、乡君及仪宾以百石递减"①。不过随着各藩人口的增加，各宗藩所得的岁禄实际要高于以前。或许只看单纯的数字并不能了解宗藩实际的富庶，以朝廷官员为例，洪武二十五年，最基层的官员岁禄为70石，由此可见宗藩的富庶。

周藩作为一个资历老和地理位置重要的大藩，在日常的岁禄之外，还常得到皇帝额外的赏赐。朱棣取得靖难之役胜利的当年七月（建文四年），赐予周王八万钞，黄金数百两②；十月，又赐钞十万锭③。永乐四年的端午节，成祖赐周王钞五万锭④。永乐年间，"增周王粟二万石"⑤。明世宗登基第二年，问候周藩郡王堵阳王，并赐双粮，随后，又赐安吉王双粮。⑥嘉靖八年，周藩的禄米高达690252石。⑦据嘉靖《河南通志》卷十所述，嘉靖三十三年间，周藩的岁禄相当于河南一年的田赋夏税收入。而到了嘉靖四十三年，河南总的宗禄达到192万石，而河南布政司关总存粮才843000石⑧。

以上还仅是周藩的岁供所得，在岁禄之外，周藩还通过经营一些产业牟利。虽然朝廷禁止宗藩从事"四民"之业，但是在有"王府城"之称的开封城里，在尽量不触动朝廷那根敏感的"藩禁"神经的前提下，周藩子孙从事一些商业活动，借以牟利。如：中山王裔孙王府，经改建后，名曰"大功坊"，左右门联上书："春王正朔颁千载，开国元勋第一家。"华亭王府将大门改为大杂货铺。⑨此外，周府还经营有碗店、潞油店。除了涉足商业之外，周藩还有额外的灰色收入，阿克巴尔在描述明代中国的

---

① （清）张廷玉：《明史·食货志六》卷82，中华书局1974年版，第2000页。
② （明）杨士奇等：《明太宗实录》卷10下，中研院历史语言研究所校印本1962年版。
③ （明）杨士奇等：《明太宗实录》卷13，中研院历史语言研究所校印本1962年版。
④ （明）杨士奇等：《明太宗实录》卷54，中央研究院历史语言研究所校印本1962年版。
⑤ （明）谈迁：《国榷》卷13，中华书局1958年版，第893页。
⑥ 孔宪易：《如梦录·街市纪第六》，中州古籍出版社1984年版，第41页。
⑦ （明）陈子龙：《明经世文编》卷103，中华书局1962年版，第921页。
⑧ （清）张廷玉：《明史·食货志六》卷82，中华书局1974年版，第2001页。
⑨ 孔宪易：《如梦录·街市纪第六》，中州古籍出版社1984年版，第29页。

《中国纪行》一书中说道："城内妓院的收入归亲王所有。"①

如此看来，周藩的经济足够富足。强大的财力支持使周藩子孙享受着衣食无忧的生活，有追求的周藩子弟不甘心沉沦于纸醉金迷的温柔乡，进而将此优越的生活条件用于钻研经史及诗词歌赋，或有感而发，成一家之言，或付之剞劂，不求青史留名，但求此生不虚度。

二　周藩著述考辨

在前文所述的政治、经济和文化背景下，周藩习文者代不乏才，在医学、散曲、杂剧、诗词、经学等方面都取得了一定的成就，并在一些领域成为后世模仿借鉴的典范。然由于各种历史原因，周藩的著述被封尘在历史的长河中。明代及明代以后的学者大多将研究的目光聚焦在周藩刻书上，而关于周藩著述的考据，仅是零星提及，并未专门研究，如：曹之先生在《明代三大著者群》一文中提及周藩著述 18 种；余述淳先生在《明代藩王的著书与刻书》中罗列周藩著述 21 种；陈清慧博士在其《明代藩府刻书研究》一书中详述了藩府著述的情况，其中列举周藩著述 57 种。笔者考其所著，试图再现彼时周藩文化著述之盛。

笔者所录书目来源于明人高儒的《百川书志》、明周藩镇国中尉朱睦㮮的《万卷堂书目》、明人焦竑的《国朝献征录》、明末清初黄虞稷的《千顷堂书目》、清人陈田的《明诗纪事》、清人钱谦益的《列朝诗集》及《列朝诗集小传》、清人张廷玉等的《明史》、清人张淑载的《祥符县志》、清人永瑢等的《四库全书总目提要》《中国古籍善本书目》及《中华再造善本总目录》，并综合当代学者的研究成果，整理出周藩著述 108 种。

下文将以人物年代辈分为据分节进行具体论述。对于一书多名的情况予以说明，仅以一条著录。

---

① （波斯）阿里·阿克巴尔：《中国纪行》，生活·读书·新知三联书店 1988 年版，第 76 页。

(一) 朱橚著述考辨

周定王朱橚著述及主持修订者凡6种。

《普济方》一百六十八卷，定王朱橚主持修订，周府教授滕硕、长史刘醇等考论。本书乃汇集前人方剂而成，共收录六万一千七百三十九例方剂，一千九百六十例述论，两千一百七十五类药物，七百七十八种方法及二百三十九幅图。该书内容丰富，编目条理清楚明白，所收录方剂大多是宋元名医的著述，故此书虽有收录重复之瑕疵，但仍为后人所推崇。《普济方》是我国古代中医医药史上最大的方剂专著。新中国成立后，中国人民卫生出版社对其进行整理修订，化繁为简，并于1959年将其分十册出版发行，使今人用起来更加简明方便。由此可见，此书对于当今的医学仍大有裨益。本书载于《千顷堂书目》卷十四。

《保生余录》一册，定王朱橚命周府良医所编。此书今未见，李时珍《本草纲目》仅载书名、卷数和撰者，《本草纲目》记为五卷。有关《普济方》和《保生余录》的成书时间，尚未考证出准确时间。不过据《袖珍方》序言所载："予当弱冠之年，每念医药可以救夭伤之命，可以延老疾之生，尝令集《保生余录》《普济》等方。"[1] 定王弱冠之年是洪武十四年（1381），被贬谪云南于洪武二十二年，那么，我们可以推测出《普济方》和《保生余录》的成书应在洪武十四年之后，最晚不晚于洪武二十二年（1389）。本书载于《万卷堂书目》三医家。

《袖珍方》，又名《周府袖珍方》《袖珍方大全》《新刊袖珍方大全》。定王朱橚主持，周府良医李恒编纂。据朱橚《袖珍方》序言，此书共四卷，然其七世孙朱睦㮮《万卷堂书目》记载，此书八卷，盖后世刊印之问题。此书作于定王贬谪云南期间（洪武二十二年至洪武二十四年），定王因不忍见居所处感染疟疾者众多，且无良医可治，故令李恒搜集主要针对此处疾病的有效药方，汇编成书。是书共分81类，3717方，主要针对治疗内科、外科、妇科、儿科等疾病。本书载于《万卷堂书目》三医家。

《救荒本草》四卷（本书最早为上下两卷，后有四卷、八卷、十四卷传世），清张淑载《祥符县志》记为《野草本草》，定王朱橚撰。此书大

---

[1] ［日］丹波元胤：《中国医籍考》，人民卫生出版社1983年版，第714页。

约成书于永乐三年前后，以救荒为目的介绍可以食用的植物或是植物某一可食用的部分，可称得上是我国植物志的始祖，该书介绍的植物具有地方性。该书共记载植物 414 种，其中草类植物 245 种，木类植物 80 种，菜类植物 46 种，果类植物 23 种，米谷类植物 20 种，并配有插图。此书记述翔实，具体到植物可食用的部分，并对有毒的植物教授去毒之法以应灾年不时之需。该书乃定王朱橚实践所得之产物，非堆砌前人之成果，具有较高的实用价值和学术价值。本书载于《百川书志》卷十。

《兰雪轩元宫词》一卷，又名《元宫词》《元人宫词》，定王朱橚撰，刘效祖序及张淑载《祥符县志》均记为周宪王朱有燉撰，据《元宫词》自序、朱彝尊《静志居诗话》及《明史》所考，《元宫词》作者应为周定王朱橚。此书以元宫乳母之言为据，再现史书所未记载的元宫往事，颇具诗史性质，使人读之满怀古今兴废之感。此本虽以词名，但每首皆七言四句，未有题目，《四库全书总目提要》以每首第一句为题，以示区别。本书载于《千顷堂书目》卷十七。

《甲子编年》十二卷，定王朱橚撰。是书为编年体实录，今已佚。本书名见于张淑载《祥符县志》卷二十二。

（二）朱有燉、朱有爋、朱有光著述考辨

1. 朱有燉著述考辨

周宪王朱有燉著述者凡 44 种（含子目）。

《诚斋乐府》，宪王朱有燉撰，高儒《百川书志》载两卷，千顷堂书目载十卷。历来关于此书是杂剧集还是散曲集颇有争论，综合《百川书志》"大明周府锦窠老人著散曲、套数各为一卷"[①] 及当今学者研究的成果来看，大多倾向于是书为散曲集。该书收录套数 35 套，小令 274 首。20 世纪 80 年代以前，朱有燉散曲不被学界所重视，被视为封建社会腐朽的产物。这一情况在翁敏华先生点校《诚斋乐府》后有所改善。本书载于《百川书志》卷十八，《千顷堂书目》卷三十二。

按：宪王朱有燉在杂剧创作上颇负盛名，有《诚斋传奇》（又作《诚斋杂剧》，二者不同之处在于收录的篇次不同，版本不同，但内容基本相

---

① （明）高儒：《百川书志》卷 18，湘潭叶氏清光绪二十八年（1902）版。

同）传世。据查阅史料，宪王所作杂剧分散于一生的不同时期（从永乐二年至正统四年），并未亲自汇编成《诚斋杂剧》，此名乃为后人集其杂剧所成，故现将朱有燉可见的杂剧单独成条罗列。

《甄月娥春风庆朔堂传奇》一卷，朱有燉撰。楔子（即正名）为《范仲淹秋雨饶州梦，甄月娥春风庆朔堂》，此剧讲述了宋朝名臣范仲淹于饶州太守任上与妓女甄月娥相恋，在范仲淹调任后，月娥不为老鸨所逼而妥协，为爱坚守贞操，最终有情人终成眷属的爱情故事。该剧见于《百川书志》卷六。

《美姻缘风月桃源景传奇》一卷，朱有燉撰。楔子为《穷犷狁酒醉雪天关，美姻缘风月桃源景》，此剧讲述了妓女桃源景与书生李钊的爱情故事，剧情连贯紧张，并穿插了蒙古习俗与风情，别有一番趣味。该剧见于《百川书志》卷六。

《清河县继母大贤传奇》一卷，朱有燉撰。楔子为《莒城店亲兄友爱，清河县继母大贤》，讲述了清河县王义获罪，其同父异母兄王谦为其代罪，继母知其情后，并未隐瞒事实，继而向县官陈述实情，请治亲生子之罪，县令感继母之深明大义，宣判兄弟二人皆无罪的故事。该剧见于《百川书志》卷六。

《赵贞姬身后团员梦传奇》一卷，朱有燉撰。楔子为《钱义仙生前夫妻情，赵贞姬身后团员梦》，此剧讲述了济南卫军小卒钱锁儿奉命镇守口北，其妻赵官保守家待夫，面对富家子弟的诱惑不为所动。钱锁儿病死口北，赵官保见夫君尸首后自缢殉情。东岳神赐二人号"义仙、贞姬"，以彰表二人的气节。该剧见于《百川书志》卷六。

《刘盼春守志香囊传奇》一卷，朱有燉撰。楔子为《周学敬题情锦守笺，刘盼春守志香囊怨》，此剧讲述了汴梁娼妓刘盼春与书生周恭相爱，盐商陆源以重金介入二人的爱情，被盼春拒绝。后周恭因父命与盼春断绝往来，盼春以拒不接客明志，仅以卖艺为生继续坚守自己的爱情。周恭得知此事，作《长相思》赠予盼春，盼春得之香囊后大喜，片刻不离身。老鸨强迫盼春献身陆源后，盼春自杀而死以示对爱情的忠贞。盼春的尸体被火化，而香囊完好无损。该剧见于《百川书志》卷六。

《宣平巷刘金儿复落娼传奇》一卷，朱有燉撰。楔子为《风宪司清正官明断案，宣平巷刘金儿复落娼》，此剧讲述了娼妓刘金儿不安于从良后只居一室，只面对一人的平静生活，再次回到烟花柳巷的故事。该剧见于《百川书志》卷六。

《福禄寿仙官庆会传奇》一卷，朱有燉撰。楔子为《福禄寿仙官庆会》，此剧讲述了福禄寿三仙令天师钟馗捉鬼的故事。该剧见于《百川书志》卷六。

《神后山秋狝得驺虞传奇》一卷，朱有燉撰。楔子为《均州城夜雨留鹤驾，神后山秋狝得驺虞》，此剧讲述了永乐年间，周藩属地中州出现祥瑞驺虞，定王将其献于明成祖的故事。该剧见于《百川书志》卷六。

《黑旋风仗义疏财传奇》一卷，朱有燉撰。楔子为《张叔夜平蛮挂榜，黑旋风仗义疏财》，此剧讲述了梁山好汉李逵、燕青乔装成新娘、媒婆智救李撇古之女的故事。而此故事《水浒传》中并未记载。该剧见于《百川书志》卷六。

《紫阳仙三度常椿寿传奇》一卷，朱有燉撰。楔子为《紫阳仙三度常椿寿》，此剧讲述了紫阳仙人化身为成都锦香楼旁边香椿树的故事。该剧见于《百川书志》卷六。

《东华仙三度十长生传奇》一卷，朱有燉撰。楔子为《东华仙三度十长生》，此剧讲述了中岳神邀请东华仙等赴瑞雪会，东华仙赴会途中遇到了十长生仙子，并向他们请教得道之法。十长生仙子与东华仙一起赴会，并敬献歌舞，最终共入仙境。此剧主要是以歌舞的形式呈现，该剧见于《百川书志》卷六。

《群仙庆寿蟠桃会传奇》一卷，朱有燉撰。楔子为《东华增福到瑶池，群仙庆寿蟠桃会》，此剧讲述了瑶池蟠桃成熟，西王母邀请众仙及人间精英共聚蟠桃大会的故事。该剧见于《百川书志》卷六。

《瑶池会八仙庆寿传奇》一卷，朱有燉撰。楔子为《瑶池会八仙庆寿》，此剧讲述了八仙庆寿的故事。该剧的演绎形式被视为庆寿剧的传统模式。该剧见于《百川书志》卷六。

《吕洞宾花月神仙会传奇》一卷，朱有燉撰。楔子为《吕洞宾花月神仙会》，此剧讲述了吕洞宾度化蟠桃仙子的故事。该剧见于《百川书志》卷六。

《洛阳风月牡丹仙传奇》一卷，朱有燉撰。楔子为《洛阳风月牡丹仙》，此剧源于欧阳修的《洛阳牡丹记》，是一出情节简单的歌舞剧。该剧见于《百川书志》卷六。

《天香圃牡丹品传奇》一卷,朱有燉撰。楔子为《天香圃牡丹品》,此剧乃一出纯粹的歌舞剧。该剧见于《百川书志》卷六。

《十美人庆赏牡丹园传奇》一卷,朱有燉撰,楔子为《四丑女欢娱金母宴,十美人庆赏牡丹园》,此剧讲述了西王母宴请群仙,命司花女召唤出十牡丹仙子,为群仙演奏歌舞的故事。该剧见于《百川书志》卷六。

《张天师明断辰钩月传奇》一卷,朱有燉撰,楔子为《陈世英错遇鬼成仙,张天师明断辰勾月》,此剧讲述了书生陈世英与友人在月食时救了嫦娥,嫦娥亲自来谢。后桃妖幻化成嫦娥的模样以报恩为由与陈世英共眠,借以吸取其阳气。世英病重,天庭皆认为是嫦娥所为,嫦娥请张天师决断此事,张天师捉拿桃妖,查明真相,还嫦娥一个清白。该剧见于《百川书志》卷六。

《孟浩然踏雪寻梅传奇》一卷,朱有燉撰。楔子为《孟浩然踏雪寻梅》,该剧讲述了孟浩然与李白、罗隐、贾岛一起唱和痛饮,孟李二人因李白推举牡丹,孟浩然看重梅花而起争执,贾岛对二人进行调解,二人皆服。李白敬佩孟浩然的学识,随后向朝廷举荐孟浩然,朝廷封孟浩然为玉堂学士。据《古典戏曲存目汇考》所考,宪王此作是在马致远《冻吟诗踏雪寻梅》的基础上而成。该剧见于《百川书志》卷六。

《小天香半夜朝元传奇》一卷,朱有燉撰。楔子为《陈抟老祖两番显圣,小天香半夜朝元》,此剧讲述了从良后的名妓小天香在丈夫死后,心生修道之意,后经道祖儒师陈抟的指点,最终得道的故事。该剧见于《百川书志》卷六。

《李妙清花里悟真如传奇》一卷,朱有燉撰。楔子为《哈元善酒中成正觉,李妙清花里悟真如》,此剧讲述了妓女李妙清从良后,丈夫去世,守寡的李妙清开始潜心于佛法。左丞相之子哈舍前来提亲,被妙清拒绝。毗卢尊者化为僧人向妙清传法,妙清拜尊者为师。哈舍目睹此景,心生绝望,转而参悟佛法,二人虽未结为夫妻,却于同日坐化。该剧见于《百川书志》卷六。

《李亚仙花酒曲江池传奇》一卷,朱有燉撰。楔子为《李亚仙花酒曲江池传奇》,此剧讲述了名妓李亚仙与洛阳府尹郑元和的爱情故事。李元和于曲池江邂逅李亚仙,一见倾心,遂留下与亚仙朝夕相处、耳鬓厮磨。

在钱财挥霍殆尽后,元和被老鸨扫地出门。李父闻之,大怒,将元和打得半死。亚仙及时赶到,为元和疗伤,并自费赎身,鼓励元和考取功名。元和进士及第,考中状元,朝廷授予其洛阳县令之职。到任后,他拒不与父亲相认,亚仙深明大义,以死相逼,父子终相认。据《古典戏曲存目汇考》所考,此剧以石君宝《曲江池》和高文秀《郑元和风雪打瓦罐》为底本而成。该剧见于《百川书志》卷六。

《惠禅师三度小桃红传奇》一卷,朱有燉撰。楔子为《刘员外一心贪酒色,惠禅师三度小桃红》。此剧讲述了飞仙会二仙为天魔音乐所吸引,堕落凡尘,分别转世为名妓小桃红和嫖客刘景安。惠禅师领佛旨,三度二人重回仙班。该剧见于《百川书志》卷六。

《撇搜判官乔断鬼传奇》一卷,朱有燉撰。楔子为《撇搜判官乔断鬼》,此剧讲述了秀才徐行因其心爱之画被裱画匠所夺,愤恨而亡。在地府内,其鬼魂向曹判官申冤,最终判官将裱画匠打入地狱。该剧见于《百川书志》卷六。

《豹子和尚自还俗传奇》一卷,朱有燉撰。楔子为《虎皮客人胡索债,豹子和尚自还俗》,此剧取材于元剧中的"水浒传词",虽人物主角皆是鲁智深,但是情节却与《水浒传》不同。该剧见于《百川书志》卷六。

《兰红叶从良烟花梦传奇》一卷,朱有燉撰。楔子为《徐彦林还乡风雪天,兰红叶从良烟花梦》,此剧讲述了妓女兰红叶和书生徐翔的曲折爱情故事。兰红叶与徐翔相爱,富商仇子华贪恋兰红叶的美貌,买通老鸨,欲一亲芳泽。兰红叶断然拒绝,并告之官府。然仇子华买通官府,反诬告徐翔有罪,徐翔被流放。兰红叶坚守自我,等待徐郎。后徐郎被赦,二人团圆。该剧见于《百川书志》卷六。

《河嵩神灵芝献寿传奇》(又名《河嵩神灵芝庆寿》)一卷,朱有燉撰。楔子为《福禄会仙果延年,河嵩神灵芝庆寿》,此剧讲述了嵩山尊神、黄河尊神派神将、仙女赴蓬莱求仙草种于中州的故事,盛赞了中州的风土人情。该剧见于《百川书志》卷六。

《四时花月赛娇容传奇》一卷,朱有燉撰。楔子为《千岁太平夸美景,四时花月赛娇容》,此剧讲述了牡丹、菊花、莲花、水仙、梅花五仙邀请百花众仙、松大夫和竹君子赴会,分别观赏仙境春、夏、秋、冬四季的不同奇景。该剧见于《百川书志》卷六。

《南极星度海棠仙传奇》（又名《南极星度脱海棠仙》）一卷，朱有燉撰。楔子为《东木公幻成希世宝，南极星度脱海棠仙》，此剧讲述了太行山神向西王母禀告太行山海棠岭有海棠精，海棠精无主且娇艳美丽，西王母与南极仙用配姻缘之计将海棠精引至瑶池，并将海棠花移植到瑶池的故事。此剧源于周藩移植太行山海棠花于周藩苑中之故。该剧见于《百川书志》卷六。

《文殊菩萨降狮子传奇》一卷，朱有燉撰。楔子为《哪吒太子抛绣球，文殊菩萨降狮子》，此剧讲述了文殊菩萨降服青狮的故事。山中有青狮，为祸一方，如来先后命山神和哪吒三太子率众前去降服，皆不敌。后如来大弟子文殊菩萨出马降服凶兽。该剧见于《百川书志》卷六。

《关云长义勇辞金传奇》一卷，朱有燉撰。楔子为《关云长义勇辞金》，此剧演绎了关羽"千里独行"的故事，再现了关羽的忠勇和曹操笼络人心的伎俩。该剧以《三国志平话》为蓝本。该剧见于《百川书志》卷六。

《诚斋录》，宪王朱有燉撰。据《中华再造善本》所录为四卷，《百川书志》著录为六卷。据现存周藩刻本所载的四卷中，前三卷为宪王诗集，最后一卷为杂文，兼具赋、说、序、铭、记等文体。有燉所著三卷诗集，包括五言古体、七言古体、续添五言古体、古乐府、拟古乐府、五言近体、七言近体、五言绝句、六言绝句、七言绝句等，其诗以律诗见长。

《诚斋新录》，宪王朱有燉撰。《百川书志》记一卷，《千顷堂书目》著录三卷，现存世版本为一卷。是书内容陈杂，包括古体诗、近体诗、散文、杂文等，且全书前后无序跋，文中较为出彩的部分当属竹枝歌等歌咏植物的绝句。受明皇室重道家思想的影响，医学、黄老之学等思想在其杂文中有所体现。

《诚斋集》，宪王朱有燉撰，周府长史郑义编。《百川书志》作一卷，《千顷堂书目》著录三卷。据周藩元斋老人《诚斋集序》记载："诚斋者，我高伯祖宪王之别号也，集者，其生平之著述也。宣德时命长史郑义取新旧之作类成之，而因名以《诚斋集》。"[①] 黄虞稷在著录此书时有注云：

[①] （明）朱有燉：《诚斋录·序言》，中华再造善本。

"牡丹、梅花、玉堂春各百咏。"① 今人关于《诚斋集》最初所录内容暂无定论，一般观点认为该集最初成书时至少包括《诚斋录》和《诚斋新录》，可能兼具《牡丹百咏》《梅花百咏》《玉堂春百咏》。

按：由于不确定《牡丹百咏》《梅花百咏》《玉堂春百咏》是否被收录于《诚斋集》，故单独罗列成条，以免有漏。

《牡丹百咏》一卷，宪王朱有燉撰。据自序所言，宪王命人在天香圃栽种牡丹百余种，得上品十余种。花开时节，宪王赏花饮酒唱和，不到二日成诗百首。该书载于《百川书志》卷二十。《千顷堂书目》卷九载《诚斋牡丹谱并百咏》，据推测应该是黄虞稷将《诚斋牡丹谱》与《诚斋牡丹百咏》合为一书著录。

《诚斋牡丹谱》一卷，宪王朱有燉撰。该书著录了20个品种的牡丹及其培育方法。该书载于《百川书志》卷十。

《梅花百咏》一卷，宪王朱有燉撰。是编乃宪王在居住的小园阁楼前种植梅花，以中峰和尚和冯海粟咏梅诗百首之韵为本，成诗百首。该书载于《百川书志》卷二十。

《玉堂春百咏》一卷，宪王朱有燉撰。据自序所言，宪王在园圃中种植玉堂春，后于园圃中建玉香亭。花开时节，宪王于亭中赏花，在美景的环绕下不禁神游，故以先前所作梅花诗之韵为例，吟玉堂春诗百首。该书载于《百川书志》卷二十。

《诚斋遗稿》一册，宪王朱有燉撰。今未见。该书载于《千顷堂书目》卷十七。

《诚斋词》一卷，宪王朱有燉撰。该书载于《千顷堂书目》卷三十二。

《家训》一卷，宪王朱有燉撰。今未见其文，该书载于《千顷堂书目》卷十一、《明史·艺文志》二。

《东书堂集古法帖》十卷，宪王朱有燉撰。该书收录帝王晋武帝司马炎至吴越王钱俶共27人，名臣东汉杜度至元欧阳玄共118人之书法。是编"取材宋《淳化阁帖》《绛贴》及《秘阁续帖》，增入宋元人所书墨迹，并有朱有燉本人所临摹的《黄庭内景经》《十七帖》等混入。朱有燉

---

① （清）黄虞稷：《千顷堂书目》卷17，民国五年（1916年）乌程张氏本。

有自序及凡例，共 10 卷"①。曹之先生在《明代三大著者群》一文中，提到朱有燉的著作有《金元风范》一书，笔者未发现该书实物。吕友仁先生在介绍《东书堂集古法帖》时，提到该书有《金元风范》本，那么曹先生所提朱有燉所著《金元风范》一书，即《东书堂集古法帖》。该书载于《百川书志》卷九。

《修禊序帖》一卷，宪王朱有燉辑。是编收录王羲之修禊帖定武本三种、褚遂良本一种、唐摹赐本一种（这五种原文始刻于周藩东书堂大石上），后"复书诸贤诗，仿李伯时之图，兼禊帖诸家之说，共为一卷"②。该书载于《千顷堂书目》卷三，《百川书志》卷九著录《兰亭序》一卷是为此书。

2. 朱有爌著述考辨

恭靖王朱有爌著述者凡 5 种。

《贤王传》，卷数不详，镇平恭靖王朱有爌撰，今书已佚。是编主要收录夏五子至元世祖太子真金时期皇族贤者百余人的事迹。该书载于《千顷堂书目》卷十，黄虞稷在记录作者时将镇平恭靖王有爌误作为"镇平恭靖王有鏕"，笔者通过查阅《明史》《如梦录》《祥符县志》等书，并结合周府世系表，确认镇平恭靖王应为朱有爌。

《道统论》，镇平恭靖王朱有爌撰，今未见。该书载于《千顷堂书目》卷十七。

《梅花百咏》一卷，镇平恭靖王朱有爌撰，今未见。该书载于《万卷堂书目》四宗室，《千顷堂书目》卷十七误录为《植花百咏》。

《德善斋诗集》一卷，镇平恭靖王朱有爌撰，该书目载于《千顷堂书目》卷十七。今未见实物。

《德善斋菊谱诗》不分卷，镇平恭靖王朱有爌撰。《千顷堂书目》卷九著录"镇平恭靖王有炫德善斋菊谱一卷"，应是黄虞稷将有爌误作为有炫。该书图文载于《美国哈佛大学哈佛燕京图书馆藏中文善本汇刊》第 27 册。此书配有插图，据自序所言，乃有爌手绘而成，每幅图皆配一首四句七言诗作为文字说明。是编以花色为别，分为黄、白、红、紫四大

---

① 黄惇：《中国书法史·元明卷》，江苏教育出版社 2001 年版，第 452 页。
② （明）高儒：《百川书志》卷 9，湘潭叶氏清光绪二十八年（1902）版。

类,其中黄色菊花 41 品,红色菊花 30 品,白色菊花 20 品,紫色菊花 9 品,共收录菊花 100 种,诗百篇。

按:焦竑《国朝献征录》中记载有爀"著德善斋诗集菊图谱"①。今人张荣东在《中国菊花审美文化研究》一书中,据焦竑此段材料,将"德善斋诗集菊图谱"作为一种书处理,即认为焦竑提到有爀所作为《菊图谱》。笔者在未看到哈佛本《德善斋菊谱诗》前,也曾认为二者可能为同一书或《德善斋菊谱诗》为《德善斋诗集》的一个部分。在通读《德善斋菊谱诗》内容的基础上,并结合《千顷堂书目》分列著录此二书的情况和《国朝献征录》所言,笔者认为《德善斋诗集》与《德善斋菊谱诗》乃不同之书。

3. 朱有光著述考辨

《卦脉诀》,永宁王朱有光撰,今未见。该书载于《万卷堂书目》三医家。

(三) 朱安㳛、朱安淤、朱安溩著述考辨

1. 朱安㳛著述考辨

恭裕王朱安㳛著述者凡 3 种。

《锦囊诗对》,博平恭裕王朱安㳛撰,今已佚。该书见于《国朝献征录》卷一。

《养正录》,博平恭裕王朱安㳛撰,今已佚。该书见于《国朝献征录》卷一。

《贻后录》,博平恭裕王朱安㳛撰,今已佚。该书见于《国朝献征录》卷一。

2. 朱安淤著述考辨

《如山先生习静楼诗集序》,周藩奉国将军朱安淤撰,今已佚。是编见于《明人传记资料索引》。

3. 朱安溩著述考辨

奉国将军朱安溩著述者凡 14 种。

《古本大学》一卷,周藩奉国将军朱安溩撰,今已佚。该书载于《祥

---

① (明) 焦竑:《国朝献征录·宗室一》卷 1,上海书店出版社 1987 年版,第 22 页。

符县志》卷二十二。

《李空同先生年谱》一卷，周藩奉国将军朱安泐撰，是编记述了李梦阳的生平事迹，载于《空同先生集》。

《北地年表》一卷，周藩奉国将军朱安泐撰，今已佚。该书载于《祥符县志》卷二十二。

《春草斋集》二卷，周藩奉国将军朱安泐撰，今已佚。该书载于《祥符县志》卷二十二。

《江山揽胜集》二卷，周藩奉国将军朱安泐撰，今已佚。该书载于《祥符县志》卷二十二。

《鸥丁渔唱集》四卷，周藩奉国将军朱安泐撰，今已佚。该书载于《祥符县志》卷二十二。

《丛桂庄诗集》二卷，周藩奉国将军朱安泐撰，今已佚。该书载于《祥符县志》卷二十二。

《品题诗集》二卷，又名《丛桂庄品题诗》，周藩奉国将军朱安泐撰，今已佚。该书载于《祥符县志》卷二十二。

《宁夏定变录》一卷，周藩奉国将军朱安泐撰，今已佚。该书载于《祥符县志》卷二十二。

《牡丹谱》四卷，周藩奉国将军朱安泐撰，今已佚。该书载于《祥符县志》卷二十二。

《续谈艺录》，周藩奉国将军朱安泐撰，今已佚。该书载于《祥符县志》卷十六。

《理学寤言》，周藩奉国将军朱安泐撰，今已佚。该书载于《祥符县志》卷十六。

《太极图考》，周藩奉国将军朱安泐撰，今已佚。该书载于《祥符县志》卷十六。

《忠臣录》，周藩奉国将军朱安泐撰，今已佚。该书载于《祥符县志》卷十六。

（四）朱睦㮮、朱睦橪、朱勤美著述考辨

1. 朱睦㮮著述考辨

镇国中尉朱睦㮮著述者凡 30 种。

《春秋诸传辨疑》二卷，镇国中尉朱睦㮮撰。该书著录春秋事件188条，作者在行文中大多直抒其意，直接表达自己对于该历史事件的看法和态度。该书与《五经稽疑》中"春秋"部分相同，据作者自言，《春秋诸传辨疑》成书于《五经稽疑》之前，后撰写《五经稽疑》"春秋"部分时，直接以《春秋诸传辨疑》入书。由于此书曾独立行世，故单独罗列成条，并不算之与《五经稽疑》重复。该书载于《千顷堂书目》卷二，黄虞稷注曰："一作四卷。"①

《五经稽疑》六卷，镇国中尉朱睦㮮撰。是编著录《诗》《书》《礼》《易》《春秋》五部分。《诗》主要参照《毛诗》中解释主题的简短序言，并无独到的见解，缺乏新意。作者对于《尚书》之文持怀疑态度，认为《大禹谟》《皋陶谟》等篇的篇首语非成书之初所有，乃后人所加，可信度存疑。但后文作者又以程颢、程颐之说为据，引用《大禹谟》《皋陶谟》之说来反驳"放勋"非乃尧帝之名号。由此可见，睦㮮对《尚书》的理解有前后矛盾之嫌。在《礼》的部分，睦㮮主要是对历代文人关于《礼》的增益之言进行辨析，颇具个人见解。《易》则以郭京《周易举正》为本，并无太多新意。《春秋》部分，前条已著录，在此不再赘述。纵观全篇，睦㮮对《诗》《书》《礼》《易》的编排较为简略，而对《春秋》的论述较为详尽，盖《春秋》为其初稿之缘故。该书载于《四库全书总目》卷三十三。

按：《四库全书总目》卷八，经部易类存目中有《易学识遗》一卷，查之与《五经稽疑》中《易》相同。因不确定其成书年代，且其著述风格与其余三部《诗》《书》《礼》相似，故不再单列成条。

《授经图》二十卷，镇国中尉朱睦㮮撰。是编是睦㮮在宋人章俊卿《山堂考索》旧本的基础上增订而成。本书大旨为论述经学源流，凡《诗》《书》《礼》《易》《春秋》五经，每经共分三部分，依次为授经世系、诸儒列传、诸儒著述和历代经解名目卷数，每经四卷。睦㮮作此书本意是因苦恼汉之经学失传，故著录列传时，以两汉止，意为还原汉经学之原貌，以示崇敬之情。然黄虞稷对此书有所改动，新增一批作者，并补充后世各家之言，与睦㮮原意相背。该书载于《千顷堂书目》卷三。

----

① （清）黄虞稷：《千顷堂书目》卷2，民国五年（1916年）乌程张氏本。

《经序录》五卷，镇国中尉朱睦㮮撰。是编乃睦㮮取诸家经书之序汇编而成。五经各自成卷，共收录《诗》18篇，《书》18篇，《礼》16篇，《易》37篇，《春秋》31篇。本书的便利之处在于使人不见其书而可知其大意，具有提要的性质。该书载于《千顷堂书目》卷三。

《圣典》34卷，镇国中尉朱睦㮮撰。是编著录明太祖的开国事迹，共81目。该书在文体上仿照唐吴兢的《贞观政要》，载于《千顷堂书目》卷五。

《镇平世系录》二卷，镇国中尉朱睦㮮撰。因明正德以后，皇族族谱记载较为简略，故睦㮮详述镇平王朱有爌一脉以下八世族谱，遂成此书。（注：朱睦㮮乃朱有爌六世孙。）是编先著《例义》，其后依次为《世系》《世传》《内传》《述训》。该书载于《千顷堂书目》卷十。

《谥苑》二卷，镇国中尉朱睦㮮撰。《明诗纪事》卷二著录《校订谥法》，《祥符县志》卷二十二所载《谥法考》应为同一书。是书分为上下两卷，上卷著录十二家谥法考，分别为《史记谥法解》《周书谥法》《蔡邕独断谥法》《苏洵谥法》《周公谥法》《春秋谥法》《广谥法》《沈约谥法》《贺琛谥法》《扈蒙谥法》《郑樵谥法》《陈思谥法》。其中前四家后二家为睦㮮所增辑，其余六家为王圻《续文献通考》所旧有。下卷陈明代王侯以下至守令的谥法，错误较多。该书载于《四库全书总目》卷八十三，史部·政书类存目一。

《革除逸史》二卷，镇国中尉朱睦㮮撰。据《四库全书总目》所言，本书与《明史·艺文志》中所载《逊国记》乃同书异名，故列为一条。《祥符县志》卷二十二著录睦㮮《逊国忠襃录》，据《四库全书总目》记录《革除逸史》时所载"迨公论大明，人人以表章忠义为事"之言推测，此书应与《革除逸史》《逊国记》同书异名。是编著录靖难之变这一敏感事件，由于真相扑朔迷离，故睦㮮在著述时作了折中处理，只记录建文四年六月宫中大火，建文帝不知所踪，故逊位之说尚存疑问，并未将此后传闻记入其中。该书载于《四库全书总目》卷五十一《史部·杂史类》。

《左选》四卷，镇国中尉朱睦㮮撰，今未见。该书载于《万卷堂书目》一春秋。

《史汉古字》，镇国中尉朱睦㮮撰。《千顷堂书目》卷三记为两卷。睦㮮自序云：

汉去古未远，当时学者尚及见先秦漆书，故其文字多奇恑卓异，今六经百氏所亡者。余束发时喜读《史记》《汉书》，遇古字，辄自手录，疏其所出于下，凡得若干焉，以古文、通用、假借各厘为三卷。尝闻欧阳文忠公云，前古文字传至后世，为流俗所窜易，湮灭亡几。韪哉言乎！余之搜抉，仅存其一二，藏之笥中久矣。今年夏偶取阅之，然幽深缊奥之谊虽不能尽见，而博雅好古君子亦或有取焉。①

纵观其实物，未有明确卷数区分。实物包括两部分，一部分为《史记古字》，另一部分为《汉书古字》。每部分包括古文门、通用门、假借门。古文门中顶格为古字，古字下注明今字为何。通用门注明此字与何字同。假借门则表明读音及出处。

《韵谱》，镇国中尉朱睦㮮撰。作者自序云："余自弱冠忝迹词场，每究意韵学，莫要于沈、吴二子者间。因取《四声谱》略正其谬误，稍增益之，难字复为之解，合《韵补》为五卷，题名曰《韵谱》云。"② 是编收录105韵，其中上平十五韵，下平十五韵，上声二十八韵，去声三十韵，入声十七韵。《千顷堂书目》卷三著录二卷，又注：一作五卷。作者序言中为五卷。实物乃善本，现存于广州省立中山图书馆。

《训林》十二卷，镇国中尉朱睦㮮撰，今未见。该书载于《千顷堂书目》卷三。

《正韵边旁》一卷，镇国中尉朱睦㮮撰，今未见。该书载于《千顷堂书目》卷三。

《大明帝系世表》一卷，镇国中尉朱睦㮮撰，今未见。该书载于《千顷堂书目》卷十。

《中州人物志》十六卷，镇国中尉朱睦㮮撰。此书著录了明朝洪武至嘉靖年间，中州140人的生平事迹。该书载于《千顷堂书目》卷十。

《忠臣烈女传》，镇国中尉朱睦㮮撰，今未见传本。该书载于《千顷堂书目》卷十。

---

① （明）朱睦㮮：《史汉古字·序》，明抄本。
② （明）朱睦㮮：《韵谱·序》，明嘉靖二十四年（1545年）开封守尧山白虞刻本。

《纯孝编》四卷，镇国中尉朱睦㮮撰，今未见传本。该书载于《续修四库全书》所录《天一阁书目》。

《周国世系表》一卷，镇国中尉朱睦㮮撰，今未见传本。该书载于《千顷堂书目》卷十。

《周乘》一卷，镇国中尉朱睦㮮撰，今未见传本。该书载于《千顷堂书目》卷十。

《开封府志》三十四卷，镇国中尉朱睦㮮撰。是编收录开封万历朝以前历代（含万历朝）星野、禨祥、沿革、山川、古迹、藩封、官师、建置、田赋、学校、荐举、科目、岁贡、赠荫、祠祀、风俗、人物、孝友、忠义、隐逸、烈女、方伎、仙释、游寓、艺文、宦迹、武科、兵防、戎纪、河防、桥梁津渡、陵墓等内容。该书载于《明史·艺文志》。

《河南通志》四十五卷，李濂、朱睦㮮撰。是书不落《成化河南通志》之窠臼，改变前志仅著录洛阳周边典故的情况，扩宽著录内容，调整类目，并配有插图。此志所录"河防志"，乃地方志"河防志"之鼻祖。是编著录于《明史》卷一百一十六。

《中州文献志》四十卷，镇国中尉朱睦㮮撰，今未见传本。是编著录于《千顷堂书目》卷六。

《先考奉国公年表》一卷，镇国中尉朱睦㮮撰，今未见传本。该书载于张秀民《中国印刷史》。

《邹襄惠公年谱》一卷，镇国中尉朱睦㮮撰，今未见传本。是编载于《千顷堂书目》卷十。

《宗学书目》八卷，镇国中尉朱睦㮮撰，今未见传本。该书载于《祥符县志》卷二十二。

《医史》四卷，镇国中尉朱睦㮮撰，今未见传本。该书载于《祥符县志》卷二十二。

《陂上集》二十卷，镇国中尉朱睦㮮撰，今未见传本。该书载于《明诗纪事》卷二。《祥符县志》卷二十二载有《朱灌甫诗集》二十卷，应为同书。

《集辛稼轩长短句》二卷，镇国中尉朱睦㮮撰，今未见传本。该书载于《祥符县志》卷二十二。

《驺虞集》二卷，镇国中尉朱睦㮮撰，今未见传本。该书载于《淡生堂藏书目》史部上。

《万卷堂书目》十六卷，一作四卷，又作《西亭中尉万卷堂书目》，镇国中尉朱睦㮮撰。是书著录书名4310部，包括易经、书经、诗经、春秋、礼、乐、孝经、论语、孟子、经解、小学、正史、编年、杂史、史评、起居注、奏议、官制、仪住、法家、谱传、书目、地志、杂志、儒家、道家、释家、农家、兵家、医家、小说家、五行家、楚辞、别集、女史、总集、杂文、类书、宗室共39类。《千顷堂书目》卷十著录为朱勤美编。

2. 朱睦横及其子孙著述考辨

《三业集》，乃镇国中尉朱睦横与其子奉国将军朱勤炐，其孙朱朝壃的诗合集。是书载于《千顷堂书目》卷二十八。

3. 朱勤美著述考辨

朱勤美著述者凡3种。

《王国典礼》八卷，辅国中尉朱勤美撰。是编乃勤美汇集明皇室规章制度而成，共分30类，包括《圣训》《玉牒》《讲读》《冠礼》《婚礼》《爵秩》《冠服》《宫室》《仪仗》《禄米》《田地》《祀礼》《之国》《锡命》《庆祝》《入觐》《奏事》《宴飨》《丧礼》《事例》《管理》《宗子》《奖劝》《惩戒》《秩官》《仪宾》《兵卫》《仓庾》《支盐》《讳禁》等。该书载于《四库全书总目》卷八十三，史部·政书类存目一。

《公族传略》二卷，辅国中尉朱勤美撰，今未见传本。该书载于《千顷堂书目》卷十。

《喻家迩谈》二卷，辅国中尉朱勤美撰，今未见传本。该书载于《千顷堂书目》卷十一。

按：《千顷堂书目》卷十载《周宪王年表》二册、《周定王年表》一册，未著录作者，笔者认为二书很有可能乃周藩著述，但无据可证，故存疑。

明代周藩著述内容丰富，涉猎广泛且数量可观，在众藩中仅次于宁藩。此外，周藩著述的生命周期较长，且较为连续，自定王朱橚著书立说始，至勤美时已二百余年，几乎与大明王朝相始终。因此，周藩丰富的著述为其刻书奠定了良好的文化氛围，提升了刻书的内在涵养，洗去了书坊刻书多为逐利的铜臭味。而周藩著述中有1/3左右乃其刊印的对象，周藩著述付之剞劂后，对于周藩文化的传播起到了重要推动的作用。据此可以说，周藩刻书与著述这两大文化活动是相互促进，相得益彰的。

三　周藩刻书考辨

周藩诸王及其子孙在潜心著述的同时，还注重书籍的保存和文化的传播，将周藩的部分著述及他们认为有价值的书籍付之剞劂。据《如梦录》记载，周王府内有专门刻印书籍的场所，东厢设有墨刻作（墨刻作即是作坊），西厢主要是印书、裱褙之所。① 在财力之富、藏书之多、人才之盛和韬晦之计的背景之下，周藩刻书之盛，在明藩中仅次于宁藩。关于周藩刻书的种类，后世莫衷一是，随着史料的不断完备，周藩刻书之盛的轮廓也在逐渐浮现。叶德辉《书林清话》著录周藩刻书 2 种；昌彼得《明藩刻书考》著录周藩刻书 5 种；杜信孚和杜同书《全明分省分县刻书考》著录周藩刻书 10 种（此处著录十种仅包括封地在开封的周藩刻书）；杜信孚《明代版刻综录》著录周藩刻书 19 种；曹之《中国古籍版本学》著录周藩刻书 23 种；张秀民《中国印刷史》著录周藩刻书 36 种；郭孟良《明代中原藩府刻书考论》著录周藩刻书 50 种；陈清慧《明代藩府刻书研究》著录周藩刻书 54 种。笔者在综合晁瑮《晁氏宝文堂书目》、叶德辉《书林清话》、张秀民《中国印刷史》、李致忠《古代版印通论》、杜信孚《明代版刻综录》、杜信孚和杜同书《全明分省分县刻书考》、瞿冕良《中国古籍版刻辞典》、《中国古籍善本书目》、开封及其周边地区的地方志以及各类版刻辞典的基础上，得周藩刻书凡 75 种，考录如次。

本章体例为：各节编排以李致忠先生划分的明代刻书前中后三个分期为据；对于刊刻时间不同的同一书籍，分条依次著录。

按：由于明末黄河决堤，周藩刻本中有一部分已佚。下文所列书目有些现已无实物可考。张秀民先生在《中国印刷史》② 中罗列藩府刻本 453 种，是迄今为止学界搜罗明藩刻本最全者，然而遗憾的是，张先生并未列出这些书目的出处。此外，《中国古籍善本总目》及瞿冕良先生的《中国

---

① 孔宪易：《如梦录·周藩纪第三》，中州古籍出版社 1984 年版，第 8 页。
② 张秀民著，韩琦增订：《中国印刷史》（上），浙江古籍出版社 2006 年插图珍藏增订版。

古籍版刻辞典》》①也仅列有刻本的条目，未见出处。为了尽可能地还原周藩刻本的原规模，现依据各家所考，将上述各家所搜集的仅有书目无实物可考的周藩刻本也罗列如下。

（一）明前期周藩刻书考辨

据李致忠先生所划明代刻书分期，明前期包括明初至正德年间。

明前期周藩刻书凡 15 种。

《袖珍方》四卷，定王朱橚主持，周府良医李恒编纂，巾箱本。据定王朱橚为《袖珍方》所作第一篇序言所载：

> 夫济世之道，莫大于医，去疾之功，莫先于药。盖人禀阴阳五行气以生，而成五脏百骸之形，至于疾病之来，不能无暑湿风寒之袭。是以圣人者作，为之医道以济其夭死，医道所以立，而书所以述也。后之人，因书以其道，以功其疾，庶几能起死也。我中国之人，虽起药味辨于神农，而黄帝、岐伯、巫咸、医和、医后、扁鹊、华佗诸公辩论于其前，张之和、刘守真、李明之流著述于其后，曾目不一睹其书，如不明其所用之妙者，亦尚多矣！况边鄙之人乎？迩来云南一载有余，询及医书，十无七八，察其人病，或祭神祀鬼，间有病者求药，而里无良医，或姿其偏僻之见，求为殊异之方，造次用行，死者多矣！呜呼！诚医书之不全。故乃于暇日，辑录经验诸方，始成一书，名之曰《袖珍》，盖取袖中所藏之宝，又便于检阅也。命工刊梓，以广其传，庶使医者者所采，病者有所济云尔。②

定王朱橚于洪武二十二年冬（1389）被贬谪云南，在滇地一年有余，因不忍目睹当地民众无良医救治的惨状而作《袖珍方》，由此可以推断，是书首次刊刻应在洪武二十三年（1390）或洪武二十四年（1391）。前人多著录该书刊刻时间为洪武二十三年，依据定王自述，笔者认为《袖珍方》的刊刻时间应定在洪武二十三年或洪武二十四年更为合理。今未见

---

① 瞿冕良：《中国古籍版刻辞典》，苏州大学出版社 2009 年版。
② （明）朱橚：《袖珍方》，明弘治翻刻洪武间本。

周藩本存世，有明刻本传世。不过通过徐康《前尘梦影录》的记载，我们可对《袖珍方》的字体风格有个大致了解：

> 周府《袖珍方》，皆狭行细字，宛若元刻字形，仍作赵字。①

《新刊袖珍方大全》四卷，定王朱橚主持，周府良医李恒编纂。在定王为《袖珍方》所作的第二篇序中，作者又言：

> 予当弱冠之年，每念医药可以救夭伤之命，可以延老疾之生，尝令集《保生余录》、《普济》等方，方虽浩瀚，编辑多讹。至洪武庚午，寓居滇阳，知彼夷方，山岚瘴疟，感疾者多，惜乎不毛之地，里无良医，由是收药诸方，得家藏应效者，令本府良医编类，镂诸小板，分为四卷，方计三千七十七，门八十一，名曰袖珍。袖者，易于出入，便于巾笥，珍者，方至妙选，医之至宝，故名袖珍。数年以来，印板模糊，今于永乐十三年春，令良医等复校订正刊行于世，庶使不失妙方，永兹善事。呜呼，天高地厚，春往秋来，日陵月替，海水桑田，况人物乎。吾尝三复思之。惟为善迹有益于世，千载不磨，昔太上有立德、有立功、有立言，今吾非以徇名，将以救人质疾苦也，将以于世立功也。时岁乙未季秋，书成，广行印施。②

通过这段序言可知，因旧版年久模糊，朱橚周府良医重新校订，于永乐十三年（1415）再次刊印。定王在主持编纂刻印此书时，不仅注重该书的科学严谨性，还充分考虑了其便利性，即将此书刊印成巾箱本，以便其在民间流传，增加了《袖珍方》的流通性和实用性。今未见周藩本存世，有明刻本传世。

按：杜信孚、杜同书《全明分省分县刻书考》著录是书刻于明洪武三十年（1397），周藩刊本。由于《袖珍方》序言具有较高的可信度，且

---

① （清）徐康：《前尘梦影录》卷下，中华书局1985年版，第35页。
② （明）朱橚：《袖珍方·序》，转引自（日本）丹波元胤《中国医籍考》，人民卫生出版社1983年版，第714页。

未发现可以证明该书于洪武三十年刊刻过的证据，因此，并未将此条单列成条。

《千金方》，唐孙思邈著，洪武年间刊。张秀民先生于《中国印刷史》附表《明代藩府印书表》"周王府"条目下著录"《千金方》洪武刊"。今未见周藩传本。

《淳化阁帖》，该本为汇集先秦至唐代的帝王、大臣及著名书法家等103人书法墨宝的法帖集，现存明代本为"肃府本"。据明人李起元为肃府本《淳化阁帖》所作之跋云：

> 周府有临国初赐本，其笔势飞舞，筋力道劲，若有天巧，光彩射人。周府之拓以木，肃府今兹以石，将又有精于周府者。

由此观之，周藩曾受皇上赐书《淳化阁帖》，并印刻了木刻本。此外，明末王铎在为重摹肃府本《淳化阁帖》作跋时也对周藩本有所提及：

> 淳化初拓……我国初周、秦诸藩，典学嗜古，各有奉勒。

据此可以粗略地推断出，周藩本《淳化阁帖》的刻印时间应该是在明初。今未见周藩传本。

《保生余录》五卷，朱橚撰，明初刻。张秀民先生于《中国印刷史》附表《明代藩府印书表》"周王府"条目下著录"周府撰刻《保生余录》五卷"。

《救荒本草》二卷（一说四卷，据考四卷为李濂序本及其以后的版本，周藩本只有两卷本），朱橚撰，永乐四年（1406）刻。据嘉靖四年（1525）毕昭、蔡天佑重刻版《救荒本草》李濂所作序云：

> 《救荒本草》二卷，乃永乐间周藩集录而刻之者，今亡其板。濂家食时，访求善本，自汴携来，晋台按察使石冈蔡公，见而嘉之，以告于巡抚都御史蒙斋毕公。公曰：是有裨荒政者，乃下令刊布，命濂序之。①

---

① 王家葵等：《救荒本草校释与研究》，中医古籍出版社2007年版，第412—413页。

据此可知，周藩本《救荒本草》于嘉靖四年（1525）前后已经亡佚。然施永高先生认为美国国会图书馆所存《救荒本草》为永乐四年原本，又称布莱资奈德所见美国国会本与嘉靖三十四年（1555）刻本，在分卷上是相同的。① 王重民先生在《中国善本书提要》中指出，这个说法由于美国国会本中没有序跋和牌记等证明，因此不能认定其为永乐四年原本。王重民先生认为是书应为陆柬刻本。

《普济方》一百六十八卷，朱橚等纂，永乐四年刊。是书半页15行，每行27字，四周双边，双鱼尾，上鱼尾上方镌有字数，下鱼尾下方刻有刊工姓名，上下鱼尾间刻有书名和卷数，小题镌有花鱼纹，细黑口，颜字。

《兰亭图》四卷，王羲之撰，永乐十五年（1417）石拓本，现藏于故宫博物院。据现存明益王所刻大卷《兰亭图》跋语云（见图2—4—1）：

图2—4—1 朱有燉跋语图

---

① 转引自王瑞祥主编《中国古医籍书目提要》（上），中医古籍出版社2009年版，第538页。

右王羲之修祓禊帖为古今书法第一，自唐以来摹拓相尚各有不同，而传之久远者惟石刻存，故后世有定武、褚遂良诸家，不啻数十本，赝者尤众。惟以定武本为逼真，其他亦有可观者。予阅之颇多，今以定武本三、褚遂良本一、唐模赐本一，刻之于石，复书诸贤诗，仿李伯时之图，兼禊帖诸家之说共为一卷。读书之暇，惟自以为清玩，非敢遗示于人，以为楷式也。永乐十五年岁在丁酉七月中澣书。

落款处有"兰雪轩""东书堂图书记"二印。前文提到东书堂乃朱橚为教育世子而专门开辟之所，兰雪轩乃东书堂书房之名。因此，我们可以推断此跋为朱有燉所作。此外，卷尾益王跋云：

王右军兰亭叙……相传虽右军亦临数本，始终亦原本为上，嗣后唐拓相兼不啻千本而定武本至殉葬尤可异也。我朝周定王分国开封，雅尚文墨，用定武肥瘦三本、褚河南本、唐模本并李龙眠大小图刻之药（乐）石。

通过以上两段跋语可证，周藩刊刻过石刻拓本《兰亭图》。

《诚斋杂剧》，朱有燉撰，前文提到宪王所作杂剧分散于一生的不同时期（自永乐二年至正统四年），并未亲自汇编成《诚斋杂剧》，此名乃为后人集其杂剧所成。前文为保障著述的独立性，故将朱有燉所作杂剧分条罗列。国家图书馆所藏明永乐、宣德、正统间自刻本《诚斋杂剧》，其31种杂剧的版式风格并不完全一致，但为尊重原书的完整性，故不再分条罗列，仅以一条著录。

关于周藩本《诚斋杂剧》的种类和卷数，前人尚未达成共识，有31卷之说（张秀民《中国印刷史》）、22种22卷之说（瞿冕良《中国古籍版刻辞典》）、22种31卷之说（郭孟良《明代中原藩府刻书考论》）、30卷之说（陈清慧《明代藩府刻书研究》）。学界之所以产生分歧的原因在于，朱有燉的杂剧创作不是短时间内完成的，据朱有燉现存杂剧的序言可考，其杂剧创作始于永乐二年（1404）的《张天师明断辰钩月》，终于正统四年（1439）的《河嵩神灵芝庆寿》。在这三十多年间，朱有燉的杂剧通常是在创作出来后便单篇刊刻，国图所藏《诚斋杂剧》乃永乐、宣德、正统间各篇的自刻本汇集而成。国图本《诚斋杂剧》不分卷，收录朱有燉杂剧31种，每种独立成篇。由于各篇刊刻时间不同，故版式风格也不尽相同，且无时间规律可言。现先著录其相同风格，再每段单独罗列一篇，但总体仍记为一条。

是书版框高18.5厘米，宽11.5厘米，四周双边，大黑口，双鱼尾，呈相对状，上下鱼尾间镌有剧名的第一个字和页数。唱词和曲名皆顶格，念白不顶格。唱词使用的是大字，念白则用小字。绝大部分剧都有序言，序言中剧名后有"传奇"二字，而在正文题目中没有传奇二字，但在剧名前加了"新编"二字（有两篇没有"新编"二字）。为使阅读者能清晰明了地了解这31种杂剧的版式风格，笔者将版式相同的分类罗列，不再依据原书的顺序罗列。

第一类：

《新编美姻缘风月桃源景》，有序，作于宣德六年（1431）。小字半页十行十八字，大字十行二十字。

《新编贞姬身后团员梦》，有序，作于宣德八年（1433）。小字半页十行十八字，大字十行二十字。

《新编刘盼春守志香囊怨》，有序，作于宣德八年（1433）。小字半页十行十八字，大字十行二十字。

《新编宣平巷刘金儿复落娼》，无序。小字半页十行十八字，大字十行二十字。

《新编福禄寿仙官庆会》，无序。小字半页十行十八字，大字十行二十字。

《新编神仙后山狄得驺虞》，有序，作于永乐六年（1408）。小字半页十行十八字，大字十行二十字。

《新编黑旋风仗义疏财》，有序，作于宣德八年（1433）。小字半页十行十八字，大字十行二十字。

《新编清河县继母大贤》，有序，作于宣德九年（1434）。小字半页十行十八字，大字十行二十字。

《新编天香圃牡丹品》，有序，作于宣德六年（1431）。小字半页十行十八字，大字十行二十字。

《新编十美人庆赏牡丹园》，无序。小字半页十行十八字，大字十行二十字。

《新编紫阳仙三度常椿树》，有序，作于宣德八年（1433）。小字半页十行十八字，大字十行二十字。

《新编张天师明断辰钩月》，有序，作于永乐二年（1404）。小字半页十行十八字，大字十行二十字。

《新编孟浩然踏雪寻梅》，有序，作于宣德七年（1432）。小字半页十行十八字，大字十行二十字。

《新编小天香半夜朝元》，有序，未注明作于何时。小字半页十行十八字，大字十行二十字。

《新编李妙清花里悟真如》，有序，作于永乐二十年（1422）。小字半页十行十八字，大字十行二十字。

《新编豹子和尚自还俗》，有序，作于宣德八年（1433）。小字半页十行十八字，大字十行二十字。

《新编兰红叶从良烟花梦》，有序，但未标明作于何时。小字半页十行十八字，大字十行二十字。

《新编河嵩神灵芝庆寿》，有序，作于正统四年（1439）。小字半页十行十八字，大字十行二十字。

《新编四时花月赛娇容》，无序。小字半页十行十八字，大字十行二十字。

《新编瑶池会八仙庆寿》，有序，作于宣德七年（1432）。小字半页十行十八字，大字十行二十字。

《新编吕洞宾花月神仙会》，有序，作于宣德十年（1435）。小字半页十行十八字，大字十行二十字。

《新编东华仙三度十长生》，有序，作于宣德九年（1434）。小字半页十行十八字，大字十行二十字。

《新编南极星度脱海棠仙》，有序，作于正统三年（1438）。小字半页十行十八字，大字十行二十字。

《新编文殊菩萨降狮子》，无序。小字半页十行十八字，大字十行二十字。

第二类：

《新编甄月娥春风庆朔堂》,有序,作于永乐四年(1406)。小字半页十一行十八字,大字半页十一行二十字。

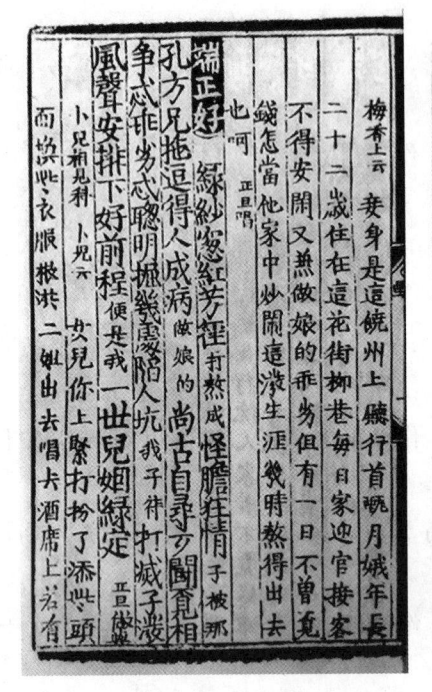

图2—4—2　《诚斋杂剧》　　　　图2—4—3　《诚斋杂剧》

《新编洛阳风月牡丹引》,有序,作于宣德五年(1430)。小字半页十一行十八字,大字半页十一行二十字。

《新编李亚仙花酒曲江池》,有序,但未标明作于何时。小字半页十一行十八字,大字半页十一行二十字。

《惠禅师三度小桃红》,有序,作于永乐六年(1408)。小字半页十一行十八字,大字半页十一行二十字。

《新编搊搜判官乔断鬼》,有序,但未标明作于何时。小字半页十一行十八字,大字半页十一行二十字。

《群仙庆寿蟠桃会》,有序,作于宣德四年(1429)。小字半页十一行十八字,大字半页十一行二十字。

《新编关云长义勇辞金》,有序,作于永乐十四年(1416)。小字半页十一行十八字，大字半页十一行二十字。

《诚斋牡丹百咏》一卷，朱有燉撰，该书作于宣德五年（1430），宣德六年（1431）自刻。半页九行，每行二十字。是书著录于《中国印刷史》。

《诚斋梅花百咏》一卷，朱有燉撰，该书作于宣德五年（1430），宣德六年（1431）自刻。半页九行，每行二十字。本书著录于《中国印刷史》。

《诚斋玉堂春百咏》一卷，朱有燉撰，该书作于宣德六年（1431），宣德六年（1431）自刻。半页九行，每行二十字。该书著录于《中国印刷史》。

《诚斋乐府》二卷，朱有燉撰，宣德九年（1434）刻。半页十行，每行二十字。该本见于《中国印刷史》《中国古籍版刻辞典》。

《诚斋牡丹谱》一卷，朱有燉撰，宣德年间刻。半页九行，每行二十字。是书见于《中国印刷史》《中国古籍版刻辞典》。

《德善斋菊谱诗》不分卷，朱有燉撰。瞿冕良先生于《中国古籍版刻辞典》"朱有燉"条目下著录"天顺间刻印过自撰《德善斋菊谱诗》不分卷（半页6行，行10字）"。

（二）明中期周藩刻书考辨

据李致忠先生所划明代刻书分期，明中期包括嘉靖至万历年间。

明中期周藩刻书凡43种。

《诚斋牡丹百咏》一卷，朱有燉撰，嘉靖十二年（1533）乐善斋刊。现存于中国国家图书馆。板框高20.8厘米，宽13.9厘米。四周双边，半页九行，各行间没有划格，每行二十字，同向双鱼尾，大黑口，上下鱼尾间有"诚"字和页数。该本现存于中国国家图书馆。

《诚斋梅花百咏》一卷，朱有燉撰，嘉靖十二年（1533）乐善斋刊。现存于中国国家图书馆。板框高20.8厘米，宽13.9厘米。四周双边，半页九行，各行间没有划格，每行二十字，同向双鱼尾，大黑口，上下鱼尾间有"诚"字和页数。该本现存于中国国家图书馆。

《诚斋玉堂春百咏》一卷，朱有燉撰，嘉靖十二年（1533）乐善斋刊。现存于中国国家图书馆。板框高20.8厘米，宽13.9厘米。四周双边，半页九行，各行间没有划格，每行二十字，同向双鱼尾，大黑口，上下鱼尾间有"诚"字和页数。该本现存于中国国家图书馆。

图 2—4—4　《诚斋牡丹百咏》

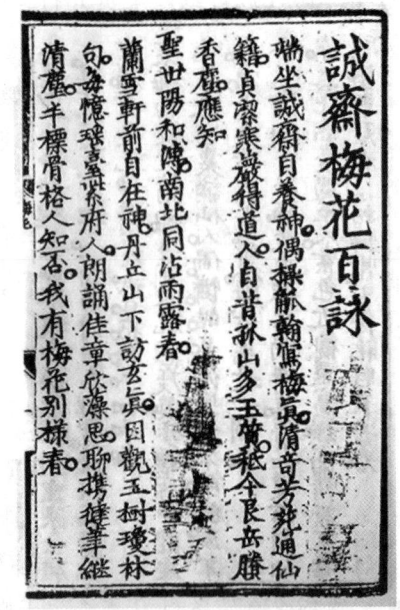

图 2—4—5　《诚斋梅花百咏》

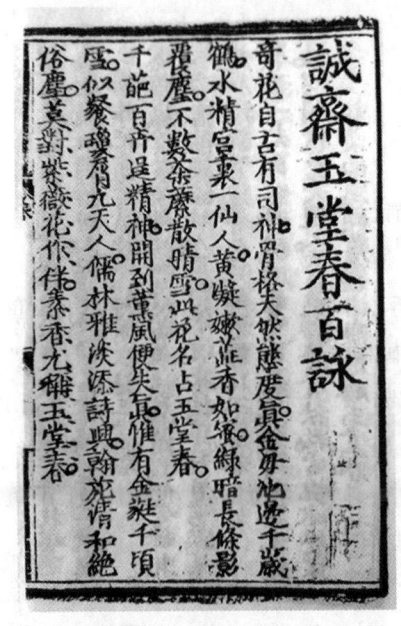

图 2—4—6　《诚斋玉堂春百咏》

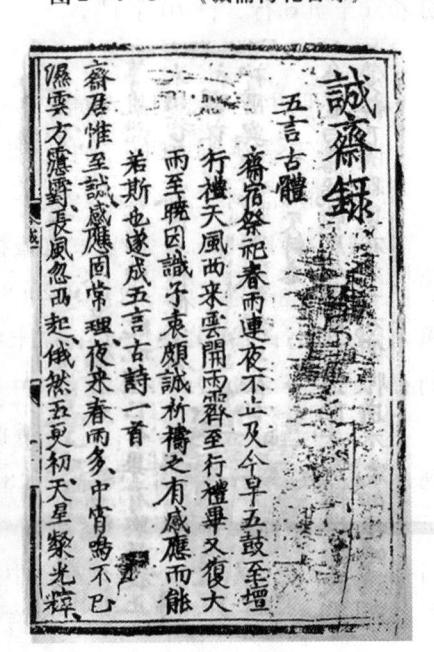

图 2—4—7　《诚斋录》

《诚斋录》四卷，朱有燉撰，嘉靖十二年（1533）乐善斋①刻。现存于中国国家图书馆。板框高 20.8 厘米，宽 13.9 厘米。四周双边，半页九行，各行间没有划格，每行二十字，同向双鱼尾，大黑口，上下鱼尾间有"诚"字和页数，书前有诚斋集序。该本现存于中国国家图书馆。

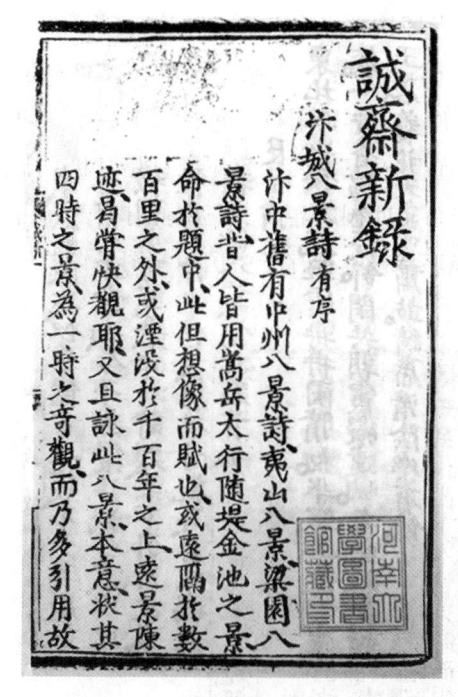

图 2—4—8 《诚斋新录》　　图 2—4—9　诚斋新录

《诚斋新录》一卷，朱有燉撰，嘉靖十二年（1533）乐善斋刊。现存于中国国家图书馆。板框高 20.8 厘米，宽 13.9 厘米。四周双边，半页九行，各行间没有划格，每行二十字，同向双鱼尾，大黑口，上下鱼尾间有"诚"字和页数。该本现存于中国国家图书馆。

《续编锦囊诗对故事》四卷，嘉靖十二年（1533）刻。黑口，半页八行，每行二十字，小字双行，书前有嘉靖癸巳博平王敬斋序。张秀民先生

---

① 乐善斋乃周恭王睦㮮的室名。

认为此本乃周藩博平王府所刻,瞿冕良先生著录为朱睦㮮聚乐堂所刻。据昌彼得先生考证该本应为周藩博平王府刻本。①

《记事珠》十四卷,刘国瀚辑,嘉靖十五年(1536)乐善斋刊。半页八行,每行字数不固定。该本现存于中国国家图书馆。

《西湖百咏》二卷,宋董嗣杲撰,明陈赞和韵,嘉靖十六年(1537)刻。张秀民先生认为该本为南陵王睦英刻,瞿冕良先生认为该本为周恭王睦㮮的乐善斋所刻。据昌彼得先生考证该本应为南陵王睦英所刻。②

《金丹正理大全》四十二卷,元陈致虚撰,嘉靖十七年(1538)乐善斋刻。版框高19.7厘米,宽13.7厘米。半页十行,每行二十一字。四周双边,大黑口,四鱼尾,上面两个鱼尾和下面两个鱼尾皆呈相对状,上面两个鱼尾中间镌有书名,下面两个鱼尾间刻有卷数。正文前有周藩嵩岳主人(嵩岳主人即是周恭王睦㮮)谨序。该本现存于中国国家图书馆。

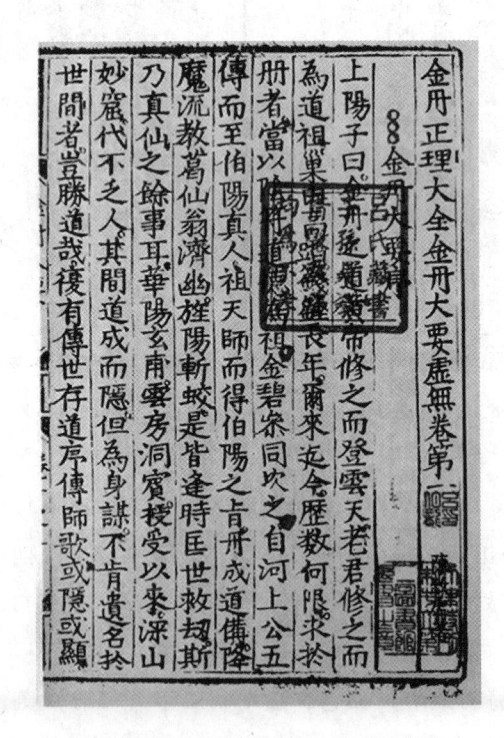

图 2—4—10 《金丹正理大全》

---

① 昌彼得:《版本目录学论丛》,学海出版社1977年版,第76页。
② 同上书,第83页。

《玄宗内典诸经注》四十二卷，明邵以正辑，嘉靖十七年（1538）乐善斋刊。瞿冕良先生于《中国古籍版刻辞典》"乐善斋"条目下著录"嘉靖十七年（1538）刻印过……《玄宗内典诸经注》42卷"。

《谭子化书》六卷，五代谭峭著，嘉靖十七年（1538）乐善斋刻。瞿冕良先生于《中国古籍版刻辞典》"乐善斋"条目下著录"嘉靖十七年（1538）刻印过……南唐谭峭《谭子化书》6卷"。《郘园读书志》卷五亦有著录。

《周易参同契分章注》三卷，元陈致虚撰，嘉靖十七年（1538）乐善斋刻。瞿冕良先生于《中国古籍版刻辞典》"乐善斋"条目下著录"嘉靖十七年（1538）刻印过……元陈致虚《周易参同契分章注》3卷"。杜信孚《明代版刻综录》第三卷"周藩"条目下著录"《周易参同契分章注》三卷元陈致虚撰明嘉靖周藩刊"。杜信孚先生未标明此书具体刊刻时间，但通过二书的著录，我们至少可以判断是书有周藩刊本。

《金碧古文龙虎上经》三卷，宋王道注，嘉靖十七年（1538）乐善斋刻。瞿冕良先生于《中国古籍版刻辞典》"乐善斋"条目下著录"嘉靖十七年（1538）刻印过……宋王道注《金碧古文龙虎上经》3卷"。

《玄学正宗》二卷，嘉靖十七年（1538）乐善斋刻。瞿冕良先生于《中国古籍版刻辞典》"乐善斋"条目下著录"嘉靖十七年（1538）刻印过……《玄学正宗》2卷"。

《金丹四百字内外注解》一卷，嘉靖十七年（1538）乐善斋刻。瞿冕良先生于《中国古籍版刻辞典》"乐善斋"条目下著录"嘉靖十七年（1538）刻印过……《金丹四百字内外注解》1卷"。

《金谷歌注解》一卷，嘉靖十七年（1538）乐善斋刻。瞿冕良先生于《中国古籍版刻辞典》"乐善斋"条目下著录"嘉靖十七年（1538）刻印过……《金谷歌注解》1卷"。

《周易参同契解》三卷，宋陈显微撰，嘉靖十七年（1538）乐善斋刻。瞿冕良先生于《中国古籍版刻辞典》"乐善斋"条目下著录"嘉靖十七年（1538）刻印过……宋陈显微《周易参同契解》3卷"。

《周易参同契通真义》三卷，五代彭晓撰，嘉靖十七年（1538）乐善斋刻。瞿冕良先生于《中国古籍版刻辞典》"乐善斋"条目下著录"嘉靖十七年（1538）刻印过……五代彭晓《周易参同契通真义》3卷"。

《悟真篇注疏》三卷，宋翁葆光注、元戴起宗疏，嘉靖十七年（1538）乐善斋刻。瞿冕良先生于《中国古籍版刻辞典》"乐善斋"条目下著录"嘉靖十七年（1538）刻印过……宋翁葆光注、元戴起宗疏《悟真篇注疏》3卷"。

《悟真篇直指详说三乘秘要》一卷，宋翁葆光撰，嘉靖十七年（1538）乐善斋刻。瞿冕良先生于《中国古籍版刻辞典》"乐善斋"条目下著录"嘉靖十七年（1538）刻印过……宋翁葆光《悟真篇直指详说三乘秘要》1卷"。

《诸真玄奥集成》九卷，涵蟾子辑，嘉靖十七年（1538）乐善斋刻。瞿冕良先生于《中国古籍版刻辞典》"乐善斋"条目下著录"嘉靖十七年（1538）刻印过……朱载堉《诸真玄奥集成》9卷"。据史料所载，是书应为明人涵蟾子所辑。笔者推测可能为瞿先生之误。

《群仙珠玉集成》四卷，嘉靖十七年（1538）乐善斋刻。半页十行，每行二十字。瞿冕良先生于《中国古籍版刻辞典》"乐善斋"条目下著录"嘉靖十七年（1538）刻印过……《群仙珠玉集成》4卷）43卷（10行21字）"。其中"）43卷"应为该书的排版印刷错误。

《韵谱》五卷，朱睦㮮撰，嘉靖二十四年（1545）聚乐堂刊。半页九行，每行十八字。瞿冕良先生于《中国古籍版刻辞典》"聚乐堂"条目下著录"刻印过：……自撰《韵谱》5卷"。《中原文化大典著述典中原出版》[1]于"周藩50种"条目下著录"《韵谱》5卷，朱睦㮮撰，嘉靖二十四年聚乐堂刻板，半页9行，行18字"。

《游梁集》，明陈全之著，嘉靖三十三年（1554）恭王之子朱勤炪刻。瞿冕良先生于《中国古籍版刻辞典》"乐善斋"条目下著录"嘉靖三十三年（1554）其子勤炪印刻过陈全之《游梁集》（卷数不详）"。该本现存于中国国家图书馆。

《苏文忠公表启》二卷，宋苏轼著，嘉靖三十四年（1555）朱睦㮮聚乐堂刊。半页十行，每行二十字。该本著录于《中国古籍善本总目》《中国古籍版刻辞典》，现存于中国国家图书馆。

---

[1] 邓本章主编：《中原文化大典 著述典 中原出版》，中州古籍出版社2008年版。

《翁东涯集》十七卷，明翁万达著，嘉靖三十四年（1555）朱睦㮮聚乐堂刊。半页九行，每行十八字。该本著录于《中国古籍善本总目》《中国古籍版刻辞典》，现存于中国国家图书馆。

《周易集解》十七卷《略例注》一卷，唐李鼎祚撰，《略例》宋刑昺撰，嘉靖三十六年（1557）朱睦㮮聚乐堂刊。半页八行，每行十八字，四周双边。该本现存于中国国家图书馆。

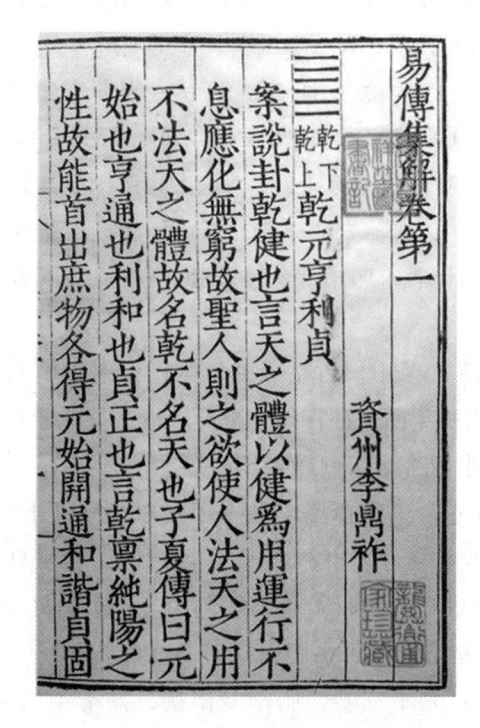

图2—4—11　《周易集解》

《平倭四疏》三卷，明章焕撰，嘉靖三十八年（1559）朱睦㮮聚乐堂刻，书前有朱睦㮮序。杜信孚《明代版刻综录》第二卷"朱睦㮮"条目下著录"《平倭四疏》三卷明张焕撰明嘉靖三十八年朱睦㮮刊"。瞿冕良先生于《中国古籍版刻辞典》"聚乐堂"条目下著录"刻印过：……明章焕《平倭四疏》3卷"。二者著录作者姓名不同，据《四库全书总目提要》记载，《平倭四疏》作者为明章焕，并云"此本乃嘉靖己未焕由河南巡抚拜督漕之命，将去汴时，周藩镇国中尉睦㮮为序而刻之者也"。

《俪德偕寿录》四卷，朱睦㮮辑，嘉靖四十年（1561）刻。张秀民先生于《中国印刷史》附表《明代藩府印书表》"周王府"条目下著录"朱睦鼎编《俪德偕寿录》四卷嘉靖四十年"。《中国古籍善本总目》也著录有周藩本。

《金丹大成集》五卷，元萧廷芝撰，嘉靖四十二年（1563）乐善斋刻。半页十一行，每行二十字。瞿冕良先生于《中国古籍版刻辞典》"乐善斋"条目下著录"嘉靖四十二年（1563）刻印过元萧廷芝《金丹大成集》5卷（11行20字）"。

《春秋集注》十一卷《纲领》一卷，宋张洽撰，嘉靖四十三年（1564）朱睦㮮聚乐堂刻。半页九大行，每大行又分两小行，每行十九字。该书著录于《明代版刻综录》《中国古籍版刻辞典》。

《镇平世系录》二卷，朱睦㮮撰，嘉靖年间刻。张秀民先生于《中国印刷史》附表《明代藩府印书表》"周王府"条目下著录"朱睦㮮《镇平世系录》二卷"。

《中川先生集》（《中国古籍版刻辞典》作《中山先生集》），卷数不详，明王教撰，嘉靖年间朱睦㮮刻。半页十行，每行十八字。该本著录于《中国印刷史》《中国古籍版刻辞典》。

《经序录》五卷，朱睦㮮撰，嘉靖年间朱睦㮮聚乐堂刻，半页十行，每行二十字。该本著录于《中国古籍善本总目》。瞿冕良先生于《中国古籍版刻辞典》"聚乐堂"条目下著录"刻印过：……自撰《经序录》5卷（10行20字）"。是书现存于中国国家图书馆。

《空同先生集》六十三卷，明李梦阳撰，嘉靖年间朱睦㮮聚乐堂刻。半页十一行，每行二十字，上下单边，左右双边，白口，白鱼尾，版心镌有书名和页数。今有传本存世。

《皇明圣制策要》，明梁桥撰，隆庆四年（1570）刊。张秀民先生于《中国印刷史》附表《明代藩府印书表》"周王府"条目下著录"梁桥《皇明圣制策要》隆庆四年"。瞿冕良先生于《中国古籍版刻辞典》"聚乐堂"条目下著录"刻印过……《皇明圣制策要》《南极地理》等6种"。

《中州人物志》十六卷，朱睦㮮撰，隆庆四年（1570）自刻。张秀民先生于《中国印刷史》附表《明代藩府印书表》"周王府"条目下著录

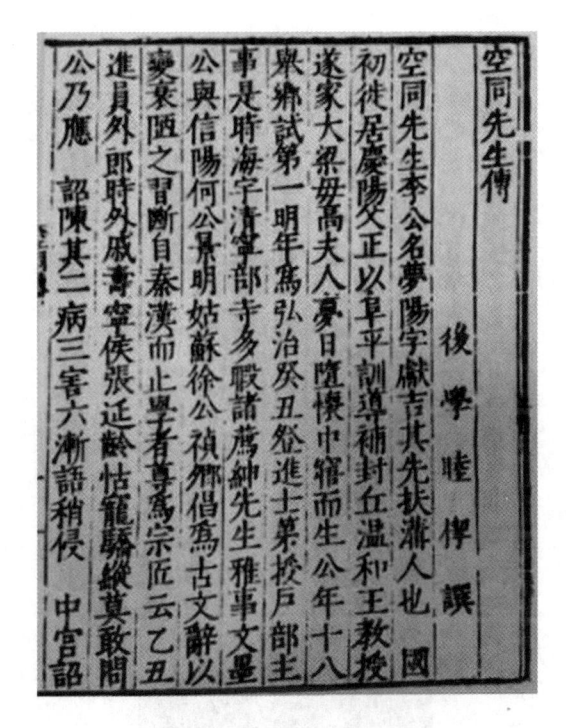

图 2—4—12 《空同先生集》

"朱睦㮮《中州人物志》十六卷自刻,隆庆四年"。瞿冕良先生于《中国古籍版刻辞典》"聚乐堂"条目下著录"刻印过:……自辑《皇朝中州人物志》4 卷"。前文提到《千顷堂书目》记载是书 16 卷,笔者推断瞿先生著录有误或是所见为残卷。

《冰川诗式》十卷,明梁桥撰,隆庆四年(1570 年)朱睦㮮聚乐堂刻。《明代版刻综录》著录为隆庆六年。该本见于《中国古籍善本总目》。瞿冕良先生于《中国古籍版刻辞典》 "聚乐堂"条目下著录"刻印过:……明梁桥《冰川诗式》10 卷(隆庆四年本)"。是书现存于中国国家图书馆。

《史汉古字》,朱睦㮮撰,万历十年(1582)朱勤美刻。《史汉古字》朱睦㮮序云(见图 15):"爰命子美再加雠校,刻置斋中,传诸其人。"虽然先存版本不能确定为周藩本,但是依据朱睦㮮的自述,我们可以得知这本书周藩曾刊刻过。

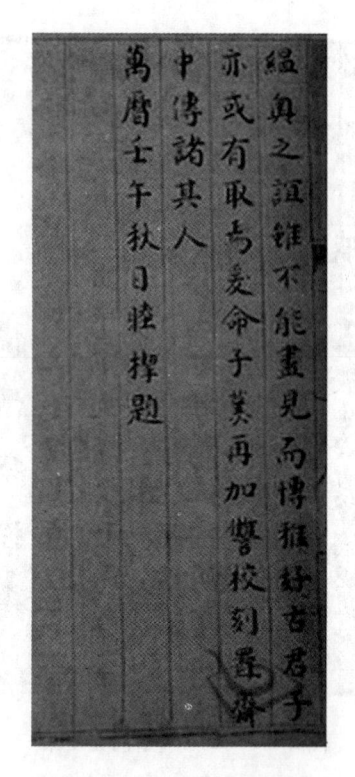

图 2—4—13　《史汉古字》

《太上老子道德经》，万历三十二年（1604）刻。该本著录于《中国古籍善本总目》。

《先考奉国公年表》一卷，朱睦㮮撰，隆庆、万历年间刻。张秀民先生于《中国印刷史》附表《明代藩府印书表》"周王府"条目下著录"朱睦㮮《先考奉国公年表》一卷隆、万间刻"。瞿冕良先生于《中国古籍版刻辞典》"聚乐堂"条目下著录"刻印过：……《先考奉国公年表》1卷"。

《周易辑闻》六卷《易雅》一卷《筮宗》一卷，宋赵汝楳撰，万历年间（郭孟良作嘉靖年间）朱睦㮮聚乐堂刻。半页十一行，每行二十字。该本著录于《中国印刷史》《明代中原藩府刻书考论》，现存于中国国家图书馆。

《养正余力录》一卷，朱安㳖撰，嘉靖万历年间周藩博平王府刻。张秀民先生于《中国印刷史》附表《明代藩府印书表》"博平王府开封"条目下著录"博平王《养正余力录》一卷"。瞿冕良先生于《中国古籍版刻辞典》"聚乐堂"条目下著录"刻印过：……《养正余力录》1卷"。

（三）明后期及刊刻年代不详的周藩刻书考辨

1. 明后期周藩刻书考辨

据李致忠先生所划明代刻书分期，明后期包括万历后期至崇祯年间。

明后期周藩刻书凡4种。

《圣典》二十四卷，朱睦㮮撰，万历四十一年（1613）刻。张秀民先生于《中国印刷史》附表《明代藩府印书表》"周王府"条目下著录"朱睦㮮辑《圣典》二十四卷万历四十一年"。《中国古籍善本总目》也著录有该书的周藩本。

《王国典礼》八卷，朱勤美撰，万历四十三年（1615）刻，天启年间增刻。张秀民先生于《中国印刷史》附表《明代藩府印书表》"周王府"条目下著录"朱勤美《王国典礼》八卷"。该本现存于中国国家图书馆。

《广韵》五卷，宋陈彭年撰，万历四十七年（1619）刻。海继才于《河南出版史话》中著录"开封周府于……万历四十七年刻《广韵》五卷（宋·陈彭年撰）"[1]。

《雅音会编》12卷，明康麟辑，崇祯四年（1631）朱朝瞶刻。该本著录于沈津《书城挹翠录》。

2. 刊刻年代不详的周藩刻书考辨

刊刻年代不详的周藩刻书凡13种。

《德善斋集》一卷，朱有爌撰，刊印时间不明。张秀民先生于《中国印刷史》附表《明代藩府印书表》"周王府"条目下著录"镇平王《德善斋集》一卷"。

《东书堂集古法帖》十二卷，朱有燉辑，刊印时间不明。张秀民先生于《中国印刷史》附表《明代藩府印书表》"周王府"条目下著录"周宪王《东书堂集古法帖》十二卷"。瞿冕良先生于《中国古籍版刻辞典》"朱有燉"条目下著录"又刻印过……《东书堂集古法帖》12卷"。

---

[1] 海继才、温新豪：《河南出版史话》，文心出版社1996年版，第58—59页。

《洪武正韵》，明乐韶凤、宋濂等撰，刊印时间不明。张秀民先生于《中国印刷史》附表《明代藩府印书表》"周王府"条目下著录"《洪武正韵》"。《晁氏宝文堂书目》也载有此书。

《授经图》二十卷，朱睦㮮撰，聚乐堂刻，刊印时间不明。瞿冕良先生于《中国古籍版刻辞典》"聚乐堂"条目下著录"刻印过：……自辑《授经图》20卷"。

《纯孝编》四卷，朱睦㮮撰，聚乐堂刻，刊印时间不明。瞿冕良先生于《中国古籍版刻辞典》"聚乐堂"条目下著录"刻印过：……自编《纯孝编》20卷"。

《南极地理》一卷，著者和刊印时间不明，周藩敬德斋刻。张秀民先生于《中国印刷史》附表《明代藩府印书表》"周王府"条目下著录"《南极地理》一卷与下一种俱周藩敬德斋刻"。

《南极时令》一卷，著者和刊印时间不明，周藩敬德斋刻。张秀民先生于《中国印刷史》附表《明代藩府印书表》"周王府"条目下著录"《南极时令》一卷"。

《石叠集》，著者和刊印时间不明。张秀民先生于《中国印刷史》附表《明代藩府印书表》"周王府"条目下著录"《石叠集》"。

《唐诗三体》，著者和刊印时间不明。张秀民先生于《中国印刷史》附表《明代藩府印书表》"周王府"条目下著录"《唐诗三体》"。

《西游记》九十九回，抄本，该本出自《休庵影语》。《休庵影语·西游记误》云：

> 余幼时读《西游记》，至"清风岭唐僧遇怪，木棉庵三藏谈诗"，心识其为后人之伪笔，遂抹杀之。后十余年，会周如山云："此样抄本，初出自周邸。及授梓时，灯书以其数不满百，遂增入一回。先生疑者，得毋是乎？"

《闲中戏书字帖》，著者和刊印时间不明。该本著录于《晁氏宝文堂书目》。

《元宫词》，朱橚撰，刊印时间不明。该本著录于《古今书刻》。

《张旭酒德颂》，著者和刊印时间不明。该本著录于《晁氏宝文堂书目》。

　　以上即是有据可靠的 75 种周藩刻书，对于存疑的书目，在此不再罗列。纵观周藩刻书，其刻书活动几乎伴随大明王朝始终。此外，周藩刻书种类丰富，经史子集皆有涉猎，现类列如下：

　　经类：《春秋集注》《周易集解》《周易参同契分章注》《周易参同契解》《周易参同契通真义》《韵谱》《广韵》《授经图》《玄宗内典诸经注》《史汉古字》《经序录》《周易辑闻》（附《易雅》《筮宗》）、《洪武正韵》。

　　史类：《皇明圣制策要》《镇平世系表》《平倭四疏》《圣典》《王国典礼》《先考奉国公年表》《中州人物志》《纯孝编》。

　　子类：《保生余录》《千金方》《救荒本草》《普济方》《养正余力录》《袖珍方》《淳化阁帖》《东书堂集古法帖》《兰亭图》《诚斋牡丹谱》《续编锦囊诗对故事》《记事珠》《金丹正理大全》《金丹大成集》《金碧古文龙虎上经》《玄学正宗》《金丹四百字内外注解》《悟真篇注疏》《悟真篇直指详说三乘秘要》《诸真玄奥集成》《谭子化书》《太上老子道德经》《西游记》《闲中戏书字帖》《南极地理》《南极时令》。

　　集类：《元宫词》《诚斋杂剧》《诚斋牡丹百咏》《诚斋梅花百咏》《诚斋玉堂春百咏》《诚斋乐府》《诚斋录》《诚斋新录》《西湖百咏》《苏文忠公表启》《翁东涯集》《俪德偕寿录》《空同先生集》《中川先生集》《游梁集》《群仙珠玉集成》《冰川诗式》《雅音会编》《德善斋集》《张旭酒德颂》《石叠集》《唐诗三体》。

　　终明一世，周藩刻书在数量、种类乃至质量上，皆可谓是明代藩府刻书中的翘楚，后世官私目录中皆有著录，藏书家更是视若珍宝。虽然明末黄河决堤使得周藩绝大部分刻书"汴梁河上叹飘摇"，但是流传下来的周藩刻书皆名列善本，成为中华民族传统文化宝库中不可或缺的文化遗产。

四　周藩代表人物的个人成就与周藩著述、刻书的价值

（一）周藩代表人物的个人成就

　　通过前文对著述者、著述内容、刊刻者、刊刻时间的介绍和分析，我

们可以发现周定王朱橚、周宪王朱有燉、奉国将军朱安㳖、周恭王朱睦㰂的乐善斋、镇国中尉朱睦㰓的聚乐堂是周藩著述、刻书的中坚力量，他们对周藩著述、刻书的发展产生了重要影响。在周藩 108 种著述（含子目）中，定王朱橚主持及编撰者凡 6 种，宪王有燉创作编纂者凡 44 种，镇国中尉睦㰓编撰者凡 29 种，奉国将军朱安㳖编撰者凡 14 种，但由于安㳖著述今未有传本，故无法做深入研究。在周藩 75 种刻本中，定王朱橚主持刊刻者共 9 种，宪王有燉自著自刻者凡 8 种，镇国中尉朱睦㰓聚乐堂主持刊刻者二十余种，周恭王朱睦㰂乐善斋主持刊刻者二十余种。

这些关键人物的成就不仅表现在著述、刻书的数量上，还在于他们在各自所擅长的领域内的著述、刻书最为后世所称道。朱橚著述、刻书的重要影响主要体现在子书上，而子书中又尤以医书最具代表性。朱有燉最具特色的著述、刻书部分为集部，其中宪王自著自刻的杂剧在我国戏剧史上留下了浓墨重彩的一笔。朱睦㰓是周藩著述、刻书中经史类的关键人物，其成果丰富了周藩著述、刻书的层次感，使得周藩著述、刻书成为一个涵盖经史子集四大类的完整体系。而朱睦㰂乐善斋在刻书种类上涉猎广泛，经史子集皆有涉及，且质量上乘，在现存于中国国家图书馆的 14 种周藩刻书中，乐善斋刻本占据 7 种。

1. 朱橚在农学、医学及文学上的成就

以现存史料及成书对后世的影响力为据，朱橚的个人成就主要体现在《救荒本草》《普济方》《袖珍方》《元宫词》上。

定王在农学上的成就主要体现在《救荒本草》的编撰上。《救荒本草》的成书是以救荒为主要目的，具有较强的实用性和针对性。徐光启《农政全书》将《救荒本草》全文收录其中。此外，《救荒本草》还得到官方的认可，明代中后期，该书在地方官府救荒的过程中发挥了重要作用[①]，并在官方和民间多次翻刻，由于其实用性较强，是书还流传海外，备受推崇，美国科学史家乔治·萨顿曾称赞此书为"中世纪最卓越的本草书"[②]。

《救荒本草》不仅仅是一本农学书籍，它还是周定王平民情怀的

[①] 王家葵等：《救荒本草校释与研究》，中医古籍出版社 2007 年版，前言第 6 页。

[②] [英] 李约瑟：《李约瑟文集》，辽宁科技出版社 1986 年版，第 781 页。

体现：

> 敬惟周王殿下，体仁遵义，孳孳为善，凡可以济人利物之事，无不留意。尝读孟子书，至于五谷不熟，不如荑稗，因念林林总总之民，不幸罹于旱涝，五谷不熟，则可以疗饥者，恐不止荑稗而已也。苟能知悉而载诸方册，俾不得已而求食者，不惑甘苦于荼荠，取昌阳弃乌喙，因得以裨五谷之缺，则岂不为救荒之一助哉。于是购田夫野老，得甲坼勾萌者四百余种，植于一圃，躬自阅视，俟其滋长成熟，乃召画工绘之为图，仍疏其花实根干皮叶可食者，汇次为书一帙，名曰《救荒本草》。①

> 或遇荒岁，按图而求之，随地皆有，无艰得者。苟如法采食，可以活命。是书也有功于生民大矣。昔李文靖为相，每奏对以四方水旱为言。范文正为江淮宣抚使，见民以野草煮食，即奏而献之。毕、蔡二公刊布之盛心，其类是夫。②

> 王尝以国土夷旷，庶草蕃庑，多可佐饥馑，乃购诸田夫野老，得甲坼勾萌之物四百余种植圃中。躬自辨别，察其滋长成熟，绘图而注疏之作《救荒本草》四卷。③

上述三段材料分别出自卞同、李濂和焦竑。卞同作为周府长史，其言难免有过誉之处，但综合三家之言以及史实，我们发现周定王作为一个地位优越、财富丰足的藩王，该书对于朱橚而言，并没有太多实际用处。就上述其编撰动机和实际效果来看，《救荒本草》的确是一部惠及民生、为民而作的重要典籍。

在医学方面，朱橚的成就主要体现在《普济方》和《袖珍方》上。《普济方》内容丰富，是明代最大的方剂医书。是书方剂的出处来源广泛且具有权威性，其出处包括《圣惠方》《千金方》《合剂方》《简易方》《医方大成》等十几种前人的重要医书，可谓是集我国方剂学之大成。据

---

① 王家葵等：《救荒本草校释与研究》，中医古籍出版社2007年版，前言第9页。
② 同上书，前言第6页。
③ （明）焦竑：《国朝献征录·宗室一》卷一，上海书店出版社1987年版，第22页。

《四库全书总目提要》所载：

> 是书取古今方剂，汇辑成编，橚自订定。又命教授滕硕、长史刘醇等同考论之。李时珍《本草纲目》所附方，采于是书者至多。……采摭繁富，编次详析，自古经方，无更赅备于是者。……然宋、元以来名医著述，今散佚十之七八，橚当明之初造，旧籍多存。……是古之专门秘术，实借此以有传。后人能参考其异同，而推求其正变，博收约取，应用不穷。是亦仰山而铸铜，煮海而为盐矣，又乌可以繁芜病哉！①

由此可见，是书具有重要的实用价值，故新中国成立后中国人民卫生出版社将其整理出版也是对其价值的一种肯定，表明其实用性没有因时代的发展而大打折扣。上文对《袖珍方》的成书原因及其价值已有论述，故在此不再赘述。

在文学方面，朱橚的成就主要体现在《元宫词》百首上：

> 王好学，能词赋工书。从上所赐元妃得闻元宫中事，制元宫词百章，时人以比之《三辅黄图》。②

后人将《元宫词》百首比作《三辅黄图》，是因为《元宫词》不仅具备《三辅黄图》地理志的功用，还使人读之，恍若元朝的胜国事迹灿然在目，并使观者萌发出古今兴废之感。此外，《元宫词》百首多采用七言绝句的诗体，内容丰富，涉猎王朝兴替、宫廷生活、习俗等方面，对研究明代文学史和元代的宫廷历史具有重要的参考价值。

朱橚取得这些成就的原因可以归结为两点：一是前文提到的平民情怀和为民思想；二是朱橚治学的方法和态度。其治学方法和态度具体表现在充分占有前人的研究成果和重视实践两个方面。《袖珍方》和《普济方》即是定王在博采各医家所长的基础上编纂而成。《救荒本草》则在定王通

---

① （清）永瑢等纂：《四库全书总目提要》，河北人民出版社2000年版，第2638页。
② （清）陈田：《明诗纪事·周定王橚·甲签卷二上》，陈氏听诗斋刻本。

过自家园圃种植各种野生植物,并取得有关救荒植物第一手资料的基础上编撰而成的。

2. 朱有燉在书法、诗歌和戏曲上的成就

明人焦竑在《国朝献征录》简要概括了周宪王朱有燉的文化成就：

> 周宪王恭谨,好文辞,兼工书画。著诚斋录、乐府、传奇若干卷,又集古名迹十卷,手自摹临勒石,名《东书堂集古法帖》,遒丽可观。所制乐府新声,大梁人至今歌舞之。①

明代"后七子"之一的王世贞对朱有燉的戏曲和书法评价道：

> 周宪王者,定王子也,好临摹古书帖,晓音律,所作杂剧凡三十余种,散曲百余,虽才情未至而音调颇谐,至今中原弦索多用之。②
>
> 周宪王为世子久,又多蓄晋唐名迹,临摹不倦,以故书法真行醇婉,无一笔失度。③

与朱有燉的戏曲相比,其诗歌并未得到近世充分的认可。造成这种局面的原因与整个明代诗坛乏力的大环境有关。杜贵晨先生在编选明诗时曾感慨道：

> 元代诗歌本来已经朝着歌咏性情的方向发展。元末战乱又赋予其较为充实的社会内容,明诗接其余绪,几乎就要大放异彩了,但是明初的封建专制扼杀了她再度辉煌的生机,并迫使其成为皇权的侍婢。这后一点是明诗的不幸,也是中国诗歌史的不幸。④

抛开时代的有色眼镜来看,朱有燉的"古选及五七言能造盛唐诸作

---

① (明) 焦竑:《国朝献征录·宗室一》卷一,上海书店出版社1987年版,第22页。
② (明) 王世贞:《弇州四部稿·艺苑卮言附录一·卷152说部》,明万历刻本。
③ 同上。
④ 杜贵晨:《明诗选》,人民文学出版社2003年版,前言第1页。

之奥"①。据统计，宪王创作的诗歌量达一千余首（包括组诗和百咏）。从内容来分，其诗歌主要包括哀怨感伤的悼亡诗，表达个人"情兴"的咏花诗，精致巧妙、富含意趣的咏物诗以及情感真挚细腻的咏怀诗。

对于宗藩诗人而言，由于他们具有尊崇的地位和奢侈的生活，故其作品常被认定为附庸风雅、无病呻吟之作，为当时文人所轻视。此外，严厉的藩禁政策阻碍了王府与外界的沟通，也间接阻碍了宗藩诗人作品在民间的流传。就朱有燉诗歌的内容来看，其诗歌本体中蕴含着突出的"求真""贵真"意识。朱有燉所处的时代正是台阁体一统明代文坛的时期，虽然其作品并未彻底摆脱台阁体的束缚，但其作品已基本涤清雍容华贵之气，几乎没有涉及台阁体最常见的歌功颂德类的作品。朱有燉的诗风与台阁体的文风也大不相同，其诗风更偏向于平和自然，并于诗中融入作者对于现实的关注，如《白苎词》：

> 兰堂露气侵罗幌，珠帘半卷春寒薄。银床错落金剪刀，新裁白紵琼缕飘。纤纤半幅分宽空，舞袖歌衫卷轻雪。吴宫夜宴宝炬明。美人着来坐花月，岂不闻田中村妇无一丝，缠身但用草作衣。输官偿债俱已尽，冬来抱子窗前啼。②

诗中通过村妇与美人的贫富对比，表达了诗人对村妇的同情以及对沉重赋税的讽刺。这类作品出自一个衣食无忧的藩王之手，实属难能可贵。

明清两代，朱有燉的诗歌在接受度上具有一定的影响，大部分诗选、诗话和援诗皆有朱诗的一席之地。清人彭孙贻在《明诗钞》收录的宪王作品《和懒云上人》《杨柳枝》后道："使王摩诘③见之，亦当心服诗韵。"彭孙贻认为朱有燉在诗韵上的成就超过了王维，虽有过誉之嫌，但也表明朱有燉诗艺的高妙。

朱有燉最为后世所称道的乃其在杂剧上的创作。据统计，朱有燉一生共作杂剧 31 种，在数量上居元明两代杂剧作家之首。朱有燉杂剧的主人

---

① 胡倩：《明代宗室的文化成就研究》，硕士学位论文，湖南师范大学，2013 年，第 45 页。
② （明）朱有燉：《诚斋录》卷 1，中华再造善本。
③ 王摩诘即是唐代诗人王维。

公多以市井下层人物为主。叶盛《水东日记》记载：

> 今书坊相传，射利之徒，伪为小说杂书。南人喜谈如《汉小王》《蔡伯喈》《杨六使》，北人喜谈如《继母大贤》等事甚多。农工商贩，抄写绘画，家畜而人有之。痴騃女妇，尤所酷好。①

其中《继母大贤》即是朱有燉杂剧《清河县继母大贤》，由此可见，朱有燉的杂剧在当时颇受追捧。不过，学界普遍认为，朱有燉杂剧的思想内容并无太多可取之处，其杂剧成就主要体现在艺术形式上。戏剧史家周贻白先生在评价朱有燉杂剧《吕洞宾花月神仙会》时说道：

> 这形式，除四折一楔子仍为元代杂剧一般体制外，其他皆属南戏格范。若以整个戏剧言之，这当然是一种进步。虽然这种进步仍未离开南戏的既成规法，而以后的"南杂剧"，逐渐兴起，周宪王实当视作继往开来的一人。②

此外，朱有燉杂剧中的狮子舞、十七换头舞等皆为后人研究明代杂剧的艺术形式提供了重要的文献资料。简言之，朱有燉杂剧为后世研究明初的杂剧体制提供了不可或缺的依据。

3. 朱睦㮮在藏书、经史及教育上的成就

朱睦㮮，字灌甫，号西亭先生、东陂居士，周藩镇国中尉，因其在文学上的成就，在其百年之后，上诏赐朱睦㮮为辅国将军。朱睦㮮酷爱藏书，"益访购古书图籍，得江都葛氏、章丘李氏书万卷，丹铅历然，论者以方汉之刘向"③。虽然朱睦㮮没有像刘向一样点校、整理皇家图书，但根据此比，我们可以了解到睦㮮搜寻图书之富。前文已经交代过其藏书之数量，在此不再赘述。

---

① （明）叶盛：《水东日记》，台湾学生书局1965年版，第540—541页。
② 北京大学中文系文学专门化1955级集体：《中国文学史》，人民文学出版社1959年版，第138页。
③ （清）张廷玉：《明史·列传第四》，中华书局1974年版，第3569页。

朱睦㮮"少端颖朗诣，李公献吉①一见大奇之，曰：'此飞兔也，老夫且瞠乎绝尘矣。'稍长，学无所不窥，刿意古作者"②。学术上，朱睦㮮的经学见解为时人所推重，他不满足于前人的即成之言，注重在专研经书的基础上，形成自己对经学的独到见解。对此，《国朝献征录》引张一桂《明周藩宗正镇国中尉西亭公神道碑》评价道：

> 其学不专守师说，聚汉以来诸传注，日夜繙究，务求不诡于圣人。谓春秋非独为攘夷复仇立案也。乃自为传，以明笔削之旨。
> 高陵吕仲木、仲梁与公讲《易》东陂上，惊曰："子辅嗣流也。"新郑高公问《易》之大义云何，公以退对。高公怃然有问曰："四圣之精蕴备是矣。"其为名硕所推许如此。③

此外，明代著名学者、经学家吕柟在与朱睦㮮论《易》后，叹服而去。今人孟昭晋认为，朱睦㮮的《授经图》与《经序录》是我国经学书目完善过程中的重要一环，《授经图》与《经序录》上承诗序、书序、《三礼目录》等重要经学著作，下启经学文献目录的集大成者《经义考》，是我国经学目录攀上学术高峰的前奏。④

在经学之外，朱睦㮮还编撰或参与编纂了《大明帝系世表》《盛典》《逊国记》《镇平世系录》《周国世系表》《河南通志》《开封府志》《中州文献志》等史类典籍。虽然这些典籍大部分已佚，但是通过现存《河南通志》，我们可以窥探到其深厚的方志理论功底。此本后作为顺治朝修《河南通志》的底本。

朱睦㮮因"文行卓异，为周藩宗正者十余年。以经义督课诸宗生，大兴宗学，周藩宿习焕然改观。凡国中有大制作，皆属㮮具草。名动海内"⑤。万斯同《明史》记载：

---

① 李公献吉即李梦阳。
② （明）焦竑：《国朝献征录》卷1，上海书店出版社1987年版，第25页。
③ 同上书，第25—26页。
④ 孟昭晋：《明代刘向朱睦㮮》，《图书馆杂志》1986年第2期。
⑤ （明）朱谋㙔：《藩献记》，《北京图书馆古籍珍本丛刊19》，书目文献出版社1995年版，第753页。

既为宗正，领宗学，遂约宗生以三、六、九日午前讲《易》《诗》《书》，午后讲《春秋》《礼记》，虽盛寒暑不辍，命诸生刺举五经同异。①

由此观之，在朱睦㮮的引道下，周藩子弟的受教育工作逐步制度化、规范化，此种做法有利于保持周藩浓厚的学术氛围，形成良好的治学之风，并"使周藩镇平王一支得以经学传家，并为周藩经史类书籍的刊刻营造了良好的学术氛围，创造了优越的学术条件"②。

（二）周藩著述、刻书的特点与价值

1. 周藩著述、刻书的特点

通过上述分析，我们可以看出周藩著述、刻书的一些独特性，体现了周藩刻书、著述的几个特点：

第一，周藩著述、刻书的普遍性和地域性。周藩著述、刻书的普遍性主要体现在著述、刻书的人员之普遍、时间跨度之广。据史料所载，周藩著述、刻书不单是周王之专利，周王以下，如镇平恭靖王有爌、博平恭裕王安𣻏、南陵庄裕王睦楧、鄢陵四辅国将军同、奉国将军安𣳾、镇国中尉睦㮮等，皆以文行为时人所重。在时间上，《袖珍方》序云："予当弱冠之年，每念医药可以救夭伤之命，可以延老疾之生，尝令集《保生余录》《普济》等方。"③ 据史料所载，朱橚生于公元1361年，弱冠之年当为洪武十四年（1381），就是说朱橚刚就藩开封那年便主持编纂医书了。这一年，大明王朝兴起刚13个年头。有确切时间可考的最晚周藩刻书是朱橚八世孙朱朝瞡于崇祯四年（1631）刊刻的《雅音会编》。此时，距离大明王朝走向尽头也仅剩13个年头。由此观之，周藩著述、刻书活动是延绵不断的，与朱明王朝的生命力相仿。

地域上，一般来说，各藩的刻书地点大都是固定在一地，即该藩所属

---

① （清）万斯同：《明史》卷152列传3，清抄本。
② 陈清慧：《明代藩府刻书研究》，国家图书馆出版社2013年版，第169页。
③ ［日］丹波元胤：《中国医籍考》，人民卫生出版社1983年版，第714页。

封地。但是，由于周定王经历过两次贬谪，因此，周藩的刻书地不仅仅只开封一处。据上文引述的材料可知，定王在被贬谪云南期间，因不忍民受疾病而无药方之苦，乃主持编纂《袖珍方》，并"命工刊梓"，因此《袖珍方》首次刊刻地应是在云南。而在永乐十三年（1415），因旧本损毁较为严重，回归封地汴梁十余载的朱橚命人重新校订刊刻，因此《袖珍方》又名《新刊袖珍方大全》。类如《袖珍方》这样由同一人主持编纂、成书并首次刊印于一地，却校订和重刊于另一地的藩府刻书的情况并不多见。

第二，周藩著述、刻书涉猎内容广泛，经史类书籍亦有侧重。受明代政治环境影响，明代藩府著述、刻书在内容上以子部为重，经史类为辅。而通过前文论述，我们可知经史类书籍是周藩著述、刻书的重镇之一。镇国中尉朱睦㮮正是凭借其在经学上的成就而留名于世。依据周藩著述、刻书的具体内容，可作如下分类：一是医药类书籍，朱橚除刊刻自己主持编纂的医书外，还刊印了前人的医学巨著，如孙思邈的《千金方》。除定王潜心医学外，镇国中尉朱睦㮮还编撰过《医史》。二是艺术类书籍，主要包括朱有燉个人创作并刊印的 31 种杂剧和《东书堂集古法帖》《兰亭图》等书画作品。三是诗词类书籍，周藩人才辈出，在诗文创作上不乏优秀的人才和作品，如朱橚的《元宫词》、朱有燉的《诚斋录》、朱有爋的《德善斋集》、朱睦㮮的《陂上集》、朱睦㮮子孙三代的《三业集》等。周藩刊刻的诗词集不局限于宗室内部的文集，对于当时优秀的诗文集，周藩也有刊刻，如李梦阳的《空同先生集》、王教的《中川先生集》。四是音韵、训诂类书籍，包括周藩编著的《韵谱》《史汉古字》以及周藩刻印的《洪武正韵》《广韵》等。五是经类注疏，如朱睦㮮自撰自刻的《授经图》《经序录》，聚乐堂刊刻的《周易集解》《周易辑闻》《周易参同契分章注》等。除了上述五类外，周藩著述、刻书内容还包括道家类、地理类、历史类、族谱类、花卉类、小说类等。

第三，周藩刻本不局限于自著自刻，前代贤人及当朝乡贤的作品亦颇受其重视。周藩著述的作者皆是宗藩之人，在此不再赘述。现着重论述周藩刻本著述者的特点。周藩刻本的著述者可以分为三类：周藩成员、明代学者、先秦至元代的名家先贤。在有作者可考的周藩刻书中，周藩成员的著作占周藩刻书的比例与明代学者、明代之前的名家先贤的作品占周藩刻书的比例基本持平。在周藩刻本的明代学者著作群中，大都是与周藩有密切交集者，如李梦阳之父为周府封丘王教授，其本人对朱睦㮮影响较大。又如章焕，曾任河南巡抚，与周藩宗正朱睦㮮素有往来，在焕去汴赴任督漕之时，睦㮮为其《平倭四疏》作序并付之剞劂。

第四，周藩刻本版式风格多样，与同时期刻本版式风格相比具有一定的特殊性。据笔者掌握的实物来看，周藩刻书的风格特点基本与明代刻书特点相符，但又有一定的特殊性。以《普济方》为例，刻于永乐四年的《普济方》为小黑口，和明初大黑口一统天下的情况略有不同，且周藩本《普济方》雕刻较为细致，在小题上刻有花鱼纹，在质量上远超明初大部分粗制滥造的刻本。嘉靖前期，周藩乐善斋刻本为大黑口，在刻印上略显粗糙。自嘉靖后期至万历初年，周藩刻本的质量又恢复到前期的较高水准，以《空同先生集》为例，是书为白口，有宋后期刻书版式之遗风，上下单边，左右双边，且纸墨较嘉靖前期精良（见前图2—4—12）。

2. 周藩刻书的价值

上述特点使周藩刻书具有一定的价值和历史地位，具体可以从以下几个方面认识了解：

其一，周藩刻书的版本价值。首先，流传至今的周藩刻本，已经具备了善本的价值，它们对于今人研究明代周藩刻本、藩府刻本乃至明本的特点具有不可忽视的参考价值。通过对现存周藩刻本的版本特点进行研究整理，对于学界鉴定尚存争议的藩府本将大有裨益。其次，前文提到皇家赐书不仅量大而且质优，且不乏宋元善本，具有收藏和翻刻的价值。如明初，皇室赐周藩《兰亭图》，宪王朱有燉在东书堂兰雪轩学习之时，将《兰亭图》摹于石碑之上，并为之作跋。后明益王在朱有燉拓本的基础上制成大卷《兰亭图》。经过周藩和益藩的临摹和传拓，明清之际民间对于《兰亭图》的喜爱之情日益高涨，从而促进了人们对于《兰亭图》的收藏与翻刻，客观上也促进了《兰亭图》文化在民间的传播。后来，乾隆皇帝对《兰亭图》的残石甚爱，遂下旨命人依照明版《兰亭图》补刻之。再次，周藩刻本中一些藩府成员自著自刻的书籍，即是这些著作的原始刻本，加之藩府本乃明刻本中的上乘之作，因此，这些刻本的版本价值不容轻视。最后，周藩本中非周藩成员著述的典籍，对于研究是书的演变源流、版本系统及版本优劣具有重要价值。如周藩本《西游记》共99回，与传世百回本不同。明人盛于斯在《休庵影语·西游记误》中云：

后十余年，会周如山云："此样抄本，初出自周邸。及授梓时，订书以其数不满百，遂增入一回。先生疑者，得毋是乎？"盖《西游记》作者极有深意，每立一题，必有所指，即中间科浑语，亦皆关合性命真宗，决不作寻常影响。其末回云："九九数完归大道，三三行满见真如"。九，阳也；九九，阳之极也。阳，孩于一，苗于三，盛于五，老于七，终于九。则三，九数也。不用一而用九，犹"初九，潜龙勿用"之意云。三三，九九，正合九十九回。而此回为后人之伪笔，读者皆不可辨。

通过材料可知，周藩本《西游记》是九十九回本的初传本。周藩本《西游记》为学界研究《西游记》版本的演变提供了重要依据。

其二，周藩刻书的学术和文献价值。周藩刻书可以作为明藩府文化乃至明王朝文化的代表之一，因为周藩诸王及一部分周藩成员深受良好的文化熏陶，具备了较高的科学文化素养。如定王朱橚在医药方剂学、文学以及植物学方面颇有造诣，宪王有燉在杂剧创作上天赋异禀，朱睦㮮醉心于研经注疏，发掘新的经学观点并专注音韵、训诂，这使周藩刻书的内容大为丰富。由此，周藩刻书在一些特定领域形成了自己的特色，如定王的植物本草学和医学，代表了当时我国科学发展的高峰。在学术价值以外，周藩刻书还具有文献价值，具有"史"的性质，如朱睦㮮所刻《平倭四疏》，包括《平倭疏》《安攘八事》《明职守》《授成算》四疏，皆是因当时倭寇进犯之事而作，使人读来即知当时之倭事，具有史料的价值。再如朱睦㮮主持刊刻的《史汉古字》乃在其整理《史记》《汉书》中几近消亡的古字的基础上而成；其经学大作《授经图》是其在宋人残本的基础上编撰而成，意在恢复汉代经学之原貌。这些刻本对于学界研究汉代的文字和经学发展提供了重要的文献资料。

其三，周藩刻书的艺术价值。通过上文论述，我们了解到周藩刻本在刊刻和印装上与同时期的内府刻本、坊刻本相较更为精良，如定王主持刊刻的《普济方》，在其小题上镌有花鱼尾，这些花饰不仅增加了文本的可观性，还为刻本平添了几分艺术气息。周藩刻本中有些版本就称得上是艺术品。如定王朱橚主持编纂和刊刻的《救荒本草》，虽然上文提到关于现存的美国国会本由于缺乏必要的序跋等证据，尚不能确定其为永乐本，但是我们可以根据李濂在开封搜寻的善本（嘉靖四年本）和有可能即是永乐四年本的美国国会本来窥探一二（见图2—4—14，2—4—15）。

图2—4—14 嘉靖四年本　　图2—4—15 美国国会本

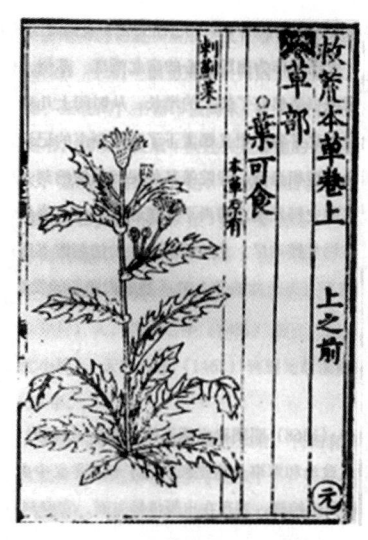

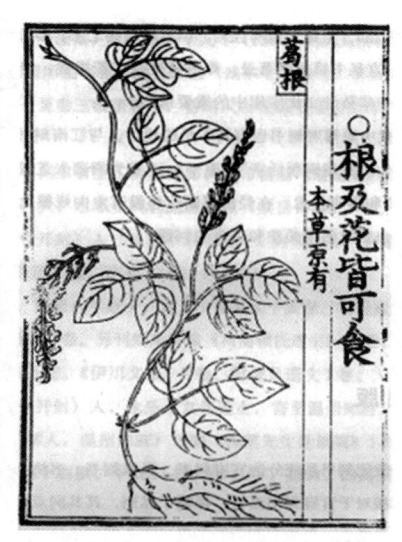

通过上图，我们可以了解到，《救荒本草》在刊刻时绘有大量的草本图，这些精美的插图不仅使人们在实践中更加得心应手，而且使该书具备了一定的艺术价值。宪王朱有燉的戏剧"由于其所处的时代是杂剧逐渐衰落而传奇逐渐形成的明初时期，因此在戏曲结构形式、曲调以及舞台表演技法等方面都体现出一种承前启后的过渡性特征，深受后世研究者的关注，在中国古代戏曲史上占有独特的地位"[①]。在戏剧之外，宪王有燉还是一位书法高手，他刊刻的《东书堂集古法帖》，同样具有较高的艺术价值。

明代周藩的著述、刻书之举是明藩雕椠业盛极一时的一个缩影。周藩著述、刻书在一定程度上促进了中原文化活动的发展，自宋以降，汴梁的刻书业逐渐衰落下去，明代重要的刻书中心无汴梁一席之地。就藩开封的

[①] 陈清慧：《明代藩府刻书研究》，国家图书馆出版社2013年版，第221页。

周藩重视著述、刻书，在很大程度上推动了汴梁地区文化和刻书事业的持续发展。此外，周藩著述和刊刻的医书和戏剧类书籍，对于汴梁地区的医药学和艺术的发展大有裨益。明代周藩作为特定历史环境下的政治群体，著述、刻书这种既可自保，又可嘉惠学林、名垂后世的文化活动成为周藩贤者排解政治苦闷，发挥自身价值的一种有效手段。他们无法随自己的本意去实现自身的抱负，但是他们用著述、刻书的方式，在实现人生价值，促进明代文化发展的道路上，提交了一份令人满意的答卷。

（杜颜璞）

专题三

清代民国篇

【壹】浙江官书局刻书考

清朝末年，时局动荡，战乱频仍，先后经历了鸦片战争和太平天国运动。由于兵燹战乱，不仅使传统藏书业受到空前破坏，图书典籍大量散佚，而且时局的动荡和战乱给中国的文化造成了严重的破坏，尤其对中国文化重镇江浙地区的打击更是严重，以至于作为文化传播和传承的重要载体——书籍，大量散佚和焚毁丢失。清朝统治者为"重兴文化"，加强儒家传统思想的控制，便首先在书籍的刊刻上着手。作为统治者阶层的各地方督抚响应政府号召，相继在各省设立官办书局，大量刊印书籍，浙江官书局（又称浙江书局）便在此时也应运而生。

作为晚清五大官书局之一的浙江官书局，在中国近代出版史上占据重要地位。但对它的研究并不深入，特别是其成立和结束的时间仍然存在着争论，刊印书籍的种类数量一直悬而未决，运营情况研究也不够明了。因此深入研究这个问题是十分有必要的。

一 浙江官书局的创置与终结

（一）浙江官书局创置始末

1. 官书局创办的背景

"官书局"是指晚清各地方出现的由地方政府设立的刻书机构。浙江官书局是由浙江省政府设立的刻书机构，其创立是在晚清各地大办官书局的背景之下产生的。晚清时期各地官书局的相继创立是当时内忧外患的社会背景之下的产物。

清朝末年，由于政治腐败，社会矛盾严重，而且人民生活困苦不堪，最终爆发了太平天国运动（1851—1864），前后长达 14 年之久。在太平天国运动期间，兵燹战乱，使传统藏书业受到空前破坏，图书典籍大量散佚。尤其是给中国的重要文化重镇江浙地区的打击更是严重，因为太平天国运动的主要战场就是集中在江浙地区。除了因为战争导致大量典籍散佚外，太平天国统治区域内把孔孟诸子之书视作"妖书"，早期是禁止买卖、焚烧、销毁；后来设立删书衙门，对孔孟之书大肆删改之后，才予以刊刻，给江南地区的书籍造成极大的毁坏。

经此战乱影响，江南地区的传统刻书与藏书业同以前相比，已不可同日而语。"士子虽欲讲求，无书可读，而坊肆寥寥，断简残编难资考究，无以嘉惠士林"①，从马新贻的奏折中可以看出，在浙江这个以往文化相对发达地区竟出现士子无书可买、无书可读的现象，除了浙江外，湖北、安徽、河南、山东等地也出现了此种现象。李鸿章在《设局刊书折》中称："惟楚省三次失陷，遭乱最深，士族藏书散亡殆尽，各处书版全毁，坊肆无从购求。"②

在连续不断的战乱影响下，清代传统图书典藏出版事业遭受到极大摧残。"时值发、捻、回各逆滋扰半天下，版籍多毁于火，书价大昂，藏书家密不示人，而寒儒又苦于无书可读。"③ 清代仍是重视传统儒家思想的朝代，而且其统治的思想基础就是儒家思想，但是现在却出现了士子无书可读的现象。这在统治集团看来是不可容忍的，所以太平天国运动在快被平定时，以曾国藩、左宗棠、李鸿章、马新贻等人为首的一批地方官员，为了重建社会秩序，恢复往日文化，便以设局刊书为己任，相继创办了一批官书局。这些书局刊刻经史典籍，并以低廉的价格发售，以供士子诵习，重振传统文化。

各地方设局刊书，最早出现在以往文化最为发达但亦是受太平天国运动影响最深的江南地区。浙江是清代书籍典藏、出版最为发达、文化底蕴最为深厚的地区，在太平天国运动中损失颇为严重。浙江宁波天一阁是明

---

① （清）马新贻：《建复书院设局刊书以兴实学折》，《马端敏公奏议》卷5，文海出版社1975年版。

② （清）李鸿章：《设局刊书折》，《李文忠公全集·奏搞》卷15，清光绪三十年刻本。

③ 国英：《共读楼书目序》，李希泌、张椒华：《中国古代典藏与近代图书馆史料》，中华书局1996年版，第59页。

代范钦所创置，到清末藏书达七万卷，历经二百余年而无恙。然而同治元年（1862），太平军攻占宁波后，天一阁未能幸免于难，在战乱中大量书籍毁失。马余颛记其藏书散佚云："同治元年，长发军之占领宁波也，阁中收藏，零乱可怜。鄞县南之奉化唐墺，旧有还魂纸厂，专收破碎无用之故纸，转制粗糙之纸，以为市场包裹之用。离乱之时，觊觎阁书者，即得书亦无所用其买卖，于是有议斤籴两，以故纸之价，市之于唐澳纸厂者。"① 正是由于书籍大量被毁，而以往的书坊在战争中又受到破坏，所以造成书籍短缺，书价昂贵，士子特别是寒士更无书可读。故在太平天国运动被平息之后，浙江巡抚马新贻看到金陵书局、江夏书局相继创置，便上奏朝廷，请求设局刊书，"以兴文教"。

造成书籍短缺，除了战争因素外，还有清朝自身的原因，即内府刻书的衰落。自雕版印刷发明以来，中国历朝都很重视政府的刻书行为，清代也不例外，在初期更是相当的重视。清代内府刻书，主要是武英殿刊书。书刊成之后，往往发交各省督抚，令镂版印行，并准士子自行印刷，亦准坊肆翻刻发售，以广流传。例如，《武英殿聚珍版丛书》共134种，乾隆四十一年（1776），"颁发其书于东南五省，敕所在镂勒通行，用广流布。一时承命开雕者，江南凡八种，江西凡五十四种，福建凡一百二十三种，浙江凡三十九种，卷帙多寡不一，以福建为最富，以浙江为最精"②。因此，在清代前、中期，社会上书籍还是很丰富的，内府刻书丰富，这是主要原因。但是到清朝嘉道以后，政治腐败，经济凋敝，社会矛盾和经济矛盾不断激化，内忧外患随之而来，武英殿刻书事业也开始逐渐衰落。

> 道光、咸丰两朝，天下多故，稽古右文，万机无暇，同治一朝，大乱甫定，天子冲龄，此事遂废。八年（1869）夏，武英殿灾，凡康熙二百年来之藏书储板，一矩荡然……武英殿灾，纂修协修之官犹在，写刻印装之工匠未撤，而刊书之事，终同治一朝，阒寂无闻，此

---

① 转引自陈登原《古今典籍聚散考》，上海书店1983年版，第236页。
② （清）丁申：《武林藏书录》，古典文学出版社1957年版，第24页。

为极衰时代矣。①

据统计,顺治一朝武英殿刻书16种,康熙朝56种,雍正朝71种,乾隆朝156种,嘉庆朝28种,道光朝12种,咸丰朝2种,同治朝1种。②从这组数据中,可以发现自嘉庆朝之后,武英殿刻书数量急剧下降。这为以后士子无书可读的现象,埋下了伏笔。

因为社会经济和文化的衰落,造成了清代后期中央政府刻书大量减少,特别是武英殿刻书衰落迅速,导致社会上书籍印刷和发行数量随之减少。再加上战争的破坏,特别是太平天国运动的冲击,书籍大量被焚毁或散佚,造成了士子无书可读的局面。面对这种局面,通过抵御太平天国运动而实力逐渐增强的地方督抚,就肩负起重振文化的责任,纷纷开局刊书。

2. 官书局设立时间考

咸丰十一年(1861),时任浙江巡抚的左宗棠在浙江镇压太平军时,考虑到"乱后书籍版片多无存者",便在宁波"饬以此羡余刊刻四书五经"。左宗棠用的"羡余"是其在赈济灾民时,用钱款购买灾民在山中采挖的茶笋,并把茶笋再倒卖,还归正款后所得的羡金。左宗棠在宁波所创置刻书机构称为浙江刻书处,也就是浙江官书局的前身。同治三年(1864)杭州收复后,左宗棠就"复于省中设局办理,即以宁波工匠从事焉"③。左宗棠所创办的刻书处规模较小,即使迁到杭州之后"刻书处中仅有鄞县的陈正伦、吴克文两位职员,刻工也只有十六人而已"④。左宗棠想把浙江刻书处扩充为官书局,但是不久调离杭州到湖北任职,故此作罢。左宗棠创设的浙江刻书处在其短暂的经历中,刊刻了十种书,其中咸丰十一年刊刻《读本五经四书》共计九种,同治三年(1864)刊刻《康济录》一书。后来,浙江官书局就是在左氏创置的浙江官书处的基础之上成立的。官书局成立后,原浙江刻书处刊刻的图书版片被一起并入。

至于浙江官书局正式设局刊书的时间,《中国古籍印刷史》说:"浙

---

① 陶湘:《清代殿版书始末记》,转引自程千帆《校雠广义·版本编》,齐鲁书社1998年版,第186—187页。
② 柳爱群:《晚清官书局刻书研究》,硕士学位论文,北京师范大学2006年版,第25页。
③ (清)陈其元:《庸闲斋笔记》卷3,文海出版社1975年版,第65页。
④ 潘猛补:《浙江书局史略》,《图书馆研究与工作》1991年第1期,第43页。

江书局是浙江省布政使杨昌浚、按察使王凯泰二人为迎合曾氏,于同治三年呈准巡抚马新贻设立的。"① 而洪焕春的《浙江文献丛考》和夏定域的《浙江官书局史料》,却称书局成立于同治四年(1865)。另外浙江图书馆在以前的馆刊中也认为浙江书局创置的年代是在同治四年,"官书局者,设于同治四年,校刊经史子集等书,今名印行所也"②。书局究竟创设于何时?经过笔者考证认为:同治四年的说法是错误的,书局正式成立应在同治六年(1867)。

同治五年(1866)浙江学使吴存义、布政使杨昌浚、按察使王凯泰一起向巡抚马新贻建议成立官书局。马新贻同意并开始筹划设局刊书之事,并奏报朝廷。马新贻于同治六年(1867)十月十二日上奏朝廷《建复书院设局刊书以兴实学折》:"自应在省设局重刊,以兴文教。当经臣批饬迅速举办,即于四月二十六日开局。"③ 从马新贻给朝廷的奏折中可以证明浙江官书局正式开局刊书的日期,应是同治六年四月二十六日,即公元1867年5月29日。

浙江官书局开始设立在杭州小营巷报恩寺。后来随着业务发展,规模逐渐壮大。光绪八年(1882)移到中正巷三忠祠内,而报恩寺改为官书坊,成为印刷发售书籍的场所。书局所刻版片就庋藏在三忠祠内,而校勘和办公人员就在祠边厅园内工作。

浙江官书局的设立除了有督抚的主持,还得到了浙江本省乡绅文人的大力相助。浙江当时著名的藏书家丁丙就是其中之一。同治六年浙江巡抚马新贻创办官书局时,就是在丁丙的大力支持和帮助之下完成的。当时,马新贻公务繁忙,很难事事躬亲,所以丁丙就主办了很多业务,"四月襄办书局"④。"四月"指的就是同治六年四月。从这方面也可以证明浙江官书局是在同治六年四月才开始正式设立并开始运营。

---

① 魏隐儒:《中国古籍印刷史》,印刷工业出版社1988年版,第149页。
② 《本馆历来经过之情形》,《浙江图书馆报》1927年第1卷第1期,第1页。
③ (清)马新贻:《建复书院设局刊书以兴实学折》,《马端敏公奏议》卷5,文海出版社1975年版。
④ (清)丁立中:《先考松生府君年谱·第二》,《北京图书馆珍藏本年谱丛刊》第172册,北京图书馆出版社1999年版,第184页。

3. 官书局并入浙江图书馆时间、原因考

浙江官书局创办于 1867 年，但是关于浙江官书局何时完成其历史使命，目前有两种争论。一种说法是宣统元年（1909），另一种是民国元年（1912）。第一种说法是主流，占据着主要地位，学术界也普遍赞同。对于浙江官书局的消亡结果，大家的看法比较统一，都认为浙江官书局合并入浙江图书馆后更名为浙江图书馆附设官书印售所即是浙江官书局的终结。产生两种观点的根源是对浙江官书局并入浙江图书馆的日期产生争议所造成的。

认为浙江官书局消亡时间是 1909 年的根据是：1909 年 3 月浙江巡抚增韫上奏《奏创建浙江图书馆归并扩充折》，奏折中称"将官书局、藏书楼归并扩充"[1]，朝廷批准后，当年四月拟具《书局书楼归并图书馆行章程》，将浙江官书局并入浙江图书馆，改名为浙江图书馆附设官书印售所。

目前仅有顾志兴一人认为浙江官书局并入浙图的时间不是 1909 年，而应该是民国元年，即 1912 年。顾先生认为虽然 1909 年增韫就上奏朝廷，要把浙江官书局并入浙江图书馆，但这都是有名无实，因为："增韫只是鉴于宣统元年学部奏定预备立宪分年事宜，定各省图书馆于宣统二年一律开办，故而奏请改藏书楼归并官书局，扩为浙江图书馆，这只是适宜当时形势需要的官样文章。"[2] 顾先生还举证两例认为浙江书局确实应该是在 1912 年并入浙图。第一个证据是毛春翔先生的《浙江省立图书馆藏书版记》中关于《儒林宗派》的记载是宣统三年局刻，所以顾先生认为宣统三年浙江书局仍以书局名义刊书。第二个证据是 1934 年三卷一期的浙江图书馆的馆刊《浙江图书馆刊》封面二所载的《局版精刻国学要籍》中有这样的文字"本馆附设印行所之木印部（另有铅印部），系由前浙江官书局改组而成，迄今已有六十九年之历史。所梓书局，逾二百余种……光复以来，改隶本馆，……"[3] 顾先生认为文中"光复以来"应该是指

---

[1] 《浙江巡抚增韫奏创建浙江图书馆归并扩充折》，《中国古代藏书与近代图书馆史料——春秋至五四前后》，中华书局 1982 年版，第 148 页。

[2] 顾志兴：《浙江书局始末及其所刊书》，《文献》1990 年第 1 期，第 197 页。

[3] 《局版精刻国学要籍》，《浙江省立图书馆馆刊》1934 年第 3 卷第 1 期，封面二。

1912年。潘猛补先生则认为顾先生的说法是错误的，因为顾先生的主要证据是毛春翔先生对馆藏《儒林宗派》版片的记载。但事实也确实证明，毛先生的记载是错误的，因为《儒林宗派》原书其牌记明确刻有："宣统三年春二月朔浙江图书馆刊本"的字样。顾先生的第二个论据其实也存在一定的问题，按照封面的记载："迄今已有六十九之历史"是说官书局到1934年已有69年历史，若这样推算，那么官书局创置的年代应该在同治四年（1865），这与官书局的准确创置年代相矛盾，更与顾先生自己的观点相矛盾，顾先生本人就是极力证明官书局创办的时间是同治六年。他认为："吴文据马新贻《建复书院设局刊书以兴实学折》与丁申《武林藏书录》等论断浙江书局之设应在同治六年是准确的"，"故所有材料足可证明浙江书局开局日为同治六年（1867）四月"[①]。所以说顾先生的观点是值得商榷的。

笔者认为，浙江官书局并入浙江图书馆的时间应该是第一种看法，即应该是宣统元年1909年。《浙江图书馆志》有明确记载："1909年（宣统元年）七月：浙江图书馆成立。原浙江官书局改为浙江图书馆附设官书印售所（后改称附设印行所）。"[②] 另外，作为浙江图书馆的最早一批的工作人员毛春翔，也在其《浙江省立图书馆藏书版记》中提道："宣统元年……三月得准，四月实行，于是局隶于馆；更名官书印售所直属于图书馆坐办，而仍设提调以司局事。"[③] 因此浙江官书局和浙江藏书楼在1909年合并组成浙江图书馆，标志着浙江官书局退出了历史舞台。

浙江官书局被合并退出历史舞台有着复杂的原因，包括社会原因、自身的原因两个方面。

第一，社会原因。

浙江官书局的衰落是在其他所有地方的官书局衰落背景下发生的，浙江官书局的消亡是历史的必然。清朝末期，特别是在辛亥革命前夕，中国社会激烈变迁，当时的时代主题是"救亡图存"。图书出版作为社会文化

---

① 顾志兴：《浙江书局始末及其所刊书》，《文献》1990年第1期，第196—197页。
② 《浙江图书馆志》编纂委员会：《浙江图书馆志》，中华书局2000年版，第2页。
③ 毛春翔：《浙江省立图书馆藏书版记》，《浙江省立图书馆馆刊》1935年第3卷第3期，第1页。

生活的一部分，理应站在社会前沿，反映时代主题。而官书局在图书出版结构上不能把握时代脉搏，仍然是以刊印大量传统典籍为主，虽然也编译了部分国外的书籍，但是与时代发展相差太远，在激烈的图书市场竞争中，难免被一些私人出版团体所取代，被国人和社会所遗忘。

这些社会原因可以归纳为以下几个具体方面：

（1）科举制度的废除，新式学堂的建立。官书局当时设立的一个主要原因就是为广大士子印制传统书籍，以供士子科考。科举废除之后，特别是新式学堂的建立，对传统书籍需求量就不是那么多了，导致官书局的作用减小，也就失去了存在的意义。

（2）新政的实施，精简政府机构，以及面对军饷紧缺时，很多地方官书局被当作冗局所裁撤。

（3）刊印新学书籍的书局相继建立，如京师大学堂译书局；同时私营出版机构迅速崛起，如同文书局、鸿文书局等，这都造成晚清官书局生存空间的缩小。

第二，自身原因。

光绪十八年（1892）前后，浙江官书局开始有衰落的趋势，其主要原因就是内部管理混乱。至于混乱的情况，时任浙江学政徐致祥曾有这样的如实描写：

> 省垣书局有似养济院，每月支领经费两千一百数十元，而校对有八十余名之多，有从未到局者，有业已作官数年仍然支领者，有其人已故而其家隐匿不报，照常支领，而冒名捏领诸弊，更不一而足，加以提调薪水及一切工役等饮食，尚不在内。除各项开销外，仅余四百余元，以之刻书，不亦难乎。中丞（指当时浙江巡抚）意欲整顿，查出前项情弊，扣去数名，然查不出者与大人情面虚挂名者，依然滥测。现在停止，不再添补人数，撙节经费，为刻书之资。[①]

[①] 转引自夏定域《浙江官书局史料》，《图书馆研究与工作》，1980年第2期，第40—41页。

从这段文字中，我们可以窥见当时浙江书局的管理已经是混乱不堪。八十余名编校之中，有从未到局者，有已经做官数年但依然领取薪水者，甚至有的已去世居然仍挂名开薪者。虽然浙江巡抚进行了整顿，但效果依然不佳。此种局面造成的后果就是管理混乱，闲员冗沉，冒领薪水，以至于最后能用于刻书的资金很少。作为一个以刻书售书生存的部门，如果刻书经费都不能保证，那么离其衰落消亡的时间也就不会长了。而且浙江书局所印书籍还主要以雕版为主，这就造成所印书籍成本价格与那些铅印、石印书籍相比明显高出很多。正是在这种自身混乱的情况下，浙江书局后期刊印书籍逐渐减少，质量逐渐下滑，最后不可避免地被调整合并。

（二）浙江官书局的运营

浙江官书局作为官办机构，在开设之初制定了详细的章程，并能够筹措充足的经费，延聘本地著名学者和文人在书局任职编校书籍。所以在同治年间和光绪早期影响甚大，所刻书籍数量众多，而且校雠精审、价格低廉、流传广泛。

1. 人员组织构成

浙江官书局在设立之初就制定了12条章程，而且是由马新贻亲自制定的："同治六年，抚浙使者马端敏公，加意文学，……议有章程十二条。"[①] 在这12条章程中对人员设置及工作职能都有说明，除此之外还涉及经费以及对书籍雕印的具体要求。但是令人遗憾的是，浙江书局的章程一直没有发现。其他官书局也制定的有相应的章程，但是能完整存下来的章程，目前只有江宁的江楚书局。因为各地官书局的设立都是相互参照和模仿的，所以虽然浙江官书局的详细章程没有发现，但是可以通过其他书局的人员构成和章程以及其他一些资料记载来推测浙江书局的人员设置。

浙江官书局早期的主要人员构成是这样的：

设置总办二人，襄办一人，驻局提调一人，司事二人，总校四人，分校八人，助校若干人、缮录二十人，刻匠一百一十人，印工二

---

① （清）丁申：《武林藏书录》，古典文学出版社1957年版，第29页。

十人，司阍、杂役各一人。①

（1）总办

总办是书局的主要领导者，负责书局的全面事务，主要就是督理局事。浙江官书局的首任总办由杭州崇文书院山长薛时雨和紫阳书院山长孙衣言两人兼任。"同治六年……聘薛慰农观察时雨、孙琴西太仆衣言，首刊经史，兼及子集。"②浙江官书局作为官方性质的图书出版机构，而书院也是官方性质的教育机构，所以聘请两位书院山长作为总办是很正常的。山长作为书院的最高领导者，在学术领域具有很深的造诣，书院有时也自己开雕书籍，所以山长也具备雕印书籍的经验。薛时雨和孙衣言两人担任总办的时间并不是很长，不久由于调任，两人离职。关于两人的继任者，浙江地方官员产生了争议，"当时杭州大书院山长四人，而书局总办却只有两名，由谁兼任总办难以平衡。于是决定由浙江学使来兼任总办，而改设坐办一员"③。所以后来书局的总办就设为一人，而且不再由书院山长担任，转由浙江学使来担任。

（2）提调

在浙江官书局，提调的主要任务是辅佐总办处理各种局事。所谓各种局事，"举凡置备器具、雇募工匠、稽查功课及一切银钱度支，事务繁多，派正、副提调坐局办理，以期慎密"④。提调也是两人，有正、副之分，其主要责任也就是负责书局的正常事务运转。浙江官书局的首任提调是孙尚绂，后来盛康也曾担任提调一职。

（3）司事

司事的工作就是负责具体事务，日常办公的负责人。书局首任两名司事为朱昌寿和黄立彬。

（4）编校

编校是书局的主要业务人员，负责搜罗底本、校勘、作校勘记等关于

---

① 潘猛补：《浙江书局史略》，《图书馆研究与工作》1991年第1期，第43页。
② （清）丁申：《武林藏书录》，古典文学出版社1957年版，第29页。
③ 潘猛补：《浙江书局史略》，《图书馆研究与工作》1991年第1期，第44页。
④ （清）丁立中：《先考松生府君年谱·第二》，《北京图书馆珍藏本年谱丛刊》第172册，北京图书馆出版社1999年版，第184页。

书籍出版的工作。编校人员有总校、分校、助校。书局首任总校四人是：高均儒、李慈铭、谭献、张景祁，这四个人分别负责经、史、子、集的校勘业务。首任分校的八人是：胡凤锦、陆元鼎、陈豪、张预、汪鸣皋、王麟书、张鸣珂、沈景修，这八个人分任各书的初校以及互相交换复校的工作。助校之职就是具体的校勘工作，负责某部书的某些部分或者整部书的校勘工作。

浙江官书局相当重视书籍的校勘工作，在书局成立之初，马新贻就提出："遴选笃实绅士分司校勘，并先恭刊……仍分饬在局绅员认真校刊"①，所以浙江书局所选的编校都是当时浙江地区的著名学者文人。仅从谭锺麟的《续资治通鉴长编》序言中，我们便可以窥见云集在浙江书局的名士有多少：

> 妙选局中高才生使预校雠之役，时则若杨编修文莹、戴编修兆春、沈吉士善登、濮吉士子澄、潘中书鸿、严主事辰、姚主事敦复、谭主事日襄、黄教谕以周、王训道诒寿、陈训道谟、徐训道锟、周训道善溥、冯举人一梅、王拔贡崇鼎、张副贡大昌、倪廪生钟祥，皆两浙知名士也。②

除上述人员外，还有李慈铭、俞樾、薛时雨、谭延献、汪康年、张鸣珂、施补华、沈景修等，这些人都是饱学之士，在经、史方面都有很深的造诣。除这些著名的学者参与主持之外，还有大量的助校之人。在浙江书局中后期，校勘人数基本上达到高峰，原来的办公地点杭州小营巷报恩寺已经容纳不下校勘办公之人。所以，光绪八年（1882）提调盛康为解决这个问题，"于听园筑屋宇以居校勘之士"③。由此可见当时浙江书局的繁盛程度。正是有大量的编校在一起，而且都是饱学之士，所以书局学术氛围浓厚。书局的编校人员聚于一起校书，往往会就一字得失，相互讨论，往复再三而后止。浙江书局的编校，可谓人才荟萃。施补华在《王眉叔

---

① （清）马新贻：《建复书院设局刊书以兴实学折》，《马端敏公奏议》卷5。
② （清）谭锺麟：《续资治通鉴长编·序》，光绪七年（1181）浙江书局本。
③ （清）龚嘉儁：《杭州府志》卷19，文成出版社1970年版，第539页。

遗诗序》中称：

> 眉叔姓王氏，名诒寿，浙之山阴人，候补训道，同治丁卯以后，与余同校书于会城之戴园，园有花竹水石之胜，而与斯役者皆四方知名之士。坐一室中，上下议论，人人有胜心焉。至其议论相服，则又彼此洽然。①

故此浙江官书局雕印的书籍以精校、精刊闻名于世，受到广大士人的追捧和赞誉，尤以浙江官书局刊印的《二十二子》《续资治通鉴长编》《玉海》为代表。特别是其所刊刻的《续资治通鉴长编》，至今还是雕版印刷中最好的版本。

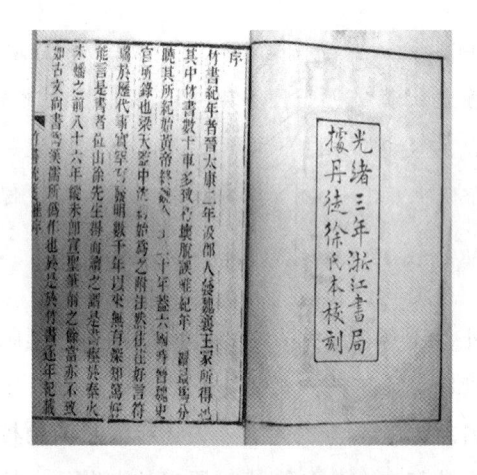

图 3—1—1　光绪三年（1877）刻
《二十二子·竹书纪年》

（5）其他人员

书局除了管理人员和校勘人员外，还有刻匠、印工、缮录、司阍、杂役等人员。刻匠是书局雕版员，基本由书局招募而来。印工就是专门负责书籍印刷的工人。缮录主要负责誊写工作，例如雕版前的书写上版。司

---

① （清）施补华：《王眉叔遗诗序》，见《泽雅堂文集》卷33，荣成孙氏沛南光绪十九年刻本。

阍、杂役就是局里的杂务人员，负责书局的杂务。因为书局规模较大，所以书局的刻工和印工人数也是很多，基本维持在百人之上。

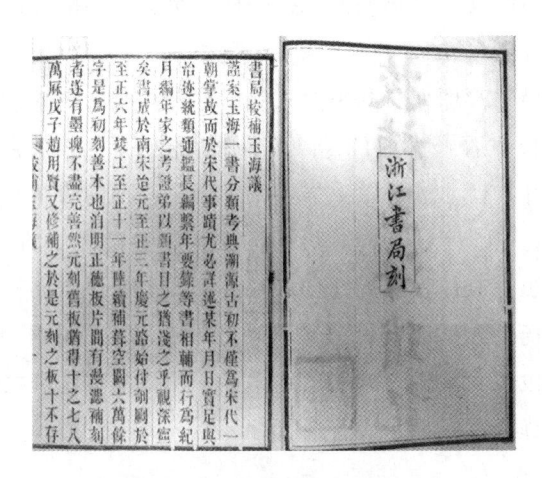

图 3—1—2 光绪九年（1883）刻《玉海》

（6）襄办、坐办

襄办与坐办两个职位在浙江官书局与其他书局不同，是根据自身特殊情况专门设立的两个职位。

襄办是书局初设之时，为丁丙所专设职位。丁丙在当时主持操办不少慈善机构，例如医药局、慈善堂、牛痘局等。除此之外，丁丙家的八千卷楼以及其勤于校勘出版，所以马新贻在书局创办初期就请丁丙担任襄办，协助创设浙江官书局。丁丙担任襄办的时间仅仅一月有余，"府君襄办一月，开办各事毕，然后辞之"[①]。丁丙辞职不做之后，浙江官居就没有再设立襄办一职。

坐办一职是在同治七年（1868）设置的。设置坐办一职是为了解决总办的问题，前文曾提到由于总办只有两名，但是当时杭州大书院的山长有四名，为了解决这个问题就让浙江学使担任总办一职，因而只设坐办一名。俞樾当时为诂经精舍山长，由于其名望在其他书院山长之上，所以就

---

① （清）丁立中：《先考松生府君年谱·第二》，《北京图书馆珍藏本年谱丛刊》第 172 册，北京图书馆出版社 1999 年版，第 184 页。

由其担任坐办一职，而且久于其任。俞樾从同治七年（1868）一直任职到光绪二十四年（1898）才以老病辞去诂经精舍讲席时，而离开浙江官书局的。坐办一职其实和早期的总办一样，负责书局的全面事务，特别是校勘编撰工作。

浙江官书局的管理人员和编校人员以官员和有功名人为主。总办刚开始是书院的山长，后来为浙江学使，而提调也有官方背景，担任者以知府、道员、候补知府、候补道员居多，首任提调孙尚绂就是当时的候补知府，后来担任金华、宁波知府。后担任提调的盛康担任的是浙江按察使，所以其提调一职为兼任。书局初创之时的丁丙也被保赏同知衔。书局的编校人员多为督抚个人延请或者是从士子之中考取，其中不乏山长、编修、吉士、训道、拔贡、举人、副贡、廪生等，都是些有功名之人。书局刻印工匠主要以招募为主，都是些普通百姓。

2. 经费来源

设立浙江官书局必须筹有定款，这是书局创办和运转的第一要务，否则书局的创设和运作将成为空谈。浙江书局的主要支付款项包括：延聘学者编校、招募刻字工匠、购买纸张油墨、印刷装订以及杂役等各种费用。另外，进呈御览、各省征调、咨送孔府、国子监、学院的书籍，都是书局自负费用。浙江官书局作为官办的图书出版机构，其刊刻书籍的经费主要来自官府的资助，但是随着业务发展，营业收入也成为经费来源的一部分。

（1）官府资助

浙江书局作为一个官办机构，其经费来源主要依靠政府的拨款。在书局创办之初，马新贻制定书局经费的主要来源"一切经费在牙厘项下酌量撙节提用"[①]。马新贻所指的牙厘项就是浙江牙厘总局所收取的各种厘金，因此厘金就成为浙江书局的主要经费来源。太平天国运动爆发后，清廷国库空虚，根本无力支付巨额军费。为解决此问题，地方督抚开始设立厘卡征收厘金，并逐渐成为各地筹措军饷的主要来源。浙江作为太平天国运动的主要战场，开始征收厘金始于同治元年。"浙江厘金创办的年份，

[①] （清）马新贻：《建复书院设局刊书以兴实学折》，《马端敏公奏议》卷5，文海出版社1975年版，第529页。

据考证是在同治元年。……同治元年秋间左宗棠在衢州设牙厘总局征收盐茶厘税。"[1]虽然厘金的征收是战时为了解决军费所设立的一种税收，但是太平天国运动结束之后，由于厘金成为地方财政收入的大宗，牙厘局并没有被裁撤。因为厘金成为政府的一项主要收入，所以在官书局创办之时资金就从厘金中拨取。经费由政府资助，这也是浙江书局具有官方性质的主要表现，是区别于其他书坊和私人刻书的标志之一。书局在设立之初的经费如何拨发，具体款额是多少，由于缺乏史料现在很难考证。但是书局在后期的经费却可以考证出来，而且数额也有具体记载。书局在后期的经费是每月定期发放，"每月支领经费二千一百数十元"[2]，说明当时书局经费很充足。

（2）业务收入

浙江书局在创办之初由官府出资，但是随着其后来的发展，特别是开始刊刻书籍发售之后，其营业金额也成为经费的一个来源。浙江书局刊刻书籍质量上乘，价格低廉，受到许多读书人的追捧，其销售量也是很大的。根据后来浙江图书馆的记录，浙江书局的收入还是很可观的，"前清官书局每年售价多至万元"。做个对比就可以知道当时浙江书局的销售额是多好了，浙江书局后来并入浙江图书馆改为印行所以后"每年售价不及官书局之半"[3]。浙江书局销售额如此之大，是建立在其大量的书籍销售之上的。《儒门法语辑要》于光绪十六年（1890）用梨版刊刻，但是由于此版被反复使用，造成版片模糊不堪，不可再印。此书"昔年一次印过一万部，又一次印过五千部，以后又常印不辍，以致字划磨灭多不可识"[4]。从这本书的大量印制可以看出书局销售业务之良好。这也是书局销售额每年能达到万元的主要原因。每年靠销售书籍能达万元，书局资金周转也就畅通起来。光绪十八年（1892）书局因为"近来书籍销售日广，

---

[1] 罗玉东：《中国厘金史》，商务印书馆1936年版，第253页。
[2] 转引自夏定域《浙江官书局史料》，《图书馆研究与工作》1980年第2期，第40页。
[3] 《公牍·呈报办理情形文》，《浙江公立图书馆年报》1936年第2期。
[4] 毛春翔：《浙江省立图书馆藏书版记》，《浙江省立图书馆馆刊》1935年6月第3卷第3期，第10页。

成本较敷周转"，所以才能"抚宪体恤寒畯，仍恐购买不易，饬再酌减"①。浙江书局因为是官方机构，所以从根本上就与那些书坊区别开来，浙江书局印制书籍并不是以盈利为目的，而是服务于政府，恢复因为战争所破坏的社会文化。所以浙江书局的所售书籍价格低廉而且还不断降价，但是这种做法却在客观上使书局的书籍销售实现了薄利多销。正因为如此，书局销售额才能如此巨大，而且还能够实现成本资金的周转。

正是由于地方督抚重视，给书局拨发充裕经费，所以浙江书局才能广求善本作为底本，同时延揽大量名儒学士详加校雠，使刊书数量和质量皆可以有所保证。浙江书局刊刻书籍由于性价比很高，所以广受学子追捧，实现了薄利多销。良好的利润保证了书局的资金周转良好，从而促进了书局经营的良性循环。这就为书局的良性发展奠定了基础，也成为书局能够刊刻大量优良书籍的根源。

3. 营销策略及业务

晚清官书局设立刊书的主要目的在于重建封建文化秩序，振兴文教，以挽救摇摇欲坠的晚清统治，所以，官书局的刻书并不以盈利为目的，这是其与坊肆刻书的最大不同之处。虽然官书局的官方性质比较浓厚，但是由于要生存和发展，所以书局也会对图书市场进行研究和适应，故书局书籍的印刷发行和销售也是其主要业务之一。

晚清官书局的创设，最直接的原因就是为了解决太平天国战乱之后，大量书籍被毁、士子无书可读的困境。这种客观需要决定了官书局不但要大量刊刻书籍，而且还要廉价、精良，使经过战乱的士子能够购买得起，而且不会因为质量太差而影响学习。浙江书局在开始之初，便已经确定书籍的基本销售原则："钦定诸经卷帙阔大，刷印工价浩繁，寒士艰于购取。臣此次刊刻略将板式缩小，行数增多，以期流传较易，庶几家有其书，有裨诵习。"② 由于以往之书板式宽大，所用纸张较多，所以书价较高，但是浙江书局把板式缩小并增加行数，这样就把书价降了下来，书价降低后便于贫寒士子购买。这也是浙江官书局设局刻书籍的指导思想。

---

① 《浙江官书局书目·浙江官书局示》，徐蜀、宋安莉：《中国近代古籍出版发行史料丛刊》第三册，北京图书馆出版社2003年5月，第567页。

② （清）马新贻：《建复书院设局刊书以兴实学折》，《马端敏公奏议》卷5。

浙江官书局作为晚清较大的官书局之一，由于其刊刻书籍底本精良，而且又聘请名家对所刻书籍详加校勘，故其刊刻书籍质量上乘，习称为"浙刻"，并流行海内。随着浙江书局业务的拓展，在其由小营巷报恩寺迁往中正巷三忠祠后，就把先前旧址改为官书坊，专门负责书局的"印订销售"。光绪十八年（1892），浙江官书局刊刻《浙江官书局书目》，在此书目前有个告示，通过这个告示我们可以进一步了解书局的销售业务。

浙江官书局示。照得本局自同治六年倡设至今，广延耆秀校勘，成书日多。设立官书坊，印订售销。原为嘉惠士林起见，书目向有刊本。其价系于光绪七年十月减定，近来书籍销售日广，成本较敷周转，蒙抚宪体恤寒畯，仍恐购买不易，饬再酌减。本局遵按现行书目刊本，核作八折至九五折不等。禀明抚宪减定，其现今新刻各书，及将来续刻各书，即照此次减定价目核价。为此将书目刊本另行编刊，并刊列简明新章以便通行周知。凡购书者，仍径赴官书坊购买可也。特示。

一、本局官书坊仍设杭州省城小营巷报恩寺内。于光绪十八年七月二十日起，照后开定价发售，划一不二，仍用制足大钱，不折不扣，洋价照市，均现钱交易，概不划抵赊欠。其光绪十八年七月二十日以前，已经书款两清，及付款将书购定，暂存后取者，概不得牵涉扯算，以清界限。

局书向有夹板，此次减价，除《九通》仍用夹板外，余均先将夹板减省，再将书价核减，嗣后如有仍需要夹板，托为代办者，每付定价一百二十文，于书外另加。其装箱衬纸绳索及挑力，均请自给。书籍出门，概不退换。如有缺页，请携书至官书坊查明照补。印书用纸仍以连史、官堆、赛连、毛太四种酌量配用。书面仍用栗壳纸以丝线装订。各书单片，照后开定价，按九折核收。如有绩学家，须定印宣纸、东洋纸，及用绫面、绢面各色纸面线订装潢格外精致者请至官书坊面议。

一、本局刊版印书，已经二十六年，此次书目略按经、史、子、集分类排列。将来续刻各种仍以成书先后为序，俟积久再行排类。其本省城内各衙门刊印通行公件，板仍留居印售，并各处寄售各省，另页附刊于后，均照工本价酌加经费。至外事、本省各衙署局、所、书院，需用书籍，备价来者，照常买卖，无价则应请由浙抚宪转行饬取。①

从这个告示中，我们可以看出官书局在销售方面主要有以下几个特点：

首先，为了满足不同层次的需求，把印制的书籍也分成不同的档次。先书的将官书局印书所用纸张分为四种，分别是连史、赛连、官堆、毛太。这四种纸张印制出来的书籍质量不一样，所用成本就不一样，故出售的价格也就不同，购书之人可以根据自身的经济实力购买。连史纸，"手工纸类型纸之一，属竹纸中的一种。相传明代福建有连氏兄弟二人，排行老三、老四，精于造纸，所产之纸也因其姓而得名，初名'连四'，后叫'连泗'，最后则以'连史'之名流行。原产于福建邵武、江西铅山等县。将嫩竹碱煮、漂白加工而成。纸质薄匀洁白，为竹纸中之上品"②。赛连纸，"产自四川，薄而匀"③。官堆纸，"原系衙门整理诉讼官司的状纸。多用竹浆造成。其厚度比毛边纸略大，纸色较淡，强度稍好。通常用它作公文纸，或用此纸印刷书籍"④。毛太纸，"印书用纸之一，与毛边纸颜色相似，质量略差，纸幅也较小，厚薄不等，有明显直纹"⑤。毛太纸颜色与毛边纸颜色相似，都是米黄色。从这四种纸的介绍中可以看出其优劣，连史纸最好，其次是官堆纸，接着是赛连纸，最后是毛太纸。在《浙江官书局书目》中，不但列有书目，而且书目下面还列有不同纸张印制的书籍具体价格，在此列举一例：

小学考：二十本，赛连纸每部二千六百六十文，连史纸每部二千八百六十文，毛太纸每部一千八百八十文。

---

① 《浙江官书局书目·浙江官书局示》，徐蜀、宋安莉：《中国近代古籍出版发行史料丛刊》第三册，北京图书馆出版社2003年版，第567—570页。
② 许力以：《中国出版百科全书》，书海出版社1997年版，第537页。
③ 潘美娣：《古籍修复与装帧》，上海人民出版社1995年版，第50页。
④ 刘仁庆：《纸的品种与应用》，轻工业出版社1989年版，第74页。
⑤ 瞿冕良：《中国古籍版刻辞典》，齐鲁书社1999年版，第66页。

诗韵释要：一本，官堆纸每部一百四十文，连史纸每部一百六十文，毛太纸每部八十文。

杜氏通典：四十本，官堆纸每部八千一百文，连史纸每部八千六百六十文，赛连纸每部七千二百文。①

从上面所列举出的三部书，我们可以看出，用连史纸印制的书籍价格较高，毛太纸印制的书籍价格明显偏低。可见，浙江官书局为了照顾广大的士子，其所印刷的书籍价格不算很高，而且还把书籍的价格分为不同等级，以供购书者自行挑选。

其次，书局把所印的书籍按不同规格装订，以供不同需要之人挑选。浙江书局为了降低书籍成本，进而降低书价照顾广大士子，取消了以往的夹板。如果有需要夹板的，可以在购买的时候向书局单独购买。这种做法不但能够照顾那些贫寒之士，还能照顾那些富裕的购书者。对于那些想收藏的藏书家，书局还专门提供更精良的包装。对有特殊要求的人，不但可以选择印书的纸张，例如可以用宣纸或者东洋纸，还可以选择精致的装潢。通过这种方法可以扩大书局书籍营销的受众面，提高书籍的经营收入。

再次，书籍销售有折扣，且需要现款付账。为了照顾广大贫寒士子，书籍在浙江巡抚的要求之下两次下调书价，折扣价在八折至九五折之间不等。凡购买书籍的人，所付钱款应以当时的足制大钱或者洋钱支付，不能赊欠。而且明确要求，价格严格按照此次书目所列价格，概不讨价还价。这也说明书局具有官方背景，不同其他书坊所售书籍可以还价。

最后，政府、公共部门用书严格管理。虽然浙江书局是官府所属的刻书机构，但是如果政府或者公共部门需要使用书局的书籍，仍然需要付款。如果需要免费的话，这就需要浙江巡抚的专门批文才可。从这方面也可以看出浙江书局所刊刻的书籍除了部分用作出售外，还有部分书籍要用于官府的活动，如呈贡进献朝廷，送交书院或者孔庙。京师大学堂成立之初，"本大学堂前经奏设附设藏书楼一所，广置应用书籍，由本大臣咨行

---

① 《浙江官书局书目》，徐蜀、宋安莉：《中国近代古籍出版发行史料丛刊》第三册，北京图书馆出版社2003年版，第575、579页。

各省，调取官书局所刊各书"，浙江书局就在此次征调书局之中。浙江巡抚很快就答复此事，"丰经札饬官书局遵照。去后，兹据书局提调肖守申送前项书籍共计四百零六部"，此次征调，浙江书局一共送交 73 种共计 406 部书籍。虽然是征调，但是在征调过程中对书籍的费用仍然被列入政府支出之中并可报销，"至此项书籍价值，应请贵部院察核实用书目，统归本省书局项下报销，以符奏案"①。

　　浙江官书局的书籍销售主要以直接营销为主，即买主直接到书坊处购书。这种售书方式主要针对省内购书者。但是浙江书局的书籍也远销北方各省，其方式是通过转运，由其他省份官书局发售。光绪七年（1881），南皮县知县就曾以"舟楫不通、书籍难致"为由，禀请当时的直隶总督李鸿章，建议筹款购买南方各省书局所刻书籍，运送到直隶并原价发售。李鸿章对此极为重视，在批文中称："江宁、苏州、扬州、江西、浙江、湖北、广东、福建均有书局，候咨请各省督抚院，饬将官刻书目、价值及能否照九五折扣给价，详细开单，咨送来直，分别办理。"② 直隶官书局根据各省的售书目录，开列出欲购书籍的种类、部数。浙江书局在此次书籍北运售卖中向直隶书局输入 63 种书籍。具体书目如下表。

表 3—1—1　　光绪七年（1881）浙江书局向直隶书局输入书籍书目

经类，共 10 种	四书五经	钦定书经传说汇纂	钦定诗经传说汇纂
	十三经古注	钦定春秋传说汇纂	钦定周官义疏
	御纂周易折中	钦定仪礼义疏	钦定礼记义疏
	四书反身录		
史类，共 15 种	旧唐书	宋史	纲鉴正史约
	续资治通鉴长编	平浙纪略	新唐书
	周季编略	文庙通考	御批通鉴辑览
	钦定康济录	图民录	西湖志
	实政录	伍公山志	皇朝三通

---

① 《浙江巡抚为送书事知照大学堂》，《北京大学史料，第一卷 1898—1911》，北京大学出版社 1993 年版，第 477 页。
② 畿辅通志局：《直隶运售各省官刻书籍总目》，畿辅通志局光绪七年刻本。

续表

子类，共35种	老子	孙子	商君书
	庄子	孔子集语	韩非子
	管子	晏子春秋	淮南子
	列子	吕氏春秋	文中子
	墨子	贾谊新书	山海经
	荀子	春秋繁露	小学篡注
	尸子	扬子法言	大学衍义
	三鱼堂日记	文子缵义	小学韵语
	读礼志疑	黄帝内经	圣论易解
	十驾斋养新录	竹书纪年	陆子全书
	章氏遗书	绎志	沈氏遗书
	洗冤录	水利备考	
集类，共3种	古文渊鉴	唐宋文醇	唐宋诗醇

资料来源：此表据《直隶运售各省官刻书籍总目》所列。

浙江书局除印售书籍外，还兼理其他业务。代理省城各衙门刊印通行公件，就是浙江书局的另一项重要业务。因为其有着官方的性质，所以省城衙门公文由其刊印也在情理之中。书局也代理官署和官员或者书局内部人员刊刻书籍，俞樾作为当时书局的主管，就曾刊印其《春在堂诗编》；浙江采访忠义局的《浙江忠义录》也为浙江书局代为刊刻发行；王诒寿曾经担任过书局的校勘人员，"他所著缦雅堂骈体文附笙月词，官书局也为刊行"[1]。浙江书局代人刊刻的书籍，有的销售，但也有一部分没有公开发行。给衙门所刻的通行公件"板仍留居印售，并各处寄售各省"[2]，书局拥有这些公件的版权和发售权。

---

[1] 夏定域：《浙江官书局史料》，《图书馆研究与工作》1980年第2期，第40页。
[2] 《浙江官书局书目·浙江官书局示》，徐蜀、宋安莉：《中国近代古籍出版发行史料丛刊》第三册，北京图书馆出版社2003年版，第570页。

二 浙江官书局刻书特色及数量

（一）形式特色

1. 浙江官书局刻书版式灵活多样

雕版印刷自从发明之后，在其长期的发展过程中，逐渐形成了固定的版面格式。古籍完整的版式主要有版框、界行、书耳、版心、鱼尾、象鼻、天头、地脚等。虽然版式逐渐固定，但其形式却灵活多变。浙江官书局所刊刻之书籍的版式就灵活多样，有着明显的特点。

行款：又称行格，指版面中的行数与字数，通常按半个版面计数，称为半页几行，行多少字，如有双行小字，而一行中字数与大字相同，则称"小字双行同"，如果不同，则称"小字双行，行多少字"。

行多字多是浙江官书局刻书的一大特点。由于书局创设之初的主要指导方针就是方便士子购买，所以其所刻书籍就尽量压缩版式，减少成本。浙江官书局所刊之书多以每页9、10、11行，且每行字数多为20、21、22个字为主，也有部分书籍每行字数为10、16、18、21、23、24、25、27、29、30不等，但这种情况只占少数。在统计的112部书籍中，9行为36部，10行为42部，8行为4部，11行为12部，12行为18部。因此每页9或10行是浙江官书局刻书主要采用的行数，这两种模式占统计的69%。每行所刻字数则也不一，其中每行21字和每行22字分别占了31部和25部，这两种模式占了统计的50%。20字和23字分别占了19部和15部，因此浙江官书局刻书每行字数基本是在20—23字这个范围内。情况比较特殊有以下几部书籍：《佩文诗韵释要》行款为9行27字，小字双行为37字；《外国师船图表》行款为12行29字，小字双行同；《小学答问》行款为10行16字，小字双行同；《素问集注》行款为9行10字，小字双行同。这几部书在统计中都是比较特殊的，有证可考的书籍中，这些书籍的每行字数只出现一次。《浙江官书局书目》《十三经源流口诀》这两部书籍行数固定，但每行字数不固定；《小学韵语》这部书籍情况最为特殊，行款字数不等。

书局这样做的好处可以通过一个实例来分析：浙江书局刊刻的《书经传说汇纂》行款为每页11行，每行24字，小字双行同。而江西书局刊刻的同部书行款是每页 8 行，每行 18 个字，小字有单行和双行，每行 21 个字。浙江书局刊印的书要比江西书局更为节省版片和纸张。所以整部书籍，浙江书局共刻 12 本，江西书局则为 16 本。用同样纸张印刷下来，浙江书局此部书在光绪七年的售价是 1720 文，而江西书局的则为 2080 文。两者哪个更便宜，更有利于贫寒士子购买，显而易见。书籍内容越多，浙江书局的这种做法的优越性越能体现出来。《礼记义疏》共 48 卷，浙江书局的行款为每页 11 行每行 24 字，小字双行同。湖北书局的行款为每页 8 行，每行 18 字，小字有单行和双行，每行 22 字。江西书局的行款为每页 8 行，每行 18 个字，小字有单行也有双行，每行 21 个字。浙江书局所刊刻的这部书籍共有 32 册，而湖北书局和江西书局都为 48 册，比浙江书局的多 16 册。整部书的价格在光绪七年的定价，浙江书局最便宜用纸为每部 3000 文，而湖北书局最便宜的为 6660 文，江西书局最便宜的为 3880 文。浙江书局所刊刻书籍的版式，特别是行款的设置，也是为了降低书籍的印刷成本，以便贫寒士子购买。这种指导思想贯彻书局的整个历史。

板框：也叫边栏，指一张印页四周的围线。板框有很多种：以栏线的条数分，有四周单边、左右双边、四周双边等。四周边栏只有一条围线的，叫四周单边；左右边栏各有两条线组成的，叫左右双边；四周边栏都是两条围线的，叫四周双边，四周双边又叫文武栏。在统计浙江官书局所刻的 112 部书籍中，左右双边有 76 部，占全部的 67%，四周双边共有 31 部，而四周单边只有 5 部。因此，浙江官书局所刻书籍中左右双边占据了一大部分。

鱼尾：版心全长 1/4 处的鱼尾形标志。鱼尾种类较多，从数量区分有单鱼尾、双鱼尾、三鱼尾等；从鱼尾方向分有顺鱼尾和对鱼尾；以鱼尾的虚实区分有白鱼尾、黑鱼尾、线鱼尾、花鱼尾的。在统计的 112 部书籍中，单鱼尾共有 102 部，约占全部的 92%，而双鱼尾和无鱼尾则有 9 部和 1 部，《湖山便览》便是一部没有鱼尾的书籍。

象鼻：连接鱼尾和板框的一条线。这条线有粗细之分。粗的叫大黑口或阔黑口，细的叫小黑口、线黑口或细黑口。没有象鼻的，叫白口。白口刻有文字的，叫花口。象鼻主要以白口为主，其中也有部分黑口。在统计的 112 部书籍中，白口有 94 部，约占全部的 84%，黑口只有 18 部。《赵恭毅公剩稿》这部书籍比较特殊，是因为此书是黑口四周双边且双鱼尾，在所统计的书籍中只此一部。

在对上面部分书籍版式分析之后,我们可以得出这样的结论:浙江官书局所刻书籍以左右双边和四周双边为主,但更多的是左右双边,采用单鱼尾和白口的形式。浙江官书局所刻书籍主要以白口为主,这也说明了书局经费充足、刻书精良,因为白口是需要雕刻的,而黑口则不需要雕刻。雕版印刷的书籍白口比黑口要费时、费力。

刻书字体是书籍风格的另一重要组成部分。早期为了书籍的美观,刻版前先是由工于书法的名家学者或由坊肆专门的写手缮写,然后把写好的纸张反贴在书版之上,最后由刻字工匠镂板而成,因此造成了刻版缓慢。随着书籍需求增多和雕版技术的不断发展,大量以盈利为目的的坊肆刻书业出现,为了提高刻版速度,能让大量人参加写版、刻版,统一字体就成为一种趋势,因此匠体字就随之诞生,匠体字又称为宋体字,因为最早产生于宋代临安。宋体字的特点是:"宋体字写法,横要平,竖要直,长字宜瘦,扁字宜肥,长字撇捺均宜硬,扁字撇捺均宜软,不问横之多寡,所空要齐,竖亦然,横谓之仓口,直谓之间架。"[①] 宋体字的出现是为了能够让字匠皆能书写,便于刊刻,所以和以往的欧体、颜体等相比就显得过于呆板。

宋体字便于刊刻,并且刊刻速率快,这正符合浙江官书局刊书的直接目的,即快速刻印大量书籍,解决士子无书可读的窘境。而且书局刻书最为注重的是书籍的流通和普及,并非用于鉴赏和收藏之用。因此,浙江书局刻书在字体上,选择了当时比较通行的宋体字。采用宋体字刻书,不仅便于书写上版,而且更易于雕刻,做到了省时、省力、省钱,成书的速度也大大提升。

2. 纸张、板材以及装帧精良

纸张发明后,成为书籍的主要载体。特别是唐、宋之后,纸张更成为印刷书籍的主要载体。但是随着时代发展和技术的进步,纸张的类别也不断增加,这是因为造纸的原材料也不断丰富。最初主要是麻绳、烂渔网之类,随着造纸术的成熟,树皮、藤皮、竹子、稻草都逐渐成为造纸的原材料,而使用不同的原材料造出的纸张特点和价格也就不一样。使用不同纸

---

① 卢前:《书林别话》,上海古籍出版社2008年版,第262页。

张印制出来的书籍效果和保存时间也不相同，价格也有所差别。

浙江地区竹子资源丰富，所以该地区的竹纸业比较发达。竹纸品种很多，主要有毛边纸、毛太纸、连史纸、太史连纸、赛连纸、官堆纸、川连纸、吉连纸等。毛边纸颜色呈米黄色，正面光滑，背面粗糙，厚薄适中，质地略脆，韧性稍差；毛太纸比毛边纸薄，纸幅稍小，质量不如毛边纸；连史纸以嫩竹制成，纸色洁白，纸面平滑，是竹纸中质量较好的一种；太史连纸颜色稍黄，质地细润，绵软且有韧性，也可以视为竹纸中较好的一种；官堆纸比毛边纸略厚，质量居中。因为浙江地区主要产竹纸，浙江书局刊印书籍也主要使用竹纸。

根据《浙江官书局书目》记载，我们可以了解到浙江书局在光绪十八年以前刊印书籍所用纸张主要是连史纸、赛连纸、毛太纸和官堆纸四种。浙江书局在光绪十八年前刊印书籍，遵循着书局创办之初的准则，即"以期流传较易，庶几家有其书"[1]。使用不同纸张刊印书籍，方便不同购买力之人购买不同等级的书籍。浙江书局使用这四种纸质遵循着一定的规则，大部分书籍主要使用毛太、连史、赛连三种纸张，还有很少一部分只用官堆纸或毛太纸。另外，如果一部书籍总册数超过40册的话，那么这部书籍就使用官堆、连史、赛连纸三种纸张印刷。但也有没超过40册同样使用此种搭配，例如《诗韵诗考》，但这是极少数情况。还有一些特殊的情况如《读本四书五经》使用毛太、官堆纸两种纸张印刷，《郑氏佚书》使用毛太和连史两种纸张印刷。

由于缺少必要的史料，浙江书局在光绪十八年以后刊印的书籍纸张是如何使用的，很难考证。但是根据书局印书的指导原则和以往印书情况，后面20年也是以这四种纸质来印刷贩卖。

浙江书局印刷书籍的纸质也不仅仅局限于这四种，如果有人希望自己购买的书籍质量上乘的话，可以到书局专门订购用好纸印制的书籍，一般比较上乘的纸为宣纸或者东洋纸。书局只是在有客户需要此种书籍的时候才会专门印制。

在清末中国刻本书籍的装订形式已经成熟，并形成一套完整工艺，所以浙江官书刊刻书籍的装订依然遵循着中国书籍的传统装订形式，以线装

---

[1] （清）马新贻：《建复书院设局刊书以兴实学折》，《马端敏公奏议》卷5。

为主。线装不仅外形美观，整齐划一，而且便于翻阅，不易破散。

浙江书局刊印的书籍装订基本都是线装，书籍书面（现在所谓的封面）用纸主要是栗壳纸，而装订所使用的线则以丝线为主。当然这种材质装订是比较简单的，可以最大限度地降低书籍的成本，方便士子购买。但是也有顾客希望官书局所刊刻的书籍，装订能够精致。书局为了满足顾客需求也推出了"用绫面、绢面各色纸面，线订、装潢格外精致"① 的书籍。只是这精装书籍顾客需要到书局的书坊面议购买。

浙江官书局雕刻书版所用的板材也极为考究，主要为梨木，其中又有甲种梨木和乙种梨木之分。在印刷书籍的时候，版片要沾到水，若木板材质不好就会导致书籍在印刷的时候字迹漫延模糊，难以辨认。好的板材就需要那种纹理细密、质地均匀的木材，而梨木刚好符合这些要求。梨木虽然纹理细密，但是其硬度不如枣木和黄杨木，因此在加工和雕刻之时就比较容易，从而可以提高工作效率加快刊印进程，这符合书局寻求快速印书的目的。此外梨木相对楠木、银杏木来说，资源比较丰富，故价格就比较适当，可以降低刻书成本，也很符合书局的经营方针。

浙江官书局刊刻版片所用的材料除梨木之外，还用皂荚木。书籍在雕刻之时使用了何种材料，在第四部分的附表中已经列出，以供参考。

（二）内容特色

浙江官书局作为晚清官书局的重要代表之一，它刊刻了大量的古籍，为文化的保护和传播做出了巨大的贡献。作为地方官刻机构，虽然从总体上看浙江书局是以刊刻经史子集书籍为主，但是仔细分析其所刊刻的书籍种类，我们还是能够发现浙江书局所刻书的内容具有一定的特色。这些特色是由其所产生的社会背景决定的，同时也体现了当时的社会发展状况和趋势。

1. 官方特色

晚清官书局是在内忧外患的历史背景下成立的，其建立目的是让当时受破坏的文化能够得到恢复和发展，维护清王朝的统治。因此浙江官书局

---

① 《浙江官书局书目·浙江官书局示》，徐蜀、宋安莉：《中国近代古籍出版发行史料丛刊》第三册，北京图书馆出版社2003年版，第569—570页。

所刊刻书籍首先选择朝廷钦定、御选或者是御纂之书。

浙江书局成立之初，作为书局的主要领导者马新贻要求"先恭刊《钦定七经》《御批通鉴》《御撰古文渊鉴》等书"①。这三部书均为当时朝廷的指定用书。除此之外，浙江书局还刊刻《御制劝善要言》《钦定古今储贰金鉴》《钦定康济录》。在浙江官书局光绪十八年（1892）刊印的书局书籍目录中，也体现出官方特色，被后人称为《续三通》和《清三通》的两套书籍，在目录中称为《钦定续三通》《钦定皇朝三通》。

浙江书局曾经专门刊刻雍正谕旨，即《上谕内阁》，又称为《世宗宪皇帝谕旨》。刊刻此书的目的主要是表现书局对朝廷的忠心，响应朝廷号召。但刊刻之后并未广泛印刷贩卖，"是板久不印售"②。此书刊刻完毕之后，浙江学政便上折奏明，"奏为浙江书局敬谨模刻世宗宪皇帝谕旨告成，恭折进呈。仰祈！"③从这个事例可以看出浙江书局的官方特色，他不仅刊刻最高统治者的书籍，刊刻完毕后还要上呈以供检阅。

浙江书局具有官方特色这也是其必然，因为作为官府设立的刻书机构，服务于统治阶级是其使命，这也是官书局区别于其他非官方刻书机构的一个主要特征。

2. 地方特色

浙江官书局作为浙江地区的官方刻书机构，必定能够反映浙江地方特色。利用地方文献优势，展现地方文化特色，加强对地方的宣传，这是浙江官书局地方特色的主要表现。

为了能够了解地方地理环境，便于军事行动以及出行和农业生产，地图是必不可少的。浙江官书局刊印了一批具有浙江地方特色的地图，既有涵盖全省概况的《浙江全省舆图》，也有关于地方水利的《浙江海塘新图》《浙江省恒水利全图》，还有关于城市的《浙江省恒城厢总图》《浙江省恒城厢分图》《浙江省恒坊巷全图》，甚至还有关于贡院的地图《浙江贡院图》。

---

① （清）马新贻：《建复书院设局刊书以兴实学折》，《马端敏公奏议》卷5，第529页。
② 毛春翔：《浙江省立图书馆藏书版记》，《浙江省立图书馆馆刊》1935年6月，第3卷第3期，第6页。
③ 《光绪朝朱批奏折》，中华书局1996年版，第104页。

浙江官书局刻书的地方特色突出表现为致力于地方学者书籍的刊刻。在浙江官书局刊刻的大量书籍中，特别是集部的书籍，很多都是浙江本地文人士子的著述，下面以其所刻的《玉海》为代表做一分析。

王应麟（1223—1296），字伯厚，号厚斋，又自号深宁老人，鄞县（今浙江宁波）人。他是南宋时期著名学者，有大量著述，尤以《困学纪闻》《玉海》影响最为深远。浙江书局在光绪九年（1883）刊刻其《玉海》204卷，另外还附刻其他13种。

《玉海》是一部内容广泛的类书，共分为天文、律例、地理、帝系、圣文、艺文等21门。因为其采辑引用的书籍有不少已经散佚，所以《玉海》中保存的宋代史料对宋史研究显得更加珍贵。浙江书局对此书的刊刻极为重视，校勘也极为认真。每卷设有总校一人，分校两人。如第27卷，总校为姚烺，分校为张景云、陈其荣。正是这种认真的态度，造就了浙江书局本《玉海》的高质量，因此上海书店和江苏古籍出版社在1988年联合以此版为底本影印发行。在此书的出版说明中，编者就指出："《玉海》有元至元六年庆元路儒学刊本，元明清均有补刊本；另有嘉庆丙寅江宁藩库本。此次据清光绪九年浙江书局刊本影印。该本以文澜阁《四库全书》抄本为底本，并校以元明清诸本及原引之书重刊。附有张大昌《校补琐记》与《王深宁年谱》，是现存较完好的版本。"[①]

除了《玉海》之外，还有大量浙江其他学者的著作。例如《经训比义》作者黄以周为浙江定海人，《论语古训》作者陈鳣为浙江海宁人，《周季编略》作者黄式三是浙江定海人，《唐鉴》作者吕祖谦为浙江金华人。这只是其中的一小部分，还有其他大量浙江籍作者所著书籍。

另外，浙江书局不但刊刻大量浙江学者书籍，还刊刻了大量关于浙江历史、地理、人文等方面的书籍，也充分体现其地域特色。

关于浙江历史的书籍有《平浙纪略》《浙西水利备考》《湖山便览》《西湖志》《两浙防护录》《浙江通志》等，都是关于浙江地理人文的书籍。还有代浙江忠义局刊刻的《浙江忠义录》《两浙明贤录》，这两部书是记载浙江历史人物的书籍。《两浙輶轩录》《两浙輶轩续录》两书主要收集清初到嘉庆年间浙江地区一些文人的诗集。在此选取几部书籍作一简

[①]《玉海·出版说明》，江苏古籍出版社·上海书店1987年版。

单介绍：

《浙江忠义录》，清杨昌叡等编纂。同治三年（1864）太平军在浙江被击溃，清政府收复浙江大部分失地后即成立浙江采访忠义局。忠义局搜寻当时的奏稿、局中请恤事实册、私人行述家传，浙人或浙人在他省被杀的资料，并把这些资料编辑成书。此书从同治三年（1864）开始编纂到同治七年（1865）编纂完成前10卷，同治八年（1866）到光绪元年（1875）又编纂了剩余的20卷。该书体例为传记，以职官、将弁、客将、团练、绅民、烈女为顺序编纂，没有事迹可考的就列入表中。

《两浙輶轩录》，两浙，指浙西、浙东，即今浙江省全境。"輶轩"为古代使者之车，此集为阮元出任浙江学使时所编，故以之为名。阮元自序言此编之缘起："余督学于浙，乘輶轩采风，非力之所不能为也。爰访遗编，求总集，遍于十一郡。自国初至今，得三千余家，甄而序之，名曰《两浙輶轩录》。"[①] 此编共收录两浙作者3133人，录诗9241首。前38卷按作者生活时代先后排列；卷39为"方外"；卷40为"闺秀"。书中所录作品从顺治时期开始，到乾隆、嘉庆年间截止，"皆取其人已往，可以论定者录之"，"前明遗老，凡已列《明诗综》者，不复录入。其有入本朝至二三十年之久者，间为甄录"。"是选因人存诗，因诗存人。因诗存人，则诗在所详；因人存诗，则诗在所略。"[②] 入录作者皆附小传，注明字号爵里，并说明小传材料之出处。入选的作品，主要以不是很出名的人物为主，较为有名的人物作品偏少。采录的作品，主要从汇编选集、个人单集、他人传抄以及作者手稿选录，字句有差异的作者就加以考辨，择其善者。至于试帖、应制等馆阁之作，一概不予收录。后来潘衍桐仿照此书又编纂了《两浙輶轩续录》。

3. 时代特色

浙江书局存世42年，这期间中国正经历着巨大的变革。社会性质由封建转向半殖民地半封建，资本主义也逐渐出现，人们的社会生活发生着翻天覆地的变化。作为一个出版机构，浙江书局必然会遭受当时社会变革的冲击，这在其所刊印的书籍中就能体现出来。

---

① （清）阮元：《两浙輶轩录·序》，浙江书局光绪十六年本。
② （清）阮元：《两浙輶轩录·凡例》，浙江书局光绪十六年本。

晚清战乱频仍，特别是太平天国运动，使中国的文化典籍遭受巨大的损失，尤其是中国的南方地区。为了恢复以往的文化统治，使士子有书可读，官书局随之诞生，浙江书局也是在此背景下设立的。所以书局创设之初，刊刻书籍主要就是传统的经书，特别是适合科举考试使用的儒家经典著作。从所列的浙江刻书表可以发现随着时间的推移，浙江书局刊刻书籍种类有着明显的变化。

以光绪十八年为界限，浙江官书局刻书出现了前后期不同的迹象。浙江书局早期刊刻书籍主要是四书五经、《小学纂注》《新唐书》《旧唐书》《二十二子》之类的传统书籍，这比较符合书局当初创办之目的，即嘉惠士林。但是随着时间的推移，特别和西方交流加强以及清政府的洋务运动，书局刊刻书籍不再侧重于传统书籍。并且光绪十八年后刊刻图书数量有所减少，在后期的二十余年历史中，所刊图书仅为总数的1/3左右。但是种类开始丰富起来，开始刊刻外国书籍和一些当代的法律条文之类书籍。许家惺这个曾参与戊戌变法大力推广近代教育的学者，在1897年曾经给浙江巡抚上《变通浙江官书局章程议》一文：

> 然时局递嬗风尚日新，士不通今无贵知古，宏览当世之务，旁究西来之义，非有书籍，何能起点。近者广州、天津、武昌、金陵诸刻，暨制造局、同文馆、广学会、益智会、税务司等译印各书，于西政、西艺门径略备。惜限于方隅，流传未广。至若书贾渔利，则往往铅石缩印，居为奇货，字迹模糊，鲁鱼舛错。既耗目力，复累证据，非徒无益而又损之。窃谓浙局亟宜变通成法，取译出之公法、律例、约章、成案、史志、天算、地舆、格致、工艺、兵法、商务等书，择要翻印；而辅以天文、地球、海道、武备各图以导开风气。[①]

许家惺认为随着时代的变迁，浙江书局已经不能把所刻的书籍仅仅局限于传统书籍，应该刊刻一些适应时代所需的西方科技、法律、商务等书籍。事实是浙江书局在许家惺提出此问题之前已经开始尝试印刷与传统书籍不同的著作。在光绪二十二年（1896）也就是许家惺提议的前一年，

---

① 许家惺：《变通浙江官书局章程议》，《经世报》1897年9月，第7册。

浙江书局就石印《外国师船图表》。此后浙江书局应许家惺的提议刊印《武备新书》《日本国志》《算法大成》《日本各学校章程》《理财节略》《各国通商条约》《简便国民教育法》等大量与传统书籍不同的著作。

浙江书局刻书种类由早期的传统书籍向近代科学、法律、课本过渡是其所处的时代造成的。浙江书局所处的短暂历史，是中国近代发生剧烈变化的年代，是中国资产阶级开始发展、壮大最后实现资产阶级革命的历史时期，中国的社会思想正由传统的封建思想向西方的资产阶级思想过渡。体现社会思想变化的一个主要表象就是社会中流通书籍的变化，而作为书籍刊刻发行的机构就担起历史的重任。虽然浙江官书局作为一个官方机构，需要维护官方的利益即维护封建统治思想，但是其仍然不能脱离社会变化，在社会思想文化转型的历史趋势之下刊刻内容也随着改变，这是历史发展的必然趋势。

(三) 浙江官书局刻书种类数量考

浙江官书局从其设立的同治六年（1867）到退出历史舞台的宣统元年（1909），总共走过了42年的历史。在这短暂的四十多年历史中，浙江书局刊刻了大量书籍。但是到底刊刻了多少部书籍，这个问题一直没有解决。下面就此问题进行探讨，希望可以解决疑难之处。

1. 不同刻印种数及形成原因分析

浙江官书局在其短暂的历史中到底刊刻了多少部书籍，目前学术界有几种不同的观点。

首先是潘猛补先生提出的288种说，"以上共辑得浙江书局本352种，其中浙江刻书处10种，代各署各官员刊本30种，补刊本24种，以局名义刊本实为288种"[1]。潘先生是在其文章《浙江官书局刊书编年辑目》一文中提出这种说法的。潘先生在此文中按照编年的形式，把浙江官书局所刻书籍编目，按照其最后所列书目做出统计，得出288种的观点。

其次是顾志兴先生的141种说，"三者合计为141种，这应是浙江书局存世四十余年刊书比较准确的数字"[2]。这个观点是顾先生在其文章

---

[1] 潘猛补：《浙江官书局刊书编年辑目》，《图书馆研究与工作》1992年第3期，第46页。
[2] 顾志兴：《浙江书局始末及其所刊书》，《文献》1990年第1期，第202页。

《浙江书局始末及其所刊书》一文中提出的。但是在顾先生与蒋德闲合著的论文《浙江书局始末及所刊书籍初探》中，认为书局刻书应为145种，"浙江书局所刊书为一百四十五种"①。寿勤泽先生在其著作《浙江出版史研究——民国时期》中，在探讨浙江官书局所刻书籍种类数量时引用的是顾、蒋二人共同的观点，"浙江官书局存世40余年间刊书总数为145种。（据顾志兴、蒋德闲《浙江书局始末及所刊书籍》，载《浙江出版史料》第3辑）"②

再次是柳爱群提出的164种说，"虽是比较笼统的数字，但与164种相对接近，所以推断浙江书局刻书种数160左右"③。柳爱群是在其硕士论文《晚清官书局刻书研究》一文中提出这个观点的。柳爱群所得出的结论是比较模糊的，没有一个确切的数字。但是其观点和顾志兴的还是比较接近的。

最后还有丁申、吴家驹、洪焕春提出的二百多种之说。丁申认为"自丁卯开局，至光绪乙酉凡二十年，先后刊刻二百余种"④。吴家驹和洪焕春的说法源自于丁申的说法，吴家驹在其文章《清季各省官书局考略》一文中提出"至光绪乙酉（1885），凡二十年，刊书达二百余种"⑤。洪焕春在其《浙江文献丛考》一书中认为"浙江官书局自同治六年到光绪十一年（1867—1885），先后刊书达二百多种"⑥。

出现如此情况的原因有三个。第一，浙江书局存世的四十多年历史中，没有明确的刊印书籍记录。书局所刊印的售卖书目中所列书籍有的并不是书局自己所刻，还有部分书局所刻书籍并未列入书局牌记。这就造成了书局所刻书目记载混乱，没有一个确切的统计。第二，浙江书局所印书籍中有部分版片并非书局所刻，这些版本中有的是继承其前身浙江刻书处所遗留的版片，也有从外收购的版片。使用这些版片所刻书籍不应当统计

---

① 顾志兴、蒋德闲：《浙江书局始末及所刊书籍初探》，《中国近代现代出版史学术讨论会文集》，中国书籍出版社1990年版，第233页。
② 寿勤泽：《浙江出版史研究——民国时期》，浙江大学出版社1994年版，第14页。
③ 柳爱群：《晚清官书局刻书研究》，硕士学位论文，北京师范大学，2006年，第13页。
④ （清）丁申：《武林藏书录》，古典文学出版社1957年版，第29页。
⑤ 吴家驹：《清季各省官书局刻书考略》，《文献》1989年第1期，第188页。
⑥ 洪焕春：《浙江文献丛考》，浙江人民出版社1983年版，第111页。

在浙江书局所刻书籍中。但是有些人在统计之时没有辨认清楚。第三，是由于大家的统计方式不统一，所以也就造成一定的误差。例如，书局所刊书籍中《御纂七经》共有7种，《玉海》附刻十三种有13种书籍，《九通》有9种书籍，《五种遗规》有5种书籍。有的统计者把这些书籍按成一部书籍或者几部书籍，这就造成了统计上的差异。

2. 统计刻印种类数量的建议标准

若要解决浙江官书局刻书种类数量这个问题，并达成一致共识，首先必须解决统计的标准，才能够很好地统计出浙江官书局到底刊刻了多少部书籍。在此笔者提出两个原则作为统计数量的标准以供参考。

第一，所统计之书必须为浙江官书局刊印。刊印，即雕版并印刷。这就要求一部书籍从雕版到印刷都必须在浙江官书局完成。如果一部书籍的版片并非浙江官书局雕刻，而是其他人雕刻，但是印刷为书局所为，那么这部书籍不能算做浙江官书局刊印。在浙江官书局印刷的书籍中是存在这种现象的，所以我们在统计的过程用要把这些书籍排除。另外，一些书籍属个人或机构请书局代为刊刻印刷，这类书籍应该统计在内。因为这些书籍虽说不是以浙江官书局名义刊印，但是其工作还是由浙江官书局完成，所刊印之书籍也代表着浙江官书局的特色。

第二，丛书按一部算。浙江官书刻书众多，在其刊印的书籍中，有不少类似丛书但非丛书之书籍，还有一些书籍附刊了一些部头较小的书籍。为了便于统计，把这些类似丛书和附有其他书籍的统统按一部书籍来计算。

第三，待议之书，暂不统计。由于浙江官书局的第一手档案资料匮乏，造成了对书局刊刻书籍研究的困难。特别是对有些书籍的鉴定不能肯定是否为浙江官书局所刊印，或者是没有他证某书确实为浙江官书局所刻。对这些不能断定确实为书局所刊印之书，暂时不进行统计，不把这类书籍归为浙江官书局刊印书籍之列。对此问题，需要注意以下几点。其一，书籍有明确牌记为浙江官书局刊刻的则可进行统计；其二，虽然没有明确牌记，但是有两个或者两个以上的证据证明某书为浙江书局所刊印，则可进行统计。

3. 书局刻印种类数量再分析

在确立统计标准之后，本文接下来就针对书局刻书种类数量这个问题做进一步的探讨，希望能够得到一个比较准确统计数字，以供学人参考。

为了能够把浙江书局所刻书目比较准确地考证出来，本文通过以下方法对书局所刻书目进行了详细的考证。首先是搜集所有关于浙江书局所刻书籍的书目资料，它们是：《浙江官书局书目》《浙江公立图书馆附设印行所书目》《浙江省立图书馆附设印行所书目》《浙江历代版刻书目》《浙江省立图书馆藏书版记》《浙江官书局刊书编年辑目》《浙江书局始末及其所刊书》《浙江书局始末及所刊书籍初探》《浙江出版研究史——民国时期》《中国近现代出版通史》。《浙江官书局书目》是浙江官书局在光绪十八年（1892）所刊刻的售书书目，此书不但罗列其刊印书目，在书目之下还有印刷书籍所用纸张的材质和不同纸质书籍的价格。此书目基本包括了浙江书局在光绪十八年以前所刊刻的书籍，但是这个书目中并非所有书籍都是书局所刊刻的，有部分版片为他人所刻。《浙江公立图书馆附设印行所书目》和《浙江省立图书馆附设印行所书目》是浙江图书馆在民国九年（1920）和民国二十九年（1930）的售书目录。因为浙江官书局并入浙江图书馆后成立了印行所，故浙江图书馆主要使用浙江书局所刊版片印刷售书。这两本目录主要包括了浙江书局所刊刻的书籍，但还有部分是用他人捐赠给图书馆的版片所印书籍，也有部分是图书馆自己雕版印刷的书籍。《浙江省立图书馆藏书版记》一文是时任浙江图书馆馆员毛春翔所写，此文统计了当时浙江图书馆所藏的浙江书局所刻版片。《浙江历代版刻书目》《浙江官书局刊书编年辑目》《浙江书局始末及其所刊书》《浙江书局始末及所刊书籍初探》《浙江出版研究史——民国时期》《中国近现代出版通史》，在这些资料中，作者通过考证列举了浙江书局所刊刻的大部分书籍。通过对以上书目资料的整理和分析，笔者将浙江书局所刊书籍制成图表，附于论文之后。最后为了保证所列浙江书局刊刻书籍资料的准确性，在通过上述资料的相互考证和分析后，还通过国家图书馆和浙江省图书馆的检索系统，对所列书籍进行逐一检索考证。

经过以上步骤的考证，可以确定浙江官书局在其42年的历史中刊刻了大约有175种书籍。在本文的统计中，把《御纂七经》以一种计，《二十二子》以一种计，《玉海附刻十三种》以一种计，得出了175种之说。如果把些类似丛书的书籍分开计，那么总数接近220种。虽然顾志兴和柳爱群的统计基本接近，分别为141种和164种，但他们的统计法是把那些类似丛书的书籍分开计算，所以他们统计的书籍还是漏算不少。笔者认为此次统计的175种之说还是比较接近浙江书局在其历史中所刊刻书籍种类的具体数目。至于丁申说所的二百多种，疑为错误。丁申认为到光绪乙酉年（1885）书局就以刊刻二百多种书籍，实在是很难找到证据，尽管丁申也曾在书局任职。因为浙江书局在光绪十八年（1892）的书目清单中所列书目也只有193种，而且其中还有不少并非为书局所刻。所以丁申的二百多种之说实难令人信服。潘猛补的288种之说，其所列举的书目没有把《二十二子》归为一种，并把一些非浙江书局所刻书籍亦列入其中，所以才会有如此众多之书。潘猛补先生所列的书目经过本人核实和考证，有不少书籍没有他证是浙江书局刊刻，但是我们也不能否认就不是书局所刊，所以在表中仍然列举出来，以供参考。

4. 印售他人版片情况

浙江官书局印售书籍众多，但是在其印售的大量书籍中，也有部分书籍的版片并非书局自己雕刻，而是购买或者是继承，因为具有官方色彩，所以也有部分版片是官府没收他人后获得。在对浙江官书局刻书进行统计之时，发现了其中一些非浙江官书局雕刻，但是仍以浙江官书局名义印售的书籍。在此有必要把这些书籍提出来，以区别于浙江官书局刻本。

《十三经古注》，浙江书局在同治八年（1869）开始印售此书，但是其版片并非书局所刻，书局只是把此套书籍破损的版片进行修补并增刻。关于此版片的由来，有两种观点。第一种是清乾隆覆刻明永怀堂版。此版片由浙江布政使杨昌睿在同治七年为书局所购，"开局中新补刻永怀堂本十三经注，其板旧在萧山某氏，去年杨布政使购得之者，然拙恶多误字，盖即葛本翻刻，不知出谁手也。版颇漫漶，且有阙失，布政使嘱局中诸子校补之，而无原刻可证，因据毛氏注疏本为之修改，转失葛氏之真"①。第二种观点是俞樾提出的，他认为此版为明人旧刻。"永怀堂十三经注乃明崇祯间金千仞蟠、葛靖调鼐两人汇刻，卷首或题明后学金蟠订，或题明后学葛鼐订，盖刻书之资出其人耳。今其版在浙江书局，余取观之，其谬误甚多。"②虽然还不能确定此版到底是明代旧版还是乾隆覆刻，但是可

---

① （清）李慈铭：《越缦堂日记》同治八年九月十六日，浙江公会民国九年本。
② （清）俞樾：《春在堂随笔二》，上海文明书局1922年版，第9页。

以肯定此书的版片并非浙江官书局所刻。因此，在统计之时不应该把此书认定为浙江书局刻印本。

《张氏医书》，此书原名为《张氏医通》，实为丛书。此书为康熙年间张璐、张登、张倬撰，并雕版印售。浙江书局于光绪二十五年获得此套书的版片，用白皂木重刻了一个封面，并改书名为《张氏医书》，"版旧藏绳头巷胡宅，光绪己亥归官书局，封面板一块，官书局重刻，其材为白皂"①。此书共有七种，分别为：《张氏医通》16 卷，《本经逢原》4 卷，《石顽老人诊宗三昧》1 卷，《伤寒绪论》2 卷，《伤寒缵论》2 卷，《伤寒舌鉴》1 卷张登撰，《伤寒兼证析义》1 卷张倬撰。

《章氏遗书》，此书版片也非书局所刻。《章氏遗书》分为两种，分别是《文史通义》和《校雠通义》。此书版片是章学诚之子华绂在道光十二年（1832）所刊。后来版片归绍兴周以均所有，周以均死后，其子和侄子福清商量把章氏原文铲掉改刻周以均的制艺。后来此事被书局的谭献、陶方琦所知，为了保护章氏遗书，二人积极阻止福清的行为，并把此事告知书局。后书局把版片购回，并补刻损坏的内容重新印行发售。因此浙江书局所印刷之《文史通义》与原本相比有补刻之处。②

《邵武徐氏丛书初刻》，原为徐干所刻。书局获得此版片是因为徐干在担任嵊县县令之时由于亏空，版片被没收，流入书局中。"徐小勿先生名干，福建邵武人，历宰上虞嵊县，吏不能欺。喜欢古籍，刊徐氏丛书，中多秘笈。以亏帑项，版输入官，又刻丛书二集，未竟而卒。"③ 从中可以看出，徐干在初集被官府没收之后，又刊刻了二集，但是未完成便去世。而浙江官书局又存有二集之版片，由此可以推测，浙江官书局把徐干未完成的二集版片也收归并雕刻完成。

最后，还有部分书籍可以判断为非书局所刻，但为何人所刻有待考证，有《朱子年谱》《百草堂存稿》《康济录》《易宪》《四书反身录》。

---

① 毛春翔：《浙江省立图书馆藏书版记》，《浙江省立图书馆馆刊》，1935 年 6 月第 3 卷第 3 期，第 11 页。
② 夏定域：《浙江官书局史料》，《图书馆研究与工作》1980 年第 2 期，第 40 页。
③ （清）蒋清翊：《邵武徐氏丛书二刻·花间集·跋》，清光绪年间邵武徐氏刻本。

三　浙江官书局的历史地位和社会作用

（一）保存并传播了古代典籍

近代以来，中国社会进入一个动荡时期，内忧外患连续不断，各种战乱接踵而至，对中国的文化典籍带来了严重损害。特别是在太平天国运动期间，由于主观的人为破坏和战乱本身的水火，使东南地区藏书之家荡然无存，尤以湖北、江苏、湖南、浙江最为严重。除藏书之家受到严重摧毁，江浙地区繁荣的刻书业也受到冲击，因为战乱的原因大量书坊停业，造成市场无书可售的窘境。

太平天国运动结束之后，为了能够恢复以前的文化繁荣，各地相继设立官书局。作为清代学术根据地之一的浙江，也很快地成立自己的官书局，开始刊刻大量质优价廉的书籍。在浙江书局刊刻的这些书籍中，就有原版已经毁坏但印本又较少流传的著述。这些著作经过兵燹之后，面临着失传的危险，但是书局镂板刊印重刊之后，重新流传于世。

浙江书局刊刻的《苏文忠诗编注集成》就是一个代表。道光年间，仁和（今杭州仁和镇）王文浩著成《苏文忠诗编注集成》一书，此书乃各家所注苏诗中最为详尽的一种。但是由于时间久远，"原版已毁，印本无存"[①]。因此在时任书局坐办俞樾的建议下，书局四处求访并得到原书，重加刊行，使此书重新流行于世。

浙江书局除了重新刊刻以保护面临失传危险的一些著作，还通过购买版片保护了一些善本。书局曾印售《章氏遗书》即《文史通义》和《校雠通义》，但此套书籍版片并非书局所刻。关于此书的曲折流传在前文已经有所表述。正是浙江书局把原版购回，才使章学诚两部著作的最好版本得以能够继续流传。

浙江书局曾刊印《续资治通鉴长编》，此书的刊印使这部重要的宋代史料得到更广泛的传播，客观上促进了文化的发展。在书局刻印此书之前，一直到嘉庆时期才有常熟张氏的爱日精庐活字印本。这个活字本是以杭州何梦华传抄文澜阁本为底本，有错误。光绪五年（1879），书局以张

[①] （清）俞樾：《与刘仲良中丞》，《春在堂尺牍》第6卷，益新书局1919年版。

氏活字本为底本,并用文澜阁本校勘,黄傲季等人又用宋史有关文籍加以考核,改正甚多。因此浙江书局所印的这部《续资治通鉴长编》就成为最好的版本。

诸子之学自秦汉之后便日趋衰落,学习的人也更少了。这是因为自汉武帝罢黜百家之后,儒家思想成为主道思想,其他诸子思想逐渐退出历史舞台,治学之人也更少了。古籍流传和学习的人越少,那么其在传抄和重刻的过程中谬误就会不断增多,以至于最后不能卒读。《老子》一书,以魏王弼所做注为最佳,但是在明代的时候已经很少见到,以至于有人认为此书已经亡佚。《墨子》一书自秦以后,研读学习的人更少,导致此书文字内容佶屈聱牙,谬误百出,无人能读,几乎成为绝学。其他诸子之书也因为历史久远或研读之人稀少而缺乏善本,书坊刻书之人不加辨析,以讹传讹,难以为据。但是到清代,考据训诂之风盛行,诸子之书得到重视,开始有大量文人对其著作进行考证、校注。如汪中、毕沅、孙诒让校《墨子》,孙星衍校《孙子》《吴子》,顾广圻校《韩非子》等。因此浙江书局为了能够让诸子之书流传下去,便刊刻了《二十二子》丛书。此套丛书得到世人的赞誉。"清光绪初年由浙江官书局辑印的《二十二子》,注重吸收历代学者,尤其是清代诸家整理和研究诸子书的成果,汇编了历代刊本中较有代表性的精校、精注本。有些子书还附录了有关参考资料。选目精当,刻印尤善,在这一时期所出版的诸子书汇刻本,堪称上乘之作。"[①] 浙江书局在刊印此套丛书时,通过广罗版本,精选善本为底本,还广揽人才参与校勘,大大提高了此套丛书的价值。此套丛书很好地保存和传播了先秦时期诸子的典籍,并能使诸子思想得到广泛的传播。

表3—1—2　　　　　　　浙江书局刊刻《二十二子》所用底本

书名	所据版本、卷数	备注
《老子》魏王弼注	明华亭张氏刻本（二卷）	《道德经》以魏王弼注为最佳,书在明时,行世已鲜,故有学者误以为失传,而实则明万历年间华亭张之象已有刻本。卷首并附唐陆德明释文

[①] 《二十二子·出版说明》,上海古籍出版社1986年版。

续表

书名	所据版本、卷数	备注
《庄子》晋郭象注	明世德堂本（十卷）	其书古注有数十家，而能究其旨者莫如晋郭子元。世传刻本，尤以明顾氏世德堂本为最善，附梓释文，尤便览者
《管子》唐玄龄注	明吴郡赵氏本（二十四卷）	原书86篇，至宋渐亡。万历间，吴郡赵用贤据宋本翻雕，并订正讹夺，遂为善本。《四库》所著录者亦为是本
《荀子》唐杨倞注	嘉善谢氏本（二十卷）	杨注为清乾隆四库馆臣所称，复经卢文弨详校，实为王先谦《荀子集解》未出以前之唯一甲本
《尸子》清汪继培辑	湖海楼本（二卷）	《尸子》原二十篇，至宋全佚。清代任兆麟、惠栋、孙星衍、张宗源等均有辑本。萧山汪继培综合诸家，《尸子》始有善本
《墨子》清毕沅注	灵严山馆本（十六卷）	墨学自秦汉后，归于消歇。清卢文弨、孙星衍二家互校，始稍可诵。毕秋帆复辑唐类书古今传注所引，详加诠释，为孙氏《墨子间诂》行世前之最佳本
《列子》晋张湛注	明世德堂本（八卷）	《列子》虽非真出列御寇手，然为先秦之遗籍，而应为治诸子学者所不废也
《孙子》清孙星衍、吴人骥同校	平津馆本（十三卷）	《孙子》一书行世者为《十家会注》，或多错谬，如称"曹公"为"曹操"。孙星衍用古本校正此书，遂流行
《孔子集语》清孙星衍辑	阳湖孙氏本（十七卷）	世传薛据《孔子集语》二卷。孙星衍惜儒书之阙失，乃博搜群籍，综核同异，增多薛书六七倍而乃名之为《孔子集语》
《晏子春秋》清孙星衍音义	平津馆本（七卷，另音义二卷）	传世《晏子》以明沈启南校刻本为最善，经孙星衍为之整理篇次，添附音义，复由定海黄以周为之作校勘记，遂复其旧
《吕氏春秋》汉高诱注	毕氏本（二十六卷）	先秦遗说多赖《吕氏春秋》保存。经清儒毕沅悉心校雠，并甄采名校勘家卢抱经之戈获，故版本之善，一时无两
《贾谊新书》	卢校本（十卷）	贾谊书，世多有之，惟少善本。卢文弨借助两宋本、三明本、二清本详加雠校付梓后，学者始有所宗

续表

书名	所据版本、卷数	附录
《春秋繁露》	卢校本（十七卷）	行世版本以宋楼钥（钥）校定本为最佳，故《四库》据以著录。卢文弨更博采众本，以成此编，益较库本为佳
《扬子法言》晋李轨注	江都秦氏本（十三卷）	《法言》注家以晋李轨为最古，历经元明翻刻，浸失其旧。清学者秦恩复购得宋椠原本，并以顾广圻、何焯校本互堪，遂为善本
《文字缵义》宋杜道坚撰	殿本（十二卷）	宋道士杜道坚注《文字》书，自下己意则题曰"缵义"。自元以后，传本日稀，独《永乐大典》存其大部。清修《四库》时辑入，复付武英殿活版行世
《黄帝内经》康王冰注	武陵顾氏本（二十四卷）	为先秦诸子托古改制之作，先王遗训，多赖其搜集以有传。另附《灵枢》十二卷，以成完璧
《竹书纪年》徐文靖补笺	丹徒徐氏本（十二卷）	此书远非原来面目。徐文靖补笺，引证诸书，皆著出典，而于地理世系，亦多订正。故乾隆时即以此收入《四库》
《商君书》清严万里校	严氏本（五卷）	《商君书》旧刻多舛误不可卒读，严氏参稽众本，又旁搜群籍，堪正稽纰缪而疑其不可考者，然后焉马鲁鱼，十去三四
《韩非子》附顾广圻《识误》	吴氏影宋干道本（二十卷）	行世版本以吴山尊影宋干道本为最善。末并附有顾千里之《识误》三卷
《淮南子》汉高诱注	武进庄氏本（二十一卷）	据清乾隆末庄逵吉校注本付印。实为近世刘文典《淮南鸿烈集解》行世前之唯一善本
《文中子》唐阮逸注	明世德堂本（十卷）	隋王通门人弟子对问之书，亦名《中说》。因体仿《论语》，致召世讥，然有唐开国元勋多出其门下
《山海经》晋郭璞注	毕氏校正本（十八卷）	郭注为后世所重。清毕沅复新作校注，孙渊如见之，大为叹服，至毁其旧作《山经音义稿》，是其价值之高可想

资料来源：邓文峰：《晚清官书局研究》，博士学位论文，中国社会科学院清史研究所，2003年，第162—163页。

(二) 推动近代文化事业的发展

浙江官书局在推动近代文化事业的发展中主要体现在两个方面。第一是推动了近代图书馆事业的发展，第二是促进了西学在国内的传播。

中国古代藏书业很是发达，在其长期的发展中，逐渐形成了官府藏书、私人藏书、寺观藏书、书院藏书四大藏书系统。官府藏书尤其是宫廷藏书为最好，但是最为发达的当属私人藏书。明清时期私人藏书大为发展，规模不等的大小藏书楼遍布全国各地，其中江南地区最为发达。最著名的私人藏书楼天一阁就在浙江宁波。虽然我国古代公私藏书楼、藏书院所藏书目在数量上相当可观，但其性质和内容上却与近代图书馆有着本质区别。近代图书馆具有开放性，允许众人借阅翻看。但是古代的藏书楼却具有封闭性，楼中所藏书籍仅限于自己阅读。这种做法阻碍了文化的传播，削弱了书籍的作用，不利于社会文化的发展。

晚清以来，近代西方思想开始在中国广泛传播，建设公共图书馆的观念也逐渐传入中国。设立公共藏书楼的呼声开始初涨，一些小规模的公共藏书楼开始相继出现。因此宣统元年（1909），清廷规定：宣统二年（1910），"各省一律开办图书馆"[1]。浙江作为一个文化发达地区，浙江巡抚积极响应，在宣统元年便上奏浙江图书馆的创建方案。浙江官书局对浙江图书馆的创建起着重大的作用。浙江图书馆成立之初，浙江官书局是图书的重要组成部分之一。"查省城旧有官书局，刊布经史子集百数十种。近年专事印刷版籍，未能扩充。前学臣张亨嘉所设藏书楼，规制粗具，收藏亦憾无多，均未足以餍承学之士。兹议一并归入图书馆，以为基础。"[2] 浙江图书馆就是由浙江官书局和浙江藏书楼合并而创建的。在浙江图书馆创办的初期，其主要的经费来源之一就是原浙江官书局的经费。"此项购书建馆经费，暨员司薪水、杂支，拟先就官书局暨藏书楼常年额支各款拨充应用，倘有不敷，再行饬有司筹拨款，撙节动用。"[3] 因此在浙江图

---

[1]《学部奏分年筹备事宜折》，《中国古代藏书与近代图书馆史料——春秋至五四前后》，中华书局1982年版，第128页。

[2]《浙江巡抚增韫奏创建浙江图书馆归并扩充折》，《中国古代藏书与近代图书馆史料——春秋至五四前后》，中华书局1982年版，第148页。

[3]《浙江图书馆志》，中华书局2000年版，第221页。

馆创办过程中，浙江官书局发挥了不可替代的作用，可谓居功至伟。

除了对公共图书馆的发展做出了巨大贡献之外，对高校图书馆的建设，浙江官书局也有着一定的功劳。京师大学堂即现在的北京大学在成立之初，要设立图书馆，但是资源匮乏，没有足够的图书。为此浙江官书局响应抚院的号召，迅速筹集了73种共计406部书籍运送到北京。

浙江官书局的创立目的和其他书局一样，都是为振兴封建文教。但是随着时间的推移，浙江书局难免受到社会发展的影响，其刊刻书籍不再仅仅局限于传统的经史子集，也开始翻译刊印外国书籍。随着西方先进印刷技术的传入，浙江书局也尝试先进的石印技术印刷书籍。浙江书局的这些举动为西学的传播起到了推动的作用。

受时代发展的影响，浙江书局在光绪二十三年（1897）之后开始翻译刊刻许多日本和欧美的书籍。这些书籍中关于日本的书籍有《日本国志》《日本各学校章程》《日本武学兵队各校纪略》《日本陆军大学校》等。翻译印售的书籍有《外国师船图标》、《简便国民教育法》（日本清水直义）、《地理学举隅》（日本中村五六）、《蚕桑新法》（法国巴斯德）等。浙江书局之所以刊印如此之多的日本书籍是有历史背景的。光绪二十三年，中日甲午战争两年之后，国人开始学习日本，希望中国也能够摆脱殖民统治。书局还刊印了《算法大成》这样的教材。

中国传统的书籍印刷主要以雕版印刷为主，但是随着中西文化交流的深入，西方一些先进的科技被我们引进。石印技术就是其中一种。石印属于平版印书，其法是以天然多微孔的石印石做版材，利用水油相拒的原理，用脂肪性转写墨直接把图文描绘在石面上，或通过转写纸转印于石面，经过处理，制成印版。石印的特点就是简单易行，无需太多资金，出书快捷。作为出版机构，浙江书局也引进了此项技术，并印制了《外国师船图标》一书。纵观浙江书局所有印刷的书籍，只有此一部记载为石印，其他均为雕版。浙江书局虽没有广泛应用石印技术印刷书籍，但是已经开始尝试使用石印技术，说明西方科技已经开始在国内广为传播。

四 浙江官书局刻印图书书目、
用纸、板材、版式概览

记录和整理浙江官书局刻印书籍的书目不少，但是这些书目都不完整。例如，书局在光绪十八年所刻印的书目，其主要内容是书局在光绪十八年前售卖的书目，目录内容也包含着售书的用纸和价格。《浙江官书局刊书编年辑目》一文，列出了书局刊印书籍的目录，但是考证不精，存在错误。《浙江书局始末及所刊书籍初探》一文也列出了书局所刻书目，但是并不详细，只是列举了光绪后期书局所刻书目。为弥补这个缺憾，笔者通过对比和分析《浙江官书局书目》《浙江公立图书馆附设印行所书目》《浙江省立图书馆附设印行所书目》《浙江历代版刻书目》《浙江省立图书馆藏书版记》《浙江官书局刊书编年辑目》《浙江书局始末及其所刊书》《浙江书局始末及所刊书籍初探》《浙江出版研究史——民国时期》《中国近现代出版通史》这些著作和文章中记载的关于书局刻印书籍的资料，另外还通过对国家图书馆、浙江图书馆等图书的电子检索系统对照，整理出来一个比较详细的目录。

目录以表格形式列出，表格内容主要包括书目、卷数、刊刻年代、板材以及版式。书目的大部分书籍都得到考证，可以确定为书局刊刻，对部分没有他证的书籍仍然列出。需要明确指出的是关于印书用纸一栏中的统计。印书用纸所根据的是《浙江官书局书目》，这些用纸仅限于光绪十八年前所印书籍。光绪十八年后所用纸质，由于资料缺乏，暂不能考证。虽然《浙江公立图书馆附设印行所书目》《浙江省立图书馆附设印行所书目》这两部目录同样记录了印书所用纸质，但这是书局并入浙江图书馆后的情况，不能算作书局印书用纸。确实有不少人误认为这些资料中统计的用纸仍然为书局所有。关于版式的统计，并非对所有书籍都做了统计，没有记录的是因为没法见到此部书籍，所有暂时无法统计。

对书目进行详细整理，主要有以下几个原因：第一，便于统计书局刻印书籍种类数量。只有把书局刻印书籍的书目详细整理后，才能比较完整地统计出书局所刻印书籍的种类书目。第二，便于对浙江官书局所刻书籍进行鉴定。通过对书局所刻书籍的版式和用纸进行详细统计，对书局刻书的鉴定提供依据。书局所刻书籍距今最远已经有一百四十多年的历史，在现代来说已经属于古籍。而且由于书局刻印书籍种类数量巨大，流通比较广泛，因此可以为鉴定书籍提供一定的依据。

表 3—1—3　　　　　　　　　　浙江官书局刊书

书名	卷数	刊刻时间	类别	印刷纸质	版片情况	备注
周易折中	十二卷	同治六年（1867）	经	七种书均为赛连纸、连史纸、毛太纸	刻本，乙种梨版，共计6128片	半页11行，行24字，小字双行同。白口，左右双边，单鱼尾；此七种书又合称《御纂七经》或《钦定七经》
春秋传说汇纂	三十八卷	同治六年（1867）	经	^	^	^
仪礼义疏	四十八卷	同治六年（1867）	经	^	^	^
礼记义疏	八十二卷	同治六年（1867）	经	^	^	^
周官义疏	四十八卷	同治七年（1868）	经	^	^	^
书经传说汇纂	二十四卷	同治七年（1868）	经	^	^	^
诗经传说汇纂，附序	二十一卷，序二卷	同治七年（1868）	经	^	^	^
圣谕十六条附律易解	一卷	同治七年（1868）		连史纸、毛太纸	刻本	
纲鉴正史约	三十六卷	同治八年（1869）	史	赛连纸、连史纸、毛太纸	刻本，甲种梨版，共计893片	半页11行，行20字，小字双行同。白口，左右双边，单鱼尾
诗义折中	二十卷	同治九年（1870）	经		刻本，甲种梨版，共252片	
三鱼堂日记，附外集	十卷，外集六卷	同治九年（1870）	集			半页10行，行22字。四周双边，黑口，单鱼尾

续表

书名	卷数	刊刻时间	类别	印刷纸质	版片情况	备注
御批历代通鉴辑览	一百二十卷	同治十年（1871）	史	官堆纸、连史纸、赛连纸	刻本套印，梨版，红色套版2807片，套版2252片	半页11行，行22字，小字双行同。白口，四周双边，单鱼尾。此书为朱墨套印为重刊本，又称为《御纂通鉴辑览》
旧唐书	二百卷	同治十一年（1872）	史	官堆纸、连史纸、赛连纸	刻本，甲种梨版，共计1975片	半页12行，行25字。白口，左右双边，单鱼尾
大学衍义	四十三卷	同治十一年（1872）	子	赛连纸、连史纸、毛太纸	刻本，梨版，共416片	半页10行，行20字，小字双行同。白口，左右双边，单鱼尾
实政录	七卷	同治十一年（1872）	史	赛连纸、连史纸、毛太纸	刻本	半页9行，行22字。白口，左右双边，单鱼尾
绎志	十九卷	同治十一年（1872）	史	赛连纸、连史纸、毛太纸	刻本，梨版，共349片	半页10行，行21字。白口，左右双边，单鱼尾
小学纂注	六卷	同治十一年（1872）	经	赛连纸、连史纸、毛太纸	刻本，梨版，共101片	半页10行，行22字。白口，四周双边，单鱼尾
文庙通考	六卷	同治十一年（1872）	史	连史纸、赛连纸、毛太纸	刻本，梨版，共102片	半页10行，行21字。白口，左右双边，单鱼尾
新唐书	二百二十五卷	同治十二年（1873）	史	官堆纸、连史纸、赛连纸	刻本，甲种梨版，共1933片	半页12行，行25字。白口，左右双边，单鱼尾
唐书释音	二卷	同治十二年（1873）	史	连史纸、赛连纸、毛太纸	刻本，甲种梨版，45片	

续表

书名	卷数	刊刻时间	类别	印刷纸质	版片情况	备注
古文渊鉴	六十四卷	同治十二年（1873）	集	连史纸、赛连纸、毛太纸	刻本，梨版，共1388片	半页9行，行20字，小字双行同。黑口，四周单边，双鱼尾。此书又称《御批古文渊鉴》
沈端恪公遗书、年谱	四卷	同治十二年（1873）	集	连史纸、赛连纸、毛太纸	刻本，梨版，共79片	半页10行，行22字，小字双行同。白口，左右双边，单鱼尾。此书为两种，分为励志录两卷和年谱两卷
图民录	四卷	同治十二年（1873）	史	赛连纸、连史纸、毛太纸	刻本，白皂板，共64片	半页9行，行21字。黑口，四周双边，单鱼尾
周季编略	九卷	同治十二年（1873）	史	赛连纸、连史纸、毛太纸	刻本，梨版，共230片	半页9行，行22字，小字双行同。白口，左右双边，单鱼尾
农候杂占	四卷	同治十二年（1873）	子			半页9行，行22字。白口，左右双边，单鱼尾
平浙纪略	十六卷	同治十二年（1873）	史	赛连纸、连史纸、毛太纸	刻本，梨版，共173片	半页10行，行23字。白口，四周双边，单鱼尾
宋史	四百九十六卷	光绪元年（1875）	史	官堆纸、连史纸、赛连纸	刻本，甲种梨版，共4554片	半页12行，行25字。白口，左右双边，单鱼尾
湖山便览	十二卷	光绪元年（1875）	史	赛连纸、连史纸、毛太纸	刻本，梨版，共268片	半页9行，行22字，小字双行同。黑口，左右双边，无鱼尾

续表

书名	卷数	刊刻时间	类别	印刷纸质	版片情况	备注
晏子春秋，附音义、校勘	七卷，二音义卷，校勘二卷	光绪元年（1875）	子	赛连纸、连史纸、毛太纸	刻本，梨版，二十二种书共用版片3360片	半页9行，行21字，小字双行同。白口，左右双边，单鱼尾。此二十二种书合称《二十二子》，光绪二十七年重新进行了校勘补刻，故又有光绪二十七年版之说
新书	十卷	光绪元年（1875）	子	赛连纸、连史纸、毛太纸		
韩非子，附识误	二十卷，识误三卷	光绪元年（1875）	子	赛连纸、连史纸、毛太纸		
吕氏春秋，附考	二十六卷，考一卷	光绪元年（1875）	子	赛连纸、连史纸、毛太纸		
老子道德经，附音义	二卷，音义一卷	光绪元年（1875）	子	赛连纸、连史纸、毛太纸		
董子春秋繁露，附附录	十七卷，附录一卷	光绪二年（1876）	子	赛连纸、连史纸、毛太纸		
荀子，附校勘遗编	二十卷，校勘遗编一卷	光绪二年（1876）	子	赛连纸、连史纸、毛太纸	刻本，梨版，二十二种书共用版片3360片	此二十二种书合称《二十二子》
扬子法言，附音义	十三卷，音义一卷	光绪二年（1876）	子	赛连纸、连史纸、毛太纸		
文中子中说	十卷	光绪二年（1876）	子	赛连纸、连史纸、毛太纸		
管子	二十四卷	光绪二年（1876）	子	赛连纸、连史纸、毛太纸		

续表

书名	卷数	刊刻时间	类别	印刷纸质	版片情况	备注
商君书，附考	五卷，考一卷	光绪二年（1876）	子	赛连纸、连史纸、毛太纸		
墨子，附篇目考	十五卷，篇目考一卷	光绪二年（1876）	子	赛连纸、连史纸、毛太纸		
淮南子	二十一卷	光绪二年（1876）	子	赛连纸、连史纸、毛太纸		
庄子	十卷	光绪二年（1876）	子	赛连纸、连史纸、毛太纸		
列子	八卷	光绪二年（1876）	子	赛连纸、连史纸、毛太纸		
竹书纪年统笺，附前编、杂述	十二卷，前编、杂述各一卷	光绪三年（1877）	子	赛连纸、连史纸、毛太纸		
孔子集语	十七卷	光绪三年（1877）	子	赛连纸、连史纸、毛太纸		
孙子十家注，附叙录	十三卷，叙录一卷	光绪三年（1877）	子	赛连纸、连史纸、毛太纸		
黄帝内经素问、灵枢附素问遗篇	素问二十四卷，灵枢十二卷，遗篇一卷	光绪三年（1877）	子	赛连纸、连史纸、毛太纸		
尸子，附存疑	二卷，存疑一卷	光绪三年（1877）	子	赛连纸、连史纸、毛太纸		

续表

书名	卷数	刊刻时间	类别	印刷纸质	版片情况	备注
山海经	十八卷	光绪三年（1877）	子	赛连纸、连史纸、毛太纸		
文子缵义	十二卷	光绪三年（1877）	子	赛连纸、连史纸、毛太纸		
十驾斋养新录，余录，自编年谱	二十卷，余录三卷，年谱一卷	光绪二年（1876）	子	赛连纸、连史纸、毛太纸	刻本，梨版，共334片	半页10行，行23字，小字双行同。白口，左右双边，单鱼尾
吴山伍公庙志，附溧阳县志，史真义女祠庙录	庙志六卷，县志一卷，庙录一卷	光绪二年（1876）	史	赛连纸、连史纸、毛太纸	刻本，梨版，共78片	半页10行，行21字。白口，左右双边，单鱼尾
唐宋文醇	五十八卷	光绪三年（1877）	集	赛连纸、连史纸、毛太纸	刻本，梨版，共808片	半页9行，行22字。白口，左右双边，单鱼尾
重刊补注洗冤录集证	八卷	光绪三年（1877）	子	连史纸、赛连纸	刻本，薄梨版共388片，红板105片，蓝板89片，黄板16片	四色套印，半页10行，行18字，小字双行同。白口，左右双边，单鱼尾
西湖志	四十八卷	光绪四年（1878）	史	毛太纸、连史纸、赛连纸	刻本，甲种梨版，共1042片	半页9行，行21字。白口，左右双边，单鱼尾
浙西水利备考	八卷	光绪四年（1878）	史	毛太纸、连史纸、赛连纸	刻本，梨版，共180片。红色版在黑板反面	朱墨套印。半页9行，行23字，小字双行同。白口，四周单边，单鱼尾

续表

书名	卷数	刊刻时间	类别	印刷纸质	版片情况	备注
南湖考，附事略、志考	一卷	光绪四年（1878）	史	毛太纸、连史纸、赛连纸	刻本，梨版，共26片	半页10行，行21字，小字双行同。白口，左右双边，单鱼尾
岳庙志略	十卷	光绪五年（1879）	史	毛太纸、连史纸、赛连纸	刻本，梨版，共160片	半页9行，行21字。白口，左右双边，单鱼尾
理学宗传	二十六卷	光绪六年（1880）	子	毛太纸、连史纸、赛连纸	刻本，梨版，共544片	半页9行，行20字。白口，左右双边，单鱼尾
唐宋诗醇	四十七卷	光绪七年（1881）	集	赛连纸、连史纸、毛太纸	刻本，梨版，共944片	半页9行，行19字。白口，左右双边，单鱼尾
台湾杂咏合刻	一卷	光绪七年（1881）	集		刻本，梨版，共21片	
续资治通鉴长编，附目录	五百二十卷，目录二卷	光绪七年（1881）	史	官堆纸、连史纸、赛连纸	刻本，甲种梨版，共5163片	半页12行，行21字，小字双行同。白口，左右双边，单鱼尾
清通典	一百卷	光绪八年（1882）	史	官堆纸、连史纸、赛连纸	三种书籍合称《清三通》，刻本印刷，梨版，共8549片	《清通志》《清文献通考》为半页9行，行18字，小字双行同。白口，左右双边，单鱼尾。《清通典》为9行21字小字双行同白口左右双边单鱼尾。三种书又称为《钦定皇朝三通》
清通志	二百卷	光绪八年（1882）	史	官堆纸、连史纸、赛连纸		
清文献通考	三百卷	光绪八年（1882）	史	官堆纸、连史纸、赛连纸		

续表

书名	卷数	刊刻时间	类别	印刷纸质	版片情况	备注
玉海，附词学指南	二百卷，指南四卷	光绪九年（1883）	子	官堆纸、连史纸、赛连纸	刻本，梨版共计3912片	半页10行，行20字，小字双行同。白口，左右双边，单鱼尾
诗考	一卷	光绪九年（1883）		赛连纸、连史纸、毛太纸	刻本，梨版共计1142片	半页10行，行20字，小字双行同。白口，左右双边，单鱼尾。此十三种书为《玉海》附刻，此十三种书后另附有《王深宁先生年谱》1卷，《校补玉海琐记》2卷
诗地理考	六卷	光绪九年（1883）		赛连纸、连史纸、毛太纸		
汉艺文志考证	十卷	光绪九年（1883）		赛连纸、连史纸、毛太纸		
通鉴地理通释	十四卷	光绪九年（1883）		赛连纸、连史纸、毛太纸		
周书王会补注	一卷	光绪九年（1883）		赛连纸、连史纸、毛太纸		
践阼篇集解	一卷	光绪九年（1883）		赛连纸、连史纸、毛太纸		
急就篇	四卷	光绪九年（1883）		赛连纸、连史纸、毛太纸		
汉制考	四卷	光绪九年（1883）		赛连纸、连史纸、毛太纸		
小学绀珠	十卷	光绪九年（1883）		赛连纸、连史纸、毛太纸		

续表

书名	卷数	刊刻时间	类别	印刷纸质	版片情况	备注
姓氏急就篇	二卷	光绪九年（1883）		赛连纸、连史纸、毛太纸		
六经天文编	二卷	光绪九年（1883）		赛连纸、连史纸、毛太纸		
周易郑康成注	一卷	光绪九年（1883）		赛连纸、连史纸、毛太纸		
通鉴答问	五卷	光绪九年（1883）		赛连纸、连史纸、毛太纸		
王深宁先生年谱	一卷	光绪十六年（1890）		毛太纸		
金陀粹编	二十八卷	光绪九年（1883）	史	赛连纸、连史纸、毛太纸	刻本，梨版，共计469片	半页9行，行21字。白口，左右双边，单鱼尾
金陀续编	三十卷	光绪九年（1883）	史	赛连纸、连史纸、毛太纸	刻本	半页9行，行21字。白口，左右双边，单鱼尾
论语古训	十卷	光绪九年（1883）	经	赛连纸、连史纸、毛太纸	刻本，甲种梨版，共计103片	半页10行，行21字，小字双行同。白口，左右双边，单鱼尾
论语后案	二十卷	光绪九年（1883）	经	赛连纸、连史纸、毛太纸	刻本，梨版，共计426片	半页9行，行22字。白口，左右双边，单鱼尾
续资治通鉴长编拾补	六十卷	光绪九年（1883）	史	官堆纸、连史纸、赛连纸	刻本，甲种梨版，共计658片	半页12行，行21字，小字双行同。白口，左右双边，单鱼尾

续表

书名	卷数	刊刻时间	类别	印刷纸质	版片情况	备注
藩部要略，附藩部世系表	十八卷，表四卷	光绪十年（1884）	史	赛连纸、连史纸、毛太纸	刻本，梨版，共计338片	半页10行，行21字。白口，左右双边，单鱼尾
肆献祼馈食礼	三卷	光绪十一年（1885）	经	赛连纸、连史纸、毛太纸	刻本，乙种梨版，共计47片	半页9行，行22字，小字双行同。白口，四周单边，单鱼尾
王文成公全书	三十八卷	同光年间（1875—1891）	集	赛连纸、连史纸、毛太纸	刻本，梨版，共计1096片	半页9行，行21字。白口，左右双边，单鱼尾
续通典	一百五十卷	光绪十二年（1886）	史	官堆纸、连史纸、赛连纸	三种书均为刻本，梨版，三种书共计12987片	半页9行，行21字，小字双行同。白口，左右双边，单鱼尾。三种书又合称《续三通》
续通志	六百四十卷	光绪十二年（1886）	史	官堆纸、连史纸、赛连纸		
续文献通考	二百五十二卷	光绪十三年（1887）	史	官堆纸、连史纸、赛连纸		
素问直解	九卷	光绪十三年（1887）	子	赛连纸、连史纸、毛太纸	刻本，梨版，共计316片	半页9行，行20字，小字双行同。白口，四周双边，单鱼尾
孔孟编年	四卷	光绪十三年（1887）	史	赛连纸、连史纸、毛太纸	刻本，梨版，共88片	半页10行，行22字，小字双行同。白口，左右双边，单鱼尾
夏小正通释	一卷	光绪十三年（1887）	经	赛连纸、连史纸、毛太纸	刻本，梨版，共29片	半页10行，行22字，小字双行同。黑口，左右双边，单鱼尾

续表

书名	卷数	刊刻时间	类别	印刷纸质	版片情况	备注
小学考	五十卷	光绪十四年（1888）	史	赛连纸、连史纸、毛太纸	刻本，甲种梨版，共639片	半页11行，行21字。右双边，单鱼尾
郑氏佚书	七十九卷	光绪十四年（1888）	经	赛连纸、连史纸、毛太纸	刻本，甲种梨版，共441片	半页10行，行21字，小字双行同。黑口，左右双边，单鱼尾
	《郑氏佚书》共有22种，分别是《易注》9卷，《尚书注》9卷，《尚书中侯注》1卷，《尚书大传注》3卷，《尚书五行传注》1卷，《尚书略说注》1卷，《诗谱》3卷，《三礼目录》1卷，《丧服变除》1卷，《鲁礼禘祫义》1卷，《答临硕难礼》1卷，《箴膏肓》1卷，《释废疾》1卷，《发墨守》1卷，《春秋传服氏注》12卷，《孝经注》1卷，《论语注》10卷，《孔子弟子目录》1卷，《驳五经异义》10卷，《六艺论》1卷，《郑志》8卷，《郑记》1卷。令附《郑君纪年》1卷					
苏文忠公诗编注集成	一百零三卷	光绪十四年（1888）	集	赛连纸、连史纸、毛太纸	刻本，甲种梨版，共999片	半页11行，行30字，小字双行同，白口，左右双边，单鱼尾
韵山堂诗集	七卷	光绪十四年（1888）	集		刻本，梨版，共65片	半页11行，行30字。白口，左右双边，单鱼尾
武经，附集要	九卷，集要一卷	光绪十五年（1889）	子	连史纸、赛连纸	刻本，梨版，共44片	半页9行，行20字，小字双行同。白口，左右双边，单鱼尾。《武经》分为三种书，分别是《魏武帝孙子》3卷，《吴子》2卷，《司马法》3卷

续表

书名	卷数	刊刻时间	类别	印刷纸质	版片情况	备注
两浙防护录	不分卷	光绪十五年（1889）	史	赛连纸、连史纸、毛太纸	刻本，乙种梨版，共126片	半页10行，行23字。黑口，左右双边，又称《两浙防护陵寝祠墓录》
瘟疫条辨摘要，附风温简便方金疮铁扇散方	二卷	光绪十五年（1889）	子	毛太纸	刻本，乙种梨版，共47片	半页9行，行24字，小字小双行同。白口，左双边，单鱼尾
两浙金石志，附补遗	十八卷，补遗一卷	光绪十六年（1890）	史	赛连纸、连史纸、毛太纸	刻本，梨版，共490片	半页11行，行22字。白口，左右双边，单鱼尾
两浙輏轩录，附补遗	四十卷，补遗十卷	光绪十六年（1890）	集	赛连纸、连史纸、毛太纸	刻本，梨版，共1459片	半页12行，行23字，小字双行同。白口，左右双边，单鱼尾
素问集注	九卷	光绪十六年（1890）	子	赛连纸、连史纸、毛太纸	刻本，梨版，共343片	半页9行，行10字，小字双行同。白口，四周双边，单鱼尾
灵枢集注	九卷	光绪十六年（1890）	子		刻本，梨版，共381片	
儒门法语辑要	一卷	光绪十六年（1890）	子	赛连纸、连史纸、毛太纸	刻本，梨版，共42片	半页10行，行21字。白口，四周双边，单鱼尾
朱子论语集注训诂考	二卷	光绪十七年（1891）	经		刻本，梨版，共64片	半页10行，行20字。黑口，四周双边，双鱼尾

续表

书名	卷数	刊刻时间	类别	印刷纸质	版片情况	备注
通典	二百卷		史	官堆纸、连史纸、赛连纸		刻印于光绪十七年（1891），后与《文献通考》《通志》和出，又改为光绪丙申年，即光绪二十二年（1896），注：考证卷末有缺页。半页9行，行21字，小字双行同。白口，左右双边，单鱼尾。牌记题光绪丙申年四月浙江书局刊，序及卷1—2有朱笔圈点，墨笔眉批，每卷卷末镌浙江书局刻及校字人名半页。9行21字，小字双行同。白口，左右双边，单鱼尾。牌记题光绪十七年浙江书局刊
两浙輶轩续录、补遗	五十四卷，补遗六卷	光绪十七年（1891）	集	赛连纸、连史纸、毛太纸	刻本，梨木，共2054片	半页12行，行23字，小字双行同。白口，左右双边，单鱼尾
尔雅正郭	三卷	光绪十七年（1891）	经	赛连纸、连史纸、毛太纸	刻本，梨木，共54片	半页10行，行20字。白口，四周双边，单鱼尾

续表

书名	卷数	刊刻时间	类别	印刷纸质	版片情况	备注
缉雅堂诗话	二卷	光绪十七年（1891）	集	赛连纸、连史纸、毛太纸	刻本，梨木，共33片	半页10行，行20字。四周双边，黑口。浙江书局代浙江使院刻
劝善要言	一卷	光绪十七年（1891）		连史纸	刻本	
唐鉴	二十四卷	光绪十八年（1892）	史	官堆纸、赛连纸、连史纸	刻本，梨版，共176片	半页9行，行18字，小字双行同。黑口，左右双边，双鱼尾。书名页及版心题唐鉴；9行18字小字双行同黑口左右双边双鱼尾。又名《东莱先生音注唐鉴》
四书集注	二十六卷	光绪十八年（1892）	经		刻本，甲种梨版，共237片	
尚书考异	六十卷	光绪十八年（1892）	经	赛连纸、连史纸、毛太纸	刻本，乙种梨版，共112片	半页10行，行20字。白口，左右双边，单鱼尾
佩文诗韵释要	五卷	光绪十八年（1892）	经	赛连纸、连史纸、毛太纸	刻本，梨版，共47片	半页9行，行27字，小字双行37字。白口，四周双边，单鱼尾
赵恭毅公剩稿	八卷	光绪十八年（1892）	集		刻本，梨版，共306片	半页12行，行24字。黑口，四周双边，双鱼尾

续表

书名	卷数	刊刻时间	类别	印刷纸质	版片情况	备注
审看拟式	四卷	光绪十八年（1892）	史	赛连纸、连史纸、毛太纸	刻本，梨版，共68片	
浙受存愚	二卷	光绪十八年（1892）	集	赛连纸、连史纸、毛太纸	刻本，乙种梨版，共51片	半页10行，行20字。白口，四周双边，单鱼尾
入幕须知	九卷	光绪十八年（1892）	史	赛连纸、连史纸、毛太纸	刻本，梨版，共178片	半页10行，行20字，小字双行同。白口，四周双边，单鱼尾。此书分为五种，《幕学举要》1卷，《佐治药言》1卷，《续佐治药言》1卷，《学治臆说》2卷，"续说"1卷，"说赘"1卷，《办案要略》1卷，《刑幕要略》1卷。另附《赘言十则》
浙江官书局书目		光绪十八年（1892）	史		刻本	朱印。半页7行，字数不等。白口，四周单边
壶园试帖	二卷	光绪十九年（1893）		连史纸	刻本	半页8行，行19字，小字双行同。白口，四周双边，单鱼尾
小学韵语	一卷	光绪十八年前	子	赛连纸、连史纸、毛太纸	刻本，梨版，34片	行款字数不等。白口，四周双边，单鱼尾

续表

书名	卷数	刊刻时间	类别	印刷纸质	版片情况	备注
浙江全省舆图	一张	同治年间		连史纸	刻本，梨版，1片	单色；93cm×51cm
浙江海塘新图	一张	光绪年间		连史纸	刻本，梨版，1片	单色；53cm×62cm
浙江省恒城厢总图	一张			料半纸	刻本，梨版，1片	
浙江省恒城厢分图	七十九张			连史纸	刻本，梨版，79片	
浙江省恒坊巷全图	一张			连史纸	刻本，梨版，1片	
浙江省恒水利全图	一张			料半纸	刻本，梨版，1片	
浙江贡院图	一张			连史纸	刻本	
五经	五十八卷	光绪十九年（1893）	经		刻本，甲种梨版，共1201片	《五经》所包含的五种书籍为：《易本义》4卷，《书集传》6卷，《诗集传》8卷，《礼记集说》10卷，《春秋左传杜注补辑》30卷
胡端敏公奏议，附校勘记	十卷，校勘记十卷	光绪十九年（1893）	史		刻本，梨版，共193片	半页9行，行21字。白口，左右双边，单鱼尾
读书堂彩衣全集	四十六卷	光绪十九年（1893）	集		刻本，梨版，共470片	又称《读书堂全集》，半页12行，行24字，小字双行同。黑口，四周双边，双鱼尾

续表

书名	卷数	刊刻时间	类别	印刷纸质	版片情况	备注
先圣生卒年月日考	二卷	光绪十九年（1893）	史	官堆纸、连史纸、毛太纸	刻本，材质不详，共33片	半页10行，行21字，小字双行同。黑口，左右双边，双鱼尾
先正遗规	四卷	光绪十九年（1893）	史	官堆纸、连史纸、毛太纸	刻本，梨版，共86片	半页11行，行22字，小字双行同。黑口，左右双边，双鱼尾
钱南园遗集	五卷	光绪十九年（1893）	集		刻本，梨版，共97片	半页10行，行21字。左右双边，白口，单鱼尾
杭州八旗驻防营志略	二十五卷	光绪十九年（1893）	史	赛连纸、连史纸、毛太纸	刻本，梨版，共239片	半页10行，行20字，小字双行同。白口，四周双边，单鱼尾
四书约旨，附《孟子考略》	十九卷，《考略》一卷	光绪二十年（1894）	经	官堆纸、连史纸、毛太纸		半页12行，行22字。黑口，左右双边，双鱼尾
续纂两浙盐法备考	不分卷	光绪二十四年（1898）	史		刻本	半页9行，行21字。白口，四周双边，单鱼尾
上谕内阁	一百五十九卷	光绪二十一年（1895）至光绪二十四年（1898）	史		刻本，梨版，共1997片	又名《世宗宪皇帝谕旨》。半页11行，行21字。白口，四周双边，单鱼尾。此书开雕于光绪二十一年，完成于光绪二十四年。"牌记题光绪乙未春浙江官书局敬摹重刊"

续表

书名	卷数	刊刻时间	类别	印刷纸质	版片情况	备注
古今储贰金鉴	六卷	光绪二十一年（1895）	史	连史纸	刻本，梨版，共87片	半页8行，行21字，小字双行同。白口，四周双边，单鱼尾
续礼记集说	一百卷	光绪二十一年（1895）至光绪三十年（1904）	经		刻本，乙种梨版，共1560片	半页10行，行21字。白口，左右双边，单鱼尾。"牌记题浙江书局光绪乙未冬开雕甲辰秋工竣"
五种遗规	十七卷	光绪二十一年（1895）	史	赛连纸、连史纸、毛太纸	刻本，梨版，共522片	半页9行，行20字。白口，左右双边，单鱼尾。此套书分五种为：《养正遗规》2卷，补编1卷；《教女遗规》3卷；《训俗遗规》4卷，补编1卷；《从政遗规》2卷；《在官法戒录》4卷
通志	二百卷	光绪二十二年（1896）	史		刻本，梨版，《三通》共用版片14668片	半页9行，行21字，小字双行同。白口，左右双边，单鱼尾
文献通考	三百四十八卷	光绪二十二年（1896）	史			

续表

书名	卷数	刊刻时间	类别	印刷纸质	版片情况	备注
沈氏三先生文集	六十一卷	光绪二十二年（1896）	集		刻本，梨版，共 343 片	半页 9 行，行 21 字，小字双行同。白口，左右双边，单鱼尾。这个部文集收录了沈遘《西溪集》10 卷，沈括《长兴集》41 卷，沈辽《云巢编》10 卷
外国师船图表	十二卷	光绪二十二年（1896）			石印	半页 12 行，行 29 字，小字双行同。白口，四周单边，单鱼尾。师船表 8 卷，杂说 3 卷，图 1 卷
经义考	二百卷	光绪二十三年（1897）	史		刻本，甲种梨版，共 2106 片	半页 12 行，行 23 字。白口，左右双边，单鱼尾
武备新书	十种	光绪二十三年（1897）	子		刻本，梨版，共 116 片	半页 12 行，行 25 字，小字双行同。白口，左右双边，单鱼尾。十种书为：1. 行营防守学；2. 步队工程学：1 卷；3. 步队操法摘要：1 卷；4. 施放炮书；5. 施放行营炮章程；6. 测量学摘要：1 卷；7. 瞄准要法。8. 格鲁森五十三七米粒密达快放炮操法：1 卷；9. 毛瑟枪学：1 卷；10. 新式毛瑟快枪学：1 卷

续表

书名	卷数	刊刻时间	类别	印刷纸质	版片情况	备注
董公选要览，附附录	一卷，附录一卷	光绪二十四年（1898）	集		刻本，梨版，共35片	半页8行，行25字，小字双行同。白口，四周双边，单鱼尾
资治通鉴后编	一百八十四卷	光绪二十四年（1898）	史		刻本，甲种梨版，共1948片	半页12行，行21字，小字双行同。白口，左右双边，单鱼尾
资治通鉴后编校勘记	十五卷	光绪二十四年（1898）	史		刻本，甲种梨版，共228片	半页12行，行21字。白口，左右双边，单鱼尾
日本国志	四十卷	光绪二十四年（1898）	史		刻本，梨版，共442片	半页12行，行24字，小字双行同。白口，左右双边，单鱼尾
赵裘萼公剩稿	四卷	光绪二十四年（1898）	集		刻本，梨版，共64片	半页12行，行24字，小字双行同。黑口，四周双边，双鱼尾
算法大成上编	十卷	光绪二十四年（1898）	子		刻本，梨版，共277片	半页12行，行24字，小字双行同。白口，左右双边，双鱼尾
劝学篇	二卷	光绪二十四年（1898）				半页10行，行23字，小字双行同。黑口，左右双边。牌记题光绪二十四年浙江省重刊印

续表

书名	卷数	刊刻时间	类别	印刷纸质	版片情况	备注
日本各学校章程	一卷	光绪二十四年（1898）			刻本	
浙江通志	二百八十卷	光绪二十五年（1899）	史		刻本，梨版，共4698片	半页10行，行22字。白口，左右双边，单鱼尾
近思录集注	十四卷	光绪二十五年（1899）	子		刻本，梨版，共185片	
定香亭笔谈	四卷	光绪二十五年（1899）	集		刻本，梨版，共126片	半页10行，行20字。白口，左右双边，单鱼尾
培远堂手札节存	三卷	光绪二十五年（1899）	史		刻本，梨版，71片，有红套版131片	朱墨套印，半页8行，行18字。白口，四周双边，单鱼尾
诚意伯集	二十卷	光绪二十六年（1900）	集		刻本，梨版，共421片	半页10行，行23字。白口，左右双边，单鱼尾
两浙名贤录，附外录	五十四卷，外录八卷	光绪二十六年（1900）	史		刻本，梨版，共1638片	半页10行，行21字。白口，左右双边，单鱼尾
蚕桑萃编	十五卷	光绪二十六年（1900）	子		刻本，梨版，共253片	半页10行，行20字，小字双行同。白口，四周双边，单鱼尾
汉学商兑	四卷	光绪二十六年（1900）	子		刻本，甲种梨版，共94片	半页10行，行23字，小字双行同。黑口，左右双边

续表

书名	卷数	刊刻时间	类别	印刷纸质	版片情况	备注
携雪堂文集	四卷	光绪二十六年（1900）	集		刻本，梨版，共89片	半页10行，行23字。黑口，左右双边
理财节略	一卷	光绪二十六年（1900）			刻本	
汉书疏证	三十六卷	光绪二十六年（1900）	史		刻本，梨版，共用1727片	半页10行，行22字，小字双行同。白口，左右双边，单鱼尾
后汉书疏证	三十卷	光绪二十六年（1900）	史			
养蚕新法	一卷	光绪二十八年（1902）	子		刻本，白皂板，共6片	半页9行，行23字。白口，左右双边，单鱼尾
各国通商条约		光绪二十八年（1902）	史		刻本，乙种梨版，片数难以考证	半页9行，行23字。白口，左右双边，单鱼尾
湖北洋务译书局图书名目	一卷	光绪二十九年（1903）	史		石印	
明刑管见录	一卷	光绪三十年（1904）	史		刻本，白皂板，共23片	半页9行，行20字。白口，左右双边，单鱼尾
绎史，附年表	一百六十卷，年表一卷	光绪三十年（1904）	史		刻本，梨版，共1844片	半页11行，行24字，小字36字。黑口，左右单边，单鱼尾
聂氏重编家政学	二卷	光绪三十年（1904）	集		刻本，梨版，共60片	半页9行，行23字，小字双行同。白口，左右双边，单鱼尾

续表

书名	卷数	刊刻时间	类别	印刷纸质	版片情况	备注
治喉捷要，附各种经验良方	一卷，良方一卷	光绪三十年（1904）	子		刻本，白皂板，《捷要》15片，《良方》9片	半页10行，行24字。白口，四周双边，单鱼尾
简便国民教育法	一卷	光绪三十年（1904）？			刻本	半页11行，行30字。白口，四周双边，单鱼尾
删除律例	一卷	光绪三十一年（1905）			刻本	半页11行，行22字。白口，左右双边，单鱼尾
柞蚕杂志	一卷	？	子		刻本，白皂板，9片	半页10行，行30字，小字双行同。白口，四周双边，单鱼尾
续浚南湖图志	一卷	光绪三十三年（1907）	史		刻本，乙种梨版，共35片	半页10行，行23字。白口，左右双边，单鱼尾
小学答问	一卷	宣统元年（1909）			刻本	半页10行，行16字，小字双行同。白口，左右双边，单鱼尾
十三经源流口诀	一卷				刻本，甲种梨版，共8片	半页10行，行字数不等。黑口，四周双边，单鱼尾
大学修身指南图	一张		图		刻本，梨版，共2片	

续表

书名	卷数	刊刻时间	类别	印刷纸质	版片情况	备注
蕅益中庸直指	不分卷		子		刻本，梨版，共16片	半页10行，行21字。黑口，左右双边，单鱼尾
续修增改各国通商进口税则善后章程	一卷	光绪三十一年（1905）			刻本	
中等地理学举隅	一卷				刻本，梨版，共12片	半页9行，行22字。白口，左右双边，单鱼尾
长江通商章程	一卷					
日本武学部兵队各校纪略	一卷					
越女表微录	五卷	光绪十八年（1892）	史	赛连纸、连史纸、毛太纸	刻本，梨版，41片	半页10行，行21字。白口，左右双边，单鱼尾。此书为浙江书局代浙江学院刊刻
浙江忠义录、续编	三十卷	同治六年（1867）	史		刻本，白皂板，共1293片	此书为浙江采访忠义总局编，浙江书局代刻。此书同治六年初刻，光绪元年续刻续编
春在堂诗编	二十二卷					此书为浙江书局代俞樾刊刻，没有公开发行
笙月词	五卷		集		刻本	此书为浙江书局代王诒寿刊刻

表 3—1—4　　非浙江官书局刻版印刷书籍

书名	卷数	刊刻时间	类别	印刷纸质	版片情况	备注
朱子年谱，考异，附录	年谱四卷，考异四卷，附录二卷	乾隆十七年（17520）	史	官堆纸、连史纸、赛连纸	刻本，梨版，共 240 片	半页 8 行，行 20 字，小字双行同。白口，左右双边，单鱼尾，版片为清乾隆年间宝应王氏白田草堂刻版，后归书局所有重修并印书销售
白田草堂存稿	二十四卷	乾隆十七年（1752）	集	官堆纸、连史纸、赛连纸	刻本，梨版，共 397 片	半页 12 行，行 22 字。白口，左右双边，单鱼尾。版片为清干隆间宝应王氏白田草堂刻版，后归书局所有重修并印书销售
读本五经四书		咸丰十一年（1861）	子	官堆纸、毛太纸	刻本	此书为左宗棠创办浙江刻书处时所刊刻书籍，后浙江官书成立版片归书局所有
康济录	五卷	同治三年（1864）	子	赛连纸、连史纸、毛太纸	刻本，梨版，共 194 片	半页 11 行，行 24 字。白口，四周单边，单鱼尾。版片原为浙江抚署所刻，浙江书局成立后版片归书局所有

续表

书名	卷数	刊刻时间	类别	印刷纸质	版片情况	备注
易宪	四卷	乾隆八年（1743）	经	官堆纸、毛太纸	刻本，白皂板，共119片	半页11行，行23字，小字双行同。白口，左右双边，单鱼尾
杭女表微录	十六卷	光绪三十二年（1906）	史		刻本，乙种梨版，共378片	半页11行，行24字，小字双行同。白口，左右双边，单鱼尾
十三经古注	二百九十一卷	同治八年（1869）	经	毛太纸、连史纸、官堆纸	刻本，梨版，中补刻白皂板，残存2369片	此套书籍乃清乾隆年间覆刻明永怀堂板，后浙江官书局得到，在1869年开始补刻，并印刷发行
四书反身录	八卷	道光十一年（1831）	经	赛连纸、连史纸、毛太纸	刻本，甲种梨版，共计151片	半页9行，行20字。白口，四周双边，单鱼尾。此书原刻于道光十一年，为浙江府署所刻，后此书版片为浙江书局所有。浙江书局重刻封面，上刻"浙江书局"

续表

书名	卷数	刊刻时间	类别	印刷纸质	版片情况	备注
邵武徐氏丛书		光绪七年（1881）至光绪十年（1884）		毛太纸、连史纸	刻本，梨版，共837片	此丛书为徐干所刊刻，分为初刻和二刻。由于徐干因为在担任浙江上虞嵊县县令是因为亏空，所以初刻版片被充公流入浙江书局。浙江书局就利用此版块刊书发售
	十四种书为：1. 诗谱1卷（汉）郑玄撰；（宋）欧阳修补亡；（清）丁晏重编；2. 春秋世族谱1卷，（清）陈厚耀撰；3. 小尔雅疏8卷（清）王煦撰；4. 韵补；5卷韵补正1卷，（宋）吴棫撰；（清）顾炎武补正，清光绪九年（1883）刻 5. 东南纪事12卷（清）邵廷采撰；6. 西南纪事：十二卷，（清）邵廷采撰；7. 海东逸史：十八卷，（清）翁洲老民撰；8. 李忠定公别集：十卷附录一卷，（宋）李纲撰，清光绪十年（1884）刻；9. 东观余论：二卷附录一卷，（宋）黄伯思撰；10. 琴操：二卷卷首一卷补一卷，（汉）蔡邕撰；11. 支遁集：二卷卷首一卷补遗1卷，（晋）释支道林撰；（清）蒋清翊补遗，清光绪十年（1884）刻；12. 西昆酬唱集：二卷，（宋）杨亿辑；13. 樵川二家诗：六卷，（清）徐干辑，清光绪7年（1881）刻；14. 文章缘起：一卷，（梁）任昉撰；（明）陈懋仁注；（清）方熊补注					
章氏遗书	二种	道光12年（1832）	史	赛连纸、连史纸、毛太纸	刻本，乙种梨版，共314片	《章氏遗书》分为两种，分别是《文史通义》《校雠通义》。此版原为章家所有，后归周以均，其子和侄计划铲掉原版，后为书局收购并补刻刊印

续表

书名	卷数	刊刻时间	类别	印刷纸质	版片情况	备注
张氏医书	二十七卷		子		刻本，梨版，共1112片，封面版为浙江书局重刻，为白皂板	此书原名为《张氏医通》，实为丛书。此书为康熙时期的张璐、张登、张倬撰，并刻版。浙江书局于光绪二十五年获得此套书的版片，并重新印刷。"板就藏绳头巷胡宅，光绪己亥归官书局。"此书共有七种，具体为：《张氏医通》16卷，《本经逢原》4卷，《石顽老人诊宗三昧》1卷，《伤寒绪论》2卷，《伤寒缵论》2卷，《伤寒舌鉴》1卷张登撰，《伤寒兼证析义》1卷张倬撰

表3—1—5　　　　　　没有旁证为书局所刻书籍

书名	卷数	刊刻时间	类别	印刷纸质	版片情况	备注
浙省节孝全录	十一卷	光绪十九年（1893）	史			半页11行，行24字。白口，左右双边，单鱼尾
集虚斋全稿	不分卷					
两浙节孝祠局公牍汇钞	不分卷	道光			刻本	半页10行，行22字，白口，四周双边，单鱼尾

续表

书名	卷数	刊刻时间	类别	印刷纸质	版片情况	备注
儆居集	七十六卷		集		刻本，梨版，共285片	
儆季杂著	二十二卷		集		刻本，梨版，共443片	
黄氏塾课	三卷				刻本，梨版，共39片	
子思子辑解	七卷		子		刻本，梨版，共88片	
日本陆军大学论略	二卷					
桐城二方时文	六卷			毛太纸		待考
为学大指	一卷					
浙江海运漕粮全案重编	二十卷					
听讼辑匪条约理讼捕盗条约合编						
杭嘉湖三府减漕记略						
三鱼堂剩言	十二卷	同治七年（1868）				
三鱼堂文集	十二卷	同治七年（1868）				
三鱼堂外集	六卷	同治九年（1870）				

续表

书名	卷数	刊刻时间	类别	印刷纸质	版片情况	备注
读礼志疑	五卷	同治七年（1868）				
陆清献公年谱	一卷	同治七年（1868）				
春秋释	四卷					
辛丑各国和约						
英国续议通商行船条约	一卷					
大学堂章程	一卷					
高等学堂章程	一卷					
中等学堂章程	一卷					
初等学堂章程	一卷					
蒙学堂章程	一卷					
奏定商船会会简明章程	一卷					
内港行轮原定补续章程	一卷					
重订铁路简明章程	一卷					
铁路矿务总册	一卷					
中美续议通商行船条约	一卷					
中日通商行船条约续约	一卷					

续表

书名	卷数	刊刻时间	类别	印刷纸质	版片情况	备注
暂定各学堂应书用目	一卷					
弘文学院章程要览	一卷					
矿务暂定章程	一卷					
中英续订藏印条约	一卷					
最新养蚕法	一卷					
奏定矿务新章程	一卷					
清商部清商律	一卷					
考核违警律折，附清单	一卷					
中瑞通商条约	一卷					
寒松堂奏议	四卷					
读史诗	一卷					
潜书	四卷					
编定京师管制单原奏	一卷					
奏争金币折	一卷					
新颁续增科场条例	六十卷					
开源节流章程	一卷					

续表

书名	卷数	刊刻时间	类别	印刷纸质	版片情况	备注
日本女子高等师范学校规则	一卷					
整顿土货条议	一卷					
美国议会条例，附美国原定律例初编	一卷 一卷					
律例新法补编	一卷					
二十四悌图	一卷				石印	
煤油章程	一卷					
花影词	一卷		集		刻本	
浙江省减漕全案	十卷					
两浙盐法	三十卷					
两浙盐法续纂备考	十二卷	同治十三年	史			

官书局，晚清地方政府为维护传统文化而创办的出版机构，在中国近代出版史上具有重要的地位。而作为其中具有代表性的浙江官书局，对其进行研究是很有必要的。对浙江官书局的研究，本书主要集中在书局的历史和所刊刻书籍的考证以及书局刻书的特色方面。

浙江官书局的历史地位和作用突出表现在刻印了大量的古籍，促进中国传统文化的传承和保护。除此之外，浙江官书局在传承和保护中国传统文化中所采取的方法和策略以及态度，也是我们现代出版印刷业值得学习和发扬的。首先，薄利多销，扩大受众人数。若要传播和保护传统文化典籍，扩大受众人数是必不可少的方法。这样才能尽量使更多的人学习和继承传统文化，同时也可以普遍的保存典籍。但是现在的传统文化典籍出版却存在着价格高昂,受众人数偏少的现象。这种现象对传统文化的传播和保护相当不利。其次,精校精刊,精益求精。出版图书典籍之时,需要出版者认真负责,精校精刊,否则流传的图书典籍只能是误导而非教育后人。我们现在的图书出版业就存在着对读者不负责任的现象。现代的图书出版很多都是只顾眼前利益,渴求快速出版,而忽视对书籍质量的把握,造成图书的粗制滥造。最后,把握时代脉搏,顺应社会潮流。虽然浙江官书局最初的成立目的是刻印传统典籍,但是随着时代的发展,书局刻印的图书已经不仅仅局限于国内传统的文化典籍,而是适应社会潮流刻印大量的西方社会科学与自然科学书籍。现在的图书出版业在这个方面还是值得肯定的,但现代社会的文化冲撞和交流很频繁,因此这就更需要出版机构能够把握时代脉搏,出版满足社会需要的书籍。

浙江官书局作为晚清五大官书局之一,与其他书局一样,为中国推动近代文化事业的发展做出了重要的贡献。虽然官书局当初设立的主要目的是为了重建封建文化,维护清朝的统治,但在促进西学东渐和洋务运动过程中发挥了重要的作用。官书局的发展也为后来蓬勃发展的近代出版业奠定基础。

(宋立)

【贰】江苏官书局研究

  晚清鸦片战争之后，内外形势的变化使中国社会各方面发生巨大的变革，中国传统文化也随之受到强烈的冲击。一方面，西学随着列强的政治侵略如潮水般涌向中国，西学东渐逐渐兴盛起来；另一方面，国内太平天国运动及其反孔、孟的文化政策，使江南文化繁盛之地沦落到"士子无书可读"的局面，中国封建统治思想文化遭受沉重的打击。面临内忧外患的严峻形势，为振兴文教，维护封建统治的思想基础，各地巡抚大臣大力兴建官书局，由此形成了中国版本学上著名的"局本"。江苏官书局设于此社会背景之下，是清末五大官书局之一，其存世时间之长、刻书种类数量之多居各大书局之首。

  江苏官书局由李鸿章设于苏州，在丁日昌任江苏巡抚期间加以扩大，并着力刊刻牧令书，以整顿吏治、恢复战后的社会秩序。江苏官书局在人员组织、校勘、印刷及经费来源等方面均具有严格的管理制度。江苏官书局在职位设置方面：一是设有提调总领书局的日常事务；二是设总校来管理书局的校勘活动，设分校来校勘不同的书籍，以保证书籍的质量；三是雇用技术高超的写样、刻工、印刷工等工作人员从事具体书籍的印刷事宜。江苏官书局的刻书经费由江苏地方官员自行筹措，其来源主要为藩库拨款、厘金及售书收入。

  从同治四年（1865）到民国三年（1914），江苏书局在其存世的几十年间，刻书211种，涵盖经、史、子、集各类。坚持以经史为主、子集次之为刻书原则，对恢复中国传统文化发挥了重要的作用。江苏书局刻书具有自身的特点，一是在巡抚丁日昌的倡道下，大力刊刻牧令书以整顿吏治，并颁发下属各府县，作为官员提高自身专业素质的主要书籍；二是在刻印经史类图书的同时，对于江苏地方文献的整理和刊刻极为重视，主要体现在对江苏地理、舆图、水利、史志等本省地域性书籍的编辑刻印上；三是在刻书内容的选择方面，重视当代著作的出版，如刊印清代著名学者编著的《碑传集》，在很大程度上促进了清代学术的发展。此外，江苏官书局在合作刻书方面也取得了很大的成绩，如与金陵官书局、浙江官书局、湖北官书局、淮南官书局合刻《二十四史》、与南菁书局合刻王先谦《皇清经解续编》，是中国清代出版史上的一次盛举。

江苏官书局刻书以校勘精确、印刷精良、价格低廉而著称，因此流传较广，影响较大。江苏官书局刻书保存了大量的古籍文献，使许多珍本、孤本因此得以流传。在促进当地学术文化交流方面，江苏官书局集众多学者于一堂，相互之间的交往和互动在很大程度上推动了学术文化的发展。在中国版本目录学史上，江苏官书局刻本具有很高的地位，大多成为现今校勘整理古籍所要采用的主要参校本，有的甚至作为底本使用。江苏书局在售书的过程中编制的售书和修订书价的目录，可以作为今天售书目录的参考范式。

一　江苏官书局的历史沿革

江苏官书局创办于清末复杂的社会环境中，在其存世的四十多年间，刻印了大量的书籍，为后学保存了珍贵的古籍。直到今天，江苏官书局的影响仍以不同的形式存于世上，清晰地梳理出江苏官书局发展的脉络，更有利于学者对晚清官书局整体的探索和研究。

（一）江苏官书局创办的背景

江苏官书局是晚清时期江苏督抚设立的刻书机构，其产生有着深刻的时代背景和复杂的社会环境。清末，中国封建社会面临严重的内忧外患，外有资本主义列强的侵入，内有人民起义不断，社会动乱不堪。特别是1851年爆发的太平天国运动，横扫东南各省，大肆毁灭、删节孔孟之书，不仅造成当地文化典籍散亡严重，还对当时封建王朝的统治思想造成沉重的打击；再加上中央官方刻书事业的衰败及西学东渐等多重因素的影响，以曾国藩、李鸿章为首的清末士大夫为维护清政府的封建统治，力挽狂澜，在各地相继设局刊书，力图振兴文教，江苏官书局便诞生于各地兴建书局的浪潮之中。

第一，太平天国运动对封建统治思想的打击。太平天国运动是中国历史上最大的农民战争，与以往农民起义不同的是，太平天国运动把西方基督教教义及其上帝作为指导思想，反对一切周公、孔孟思想，并视孔孟之书为异端邪说，对其大肆毁灭。太平天国运动时期，曾下令："凡一切孔孟诸子百家妖书邪说者尽行焚除，皆不准买卖藏读也，否则问罪也"①，"敢将孔、孟横称妖，经史文章尽日烧"②。这种极端的文化政策从根本上否定并凌辱了清王朝统治的精神权威，因为"孔子的学说思想，在中国支配着一切人们，已经有几千年的历史，从来无论是那一个政党，那一个朝廷，对于孔老夫子是谁也不敢漠视的，谁也不敢不崇拜的，没想到在全中国都还一致崇拜孔子的时候，居然在广东的一个小县……竟有这种惊天动地，推翻历史的举动"③。在这样极端思想的支配下，经史之书被大肆烧毁，使江、浙等文化大省遭受沉重的打击。清政府平定太平天国运动后，江南地区官私藏书均遭受浩劫，大部分典籍散失甚至亡佚。战后苏州书籍市场萧条，据叶德辉记载："吴门玄妙观前，无一旧书摊，无一书船友。俯仰古今，不胜沧桑之感矣。"④另有鲍源深《请购刊经史疏》中对其所见战后江浙一带文化损失状况进行了描述：

> 近年各省因经兵燹，书多散佚。臣视学江苏，按试所经，留心访察。如江苏松、常、镇、扬诸府，向称人文极盛之地，学校中旧藏书籍荡然无存。藩署旧有恭刊钦定经史诸书，版片亦均毁失。民间藏书之家，卷帙悉成灰烬。乱后虽偶有书肆，所刻经书俱系删节之本，简陋不堪。士子有志读书，无从购觅。苏省如此，皖浙江右诸省情形，谅亦相同。以东南文明大省，士子竟无书可读，其何以兴学校而育人才？……敬请敕下各督抚转饬所属府州县，将旧存学中书籍设法购

---

① 中国史学会：《太平天国》第一册，神州国光社1952年版，第313页。
② 太平天国历史博物馆：《太平天国史料丛编简辑》第六册，中华书局1963年版，第386页。
③ 陈邦直：《太平天国》，新民印书馆1944年版，第10页。
④ （清）叶德辉：《书林清话》，中华书局1957年版，第257页。

补,俾士子咸资讲习。并筹措经费,择书之尤要者,循例重加刊刻,以广流传。①

太平天国运动不仅大肆焚毁学校、官府、民间藏书,还对传统经书进行删节,破坏其原有经义,使其残缺不全,以致造成士子虽有志读书,却无从购买的尴尬局面。地方官员对于文化的担忧使他们开始筹备设立书局刊书,恢复王朝统治的精神权威。此奏章得到清朝统治者的赞同,同治皇帝谕令:"现在地方已就肃清,亟应振兴文教……著各直省督抚转饬所属,将旧存学中书籍广为购补,并将列圣御纂、钦定经史各书,先行敬谨重刊,颁发各学,并准书肆刷印,以广流传,俾各省士子得所研求,同敦实学,用副朝廷教育人才至意。"② 在朝廷的支持下,曾国藩在安庆冶铁山首设官书局——江南官书局。此后,江南各地相继设立书局刻书,叶德辉《书林清话》曾记:"洪杨乱中原,回捻同携贰。中更几劫灰,五厄罹其二。曾左命世英,所至搜文粹。苏扬官局开,闽浙踵相继。精镂仿宋元,余亦称中驷。插架幸苟完,簿录分条例。颁师瞿木夫、近刻搜罗易。"③ 江苏官书局在此社会背景下应运而生,力图重振江苏地区衰败的文化和混乱的政治统治,江苏官书局刊刻大量整顿吏治的牧令书和劝令农桑的书籍,对于恢复战后生产和文化统治具有重要作用。

第二,清末中央官方刻书的衰败。清代中央官方刻书以武英殿为主。武英殿设于康熙十九年(1680),"以武英殿内左右廊房共六十三楹为修书处,掌刊印装潢书籍之事"④,此后,武英殿逐渐取代国子监成为清廷中央专门的刻书机构。武英殿刻书在康乾时期达到鼎盛,从开始刻书至嘉庆时期,刻书众多,其中比较著名的有活字版《古今图书集成》《十三经注疏》《二十四史》等,还有一些袖珍本的四书五经。因为武英殿是皇宫内府机构,是皇帝直属的刻书机构,所以其主要任务还是刻印皇帝御纂、御制、钦定等书。在康乾时期,由于国力强盛,财力充足,武英殿刻书精

---

① (清)鲍源深:《请购刊经史疏》,(清)陈弢辑:《同治中兴京外奏议约编》卷五,上海书店1985年影印版。
② 《穆宗实录》卷二〇二"同治六年五月",中华书局1986年版,第604页。
③ (清)叶德辉:《书林清话》,中华书局1957年版,第261页。
④ (清)于敏中等编纂:《钦定日下旧闻考》,北京古籍出版社1985年版,第1190页。

美，质量上乘，被称为"殿本"，受到民间坊刻和私家刻书的争相模仿。嘉庆以后，武英殿刻书逐渐衰落，至光绪初年，武英殿刻书已经到了徒有其名、不可收拾的地步。据《清朝野史大观》记载：

> 清初武英殿版书籍，精妙迈前代。版片皆贮殿旁空屋中，积年既久，不常印刷，遂为人盗卖无数。光绪初年，南皮张文襄之洞官翰林时，拟集资奏请印刷，以广流传，人谓之曰："公将兴大狱耶？是物久已不完矣，一经发觉，凡历任殿差者，皆将获咎，是革数百人职矣，乌乎可？"文襄乃止。殿旁余屋即为实录馆，供事盘踞其中，一屋宿五六人、三四人不等，以便早晚赴馆就近也。宿于斯，食于斯，冬日炭不足，则劈殿版围炉焉。又有窃版出，刨去两面之字，而售于厂肆刻字店，每版易京当十泉四千（合制钱四百文），版皆红枣木，厚寸许，经二百年无裂痕，当年不知费几许金钱而成之者，乃陆续毁于若辈之手。①

材料中的记载在很大程度上反映出当时武英殿书版的管理情况。由于书版闲置时久，且管理不善，书版散失严重。朝中大臣如张之洞虽有心整顿，但心有余而力不足，最终不得不放弃，任其荒废，武英殿的刻书功能至此时已经基本丧失。另外，同治八年（1869）和光绪二十七年（1901）武英殿两次遭受回禄之祸，使武英殿贮藏的康熙年间的珍本化为灰烬，蒙受了重大损失。此后，清代中央最大的刻书机构——武英殿，已经名存实亡。

清代国子监继承历代国子监刻书传统，继续从事刻书。清代统治者对于国子监刻书管理严格，不得随意刻印书籍，否则以违纪论处。顺治九年（1652），上谕国子监："所作文字不许妄行刊刻，违者听提调官治罪。"②在如此严格管制之下，国子监大多刻印钦定、御纂之书，如《御纂周易折中》《御纂性理精义》《钦定春秋传说汇纂》《钦定诗经传说汇纂》《钦定书经传说汇纂》等。国子监是中央最高教育机构，主要从事教育工作，

---

① （清）小横香室主人：《清朝野史大观》卷二，上海书店出版社1981年版，第18页。
② （清）文庆、李宗昉等纂修：《钦定国子监志》，北京古籍出版社2000年版，第3页。

刻书是其余事，再加上严苛的刻书管理制度，国子监刻书的范围受到严格限制，且史料中未记载其刻印其他书籍，故可知国子监并非中央官刻的主力。

晚清中央官刻的衰败，给地方官刻的兴起和发展提供了有利的条件。太平天国战后，士子所需大量经史之书，中央官刻无力提供，只能依靠地方官书局提供。同时，官书局可根据当地社会情况，筹集经费，刻印书籍，服务于当地文化发展。江苏官书局是当时官书局刻书中的佼佼者。

第三，西学东渐的影响。西学是西方学术文化的总称，泛指外来文化。西学东渐始于晚明，1840年鸦片战争清政府战败，中国遭受西方资本主义入侵，不得不与英美等列强签订一系列不平等条约，被迫割让土地，开放广州、福州、厦门、宁波和上海为通商口岸，允许外国人在通商口岸传播宗教、开设学堂、开办医院等。于是，西方文化通过武力在中国得以传播，对中国传统文化造成强烈的冲击，遭到顽强抵抗。江苏官书局设局刊书以经史为主，力图更好地保存和传播传统文化典籍，与外来文化相抗衡。

由于中外冲突不断，以及清政府自身的腐败，各种社会矛盾层出不穷，中国面临着前所未有的民族危机，而各地官书局的设立即是试图解除这一危机。正如学者邓文锋所说："时至近代，虽然整个封建制度在内外交相冲击下已开始衰落，但由于这一制度植根于中国传统经济生产方式中，表现出一种强大的自我修复功能，其中，各地官书局的设立，大量刊刻传统经史典籍，正可视为其在文化上所作出的努力之一。"[①] 江苏官书局作为众多官书局之一，是维护清政府封建统治的一种手段。

江苏官书局前期刻书，以维护封建社会制度，重建封建统治秩序为直接目的。同治七年（1868），江苏巡抚丁日昌上奏请专刻有关"吏治诸书"，力图通过整顿吏治，恢复战后的社会统治秩序，其奏折如下：

> 天下者，州县之所积。州县若皆得人，盗贼何从而起？故今日敦吏治，必先选牧令，欲选牧令，必先使耳濡目染于经济致治之书，然后胸中确有把握，临政不致无所适从。臣现督饬局员，选择牧令，凡

---

① 邓文峰：《晚清官书局述论稿》，中国书籍出版社2011年版，第68页。

有关于吏治之书，著为一编。……刊刻一竣，即当颁发各属官各一编，俾资程式。①

晚清地方起义不断，再加上太平天国运动的打击，南方各省政务废弛，丁日昌奏折中强调地方州县官员专业素质的重要性，设局刊刻整顿吏治的书籍，颁发各级官吏，作为执政治民的基础。

第四，江苏地区深厚的文化底蕴。自三国魏晋以来，随着经济重心的不断南移，江苏地区经济文化发展较快，逐渐超越北方成为全国的经济重心，至明清时期，达到顶峰。江苏地区历来人才渊薮，是我国古代文化重镇之一。《乾隆江南通志》曾记载："自言游氏兴于东吴，为圣门文学称首，所谓南方之学，得其精华者，千百年来积而日盛，挟策缀文之士，常倍于他省。"② 文化依赖书籍得以传播，江苏地区自宋代以后，雕版印刷技术发展兴盛，据有关史料记载，康熙时期，为了扩大武英殿的出版能力，部分书版先在苏州、扬州等地刻好，然后运归武英殿印刷。苏州地区技术娴熟的刻工和丰富的书版原材料资源使它成为武英殿刻版的优选地，充分地利用了当地的人力和物力优势。

第五，江苏地区书院众多、文教兴盛，是重要的学术交流之地。"自入国朝以来，列圣相承，尊师重道，叠颁宸翰，揭于庙堂，以致高山景行之意。而又广设书院，乐育贤才，文教昌明，古今希有。"③ 清朝统治者重视书院的教化作用，不仅兴建新书院，如紫阳书院、正谊书院等，还对旧书院进行修复，如鹤山书院、文正书院等都具有悠久的历史。同时，当时的虞山书院、惜阴书院也是著名的书院，各大书院聚徒讲学、探索经文，一时学术大兴，影响整个江苏地区文化的发展。

江苏官书局秉承江苏深厚的学术文化而设局刻书，所谓"欲兴文教，

---

① （清）丁日昌：《设立苏省书局疏》，（清）陈弢辑：《同治中兴京外奏议约编》卷五，上海书店1985年影印版。
② （清）黄之隽编纂，（清）赵弘恩监修：《乾隆江南通志·学校志》，广陵书社2010年版，第1433页。
③ （清）宋如林等修：《道光苏州府志·学校一》卷二四，道光四年（1824）刻本。

必先讲求实学，不但整顿书院，尤须广集群书"①，书籍对于传播文化具有决定性作用。太平天国运动使江苏地区各大书院及藏书受到重创，造成江苏地区文化教育的衰败。面对图籍损失惨重的局面，要振兴文教必须以刊刻群籍为首要任务。依据江苏地区深厚的文化底蕴及重视文化发展的传统，地方督抚大臣于苏州设局刊刻经史之书，并整顿书院，大力振兴当地学术，恢复儒家思想文化的权威地位。可以说江苏官书局的设立不仅是整顿书院的需要，更是文化发展的助力。

（二）江苏官书局设立的时间

江苏官书局在特定的社会文化背景中产生，就其设立的时间问题有两种不同的说法：其一据《（民国）吴县志》记载："（江苏）官书局在燕家巷内杨家园。清同治四年，巡抚李鸿章创建，刊刻经史子集有用之书，嘉惠士林，与江宁、扬州、杭州、武昌各局同时举办。"② 其二据同治七年（1868）江苏巡抚丁日昌《设立苏省书局疏》，很多学者认为江苏官书局是由丁日昌创设。两种观点各有依据，但事实如何呢？据笔者翻阅地方志文献，以为江苏官书局的创办者是李鸿章理由更为充足，据《江苏省立苏州图书馆目录》和江澄波先生《晚清江苏的三大官书局（续）》记载，同治六年（1867）江苏官书局已经刊有朱熹撰《小学集注》6卷、清汪辉祖撰《汪龙庄遗书》4种15卷、清陆陇其撰《陆清献公莅嘉遗迹》1卷等书，证明江苏官书局在同治六年（1867）就已经存在，早于江苏巡抚丁日昌《设立苏省书局疏》一事。

同治七年（1868），丁日昌由江苏布政使升任江苏巡抚，重视整顿吏治，倡议刊刻牧令书。该奏疏中的"局员"应指江苏官书局的编校人员，说明在丁日昌上奏折之时，江苏官书局是存在的。原因如下：第一，该奏折并非是奏请设立书局，而是建议刊刻牧令之书的奏折；第二，丁日昌《设立苏省书局疏》"在当时不过是一种行文称谓，并非一定就是具体设局日期。如同治八年（1869）五月李鸿章在湖北上《设局刊书折》，奏称

---

① （清）马新贻：《建复书院设局刊书以兴实学折》，宋原放编，任家熔辑注：《中国出版史料·近代部分第一卷》，湖北教育出版社2004年版，第413页。

② 曹允源、李根源纂：《（民国）吴县志》卷三十，江苏古籍出版社1991年版，第447页。

由金陵、苏州、杭州、武昌四大书局合刻《二十四史》之事，当时四大书局均早已有相当规模，并不存在设局的问题①"。丁日昌的设局刊书可能只是指在江苏官书局内设立一个专门刊刻牧令书的分机构。所以江苏官书局应是由李鸿章创设于同治四年（1865），丁日昌于同治七年（1868）任江苏巡抚后继承并不断扩大。此后，江苏官书局的发展进入兴盛期。

江苏官书局在丁日昌的领导之下，迅速发展起来，刻印了大量经史之书，并参加五局合刻《二十四史》的刻书活动。同治九年（1870），丁日昌离职后，之后的官员均对江苏官书局刻书予以重视，如巡抚张之万因新刻《明纪》无序，于是请当时正谊书院著名学者冯桂芬为之作序。光绪十四年（1888）江苏布政使黄彭年，在可园建学古堂，将集成《陶楼文钞》雕版印刷，后书版归江苏官书局，使其廉价印行。光绪三十四年（1908）江苏巡抚陈启泰设存古学堂，也从事刻书，其所刻书版，最后皆归江苏官书局，增加了江苏官书局的规模和刻书数量。刚毅任巡抚时，把所辑成的《秋谳辑要》，由书局提调诸可宝校勘刊行。从刻书数量上看，同治七年（1868）至光绪十七年（1891）是江苏书局刻书最多的时间段，此间刻书150余种，占江苏官书局刻书总数的74%。这期间不仅刻书数量多，且多为大部头的经史之书，如诸经要义、辽、金、元三史，牧令书等。光绪后期，清政府统治日益衰败、经费难筹等原因使江苏官书局的经营受到很大的影响，如光绪中核减书价，并编有《重订核实价目》，在光绪二十四年（1898），对江苏官书局进行裁撤，归并江苏官书坊，主要靠提取版息来维持书局运转，基本上不再雕刻新书，江苏官书局逐渐走向衰落。

（三）江苏官书局的衰落

江苏官书局在其存世的几十年间，刻印经史子集诸书。辛亥革命以后，各地兴建图书馆，1914年9月，江苏官书局并入江苏省立第二图书馆，成为其下属机构，改名官书印行所。

江苏官书局并入江苏省立第二图书馆有着深刻的原因。一是经费不足，难以为继，无法维持书局的运转。经费是书局赖以生存的重要条件，

---

① 徐苏：《江苏官书局考辨》，《图书馆杂志》1990年第5期。

江苏官书局设立之初，经费皆由当地官员自行筹备，因而存在很多不稳定因素。到光绪二十四年（1898），由于经费筹集艰难，令撤销江苏官书局"归并官书坊，提取板息开销，以节靡费"①。由于当时纸价飞涨，需要调整部分书籍的价格来维持书局的开支。由于经费短缺，江苏官书局无力再刻印新书，只能印刷旧书版盈利作为书局的各项开销。另据《艺风堂友朋书札》记载，光绪二十五年（1899）"苏省书局校刻《十三经注疏》未毕，费绌中止，分校薪水，悉经裁撤。闻杭州、金陵两处亦然，寒士益少津贴矣②"。可见，经费困难是晚清各大官书局，如江苏官书局、浙江官书局、金陵官书局等面临的共同问题，清政府日益衰落，无暇顾及，更是无力解决，只能裁撤合并到其他机构。

二是教育体制革新，及新文化政策的实行。清代晚期，中国的封建君主统治由盛而衰，走向没落。随着政治制度衰落而来的是文化制度的变革，1905年，清政府下诏废除科举制度，推广新式学校，并令学务大臣及时颁发新的教科书。而江苏官书局作为清政府地方官方刻书的代表之一，为了挽救封建传统文化，企图通过刻印传统的经、史、子、集之书来稳定风雨飘摇中的封建政治统治，但随着教育体制的变化，新思想文化的传播，人们的阅读视野不断开阔，不仅仅局限在经史中，更多的是希望了解外界文化。再者，1911年爆发的辛亥革命推翻了清政府的统治，建立了中华民国，从此结束了长达两千年来的封建君主专制制度。中华民国建立以后，在政治、经济、文化、思想等方面都进行了前所未有的改革，人们的思维方式、生活理念和日常风俗受西方文化的影响也随之改变。1912年1月9日，南京临时政府成立教育部，统管全国教育工作，蔡元培被任命为教育总长。同时为了促进地方教育革新，教育部颁布的《普通教育暂行办法》规定：

  一、从前各类学堂，均改为学校。监督、堂长，应一律统称校长。

  二、各州县小学校，应于三月初五日（即阴历壬子年正月十六

---

① 《江苏官书坊重订核实价目》，光绪二十五年（1899）江苏官书坊刻本。
② 顾廷龙校阅：《艺风堂友朋书札》（下），上海古籍出版社1980年版，第817页。

日）一律开学。中学校、初级师范学校，视地方财力，亦以能开学为主。

　　三、小学废止读经。

　　四、凡各种教科书，务合乎共和民国宗旨。清学部颁行之教科书，一律禁用。

　　……①

此外，还颁布了《普通教育暂行课程之标准》，规定了初高等小学、中学、师范学校应设的课程，及各科教授时数。教育制度改革在蔡元培、胡适、陈独秀等人的组织和推动下，新教育思想广泛传播。江苏地区是文化重地，书院、学堂、藏书楼众多，教育通令之后，大量书院学堂改为学校，并在当地建立图书馆。江苏官书局本就是清政府官方教育机构的附庸，最终收归新的教育机构，其并入江苏省立第二图书馆是时代潮流发展的结果。

江苏官书局是延续时间最长的清末官书局，在其并入江苏省立第二图书馆之后，改为官书印行所，一直从事出版活动，直到抗日战争时停止。江苏官书局刻书200余种，而遗留的印书版片是书局刻书重要的实物见证。民国时期，西方先进的印刷技术传入中国，传统的雕版印刷由于工序繁杂，费材耗力，逐渐走向衰落，"数十年来，时势推移，新刊既寡，旧藏复多零落，而漫灭蠹蚀者，尤所在多有，窃恐其或日就澌灭，或埋没终古②"。当时各地兴建的公立图书馆，成为收藏和保管旧书版的主要单位。民国三年（1914）经江苏省政府批准，江苏官书局的全部版片交由江苏省立第二图书馆保管。

二　江苏官书局的管理制度

江苏书局在开设之初便延请名家学者入局校勘并制定详细章程，其经费由当地官员自行筹措。在图书发行方面，因不以盈利为目的而售价低

---

① 《中华民国教育部普通教育暂行办法通令》，《教育杂志》1912年第10期。
② 刘纯：《南京家刻版片调查初录》，《中华图书馆协会会报》1926年第2期。

廉。销售之外，还用于资送中央国子监、山东孔府、当地书院及援助其他书局等，使江苏官书局出版的书籍得到广泛传播。在出版史上，江苏官书局以刻书众多、校勘精审、售价低廉著名，深受学者和藏书家喜爱。

（一）江苏官书局职位设置与人员构成

清末，中国社会面临内忧外患，一方面，为了解决国家财政不足的问题，清政府广开捐纳之途，对朝廷财政有功之人多被授予各种官衔，因而各省出现很多候补官员；另一方面，政治衰败，仕途不畅，许多文人学者前途渺茫，而"晚清官书局作为官办的图书出版机构，对于那些已经获得某种官衔或功名而一时不能实授的人员而言，供职官书局无疑是上佳之选；对于那些尚未获取功名、以待来日再考的士子来说，官书局亦不失为最佳的暂栖之所"[①]。在这种情况下，江苏官书局便聚集了众多人才，从事书籍出版工作，如刘履芬、莫友芝、张瑛等。书局中学者们共聚一堂，不同的学术观点之间的碰撞，在一定程度上也促进了晚清学术发展。学者尚小明以学人游历与清代学术发展的关系为角度进行研究，认为"这些书局的经费由各级官府自筹，管理人员大多为地方在职官员或候补官员，校勘人员则多有地方官延聘学人担任。于是，官书局成为晚清游幕学人最为集中的地方"[②]。关于江苏官书局完整详尽的章程及人员设置等情况的记载已不多见，但从现存的史料和其他同时期官书局的章程以及人员设置，可推见江苏官书局的职位设置与人员构成的大概情况。

1. 提调

提调，明代已有，如提调官，其主要职责是管理地方教育事务，《大明会典》载："州县提调官员，宜严束生徒，不许出外游荡为非；凡学内殿堂斋房等屋损坏，即办料量工修理。"[③] 在清代，提调的职能扩大，通常负责诸多新设机构的各项事务，不仅在新设的教育机构中，即使在洋务运动期间设立的众多企业中，都设有提调。在清代教育机构中如1862年

[①] 邓文锋：《晚清官书局论述稿》，中国书籍出版社2011年版，第112页。
[②] 尚小明：《学人游幕和清代学术》，社会科学文献出版社1999年版，第245页。
[③] （明）李东阳等撰，（明）申时行等重修：《大明会典》卷七十八，广陵书社2007年版，第1245页。

创办的京师同文馆，提调"作为京师同文馆组织管理执行层的主要职位和角色，提调是在总管大臣和专管大臣领导之下，直接和具体管理京师同文馆馆务的最高行政官员"①。晚清各地设立官书局，大多设置提调一职，总管书局大小事务。"提调一员，凡局中银钱、文卷、书籍、纸张、料物、收支、报销，皆提调专责。"②又曾国藩至马新贻的信函中认为设立提调"此后视为一件官事，责成提调，则书可速成而款不虚糜。去年所刻马、班、范、陈四史，因提调无人，至今尚未定刷印确期"③。提调的设置使书局有组织、有系统的运转，不致局务散漫，无人统领。

丁日昌在扩大江苏官书局后，设立提调，最初由刘履芬担任。同治七年（1868），应丁日昌之邀，刘履芬先任江苏官书局校雠，后任提调。刘履芬之后由诸可宝继任，二人皆从事学术研究。

刘履芬（1827—1879），字彦清，又字㭎生，号沤梦，祖籍浙江江山，随父客居江苏苏州，自幼承家学，广览四库之书，且酷爱诗词，通晓音律。刘履芬富有藏书，因藏有明代周朝俊所撰南戏名剧《红梅记》，颇为珍贵，故藏书处以此为命名，曰"红梅阁"，并编有《红梅阁书目》。他不仅富于藏书，且极精版本目录之学，深得莫友芝推重。据记载：

> （刘履芬）学务兼综，不遗细屑。泛览四库图籍、名山金石，洞究源流。书贾射利者持一帙至，辄曰：此某年某家刻。独山莫郘亭征君友芝，雅见推服。手所点勘，旁行斜上，朱墨烂然。或访假精本，经名人参校者，积录八百余册。尤嗜抄书，抄必端楷，课程无闲倦。垂三十年，盈溢箧笥，多世不见之本。藏书虽不侈富，悉赏鉴家旧庋，有一种蒐至十数帙者。④

---

① 陈向阳：《京师同文馆组织结构探析》，《华东师范大学学报》（教育科学版）2005年第2期。

② （清）庞际云：《抄呈书局章程请示禀》，《淮南盐法纪略》卷十，淮南书局同治十二年（1873年）刻本。

③ （清）曾国藩：《曾国藩全集·书信（九）》，岳麓书社1994年版，第6800页。

④ （清）刘毓家：《嘉定县知县世父彦清君行述》，（清）刘履芬批，王卫民辑：《〈红楼梦〉刘履芬批语辑录》，书目文献出版社1987年版，第103页。

刘履芬学者出身，每遇善本，必然倾其所有财力购买，如不能购得，必亲自手抄一份，"日课数十纸，终日伏案矻矻，未尝释卷"①。他不仅热衷于藏书，还学识渊博，对于自己的藏书校勘精细。如同治九年（1870），刘履芬校订并刊行故友孙麟趾《词迳》一书，"跋末署：'同治九年仲秋，江山刘履芬。'"② 其勤勉的治学精神，堪为后人表率。同治十一年（1872），46岁的刘履芬升任江苏官书局提调。在其任江苏官书局提调期间，除总管整个书局事务外，还躬身校雠。据傅怀祖《代理嘉定县刘君沨生传》中记载：

> 苏州设书局，巡抚丰顺丁公首檄君校仇。久之，充提调。故事分校、总校各有专职，提调拱手仰成而已。君乐于其地，不肯自逸，仍亲校事，余力钞订古书秘本。尝入其室，阒乎无声。搴其帷，则君几上，伛偻以书磨鼻，见客，懼然起，靦然笑。③

此外，在书局中校书期间，刘履芬还结识众多学者，如高心夔《古红梅阁集序》中记载："同治八年己巳，与彦清先生定交书局中。"④ 高心夔（1835—1883）原名高梦汉，字伯足，号陶堂，别号碧湄，江西湖口县人。咸丰元年中举，官江苏吴县知县。出身于书香门第，自幼好学，工诗文，善书，又擅篆刻，著有《陶堂志微录》。两人因在书局工作中相识，更可证明江苏书局是学者的聚集之地。

同治十二年（1873），刘履芬曾奉江苏道员杜文澜之命，赴江西购纸和影宋本《资治通鉴》版片。据杜文澜《憩园词话》卷五记载：

> 江苏书局，倡自粤东丁雨生中丞。初刻《资治通鉴》，以鄱阳胡果泉中丞影印宋本翻雕。戊辰春，余权藩篆时，仅刻末卷数十版，恐非数年不能蒇事。适闻贵州莫子偲征君友芝言，闻胡氏原版尚存，其

---

① 吴晗：《江浙藏书家史略》，中华书局1981年版，第213页。
② 朱德慈：《刘履芬行年考》，当代中国出版社2004年版，第139页。
③ （清）傅怀祖：《代理嘉定县刘君沨生传》，（清）刘履芬批，王卫民辑：《〈红楼梦〉刘履芬批语辑录》，书目文献出版社1987年版，第101页。
④ 朱德慈：《刘履芬行年考》，当代中国出版社2004年版，第138页。

后嗣欲出售。余适属局中提调刘沨生太守至江西购纸，因属亲往访之。时任鄱阳为皖北陈遂生大令沨营旧交，致函托为介绍，果以千数百金购全板归，所缺六十余页正局中已刻者。①

杜文澜作为地方官员，密切注意书局所刻之书版片存亡的信息，不惜重金命人前往购买，对于书局刻书的重视可见一斑。而作为江苏书局提调，刘履芬不仅负责书局日常大小事务，还要亲自前往千里之外，负责购买残存书版。在地方官员和书局人员的共同努力下，江苏书局最终完成胡刻《资治通鉴》的刻印。

光绪五年（1879），刘履芬调任代理江苏嘉定县（今属上海）知县，"己卯乡试，嘉定令程其珏调同考，遗缺，委君代。七月十四日到任"②。任间因为雪民冤而含愤自杀，据清代学者谭献《哀二士文》记载："（刘履芬）候补府同知，官江苏十余年，以文学事上官。比光绪五年秋，权嘉定知县，具有冤狱，杀无辜人。君当阅实，不能抗上官以平反，神明尽伤。已而，告杀人者至谖也。君廉知之，而法当往视尸，度谖者必挟以难吏，愤甚，先一夕自刺死。"③ 刘履芬调离书局后，江苏官书局提调由诸可宝继任。

诸可宝（1845—1903），字迟菊，号璞斋，浙江钱塘人，同治六年，考中举人。曾任江苏昆山知县，江苏官书局提调，生平精于数学，编有《畴人传三编》七卷，列传128人，光绪十二年（1886）成书。据《杭州府志》中记载其生平：

> 诸可宝，字迟菊，同治六年举人。座主南皮张之洞，督学湖北，招可宝入幕，寻分纂《湖北通志》。六应会试不第，以知县分发江苏，管官书局，所刻书多善本。布政使黄彭年延董学古堂购图书程订课，旋办江苏舆图会典馆，嘉其精密。巡抚刚毅檄充洋务局文案，将

---

① （清）杜文澜：《憩园词话》，《词话丛编》，中华书局1986版，第2964—2965页。
② （清）傅怀祖：《代理嘉定县刘君沨生传》，（清）刘履芬批，王卫民辑：《〈红楼梦〉刘履芬批语辑录》，书目文献出版社1987年版，第101页。
③ （清）谭献著，罗仲鼎、俞浣萍点校：《谭献集》（上册），浙江古籍出版社2012年版，第109页。

抚粤，荐可宝才识闳深，学究治道，颇有血诚。布政使邓华熙倚信尤挚，洎督漕，袁江调司奏记策，利病悉，当补昆山县知县。下车未浃旬，获积盗二，在官五六年，县绝崔苻之警，干墩浦水道，与建议疏濬之，刻县先哲朱氏父子书，储版玉山书院。刚毅以大学士南下清赋，有搜括名风，可宝寿钜金得不次，擢可宝，弗之应。会苏守某方憙，可宝因撼事上纠，解可宝职，刚毅败，回昆山，任卒于官。①

另又有关于诸可宝才识的记载：

可宝聪颖善读，旁涉缋事，其为学殚力经世书。博涉及群籍，于九章之术尤精。海宁李善兰卒，可宝惧浙中绝学难继，又恐中法失坠，乃踵阮元、罗士琳书，为续《畴人传三编》。②

诸可宝才识宏博，以知县分发管理江苏书局，在任江苏书局提调期间，勤勉不懈。光绪十六年（1890），道员朱之榛、江苏布政使黄彭年与诸可宝共同商议校刻钱仪吉《碑传集》之事，并由诸可宝主持此事，因该书卷数较多，须费时费力着重整理校勘，至光绪十九年（1893），历时四年刻成，线装 60 册。卷首有诸可宝《校勘记》，对该书的校勘整理和刻印过程叙述甚明：

庚寅（1890 年）孟春，权按察使平湖朱观察之榛言，于布政使贵筑黄公彭年议校勘……四月即望，贵筑公举全稿付局，责诸可宝独任理，董之役鸠公开雕，才过四之一，而贵筑公移官去，去年三月而讣，而观察则遭太夫人忧归里矣，可宝兢兢守贵筑公例意，乃勉卒业，洎今寒暑四易，而后全书成功，而观察起复，亦适来。嗟夫，何其难且幸哉！去年可宝被荐至京师，侍郎殷勤致询谓：先生此稿保全

---

① （清）龚嘉儁修：《杭州府志》（中国地方志丛书）卷百四六，成文出版社 1975 年版，第 2792 页。
② 同上。

燹后，流传吴蜀，不图其梓行之，迺在苏局也。①

《碑传集》是一部关于清代人物传记的书籍，集清初至嘉靖期间众多名人碑文传记而成，是研究清代名人事迹的重要史料。它的整理出版与诸可宝的兢兢业业负责任的工作态度是分不开的。诸可宝任江苏官书局提调期间，为刊刻书籍竭心尽力，管理书局十多年之久，为书局的发展做出重要贡献。由于晚清复杂的政治形势，不得不离开江苏官书局远赴京师任职。江苏官书局管理人员的随意调动，存在很大的不稳定性，在一定程度上限制了书局的发展进程。

2. 总校、分校

除设置提调总管书局事务之外，江苏官书局聚集了众多的编校人员，在提调的领导下校勘群籍，以保证出版图书的质量。图书在流传的过程中，往往会出现诸多的错误。自汉代刘向、刘歆整理皇家藏书，对图书整理的过程中，便进行了校勘的工作。此后，校勘成为刊刻书籍最重要的一个步骤，它是决定一本图书质量好坏的关键所在。历代学者们深深意识到这个问题，对于校勘尤为重视：

> 尝谓古书多一次翻刻，必多一误。出于无心者，鲁变为鱼，亥变为豕，其误尚可寻绎。若出于通人臆改，则原本面目尽失。宋、元、明初诸刻，不能无误字。然藏书家争购之，非爱古董也，以其误字皆出于无心，或可寻绎而辨之，且为后世所刻之祖本也。校勘古书，当先求其真，不可专以通顺为贵。古人真本，我不得而见之矣；而求其近于真者，则旧刻尚矣。②

因此，江苏官书局作为刻书的专门机构，必然聘请众多学者对图书进行校勘，称为总校、分校等，其中大多数是精通校勘、版本目录学等方面的专家。关于编校人员地位的问题，尚小明称："这些幕宾大多为有名的

---

① （清）钱仪吉：《碑传集》，上海古籍出版社1987年版，第2页。
② （清）陈乃干：《与胡朴安书》，《国学汇编》第一集第四册，国光书局民国十三至十四年（1924—1925）版。

学者或文人，由幕主礼聘，一般无职无衔，因而同幕主之间是一种平等的宾主关系。"① 书局编校人员不受官员制约，流动性较大，如江苏官书局莫友芝、庄棫、薛福成等人，均受其他督抚聘任，任职于其他书局。

总校，是书局主要业务人员，其职责主要是"将已校书加意检点，定别字画，参订互异字句，商榷凡例，督同覆校发书、收书，随时斟酌事宜"②。由此可知总校负责事务有以下几项：一是对已校之书进行检查；二是决定有争议的校勘编撰问题；三是确定一书的凡例；四是分配校勘任务，并随时商议书局校勘事宜等。

同治七年（1868），丁日昌聘著名学者莫友芝为总校。莫友芝（1811—1871），字子偲，号邵亭，贵州独山人，晚清著名的金石学家、版本目录学家、书法家，精通训诂学，是精通各门学问的通儒，被称为"西南大师"。其晚年往返于江南各地，停留在金陵、苏州、扬州为最多。同治九年（1870），庞际云又聘莫友芝为扬州淮南书局总校。他充分利用自己的才学和影响，在晚清书籍的出版和文化发展做出了自己的贡献。

莫友芝任江苏官书局总校以后，便开始筹备雕刻胡注《资治通鉴》。当时存世最好的版本是嘉庆二十一年（1816）鄱阳胡克家所刊，当莫友芝得知此书残版仍存于世，且胡家后人有意出售此书版时，急告巡抚丁日昌，劝其购买。后江苏官书局提调刘履芬奉命前往购得鄱阳胡氏旧版，与书局之前已刻部分泯然相接，成为完本。莫友芝作《〈资治通鉴〉后识》记载了雕刻《资治通鉴》的经过：

> 右司马文正公《资治通鉴》，胡身之氏注二百九十四卷，附《释文辨误》十二卷，其二百有八卷以下暨《辨误》，同治戊辰江苏局刊；以上二百有七卷，则购鄱阳胡氏嘉庆丙子覆元兴文署旧椠，合之者也……戊辰初春，丰顺中丞奏开书局江苏，命友芝董斯役。议治史部，则挟是编以请，中吴士大夫佥然之。议授工何始，则以最末一帙层累而上。既若干卷就，友芝有事于秣陵。伏暑中，方县令浚益、何太守栻、桂观察嵩庆，一日之间先后来告曰："鄱阳《通鉴》版犹八

---

① 尚小明：《学人游幕和清代学术》，社会科学文献出版社1999年版，第52页。
② （清）张伯行编：《正谊堂全书·正谊书局章程》，正谊书院同治八年（1882年）刻本。

九在，曷致诸苏局，补缀以行，必事半功倍。"友芝亟驰书告中丞，再旬再往返，则已檄刘郡丞履芬行，先得邮实存亡卷数。则其后三之一，道光乙未前楼火，并《文选》板烬焉，前之太半在后楼，即今板也。冬十月，郡丞航以至，而局刻适完所阙卷，泯然相接凑，异矣哉！更一月以校雠补脱易漫，万叶钜编，首尾齾齾，距肇功之初夏，九阅月尔。当储本议刊，岂知鄱阳板在？逮经始考工，更安知何阙漏而豫弥缝？而率然巧合如此！天之趣成人事，恒若待其时而一兴何也？十有二月立春日，识于经训堂。①

至同治八年（1869），在地方官员、书局提调、总校及其他工作人员的不懈努力下，江苏官书局用不到一年的时间，完成《资治通鉴》版片的搜求、校勘、刻版的任务，出版了一部史学巨著，可谓神速。江苏官书局补刻本《资治通鉴》，因刻工优良、校勘精审、印刷精当，成为该书众多版本中佼佼者。江苏书局刻印《资治通鉴》之后，又陆续刻印了司马光的《资治通鉴目录》及宋代刘恕撰、清代胡克家补注《通鉴外纪并目录》、清代毕沅《续资治通鉴》、清代张瑛《资治通鉴校勘记》等一系列有关通鉴的书籍，大大丰富了史学著作。

同治六年（1867）至同治八年（1869）间，莫友芝还为丁日昌整理私家藏书，并编有《持静斋书目》和《持静斋藏书记要》两部目录学著作。据莫友芝所作《持静斋藏书记要序》曰：

同治丁卯秋末，友芝游浙，还及吴门，禹生中丞命为检理持静斋藏书，三百有若干匦，散记其撰述人代，卷帙刊钞。逾两月，粗一周，未及次序……夏秋间，暂还金陵，略以四部别之，旋辍去。己巳开岁，局事少减，乃举官本《简明目录》，悉斋中所有，注当条下；《库目》未收，或成书在后者，约略时代，条记于上下端，用助朝夕检览。东南文籍，夙称美备，镇、扬、杭三阁，又得副天府储藏。军兴以来，散亡殆尽。吾中丞锐意时艰，力振颓弊，而敷政余闲，即典

---

① （清）莫友芝：《〈资治通鉴〉后识》，《清文海》第八十二册，国家图书馆出版社2010年版，第45—48页。

册不去手。计十年搜集，除复重，可十万卷。其中宋元善刻及旧钞，大部小编、单秘无行本者，且居十之三四。于虖，富哉！犹自以为未备，不欲泛滥编录。因举传本希见，指述大略，为《记要》二卷存之，以谂好古之士。二月庚午，独山莫友芝。①

莫友芝在江苏官书局任职期间，丁日昌邀请其整理藏书，最终完成了《持静斋书目》和《持静斋藏书记要》两部目录的初稿。关于莫友芝为丁日昌持静斋整理藏书的故事，在他们之间往来的书信中也有相似的记载，同治八年（1869）二月十四日《莫友芝日记》记："谒忠丞，缴其属编《书目》，并议局中印书购纸诸事宜，则谓当令提调一一具公牍禀请，以便批定。"② 三月八日又记："《持静斋藏书记要》二卷编成。"③ 这些私人信函可与上文的《持静斋藏书记要序》互为考证。莫友芝为私人编纂的两部藏书目录，在中国私家藏书目录上占有重要地位，反映了他在版本目录学方面的成就。

关于江苏官书局总校一职的聘请，另有资料记载江苏官书局曾聘请翰林院编修俞樾为总校。冯桂芬《明纪·序》：

> 苏州书局补刻《通鉴》《续通鉴》既竣，观察以其间言于前抚军丰顺丁公曰：若刻是书，即两汉纪，序所谓绸缪上下数千年间，侵寻相接，其嘉惠后学，非刻一书一集之比者也。总校俞荫甫编修亦怂恿之，遂开雕。踰年书成。今抚军南皮张公谓先生于桂芬为乡先喆，宜为之序。……同治十年夏六月吴县冯桂芬序。④

俞樾（1821—1907），子荫甫，号曲园，德清人。道光时进士。曾官至翰林院编修，提学河南学政，罢官侨居苏州，一意治经，为一时朴学之

---

① （清）莫友芝：《宋元旧本书经眼录·持静斋藏书记要》，上海古籍出版社2009年版，第177页。
② （清）莫友芝：《莫友芝日记》，凤凰出版社2014年版，第266页。
③ 同上书，第266—267页。
④ （清）冯桂芬：《明纪·序》，见《四部备要》，中华书局1920—1936年间陆续出版，第19页。

宗。曾主讲苏州紫阳书院、杭州诂经精舍，著有《春在堂全集》500余卷。同治四年（1865），"李少荃（鸿章）抚苏，兼摄两江总督，荐先生主苏州紫阳书院讲席"[1]。俞樾居苏州期间，活跃于江南各大官书局，在极力促成五局合刻《二十四史》之事上功不可没。在与各局商议汇刻《二十四史》时，原本商定《元史》由湖北官书局刻印，但湖北官书局只愿刻印《明史》而不同意刻印《元史》，但江苏官书局也希望刻印《明史》，与其之前刻印的《资治通鉴》《续资治通鉴》连接成为一部通史，遂产生了两局争刻一史的问题。为解决这一问题，俞樾极力说服江苏书局开雕陈鹤所著《明纪》，并称其"体例明密，抉择谨严，颇具史才"[2]，在与丁日昌的书信中曰："公欲刻《明史》，以补毕氏《通鉴》所未及，使学者不必读《二十四史》，而数千年事犁然大备，此意甚盛。但《明史》与《通鉴》体非一律，若刻陈氏此书，则与《通鉴》体例相同，合成全璧，洵可于《二十四史》外，别张一帜矣。"[3] 这个建议使丁日昌欣然接受，一方面解决了两局争刻一史（《明史》）的问题；另一方面使《明纪》得到刻印传播。冯桂芬在为《明纪》作序时，虽然称呼俞樾为"总校"，但并没有指明是江苏官书局总校。当时俞樾担任浙江官书局总办，游说与各大督抚之间，名气较大，"总校"只是对俞樾的一个尊称；加上未发现其他史料中有关俞樾任江苏书局总校的记载，孤立不证。基于以上原因，俞樾并没有担任江苏书局总校一职。

总校之外，江苏官书局还有众多的人员任分校，在总校的统帅之下，分别校书。这些分校人员大多是博通经籍、满腹经纶之人。其中主要的代表人物有庄棫、吴大澂、薛福成、张瑛等。

庄棫，字中白，号东庄，别号蒿庵，江苏丹徒人。先世盐业，后家道中落，曾在江苏官书局校书，著有《周易通义》《蒿庵遗稿》《东庄读诗记》等。据《续碑传集》中载庄棫"读书好微言大义，口吃，善言名理，学通《易》《春秋》，逾冠著书，以董子《繁露》为师"[4]。庄棫不仅通晓

---

[1] 徐澂辑：《俞曲园先生年谱》，上海书店据江苏省立苏州图书馆1940年版影印，第11页。
[2] 俞樾著，方霏点校：《春在堂随笔》卷三，江苏古籍出版社2000年版，第39页。
[3] 同上书，第39—40页。
[4] （清）缪荃孙：《续碑传集》，江楚编译书局，宣统二年（1910年）版。

义理，在词学方面也造诣颇深，被赞誉为"匪独一代之冠，实能超越三唐、两宋，与《风》、《骚》、汉乐府相表里，自有词人来，罕见其匹"①，"其词穷极高妙，为道、咸间第一作手"②，从这些评价中可见庄棫对于晚清词学的发展具有重要的贡献，是常州词派的后起之秀，其词学成就与著名词人谭献齐名。

吴大澂（1835—1902），字清卿，一字止敬，号恒轩，又号白云山樵、二田居士，江苏吴县人。同治七年（1868）会试，中进士，钦点为翰林院庶吉士。八月，吴大澂"告假回苏。丁雨生中丞日昌邀入书局，襄办校刻事宜。与总办莫子偲先生友芝，朝夕讨论金石文字"③。此后，两人之间的交往逐渐密切，予书局中共同讨论学术问题。由于两人对于金石之学有共同的兴趣爱好，莫友芝将访得的萧景、萧闳石柱的拓本赠予吴大澂，同治八年（1869）六月"至书局，晤莫子偲仗及卯生、碧湄，同观唐《说文》墨迹卷。偲老以萧景、萧闳两阙拓本见贻"④。学者之间的交往，不仅增进彼此之间的友情，更有利于当时学术的发展。

薛福成（1838—1894），字叔耘，号庸庵，江苏无锡人。出身于书香门第，是洋务运动的主要领导者之一，致力于学以致用。薛福成原为曾国藩的幕僚，同治十一年（1872）三月，曾国藩于南京病逝，其幕僚自动解散，东走西散，各奔前程。由于薛福成资历尚浅，无所依靠。于是，同年九月，应江苏巡抚聘请到江苏官书局任职，校勘群籍，迁居苏州紫阳书院。直至光绪元年（1875）七月，离开江苏官书局。在江苏官书局任职期间，在校书之余，关注社会问题，倡道学习西方，重用人才，提出自强之术。薛福成的自强之道在离开江苏官书局之后，得以显露，厚积薄发，在《应诏陈言疏》中提出"治平六册"和"海防密议十条"，在全国引起很大的轰动，成为当时热议的话题。洋务派领袖李鸿章将薛福成聘入幕府，为其出谋划策长达十余年之久。

江苏官书局是出版书籍的机构，其组成人员是传播知识文化的重要团

---

① （清）陈廷焯：《白雨斋词话》卷六，上海古籍出版社 2009 年版，第 128 页。
② 吴梅：《词学通论》，复旦大学出版社 2005 年版，第 137 页。
③ 顾廷龙：《吴愙斋年谱》，哈佛燕京学社 1935 年版，第 26 页。
④ 同上。

体，特别是编校人员，须具备渊博的才学，不凡的见识才能担此重任。校勘对于成书的好坏具有决定性作用，除了这一因素之外，书籍的外貌特征也是评价其刊刻书籍质量的重要因素。

3. 刻工、收掌及其他人员

校勘编辑图书是刻书的一个重要步骤，但要雕刻印刷出一本完整的书籍，还需要繁琐的工序。书局中除了知识分子的参与之外，还需聘任负责选购刻书材料、写样、刻工、印刷等有专门技能的工作人员，所以江苏书局"尚有刻工、文案、支应、书办、账房、稽核、收掌、眷写、绘图、监工、差役等众多人员"①。刻工多由江苏官书局自行招募。收掌是江苏书局的重要成员，其职责主要是"凡局中底本、写样、刻样及刻成、订成各书出入之数，皆掌之。刻字字数亦须由该员逐卷核定后，知照提调照数给价……凡发坊书数，该员主之，书价则须该员知照提调。入收报销时，许随同提调会衔禀报"②。眷写负责书籍样本的书写，以便雕刻；绘图主要负责地方志中配图及地方舆图的绘制。这些人员的工作虽然繁琐细微，但也非常重要，每一道工序都有专人负责。众多工作人员的参与，保证了江苏书局的正常运行。

江苏官书局利用当地的人力、物力和财力，迅速发展起来，成为晚清五大官书局之一。江苏官书局在官员和其工作人员，特别是知识分子的一致努力下，通过校刻传统书籍，使晚清传统文化在中西文化的碰撞中占有一片天地，掀起了清晚期地方官刻的热潮，使一些古籍珍本得以流传至今。

(二) 刻书经费来源

清末由于严重的内忧外患，中央朝廷财政匮乏，自顾不暇，难以对地方官书局进行统一拨款，允许地方自行筹款。同治六年（1867），江苏学政鲍源深《请购刊经史疏》："或疑现在各省经费支绌，筹饷艰难，似购书、刊书无暇遽及。夫戡乱则整武为先，兴学则修文宜亟。况购书、刊书

---

① 邓文峰：《晚清官书局述论稿》，中国书籍出版社2011年版，第118页。
② （清）庞际云：《抄呈书局章程请示禀》，《淮南盐法纪略》卷十，淮南书局同治十二年（1873）刻本。

经费，每年不过筹饷中百之二三，筹捐尚易。"① 可见，当时各省经费支绌，无暇顾及刊印图书之事，鲍源深以购书、刊书的费用，只是筹饷中的一小部分，于是建议以筹捐的方式等筹措经费，以供开设书局刻印图书之用。另"咸、同间，督、抚兼治兵、理财之权，外销之款至夥。自江南兴办书局，各省踵之，其经费皆出于闲款，不在经常出纳之列"②。由于各地督抚大臣拥有地方财政大权，可自行支配各省财产，但必须上报中央同意。作为当时地方官员筹办的官方出版机构，江苏官书局的经费由江苏地方官员自行筹措，其来源主要来自藩库拨款、厘金和售书收入。

藩库是清代布政司所属的钱粮储库，专门负责当地财政的收入支出。江苏官书局既为地方官书局，在刻书经费不足的情况下，便由藩库拨款来补充。另外，由于江苏官书局书价低廉，售书收入相对比较少。所以书局常年经费主要还是靠提取地方厘金。

厘金，又称厘捐，是清政府在镇压太平天国运动时为筹措军饷，在水陆交通要道的关卡，对商人征收的一种税收，名目繁多，收税范围广，且各地税率不一，快速地增加了清政府的税收，在晚清财政上占有重要的地位。江苏官书局买书、刊书之费很大一部分由此而来，据光绪二十一年（1895）十二月《光绪朝东华录》载，江苏巡抚赵舒翘对于整顿厘金及裁撤局员奏曰："善后局开支经费，同治十二年奏准酌提厘金一成，光绪十年改支八分，十三年后奉部奏定改提五分，如省城保甲、发审、官书、洋务各局用款，均归善后局于酌提五分支放。"③ 由此可知，江苏官书局的经费大多来自厘金，同治十二年（1873）书局可提厘金一成，到光绪十三年（1887）只可提五分，呈现出逐渐减少的趋势。同时，这也说明当时社会发展艰难，刻书事业的发展处于一种可有可无的状态，其发展步履维艰。

（三）江苏官书局图书的发行

晚清官书局是为振兴文化为主要目的，其刻印的书籍以传统经史为

---

① （清）鲍源深：《请购刊经史疏》，（清）陈弢辑：《同治中兴京外奏议约编》卷五，上海书店1985年影印版。

② 柳诒徵：《国学书局本末》，《江苏省立国学图书馆第三年刊》，1930年，第5页。

③ （清）王先谦、朱寿朋：《光绪朝东华录》，中华书局1984年版，第3697—3698页。

重，出书不以盈利为目的，售价相对较低。作为众多官书局中的一个，江苏官书局刻印书籍众多，除了用于销售之外，还须进呈御览，咨送学府、调配其他书局等。

1. 进呈中央和曲阜孔府

清晚期，朝廷中央官刻日渐衰落，至光绪年间已刻书极少，但为增加内府藏书，只能调取地方官书局所刻图书。因此，在销售图书的同时，江苏官书局还需将书局刻印的书籍进呈中央和山东曲阜孔府，作为其藏书的一部分。光绪二十年（1894），时任国子监祭酒的王懿荣奏曰：

> 曲阜衍圣公府，自近岁不戒于火，旧藏书籍、图录焚毁一空。现在各直省设立书局，以官钱刻书者三十年来，珍籍善本，灿然大备。除以初印精椠一分解送翰林院敬备皇上取进御览，一分解交国子监充备肄业诸生传习外，可否恳恩饬下各直省督抚：有书局者，无论新旧诸刻本，亦以，一分解交山东巡抚转行曲阜，作为恩赐衍圣公孔令贻敬谨储藏，以为诵法之资。遇有新刻，陆续咨解，如省官绅家刻经籍，有愿送曲阜衍圣公府者，仰体我皇上嘉惠圣裔有加无已之至意，亦即听其就近呈交该省官长，咨送山东巡抚汇交孔令贻收存，今衍圣公府第既蒙恩给资重修，则书籍亦且赐予成全。[①]

由以上可知，江苏官书局必须将初印的精刻精装书籍进呈朝廷，送至两个地方，一是"解送翰林院敬备皇上取进御览"，作为皇家宫廷藏书；二是"解交国子监充备肄业诸生传习"，作为监生的教材。张之洞也曾说："将来各书刊成，当随时刷印，咨送国子监，以备在监肄业者考览之助。"[②] 国子监是国家最高教育机构，兼事刻书，但到清代末期，中央刻书废弛，统治者无暇顾及，只能征调地方官书局刊刻的书籍让诸生学习。另外，王懿荣建议地方官书局无论新旧诸本，将一部分图书进献至山东曲阜衍圣公孔府收藏，嘉惠后学。山东曲阜作为孔子的故乡，是中国儒学发

---

① （清）王懿荣著，吕伟达主编：《王懿荣集》，齐鲁书社1999年版，第46页。
② （清）张之洞：《开设书局刊布经籍折》，见《张文襄公全集·奏议》，文海出版社1970年版。

源之地，统治者尊儒学而作为其统治思想，必然对孔府藏书格外重视。同时，曲阜孔府藏书丰富代表着文化繁盛。因此，此意见得到光绪皇帝的同意。江苏官书局将其刻印的书籍咨送孔府，作为其藏书的一部分。

2. 援助其他官书局

自曾国藩首创江南官书局以来，各地争先恐后地设立书局，遍布全国各地，就算是地理位置偏僻的贵州、甘肃等地也设立书局。但由于经费难筹，只能期盼较为富裕的江浙诸官书局的帮助，江苏官书局就是其对象之一。《贵州拟设书局片》中载：

> 今年以来，如江南、江苏、浙江、江西、湖北各省书局刻本精博，蔚为大观。相应请旨饬下江南等省督抚臣，将局刻经史子集等书每种刷寄十部，以作式样。黔省经费维艰，书价无款可筹。请由各省报销，谅亦乐助。奴才仍当专函切恳，派员前往承领各书回黔。俟刊装成，饬发各府厅州县，照价分售，以期散布城乡，推广流传。务使涵濡渐渍，兴贤育才。①

贵州书局咨取江南、江苏、浙江等书局的书本作为样本，且刻书经费由各官书局报销。除贵州外，光绪十五年（1889），广西巡抚马丕瑶开设桂垣书局并奏请征调各省局书。马丕瑶认为各大官书局刻书成绩显著，赞曰："裒集群籍，蔚为大观，其中经史巨帙，凡艺林承学之士所当家弦户诵者，固已灿然美备，即名物象数、专门撰述，亦颇并蓄兼收……发、捻之乱，烽火遍诸行省，海内藏书毁失不少。荡平以后，曾国藩、李鸿章、左宗棠等，皆孜孜以此为务，所至则设局刊书。二十余年，网罗散佚，渐复旧观。"②另外，光绪二十三年（1897），陕甘总督陶模《奏为甘肃书籍缺乏，拟恳圣恩准臣咨取各处局官书，免其缴值以惠士林恭折》也是咨取各大官书局书籍的奏折。奏折中要求调取京师官书局、同文馆及各省局

---

① 《贵州拟设书局片》，《光绪朝朱批奏折》第104辑，中华书局1995年版，第564—565页。

② （清）朱寿朋：《光绪朝东华录》"光绪十七年二月"条，中华书局1958年版，第2855页。

印官刻书,运往甘肃、陕西等地,以供学子学习之资。类似于奏报中央转发局本,多是出现于偏远地区的官书局,也显示了晚清官书局之间的互相帮助。

3. 颁发州县及书院

江苏官书局受政府委托刻印圣训小学启蒙之书,颁发下属地方州府,进行宣讲教化。当时,巡抚丁日昌对于江苏官书局的刻书甚为关心,其《委解书籍》中称:"照得圣训诵读小学最能感悟人心,维持风教。前经本部院饬发版片,交苏省书局印刷,呈候分颁江北各府、州、厅、县,派发宣讲诵读。兹据该局刷印钉本,呈送前往,合行札委,札到该员即便遵照,将刻就圣训、小学,同江藩司公文一角查收,即日小心,管解起程,前赴江藩司衙门交纳,回省销差,毋稍延误。"①从其中"扎到该员即便遵照""即日小心""毋稍延误"等字句中,可知丁日昌对于江苏官书局刻印的图书颁发下属机构工作安排和要求极为认真和重视。

当时书院藏书来源之一是向各大官书局征集,"以书院书籍之来源,有御赐或颁发、官吏之捐置及官吏向官书局之征集等项"②。光绪五年(1979),朝廷重修京城新修金台书院,征收东南各省官书局书籍,李鸿章记载:"金台书院以各省所设书局刊印之诸书,均极为精良,洵称富美,故拟分咨各省督、抚,汇请送至京师之金台书院,供其贮存,以资士子应用。"③金台书院主持者多为有名之士,所收学员主要是准备参加会试、殿试的举人和贡生,隶属于顺天府管理,属于官办书院,对于书籍的内容和质量要求较高,而调取地方官书局刻书为最佳选择。

清光绪二十四年(1898),实行维新变法,创立京师大学堂,继续征调江苏官书局和其他刻书机构的刻书。光绪二十九年(1903)六月十九日《轮船招商总局为运送书籍事知照大学堂》中:"将已刊各种经史子集以及时务新书,每种提取十部或数部,刻日赍送来京,以备归入藏书楼存储,以资查考。至此项书籍价值,应请贵部院察核实用数目,统归本省书局项下报销,以符奏案……因到院行司查照,准咨事理,立即转饬官书局

---

① (清)丁日昌撰,赵春晨编:《丁日昌集》(上),上海古籍出版社2010年版,第794页。
② 班书阁:《书院藏书考》,见《国立北平图书馆馆刊》1913年第3期,第58—62页。
③ (清)李鸿章、黄彭年等重修:《光绪朝畿辅通志》卷114,光绪十年(1884年)刻本。

提调遵照，酌量先备各书数部送司存"①。江苏官书局需将刻印的各种书籍，每种准备十部乃至数部，运输至京师大学堂。

4. 赠送

光绪初年曾纪泽出使英法两国，专门行文调取江宁、江苏、湖北、浙江局刻书籍，分储两国使馆，"以备查考而壮观瞻"②。可以作为外交礼物相赠，可见江苏官书局刻书精美。除此之外，江苏官书局官员之间的赠送，均取自本局刻书。

这些进呈中央、国子监、颁发州县及书院、征调、赠送的书籍，经费全部由江苏官书局报销，严重地加重了江苏官书局的负担，也是江苏官书局衰落的重要原因之一。与此同时，通过这些图书发行方式，上至九五至尊的皇帝，下至平民百姓，都能阅读到江苏官书局的图书，使其刻本得到更好的保存和更为广泛的流传。

5. 销售

（1）自产自销

江苏官书局设有专门的官方售书机构，称为江苏官书坊，设立于光绪年间，清光绪二十五年（1899）编有《江苏官书坊各种书核实价目》一卷，该书目收书 175 种，包含了江苏官书局刻印的大部分书目，按经、史、子、集四部分类排序，御纂钦定之书排列在各类之前。除了著录书名和册数之外，又列明不同纸张、装订或不装订的图书价格，纸张类型有连史纸、赛连纸、毛太纸、毛边纸等。

（2）由其他书局代为销售

1881 年，李鸿章在天津设立官书局，购运南方各地官书局书籍并按原价销售，便于北方学者选购阅读，增广学识。从现存的《直隶运售各省官刻书籍总目》来看，共收书 462 种，其中江苏官书局本 71 种，囊括经史子集四类图书。在朱士嘉《官书局书目汇编》中，江苏官书局书目后附有寄售书目，也代销其他书局图书。

---

① 北京大学校史研究室编：《北京大学史料》第一卷（1898—1911），北京大学出版社 1993 年版，第 489 页。

② （清）曾纪泽：《巴黎致总办论事七条》，转引自梅先华《晚清官书局大事记略》，《出版史料》1989 年第 3—4 期，第 252 页。

(3) 私人销售

江苏官书局将刊印的书籍批发给商人进行销售，是其图书流传的重要形式。由于江苏官书局刻书质量上乘，相对于当时书籍的市场价格较低，深受消费者欢迎，故销路很好。例如，清代版本目录学家、藏书家孙殿起在北京开设的通学斋书店，曾售卖江苏官书局书籍。在其《贩书偶记》中可见江苏官书局书目，如："《辽金元三史国语解》四十六卷，乾隆间奉敕撰，道光四年内府刊；《辽史语解》十卷，《金史语解》十二卷，《元史语解》二十四卷，光绪戊寅江苏书局重刊。"[1] 又如 "《资治通鉴宋本校勘记》五卷，《元本校勘记》二卷，常熟张瑛撰，光绪八年江苏书局精刊"[2]。类如此类的记载还有很多，不再一一列出，说明孙殿起个人已经在北京销售众多的江苏官书局书籍。商人的批发销售，使江苏官书局书籍在更大的范围内得以传播，对于保存古籍起到积极的作用。如今，在全国各大城市或者高校图书馆的古籍室中，仍可见江苏官书局古朴精美的刊本。

三 江苏官书局刻书及其特色

江苏官书局的创设是对清末政治社会危机、西方列强入侵的一种应激反应。当时西学大量传入中国，中西文化激烈碰撞中传统文化逐渐落于下风。江苏官书局在此社会背景下产生，其刻书的种类必然与此紧密相连。为了维护清政府风雨飘摇的封建统治，恢复中国传统文化。江苏官书局刻书以经史为主，并重视整顿吏治和恢复社会经济生产之类的书籍。

（一）江苏官书局刻书种类

经、史、子、集是中国古籍的四大部类，也是传统文化的重要组成部分。江苏官书局既然为维护封建文化、宣扬儒家文化而产生，所以其刻书种类以经、史为主，子、集次之。朱士嘉先生整理的《官书局书目汇编》中将江苏官书局刻书书目分为经、史、子、集和丛书五类。

---

[1] （清）孙殿起：《贩书偶记》，中华书局1959年版，第110页。
[2] 同上书，第113页。

经部主要是儒家经典，一是启蒙读物，为帮助初学者而编辑的一些读物，除了原文之外，还有解读的部分，便于初学者学习。江苏官书局出版的这类读物有《诗经读本》《左传读本》《易经读本》《书经读本》《礼记读本》《四书读本》等；二是关于经部典籍的注疏、集解、要义、同考之类的著作。如《论语古注集笺》《易经注疏》《周易孔义集说》《春秋属辞辨例》《易经要义》《读礼通考》等；三是小学类，如《毛诗订诂》《仓颉字林合编》《段氏说文解字注》等。

史部种类繁多：一是正史类，江苏官书局曾与金陵官书局、浙江官书局、广雅书局、崇文书局合刻《二十四史》，主要承担了《辽史》《金史》和《元史》三史的刻印任务，另外还刊印了《辽史拾遗》《补元史》《辽金元三史国语解》等；二是编年类，如《资治通鉴》《通鉴校勘记》《续资治通鉴》《通鉴地理今释》及清代陈鹤著的《明纪》等；三是纪事本末类，如《西夏纪事本末》；四是会要类：《西汉会要》《东汉会要》《唐会要》《五代会要》等；五是目录类，如《直斋书录解题》《学古堂藏书目》《墨妙亭碑目考》等；六是地理类，如《苏州府志》《吴地记》《吴郡图经读记》《江苏全省舆图》《江苏水利图说》《苏省五属二十里方舆图》等。

江苏官书局史部书籍的出版具有自己的特点，"不以正史为囿"[①]，除了刻印辽金元正史之外，还刊刻了与之有关的补遗、校勘之书，如《辽史拾遗》《补元史》《辽金元三史国语解》等。围绕《资治通鉴》的刻书有校勘记、目录、释义等不同类别的书，刻书相对比较集中。对于本省的水利、史志等地方文献的刊刻也是江苏官书局刻书的明显特征。

子部：一是儒家类，江苏官书局所刻大多是解释儒家义理和小学之书，如《江注近思录》（附校勘记）、《弟子规》、《程氏性理字训》、《童蒙须知韵语》、《小学韵语》，《小学纂注》、《小学疏义》等；其中《小学韵语》卷首注明："光绪己卯六月江苏书局重刊""湘乡罗泽南著，及门诸子参订。教人之道，首重发蒙，蒙以养正，是曰圣功"[②]。二是笔记类：有《小沧浪笔谈》《学古堂日记》《欧阳省堂点校勘记》等。三是教育

---

① 李致忠：《古籍版本知识500问》，北京图书馆出版社2001年版，第151页。
② （清）罗泽南：《小学韵语》，江苏书局光绪五年（1879）刻本。

类，如《五种遗规》《诫子书》《劝善要言》《庭训格言》《圣谕广训直解》《司马温公书仪》等；清代陈宏谋所辑的《五种遗规》，包括《养正遗规》《教女遗规》《训俗遗规》《从政遗规》及《在官法戒录》，是清代社会教育和蒙童教育、清末中学生修身养性的教材，是中国教育史上的重要著作。四是法家类，有《公门果报录》《洗冤录义证》《唐律疏议》等；五是农家类：如《农桑辑要》《蚕桑简明辑说》等；六是医学类，如《医林纂要》《理瀹骈文摘要》；最后是术数类：出版有《代数启蒙》《万象一原》《增删算法统宗》《盈朒一得》《笔算今式》《九数存古》等。

集部有楚辞类、别集类、总集类等。江苏官书局局所刻楚辞类有《离骚后语辩证》；别集类，是个人的诗文汇编，如《陶文毅公注靖节先生集》《东雅堂韩集并点勘》《张忠敏公遗集》《张杨园先生全集》《汪龙庄先生集》《周文忠公尺牍》《切问斋集》《求益斋全集》《自然好学斋诗集》等；总集类：《古文苑》《唐宋十大家全集录》《唐文粹》《元文类》《明文在》《碑传集》《八代诗选》《明三十家诗选》等。

丛书类，有《古逸丛书》一种。光绪七年（1881），黎庶昌出任日本公使，在日本期间，发现众多珍贵的宋元刻本和旧抄本古籍，且大多是善本、孤本。在此之前，光绪六年（1880），杨守敬应公使何如璋之召，作为随员赴日，在日本发现众多中国宋元珍本。"旋交其国医员森立之，见所著《经籍访古志》，遂按录索之。会遵义黎公使庶昌接任，议刻《古逸丛书》，嘱守敬极力搜访。"[1] 黎庶昌来日之后，二人齐心协力，一起搜访和校刻。黎庶昌"出使时值艰钜，乃节三年薪俸万数千金，耗二年心力，独成此书"[2]。他们搜访古籍的范围上至王室秘府，下至寺观、士大夫及百姓家中，择要刊刻，"刻随所获，概还其真，无复伦次，经始于壬午（1882），告成于甲申（1884）"[3]，经过与杨守敬三年搜访和校勘，终于"使中国数千百年坠简复还旧观，海内士大夫得者莫不惊为秘籍"[4]。《古逸丛书》最初在日本以美浓纸印刷，精美绝伦。该书200卷，收书26种，

---

[1] （清）杨守敬撰，张需校点：《日本访书志序》，辽宁教育出版社2003年版，第1页。
[2] （清）陈榘：《东游文稿·记遵义黎莼斋先生刊〈古逸丛书〉》，光绪间贵阳陈氏刊本。
[3] （清）黎庶昌辑：《古逸丛书》，江苏古籍出版社2002年版，第1页。
[4] （清）陈榘：《东游文稿·记遵义黎莼斋先生刊〈古逸丛书〉》，光绪间贵阳陈氏刊本。

"以其古文本逸篇，遂命之曰《古逸丛书》"①。不久之后，黎庶昌将《古逸丛书》版片从日本带回，"旋举版畀苏州书局，与海内同治公其好"②，苏州书局是江苏官书局别称，此书受到学者重视，再次重印，嘉惠士林。《古逸丛书》因收录多善本，校勘精确，刻印精美，广为流传。学者们对其有极高的评价，如"十九世纪后期，我国的藏书家与刻书家出现两股热潮，一是编刻大量丛书，一是对版本之学精益求精，从珍视宋元版上溯到六朝唐五代写本。集此两特点于一身且有国际影响，应推黎庶昌主持得日本友人相助，进行影刻的《古逸丛书》"③。《古逸丛书》的版片现今存于扬州中国雕版印刷博物馆，该丛书版片的完好保存于世，离不开江苏官书局工作人员精心维护，虽因印刷次数较多，字有剥蚀的现象，印刷已大不如前，但其书版的存世，作为文物供学者一览其旧日风采。该书的刊刻是中华民族灿烂文化的一部分，在中国出版史上具有重要的影响。

（二）江苏官书局刻书数量

江苏官书局不仅"刻书时间之长，品种之多，可称全国各大官书局之冠"④，而其刻书数量之大，居各官书局之首，也是江苏官书局闻名于世的重要原因。关于江苏官书局刻书数量，据朱士嘉先生《官书局书目汇编》统计，江苏官书局共出书188种，以经史子集四部分类，计经部28种，史部73种，子部45种，集部42种，另有《古逸丛书》1种；每部书分别列出书名、册数、不同的印刷纸张和价格，更像是一本江苏官书局的售书价目。另有江澄波先生辑录"江苏官书局刻书凡206种，5047卷，1632册。"⑤ 实际上为203种，以年代为序，详细列出书名、卷数、作者及册数。叶再生先生《中国近现代出版通史》中所列江苏官书局刻书目录，与江澄波先生所列基本相同，同样列出"江苏书局（苏州书局）

---

① （清）黎庶昌辑：《古逸丛书》，江苏古籍出版社2002年版，第1页。
② （清）陈榘：《东游文稿·记遵义黎莼斋先生刊〈古逸丛书〉》，光绪间贵阳陈氏刊本。
③ 于乃义：《中日两国人民图书交流史举隅》，《文献》第十三辑，书目文献出版社1982年版，第108—109页。
④ 江澄波：《晚清江苏三大官书局刻书（续）》，叶再生：《出版史研究》第3辑，中国书籍出版社1995年版，第131页。
⑤ 同上。

刻书 206 种，5047 卷，1632 册"①，但实际上列出 205 种。

关于江苏官书局刻书数量就目前现存的资料来看，公认的是 206 种，但不是很准确的数字。笔者参考诸家研究成果，发现江澄波先生及叶再生先生的目录中并不包括江苏书局刻于同治十三年（1874）的《金史》《秋兰诗钞》等书，此外还包括光绪十四年（1888）刻印的黄彭年撰《陶楼文钞》，据此书序载："既印若干部，分藏各家，并归版片于江苏书局，必廉价印行，籍以广。"② 此书版来源于学者捐赠，应属于江苏官书局刻书的一部分。据现存的资料统计，江苏官书局共出书 211 种，关于江苏官书局刻书的书目，包括书名、作者、卷数、册数、刻印时间等，制成表格附于文后，以供参考。

清光绪十九年（1893）江苏官书局所编《江苏书局重订核实价目》一卷是江苏官书局刻印书目的一种。该书目的编纂主要是因为当时"内阁中书恽炳孙等呈请核减书价，十九年江苏书局据布政使邓华熙之命，降低书价，九折出售，本目即核价以后重新刊印的目录"③。该"目录分经、史、子、集各类，均以御纂、钦定之书为首。计收经书三十六种，史书六十五种，子书三十二种，集书三十六种，后附寄售书籍十三种。虽非书局刊书的全部，却具体反应了当时书籍销售的情况"④。江苏官书局所刊的每种书籍，几乎都是用两种或两种以上不同的纸张印刷，其价格也不尽相同，以适应不同的消费者。

  每书著录书名、本数、纸张、书价，是较为典型的售书目录，如《四书读本》每部六本
  连史纸 陆百陆拾陆文
  毛边纸 每部足制钱 伍百陆拾柒文
  毛太纸 肆百陆拾捌文⑤

---

① 叶再生：《中国近现代出版通史》，华文出版社 2002 年版，第 331 页。
② （清）黄彭年：《陶楼文钞·杂著》，沈云龙主编：《近代中国史料丛刊》第三十六辑，文海出版社 1969 年版，第 4 页。
③ 来新夏：《清代目录提要》，齐鲁书社 1997 年版，第 366 页。
④ 同上。
⑤ 同上。

光绪二十五年（1899）由江苏官书坊编《江苏官书坊各种书核实价目》一卷，是江苏官书局奉命撤销，并入官书坊之后重新核定的书目价格。"全目收书一百七十五种，分经、史、子、集四类，其中经部三十六种，史部六十八种，子部三十四种，集部三十七种，各类首列御纂钦定之书，然后依四库排列。"① 从两部江苏官书局的书籍价目记载的数量来看，光绪十九年到二十五年的几年间，江苏官书局刻书数量增加很少。

关于江苏官书局刻书数量众多的原因，江澄波先生认为有以下几点："一是本局自刊，如《五礼通考》、辽金元三史、《苏州府志》、《碑传集》等；二是修补旧版重印。如补刻胡克家复元本《资治通鉴》、毕沅《续资治通鉴》等；三为当时官员所刻书版的捐赠，如出使日本大臣黎庶昌在日京所刊，为国内不传之本的《古逸丛书》等；四乃接受了学古堂和存古堂所刻《学古堂日记》《范文正公全集》等书版。"② 江澄波先生是从江苏官书局书版来源的角度分析其刻书众多的原因，其实，江苏地区深厚的学术文化背景和丰富的印刷材料，如用于雕刻书版的木材和纸质材料充足等，也是江苏官书局刻印书籍的必要条件。

（三）江苏官书局刻书特色

江苏官书局从建立之日起，无论是从其设立的原因、职位和人员构成、经费的来源，还是从其刻书的内容和目的来说，都具有浓厚的官方色彩。最能体现其官方特点的就是刻书内容以传统经史为主，这也是晚清各地官书局的共性特点。另外，"为了适应一般读者的需要，对各种普及读物，定价低廉，求之较易。这是官书局刻书的主要特点"③。江苏官书局曾刻印大量的四书五经的读本，作为儿童启蒙的简易教材，易于销售。

1. 共性特点

晚清兴起的官书局刻书，因其为时代的产物，并以政府为主道。所

---

① 来新夏：《清代目录提要》，齐鲁书社1997年版，第367页。
② 江澄波：《晚清江苏三大官书局刻书（续）》，叶再生：《出版史研究》第3辑，中国书籍出版社1995年版，第131页。
③ 江澄波：《晚清江苏三大官书局刻书》，叶再生：《出版史研究》第2辑，中国书籍出版社1995年版，第73页。

以，在刊刻图书内容的选择、销售价格等方面，具有共同的特点。

（1）刻书种类以经史为主

《隋书·经籍志》开篇即曰："夫经籍也者，机神之妙旨，圣哲之能事，所以经天地，纬阴阳，正纪纲，弘道德，显仁足以利物，藏用足以独善，学之者将殖焉，不学者将落焉。"① 圣贤经典是历代文化统治的重要内容，清代是中国传统儒家文化的集大成者。清朝统治者崇经尊史，其目的是稳定封建文化秩序，巩固封建王朝统治。再者，太平天国运动造成经籍焚毁散乱无数，其中江南地区遭受战争之灾最为严重，以致士子无书可读，而传统经史是士子学习主要内容，所以，刊刻经史是各地官书局的首要任务。因此，同治六年（1867），鲍源深上奏朝廷建议先刊御批、钦定经史之书，其奏章曰：

窃维士子读书以穷经为本，经义以钦定为宗。臣伏读世祖章皇帝御注《孝经》，圣祖仁皇帝御纂《周易折中》……以上各书，请旨饬下各抚藩先行敬谨重刊，颁发各学……至穷经之外，读史为先。全史卷帙浩繁，现在经费未充，重刊匪易。恭请饬令先将圣祖仁皇帝御批《通鉴纲目》、高宗纯皇帝御批《通鉴辑览》，敬谨先刊，分发各学，士子读之已可贯串古今、赅通全史。②

这封奏疏得到清统治者的首肯，同治帝饬令各省先刊御纂、钦定经史之书，作为士子读书的教材，江苏官书局谨遵其命，先后刊刻了《御注孝经》《御注批通鉴纲目》《御纂周易折中》《钦定书经春秋三经传汇纂》等十多种，以殿本为底本进行翻刻，颁发州县学府，以供诵读。

丁日昌认为"小学为蒙童养正之基，经史为艺苑大成之具。谨当陆续刻成，广为流布，以仰副圣天子造士作人之至意③"。因此，除了御纂钦定之书之外，就经部而言，江苏官书局刻印的读本、要义、注疏等名目

---

① （唐）魏征等编：《隋书·经籍志》，中华书局2000年版，第613页。
② （清）鲍源深：《请购刊经史疏》，（清）陈弢辑：《同治中兴京外奏议约编》卷五，上海书店1985年影印版。
③ （清）丁日昌：《设立苏省书局疏》，（清）陈弢辑：《同治中兴京外奏议约编》卷五，上海书店1985年影印版。

众多。读本多是四书五经读本，为童蒙读物；要义之类有《尚书要义》《仪礼要义》《周易要义》《礼记要义》等；注疏类以《十三经注疏附校勘记》为例，原是由阮元任江西巡抚时刊印，因这部书以宋本为底本，精心校勘，受到各大书局争相模仿，而"江苏书局则取注疏单刻，影响很大，至今没有能取代它的新校本"①。

江苏官书局刻印儒家经典还具有自己的特征，其"刊刻儒籍的特点，一是翻刻儒经集中在四书五经范围内，且基本用宋元人经注。二是刻单经较多，虽然通常同一年内即刻齐五经，但往往单行零售。三是子部儒学所占的比重相对较大"②。

江苏官书局对于史书的刊刻更是不遗余力，重刻殿本《辽金元三史语解》，并参与五大书局合刻《二十四史》的巨大工程，刊刻了《辽史》《金史》和《明史》；派人收购私人版片，刻印《资治通鉴汇编》《历朝会要》等。

江苏官书局从同治四年（1865）创立到民国三年（1914）并入江苏省省立第二图书馆，存世的49年间，刊刻大量的经史之书，选用底本较好，又有专业学者校勘，在晚清刊刻经史典籍方面成就突出。

总体来看，江苏官书局出版活动的最终目的是维护封建统治秩序，因为"从出版内容来看，清廷与地方督抚的态度和选择近乎一致，基于维护传统价值的立场，重视传播正统的思想观念，以期重构清廷统治的合法性"③。以经史为主的刻书特点是晚清官书局的一个普遍现象，为重振儒学，"正人心""维正道"，清末重臣开设官书局刻书。同时，各大书局刻本重底本，精校勘，售价低，此举很好地促进了经史子集的推广普及，形成了传统文化传播的小高潮。在很大程度上消除了太平天国运动和其文化政策的影响，也为抗衡西学的渗透起了一定的作用。

（2）刻书众多，且售价低廉

清代雕版印刷技术的进步，刻书较易，书价呈现不断下降的趋势，至

---

① 孔毅：《清代官书局刻书述略》，《文献》1992年第1期。
② 徐晓楚：《清"同光中兴"时期儒籍出版考》，硕士学位论文，华东师范大学，2004年，第12页。
③ 王晓霞：《晚清官书局之研究》，博士学位论文，南开大学，2011年，第97页。

后期愈加明显。如光绪年间，南京李光明庄刻印的各种蒙学读本如《欧体格言》《圣贤孝经》《三字经图考》等每册售价多在三五十文钱（合银不足3分）①，是图书价格便宜至极的例证。清代，书籍价格下降的幅度之大也为历代所难及，从一个角度上反映了清代印刷术事业的发达和更加商业化。而"清末书价的大幅度降低还与当时大批官书局的崛起和迅速发展有很大的关系。官书局大量出版的书及其低廉的价格，对当时全国书价的降低起了重要的作用"②。

清末各地普遍设立书局，校刻群籍，刻书众多，内容涵盖经史子集各部，古今图籍大备。官书局刻书因底本精良、校勘精审，在版本学以"局本"著称。江苏官书局是清末官书局刻书最多的，共计211种，不仅数量多，且"官价无多，尽人可购。故海内之士多有枕经葅史，博览群书，堪为世用者"③，影响深远。

江苏官书局依靠有利的文化、资源、人力及高技术的雕版印刷优势，刊刻大量书籍，且价格低廉，为适应不同人群的消费水平，江苏官书局采用灵活的刷印方式，一本书用多种纸进行印刷，如连史纸、毛太纸、毛边纸等，售卖较易，流传较广，远至北京、山东、云南等地。朱士嘉先生评论道：

> 可是我们不要忘记，它（即官书局）确是一位传布文化、普及教育的无名英雄。少数珍藏秘笈，经它一来．便可人手一册了；通常"纸贵洛阳"的，经它一来，便"价均从廉"了。而且那里的书籍，都经过通人达士的校勘，讲起版本来，也很可靠。④

江苏官书局以政府为其坚强后盾，拥有固定的经费来源，以恢复传统文化为主要目的。书局主持者聘请专人校勘，注重书籍出版质量，刻书质量好。此外，再加上印刷技术高超，书籍精美，不以盈利为目的的廉价销

---

① 袁逸：《清代书籍价格考——中国历代书价考三（上）》，《编辑之友》1993年第4期。
② 同上。
③ （清）朱寿朋：《光绪朝东华录》，中华书局1958年版，第3793页。
④ 朱士嘉：《官书局书目汇编·引言》，中华图书馆协会，1933年。

售，使学者易于购买，流传广泛。

2. 地方特色

（1）江苏地方文献的整理

江苏官书局在刻印经史的同时，对于江苏地方文献的整理也作出重要贡献，主要体现在对江苏地理、舆图、水利、史志等本省地域性书籍的编辑刻印上。包括《苏省舆地图说》《五省沟洫图说》《苏州府志》《沧浪小志》《苏州城厢图》《江苏海塘新志》《楚汉诸侯疆域志》《江苏省例正编》《江苏全省舆图》《苏省五属二十里方舆图》《筑圩图说》等。

《苏省舆地图说》，丁日昌编，同治七年（1868）刻印，与苏省总图、松常镇太五里方图、二里平方舆图合印，五色套印。以沈宝禾、褚成绩、何绍章、金德鸿任总校，沈善登、李凤苞任纂订，顾沄、郭冈寿、黄瑢任测绘，以裴氏地图流体之法逐处实量，又参照《豫乘识小录》地图测绘诸法制图。丁日昌作序曰："六月丁卯，日昌秉藩是邦，移居私署，躬自督程。未逾年图成，适奉命抚苏，既为装池进御。"①

《江苏全省舆图》，包括《江苏全省两司八府三州一厅图说》《江宁布政司属三十六厅州县图志》《苏州布政司属三十四厅州县图志》三册，刻于光绪二十一年（1895），书前有布政使邓华熙作序，江苏官书局提调诸可宝监制。曾国藩和丁日昌共同上奏的《遵旨绘造江苏全省舆图情形折》中提到参与《江苏全省舆图》绘制的人员除了诸可宝，还有吴寿萱任测算、雷鸣任绘画、江苏舆图局董事金德鸿、李凤苞及各地官绅的协助，才大功告成。光绪十五年（1889），会典馆令各省测绘省府州县舆图，次年又颁布制图标准，规定省图每方格一百里，府五十里，厅州县十里。江苏官书局奉命制成的《江苏全省舆图》首为江苏全省地图说，图中山川河流及地理概况一览无余；后分别为江苏省管辖内府、厅、州、县的地图及简介，介绍内容按照会典馆要求分为七项予以说明，分别为该地的地理沿革、疆域范围、天度、山镇、水道、乡镇、官职等。该舆图是江苏建省以来的第一部官方编制的省图集，内容翔实准确，印刷清晰，为研究清末江苏省地理情况提供了重要参考资料。

《苏州府志》是清代最后一部官修的苏州府志，全书150卷，李铭

---

① （清）丁日昌：《苏省舆地图说》，江苏书局同治七年（1868）刻本。

皖、谭钧培修，冯桂芬纂，光绪八年（1882）江苏书局刻本，因刊行于光绪年间，又称为《（光绪）苏州府志》。《苏州府志》的修纂人员如冯桂芬、李铭皖等均具备渊博的知识，丰富的阅历，又深谙当地实际情况。志中所列门类有星野、疆域、风俗、城池、坊巷、山、水、水利、田赋、物产、公署、学校、军制、乡都、津梁、寺观、第宅园林、冢墓、职官、选举、名宦、人物、艺术、流寓、列女、释道、艺文、金石、祥异、杂记30类，并分别列出各类修纂者姓名，是其创新点之一。府志卷首的12幅地图是使用西方绘图新法和实地测量相结合绘制而成，分别提供了苏州市及所属各县的辖境范围、主要地名、接壤边界及河流山丘等。对于清代赋税，记述明确，又对宋以来江苏地区的田亩、赋税、户口、漕运等加以考证，引用史料丰富，"备采《宋史》《明史》《续文献通考》《赋役全书》以及有关的官吏奏议、私人撰著和各种方志的记载考述颇为翔实"[1]。该志"是苏州方志编纂的又一丰硕里程碑，把它列入善志之林，也是当之无愧的"[2]，其记载的内容具有重要的实用和史料价值。

江苏官书局对江苏乡土文献的整理编辑和印刷，使其更为系统和完整的保存下来，不仅在当时具有重要的影响，对于后世的研究者更是不可多得的财富，成为研究江苏省社会、政治、经济、文化、自然状态、风土人情等各方面历史的珍贵史料。

（2）整顿吏治书籍的刊刻

为恢复战后的地方统治，地方督抚除了兴建书局，以文化安抚人心之外，还利用当地官书局刊刻整顿吏治的书籍。同治七年（1868）丁日昌奏请刊刻牧令类书籍颁发下辖各地。在丁日昌的建议下，同治皇帝谕令曰："州县为亲民之官，地方之安危系之。丁日昌现拟编刊牧令各书，颁发所属，即着实力举行，俾各州县得所效法。"[3] 牧令各书的刊刻关系到地方安危、治民之道，极其重要。因此，在丁日昌的支持下，江苏官书局在几十年间刻印关于整顿吏治书籍总计27种，占全部刻书的13.1%，比

---

[1] 徐复、季文通主编：《江苏旧方志提要》，江苏古籍出版社1993年版，第260页。
[2] 陆振岳：《冯桂芬与同治〈苏州府志〉》，《苏州大学学报》（哲学社会科学版）1996年第1期。
[3] 《清实录·穆宗实录》卷二百二十六，中华书局1987年版，第104页。

重相当大。

　　江苏官书局出版关于吏治的书籍主要分三类：一为律例类，主要是官员执法办案的依据。有《律例便览》《三流道里表》《五军道里表》《通行条例》《大清律例总类》《读律一得》《保甲章程》《清讼章程》《圣谕十六条附律易解》等律例书籍。《律例便览》丁日昌序曰："日昌奉命抚吴，大乱初平，民志未定，首清积案，期于有所据依。念读律之功与读书并重，因取丹徒蔡氏所辑《律例便览》重校付梓，并将同治甲子以后部议新章奏奉谕旨通行者增刊上端。其书简而明，括而不漏，纲目相贯，纵横成理，实为谳家金科。俾学治者，人袖一编，时复各览，务识狱无大小，一以平恕。府鲜舞文之吏，邑绝健讼之风。前史所称吴地积习，庶得挽回万一。嗟乎！刑辟非修养之具，言教非知耻之源，何以使吾民隔薄从忠，迁善不怠，其道盖有进乎此者，士大夫能读是书，又贵知制清浊之有本末也已。"① 江苏官书局刻印的法律典籍是官员办案的重要依据，也是作为一名合格官员的必修内容。

　　二为案例总结类，主要是以案例分析为主的书籍。如清光绪四年（1878年）谢诚钧撰的《秋审实缓比较条款》，此书分职官服图、人命、奸抢窃、杂犯、矜源比较条款五项，是研究清朝刑事诉讼制度及司法实践不可多得的宝贵资料。此外，像《洗冤录义证》《秋谳辑要》等奏谳类书籍，主要是对一些疑难案件提供范例，作为执法办案的参考，是以往官员执政实践经验的总结，值得当时官员学习。《筹济编》32卷，是其对赈济救灾措施的经验总结，"《筹济编》三十二卷，常熟杨比部静闲先生辑。盖取古今荒政之可行者，类次排纂，条分件系之，疏通证明之，良以救荒无善策而自有其策，与其遇荒而补苴，不如未荒而筹备，诚使为民牧者事理达于平时，偶值偏灾，措之有本，上以纾圣天子宵旰之忧，下以托穷黎数十百万之命"②，该书具有很大的实用价值。

　　三为法学教育类，用以日常学习提高官员自律水平的书籍。《图民录》，清袁守定撰，是其任职经验的心得体会。《图民录》自序称："以阅

---

① 转引自张晋藩《清代律学名著选介》，中国政法大学出版社2009年版，第292—293页。
② 李文海、夏明芳、朱浒主编：《中国荒政书集成》第五册，天津古籍出版社2010年版，第3094页。

历所得，证之经史之中，知其决可施行可遵守者，笔墨记之，编为四卷"①，内容丰富，主要是官员官德，以及执法、收税、教化等方面该怎么做，其中的许多箴言值得学习，如"今夕受贿，明日则喧传阊衢矣。再明日则宣传阖城矣，再明日则宣传道路矣"②，教导官员不贪图私利。《牧令须知》同样要求官员要"绝其嗜欲之私，专心事君尽职，不好利，不好名，不以自家妻子为念，做到年清、神清、心清"③，保持清心寡欲，不徇私舞弊，才能尽心尽力忠君为民，做到大公无私，是对官员心理上的教育。《公门果报录》收录官吏为善为恶有证之事，对官吏具有训诲之意。此外，《牧民忠告》《牧令须知》《刘廉舫先生吏治三书》《历代名儒臣循吏合传》《庸吏庸言》《读律心得》等书均具有教育意义。

最后为综合类，如《牧令全书》，属于政书类丛书，收录多种为官之道的著作。《牧令全书》收《牧令书辑要》《保甲书辑要》《牧民忠告》《刘廉舫先生吏治三书》《庸吏庸言》《读律心得》《蜀僚问答》七种，另附《钦颁州县事宜》，这些都是官员必读之书，以此对官员进行全面的教育。

江苏官书局刻印整顿吏治的书籍，特别是在江苏巡抚丁日昌的推动下得到快速传播，学者认为"这种高层官员推动下'官箴书'传播的举措，其效果影响深远，并不仅限于当时当地"④。这些书籍对于稳定当时江苏及其周边地区战后的社会秩序、恢复生产发展起了重大作用，使政府职能能够迅速运转起来，也为研究我国古代吏治提供了丰富的历史史料。

（3）江苏官书局禁印书籍

江苏地区文化发达，书肆众多，雕版印刷技术比较发达，书籍的刻印和传播较快。特别是剧情曲折离奇的白话小说、戏曲，深受民众欢迎，书贾为盈利，迎合市场需求，大量出版易于销售的小说、戏剧等。清王朝历来对于思想的统治较为严格，唯恐民心被蛊惑，因此对这些书籍深恶痛

---

① （清）袁守定：《图民录·自序》，官箴书集成编纂委员会编：《官箴书集成》，黄山书社1997年版，第175页。

② 同上书，第180页。

③ （清）刚毅：《牧令须知》，江苏书局光绪十八年（1892）刻本。

④ 杜金：《清代高层官员推动下的"官箴书"传播——以陈宏谋、丁日昌为例》，《华东政法大学学报》2011年第6期。

疾，一方面为肃清思想，以一言之失大兴文字狱，震慑人心；另一方面，禁止淫词小说的出版，并勒令个别地方政府编纂违禁书目发布全国，以此为据，进行收缴禁毁。

早在清乾隆三十四年（1778），江宁布政使编的《江宁、安徽、苏州三书局上缴违碍书目》是禁刻书目的一种，现藏于清华大学图书馆。当时"江苏、安徽、苏州三书局上缴的各地违碍书目清单，共五百种"[①]。"本书目所辑历次上谕及江苏等巡抚檄文、国史馆禁毁书条款，内容丰富、材料充实，是清代禁毁活动的真实记录，从中可窥见乾隆时期大规模查缴违碍书籍的背景、范围及实施原则与办法，江宁、安徽、苏州上缴的五百种违碍书目，未见刻本流传，其中部分书目属于首次被列入'违禁'之类的，对研究清代文字狱的情况提供了重要资料。"[②]

到了晚清，虽然外强入侵，清政府面临巨大的危机，仍然不放松对文化思想的管制。太平天国运动被镇压后，江南各地纷纷创设书局，恢复封建传统文化，与此同时，书局也是清查违禁书籍的重要机构。丁日昌曾严厉的禁止淫词小说的传播，并建议在江苏官书局中设立"销毁淫词小说局"，一切收缴书版或书籍交由该局亲自销毁。同治七年（1868）四月十五日其《札饬禁毁淫词小说》中认为：

> 淫词小说，向于例禁，乃近来书贾射利，往往镂板流传，扬波扇焰，《水浒》《西厢》等书，几于家置一编，人怀一箧。原其著造之始，大率少年浮薄，以绮腻为风流，乡曲武豪，借放纵为任侠，而愚民鲜识，遂以犯上作乱之事，视为寻常。地方官莫不经心，方以为盗案奸情纷歧迭出，殊不知忠孝廉节之事，千百人教之而未见为功，奸盗诈伪之书，一二人道之而立萌其祸，风俗与人心相为表里。近来兵戈浩劫，未尝非此等逾闲荡检之说，默酿其殃。若不严行禁毁，流毒伊于胡底。本部院前在藩司任内，曾通饬所属宣讲圣谕，并颁发小学各书，饬令认真劝通，俾城乡士民得以目染耳濡，纳身轨物。惟是尊崇正学，尤须力黜邪言，合亟将应禁书目粘单札饬。札到该司，即于现在书局，

[①] 来新夏：《清代目录提要》，齐鲁书社1997年版，第365页。
[②] 同上书，第365—366页。

附设销毁淫词小说局，略筹经费，俾可永远经理。并严饬府县，明定限期，谕令各书铺，将已刷陈木，及未印版片，一律赴局呈缴，由局汇齐，分别给价，即由该局亲督销毁，仍严禁书差毋得向各书肆借端滋扰。此系为风俗人心起见，切勿视为迂阔之言。并由司通饬外府县，一律严禁。本部院将以办理此事之认真与否，辨守令之优绌焉。①

由于小说戏剧故事性强，情节跌宕起伏、简单易懂而广受普通民众欢迎，所以传播速度快、流传广。同普通戏剧小说一起传播的还有一些淫词艳曲、歪风邪说等，清朝统治者对于严禁淫词小说的传播深以为害，认为会造成民心不稳，把近几年农民起义等战事都归因于此。因此，同治皇帝对丁日昌提出的建议持绝对支持的态度，于同治七年（1868）三月饬令各省均须实行，令曰："其小学经史等编，有裨学校者，并著陆续刊刻，广为流布。至邪说传奇，为风俗人心之害，自应严行禁止，著各省督抚饬属一体查禁焚毁，不准坊肆售卖，以端士习民心。"②丁日昌的禁书建议很快得以实施，制定应禁书目，把大量的小说划为禁书之列，并颁发下属州县照目录查禁，而江苏官书局承担起销毁淫词小说书版的责任。因之前所列应禁书目与现实不符，同年四月二十一日又下饬令曰：

据提调书局吴牧承潞等禀，续查尚有应禁《钟情传》等书，均系淫词小说，开单呈请一律查禁等情，到本部院。据此，除批示外，札司通饬一体严行查禁等因。③

丁日昌饬令中附应禁书目，前后两次总计应禁书目达 266 种之多，④内容包括小说、戏剧、说唱曲目等。丁日昌对禁书之事非常重视，对于卓有成效的州县予以记功奖励，如对于山阳县禁书的结果称：

---

① （清）丁日昌：《抚吴公牍卷一·札饬禁毁淫词小说》，华文书局股份有限公司影印，第6页。
② 《清实录·穆宗实录·卷二百二十六》第五十册，中华书局1987年版，第104页。
③ 《江苏省例·藩政》，江苏书局"同治己巳（1869）季冬月"刊本书藏台北中央研究院傅斯年图书馆。
④ 陈益源：《丁日昌的刻书与禁书》，《明清小说研究》1997年第2期。

该县查禁淫词小说,并不假手书差,遂得收缴应禁各书五十余部,及唱本二百余本,办理尚属认真,应即记功一次,以示奖励。……前此分檄各属严禁,初时,江北应者寥寥,旋据江、甘二令搜索五百余部,上元等县续报搜索八百余部,并版片等件,今山阳又复继之,苏、常各属,报缴尤多,或数千百部不等,版片则令解至省城书局,验明焚毁。倘能再接再厉,得一扫而光之,亦世道人心之一转机也。已将焚缴尤多者记大功,余则记功。乃祈尊处通饬所属认真搜查,勿留遗种。①

关于丁日昌禁书的原因,学者认为"一是想要端正太平天国造反后的风俗人心,一是出于卫道人士如余治等人的强力吁请"②。除了以上两点原因,更深层次的原因是丁日昌属于封建士大夫阶层,他从事洋务运动、开办书局、禁书禁戏等在很大程度上是为了维护与其自身利益密切相关的封建统治。

江苏官书局的禁书虽然在当时起到一定的作用,限制了小说戏剧的传播,但在客观上对于戏剧小说文学的发展起到了促进作用。以《红楼梦》为例,关于《红楼梦》的著作列在应禁书目中,包括《续红楼梦》《后红楼梦》《补红楼梦》等,在客观上使读者能看到更多有关《红楼梦》的著作,促进红学研究。正如清代笔记评价的:"按以上各书,罗列不可为不广,然其中颇有非淫秽者,且少年子弟,虽嗜阅淫艳小说,奈未知其名,亦无从遍览。今列举如此详备,尽可按图而索,是不啻示读淫书者以提要焉夫!亦未免多此一举矣。"③

3. 版本特点

(1) 用纸

江苏官书局一种书往往采用不同的纸张印刷,不同纸质书籍的售价不

---

① (清)丁日昌:《山阳县禀遵饬查禁淫书并呈示稿及收买书目由》,《抚吴公牍》卷七,华文书局1640年版,第5—6页。
② 陈益源:《丁日昌的刻书与禁书》,《明清小说研究》1997年第2期。
③ (清)李渔:《李渔全集·谭瀛室笔记》,浙江古籍出版社1991年版,第361页。

尽相同。清光绪十九年（1893）江苏官书局所编《江苏书局重订核实价目》一卷，其中记载："每书著录书名、本数、纸张、书价，是较为典型的售书目录，如《四书读本》每部六本，连史纸：陆百陆拾陆文；毛边纸：每部足制钱，伍百陆拾柒文；毛太纸：肆百陆拾捌文。"① 目录中所列江苏官书局减价之后的书籍价格，且纸质不同，价格各异。光绪二十五年（1899）《江苏官书坊各种书核实价目》中江苏官书局书目的价格标准又有所不同，如：

《五礼通考》每部壹百本，
装订：拾捌千玖百肆文，
连史纸：每部足制钱，
不装订：拾陆千捌百柒拾文；
装订：拾伍千壹百贰拾文，
赛连纸：每部足制钱，
不装订：拾叁千叁百贰拾文。②

江苏官书局除了印刷时采用的纸张不同之外，其图书的装帧形式又有装订与不装订之分。民国时期朱士嘉先生所著《官书局书目汇编》中江苏官书局一种书的价格依据不同纸张一般有两到三种，如"《离骚后语辩证》十六卷，二册，连史纸售一元一角五，毛太纸售洋六角二分一"③。又"《切问斋集》四册，连史纸，售洋一元一角二分五厘，赛连纸，售洋八角五分一厘，毛太纸，售洋六角五分七厘"④。从三个不同时期的书籍售价来看，连史纸售价较高，毛太纸售价最为低廉，中间价位的有赛连纸、毛边纸等。

这四种纸均以竹子为原料，制作工艺和纸张质地不同。连史纸，原名"连四纸"或"连泗纸"，最终定以"连史纸"之名，多产于福建、江西

---

① 来新夏：《清代目录提要》，齐鲁书社1997年版，第366页。
② 同上书，第367—368页。
③ 朱士嘉：《官书局书目汇编》，中华图书馆协会1933年版，第33页。
④ 同上书，第34页。

等盛产竹子的地区。江苏官书局提调刘履芬曾亲赴江西购纸。其制作工艺是"将嫩竹经碱煮，漂白加工而成。纸质薄匀洁白，为竹纸中的上品。多用于印书和拓印金石彝器等"①。连史纸组织均匀细致，表面光滑洁白，且不易变质变色，便于书籍的保存；赛连纸薄而软，纸质次于连史纸；毛边纸"呈淡黄色，纸质细腻，薄而柔软，吸水性强，适于书写，又宜于印刷古籍。"②而毛太纸，纸幅较小，略薄，且厚薄粗细稍有不均，有明显的帘纹，清代中期以后用以印书较多，以毛太纸印书售价低廉，适应大众需求。

（2）字体与版式

江苏官书局刻书字体多为仿殿本的方体字，横轻竖重，虽然缺乏流利生动之态，但整体比较清秀。在刻工上刀时，可根据横轻竖重的字体走势易于持刀，提高了刻印速度。江苏官书局刻书的每半页行数和每行的字数不尽相同，一般每半页9—12行，每行23—25字较多。如清光绪八年（1882）江苏官书局刻《唐宋十大家全集录》十种，该部书版式一样，每半页九行，每行二十五字。左右双边，上下黑口，双对黑鱼尾。版框高19.9厘米，宽14.4厘米。

江苏官书局刻印的辽、金、元三史，纸白墨莹，刊刻工整，左右双边，上下单边，白口，单鱼尾，中间刻有书名、卷数等。每半页十二行，每行二十五字，注解为双行小字，字体为横轻竖重的方体字，疏朗秀丽。除了刊刻正史之外，江苏官书局还刊刻了《辽金元三史国语解》，以补正史之不足，其格式与上述三史格式一样，采用满汉两种文字，有利于不同民族之间的文化交流，促进民族融合。图3—2—1为《钦定无史语解》，图3—2—2为江苏官书局刻《元史》。

同治八年（1869），江苏官书局刻江永集注《近思录》14卷，并附《考订朱子世家》1卷，王炳录《校勘记》一卷。半叶九行十九字，注文小字双行同；左右双边，白口，单鱼尾。牌记为"同治八年夏江苏书局刊"。卷十四末有应宝时跋"应宝时，字敏斋，浙江永康人。清同治四年（1865），任苏松太道。同治九年（1870）任江苏按察使。兼署布政使"，

---

① 许力以：《中国出版百科全书》，书海出版社1997年版，第537页。
② 刘仁庆：《论毛边纸——古纸研究之二十》，《纸和造纸》2012年第5期。

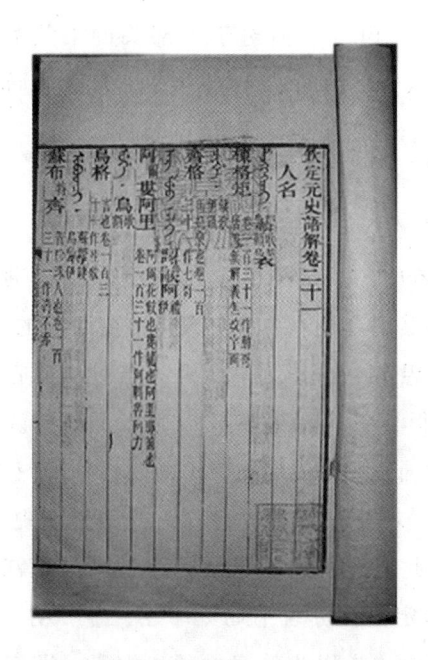

图 3—2—1　江苏官书局所刻满文汉文本《钦定辽金元三史国语解》中的《钦定元史语解》

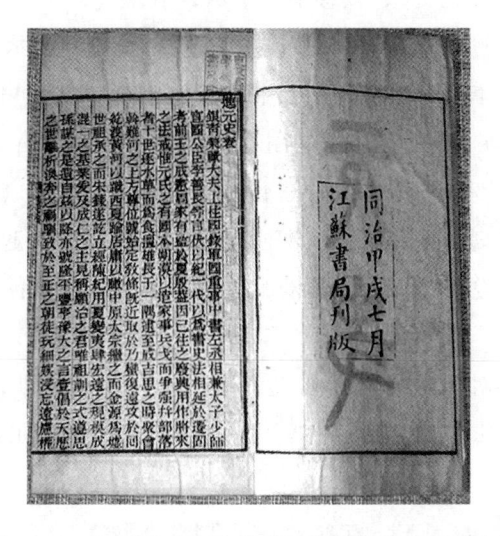

图 3—2—2　同治十三年七月江苏书局所刊《元史》

每卷首页署名"婺源后学江永集注"。另一卷名"考定朱子世家",牌记为"同治八年五月合刊"①。而对于大部头的书籍如钱仪吉《碑传集》160卷,每半页十六行,每行二十七字,江苏官书局可能考虑到节省材料,降低成本,便于学者购买,所以行间较密。

4. 合作刻书

(1) 五局合刻《二十四史》

同治八年(1869),江苏官书局、金陵官书局、浙江官书局、湖北官书局、淮南官书局谋划合刻《二十四史》,在商议的过程并非一切顺利。起初,丁日昌并不想参与合作刻书,因为当时江苏官书局已刻有《资治通鉴》,书局又购得《续资治通鉴》旧版,丁日昌认为再刻印一部《明史》就可以展现中国三千年的历史,不需要再刻印《二十四史》。但俞樾劝其说:"然公并《明史》不刻则已耳,既刻《明史》,则一大部也,何不更刻一二部以成此美举乎?"② 最终,丁日昌同意江苏官书局参与刻印《二十四史》,并初定由江苏官书局刻印辽、金、明三史。当时浙江书局总办俞樾非常高兴,"遂以告筱泉中丞,大喜,即定议,吾浙刻两《唐书》及《宋史》,而以两《五代》及《元史》,请李少荃伯相刻之于湖北。伯相不愿刻《元史》,复移书丁中丞,请以《元史》归苏局而刻《明史》。其意谓元、明一也,可以交易。而不知适与丁中丞初意相左矣"③。时任湖广总督的李鸿章主持的湖北书局不愿意刻印《元史》,要求承印两《五代史》和《明史》。在俞樾的耐心协调之下,江苏官书局原商议刻印《辽史》《金史》和《明史》不得不改为刻印《辽史》《金史》《元史》三史,并答应雕刻《明纪》,与《通鉴》《续通鉴》一起组成一部通史。通过俞樾对各位巡抚大臣不断的劝服,最终尘埃落定,各官书局相继开始刻书。

同年,清廷对于五书局合刻《二十四史》予以批准,并对刻书的版式等作出一定要求,谕令曰:"浙江、江宁、苏州、湖北四省,公议合刻

---

① 程水龙、姜新建:《清末〈近思录〉官书局本比较研究》,《图书馆理论与实践》2010年第7期。
② (清)俞樾著,方霏点校:《春在堂随笔》卷三,江苏古籍出版社2000年版,第39页。
③ 同上。

《二十四史》，照汲古阁《十七史》板式、行数、字数，较各家所刻者为精密。俟各书刊成之日，颁发各学书院，并准书肆贾人随时刷印，以广流传。"① 五局所刻《二十四史》是一套书，在板式、字体等必须要求一致。在众多官员和学者的商议参考之下，以金陵书局所刻史书为标准。俞樾曾向金陵书局求寄史书样本，其《春在堂随笔》载："尊意全史格式，宜求一律，请将金陵新刻前、后汉书样本寄一、二本来，俾各局知其所法守，幸甚。"② 金陵书局刻印的史书得到江苏官书局及其他书局的认可，其所刻《辽史》《金史》《元史》均仿照金陵书局所刻《南史》《北史》的字体、行款格式。同时，各大官书局对于校勘极为重视，特别是天文、律历等部分的校勘，往往聘请具有专业知识深厚的学者进行校勘。

五大书局虽位于不同的地域，但通过地方官员和学者的共同努力，不断协商，明确分工，最终合力刻成《二十四史》，并以版本优良、校勘精、售价廉而著称，为我国古籍整理和出版工作树立了典范。因此，学者对于五大官书局合刻《二十四史》，评价甚高。如李致忠先生认为："五省官书局能通力合作，按统一款式，共刻一部大书，这在中国历史上是缺乏前例的，此则共同刊布，至今世上仍不罕传。这也可以算是清代地方官刻书中的一件壮举吧。"③ 晚清虽然是中国封建王朝的末期，也是中国雕版印刷技术的成熟时期，这种跨地域之间的合作刻书是其中的重要代表之一。

（2）与南菁书局合刻《皇清经解续编》

1888年，南菁书局刻印王先谦《皇清经解续编》时，曾得到江苏官书局帮助。《皇清经解续编》仿阮元《皇清经解》体例，汇编经书及其有关书籍209种，总计1430卷，可谓卷帙浩繁，耗资巨大。因此，江苏学政王先谦请江苏官书局进行援助。据王先谦记载："臣以此次搜访经解，得书较多，刻费浩繁，非臣绵力所能独任……臣饬局撙节动用，严密趣催，抚臣亦饬江苏官书局助刊多种，首尾三载，幸获有成……蒇事后，板

---

① （清）昆冈等纂：《钦定大清会典事例·礼部·学校》卷三百八十八。
② （清）俞樾：《春在堂全书·春在堂随笔》，清同治十年（1871）刻本。
③ 李致忠：《古籍版本知识500问》，北京图书馆出版社2001年版，第158—159页。

存书院,印刷流行,俾艺林承学之士宏观览而备研摩。"① 文中的抚臣即指时任江苏巡抚的崧骏,此次合作刻书中,江苏官书局帮助刊刻 243 卷。

江苏官书局两次合作刻书均取得相当的成就,柳诒徵指出:"惟局虽分设,事多协商……当时督抚和衷共济,又多学者参与其间,综其颠末,不独为书林之佳话,亦可见治体之休明。"② 书局之间互助互利,刻印出质量上乘的书籍成为中国出版印刷史上的重要举动,也为后世出版大型图书树立了榜样。

四 江苏官书局的历史地位和社会作用

晚清官书局的产生在中国文化发展史上具有重要的影响,对于恢复当时传统文化起了关键作用,各地官书局设立以后,因战争而毁失的经史子集之书已大致恢复旧观。后人对此评价甚高,称各地官书局刻书效果显著,产生的影响非常深远,"一方面局书售价低廉,尽人可购,有裨诵习,起到兴学育才的作用,促成了当时所谓的中兴之治;另一方面精刊精校的局书广泛流传,客观上整理和保存了经史典籍,有助于学术文化的流播和传承"③。江苏官书局作为其中之一,对于保存传播传统古籍、整理当地文献、促进当地学术发展和社会文化事业的进步做出卓越的贡献。此外,江苏官书局刻书对于清末出版事业的发展起着巨大的推动作用,在版本目录学史上占有重要的地位。

(一) 对于文化传承的作用

江苏官书局以复兴传播传统文化为己任,通过书局人员编辑校勘整理、购买私人书版、学人捐献等途径,刻书二百余种,居各大官书局之首,使一些珍贵书籍于战后重现于世,恢复和保存了重要的古籍文献资

---

① (清)王先谦:《皇清经解续编·〈经解〉刊有成书恭折具陈仰祈圣鉴事》,南菁书局光绪十四年(1888)刻本。
② 柳诒徵:《国学书局本末》,国学图书馆编:《江苏省立国家图书馆第三年刊》,1930 年,第 6 页。
③ 李志茗:《旧籍新刊与文化传衍——以晚清官书局为中心的考察》,《福建论坛》(人文社会科学版) 2015 年第 2 期。

料，对中国传统文化传承起到了极为重要的的作用。

1. 保存大量古代典籍

历代文化的兴盛和衰落与当时的社会环境有着密不可分的联系，也是一个民族共同生存的精神需求，正如学者所认为，"窃以典章文物，尽在图书，其存与亡，民族安危所系"①。清末太平天国运动，在思想上和行动上对中国传统文化和古籍造成重大损失，本是人文鼎盛的江南地区竟然出现士子无书可读的局面。面对如此残局，以曾国藩、胡林翼为首的江南士大夫开始设立书局，以刊刻经史为主，企图振兴传统文化，而江南各地巡抚大臣遥相呼应，纷纷设局刊书，成为一种社会风气，这在中国版刻史上留下了光辉的一页。由此，"局本"一词被载入史册。

在地方官员的帮助下，江苏官书局刻印经史子集各部之书二百多种，大多据殿本，仿宋元旧刻校勘而成。对于以往校勘、注解等较好的版本，努力搜寻各地藏于私家的书版，通过修补完善以成完本。江苏官书局刻印的《资治通鉴》就是其中比较典型的例子。江苏官书局刻印的胡刻《资治通鉴》以清嘉庆年间胡克家刻本为底本，版片是江苏提调刘履芬前往不同的地方购得。《古逸丛书》收书 26 种，皆为流传异国他乡的旧抄本、宋元旧刻、元刻本等，大多是珍本、善本、孤本等，保存比较完整，对于研究版本学、校勘学、辑佚学、辨伪学等具有很大的参考价值。至今，《古逸丛书》仍在古籍整理研究工作中发挥着积极作用。同时，该丛书对于研究中国古代典籍在日本的流传情况，以及中国文化在历史上对于日本产生的影响和中日文化之间的交流等方面具有重要的史料价值。另外，五局合刻的《二十四史》，是继明代南北监本、汲古阁本、武英殿本之后的又一大版本，其校勘、刻印等方面的质量高于武英殿本，在当时普遍受到欢迎。五局合刻《二十四史》是商务印书馆出版百衲本《二十四史》出版之前，相对来说是质量较好、较完整的史籍著作。

此外，江苏官书局遗留大部分的书版，虽然遭遇战争等灾害的影响，但大部分还存在于世。新中国成立后，江苏官书局及其他刻书机构的版片集中于广陵书社，进行整理和刻印，并取得良好的效果。此次"大量书版的集中，为广陵刻印社带来蓬勃生机。随着整理、保管书版和修版、刻

---

① 商务印书馆：《四库全书珍本初集影印缘起》，国立北平图书馆馆刊 1933 年第 5 期。

版、印书工作量的增加,继续聘请雕版、印刷老技师和培养新手,人员相应增加到60人,形成以传统手工操作为特征,管理、编校、写、刻、印刷、装订等相配套的生产流程,大量印行古籍。旧版有不同程度的缺损,复印前都逐一修理、补刻,整旧如新。"① 江苏官书局遗留的大量书版,以最原始的形式保存了古籍,对重新整理印刷古籍提供了便利。

2. 早期图书馆、博物馆的主要馆藏来源之一

清末科举制废除以后,各地纷纷成立学堂,公共图书馆事业也随之发展起来,而江苏官书局刻书成为图书馆馆藏来源的重要组成部分。正如学者所说:"晚清官书局刻书种类繁多、底本精良、校雠审慎、售价低廉而著称,各省图书馆开办时,征调官书局刻书成为充实馆藏最为简便易行的方法之一。"② 江苏官书局存世时间长,刻书多,流传广,江苏省立第二图书馆初建之时便合并江苏官书局为官书印行所,继续刻书,其出版的大多数图书被该馆收入,成为其馆藏的重要组成部分,据当时统计图书馆藏书数量,江苏官书局刻书占总量80%左右,可见当时江苏官书局刻本在馆藏中所占的比例之大。如今,全国各大高校图书馆中的古籍阅览室中也多收有江苏官书局刻本,如河南大学图书馆中所藏江苏官书局刻本《说文解字校录》(光绪十一年)、《稽古录》(光绪五年)、《三国志证闻》(光绪十七年)、《辽史》(光绪十二年)、《辽史拾遗》(光绪元年)、《西夏纪事本末》(光绪十三年)、《吴地记》(同治十二年)、《资治通鉴目录》(同治八年)、《通鉴外记》(同治八年)、《续资治通鉴》(同治八年)等50多种古籍,大大充实了图书馆的古籍馆藏,是研究清代地方官方刻书的重要史料。再者,江苏官书局其机构本身又是近代中国江苏地区公共图书馆成立的重要基础,对于中国图书事业的发展影响颇大。

当地图书馆除了收藏江苏官书局刻印的图书,还对该书局遗留的版片进行保存。当时江苏官书局的版片由江苏省立第二图书馆接收,总计196种,74081片,内容大部分为经史子集。此后,该图书馆对一些侵蚀、漫漶不清的版片进行复刊修补,如"1921年,修刻本馆所藏《古逸丛书》

---

① 扬州文化志编纂委员会:《扬州文化志》,江苏文艺出版社1996年版,第539页。
② 刘洪权:《二十世纪前半期图书馆与中国文化传承研究》,《图书情报知识》2015年第2期。

《资治通鉴》之书版"①，使精本古籍得以完善。另外"为了防止虫蛀，并对全部书版作了不止一次的煎煮工作。认为木刻书版采用花椒水煎煮，确是屡经习用的有效措施"②。并设置专门库房来储藏书版，可见江苏第二图书馆对官书局书版的保护已经尽心尽力，为后人研究学习提供了重要的依据。1926 年，"蒋吟秋整理书版后，出版了《江苏省立第二图书馆官书印行所核实书籍价目》一书，发行全国。自此，本馆开始正式印刷'官书'出版发行。此书目共有经部 41 种、史部 73 种、子部 44 种、集部 42 种、丛书 8 种，总 208 种。每一部书一般印刷有 3 种不同的纸张本：连史纸本、赛连史纸本、毛太纸本等"③。民国二十四年（1935），图书馆对所存官书局的书版重新进行了一次彻底的清点和精密的统计，"完整书版共一百九十二种，七万一千六百五十片"④。抗日战争时，该图书馆被日军侵占，木刻书版未能及时移出，书版多被烧毁，以至于残缺严重，损失重大。抗战胜利后，"经详细查点书版残存一百六十六种，五万五千九百零七片。损失二十二种，一万八千一百七十九片，约占总数的百分之二十二"⑤。这些版片的损失，是中国图书的厄运，也是中国文化遭受的重大灾难。

1929 年，江苏省立第二图书馆改为江苏省立苏州图书馆。1948 年年底，该馆所藏江苏官书局书版共 55907 片。新中国成立以后，据学者卢前记载："铅椠盛而雕版术日衰，世多不知刊刻为何事。三四十年来舍南北二京，唯武昌、开封、长沙、成都尚有刻手。然所刻书屈指可数；而雕版之技艺，能谭者已鲜。不出二十年，斯道必中绝。"⑥ 在国家政策的指导下，对江南地区的版片进行集中保管和整理。于是，在 1961 年和 1962 年间苏州图书馆所藏全部江苏书局的书版被运往江苏扬州广陵古籍刻印社，其前身是扬州古旧书店，主要从事古籍版片的收集、整理和印刷工作，从 1960 年成立到 1999 年更名为广陵书社，该刻印社陆续影印出版了大量古

---

① 苏州图书馆馆史编委会：《苏州图书馆编年纪事》，苏州大学出版社 2004 年版，第 5 页。
② 蒋吟秋：《江苏官书局及其书版》，《苏州文史资料》第 1—5 辑 1990 年版，第 329 页。
③ 苏州图书馆馆史编委会：《苏州图书馆编年纪事》，苏州大学出版社 2004 年版，第 6 页。
④ 蒋吟秋：《江苏官书局及其书版》，《苏州文史资料第》第 1—5 辑 1990 年版，第 331 页。
⑤ 同上。
⑥ 卢前：《书林别话》，上海书店 1990 年版，第 34 页。

籍图书，对学术界产生了重要的影响。2005 年，广陵书社将珍藏的二十余万张书版转入扬州雕版印刷博物馆收藏保管。据李豪《扬州中国雕版印刷博物馆所藏丛书版片述略》所载：

> 扬州中国雕版印刷博物馆现存书局版片只有江苏官书局所刻版片。金陵官书局、江宁聚珍官书局、淮南官书局所刻版片，均不见存，可能是毁于战火。
> 《五经要义》，宋魏了翁撰，清光绪中江苏官书局刊。子目详见《综录》（P597）。
> 《综录》：《礼记要义》三十三卷（原缺卷一至二）。
> 按：存版卷一、二均为一页。
> 《学古堂日记》，清雷浚、汪之昌辑，光绪十六年（1890 年）刊、二十二年（1896 年）续刊本。子目详见《综录》（P233）。
> 《沈余遗书》，清赵舒翘辑，光绪二十二年（1896 年）江苏官书局刊。子目详见《综录》（P703）。参见《题识》（P745）、《补正》（PP189—190）。
> 《求易斋全集》，清强汝询撰，光绪二十四年（1898 年）江苏官书局刊。子目详见《综录》（P544）。参见《补正》（P130）。[①]

文中"综录"是上海图书馆编《中国丛书综录》的简称，1982 年上海古籍出版社出版；"题识"是指施廷镛《中国丛书题识》，2003 年北京图书馆出版社出版；"补正"是指阳海清编撰，蒋孝达校订的《中国丛书综录补正》，1984 年江苏广陵古籍刻印社出版。在雕版印刷逐渐成为历史的今天，这些书版除却其本身的印刷功能之外，更多的是具备了重要的历史价值。上述书版只是江苏官书局书版的一部分，这些书版经历战争的炮火，虽然有所损失，但大部分能够保存下来，离不开几代人的不懈努力和辛勤付出，实属不易，应倍加珍惜。

[①] 李豪：《扬州中国雕版印刷博物馆所藏丛书版片述略》，扬州博物馆编：《江淮文化论丛》第 2 辑，文物出版社 2013 年版，第 461 页。

(二) 促进当地学术交流和社会文化的发展

江苏官书局产生于中国封建社会末期，特别是鸦片战争之后，中国海禁大开，外国的科学技术、风俗文化如潮水般涌向中国。苏州地处中国东南部，受西方经济文化影响较早。在太平天国运动时期，苏州地区遭受沉重的打击，本来的繁荣富庶之地变得荒芜不堪，西方学者在其笔记中说道："这片中国最富饶的土地，一直延伸到天边，我们的视线除了时或为数不胜数的坟墓、牌坊和成堆的废墟所阻外，可以一直望到天边的尽头。荒芜的田间，天气虽然优美，但显得沉郁幽闷。"[1] 苏州地区在社会经济发生巨大变革的同时，当时的学术文化也发生着变化——由传统的考据之学转为经世致用之学，学者们摒弃无助于社会进步的"经史之学"，恢复经世致用之学，力求以学术的发展来取得民族的稳固和社会的发展。梁启超认为："'鸦片战役'以后，志士扼腕切齿，引为大辱奇戚，思所以自湔拔；经世致用观念之复活，炎炎不可抑。又海禁既开，所谓'西学'者，逐渐输入，始则工艺，次则政制。学者若生息于漆室之中，不知室外更何所有，忽穴一牖外窥，则粲然者皆昔所未睹也。环顾室中，则皆沉黑积秽。于是对外求索之欲日炽，对内厌弃之情日烈。欲破壁以自拔于此黑暗，不得不先对于旧政治而试奋斗，于是以其极幼稚之'西学'知识，与清初启蒙期所谓'经世之学'者相结合，别树一派，向于正统派公然举叛旗矣。"[2] 梁启超认为运用中国传统的经史致用之学与西学相结合，寻求救国救民的道路，但并没有取得成功。谢国桢在研究中国近代学校变迁的时候曾说："然世变日亟，昔日之纯谈考证，已不餍人士之期望，于是治今文之学家起，而谈西学之风兴，此时事所趋，有不得不然者。"[3] 西学的传播，使中国部分知识分子不得不随时代而变化，寻求治国救民的道路。

面临新制度与旧制度之间的战争，政治局面的改变，文化也随之变

---

[1] [英]呤唎著，王元化译：《太平天国亲历记》，上海人民出版社1997年版，第601页。
[2] (清)梁启超：《梁启超论清学术史二种·清代学术概论》，复旦大学出版社1985年版，第59页。
[3] 谢国桢：《近代书院学校制度变迁考》，沈云龙：《近代中国史料丛刊续编》第66辑，文海出版社1979年版，第17页。

化。一方面，江苏官书局在丁日昌的指导下，在刻书方面也体现出经世致用的思想，重视农桑、医药等实用技术书籍的刻印，为恢复战后经济起到指导作用。另外，在刻印经史方面更加侧重关注现实社会，如元史、明史等大量史书的出版，使晚清史学从重视古史的研究转到对当时近代史的研究。在清代开国之初，对于明史的传播管理严格，对于刻印明史之事深为忌讳。到了晚清，内外交困的局面及经世致用思想的传播，使官僚士大夫们开始以元、明史为借鉴。江苏官书局刻印清陈鹤著《明纪》《资治通鉴校勘记》《续资治通鉴》及大量清人的著作，为史学的发展开辟了新的天地，使中国传统史学逐渐走向新史学发展方向。

另一方面，江苏地区仍旧具有浓厚的学术氛围，学者们在书院、书局中交流学术，特别是晚清官书局的设立，为学者们提供丰厚的物质待遇和优越的工作环境。晚清官书局大多设于书院或者比较安静的园林之内，江苏官书局设于苏州燕家巷杨家园内，环境优美，古朴大方，为众多学者们提供了相对稳定的学术研究氛围。学者们因校书而聚于一堂，工作中，彼此之间的交往是必不可少的，对于促进当时学术文化交流起到重要的推动作用。时任江苏官书局总校的"西南巨儒"莫友芝在江南之时，游历江南地区各地，搜访图籍，并完成《宋元旧本书经眼录》，是其在访书之时所见宋、金、元、明槧本及旧抄本、稿本的记录，后由他的儿子莫绳孙编纂成册，是版本目录学史的重要著作。在担任江苏官书局总校期间，与私人藏书家丁日昌、刘履芬、黎庶昌以及金陵书局的张文虎等往来密切。

（三）在中国版本目录学史上的作用和地位

中国版本目录学发源于汉代，成熟于宋代，清代是其集大成者的时期。清代，无论是官刻、私刻、坊刻，在刻印技术方面都已达到鼎盛。图书事业的出版繁荣是一个国家政治经济等强盛的重要表现，而"出版是文化的一部分，又与政治、经济和时代的变革密切相关"[①]。晚清时期，中国封建社会在西方入侵之下，原有的政治、经济、文化、社会等各方面发生了巨大的变革，特别是西方文化的影响使中国传统文化受到沉重的打击。各地设立官书局一方面是要恢复文教，另一方面是为了抵御外来文化

---

① 叶再生：《中国近现代出版通史》，华文出版社2002年版，第11页。

的影响。江苏官书局在此社会背景下产生,因此"晚清官书局应运而生,以其设立之广、刊书之多、校勘之精、影响之大,成为中国文化出版的主流"①,成为中国出版史重要的组成部分。时至今日,清末江苏官书局刻本仍然是较为常见的古籍版本类型之一。江苏官书局与其他各地官书局共同构成的出版系统,正如学者评价那样:"在中国近代出版史上占有重要的一席之地。"②

1. 在版本学上的地位

江苏官书局刻本不仅对于当时有恢复文教之功,对于后来的图书出版事业也具有重要的参考作用和史料价值。如2006年12月上海古籍出版社出版的《唐会要》,就是以江苏官书局刻本为底本,并结合众多版本校勘、标点的,该书前言中称:"这次标校,以江苏书局本为底本,校以乾隆武英殿聚珍本丛书和上海图书馆所藏旧抄本、清乾隆抄本、清王宗炎校本……"③该书是一部断代典制体史书,共100卷,记载唐朝一代各种制度、经济、文化、军事等事迹及其沿革损益,多取材于唐代的实录文案,内容可靠并极其详核,可补《新唐书》《旧唐书》之不足,是研究唐代政治制度及其社会经济、文化必须参考的基本典籍之一。再者如1993年中国国际广播出版社出版的清代毕沅著,史仲文、胡晓林、方鸣等主编的《文白对照全译〈续资治通鉴〉(上、下两册)》"以清同治八年江苏书局刊本为底本,本书对底本繁体字做了简化修改,并标点成段,为了保持版本原貌,对讹误衍漏之处,本书未加修正,但在译成白话的过程中,参照了多种别本,进行了删补校正"④。白话文更利于扩大读者的范围和该书的传播;而不改变全书面貌,可使江苏官书局刻本以原始的状态呈现在读者面前。

从出版形态上来看,江苏官书局作为集编辑、校勘、刻印、发行等于一体的出版机构,"体现了中国传统出版业向完全意义上的现代出版业的

---

① 张宗友:《晚清官书局与近代文献传承》,《古典文化研究》2012年第15期。
② 邓文峰:《晚清官书局论述稿》,中国书籍出版社2011年版,第238页。
③ (宋)王溥:《唐会要》,上海古籍出版社2006年版,第13页。
④ (清)毕沅著,史仲文、胡晓林等:《文白对照全译〈续资治通鉴〉·出版说明》,中国国际广播出版社1993年版。

过渡与转型,也集中展示了近代中国出版业的特殊性和复杂性"①。江苏官书局拥有自己的校勘团队、雇用技术高明的刻工、印刷工等从事刻印工作,并设有江苏官书坊作为专门的图书销售店铺。这种自产自销的经营模式,在中国古代出版史上具有重要的进步意义。在印刷设备上也适应时代的发展而不断进步,江苏官书局除了运用传统的木刻和泥活字方式印刷书籍外,在受西方科学技术的影响下,"也曾一度置备铅字印刷机,排印铅字本"②。可惜的是在铅字印刷机引进不久,江苏官书局走向生命的尽头,无法继续将其发扬光大,但新技术的使用,开启了中国出版事业发展的新方向,对于中国近现代出版事业的发展进步具有重要的指导意义。

2. 对目录学的影响

在目录学上,江苏官书局在售书的过程中,编制的售书目录或者调整价格的目录,如《江苏书局重订核实价目》《江苏官书坊各种书核实价目》,这些书目不仅包括书名、作者、卷数等基本信息,还明码标价,是研究清代书价及江苏官书局刻书种类和数量的重要依据,也为后来的出版单位制作销售书目录提供了范式。同时,清政府为控制人们的思想,对于书籍的传播有着严厉的规定,并命各地编制禁书书目,如江苏布政司编《江宁、安徽、苏州三书局上缴违碍书目》、丁日昌为禁淫词小说所编制的目录,是研究清代禁书的重要史料。

除江苏官书局自身编制的售书书目之外,书局总校莫友芝受藏书家丁日昌所托,为其整理私人藏书,并编成《持静斋书目》和《持静斋藏书记要》两本目录。同治七年(1879)八月二日莫友芝致丁日昌信信函中说:"《静持斋书目》,自六月中旬考证次叙,约费四十日整功,于零星部件都有头绪,依经、史、子、集为次,每类各依时代,每部下,其收入《四库提要》者,但注《四库》著录,《四库》存目,未收者皆不注。其中有未传秘本,则各为解题以明之。其已收之宋元板及旧钞善本,亦为疏明。将来全目脱稿后,更于其中将有解题、有疏说者别录成册,使一备一精,各自为编,而此目乃完也。"③ 在信中莫友芝详细地叙述了《持静斋

---

① 邓文峰:《晚清官书局论述稿》,中国书籍出版社 2011 年版,第 178 页。
② 蒋吟秋:《江苏官书局及其版》,《苏州文史资料》第 1—5 辑 1990 年版,第 328 页。
③ 张剑:《莫友芝年谱长编》,中华书局 2008 年版,第 478 页。

书目》和《持静斋藏书记要》编撰的体例，莫友芝信中的"备"是指《持静斋书目》，"精"指《持静斋藏书记要》。两部目录，书目为藏书总目，以四部分类，共收录图书2913种；记要为持静斋藏书珍本的解题目录，按版本类别排序，收录宋刊本、元刊本、明刊本、近所刊佚本及抄本，每书著有解题，是一部解题式目录。书目初步完成之后，经过丁日昌的加工，刊行于世。在清代私家藏书目录中具有重要影响。这两本目录虽与江苏书局没有直接的关系，但从宏观上来看，也可看作是江苏官书局所起的作用。

由于我国历史悠久，图书在流传的过程中历经劫难，但经过一代又一代人的整理，不断搜罗亡佚，以使我国文化延绵不绝，留下汗牛充栋的古籍文献。太平天国运动使中国古籍又一次遭受严重的损失，再加上中央官刻和地方坊刻、私刻的衰败及西学的大量传入，使传统文化的发展面临严重的危机。为挽救传统文化，振兴文化教育，在"中学为本，西学为用"思想的指导下，晚清同治年间督抚大员一方面大搞洋务运动，学习西方的先进技术，以达到"师夷长技以制夷"的目的；另一方面在各地设局刊书，宣扬传统的经史文化，巩固清王朝封建统治的思想基础。各地官书局在此社会背景下产生，并成为当时主要的官方刻书机构。作为晚清官书局的代表——江苏官书局的设立与当时政治、经济和文化发展有着密切的联系。

江苏官书局的人员构成、经费来源、刻书种类、刻书目的及所产生的影响都带有官办的性质。现今看来，虽然江苏官书局设立之初的主观目的是振兴文教，恢复封建统治思想的政治地位，但在客观上为保存众多古籍和传播文化知识做出卓越贡献，对其进行深入系统的研究是非常必要的。江苏官书局的历史地位和作用突出表现在刻印了大量的古籍和保证了中国传统文化的传承。此外，其刻书校勘精审，质量上乘堪为众多书局之表率，值得后世学习借鉴。

除此之外，江苏官书局设于文化底蕴深厚的江苏地区，书院众多，为大批学者的聚集与交流在促进学术交流方面提供了便利。书局中学者与其他学者之间的往来，拓展了书局获取书版的渠道，如莫友芝与黎庶昌来往密切，最终黎庶昌回国后，将《古逸丛书》书版交于江苏官书局印刷和保管，使学者获取更多的阅读资料。在刻书之余，局中学者受邀整理私家藏书，并完成著名的图书目录是江苏官书局影响力的扩散。

综上所述，江苏官书局存世时间虽然短暂，但对于当时文化知识的传播、后世文化教育及近代出版业和图书馆事业的发展功不可没。

表 3—2—1　　　　　　　　江苏官书局刻书目录

序号	部类	书名	卷数	作者	刻书时间	册数
1	经部	易经读本	4 卷	（宋）朱熹撰	光绪八年（1882）	2 册
2		书经读本	6 卷	（宋）蔡沈集撰	光绪八年（1882）	5 册
3		诗经读本	8 卷	（宋）朱熹撰	光绪八年（1882）	4 册
4		左传读本	30 卷	（晋）杜预，（宋）林尧叟注	光绪八年（1882）	10 册
5		礼记读本	10 卷	（元）陈澔撰	光绪八年（1882）	10 册
6		四书读本	26 卷	（宋）朱熹集注	光绪八年（1882）	6 册
7		大中讲义	3 卷	（清）朱用纯撰	光绪二年（1876）	3 册
8		论语古注集笺	11 卷（含考 1 卷）	（清）潘维城撰	光绪七年（1881）	6 册
9		周易本义	12 卷	（宋）朱熹撰	光绪七年（1881）	2 册
10		周易孔义集说	20 卷	（清）沈起元撰	光绪八年（1882）	8 册
11		春秋属辞辨例编	60 卷	（清）张应昌撰	同治十二年（1873）	32 册
12		春秋左传贾服注辑述	20 卷	（清）李诒德撰	光绪八年（1882）	6 册
13		周易要义	10 卷	（宋）魏了翁撰	光绪十二年（1886）	4 册
14		尚书要义	20 卷	（宋）魏了翁撰	光绪十二年（1886）	6 册
15		诗经要义	20 卷	（宋）魏了翁撰	光绪十二年（1886）	12 册
16		仪礼要义	50 卷	（宋）魏了翁撰	光绪十年（1884）	12 册
17		礼记要义	32 卷	（宋）魏了翁撰	光绪十二年（1886）	12 册
18		读礼通考	120 卷	（清）徐干学撰	光绪七年（1881）	12 册
19		五礼通考	262 卷	（清）秦蕙田撰	光绪六年（1880）	100 册
20		王会篇笺释	3 卷	（清）何秋涛撰	光绪十七年（1891）	3 册
21		汇刻五经四书	93 卷	（宋）朱熹	光绪三年（1877）	36 册
22		毛诗订诂	10 卷（含《附录》2 卷）	（清）顾栋高撰	光绪二十二年（1896）	4 册
23		仪礼章句	17 卷	（清）吴廷华撰	光绪二十三年（1897）	4 册
24		字林考逸	9 卷（含补 1 卷）	（清）任大椿辑，陶方琦补	光绪十六年（1890）	4 册
25		仓颉编	6 卷（含续 1 卷，补 2 卷）	（清）孙星衍撰，任大椿续，陶方琦补	光绪十六年（1890）	2 册
26		说文解字校录	30 卷	（清）钮树玉撰	光绪十一年（1885）	14 册

续表

序号	部类	书名	卷数	作者	刻书时间	册数
27	经部	说文解字系录	40卷	（汉）徐锴撰	光绪九年（1883）	8册
28		段氏说文解字注（附《六书音韵表》）	35卷	（清）段玉裁撰	同治七年（1868）	16册
29		辽史	115卷	（元）托克托撰	同治十二年（1873）	12册
30		金史	135卷	（元）脱脱撰	同治十三年（1874）	20册
31		元史	210卷	（明）宋濂等撰	同治十三年（1874）	40册
32		辽史拾遗	24卷（含《纪年表》1卷）	（清）厉鹗撰，（清）汪远孙撰表	光绪元年（1875）	8册
33		辽史拾遗补	5卷	（清）杨复吉撰	光绪三年（1877）	2册
34		金史详校	15卷	（清）施国祁撰	光绪六年（1880）	10册
35		元史氏族表	3卷	（清）钱大昕撰	同治十三年（1874）	1册
36		补元史艺文志	4卷	（清）钱大昕撰	同治十三年（1874）	2册
37		辽金元三史国语解	46卷	（清）乾隆时奉敕撰	光绪四年（1878）	10册
38		三国志证闻	2卷	（清）钱仪吉撰	光绪十一年（1885）	2册
39	史部	资治通鉴	306卷（含《释文辨误》12卷）	（宋）司马光撰	同治八年（1869）	100册
40		资治通鉴校勘记	7卷	（清）张瑛撰	光绪八年（1882）	1册
41		资治通鉴目录	30卷	（宋）司马光撰	同治八年（1869）	10册
42		司马温公稽古录附校勘记	20卷	（宋）司马光撰	同治八年（1869）	4册
43		通鉴外纪并目录	15卷	（宋）刘恕编集，（清）胡克家注补	同治十年（1871）	10册
44		通鉴地理今释	16卷	（清）吴熙载撰	光绪八年（1882）	3册
45		续资治通鉴	220卷	（清）毕沅撰	同治八年（1869）	60册
46		明纪	60卷	（清）陈鹤撰	同治十年（1871）	20册
47		史鉴节要便读	6卷	（清）鲍东里撰	同治十三年（1874）	2册
48		西夏纪事本末	37卷（包括《年表》1卷）	（清）张鉴撰	光绪十年（1884）	4册
49		历代名儒名臣循吏合传	51卷	（清）朱轼、蔡世远同编	光绪二十一年（1895）	24册
50		百将图传	1卷	（清）丁日昌撰	同治八年（1869）	2册
51		江苏全省舆图	3卷	（清）诸可宝纂	光绪二十一年（1895）	3册

续表

序号	部类	书名	卷数	作者	刻书时间	册数
52		苏省舆地图说	包括省总图、松常镇太五里方图、二里平方舆图	（清）丁日昌编	同治七年（1868）	14册
53		苏州城厢图	1张		光绪年间（1875—1908）	
54		五省沟洫图说	1卷	（清）沈梦兰撰	光绪六年（1880）	1册
55		苏省五属二十里方舆图	1张		光绪年间（1875—1908）	1张
56		筑圩图说		（清）孙峻撰	光绪年间（1875—1908）	1册
57		吴地记	2卷（包括《后集》1卷）	（唐）陆广微纂	同治十二年（1873）	1册
58		吴郡图经续记	3卷	（宋）朱长文纂	同治十二年（1873）	1册
59		苏州府志	150卷，首3卷	（清）李铭皖、谭钧培修，冯桂芬纂	光绪八年（1882）	80册
60		重订江苏海运全案原案	6卷	（清）谭钧培辑	光绪十一年（1885）	6册
61		江苏海塘新志	8卷	（清）李庆云等纂	光绪十六年（1890）	4册
62		沧浪小志	2卷	（清）宋荦撰	光绪十年（1884）	1册
63	史部	西汉会要	70卷	（宋）徐天麟撰	光绪十年（1884）	10册
64		东汉会要	40卷	（宋）徐天麟撰	光绪十年（1884）	8册
65		唐会要	100卷	（宋）王溥撰	光绪十年（1884）	24册
66		五代会要	30卷	（宋）王溥撰	光绪十二年（1886）	6册
67		大清通礼	4卷	（清）李玉鸣撰	光绪九年（1883）	12册
68		大清律例总类	7卷	（清）佚名撰	光绪十五年（1889）	2册
69		吾学录初编	24卷	（清）吴荣光撰	同治九年（1870）	6册
70		筹济编	33卷	（清）杨景仁编	光绪五年（1879）	8册
71		图民录	4卷	（清）袁守定	光绪五年（1879）	2册
72		实政录	7卷	（明）吕坤撰	同治十一年（1872）	6册
73		牧令书辑要	10卷	（清）徐栋撰，丁日昌重编	同治七年（1868）	4册
74		牧令全书5种	23卷	（清）丁日昌编	同治七年（1868）	14册
75		牧令忠告	2卷	（元）张养浩撰	同治七年（1868）	1册
76		牧令须知	6卷	（清）刚毅编	光绪十五年（1889）	2册
77		保甲书辑要	4卷	（清）徐栋撰	同治七年（1868）	4册
78		刘廉舫先生吏治三书	6卷	（清）刘衡撰	同治七年（1868）	

续表

序号	部类	书名	卷数	作者	刻书时间	册数
79		庸吏庸言	6卷（包括《读律心得》3卷，《蜀僚问答》1卷）	佚名	同治七年（1868）	4册
80		庸言	4卷	（清）余元遴选	光绪三十二年（1906）	2册
81		钦颁州县事宜	1卷	（清）田文镜撰	同治七年（1868）	1册
82		律例便览	14卷（包括《处分则例图要》6卷）	（清）蔡嵩年、蔡逢年编	同治九年（1870）	6册
83		察吏六条	1卷	（清）丁日昌撰	同治八年（1869）	2册
84		秋谳辑要	6卷	（清）刚毅撰	光绪十五年（1889）	8册
85		审看拟说	4卷	（清）刚毅撰	光绪十五年（1889）	2册
86		秋审实缓比较条款	5卷	（清）谢诚钧撰	光绪四年（1878）	2册
87		读律一得	4卷	（清）宗继曾撰	光绪十六年（1890）	2册
88		楚汉诸侯疆域志	3卷	（清）刘文淇撰	光绪二年（1876）	1册
89		禹贡正诠	4卷	（清）魏彦渠撰	同治九年（1870）	2册
90		三流道里表	19卷	（清）唐绍修撰	同治十一年（1872）	2册
91	史部	五军道里表	18卷	（清）常泰修撰	同治十二年（1873）	18册
92		通行条例	4卷	（清）佚名撰	光绪十四年（1888）	6册
93		江苏省例初编	7卷	（清）佚名辑	光绪十六年（1890）	4册
94		江苏省例续编	7卷	（清）佚名辑	光绪十六年（1890）	2册
95		江苏省例三编	8卷	（清）佚名辑	光绪十六年（1890）	2册
96		江苏省例四编	12卷	（清）佚名辑	光绪十六年（1890）	4册
97		刺字集	4卷	（清）陈家本撰	光绪二十四年（1898）	1册
98		清讼章程		佚名撰	光绪年间（1875—1907）	1册
99		保甲章程		佚名撰	光绪年间（1875—1907）	1册
100		捕蝗要诀	2卷（包括《除蝻八要》1卷）	（清）钱炘和撰	光绪十七年（1891）	1册
101		学仕遗规	8卷	（清）陈宏谋撰	光绪五年（1879）	5册
102		陆清献公治嘉格言	1卷	（清）陆陇其撰	同治七年（1868）	1册
103		陆清献公莅嘉遗迹	1卷	（清）陆陇其撰	同治六年（1867）	1册
104		大婚合卺礼节		佚名撰	光绪年间（1875—1908）	1册
105		文庙丁祭谱	1卷	（清）佚名撰	同治七年（1868）	1册
106		文庙乐舞图	1卷	（清）佚名撰	同治七年（1868）	1册
107		直省释奠礼乐记	6卷	（清）应宝时撰	同治十年（1871）	4册

续表

序号	部类	书名	卷数	作者	刻书时间	册数
108	史部	直斋书录解题	17卷	（宋）陈振孙撰	光绪九年（1883）	6册
109		寰宇访碑录	12卷	（清）孙星衍、邢澍同撰	光绪九年（1883）	4册
110		墨妙亭碑目考	4卷	（清）张鉴撰	光绪十年（1884）	2册
111		学古堂藏书目		（清）黄彭年编	光绪年间（1875—1908）	1册
112	子部	江注近思录（附校勘记）	14卷	（宋）朱熹撰，（清）江永集注	同治八年（1869）	4册
113		心正经合编	2卷	（宋）真德秀辑撰	光绪年间（1875—1908）	1册
114		弟子职集解	3卷（包括《考证》1卷，《补音》1卷）	（清）庄述祖集解，黄彭年考证补音	光绪十四年（1888）	1册
115		弟子规		（清）李子潜撰	光绪年间（1875—1908）	1册
116		儒门法语	1卷	（清）彭定求撰	光绪元年（1875）	1册
117		程氏性理字训	1卷	（清）程若庸补辑	同治八年（1869）	1册
118		童蒙须知韵语		佚名撰	光绪年间（1875—1907）	1册
119		小学韵语	1卷	（清）罗泽南撰	光绪五年（1879）	1册
120		二十四孝图说	1卷	（清）佚名撰	同治七年（1868）	1册
121		朱子治家格言	1卷	（清）朱用纯撰	同治七年（1868）	1册
122		思辨录辑要	35卷（包括《后集》13卷）	（清）陆世仪撰	光绪三年（1877）	8册
123		汤文正公遗书2种（志学会约、困学录）	2卷	（清）汤斌撰	光绪四年（1878）	1册
124		沈余遗书3种	8卷	（清）赵舒翘辑	光绪二十二年（1896）	4册
125		沈端恪公遗书	4卷	（清）沈近思撰	同治十三年（1874）	2册
126		程氏读书分年日程	3卷（包括《纲领》1卷）	（元）程端礼撰	同治八年（1869）	2册
127		魄林漫录	2卷	（明）瞿式耜撰	光绪十六年（1890）	2册
128		有不为斋随笔	10卷	（清）光聪谐撰	光绪十四年（1888）	2册
129		劝学篇	2卷	（清）张之洞撰	光绪二十四年（1898）	1册
130		劝善歌			光绪年间（1875—1908）	1张
131		小沧浪笔谈	4卷	（清）余元撰	光绪二十六年（1990）	2册
132		欧阳点勘记	2卷	（清）欧阳泉撰	光绪四年（1878）	2册
133		诫子书		（清）聂继模撰	光绪年间（1875—1908）	1册
134		公门果报录	1卷	（清）宋楚望撰	光绪十八年（1892）	1册
135		学古堂日记	54卷	（清）雷浚、汪之昌选	光绪十六年（1890）	26册

续表

序号	部类	书名	卷数	作者	刻书时间	册数
136		唐律疏义	31卷（包括《音义》1卷）	（唐）长孙无忌撰	光绪十七年（1891）	8册
137		洗冤录义证	6卷（包括《附录》2卷）	（清）刚毅撰	光绪十七年（1891）	2册
138		蚕桑简明辑要	1卷	（清）黄世本撰	光绪十四年（1888）	1册
139		蚕桑辑说	2卷	（清）沈秉成撰	光绪九年（1883）	1册
140		医林纂要探源	10卷	（清）汪绂撰	光绪二年（1876）	10册
141		理论骈文摘要	2卷	（清）吴尚先撰	光绪元年（1875）	2册
142		代数启蒙	4卷	（清）冯征撰	光绪二十三年（1897）	4册
143		增删算法统宗	12卷	（明）程大位编，（清）海毅成增删	光绪二十四年（1898）	4册
144		万象一源	9卷	（清）夏鸾翔撰	光绪二十四年（1898）	1册
145		盈朒一得	1卷	（清）崔朝庆撰	光绪二十四年（1898）	1册
146		割圆通解	1卷	（清）吴诚学撰	光绪二十四年（1898）	1册
147		衍元笔算今式	2卷	（清）汪香祖撰	光绪二十三年（1897）	2册
148		九数存古	9卷	（清）顾观光撰	光绪十八年（1892）	4册
149		董氏诹吉新书	2卷	（清）董潜等撰	光绪二十四年（1898）	2册
150		劝善要言		佚名撰	光绪年间（1875—1907）	1册
151		庭训格言		（清）胤祯撰	光绪年间（1875—1907）	1册
152		圣谕十六条附律易解		佚名撰	光绪年间（1875—1907）	1册
153		圣谕广训直解	1卷	（清）佚名编	光绪十三年（1887）	2册
154		论孟书法	3卷（包括《读四书》1卷）	（清）张瑛撰	光绪十年（1884）	1册
155		司马温公书仪	10卷	（宋）司马光撰	同治七年（1868）	1册
156		小学纂注	7卷（包括《朱子年谱》1卷）	（宋）朱熹撰，（清）高愈纂注	同治八年（1869）	2册
157		小学集解	6卷	（宋）朱熹撰，（明）吴讷集解	同治八年（1869）	2册
158		小学集注	6卷	（宋）朱熹撰	同治六年（1867）	2册
159	集部	楚辞集注	16卷（包括《辩证》2卷，《后语》6卷）	（宋）朱熹集注，（明）蒋之翘评校	光绪八年（1882）	4册
160		重订文选集评	17卷	（清）于光华编	同治十一年（1872）	16册

续表

序号	部类	书名	卷数	作者	刻书时间	册数
161		陶文毅公注靖节先生集	10卷，首1卷	（晋）陶潜撰，（清）陶澍集注	光绪九年（1883）	4册
162		陆宣公集	24卷	（唐）陆贽撰	光绪二年（1876）	6册
163		东雅堂韩昌黎集	52卷（包括《外集》10卷，《遗文》1卷，《韩集点勘》1卷）	（唐）韩愈撰，（清）陈景云点勘	同治八年（1869）	11册
164		笃素堂集抄	3卷	（清）张瑛撰	光绪十七年（1891）	1册
165		张忠敏公遗集	17卷（包括《附录》6卷）	（明）张国维撰	光绪五年（1879）	6册
166		张杨园先生全集	55卷（包括《年谱》1卷）	（清）张履祥撰	同治十年（1871）	16册
167		切问斋集	12卷	（清）陆耀撰	光绪十八年（1892）	4册
168		汪龙庄遗书	15卷	（清）汪辉祖撰	同治六年（1867）	6册
169		培远堂手札节存	3卷	（清）陈宏谋撰	同治十一年（1872）	1册
170	集部	周文忠公尺牍	3卷（包括《附录》1卷）	（清）周天爵撰	同治七年（1868）	1册
171		定庵文集补编	4卷	（清）龚自珍撰	光绪十二年（1886）	2册
172		求益斋全集	20卷	（清）强汝询撰	光绪二十四年（1898）	6册
173		璞斋集	5卷	（清）诸可宝撰	光绪十四年（1888）	4册
174		自然好学斋诗集	10卷	（清）汪端撰	同治十三年（1874）	3册
175		萃锦吟	8卷	（清）奕䜣撰	光绪十六年（1890）	5册
176		秋兰诗抄		（清）恩锡辑	同治十三年（1874）	1册
177		蕴兰吟馆诗余	2卷	（清）恩锡撰	光绪元年（1875）	1册
178		昙云阁诗集	13卷（包括《附录》2卷，《外集》1卷，《诗钞》1卷，《音匏随笔》1卷）	（清）曹懋坚撰	光绪二年（1876）	5册
179		陶楼文钞		（清）黄彭年撰	光绪十四年（1888）	6册
180		古文苑	21卷	（宋）章樵注	光绪十二年（1886）	4册
181		续古文苑	20卷	（清）孙星衍编	光绪九年（1883）	4册
182		古文辞类纂	75卷	（清）姚鼐撰	同治八年（1869）	12册
183		唐宋十大家文集录	50卷	（清）储欣选辑	光绪八年（1882）	32册

续表

序号	部类	书名	卷数	作者	刻书时间	册数
184	集部	七十家赋钞	6卷	（清）张惠言编	光绪二十三年（1897）	5册
185		古文关键	2卷	（宋）吕祖谦选	光绪二十四年（1898）	2册
186		唐文粹	100卷	（宋）姚铉编	光绪九年（1883）	16册
187		唐文粹补遗	26卷	（清）郭广辑	光绪十一年（1885）	4册
188		宋文鉴	153卷	（宋）吕祖谦编	光绪十二年（1886）	24册
189		南宋文范	76卷（包括《外编》4卷，《作者考》2卷）	（清）庄仲芳编	光绪十四年（1888）	16册
190		南宋文录录	24卷	（清）董兆熊辑	光绪十七年（1891）	6册
191		金文雅	16卷	（清）庄仲方编	光绪十七年（1891）	4册
192		金文最	60册	（清）张金吾辑	光绪二十一年（1895）	16册
193		元文类	73卷	（元）苏天爵编	光绪十五年（1889）	10册
194		明文在	100卷	（清）薛熙编	光绪十五年（1889）	10册
195		碑传集	160卷	（清）钱仪吉纂	光绪十九年（1893）	60册
196		八代诗选	20卷	（清）王闿运编	光绪十六年（1890）	8册
197		唐宋诗醇	47卷	（清）乾隆御选	光绪七年（1881）	20册
198		才调集补注	10卷	（唐）韦縠编，（清）宋邦绥补注	光绪二十年（1894）	4册
199		明三十家诗选	16卷	（清）汪端选	同治十二年（1873）	8册
200		眉山诗案广证	6卷	（清）张鉴撰	光绪十年（1884）	2册
201		词辨		（清）周济撰	光绪年间（1875—1908）	1册
202	丛书	古逸丛书26种	200卷	（清）黎庶昌辑（在日本雕刻，书版归江苏官书局）	光绪十六年（1890）	49册

资料来源：根据朱士嘉《官书局书目汇编》、江澄波《晚清江苏三大官书局（续)》、叶再生《中国近现代出版通史》有关江苏官书局刻书书目及书籍的序、跋等史料进行考证整理。

另有江苏存古学堂刻书共9种，版片归江苏官书局所有：

1. 《存古学堂丛刻》不分卷，光绪三十二年（1907）刊，2册。

2. 《读书灯》1卷，清邹福保撰，宣统元年（1909）排印，1册。

3. 《孝经学》7卷，清曹元弼撰，光绪三十四年（1908）刊，1册。

4. 《白虎通义引书表》，清王仁俊撰，光绪三十四年（1908）刊，1册。

5.《彻香堂经史论》1卷，清邹福保撰，宣统元年（1909）排印，1册。

6.《文钥》2卷，清邹福保撰，宣统元年（1909）排印，2册。

7.《经学文钞》25卷，清梁鼎芬、曹元弼辑，宣统二年（1910）木活字版，30册。

8.《范文正公全集》48卷，宋范仲淹撰，宣统二年（1910）刊，10册。

9.《范忠宣公全集》25卷，宋范纯仁撰，6册。

（张娟）

【叁】金陵刻经处经版的管理与保护

雕版印刷的版片是纸质古籍印刷的母体和源头，有着和纸质古籍一样的历史价值和学术价值。但是版片的收集和保存难度大，又加上学界"重于藏书，而轻于藏版"，致使版片的寿命比纸质古籍的寿命还要短。所以雕版付梓成书之后，可能就会出现"书存而版失"的现象。据统计，我国现今的版存总量在百万片左右，这个数量，远远小于纸质古籍的收藏总量。同时，版片的保存情况不够理想，除了北京故宫、国家图书馆、扬州雕版博物馆、浙江南浔嘉业堂、金陵刻经处等地保存尚好之外，大部分基层博物馆、图书馆及民间的版片，随意堆放，任其发霉、腐烂、虫蛀而未采取任何措施。所幸的是，近几年国家对于古籍保护越来越重视。2002年，政府启动了"中华再造善本工程""中华特藏保护计划"等重点文化工程，提出不但要保护"纸质古籍"，而且要加强"对于以雕版版片等形式存在的非纸质古籍"的保护。特别是2007年实施"中华古籍保护计划"以来，更加强调了对于现存的雕版版片的规范管理，开展了"雕版保护与档案建设规范"研讨会，并开始对雕版的著录、版片的保护等问题进行研究。但是，由于雕版版片的存世量较少，且分散在全国各地，目前尚未形成与纸质古籍一样的通行管理标准，同时也缺乏对其进行管理和保护的系统性论著。因此，雕版版片的管理和保护有着很大的探讨和研究价值。

纵观国内，尽管关于古籍保护的文章最早可以追溯至20世纪70年代末80年代初，20世纪90年代之后开始陆续增多，但其中讨论最多的是纸质古籍的防火、防潮、防蠹、防鼠蚁等问题，只有《清藏经版小记》《德格印经院经版史料收藏记》《瑶族聚居区江永县发现一批经版》《重刊道藏辑要经版》《满文大藏经经版今安在》《云南省图书馆所藏版片概述》《登封县档案馆收进清代刻版》《藏传佛经经版存放处》《〈乾隆大藏经〉保护性重刷,经版流传历经沧桑》《雕版保护与档案建设规范学术研讨会在南浔举行》十篇通信类文章与雕版版片相关,遗憾的是其重点在于对当地的版片进行报道,并未涉及管理的方式和保护的方法。需要说明的是,纸质古籍的管理与保护和雕版版片的管理与保护是有区别的。其一:纸质古籍的文化载体是纸,而雕版版片的文化载体是木材;其二:纸质古籍与雕版版片的寿命长短是有差异的;其三:纸质古籍与雕版版片的存放条件与方式也不尽相同。因此,在重视纸质古籍的管理与保护的同时,对雕版版片的管理与保护也应当给予足够的重视。本文研究金陵刻经处经版的管理与保护正是出于这样的目的。

金陵刻经处由杨仁山居士创立于同治五年(1866),自创立伊始便是一所集刻印、流通、讲习为一体的佛学出版中心和研究机构。其所刊刻的佛经版片至杨老居士去世,已达47000余片。新中国成立后又汇集了扬州砖桥刻经处、支那内学院、北京刻经处、天津刻经处、北京三时学会、上海金刚道场及苏州玛瑙经房、苏州洞庭西山祇树庵、常州天宁寺等地的经版,成为国内最大的汉文佛经版片收藏和佛经流通机构,总版藏量达到12万余片,而至今尚在使用的有4万片左右。这些经版历经百年的沧桑而保存至今,绝非易事。因此,对金陵刻经处这一具体单位的存版情况、保护技术、管理制度等进行认真的考证和详细的分析,以便为散居在全国各地的雕版版片的管理和保护提供有价值的参考。

一 杨仁山和他创立的金陵刻经处

雕版印刷与佛经刊刻一直有着血肉相连的关系,现存最早的雕版印刷品为唐咸通九年所刻的金刚经,而宋、元、明、清各代官私大藏经的刻版更是在雕版印刷史上占有重要的地位。金陵刻经处的雕版印刷事业即继承了历代刻藏的传统,由著名佛教学者杨仁山居士创办于晚清,在大量佛典亡佚之季,不仅为振兴佛教文化做出了巨大的贡献,更因为众多佛经的流通而引发了当时佛学研究的思潮。

(一) 金陵刻经处创立的时代背景

19世纪末,由于外部积弊,内部腐化,清政府已经日薄西山,伴随着国运的下降,政治、经济、文化也随之一落千丈。然而,自宋代以来就衰落的佛教文化却在此时燃起了复兴的火种,进而走向了振兴之路。究其原因,不得不提近代佛学复兴之父——杨仁山居士。

杨仁山(1837—1911),名文汇,仁山其字,道光十七年丁酉(1837)出生于安徽石埭籍的一个官宦家庭,其父为曾国藩同年进士。少年时代,杨仁山就聪颖好学,经史子集无所不涉,虽然因"不愿于异族人手中取功名"而不愿科举,但是与同时代的爱国知识分子一样,时刻关心着国家和民族的存亡。杨仁山生活的年代正是社会因遭受巨变而动荡变革的时代。从政治上讲,两次鸦片战争和太平天国运动使晚清政府已经走向崩溃的边缘;从思想上讲,严重的民族危机使一批有识之士意识到传统的经学文化已经不能挽救日渐衰败的国家和民族,从而把目光转向了西方的自然科学和社会科学,希望师夷长技以制夷。因为起源于印度的佛学思想与当时西方的哲学思想有着诸多相似之处,使这一时期的学者们自觉地把两者联系起来,想通过研究佛学思想来作为沟通中西的桥梁,进而兴国强民,虽然当时的佛教早已教义凋敝、义理衰退,但是传入中国已有2000余年的历史,不论是语言习惯还是思维方式上,都更加符合中国人的思考习惯。而杨仁山正是有志于通过研究佛教而振兴中华的先驱者。

弱冠之年,杨仁山曾在曾国藩军中效力以对抗太平军,胜利之后朝廷论功行赏而杨仁山却拒不出仕,一心闭门研究佛典。与那些把佛教作为个人超越出世的消极厌世者不同,杨仁山认为:"目前世界论之,支那之衰坏极矣,有志之士,热肠百转,痛其江河日下,不能振兴。"[1] 而"泰西各国振兴之法,约有两端,一曰通商,二曰传教。通商以损益有无,传教以联合声气。我国推行通商者,渐有其人;而流传宗教者,独付缺如。设有人焉,欲以宗教传于各国,当以何为先?统地球大势论之,能通行而无悖者,莫如佛教"[2]。然而,当时从佛教内部的情况来看,"僧徒安于故

---

[1] (清)杨文会:《杨仁山全集》,黄山书社2000年版,第330页。
[2] 同上书,第332—333页。

陋，不学无术，为佛法入支那后第一坠坏之时"①。外部的现实则是，持续14年的太平天国运动捣毁寺院，焚烧经籍，"无如兵燹之余，仅见小本《弥陀经》，而于大本《无量寿经》《十六观经》，迄不可得"②。佛学的凋零和佛典的散佚之状使杨仁山决心重振佛理研究之风，并"发心刻书藏经，俾广流传"③。

1865年，杨仁山接受两江总督李鸿章的委任，主持江宁工程事务，次年移居金陵。在这里，他结识了当时佛学界的名人，如郑学川、魏刚己、赵惠甫、刘开生、许灵虚、曹镜初等。闲暇之余，众人讨论佛理、相交甚欢。杨仁山认为"末法世界，全赖流通梵夹，普济群伦"④，而郑学川悯明末《嘉兴藏》毁于战火，官方《龙藏》申请不易，以致世间无经可读，愿为世人重刻藏经。同治五年（1866），杨仁山联络众人捐资，于佛祖成道日刊魏源所辑《净土四经》。后来，人们把刊刻《净土四经》定为金陵刻经处成立的标志。郑学川则于同年出家，法号妙空，自号刻经僧，并回到家乡扬州创立江北刻经处。之后，经过两年的筹备，同治七年（1868），杨仁山在金陵城的鸡鸣山北极阁发布《金陵刻经处章程》和《募刻全藏章程》，"养写手一人，刻手七人，养主僧一人，香火二人"⑤。主僧即为妙空法师。至此，近代历史上影响最大、刻经数量最多的金陵刻经处正式开始刻经，其与江北刻经处分工合作，版式相同，以期合成全藏。

可以说移居金陵成就了杨仁山的刻经事业，中国佛教也因刻经而迎来了转机。金陵刻经处创立伊始，即是以重振中国佛教以救国为宗旨的，所有刻经费用均由杨仁山居士本人捐赠及募捐所得。在以后40多年的岁月里，杨仁山居士以研究佛学为终身事业，讲学、著作、校刻大藏经典并由海外求得中国失传的古本，择其善者而流通。因为重视佛学理论研究，这些经版具有很大的学术价值。"自杨居士创立金陵刻经处后，如打破了晚

---

① （清）杨文会：《杨仁山全集》，黄山书社2000年版，第340页。
② （清）杨文会：同治五年《重刊净土四经跋》，《金陵刻经处历史资料点滴》第一册，第1页，金陵刻经处资料（内部油印）。
③ （清）杨文会：《杨仁山全集》，黄山书社2000年版，第582页。
④ 金天翮：《皖志列传稿：卷五·杨文会传》，民国二十五年苏印书社印本。
⑤ 《金陵刻经处章程》，同治七年（1868）秋八月望日金陵刻经处居士等公议。

清以来佛教学术思想研究的死寂空气,并给当时的民主革命运动以积极的影响,同时也唤起了教内僧伽们重视研究慧学的风气。"①

在金陵刻经处的影响之下,杨仁山的挚友曹镜初创立长沙刻经处,许灵虚创立扬州藏经院。而1911年杨仁山居士圆寂之后,弟子欧阳渐创立江西刻经处并设立支那内学院兼事刻经,门人徐文蔚、蒋维乔、梅光羲等创立北京、天津刻经处。这些佛学刻经处在清末民初刻印了大量精校、精译的佛经典籍,对延续和发扬佛教文化、推动佛学研究有着重要的意义。

(二) 杨仁山的佛学思想和刻经书目

杨仁山居士一生的佛学思想得力于"华严",而教人以"净土",流通经典,孜孜不倦。②沈曾植称:"其学以马鸣为理宗,以法藏为行愿,以贤首莲池为本节,性相圆融,禅净彻证。"③弟子欧阳渐则称师:"学贤首尊《起信论》,刻贤首《起信论义记》。"④而居士自称:"大乘之机,启自马鸣,净土之缘,因于莲池,学华严则遵循方山,参祖印则景仰高峰。他如明之憨山,亦素所钦佩者也。"⑤

所以其一生推崇《大乘起信论》,在《汇刻古本起信论缘起》中写道:"大藏教典,卷帙浩繁,求其简要精深者,莫如《起信论》……近年来得古逸内典于日本,自六朝以迄元、明凡数百种,内有《起信论义记》,以十门开释……复获别行古本,真藏公原文也!校雠再三,重加排定,务使论文、记文自成段落,庶几作者意味,溢于行间,后之览者,恍如亲承指教也。另有《别记》一卷,似作于《义记》之先,盖《别记》所详者,《义记》则略之,遂并刊以成完璧云。日本南条文雄与余友善,此记赖以得之,其嘉惠后学,岂浅鲜哉!"⑥而在与友人的信中亦称:"鄙人常以《大乘起信论》为师,仅万余言,遍能贯通三藏圣教。"⑦"仆建

---

① 平珂:《恢复与整理金陵刻经处的经过》,《现代佛学》1954年12月号。
② 梁启超:《佛学研究十八篇》,上海古籍出版社2001年版,第17页。
③ (清)沈曾植:《杨仁山居士塔铭》,石碑藏于金陵刻经处。
④ 欧阳渐:《悲愤而后学:欧阳渐文选》,上海远东出版社1996年版,第434页。
⑤ (清)杨文会:《杨仁山全集》,黄山书社2000年版,第478页。
⑥ 同上书,第370页。
⑦ 同上书,第446页。

立马鸣宗，以《大乘起信论》为本。"① "《大乘起信论》既不能得梵本，将来据梁译翻译成英文，或亦欧人入道之胜缘也。"② 至光绪二十年（1894），杨仁山居士终于和英籍传教士李提摩太合作，翻译了英文版的《大乘起信论》。

虽然早年研究过《高峰原妙禅宗语录》，但中年以后杨仁山居士对禅宗基本是持贬斥态度的，他认为："佛教之衰，实由禅宗，支那固然。"③ "因为禅门扫除文字，单提'念佛得是谁'一句话头，以为成佛作祖之基，试问三藏圣教有是法乎？"④ "自宋元以后，禅宗慨自江河日下，后后逊于前前。即有实参实悟者，以不能如古德之精纯，何况杜撰禅和，于光阴门头，稍得佳境，即以宗师自命，认贼为子，自误误人。"⑤

晚年，杨仁山居士皈依于净土并自述："我于二十六岁学佛……至五十三岁，始能专求出世之道，然不能求现证，只在弘法利生上用心，以为往生净土资粮，此始超出三世之捷径也。"⑥ 同时也劝其友人同修净土，并称："念佛法门，普摄三根，中人以上，宜以三经一论为津梁，《无量寿经》《十六观经》《阿弥陀经》《往生论》，更以《大乘起信论》为入道之门……或疑其为杂修不若专修之切，盖不如知净土法门，一切法门，皆趋净土一门，此是纯杂无碍，利根上智所行之道也。"⑦ 此外，杨仁山居士认为研究佛学要自因明、唯识入手，在给弟子桂伯华的信中写道："俾得前来金陵，久住敝宅，专心研究因明、唯识二部。期于彻底通达，为学佛者之楷模，不至颟顸笼统，走入外道而不自觉，实振兴佛法之要门，且于净法道理深为有益，盖庄严净土，总不离唯识变现也。"⑧ 在杨仁山居士的倡道下，长于佛学义理的唯识法相宗自唐以后再度兴盛，门下弟子中章太炎、梅光羲、蒯若木、欧阳渐皆善于此。而欧阳渐认为："明末诸老，仗宗镜研唯识，以故相宗八要诸多错谬，居士得唯识述记而刊之，然

---

① （清）杨文会：《杨仁山全集》，黄山书社2000年版，第439页。
② 同上书，第477页。
③ 同上书，第448页。
④ 同上书，第337页。
⑤ 同上书，第153页。
⑥ 同上书，第468页。
⑦ 同上书，第453页。
⑧ 同上书，第452页。

后圭臬不遗,奘、基之研讨有路。"①

而于刻经方面,杨仁山居士本希望以方册本的形式刻完全部大藏经,在《报告同人书》中,他提到:"鄙人志愿,亟望金陵刻经处刻成全藏,务使校对印刷,均极精审,庶不至贻误学者。"② 然而,由于资金和精力所限,后来居士感到有生之年无法完成这个夙愿,遂决定编辑一部《大藏辑要》,并在《大藏辑要序例》中写道:"此书专为初学而辑,分别部类,以便检阅,凡羽翼经律论者,概从本文为主,亦臣子随君父之义也。"③ 这部书共460部,3320卷,其略目如下:"华严:三十二部。净土:五十七部。般若:二十三部。涅槃:十三部。密教:五十六部。方等:六十六部。法相:二十五部。法华:十六部。小乘经:十六部。大乘律:十五部。小乘律:七部。大乘论:二十三部。小乘论:四部。西土撰集:十六部。禅宗:三十部。天台宗:十四部。传记:十一部。纂集:九部。宏护:十三部。旁通:十部。道俗:四部。"④ 可惜尚有1/5未刻完时,居士就去世了。后来其学生欧阳渐辑成了《藏要》,虽然在书目的选编上与居士所定的《大藏辑要》目录有所差异,但学术思想上是一脉相承的。

著名佛学家蒋维乔评论道:"文会自道其生平得力处曰:'教宗贤首,行在弥陀。'盖于大、小乘经论,遍观博究,而以是为归宿者也。现今各省,多有流通处,所流传之经典,远及南洋、美洲,皆以文会校刊者为多。各地继起之刻经处,亦多依照《大藏辑要》,赓续其未完事业。文会于兵火摧残之后,继往开来,肩荷大业,推为清宋特出之居士,诚无愧色矣。"⑤

(三)金陵刻经处所刻经版的版式特色

金陵刻经处所刻经书之所以被称为"金陵版"而享誉世界佛教界,除了选本精严、内容纯正、校勘严谨之外,在版式上亦行文疏朗、字大悦

---

① 欧阳渐:《悲愤而后学:欧阳渐文选》,上海远东出版社1996年版,第434页。
② (清)杨文会:《杨仁山全集》,黄山书社2000年版,第418页。
③ 同上书,第373页。
④ 蒋维乔:《中国佛教史》,广陵书社2008年版,第215页。
⑤ 同上。

目而刻印考究。

图3—3—1 金陵刻经处刊刻的《瑜伽师地论》
经版（图片由金陵刻经处提供）

同治七年，杨仁山居士手定《募刻全藏章程》，对于刻经做出了如下规定："刊全藏，均用书册本，以便印刷流通。其行数、字数、版式大小，悉照祖师写刻华严等经为则，但易楷体为宋字。此本募刻章程即是刻经式样。"① 中国古代刻经多为经折装，明末《嘉兴藏》虽开方册本之风，但清《龙藏》依旧袭承古制。然而经折装虽华丽庄严但阅读不便，只适合供养，以致后来民间无经可读。杨仁山居士刻印经籍是为供世人阅读流通之用，所以采用了方册本。宋代刻书多用颜、柳、欧等名家楷体，明初宗赵，中后期至清初发展成匠气颇重的宋体。至康乾，具有文人气质的软体行楷风靡一时。金陵刻经处易楷为宋，一则宋体笔画方正、端庄肃穆，更适合刊刻佛经；二则宋体程式化强、易于雕刻、容易保持一致性，有利于大藏的集结。

《募刻全藏章程》中还写明："发心大士。或认刻一卷、二卷。一部、二部，乃至数十卷、数十部，以及全藏十分之几。或数人合认一部、一

---

① （清）杨文会等：《募刻全藏章程》，同治七年秋八月，原件藏于金陵刻经处。

卷，书尾皆载明施主姓氏。莫不指定者，功德用于何部、何卷，即于何部、何卷之尾、如是写记。倘有不愿提名者、亦载无名氏。捐资若干所刻。以便稽考。某部何时刻竣，字数若干，用钱若干，并谨印工料若干，俱于经尾载明。"①

图3—3—2　苏州洞庭西山祇树庵

图3—3—3　苏州洞庭西山祇树庵经版（图片由金陵刻刻经处提供）

---

① （清）杨文会等：《募刻全藏章程》，同治七年秋八月，原件藏于金陵刻经处。

从现存金陵本来看，杨仁山居士所刻的经版均有如下特点：天头两寸，地头一寸，空白宽大，便于批注。版框高约16—17厘米，宽约24—26厘米，厚约1.5—2.0厘米。半叶10行，每行20字左右。细黑口，左右双栏。版心中镌书名、卷数，卷末刻有题识、捐刻者的姓名、心愿以及所刻典籍字数，有的还附有按语，指示经书内容，版本价值。①

另外，金陵刻经处除了杨仁山刻本之外，后来又集中了各佛学刻经处和各地寺庙所刻经版。这些经版为节省材料大部分双面刻版，少量因木质原因单面刻版。其中支那内学院、京津刻经处、江北刻经处版式同于金陵刻经处，而常州天宁寺、苏州玛瑙经房、苏州洞庭西山祇树庵的经版，"在文字方面，有楷书、大字、精刻、夹注等；在版式上，则有梵文版式、选佛版式、附图版式、小梵版式和大梵版式"②。

二 金陵刻经处经版的管理与保护情况分析

20世纪50—60年代，金陵刻经处对所存经版进行了大规模的整理与修补，12万多片的存版总量即是在此时奠定的基础。当年杨仁山居士捐金陵刻经处为"十方公产"的举措，使这些经版有了"长栖之所"；现如今这些经版得以完好的保存，则有赖于十方大众对其的护持和社会各界对其的保护。

（一）金陵刻经处藏版的数量及来源

杨仁山居士一生广求精本、善本，刊刻经典，精诚旁博，金陵刻经处的佛经刊刻事业在其生前达到了鼎盛的状态。然而，在居士圆寂之后由于资金的匮乏和局势的动荡，金陵刻经处一度陷入了危机。民国初期，刻经事业停滞不前，抗战及内战，经版险遭毁灭。新中国成立后，杨氏后人不忍祖先基业毁于一旦，向上海及南京佛教界求援，国家和政府给予了高度重视，帮助金陵刻经处重整及恢复。为了便于整理、保管，有计划地增加

---

① 经版样式、大小由实物观察及测量所得，感谢金陵刻经处王秀川先生。
② 纪维周：《金陵刻经处访问记》，《现代佛学》1958年11号，第26页。

和修补，中国佛教协会把全国各地的重要佛经经版都集中于此。据现存经版统计，金陵刻经处除自刻经版之外，还汇聚了江北刻经处（扬州砖桥刻经处）、支那内学院、北京刻经处、天津刻经处、北京三时学会、苏州玛瑙经房、苏州西山祇树庵、常州天宁寺、上海金刚道场的经版。现详细介绍如下：

金陵刻经处自刻经版：自 1866 年（同治五年）首刻净土四经，至 1952 年整理经版及典籍，入架经版计 47421 块，共 93303 叶，另蛀版 90 多块，共 180 余叶，缺版 30 多块，完好佛像版 70 多块。[①] 其中超过半数为杨仁山居士主持金陵刻经处期间所刻。居士生前深感大藏浩繁，为方便学佛者和有计划的使用募刻资金，最后订了编刻"大藏辑要"的计划。在大藏经中选出要籍以外，还补充了好些著述。原计划刻 460 种 3300 余卷，可惜后来还差 1/5 未能刻齐。[②] 已刊刻的包括居士生前所刻的 211 种，1155 卷和按居士生前计划完成的 178 种 1062 卷。[③] 居士西去之后，刻经处又于 1918—1922 年两次发起"募刻大藏辑要四十八愿"捐款。1923 年，愿款用尽，刻经活动基本告停，仅在 1933 年和 1937 年翻刻了因流通过多而导致版面不清晰的《地藏经》和大字版《金刚无量寿经》的版片。

1952 年，金陵刻经处恢复印刷流通业务不久，刻经工作也得以恢复，新刻经版和补刻经版数据统计如下：[④]

1955.1—6 新刻《大毗婆娑论》卷 186—200，共计 14 卷，版 154 块。

1956.2—6 新刻《俱舍论》共计 30 卷，版 302 块。

[①] 年代及经版数据统计来自下列三种杂志综合数据：赵朴初：《为第四届世界佛教徒大会作》，《现代佛学》1956 年 12 月号；徐平轩：《金陵刻经处》，《江苏文史资料》第十辑，江苏人民出版社 1982 年版，第 216 页；徐平轩：《在政府机关领导协助下金陵刻经处完成经版等整理工作》，《觉有情》1953 年 3 月出版，第 14 卷 2 期。

[②] 徐平轩：《金陵刻经处的沿革和现况》，《金陵刻经处历史资料点滴》第三册，第 21 页，金陵刻经处资料（内部油印）。

[③] 数据统计来自《中国佛教会需要了解金陵刻经处历史全貌请按问题详答》，《金陵刻经处历史资料点滴》第四册。

[④] 年代及经版数据统计来自《恢复刻经和新刻补刻各情况》及《培养长刀技术刻工和长期刻补经版图片》，《金陵刻经处历史资料点滴》第五册，第 62—65 页，金陵刻经处资料（内部油印）；另经实地考察证实。

1956.4—1958.6 新刻、补刻《玄奘法师译撰》76 种 1347 卷中未完成的 31 种 165 卷，计版 1601 块。具体有：（1）《大唐西域记》12 卷，版 154 块；（2）《杂集论》16 卷，版 152 块；（3）《法蕴足论》12 卷，版 116 块；（4）《显扬圣教论》20 卷，版 202 块；（5）《因明正理门论》1 卷，版 9 块；（6）《辩中边论颂》1 卷，版 5 块；（7）《本事经》7 卷，版 70 块；（8）《顺正理论》80 卷中缺的 60 卷，版 660 块；（9）《唯识三十论》1 卷，版 3 块；（10）《显无边佛土功德经》1 卷，版 1 块；（11）《甚稀有经》1 卷，版 3 块；（12）《最死比经》1 卷，版 5 块；（13）《如来示教胜军王经》1 卷，版 5 块；（14）《咒五首经》1 卷，版 1 块；（15）《胜幢臂印陀罗尼经》1 卷，版 2 块；（16）《拔济苦难陀罗尼经》1 卷，版 1 块；（17）《八名普密陀罗尼》1 卷，版 1 块；（18）《持世陀罗尼经》1 卷，版 2 块；（19）《六门陀罗尼经》1 卷，版 1 块；（20）《佛临涅槃记法住记经》1 卷，版 3 块；（21）《诸佛心印陀罗尼经》1 卷，版 2 块；（22）《受持七佛名号所生功德经》1 卷，版 2 块；（23）《王法正理论》1 卷，版 9 块；（24）《观所缘缘论》1 卷，版 2 块；（25）《缘起经》1 卷，版 2 块；（26）《异部宗轮论》1 卷，版 5 块；（27）《胜宗十句义论》1 卷，版 7 块；（28）《广百论本》1 卷，版 8 块；（29）《天请问经》1 卷，版 2 块；补刻：（30）《大般若经》5 卷，版 55 块；（31）《顺正理论》10 卷，版 110 块；佚版 1 块。

1957.1—1958.7《新刻毗卢遮那成佛神变加持经义释》共计 14 卷，版 525 块。

1958.1 新刻《欧阳全集》内《毛诗课》1 卷，版 24 块。

1959.12—1960.5 新刻《普贤愿品疏》1 卷，版 14 块。

1960.1—1960.11 新刻《观药王药上二菩萨经义释》1 卷，版 37 块。

1960.11—1961.1 新刻《如幻三摩地无量印法门经疏》1 卷，版 32 块。

1962.3—1962.10 新刻《华严修慈分略疏》1 卷，版 18 块。

1962.3—1963.9 新刻《出生无边门陀罗尼经略疏》1 卷，版 38 块。

新刻经版共计 2745 块。

1953 年春—1958.6 补刻经版共计 44 种，版 132 块。具体有：（1）《大云请雨经》2 块、（2）《法华药王品》1 块、（3）《高僧传》二集节要 5 块、(4)《高僧传》三集 3 块、(5)《杨居士事略》2 块、(6)《金刚理趣六波罗蜜经》2 块、(7)《欧阳竟无全集·内诗文》1 块、(8)《竟无小品》4 块、(9)《支那内学院训释》3 块、(10)《欧阳竟无全集·论孟课》3 块、(11)《欧阳竟无全集·经论断章读》3 块、(12)《欧阳竟无·内学杂著》1 块、(13)《成唯识论学记》7 块、(14)《大乘密严经》1 块、(15)《成唯识论疏》8 块、(16)《大集经》9 块、(17)《佛本行经》2 块、(18)《百丈清规义记》5 块、(19)《佛本行集经》1 块、(20)《法华指掌疏》1 块、(21)《长阿含经》1 块、(22)《道行般若经》1 块、(23)《圆觉略疏之抄》2 块、(24)《八十华严经》8 块、(25)《四十华严经》3 块、(26)《法轮宝忏》2 块、(27)《大智度论》10 块、(28)《楞伽宗通》2 块、(29)《楞严正脉》3 块、(30)《别译阿含经》6 块、(31)《般若波罗蜜园集要义释论》2 块、(32)《能显中边慧日论》2 块、(33)《大乘论》1 块、(34)《释迦方志》3 块、(35)《苏悉地羯罗经》1 块、(36)《西归直指》1 块、(37)《中论疏》1 块、(38)《梵网经般若戒疏》1 块、(39)《禅林宝僧传》2 块、(40)《大乘止观述记》1 块、(41)《百喻经》1 块、(42)《沙弥律要》1 块、(43)《心经浅释》6 块、(44)《高僧传》二集 7 块。

1959.5—1965.8 补刻经版共计 57 种，版 363 块。具体有：(1)《佛祖历代通载》12 块、(2)《增一阿含经》25 块、(3)《中峰广录》6 块、(4)《法句经》1 块、(5)《求法高僧传》1 块、(6)《慈恩传》1 块、(7)《南海寄归传》1 块、(8)《净土四经》1 块、(9)《法华经义疏》5 块、(10)《楼阁丛书》17 块、(11)《祇园寺阁经》2 块、(12)《关中创立戒坛图经》4 块、(13)《法华玄义释签》7 块、(14)《开觉自性般若经》4 块、(15)《百论疏》1 块、(16)《阴持入经附慧印一百六十三定解》1 块、(17)《法苑义林章》1 块、(18)《四分律含注戒本》7 块、(19)《律相感通传》11 块、(20)《菩萨戒本仪汇集》6 块、(21)《梵网经疏》5 块、(22)《量处轻重仪》10 块、(23)《般若波罗蜜多心经注》4 块、(24)《法苑遗编》12 块、(25)《集古今佛道论衡》10 块、(26)《金刚顶瑜伽中略念佛经》6 块、(27)《大萨遮尼干字授记经》6 块、(28)《西方合论》11 块、(29)《十句断结经》7 块、(30)《金刚仙论》5 块、(31)《慈云忏主净土文等》1 块、(32)《楞严经释义》22

块、(33)《金光明经拾遗记》7块、(34)《金光明经文句记》7块、(35)《解深密经疏》5块、(36)《经律异相》1块、(37)《诸佛要集》2块、(38)《金刚般若略义》7块、(39)《杂阿含经》3块、(40)《摩诃般若波罗蜜经》3块、(41)《云来集》4块、(42)《金刚经旁注》1块、(43)《明了论》1块、(44)《般若园集要义释论》1块、(45)《贤首五教议集录》2块、(46)《缁门警讯》2块、(47)《玄奘法师全集》尾页1块、(48)《金园集》5块、(49)《诸佛功德经》1块、(50)《中阿含经》1块、(51)《正法念处经》1块、(52)《楞严经疏》1块、(53)《传戒正范》1块、(54)《唯识了义灯》1块、(55)《瑜伽师地论略纂》1块、(56)《华严纲要》5块、(57)《华严经探玄记》86块。

补刻经版共计495块。

入架经版与新刻、补刻经版共计50661块。

江北刻经处经版：江北刻经处即扬州砖桥法藏寺刻经处，由杨仁山居士挚友，同为金陵刻经处发起人之一的妙空法师于1866年创立。妙空法师（1826—1880）为扬州江都人，俗姓郑，名学川，字书海，于金陵出家后改名绪乘，自号刻经僧，毕生志愿为当世重新刻齐大藏经。他与金陵刻经处相互合作、相互补充、版式相同、永不重复，以期待两处合成全藏。此外，妙空法师为发展刻经事业，曾历经艰辛，广募善款，在江南多处设立刻经处，据《妙空法师塔铭》记载其："首创局于金陵，继立局于如皋、常熟、浙江，而总持于砖桥。"[①] 可惜，除江北刻经处之外，其他三所刻经处虽刻印经籍尚有存世，经版俱毁。1880年妙空大师圆寂，刻经事业由弟子继承，1903年，因经版众多无法搁置，在西边募化买地，兴修藏版处，名法藏寺。1935年，砖桥刻经处成立刻经局，与法藏寺分开。1939年9月，因日军放火烧寺，藏于法藏寺的70000多块经版被转移至砖桥镇西三里的广庆庵。1943年复转移至扬州东关城内的无量寿佛院和宛虹桥的众香庵。1945年，日寇投降后，驻扎在无量寿佛院的国民党官兵将经版当劈柴烧去大半，剩余经版和众香庵经版又一起被转移至扬州藏经院。而砖桥刻经处的经版亦在抗战中几度搬迁，最后竟被露天搁置于扬州平山堂十多年。1953年，扬州平山堂和藏经院的经版被运至金陵

---

① 王丹忱：《刻经僧妙空大师塔铭》，宣统二年（1910）春三月。

刻经处统一保管，计22968块。1959年4月重新整理，剔除9块破烂的，入架经版计22959块。① 纵观妙空法师一生，募刻全藏近3000卷，② 与杨仁山居士相若，在其逝世之后，江北刻经处也走向衰败，杨仁山居士曾感慨道："刻经至事须设居士道场，昔年同志共举刻事，乍成即歇者为多，虽砖桥刻经不少，而人亡业败。必朝夕丹铅，感发兴致，然后有继以渐长。"③ 最后，所剩经版不到金陵刻经处所刻经版数目的一半，实在让人惋惜。

支那内学院经版：支那内学院本是与金陵刻经处一脉相承的学术机构，其创办者欧阳渐（1871—1943），字竟无，江西宜黄人，于1909年入杨仁山居士门下，学习唯识法相学，并专任校对经书之职，颇得居士器重。1911年，居士身故，遗嘱金陵刻经处的"编校、译典，竟无先生担任"④。1918年，欧阳渐因主张多刻唯识宗著作，而金陵刻经处其他董事则认为应当依照杨仁山居士手定的《大藏辑要》顺序刊刻，两派意见始终不能统一，沈曾植劝欧阳渐"不必争金陵刻经处，当本其所学，别创规模"⑤。欧阳渐遂在金陵刻经处研究部的基础上创立支那内学院，为专门研究唯识法相学的机构。古时印度称中国为"支那"，而佛教内部称"佛学"为"内学"，所以"支那内学院"即"中国佛学院"之意。1922年，"支那内学院"正式迁地南京公园路，与金陵刻经处分开。1937年，抗战爆发之后，欧阳渐率支那内学院离开南京向大后方迁移，于四川江津成立"支那内学院蜀院"，继续讲学、刻经，而其在宁刻成的经版也一并带至四川。1947年，欧阳渐逝世，由弟子吕澂接任院长。1952年，支那内学院停办，经版存放于重庆罗汉寺。1954年，经版运回南京金陵刻经处统一保管，经整理，入架经版计14390块。1959年4月至1960年3月，再度整理之后，复计经版15605块，其中计叶经版15476块，未计叶经版

---

① 徐平轩：《金陵刻经处》，《江苏文史资料》第十册，江苏人民出版社1982年版，第216页；另参阅徐平轩《像版及纸板等数字的情况》《重编保管经版图像版片的情况》，《金陵刻经处历史资料点滴》第三册，第73—78页，金陵刻经处资料（内部油印）。
② 武延康：《妙空法师和江北刻经处》，《佛教文化》1999年第1期，第21页。
③ 同上。
④ 杨氏后人杨缘生、杨立生、杨雨生：《金陵刻经处告十方书》，1947年10月。
⑤ 欧阳渐：《竟无小品》卷下，金陵刻经处2001年重印本。

129 块，这次是包括了金陵刻经处对其进行补刻之后的数字。① "溯自蜀院成立以来，二十二年间在院研究学者前后达三百余人，刻经总数，在宁刻成一百一十部，一千零五十五卷，入蜀后又刻成三十部，五十余卷，皆藏版蜀院，广事流通。"② 欧阳大师一生刻经 2000 余卷，校刻俱精，有很大的学术价值，而这些经版中像《瑜伽师地论》等至今仍在印刷、流通。

北京刻经处与天津刻经处经版：1918 年，徐文蔚居士为追随杨仁山老居士的遗愿，与蒋维乔（竹庄）、梅光羲（撷云）、江杜（味农）等创立北京刻经处，校刻《大藏辑要目录》中尚未完成的典籍，其版式亦如金陵刻经处，并亲任编校。徐文蔚（1878—1937），字蔚如，号藏一，浙江海盐人。因其校刻的经典以《华严》系列为主，如：《华严纲要》《华严探玄记》《华严搜玄记》对华严学的贡献甚大，被世人称为"华严"学者。北京刻经处创立之初，刻版由琉璃厂文楷斋负责，版亦存与该处。后来刻版增多，迁至宗帽胡同 9 号，抗战时期为避免日军破坏，又迁至北京广济寺。

1922 年，徐文蔚调任天津又与周明泰（志甫）、周叔迦（志和）、许丹（季上）创立天津刻经处。因为当时江南地区版刻业发达，徐文蔚在北京时就曾请南京承恩寺十间房的刻工潘煦华刊刻 20 卷的《华严探玄记》，天津刻经处成立之后，继续请潘煦华刻印其他典籍，版成之后为方便取印即存于潘的作坊。1929 年潘回乡，经版被搬至常府街周公祠旁的申家巷，1937 年再迁石观音南京居士林，抗战时期，为保护经版安全，居士林的林姓工友把它们搬至张家衙。徐文蔚去世以后，京、津两地刻经处由周叔迦居士代为管理。后来，周叔迦居士把北京广济寺的经版和南京的经版一起集中起来，保存于北京甘水桥瑞应寺中国佛教学院内。1956 年，中国佛教协会把这批经版统一运至金陵刻经处，第一次运来 21677 块，第二次运来《楞严经灌顶疏》1056 块，第三次从天津运来《庐山复教集》及《九僧诗词》48 块。1959 年 4 月至 1960 年 3 月复经整理，入架

---

① 徐平轩：《金陵刻经处》，《江苏文史资料》第十册，江苏人民出版社 1982 年版，第 216 页。另参阅徐平轩《像版及纸板等数字的情况》《重编保管经版图像版片的情况》，《金陵刻经处历史资料点滴》第三册，第 73—78 页，金陵刻经处资料（内部油印）。

② 《内学院简史》，《欧阳竟无大师纪念刊》末一页附录，民国二十三年四月（1934 年 4 月）。

经版计22825块，内有大悲咒84尊像版，刻绘俱精。①"由京、津两地刻经处成立起，至1937年徐文蔚逝世，10余年中，校刻经典近2000卷，校勘每一经毕，必撷其精华，附跋于卷末，以益后学。"②虽然京、津两地刻经处历经战乱，经版损失很多，但其剩余总数仅次于金陵刻经处和江北刻经处。

北京三时学会经版：三时学会由近代著名法相学者韩德清创立。

韩德清（1884—1949），原名克定，又名镜清，号清净居士，1921年创立"法相研究会"，研究法相唯识学，并主讲《成唯识论》。"因据法相宗判教将释迦一代教法分为有教（阿含时）、空教（中观时）、中道教（瑜伽时）的三时教，而法相一宗为中道教。"③故1937年，改名三时学会。梅光羲、周叔迦都曾是三时学会的会员。而韩德清则与欧阳渐并称为"南欧北韩"，同为民初的唯识学泰斗。三时学会刊刻典籍虽以法相唯识类为主，但校勘印刷皆精，特别是母本，许多都选择了当时刚在山西省赵城县广胜寺发现的《赵城金藏》。1949年韩清净居士逝世，三时学会由饶凤璜负责。1956年后停止活动。1960年经版运至南京金陵刻经处，经整理入架经版计1102块。④

上海金刚道场：1949年3月，清定法师在上海市静安区常德路418号的觉园成立上海金刚道场护法会，当时佛教界的重大活动多在此举行。1953年春，能海法师在此讲法，并募刻《比丘广颂》，委托金陵刻经处付梓成版，计版85块。⑤1955年，金刚道场停顿。1960年，经版运回金陵刻经处整理、保管。

苏州玛瑙经房：店主吴钧伯，光绪年间其父开设玛瑙经房于姑苏观前街口，后迁至景德路雍熙寺弄对面，专营私刻的佛经善书及私塾蒙训课

---

① 徐平轩：《金陵刻经处》，《江苏文史资料》第十册，江苏人民出版社1982年版，第217—218页；另参阅徐平轩《像版及纸板等数字的情况》《重编保管经版图像版片的情况》，《金陵刻经处历史资料点滴》第三册，第73—78页，金陵刻经处资料（内部油印）。
② 于凌波：《中国近现代佛教人物志》，宗教文化出版社1995年版，第466页。
③ 张岱年：《中国哲学大辞典》，上海辞书出版社2011年版，第832页。
④ 徐平轩：《金陵刻经处》，《江苏文史资料》第十册，江苏人民出版社1982年版，第218页；另参阅徐平轩《像版及纸板等数字的情况》《重编保管经版图像版片的情况》，《金陵刻经处历史资料点滴》第三册，第73—78页，金陵刻经处资料（内部油印）。
⑤ 同上。

本,苏州解放初停业。①玛瑙经房有部分佛经版片散置于苏州药草庵,1956年,运至金陵刻经处整理、保管。1959年4月,重新检查整理、编造经版目录,入架经版计3760块,内有观音慈容五十三现的像版53块,佛祖道影二百四十尊的像版240块。②

苏州洞庭西山祇树庵:祇树庵版片刊刻于清康熙五十三年(1703)至康熙五十九年(1720)。1874年,杨仁山居士听闻洞庭西山有古经版,曾孤身前往搜求而无所获,因资金缺乏几不能归。1956年,经道航法师反应,散置于祇树庵的经版,在震泽县人民委员会的支持下运至金陵刻经处。1959年4月,重新检查整理、编造经版目录,入架经版计1681块。③这批经版在事隔80年之后,终于一偿杨仁山老居士的心愿,集中保管于金陵刻经处。

常州天宁寺刻经处:天宁寺刻经处又称毗陵刻经处,由天宁寺主持治开法师和其弟子创立,其刻经母本为清熔治开法师请颁的梵册大藏。"天宁寺刻经处刻本精良,卷帙繁复可与金陵刻经处媲美。数十年中,刻有大小乘经论774部,2469卷,为近代佛教文化的振兴做出了贡献。日本、美国、英国、苏联、印度等国都曾派官员到毗陵刻经处请购佛经典籍,对佛教文化典籍流通和国际交流起了一定作用。"④抗战时期,天宁寺为了保护经版安全,曾把它们运往太湖马山下院,途中遭敌机轰炸翻船,经版随水飘散,损失很多。1957年,金陵刻经处为刊刻《玄奘全集》,调用了其中的4055块经版,保存在金陵刻经处的经版房内。1960年,在常州宗教事务处的支持和领导下,复又把剩余的运至南京,经整理,入架经版计29400块。⑤因为当时金陵刻经处的经版房内已无空间,所以暂时保存于南京毗卢寺的斋堂内,准备待合适的时间运回金陵刻经处。可惜,"文化

---

① 岳俊杰:《苏州文化手册》,上海人民出版社1993年版,第414页。
② 徐平轩:《金陵刻经处》,《江苏文史资料》第十辑,江苏人民出版社1982年版,第217页;另参阅徐平轩《像版及纸板等数字的情况》《重编保管经版图像版片的情况》,《金陵刻经处历史资料点滴》第三册,第73—78页,金陵刻经处资料(内部油印)。
③ 同上。
④ 陈吉龙:《常州名人》,中国文史出版社2002年版,第146页。
⑤ 徐平轩:《金陵刻经处》,《江苏文史资料》第十辑,江苏人民出版社1982年版,第218页;另参阅徐平轩《像版及纸板等数字的情况》《重编保管经版图像版片的情况》,《金陵刻经处历史资料点滴》第三册,第73—78页,金陵刻经处资料(内部油印)。

大革命"时期，这批经版被红卫兵破坏。① 如今，天宁寺刻经处的经版仅剩余4055块。

另外，金陵刻经处还保存了4种非佛教类的版片：（1）南京三汊河法云寺《蒿盦奏稿》版片714块。（2）南京灵谷寺寺志版片128块。（3）随同京、津两地刻经处一同运来的周止庵师古堂版片3965块。（4）《周悫慎公全集》版片1830块。共计6637块。其中《周悫慎公全集》版片因保存在毗卢寺斋堂内而在"文化大革命"中被毁。而其他版片中有些残缺过多的，被金陵刻经处在补刻经版时改刻成佛经版片。②

综上所述，金陵刻经处保存的佛经版片如表3—3—1所示。

表3—3—1　　　　　金陵刻经处保存的佛经版片

序号	藏版地点	藏版地区	整理时间	经版数量
1	金陵刻经处（自刻）	南京	1952—1965	50661
2	江北刻经处	扬州	1953—1959	22959
3	支那内学院	重庆	1954	14390
4	北京刻经处与天津刻经处	北京、天津	1956—1960	22825
5	北京三时学会经版	北京	1960	1102
6	上海金刚道场	上海	1960	85
7	苏州玛瑙经房	苏州	1956—1959	3760
8	苏州洞庭西山祗树庵	苏州	1956—1959	1681
9	常州天宁寺刻经处	常州	1957	4055
总计				121518

（二）各个时期经版的管理与保护情况

从晚清时期初创，历经民国，到新中国成立后，金陵刻经处由一家私人的民间书坊转变为官方的文化部门，其间屡经战乱与政治运动，机构与人事亦几经更迭，留存至今的经版有赖于各个时期的管理与保护。本节将撷取有关史料，分时段加以分析。

---

① 据金陵刻经处武延康先生口述。
② 徐平轩：《像版及纸板等数字的情况》《重编保管经版图像版片的情况》，《金陵刻经处历史资料点滴》第三册，第78页，金陵刻经处资料（内部油印）。

1. 晚清时期

1868年，杨仁山居士在《募刻全藏章程》中这样写道："刻经处现设江宁省城鸡鸣山北极阁，以便十方善信前来随喜，其刻成经版。此间屋宇无多，须另择名山大刹专藏，以垂永久。届时公议，不得散存他处。"①刻经处成立之初，选址在北极阁之上，一则是北极阁在金陵名刹鸡鸣寺的对面，鸡鸣寺当时香火极旺，政界名流，巨商大贾来往不断，极有利筹集刻经所用的善款；二则是北极阁原为南朝时的"司天台"所在地，洪武十四年（1381）又建"钦天台"，供测风向及天象之用，此地地势很高，四季凉爽而通风，加之毗陵玄武湖，近水而便于防火，所以极适合藏版。

然而，"甲戌……所刻之经，渐次增重，择定金陵北极阁集资建屋，为藏经版地，延僧主持，供奉香火。旋为人所觊觎，起争端，乃移藏家中，延请友专司其事。后居士虽暂离金陵，而刻经不缀"②。甲戌年即1874年，金陵刻经处在成立8年后因房屋纠纷被迫移版杨仁山居士家中，此时居士家居南京常府街，后又与经版一同迁至相隔一条街的花牌楼。

1878年，杨仁山居士随曾国藩之子曾纪泽出使英法，其间在给二子杨自超的信中这样写道："……其未刻之版，有画样贴在版面，最妨虫蚀及鼠耗漏湿等事，须时常察看，以纸隔之。样面须坎放，不可向上，刻完后方可无虑。……后进屋内所存已刻经版，在东边房内者贴地易受潮湿，需设法架高，隔地一尺，可无虑矣。蔡永立间空时，令其将版上之霉，次第刷去，不可令他人刷，恐其伤版。另有未刻之板，在木桶内亦易霉坏，需另架好，以草覆之，免开裂。"③当时刻版，特别是版画，要在版上糊一层样稿，然后依样刻之。糊版用的糨糊主要材料为面粉，容易使版霉烂生虫以及被老鼠啃食，所以要面向下放，且版与版之间要用纸间隔，以免样面受损，刻好之后才可向上。另外，受潮也是经版霉烂变形的原因，为了防止经版受潮，需要架高，以免受地气侵蚀。而经版在印刷之后，墨汁沾染，久之霉菌滋生，必须定时刷去，杨仁山居士特别指定蔡永立刷版，经翻阅《金陵刻经处解放前自置办至后停顿经历八十六年的一段时间人

---

① 《募刻全藏章程》，同治七年秋八月订，原件藏金陵刻经处。
② 濮一乘：《杨仁山居士事略》，《佛学丛报》第1期，民国元年十月初一日出版。
③ （清）杨文会：《1878年在国外英法京城寄致家书》，墨迹陈列于金陵刻经处深柳堂。

员记录——自清同治五年丙寅1866至1952年三月十五日最后看守的一人陈宜甫去世止》，蔡永立为金陵刻经处专职负责刷版及杂事的勤杂人员，居士指定蔡刷版想必是因为其常年负责此事，不会使经版损坏错乱。尚未刻成的经版，文中亦指出需要仔细收藏，防止发霉开裂。

"壬午至苏州觅藏版之地。于元墓山香雪海。经费未集，购地未成"①。壬午年为1882年，这一年，仁山居士曾想在姑苏香雪海置地存版，元墓山原名玄墓山，因避康熙皇帝名讳而改名"元墓山"。此地梅树成林，洁白如雪，繁花似海，风景极其优美，然而由于经费不足无法购地，经版依然存于杨仁山居士花牌楼的家中。"丁酉年，筑室于金陵城北延龄巷。为存经版及流通经典之所。"② 丁酉年为1897年，是年杨仁山居士终于买下南京城中延龄巷的21亩土地作为刻经及存版之地，而居士一家也居于此。杨仁山居士的孙女曾这样回忆延龄巷住宅的状况："门框上头写的是'金陵刻经处'，因为搬家的时候，祖父把正在整理刻印的《大藏经》和其他佛学书的印刷所都搬进去了，光是经版贮藏在架子上的就满满占了西边的一进房子。"③ 至此，金陵刻经处定址于南京延龄巷大街，居士之后一直在此刻经、讲学。1900年，杨仁山居士之子杨自新、杨自超、杨福严遵父命立分家笔据："金陵城内延龄巷，父置屋宇一所。围墙东至西二十四丈，西边南至北二十丈，东边南至北十六丈。于漆匠店毗连。此屋专作刻经处公业。系父三十余年经营所成，永远作为流通经典之所。"④ 1911年，杨仁山居士圆寂，遗言："经版所在，灵柩所在也。"⑤

2. 民国时期

为了保证刻经处的独立性和延龄巷土地永归刻经及存版之用，杨仁山居士捐出延龄巷私宅为刻经处永久所在地，并规定所有杨氏子孙不得干预刻经事务。在其去世之后，遗嘱陈镜清（西安）、欧阳渐（竟无）、陈义（宜甫）三位先生共同接办刻经处，"并指定流通部分，西安先生担任；编校译典，竟无先生担任；对外事项，宜甫先生担任。关于全部之事，三

---

① 濮一乘：《杨仁山居士事略》，《佛学丛报》第1期，民国元年十月初一日出版。
② 同上。
③ 杨步伟：《一个女人的自传》，岳麓书社1987年版，第44页。
④ （清）杨文会：《杨仁山全集》，黄山书社2000年版，第589页。
⑤ 欧阳渐：《悲愤而后学：欧阳渐文选》，上海远东出版社1996年版，第435页。

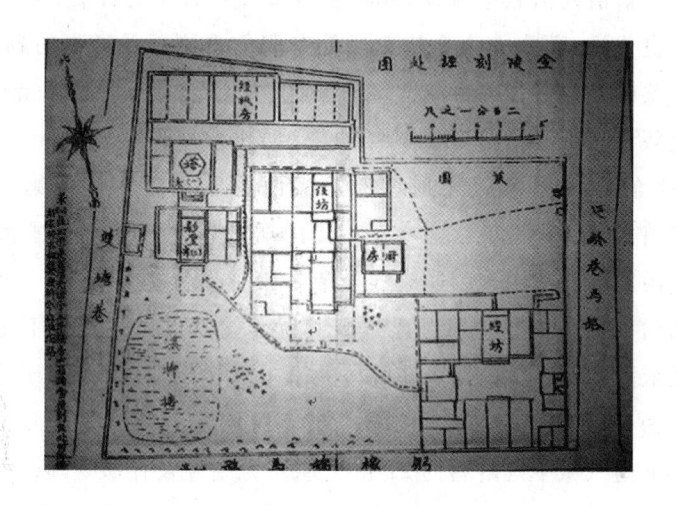

图 3—3—4　1897 年（清光绪二十三年）金陵刻经处平面布局①

人协同处理"②。另外，组成金陵刻经处董事会，推举梅光羲、吴康伯、欧阳柱、狄楚青、叶子贞、梅光远、李翊灼、王雷夏、李晓暾、蒯寿枢、濮伯欣等 11 人为董事，共同护持金陵刻经处。

1911 年，武昌起义爆发，革命军攻克南京城，战火之中金陵刻经处处于危难之中，欧阳渐"守经坊四十日，经版赖以保全"③。

1918 年，欧阳先生成立支那内学院，1919 年陈西安先生去世，金陵刻经处董事会推举梅光羲（撷云）先生主持刻经事务，因为梅先生不能常在宁，遂由刘小楼、萧屏阁两位先生先后代为管理，后来董事会又推举蒯若木先生继任主持，蒯先生亦不能常在南京，由徐子洁、陈彦通两位先生代理。

"抗战期间，金陵陷八载，先生本宅（经坊）曾蒙异国学子数度问津，坚询板存何处，以看守者早将满藏经板之屋（计三大间），妥为封

---

①　《1897 年（清光绪二十三年）金陵刻经处平面布局图》，《金陵刻经处历史资料点滴》第四册，第 28 页，金陵刻经处资料（内部油印）。
②　杨氏后人杨缘生、杨立生、杨雨生：《金陵刻经处告十方书》，1947 年 10 月。
③　吕澂：《亲教师欧阳先生事略》，收录于《中国现代学术经典·欧阳渐卷》，河北教育出版社 1996 年版，第 697 页。

闭，并将坊内通至藏版处所之曲径，饰以障碍物"①。

抗战过后，虽经版幸存，但因人事及世事的变迁，继任代理者不能保持日常刻经业务，导致刻经处渐渐走向衰败。此时，杨仁山居士遗嘱中的三位接办者只剩下陈宜甫先生尚在人世，而金陵刻经处董事会及居士后人为挽回破败之局，于1947年11月推举陈宜甫先生主持流通事务，然积重难返，加之经费困难，最后金陵刻经处职工全部解散，只余下陈宜甫先生一人看守经版，以期复兴之日。

3. 新中国成立之后

1952年3月16日，陈宜甫先生去世，金陵刻经处面临无人看管，杨氏后人杨立生、杨雨生为免祖先刻经事业就此消亡而向新中国政府求援，在上海和南京的佛教界以及南京市人民政府的支持和协助下，"1952年5月5日上午9时，徐平轩在宗教处负责同志的陪同下来刻经处任职。自此以后，金陵刻经处就在江苏省人民委员会宗教事务局暨南京市人民委员会宗教事务处领导下，会同南京市佛教界共同负责一系列的整理恢复工作"②。徐平轩，名国治，安徽省石埭县人，与杨仁山老居士系同乡且有亲缘关系，少时即随母念佛，"早年在北京、上海、南京、重庆、安庆等地从事佛经刻印、流通及慈善赈济事业"③。曾任北京刻经处编校之职。在徐平轩居士的主持之下，金陵刻经处有了很大的发展。"1948年，只剩下一人看守留下的半间房屋，其余都被外面涌来的三十多户人家占据。树倒墙塌，满地垃圾，连储存经版的十间经版房的窗户铁柱也被人倒卖，屋内壁板被人抽去倒卖后，尘土厚积、潮气上升，几万块经版已经散乱，部分虫蛀，部分被人取去引火。"④ 而恢复之初，首先解决了房产问题，"而后人民政府拨给了巨款，将破烂不堪的房屋维修、改造、新建，还将倒塌殆尽的碎砖围墙新建，筑新砖围墙"⑤。"从南到北又从西到南用新青砖砌造并改造了深柳塘，整修第一排十间及第二排五间经版房和西边其他部分

---

① 何逸林：《推开逊清名哲杨仁山先生》，伪《中央日报》1948年5月15日。
② 武延康：《徐平轩居士与金陵刻经处》，《佛教文化》2001年第22期，第25页。
③ 同上书，第23页。
④ 季文华：《访金陵刻经处》，《中国新闻》1957年5月15日。
⑤ 《中国佛教协会需要了解金陵刻经处历史全貌请按问题详答》，《金陵刻经处历史资料点滴》第四册，第25页，金陵刻经处资料（内部油印）。

房屋的整修。"① "1954年，经版房十五间地面都敷了水泥，七百多架经版架涂油漆防潮，窗格汽洞均安上铁纱窗，墨窖房内外及板盖并漆粉漆，十五间经版房内外都粉刷油漆一新。"② "1956年，新建了第二排五间经版房。"③ "1964年，二十间经版房全部安装日光灯以便放版、还版。"④ "经版房所存的经版被彻底整理，散失和残破的都在补刻……分散在国内四川、北京、天津、扬州等地的佛经刻版，由于几十年无人看管，损失也不少，由金陵刻经处收集、整理、集中在南京保管。有一些虫蛀特别严重的，入库前经科学部门协助用新方法消毒杀虫。收集来的这一部分经版据徐平轩居士说，残缺部分在刻补齐全后也将印刷流通。"⑤ 从1953年至"文化大革命"前，恢复整理工作一直在继续，刻印流通工作也陆续开展，此时收集的经版已达15万余块。

4. "文化大革命"前后

"文化大革命"是金陵刻经处经历的又一次劫难。1966年，"文化大革命"爆发，"金陵刻经处被'红卫兵'宣布为封建迷信单位。"⑥ 南京市人民宗教事务处的宁宗字13号文件《关于撤销金陵刻经处的有关具体问题处理请示报告》对经版及金陵刻经处的留存问题向江苏省人民委员会民族宗教事务局做了请示，文中指出："对经版的处理，根据不同的价值，计分：确保、一般与不留的三类，其中确保的经版约三万一千多版，一般确保的约七千版，不保留的约十一万版（约占百分之七十五），……金陵刻经处机构撤销后，牌子卸除，现有房屋与其他设备一律维持现状，暂时保留，不予处理。撤销该处的对外提法，由于金陵刻经处在佛教界中

---

① 《金陵刻经处房屋及围墙扩建和改造及整修新面貌的草图择要说明》，《金陵刻经处历史资料点滴》第四册，第35页，金陵刻经处资料（内部油印）。

② 平珂：《恢复与整理金陵刻经处的经过》，《现代佛学》1954年12月号。

③ 《金陵刻经处房屋及围墙扩建和改造及整修新面貌的草图择要说明》，《金陵刻经处历史资料点滴》第四册，第35页，金陵刻经处资料（内部油印）。

④ 《金陵刻经处1964年业务工作总结汇报》，报中国佛教协会和省市宗教事务处，1964年12月。

⑤ 季文华：《访金陵刻经处》，《中国新闻》1957年5月15日。

⑥ 周加才：《赵朴初与江苏宗教》，宗教文化出版社2003年版，第77页。

有一定的影响，因此不宜公开提出撤销。"① 可以说，这是对金陵刻经处的一种变相保护，然而在请示未下达之前，"刻经处一度成为红卫兵造反司令部，后被周围的老百姓搬进来居住，成了大杂院"②。"红卫兵把摆放经版的架子全拆散了烧火。因为架子被拆了，这些经版都被杂乱无章地堆在了院子里，任凭风吹雨淋。"③ 赵朴初先生得知这个消息之后，及时向周恩来总理进行了汇报，"得到总理指示后，这些经版就被重新搬到了一个房间里保存起来，并且在门上贴了封条"④。这样，除去被红卫兵烧掉的存放在毗卢寺斋堂的近3万块常州天宁寺经版以外，剩余的12万多块经版得以幸存。

1973年，杨仁山居士的孙女杨步伟女士与孙婿赵元任先生回国探亲，受到了周恩来总理的热情接见。赵元任夫妇向周总理提出了恢复先人金陵刻经处的请求，周总理随即下达了指示，然而当时"文化大革命"尚未结束，金陵刻经处并没有真正得到恢复。直到7年之后的1980年，恢复工作才真正开展起来。由于经版的顺序在"文化大革命"中完全被打乱，且辨认困难，仅整理工作就花了六年之久。⑤ 之后，流通工作依次展开，存放经版的库房也由平房改成了二层楼房。

5. 现阶段

如今，金陵刻经处的经版得到了更加妥善的管理和保护。自从金陵刻经印刷技艺2006年被评为国家非物质文化遗产，2009年被评为世界非物质文化遗产以来，国家加大了对经版的保护力度，也增加了保护经费。2010年，存放经版的经版楼被彻底改造，近12.5万块经版和18块佛像版片拥有了恒温、恒湿的保护环境。

三 金陵刻经处经版保护的技术分析

相对于纸质文献，木质经版体积大、数量多，收集与保存都非易事，

---

① 南京市人民宗教事务处：《关于撤销金陵刻经处的有关具体问题处理的请示报告》，(66)宁宗字第13号，1966年3月30日。
② 周加才：《赵朴初与江苏宗教》，宗教文化出版社2003年版，第77—78页。
③ 刘磊：《赵朴初救下12.5万块珍贵经版》，《南京晨报》2009年8月17日。
④ 同上。
⑤ 同上。

故历代大藏经的刻版大多已不存于世。然而作为经书的母版，其有化身千百、源远流长之功。金陵刻经处的经版历经百年沧桑，依旧薪火相传、慧灯不熄，其管理的过程和保护的方法是值得思考与研究的。

（一）经版在制作和使用中的保护

经版在制作中所选用的木材、制版方法及印刷中的用墨，对于延续经版的使用寿命和加强经版的保护有着密不可分的关系。金陵刻经处在选材、制版和制墨上都有其独到之处，这在一定程度上延缓了经版的衰老，有利于经版的保护。

1. 制版材料和制版方法

我国古代雕版印刷的制版材料多选用梨木、枣木或梓木，因此有"付之枣梨"或"付梓成书"之说。清顾炎武《亭林文集》卷三《答曾庭闻书》，云："《音学五书》四十卷，今方付之剞劂，其梨枣之工，悉出于先人之所遗，故国之遗泽，未尝取诸人也。"[1] 张秀民在《中国印刷史》中说："雕版印刷的版木，古人用梓木，故称刻版为'刻梓'或'梓行'。"[2] 也有用白杨木或乌桕木的，清代叶德辉的《书林清话》中说："今杭本雕刻时，亦用白杨木，他方或以乌桕板，皆易就之故也。"[3] 另外，还有用黄杨木、鸡翅木、银杏木、苹果木、皂荚木等雕版的，亦为易就之故。这些"易就之木"都被称之为杂木，是在人力、物力不能企及时梨木、枣木、梓木的替代品。

金陵刻经处所藏经版大部分由梨木雕成，也少部分选用梓木、枣木和其他零星杂木，现在若新刻及补刻一律选用梨木。这种梨木学名棠梨，又名杜梨，拉丁学名 Pyrusbetulifolia Bge，分布在辽宁、河北、河南、山东、山西、陕西、甘肃、湖北、江苏、安徽、江西等地区。《尔雅·释木》有："杜，甘棠。"[4] 而梨木、枣木、梓木之所以成为雕版的上佳之选，是因为它们软硬适中，纹理纤细，质地均匀便于雕刻，且吸墨与释墨性良

---

[1] （清）顾炎武：《顾林亭诗文集》，中华书局1983年版，第67页。
[2] 张秀民：《中国印刷史》，上海人民出版社1989年版，第12页。
[3] 叶德辉：《书林清话》，上海古籍出版社2008年版，第231页。
[4] 孙书安：《中国博物别名大辞典》，北京出版社2000年版，第746页。

好、干湿收缩不大。然而，这三种木材亦各有差异，与梨木比较，梓木和枣木相对较硬、质地较粗，作为雕版会增加雕刻的难度，且下刀生涩；而相较于梓木和枣木，梨木含糖量很高，稍有不慎，版成之后易被虫蛀及霉菌滋生。金陵刻经处为了改善梨木的不足，在制作经版前，会先对木材进行脱糖及防腐处理。其方法是：选取一口大锅，在锅内注入足量的清水，木材砍成数段后置于锅内，水沸腾之后，再用微火熏烤一天，在煮版的过程中，水中会泛出白沫及虫卵。通过这种方法，使版内的树脂、果胶及糖分随虫卵一起析出，从而减小版成之后霉烂及生虫的几率。要注意的是：在煮版的过程中需要控制水温，因为水温过高会煮坏木材，而水温过低，既不能杀死虫卵，也不能将木材中的有机成分析出。此外，金陵刻经处会使用废弃的木材作为燃料来煮版，虽然这种方法比较原始，但是可以有效地通过增减木材来控制水温，并且节能、环保。煮版完成之后，将版从锅中取出，根据气候湿度选择自然风干或烘干。一般来说，自然风干需要2—3个月的时间。等木材完全干燥之后，再推光、刨平，截取成合适的大小。截版时需选取纵截面，而不是可以看清年轮的横截面，因为纵截面原料的利用率高，版成之后不易变形、破损且软硬适中，适合刻字。这样，制版的过程便告完成。

2. 印刷用墨的加工

墨是雕版印刷的媒介，中国人制墨和用墨有着上千年的历史，关于制墨的方法，北魏贾思勰的《齐民要术》卷九里有这样的记载："好醇烟，捣讫，以细绢筛——于堈内筛去草莽若细沙、尘埃；此物至轻微，不宜露筛，喜失飞去，不可不慎。墨麛一斤，以好胶五两，浸梣皮汁中。梣——江南樊鸡木皮也，其皮如水绿色，解胶，又益墨色。可以下鸡子白——去黄——五颗。以真砂珠一两，麝香一两，别治、细筛，都合调。下铁臼中，宁刚不宜泽。捣三万杵，杵多益善，合墨不得过二月、九月、温则败臭，寒则难干潼溶，见风自解碎。重不得过三二两。墨之大诀如此，宁小不大。"[1]

然而，这样的制墨方法所制成的墨为固体，只适用于书写与作画，因为书画用墨可以根据需要，在研墨时随时调整墨的浓度与黏度。而印刷用

---

[1] （北魏）贾思勰：《齐民要术》，上海古籍出版社2009年版，第598页。

墨是液态的，必须长期保持固定的浓度与黏度，其厚、薄、浓、淡均会影响经版的寿命和经书的质量，墨太浓会堵塞经版，使其出现损伤，墨太淡会出现"跑墨"现象，使经书出现瑕疵。因此，金陵刻经处为了防止这些现象的发生，使经版具有良好的"吸墨"与"释墨"性，一直自己调配专门适用于印刷且对于经版具有保护作用的墨。虽然，书中有古代专门适用于印刷用墨的配方，如，卢前在《书林别话》里记载："取碳窑之窑灰，化牛皮为胶水，和之，成厚粥状，调之以酒，储之半月，成稀面糊，将墨粥揉匀，盛入缸藏之。时至霉天，则臭气四溢，然必经三四时霉天，始能用也。倘急用之，则墨色必浮，触之则糊。是墨愈久愈佳。印书时，必先用马尾筛破水沥之。渣滓可以倾去，取其余印书。"[1] 徐忆农在《中国古代印刷图志》中写道："将松烟研细，加胶料和酒制成膏状，放入缸内存放三冬四夏，使臭味散去。用时加水充分混合，用马尾刷过滤。"[2] 但是，这些配方都不够具体，实际操作颇有困难，金陵刻经处以古方为基础，在长期制墨的过程中，形成了如下配方："用江西松烟大百斤（江西产的松烟比其他地方产的好）、麦粉二百七十斤、白烧酒三十斤、醋三十斤、广胶二十四斤（橡胶也可代用）等为制墨材料（重量可按此比例配料计标，多做少做听便）。先把麦粉和成稀麦糊，俟冷透，把松烟放在大缸内，将冷透的麦糊放入松烟里，用脚踩压。把松烟踩压得服帖，没有浮性的情况为止。再把广胶熬成胶水，倒入烟缸内与松烟一同搅匀后放入墨窖内，最后用酒、醋在松烟上层和匀，谓为封面。这样，制造烟墨便初步告成，再将墨窖盖板盖上，尔后烟墨就日渐发酵。过了一些时候，发酵性渐去，经过窖藏三年，就可取用。"[3] 如此制成的墨需要久置以去除气味，使得墨香而色淡，是经版天然的防腐剂。因为刚制好的墨发酵味未去，不但酸臭，而且当墨附版后，易使版片发霉生虫。

（二）经版在收藏中的保护

因为木材与纸张的主要化学成分都是纤维素，所以经版的收藏和保护

---

[1] 卢前：《书林别话》，《书林清话》附录2，上海古籍出版社2008年版，第264页。
[2] 徐忆农：《中国古代印刷图志》，广陵书社2006年版，第97页。
[3] 徐平轩：《制造木刻版印刷的烟墨记》，1961年7月。

与藏书有许多共通之处。历史上许多著名的藏书楼在藏书之外都收藏过书的版片，如：范钦的天一阁，黄丕烈的百宋一廛，毛晋的汲古阁，王士禛的池北书库，丁丙与丁申兄弟的八千卷楼，等等。因此，藏书与藏版在建筑的制式、内部的结构、防霉、防虫、防湿、防尘、防火方面是相似的。

图3—3—5　金陵刻经处经版楼正门（图片由金陵刻经处提供）

1. 建筑格局

为了保证具有良好的隔热性，且坚固耐用及防火、防盗，金陵刻经处的经版楼采用了全砖结构，除楼梯为了装饰镶有木扶手以外，楼体其他部位不再假以木材。这种制式是仿照了我国古代的藏书楼建筑。《史记·太史公自序》说道："小子不敏，请悉论先人所次旧闻，不敢阙。迁为太史令，䌷史记石室金匮之书。"① 而清高宗乾隆在修建保存《四库全书》的藏书楼时，曾借鉴明代范氏天一阁的结构，在上谕中他这样写道："浙江宁波范懋柱家所进之书最多，因加恩赏《古今图书集成》一部，以示嘉奖。闻其家藏书处天一阁，纯用砖甃，不畏火烛，自前明相传至今，并无损坏，其法甚善。"② 书籍与版片都是易燃物品，一旦起火则无法收拾。

---

① （汉）司马迁：《史记》第十册，中华书局1959年版，第3294页。
② 李希泌、张椒华：《中国古代藏书与近代图书馆史料》，中华书局1982年版，第39页。

因此，经版楼本身必须少用易燃材料，以免遇见火灾时助长火势。金陵刻经处的经版楼设计成两层、坐北朝南的结构，内高8米，东西墙宽35米，南北墙宽8.6米，屋顶为人字型，建筑用砖全部采用规格为620毫米厚的青砖，[①] 而不是常见的240毫米、370毫米、490毫米三种规格，因为墙体的热阻值与墙体的厚度成正比，墙体越厚则隔热性越好。据测算，240毫米砖墙的热阻值为0.343，370毫米砖墙的热阻值为0.529，490毫米砖墙的热阻值为0.700，620毫米砖墙的热阻值为0.868。单层墙体的善本古籍库，其墙体厚度不能低490毫米，最好按≥620毫米设计。[②] 所以，金陵刻经处采用造价较高的620毫米砖墙最大限度地保证了经版楼的隔热性。

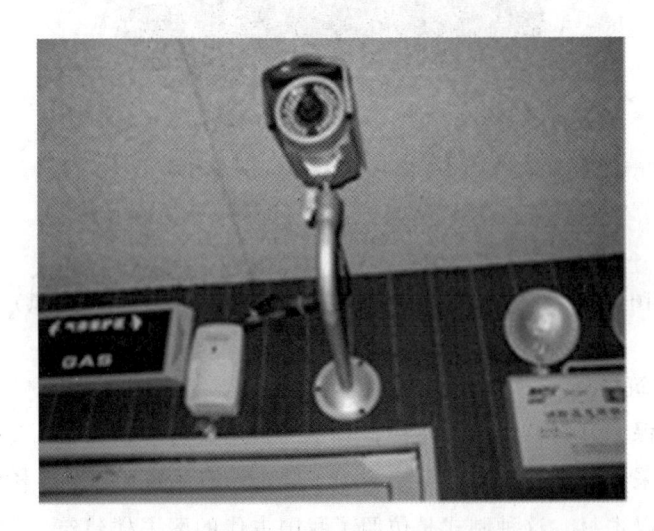

图3—3—6　防盗摄像头（图片由金陵刻经处提供）

此外，为了进一步防火、防盗，金陵刻经处使用了现代化的设施。经版楼内外皆安装电子眼，放置MFZ/ABC2型手提式干粉灭火器，楼道内安装充电式消防应急照明灯，以备不时之需。而经版楼的楼体北面离一家单位的宿舍不到1.5米，造成了火灾和盗窃的隐患，为了消除这些隐患，

[①] 本数据由实地测量所得，感谢金陵刻经处王秀川先生。
[②] 张志清、陈红彦：《古籍保护新探索》，浙江古籍出版社2008年版，第318页。

工作人员把北面的窗户堵死了。然而，这样又带来了新的问题，原先经版楼南北各有48扇58厘米×150厘米的百叶窗，可以通风透气，堵上北面窗户之后，空气便不能对流，使通风效果大减，为了控制楼内的温度和湿度，工作人员在南面窗前又加了一道玻璃窗，并在整个经版楼内安装了两台60千瓦的中央空调。①

图3—3—7 消防灭火器（图片由金陵刻经处提供）

在地基方面，藏版楼建筑要在平时建楼的基础上再度垫高，因为潮湿的地气会侵蚀版片，雨天的积水若流进楼内更会腐蚀版片，只有垫高地基才能解决这一问题，这一点，在全年雨水较多且拥有梅雨季节的江南地区显得格外重要。金陵刻经处位于南京市淮海路与太平南路的交界处，地势相对全市其他地区较为低洼。因此，1981年在建经版楼时，地基就设计

---

① 据金陵刻经处王秀川先生口述。

得比一般建筑高，而2011年改建之时复又垫高了30厘米，且在屋脊之下加了6个排水管，楼体周围安置了下水道，① 这样即便是在梅雨季节也能安然无忧。与金陵刻经处同样藏有众多版片的浙江南浔嘉业堂藏书楼，所有建筑都用青砖铺地，而所有青砖又都是"专窑烧制"。青砖下面再用专烧瓦钵铺垫，瓦钵下面再用细沙，离地一尺多高，所以地下潮气不能上升。虽值梅雨季节，室内干燥如冬。② 可见，通过垫高地基来达到防潮的效果是科学而切实可行的。

而室内结构方面，金陵刻经处将总面积近300平方米的经版楼，分为两层四间。除去楼梯间，每层面积大约为130平方米，房顶安装热量较小的荧光灯，并且每隔4米嵌入一个顶吸式通风口与中央空调的主机相连。③ 这样设计是因为库房应当尽量宽敞并且减少间隔，房间过小或墙角过多都会使湿气无法排除，而荧光灯比一般的白炽灯节能且发射出的紫外线波长短，可以有效地保护经版，防止其老化。另外，相较于一般挂式或柜式空调，顶吸式通风口可以比较均匀地抽去经版房内的湿气，使所有经版长期保持干燥的环境。而经版房内的版架及经版排列是疏朗而整齐的，以经版楼一楼东间为例，铁质版架左右并列共11排，版架前后间隔约为1.5米。左边三架为一排，右边两架为一排，中间为走廊，走廊宽约2米，总版架数为55架。而每个版架高度约为255厘米，长度约为108厘米，宽度约为55厘米，上下共9层，最下一层离地约为6.5厘米，每层高约23厘米，每层版架放版数约为33块，单个版架放版数约为300块。并且每块经版之间都有4根直径为3.5毫米的小铁棍作为间隔，以保持每块经版之间的整齐与透气。④ 孙从添认为："书架宜雅而精，朴素者佳。下隔要高。四柱略粗，不可太狭，亦不可太阔。约方二百本为率。安置书架，勿近于窗并壁之处。"⑤ 叶德辉则认为："列橱之法，如宁波范化天一阁式，四库之文渊阁、浙江之文澜阁即仿之。其屋俱空楹，以书橱排

---

① 据金陵刻经处王秀川先生口述。
② 许寅：《"傻"公子做出的"傻"贡献——嘉业堂藏书楼的过去和现在》，中华书局编辑部《学林漫录》，中华书局1983年版，第17页。
③ 据金陵刻经处王秀川先生口述。
④ 本数据由实地测量所得，感谢金陵刻经处刘维芳女士。
⑤ （清）孙从添：《藏书纪要》，古典文学出版社1957年版，第46页。

列，间作坎画形，特有间壁耳。"① 可见，经版楼与藏书楼的内部排列都是大同小异的，目的都是为了取用方便及保护文献。

图3—3—8 经版的列架方式（图片由金陵刻经处提供）

图3—3—9 经版的列架方式（图片由金陵刻经处提供）

---

① （清）叶德辉：《书林清话》，复旦大学出版社2008年版，第311页。

2. 防虫治蠹

虽然金陵刻经处在制作经版的过程中做了相应的防虫处理，但是实践证明，只能相对减轻，而不能绝对避免，经版在收藏和使用的过程中依旧会遭受虫蠹的啃食。

虫蠹的种类繁多，危害程度很大。过去，金陵刻经处在藏版的过程中曾经研究了古人藏书避蠹的方法。《梦溪笔谈》卷三记载："古人藏书辟蠹用芸。芸，香草也，今人谓之七里香者是也。叶类豌豆，作小丛生，其叶极芬香，秋间叶间微白如粉污，辟蠹殊验。南人采置席下，能去蚤虱。余判昭文馆时，曾得数株于潞公家，移植秘阁后，今不复有存者。香草之类，大率多异名，所谓兰荪，荪，即今菖蒲是也；蕙，今零陵香是也；茞，今白芷是也。"① 这其中说了香草可以防虫和防虱。《齐民要术》中记载："书橱中欲得安麝香、木瓜、令虫蠹不生。"② 麝香是雄麝的分泌物，有强烈的香气，可入药，制墨时加入亦可使墨具有防腐、防蛀虫的功效。而木瓜并非指我们现在所食用的番木瓜，而是指原产于我国的蔷薇科木瓜，其含有木瓜碱和木瓜蛋白酶，有较强抗菌作用，可用于杀虫。方以智《物理小识》中记载："书橱可置樟脑、雄黄。"③ 樟脑是樟树的脂膏，辛热开窍，亦可入药，有除湿杀虫的作用。雄黄是一种天然的矿石，主要成分为硫化砷，古人认为其可做解毒剂、杀虫药，克制蛇、蝎等百虫。然而，把从经版中发现的虫蠹分别置于装有芸香草、麝香、木瓜、樟脑、雄黄等药物的观察瓶中，一段时间后，发现这些小虫并没有死亡，甚至没有中毒的迹象。也许"书虫"与"版虫"并不相同，更有可能是："趋避药物在开始的时间内会有些作用，但过了一段时间后，害虫习惯了，产生了抗药性，药越浓，抗药性也随之增强。"④ 金陵刻经处的大量经版遭受种类众多虫蠹的威胁，仅仅趋避是远远不够的，"而这些药物的杀虫效果其实很有限，更多的是有'趋避'的作用"⑤。

---

① （宋）沈括：《梦溪笔谈》，商务印书馆1937年版，第16页。
② （北魏）贾思勰：《齐民要术》，上海古籍出版社2009年版，第195页。
③ （清）方以智：《物理小识》卷8，商务印书馆1937年版，第196页。
④ 邓忠贵：《也谈古籍防虫》，《图书馆论坛》1995年第6期，第61—62页。
⑤ 麻新纯：《中国古代档案保护科技探源》，《广西民族学院学报》（自然科学版）2006年第2期。

因此，古人在藏书过程中研究出的防虫治蠹方法在实际藏版的过程中并不足取。

金陵刻经处也曾研究过用烟熏的方式来防虫治蠹。《周礼·秋官》记载："翦氏掌除蠹物，以攻禜攻之，以莽草熏。"汉郑玄注："莽草，药物杀虫者，以熏之则死。"① 而明代邝璠的《便民图纂》记载："用鳗鲡鱼干于室中烧之，蚊虫皆化为水；若熏毡物，断蛀；若置其骨于衣箱中，则断蠹虫；若熏屋宅，免竹木生蛀；及杀白蚁之类。"② 鳗鲡就是鳗鱼，也有地方称其为白鳝，李时珍认为其能"杀虫去风"。然而，烟熏的方法虽可以杀虫，但容易引起火灾，且燃烧生成的大量烟尘也会污染经版。所以，这种方式也没有被金陵刻经处采纳。

现在，金陵刻经处采用的是自然方式与化学药物交替使用的方法，把防虫与治虫相结合起来，尽可能地杀死虫蠹，达到保护经版的目的。"一些虫蛀特别严重的，入库前并经科学部门协助用新方法消毒杀虫。"③ "通风防蛀等工作，或寒或暑、都时刻留心。相当时候，还得紧闭起来，设法驱虫一次。"④ "凡有未印刷的经版。每年暑天检出。用药水煮烫一次。使虫伤之版得以健康的保存。"⑤ 金陵刻经处的经版收集自全国各地，它们屡经战乱，受损严重，多有旧虫患，其中江北刻经处和苏州洞庭西山祇树庵的部分经版曾暴露在野外长达数十年，支那内学院经版在重庆时为防止敌机轰炸被藏于阴冷潮湿的防空洞内，年久受潮，生虫蛀伤。金陵刻经处为避免其继续恶化并传染到其他经版，在入库前就采取了相应的灭虫措施。而对于经版房内所有的经版，工作人员为保持其健康状态每年根据季节定期检查、定期通风、定期除虫。以下资料为建国初期金陵刻经处治虫灭虫的过程：（1）1955年秋，华东农业科学研究所经请协助消灭虫害，派来同志三人参观、研究发现前内学院的经版内有肉虫，一般木材生虫是

---

① （清）孙诒让撰，雪克辑点：《十三经注疏校记》，齐鲁书社1983年版，第340页。
② （明）邝璠：《便民图纂》卷16，见《四库全书存目丛书·子部》第一百十八册，齐鲁书社1997年版，第102页。
③ 季文华：《访金陵刻经处》，《中国新闻》1957年5月15日。
④ 陈凡：《法华清净、宝刹庄严、旅鞍零星之四》，香港《大公报》1962年9月24日。
⑤ 徐平轩：《在政府机关领导协助下金陵刻经处完成经版等整理工作》，《觉有情》1953年第14卷2期。

小虫，向来从未见过，木头里生虫这是新发现的收获。带回去研究后，即来指示把所保藏内学院的经版二间房屋顶棚、门窗、气洞统统密封。施放氯气，把它消灭。①（2）1962年7月20日，市粮食局科长徐广宏及施其并同志二人前来参观，帮助消灭二十间经版房内的虫害，先行察看如何密封，指示准备工作。②（3）1963年6月12—22日，市粮食局科长徐广宏偕阚家璜及曲同志、万光涛股长等七位同志前来察看二十间经版房，准备工作已妥即施放杀虫的"氯化苦"88公斤，熏杀六天才启封。③（4）1963年6月22日，淮海医院金医师率领护士等三人前来防护施放"氯化苦"染毒、即时诊治消除的工作。④ 经版的杀虫工作必须选在春、夏、秋三季，冬季干燥寒冷，经版房的房顶及墙体容易开裂，不但使熏制减效而且妨害安全，1955年夏秋间，发现支那内学院的经版内有肉虫如蚕大，对经版伤害极大，遂施放氯气杀虫。而1959年金陵刻经处按照目录部类整理经版，因为把支那内学院的经版按部类安插到各个经版房中，且这些经版在印刷中是与其他经版混放的，造成了肉虫的传染。1962年冬再次计划治理，由于20间经版房面积太大，有碍附近居民安全，"经与市粮食局专门在仓库施放毒气杀虫的同志研究，决定缩小面积，把后排经版房内的经版连架一并抬至前排十间经版房内，共同密封重治。而前排十间版房的天花芦席已经加用石灰和泥沙、纸料、泥厚粉刷固封"⑤。这项工作于1963年春夏实施。可以发现，金陵刻经处两次除虫用的分别是氯的化合物氯气及氯化苦。氯气虽可以杀虫，但其既是酸性有害气体，又是氧化性有害气体。黄绿色，有窒息性臭味，有毒。化学式 Cl_2，密度3.214克/升，熔点-102℃，沸点为-34.6℃。若吸入过量氯气会引起损害呼吸系统为主的疾病。急性轻度中毒有结膜刺激、流泪、干咳、咽痛、胸闷等。中度中毒可出现弥漫性支气管炎或支气管肺炎。重度中毒表现为

---

① 《机关团体参观访问》，载《金陵刻经处历史资料点滴》第五册，第4页，金陵刻经处资料（内部油印）。
② 同上书，第6页。
③ 同上书，第7页。
④ 同上。
⑤ 《金陵刻经处1964年业务工作总结汇报》，报中国佛教协会和各领导部门，1964年12月。

中毒性肺水肿及昏迷、休克。氯化苦主要用于谷物贮存时熏蒸杀虫、杀菌及土壤处理时杀虫、杀菌，化学式 CCl_3NO_2，又称三氯硝基甲烷，比重 1.66，沸点 112.4℃，蒸气与空气比重 4.67 倍，难溶于水，易溶于苯、乙醚、乙醇和煤油。氯化苦通过呼吸道、皮肤吸收进入人体引起中毒，液态氯化苦接触皮肤时会引起严重起泡，高浓度的蒸气具有强烈的催泪和刺激作用，并引起眼结膜炎，当吸入大量蒸气时会刺激支气管和引起肺气肿而致死。其中毒症状主要为胃痛、呕吐、麻痹等。所以，在使用这两种化合物杀虫时要特别注意安全，并采取相关防护措施，金陵刻经处在两次除虫时都请来了有关专家和医护人员陪同，不可谓不谨慎。现在，金陵刻经处的防虫杀虫工作定为每年夏季 7—8 月间，由南京市防疫站的专业工作人员采用更加先进的杀虫药水吡虫啉对经版楼内标有 GAS 密封防毒标识的库房进行喷洒，然后密闭两周左右，据防疫站的工作人员介绍，这种烟碱类的杀虫剂具有高效、低毒、害虫不易产生抗药性的特点并且对人、畜、植物具有较高的安全性。

图 3—3—10　标有 GAS 密封防毒标识的库房（图片由金陵刻经处提供）

3. 防尘、防潮及防霉

灰尘、潮湿及霉菌亦是经版损坏的元凶。

金陵刻经处存版数量庞大，许多经版尚在流通使用中，常常需要搬进搬出，使经版架不便安装玻璃。而经版常年裸露，不可避免地要受到空气中灰尘的污染。灰尘的来源是多方面的，库房的天花板和墙壁上有散落的灰尘，木质经版本身会分离出微尘，门窗缝隙会钻入灰尘，工作人员的身上也会带来灰尘。这些灰尘会携带有害生物的孢子、虫卵，吸附在经版上使其发霉，同时，灰尘颗粒会摩擦经版使其受损。因此，经版库的卫生对经版的保护有不可忽略的影响。金陵刻经处在20世纪50年代复建时曾经："地面潮湿，灰尘厚积，蛛网满布。经过了大力清扫，出清灰尘。"[1] 以后规定："每周六下午大扫除灰，经常保持清洁卫生。"[2] 时至今日，经版房的密封性已经大为改善，防尘性也有很大提高，工作人员依旧经常打扫，以保持清洁卫生。

与灰尘相比，潮湿与霉变更如影随形，因为霉菌的生长离不开高湿的环境。经版受潮发霉之后，内部的木质素和纤维素会发生改变，从而产生腐朽和断裂。所以，金陵刻经处的经版楼在建造时，即设计成南北通透的结构，前后各开48扇窗，形成自然的空气对流。这样，在适当的时机打开窗户便可以改善潮湿的环境，有效地防止经版发霉。然而，和藏书楼一样，经版楼通风的时机也颇为讲究。简单地说，当经版楼内的湿度大于室外湿度时，可以打开通风，而经版楼内的湿度小于室外湿度时，需要密闭防潮。因此，每年的5—8月是经版楼防潮的时节，全年其他时期，除却雨天，都可以打开通风。因为金陵刻经处所在的江苏省南京市地处中国东南部地区，属于亚热带季风气候，全年雨水充沛，春季风和日丽；梅雨时节，阴雨绵绵；夏季炎热，时有雷雨；秋季凉爽；冬季寒冷。每年的农历4—7月，也就是公历的5—8月气温较高，湿度也较大，中间的梅雨天则更甚。2012年5—8月南京市平均温度及湿度如表3—3—2所示。

---

[1] 平珂：《恢复与整理金陵刻经处的经过》，《现代佛学》1954年12月号。
[2] 《金陵刻经处1964年业务工作总结汇报》，报中国佛教协会和各领导部门，1964年12月。

表 3—3—2　　　　2012 年 5—8 月南京市平均温度及湿度

	2012 年 5 月		2012 年 6 月		2012 年 7 月		2012 年 8 月	
	T	RH	T	RH	T	RH	T	RH
1d	16.49	86.50	21.46	69.25	27.66	81.50	29.86	59.63
2d	20.95	52.75	23.14	59.25	27.79	73.38	30.00	63.63
3d	23.61	57.00	22.86	56.50	27.59	72.63	28.54	74.25
4d	24.56	49.75	23.70	67.88	28.22	78.13	29.93	64.25
5d	24.80	49.13	25.31	63.63	32.49	52.63	29.21	63.00
6d	26.05	50.63	22.53	84.75	29.18	66.13	29.64	58.38
7d	24.96	66.63	26.25	61.50	28.48	76.50	29.58	64.25
8d	21.21	80.50	29.24	58.88	28.84	72.88	26.19	82.13
9d	20.14	77.88	28.86	65.00	31.13	58.88	26.58	83.50
10d	21.73	66.25	24.88	79.88	32.06	59.25	27.66	77.50
11d	21.85	68.38	25.19	68.50	31.05	67.75	28.63	74.63
12d	23.08	72.00	27.94	45.75	26.35	81.38	29.46	62.50
13d	20.32	86.88	28.58	56.13	25.22	86.25	29.51	71.38
14d	17.79	85.50	27.35	61.00	22.99	75.50	30.51	70.63
15d	21.36	65.25	27.20	61.50	25.46	71.13	28.75	72.38
16d	24.71	45.75	25.28	67.50	27.51	65.63	28.06	78.00
17d	24.78	34.25	23.64	77.25	26.59	67.25	30.09	72.63
18d	25.25	43.38	24.39	71.13	27.24	65.00	30.96	66.13
19d	16.65	82.38	24.13	71.00	29.14	61.38	29.03	70.38
20d	17.73	77.00	25.69	64.00	29.36	67.38	29.23	68.88
21d	20.26	62.38	26.60	60.38	31.23	64.25	25.70	78.13
22d	21.53	63.88	26.10	66.00	32.08	60.63	22.78	68.63
23d	21.39	71.63	24.14	71.13	31.51	60.63	24.28	59.75
24d	20.65	78.00	25.23	66.50	31.03	62.38	26.01	70.75
25d	22.30	68.38	28.15	60.88	30.46	60.75	26.63	80.13
26d	23.15	59.75	23.29	80.25	31.24	60.63	27.29	74.38
27d	24.29	33.13	23.18	85.63	31.55	60.63	27.33	75.38
28d	24.51	48.63	25.11	86.88	32.08	57.00	24.68	87.00

续表

	2012年5月		2012年6月		2012年7月		2012年8月	
	T	RH	T	RH	T	RH	T	RH
29d	23.36	64.13	28.75	73.88	32.65	58.00	27.20	76.88
30d	19.44	82.13	28.39	73.25	31.94	57.63	28.16	71.13
31d	22.20	65.25			31.01	56.63	27.34	70.13

资料来源：国际气象交换站（http://www.mundomanz.com）地面监控平均数据。

而《图书馆古籍特藏书库基本要求》提出：古籍书库温度应保持在16—22℃，湿度应保持在45—60℃之间。经版也属于古籍的范畴，应当根据以上数值控制经版楼内的温度与湿度。以2012年为例，5—8月间，除了5月2日，自然温度与湿度符合《图书馆古籍特藏书库基本要求》，其余都是超过这个范围值的，此时经版楼应当密闭。特别是在6月26日至7月18日这23天的梅雨季节里，[1] 有连续9天（6月26日—7月4日）湿度超过70%的天气，应当保持绝对密闭。同时，这段时间与叶德辉的《藏书十约》中记载的南方地区藏书楼通风及密闭的时间也是吻合的："春夏之交，宜时时清理，以防潮湿。四、五月黄霉，或四时久雨不晴，则宜封闭。六、七月以后至冬尽春初，又宜敞开。"[2] 如今，金陵刻经处除了保持在适当的时间通风及密闭外，还在经版楼内安装了恒温恒湿设备，每逢温度或湿度过高之时，工作人员都会开启楼内的空调降温吸湿，以缓解高温潮湿气候带来的不良影响。

而对于已经生出霉菌的经版要及时处理，防止恶化。1878年，杨仁山居士在出使英法时特别写信嘱咐二儿子杨自超："蔡永立间空时，令其将板上之霉，次第刷去。不可令他人刷，恐其伤板。"[3] 杨居士当时身在国外，因担心有些经版发霉过久，无人处理，造成腐烂，特别寄来千里家书。现在，对于霉变比较厉害的经版，金陵刻经处的师傅们用塑料袋把它们给套起来"隔离"[4]。虽然这个方法治标不治本，但是却可以防止霉菌

---

[1] 王君：《南京出梅》，《金陵晚报》2012年7月19日。
[2] （清）叶德辉：《书林清话》，复旦大学出版社2008年版，第311页。
[3] （清）杨仁山：《1878年在国外英法京城寄致家书》，墨迹陈列于金陵刻经处深柳堂。
[4] 《连续阴雨，南京12.5万经版面临发霉》，《金陵晚报》2010年4月19日。

蔓延到其他经版之上，并且成本低廉，易于实施。

另外，古人曾用洒石灰及焊炭的方法除湿。广雅书院山长梁鼎芬在《丰湖书藏四约》中写道："箱脚宜用瓦器盛之，中藏石灰，可辟湿，可去蚁。"① 方以智的《物理小识》中记载："水焊炭缸内，夏月可冻物。又曰：焊炭瓯内安猫食，夏月亦不臭。安宅书曰，铺焊炭墁砖，永不潮湿，而虫蚁不来。"② 金陵刻经处在科技不足以达到恒温、恒湿的年代也曾使用过在地面洒石灰，在放置经版的木架上涂油漆，在地面铺水泥的方式防止潮湿。徐平轩的《在政府机关领导协助下金陵刻经处完成经版等整理工作》中写道："版房地下常洒石灰，使经版不受潮湿。"③ 平珂的《恢复与整理金陵刻经处的经过》中写道："经版房十五间地面都敷了水泥，七百多架经版架涂油漆防潮。"④ 季文华的《访金陵刻经处》中写道："砖地换成水泥地，室内加了放火防潮设备。"⑤ 客观地说，生石灰是一种吸附剂，实验表明，1公斤生石灰大约可以吸附空气中0.3公斤的水分。因此，在地上洒生石灰确实能达到防潮的目的。而油漆和水泥在一定程度上都可以防止潮湿，所以这些方法都是科学合理的。

（三）经版在管理中的保护

虽然前文讲述了经版在制作中的保护和在收藏中的保护方法，但是虫蛀、霉烂、破损依然无法避免，这就需要在管理中进行保护，以弥补客观条件的不足，延长经版的寿命。

1. 修版与补版

关于书籍字画的修复，历代皆有文献论述。张彦远的《历代名画记》记载："晋代以前，装裱不佳。宋时，范晔始能裱背。"⑥ 北朝贾思勰《齐民要术》记载了书籍修补的方法："书有毁裂，方纸而补者，率皆挛拳，

---

① 袁咏秋、曾季光：《中国历代国家藏书机构及名家藏读叙传选》，北京大学出版社1997年版，第219—223页。
② （清）方以智：《物理小识》卷8，商务印书馆1937年版，第213页。
③ 徐平轩：《在政府机关领导协助下金陵刻经处完成经版等整理工作》，《觉有情》1953年第14卷2期。
④ 平珂：《恢复与整理金陵刻经处的经过》，《现代佛学》1954年12月号。
⑤ 季文华：《访金陵刻经处》，《中国新闻》1957年5月15日。
⑥ （唐）张彦远：《历代名画记全译》，贵州人民出版社2009年版，第159页。

瘢疮硬厚。瘢疮于书有损。裂薄纸如薤叶以补织，微相入，殆无际会，自非向明举而看之，略不觉补。裂若屈曲者，还须于正纸上，逐屈曲形势裂取而补之。若不先正元理，随宜裂斜纸者，则令书拳缩。"① 江西的白鹿洞书院在明朝就有修复书籍的制度。白鹿洞《整书事宜》记载："修复书籍，每五年一大修，三年一小修。南康府呈委主洞教官，慎选博识谨笃洞生四名，察理损坏书籍若干本，动支洞租，招募书匠，逐一修整。"②

图3—3—11　雕刻经版的过程（图片由金陵刻经处提供）

而版片的修复史书虽有提及，方法却记载不详。究其原因，不外乎是版片体积庞大，收藏困难，当版付梓成书后，人们的视线便转移到了书上，研究和记载的是书的修复方法，忽略了版片本身。但是，修版片对于金陵刻经处这样的藏版机构来说却有重大的意义。金陵刻经处的经版修复方法是每代刻工在雕版的过程中总结经验，不断实践，口口相传的结果。其方法是：把要补的区域先用凿子凿出一个坑来，坑的形状和面积要视原经版损坏的大小和面积来定，然后按照要补坑口的形状切出一个稍大的木头椿子，用木槌把椿子楔进坑里，用铲子把高出版的椿头削掉，用砂纸打

---

① （北魏）贾思勰：《齐民要术》，上海古籍出版社2009年版，第195页。
② 林明：《中国古代文献保护研究》，广西师范大学出版社2012年版，第212—213页。

磨平滑，最后再补字、修饰。从文字描述上看，这是一个简单的过程，但是做到翻新如旧却不是易事，因为只有这样才能印出墨迹一致的经书。通常，"书版版面缺损加以修补，再据以印刷的本子，会呈现与前此印本不同的面貌"①。而使修补后的字面要和经历过时间磨损的原版字面相同，如今已是金陵刻经处独有的技艺。首先是补版用的木材，一般来说，因为补版要把木片锲进原版中，所以这种补丁用的木材一定要坚实、细致、密度大、易于雕刻且不易挠裂，不易虫蛀。金陵刻经处使用的是丝棉木，经打磨之后可以做到完全吻合。其次是补版的技艺，这种工作完全依靠手感和经验，需要长年累月的练习和刻苦的训练。

图 3—3—12　修补完成的经版（图片由金陵刻经处提供）

有的经版由于单块损坏或变形得厉害，无法修补只好重新刻过，这项工作叫作补版。一块经版正反两面能刻 800 个字，一个工人一个月只可以刻两块。目前，金陵刻经处只有两名刻板技师，而培养一名技艺高超的刻板师，需要 10—20 年。② 这是版刻工艺本身的细致性所决定的，蝇头似的方块字有的地方比发丝还细，一点小小的失误，都会导致付印时字迹有

---

① 陈正宏、梁颖：《古籍印本鉴定概说》，上海辞书出版社 2005 年版，第 152 页。
② 由金陵刻经处肖永明主任口述。

所偏差，更不用提刻错字了，若没有过硬的技术，很难保持整张版刻完都没有错误。再有就是字体的美观程度，刻板讲究"横平竖直，点似瓜子，撇如刀，钩如皂刺，捺如锹"，能够做到，更不是一时一日之功。

图 3—3—13 修补完成的经版（图片由金陵刻经处提供）

2. 制度保护

经版房建立完善的管理制度及在使用的过程中进行合理的管理，亦能最大限度地对经版进行保护。

金陵刻经处自建国初期复建以来即对经版制定了一套相对科学的管理制度，有专门的整理保管组，负责：（1）编订全部版片分类总目。（2）检查全部版片，将不适宜流通的版片，分别封存，另编流通提要目录。（3）编订版架号，分别标挂部类、书题、卷页数字。（4）检查损坏或残缺经版，及时分别添补。（5）接受并整理他处移存版片，分别检查归类，编入总目和流通目录。（6）版片的安置及防护。（7）版片付印、还架检查。[①] 另外，规定：平时版房上锁，只在取版印刷、印毕归还时随

[①]《金陵刻经处各组工作计划》，1954 年 1 月订，《金陵刻经处历史资料点滴》第三册，第 69 页，金陵刻经处资料（内部油印）。

开随闭，经版架上的书名标签如有碰掉，随时检点钉好，消防灭火器也做到经常检查，养成进版房不吸烟的好习惯，保证了安全，补刻的新版随即按其书名所预留的缺版架号和版本名插入。① 后来，这些经版在"文化大革命"中被打乱顺序、随意堆置，20世纪80年代初历经五年六次反复排序，用编号贴条的方法重新排列整齐并上架。时至今日，这些经版仍然保持着这套管理制度。

经版在印刷使用的过程中，做到：用墨匀净四角到鱼尾黑，不倒边塌梁，视版片新旧加减用墨，拿帚子（片棕制）均匀，平正，力足，用软劲，不用硬劲，看情况对待。② 均匀地用墨能使印刷出的经书更加美观，不会因为部分地方墨汁稠浓堵塞经版。对待较新的经版用重墨，因为新版字迹清晰，重墨效果更佳；较旧的经版用淡墨，因为旧版屡经印刷吸墨性和释墨性都不如新版，用淡墨反而更有利于印刷。此外，适中的力道能减少对经版的磨损。

图3—3—14 飞印的过程（图片由金陵刻经处提供）

---

① 《金陵刻经处1964年业务工作总结汇报》，报中国佛教协会和各领导部门，1964年12月。

② 《南京金陵刻经处木版印刷经验介绍》，1959年12月应邀参加中央文化部在上海举办的全国印刷技术经验交流大会，《金陵刻经处历史资料点滴》第三册，第18页，金陵刻经处资料（内部油印）。

雕版印刷分压印法和飞印法两种。顾名思义，压印法是经版在上而纸在下，用经版压纸印刷；而飞印法则是经版在下纸在上，在经版上刷墨之后用帚子平纸飞速印刷。金陵刻经处一直使用的都是飞印法，因为常印少量部卷，飞印方便、迅速，免去压纸手续，纸张和版子的使用率都比压印法高，遇有坏版亦可拼凑、捆扎使用。飞印时木板下面用湿纸垫平，以防走动又不伤版。特别是因天气的干湿，造成版片的弯曲或伸张，都需要衬垫平整。纸张上版，高下大小，全靠手拿做标准。[1] 飞印法迅速、高效可以使经版损耗较小，对于破碎损坏和变形的版片都能最大程度的使用，但是对于印刷工人的技术和熟练度要求颇高，金陵刻经处一直以来都有一批技艺娴熟的印刷工人，很好地解决了这一问题。

从创立之始到20世纪50年代，金陵刻经处为适应读者需要一直执行另印制度，不论部数多少，随即开印。遇有特殊，需要单印一页亦可。[2] 时至今日，这种印刷制度已不能适应。因为每次印刷之前，干燥的经版都要用水浸湿才能上墨，而印刷完毕之后又要晾干，这样一干一湿之间，经版多少会有变形。据统计，单块雕版付印超过一万次便会出现字迹不清，就是所谓的"漫漶"。金陵刻经处现流通的经版大部分刊刻于晚清至民国，已经出现不同程度的老化，且经多次印刷开始有不同程度的变形，只有有计划和有限度的印刷才能更好地保护这些珍贵的经版。

3. 危机保护

虽然危机保护是现代图书馆学提出的概念，但是古人在管理文献时已经开始实行，不论是明末大乱祁承㸁后人把澹生堂藏书转移至云门山鹿化寺以躲避兵灾，还是孙从添晾晒文献采用特制的木板，以便狂风暴雨来临之时迅速撤离，都是危机保护的一种形式，而经版也是文献的一种载体，它的危机保护是值得我们研究的。

金陵刻经处及汇聚而来的各佛学刻经处经版，损失最多的是毁于20世纪初的抗日战争中。如今幸存的经版是当时的人们面对危机处理

---

[1] 《南京金陵刻经处木版印刷经验介绍》，1959年12月应邀参加中央文化部在上海举办的全国印刷技术经验交流大会，《金陵刻经处历史资料点滴》第三册，第18页，金陵刻经处资料（内部油印）。

[2] 同上书，第16—17页。

恰当的结果。1937年,抗战爆发,金陵刻经处的自刻经版在兵荒马乱中被藏在刻经处内的三间大屋中,而看守将通往藏版处的曲径饰以障碍物。支那内学院的经版被欧阳大师带往四川江津。江北刻经处的经版几经辗转被藏至扬州平山堂和藏经院。京、津两地刻经处的经版被送至北京瑞应寺。常州天宁寺的经版虽在转移途中因日军飞机炸船损失很多,但剩余的被运至太湖马山下院得以保存。这些都是当时的人们面对政治危机的处理方式。

此外,潮湿、水灾、火灾等自然危机也是经版损毁的最大因素。在科技条件不足以达到拥有恒温恒湿、自动防火防水设备的情况下,人们亦尽力想办法面对这些危机。金陵刻经处曾在版房内洒石灰,将经版架脚用厚木片垫高,以避免潮湿,防止虫蛀霉烂;修理高围墙并在经版房内放置灭火设备以防火;经常检查经版房的屋顶,必要时加瓦翻盖,以防暴雨骤降、屋顶漏水弄湿经版。虽然这些措施在我们今天看来都是落后的,但在当时却是对抗危机的最佳方案,目的是使灾害损失降到最低点。

因此,我们可以得出结论,经版的危机保护与图书馆的危机保护一样,都是预防和避免政治危机及自然危机的实践活动。

四 金陵刻经处经版管理与保护的价值与影响

一个多世纪以来,金陵刻经处几经停办又几度重建,这些经版几经蒙尘又几度放光,如今已经成为珍贵的文物。对其进行管理与保护具有重要的历史文化价值与广泛的社会影响。

(一) 见证了雕版印刷术发生、发展的历史

雕版印刷术发明以前,书籍是靠手工抄写而流传的,由于费时费力,不仅错讹多而且速度慢,极大地影响了知识的传播速度。宋濂在《送东阳马生序》中写道:"余幼时即嗜学。家贫,无从致书以观,每假借于藏书之家,手自笔录,计日以还。天大寒,砚冰坚,手指不可屈伸,弗之

息。录毕，走送之，不敢稍逾约，以是人多以书假余，余因得遍观群书。"① 而雕版印刷术的使用，让这种情况得到了很大的改观，一本书一旦雕刻成书版以后，便可以复制多份，广为流传，知识的流传由此而变得便捷起来。苏东坡曾说过："余犹及见老儒先生，自言其少时，欲求《史记》《汉书》而不可得，幸而得之，皆手自书，日夜诵读，惟恐不及。近岁市人转向摹刻诸子百家之书，日传万纸。学者之于书，多且易致如此。"② 可以说，中国古代优秀的文化和灿烂的文明，诸如经史子集、唐诗宋词、明清小说等是因为雕版印刷术的出现才得以如此巨大数量地保存至今。至于雕版印刷术起源于何时，目前学界尚无定论，明代学者胡应麟认为："雕版印刷肇自隋时，行于唐世，扩于五代，精于宋人。"③ 也有人认为是隋唐时代佛教徒在传教的过程中为了更多地复制佛像和经书而发明了拓印术，这是雕版印刷术的雏形，而历史也确有唐代玄奘法师用回锋纸印普贤像施给众人的记载。无论如何，雕版印刷术的发明对佛教文化的传承有着巨大的贡献，自宋太宗太平兴国八年雕印第一部大藏经《开宝藏》以来，至清代雕刻《龙藏》，我国历代共刊刻了14部官私大藏经。

　　然而，20世纪初，在西方印刷术的冲击下，雕版印刷术开始逐渐减少，时至今日与现代机器印刷技术相比更是因为费时费力、成本高、速度慢而彻底退出了历史的舞台。尽管如此，雕版印刷仍具有机器印刷所不具备的优点：首先，其保存年限远远长于机器印刷的书籍。雕版印书用纸完全是手工宣纸，用墨也是天然制成，pH值偏碱性，如果保存条件良好可以历经百年而不发黄变脆。其次，与现在的影印版古籍相比，雕版印书可谓是真正的善本再造工程。况且，作为一种承载着智慧和文明，有着独特文化价值和审美价值的文化遗产失传是令人遗憾的。所幸的是，在珍藏了大量经版的金陵刻经处，雕版印刷这项古老的技艺与佛教经典互为载体得以完整保存。金陵刻经处的刻印方式是完全尊崇古制而行的，每一块新的经版诞生的过程便是雕版印刷技术再现的过程。与我们现代的印刷术不

---

① 周少川：《藏书与文化——古代私家藏书文化研究》，北京师范大学出版社1999年版，第68页。

② 张三夕：《中国古典文献学》，华中师范大学出版社2003年版，第29页。

③ 中国版权研究会：《版权研究文选》，商务印书馆1995年版，第126页。

同，整个雕版印刷包括刻版、印刷、装订等工序。

刻版包括制版、上样、雕刻等环节。印刷包括上板、上墨、覆纸、擦压、揭纸等环节。装订包括分页、折页、撮齐、捆扎压实、数书、齐栏、穿纸捻、贴封面封底、配书、切书、打装订眼、贴书名签条、贴函套签条等环节。①

历史的巧合是奇妙的，一千多年前的隋唐，雕版印刷术的出现使佛教文化源远流长；而一千多年后的今天，佛教经版守护着最后的雕版印刷术。金陵刻经处对经版的管理和保护是对雕版印刷术发生发展历史的见证。

（二）传承了杨仁山等人的文化思想

佛教自两汉传入中国，历经魏晋南北朝的翻译，至隋唐到达了鼎盛的阶段，大乘八宗次第建立，教理宗义灿然大备。②唐武宗灭法之后，开始盛极而衰，至宋代，理学繁荣，禅宗独大，佛教文化虽然全面渗透于中国文化的各个层面，并影响着知识阶层的审美情趣，但其思考方式已转向直觉顿悟和凝寂静思，并逐渐走向了神秘主义的怪圈。这种非理性的思考方式使隋唐时期法相宗和华严宗兴盛，义理昌明的景象一去不复返，佛学从内部已经失去了勃勃生机。明代高僧力图振兴但收效甚微。清初虽几代帝王皆信佛，但只把其作为统治工具，特别是雍正朝废除"度牒制度"之后，僧侣教育全面凋敝。到了清末，已经演变为："老幼男女拜佛者甚多，考其真能了解佛法意义正信不谬者，则如凤毛麟角。其视庙中所有神像均与菩萨平等，而存一膜拜之观念，逢庙烧香见佛便拜而已。"③

杨仁山居士于末法时代开创金陵刻经处，刊刻大藏，以弘法为事业，居功甚伟。与我国旧时刻藏的翻刻之风不同，杨仁山居士重视佛学义理研究，杜绝迷信与低俗，并规定了三不刻原则："疑伪者不刻，文义浅俗者不刻，乩坛之书不刻。"④ 其刻经的底本多为古之善本，并参照过往被忽

---

① 刘晨：《金陵刻经处，重温金陵雕版印刷的手工之美》，《市场周刊》2010年第4期。
② 于凌波：《杨仁山居士评传》，新文丰出版公司1995年版，第6页。
③ 释太虚：《真佛教徒——即俗真得大乘者》，收入释印顺编《太虚法师全书》第5册，香港大法轮书局1959年版，第184页。
④ （清）杨文会：《杨仁山全集》，黄山书社2000年版，第467页。

略的南宋《思溪藏》和朝鲜《高丽藏》，亲自校对，精心刊刻。后来因为结识日本僧人南条文雄及东海玄虎等人，而购得了许多历代散失已久的古本佛经和日本缩刷版《大藏经》。在给南条文雄的信中杨仁山居士感谢道："比年以来，承代购经籍。千有余册，上至梁隋，以至唐宋，并贵国著述，罗列满架，诚千载一时也。非阁下及东海君大力经营，何能衰集法宝如此之宏广耶？"① 这些典籍包括《中观疏论》《百疏论》《十二门疏论》等，是隋唐以来就在中国失传的法相唯识经典之著，引起了当时学界的极大兴趣，使近代佛学义理研究之风大盛，从根本上扫除了导致佛教衰败的弊病。晚年，杨仁山居士创办"祇洹精舍"培育佛学人才，门下弟子多有建树，"谭嗣同善华严，桂伯华善密宗，黎端普善三论，而唯识法相之学，有章太炎、孙少梅、梅撷芸、李证刚、蒯若木、欧阳渐等"②。章太炎曾经指出，"自清之季，佛法不在缁，而流入居士长者间"③。而这些学者在刊刻佛经与交流佛理的同时，不仅推动了佛学的复兴，更把佛学思想投入到了当时社会的变法、救亡活动中，从而影响了社会的思潮。

杨仁山居士一生清贫节俭，倾尽家财刻经办学，并遗嘱捐私宅为刻经处永久所在地。如今，这座院落已经成为国家级文物保护单位，各国宗教界、文化界人士纷纷前来参观、交流，这些承载了杨仁山居士等人文化思想的经版，不但受到了恒温、恒湿的保护，而且依旧流通四方，嘉惠世人。

（三）提供给版片、古籍收藏者可资借鉴的经验

明代的藏书家叶盛曾经慨叹道："夫天地间物，以余观之，难聚而易散者，莫书若也。"④ 书籍是不可再生的文化资源和精神资源，雕版的版片作为书籍的源头亦同样。有人说20世纪最可惜的事情不是毁了多少书籍，而是毁了多少书籍的版片，因为只要有版片在，书籍便可以原样复制。然而与书籍相比，雕版版片的保护是一个年轻的课题，虽然两者之间

---

① （清）杨文会：《杨仁山全集》，黄山书社2000年版，第499页。
② 欧阳渐：《悲愤而后学：欧阳渐文选》，上海远东出版社1996年版，第434页。
③ 转引自麻天祥《晚清佛学与近代社会思潮》，河南大学出版社1996年版，第96页。
④ 转引自苏品红《文献研究与文献保护》，北京图书馆出版社2009年版，第138页。

有诸多相似之处，但亦有不同。据不完全统计，我国目前现存的雕版版片总量超过100万片，不仅由于资金和环境所限，更因为意识和经验的缺乏，保存现状不是很好，这种情况在许多基层的图书馆和博物馆更甚。而雕版版片的保护除了应当遵照古籍保护的普适性原则外，也应当遵从雕版版片本身固有的特点。金陵刻经处在长期对经版保护的实践中总结了适应于雕版保护的方法，不但省时、省力、节省资金，而且对于版片、古籍的收藏机构和个人来说有着相当的借鉴价值。

1. 在版片的整理方面

雕版的版片体积庞大，质地厚重，管理的难度比书要大很多，付印之后书有多少页，版片便有多少片，一旦次序错乱整理极其困难。"文化大革命"之后恢复工作之时，金陵刻经处的12万多片经版在浩劫中已经杂乱如麻，散落一地，连一套顺序完整的都找不出来。为了整理这些凌乱的经版，工作人员采用了一套与户口档案管理相似的方法来对经版进行归类。因为经书不仅经文难懂，而且是反刻、繁体，加上颜色是黑色，不大好辨认，所以只好先把经版刷印出来，然后每刷印一片就给刷印过的经版和刷印出的书页贴上相同的序号，再根据刷印出书页的版心书名把同名的经书分别找出来排序，最后对照书页排出的序号来调整版片的序号，从而达到整理归类的目的。大部头的经书整理完毕之后再整理小部头的经书，整理完的经书版片全部摆上经版架，并按照部类和书名分类搁置，以后取用都注意摆放次序，防止错乱。与过去的金陵刻经处一样，现在许多机构收藏的版片都是错乱摆放的，完全可以借鉴金陵刻经处的经验对经版进行整理和归类。

2. 在版片的制作方面

整套书版若有一块损坏，其付印价值便大打折扣，如果置之不理直到损坏较多或者大部分都腐朽漫漶，那么，整套版片便失去了价值。所以，对经版进行修补就显得格外重要，特别是现在分散收藏在全国各地的版片，大部分都超过百年的历史而且在20世纪并没有得到很好的保护，就更加需要抢救性的修补。而在补刻经版之前必须对经版进行防腐、防虫的处理，因为处理的好坏会直接影响经版的质量和在下一个使用周期的寿命。传统的方法是把锯好的木材放进水塘中，用浸泡的方式去除其中的糖分、树脂及树胶。这期间要经过数次换水，浸泡的时间数月至几年不等，开始浸泡的季节也最好选在夏季，这样更有利于糖分的释放。当木材内的有机成分完全释放完毕之后，再用煮过石灰的水来沤板，从而达到杀死虫卵的目的。这种制版方法周期较长而且挑剔季节，相对来说耗费的时间与金钱都比较多。而金陵刻经处采用的制版方法是用清水煮版，版片在加热的过程中，糖分、树脂及树胶会在高温中释放而虫卵也会随之被烫死，更加难得的是，全部过程只需要一天的时间，非常方便、快捷，极大地缩短了制版的周期。

3. 在版片的收藏方面

中国古代的藏书楼为了避免文献的皱折，规定柜子内、架子中的书籍放置不可以太过紧密，要留有空隙。如《丰湖书藏四约》其三《藏书约》言："书箱布列，不可太密，宜疏行以迈气。"① 而版片的保存亦然，太过拥挤的环境会使版片在取用的过程中，因碰撞而擦伤和因缺少空气的流通而发霉，同时发霉和虫蛀过的版片也会交叉感染。金陵刻经处收藏经版的架子为了透气一直采用框架结构，早前是木框架，到了后来使用铁框架。由于每层框架高约23厘米，而经版高约16—17厘米，使每层经版与上层之间约有5—6厘米的空隙，而每层经版之间亦用直径3.5厘米的铁棍形成栅栏左右隔离，这样保证了每层上下左右的经版之间都有可以通风的间隙。而对于已经发霉和虫蛀过的经版在经过除霉和除虫处理之后，仍用塑料膜包扎严实，这样可以有效地预防虫霉复发之后霉菌和蛀虫感染到其他经版之上。

这些都是操作简单而效果极其明显的方法，亦是金陵刻经处多年经验的积累，若能推广使用，必定可以给版片的保护带来极大的益处。

金陵刻经处自杨仁山居士之后，一百多年间，数代人为保护这些珍贵的经版付出了艰辛的努力。现留存的12万多片经版不仅是佛教界创造的奇迹，更是人类文明和人类文化创造的奇迹。虽然国家对版片保护投入的资金在逐渐增加，但是，版片的保护技术却远远不如纸质古籍的保护技术发展得成熟。对于纸质古籍的破损程度，业内有相关的分级界定标准，版片没有；对于纸质古籍的修复技术，从古至今一直在进步，现在更是用上了高科技的手段，版片却仅仅停留在靠手工敲打修补这种原始而简单的方

---

① 戴南海：《版本学概论》，巴蜀书社1989年版，497页。

图 3—3—15　经版间隔的情况（图片由金陵刻经处提供）

式；对于破碎变形的古籍，我们可以用物理或化学的方法进行修复，而对于虫蛀和变形的版片我们却束手无策。金陵刻经处有大量变形和虫蛀的经版在等待有效的解决方案，相信其他版片收藏机构和个人亦然。作为我们这一代人，不但有义务守护这些祖先留给我们的宝贵遗产，而且更加有责任发展古籍、版片的管理保护和修复这一门学科，使中华民族千年文化遗产传承万代。

（邵玮）